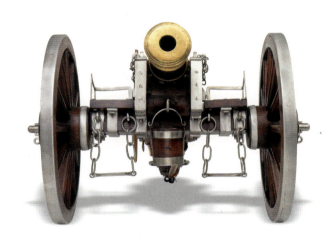

戦争の世界史
大図鑑
【コンパクト版】
BATTLE

R・G・グラント［編著］
樺山紘一［日本語版総監修］

河出書房新社

人類5000年の戦争をヴィジュアルで見る

戦争の世界史 大図鑑
【コンパクト版】

Original Title: Battle

Copyright © 2005 Dorling Kindersley Limited

A Penguin Random House Company

Text Copyright © 2005 R.G. Grant

Japanese translation rights arranged with
Dorling Kindersley Limited, London
through Fortuna Co., Ltd. Tokyo.

For sale in Japanese territory only.

Printed and bound in Malaysia

A WORLD OF IDEAS: SEE ALL THERE IS TO KNOW

www.dk.com

目次

序文 6

古代世界の戦争 9

戦争の始まり 10
歴史と伝説の間で 12
　軍隊の誕生 13
メソポタミアの勢力 16
ギリシアの勝利 20
　ギリシア・ペルシア戦争 22
　ギリシア対ギリシア 24
　アレクサンドロス大王による征服 26
　アレクサンドロスの死後 30
ローマ軍団(レギオン)による征服 34
　初期ローマ 36
　ポエニ戦争 38
ローマ帝国 42
　東方への遷移 50
アジアの帝国 52
　中国の戦争 54
　インドの戦争 56

中世の戦争 59

騎馬隊と要塞 60
侵略者と封建領主 62
　ビザンチン帝国(東ローマ帝国)の存続 64
　フランク族の勢力 66
　ヴァイキングと初期スカンディナヴィア人 68
イスラムの兵士たち 72
　アラブ民族の進出 74
　イスラムの影響 76
十字軍 78
　第1回十字軍と第2回十字軍 80
　十字軍の衰退 86

スペインの再征服運動(レコンキスタ) 88
モンゴルの威力 90
　アジアとヨーロッパへの侵略 92
　ティムールの征服 94
東アジアの戦争 96
　フビライと萌 98
　東南アジア 100
　武士の戦い 101
騎士、城塞、弓兵 106
　教皇と皇帝 108
　異教と反乱 110
　百年戦争 112
　歩兵の勝利 118
　北方十字軍の戦争 120
　オスマン帝国の台頭 122

近代の戦争 125

小火器と艦隊 126
イスラムの帝国 128
　オスマン帝国の栄光と衰退 129
　ムガル帝国(インド) 136

アフリカの帝国	140
権力と宗教	**142**
フランスによるイタリア戦争	144
宗教戦争	146
三十年戦争	150
イングランド内戦	154
王家の戦争	158
大北方戦争	162
南北アメリカ大陸における戦争	**164**
アステカ帝国とインカ帝国の征服	166
北アメリカにおける戦闘	170
日本、朝鮮、中国	**172**
日本の平定	174
朝鮮による日本への反撃	176
満州族の征服	178

帝国と革命　181

近代戦争の幕開け	**182**
七年戦争	**184**
フレンチ・インディアン戦争	185
欧州とインドにおける戦争	186
アメリカ独立戦争	**190**
独立のための戦い	192
フランス—革命から帝政へ	**196**
フランス革命戦争	198
ナポレオンによる支配	200
フランスの覇権	204
イベリア半島戦争	208
ナポレオンの敗北	212
ナポレオンの決定的敗北	214

南北アメリカにおける戦争	**216**
米英戦争	217
アメリカ・インディアンとの戦い	218
南アメリカの戦争	220
メキシコの戦争	222
南北戦争	**224**
果たせなかった早期決着	226
消耗戦を勝ち抜く	230
帝国主義支配下の紛争	**234**
英領インド	236
アフリカの征服	240
ズールー族の戦争	242
第2次ボーア戦争	244
帝国拡大戦争	246
中国、日本、ヨーロッパ	**248**
中国の混乱	249
日本の勢力の台頭	252
ナショナリズムと近代化	**254**
イタリアの統一	256
ドイツ帝国の誕生	258
クリミア戦争とアジアに対するロシアの南下政策	260
オスマン帝国の衰退とバルカン諸国	262

世界大戦の時代　265

世界戦争	**266**
第1次世界大戦	**268**
1914年	270

西部戦線—1915年	273
1916年—1917年	276
第1次世界大戦におけるオスマン帝国	282
東部戦線	284
1918年	286
両大戦間期	**290**
ロシアと中国の戦争	292
スペイン内戦	294
ヒトラーの戦争	**296**
電撃戦	298
地中海における戦い	302
海戦	304
ドイツのソ連侵攻	306
ドイツ爆撃	310
西部戦線におけるドイツの敗北	316
東部戦線におけるドイツの敗北	318
太平洋戦争	**320**
日本の絶頂期	322
連合国軍の反撃	326
1945年以降の紛争	**330**
中国国共内戦	332
朝鮮戦争	334
植民地独立戦争	338
ヴェトナム戦争	340
中東戦争	344
ゲリラとテロリスト	348
1980年以降の戦争	350
索引	354
謝辞	360

― 序文 ―

近年、戦争が人の営みに及ぼす影響を過小評価する風潮がある。史上に名を残す偉大な戦闘を歴史の決定要因と見なす者は、もはや多くはない。しかし、従来あらゆる文明の究極的な存続の可否を決めてきたのは、戦争を起こす力、そしてこれがきわめて重要だが、敵に勝利する能力なのである。もしもサラミスの海戦でギリシアが敗北を喫していたら、現在、大学では古代ギリシア人ならぬ古代ペルシア人こそが文明創設を理解する手立てであると教えているかもしれない。もしもカール・マルテル率いるフランク王国軍がトゥール・ポワティエ間の戦いでイスラムのウマイヤ朝の軍勢に負けていたら、ヨーロッパでは大聖堂の代わりにモスクが立っていたかもしれない。アラビアの2つの小都市の間で負傷したムハンマドという名の戦士が、もしもそのけがが元で死んでいたら、この世界はまるで違っていたことだろう。戦争は、ウィンストン・チャーチルが言ったように「歴史の句読点」である。古代都市国家カルタゴも、後ウマイア朝の首都コルドバも、戦国七雄の一つであった趙も、繁栄をきわめた時代があったが、突如直面した戦闘の試練に屈して歴史の一部となった。その一方で、英国、フランス、中華人民共和国、アメリカ合衆国などは文字通り戦争によって生まれた国で、その国境、言語、統治制度も抗争によって徐々に練り上げられ試されてきた。

ところが今日、戦争の惨事をじかに体験する者が先進国ではほんの一握りしかおらず、われわれは戦争を常軌を逸した状態、国の指導者たちが回避すべきであった危機と見なしている。しかし本書で鮮やかに描き出されているのは、歴史が始まって以来、今日に至るまで、戦争が終始人間の常態であったという点である。むしろ平和な時代こそが例外なのであって、そうした時代は常にはかなく、2世代にわたって存続することはまずない。人間の集団同士が接触すると、紛争が起こる。平和裏に解決されることもあれば、暴力によって解決されることもある。毛沢東も「政治とは流血を伴わぬ戦争であり、戦争とは流血を伴う政治である」と言っている。

戦争は文明より古い。いや、それどころか、ヒト科の祖先が残した手がかりが示唆しているように、人類そのものよりも古くからある。暴力は育児同様、人間性の中核を成す要素なのである。最古の部族集団においてさえ戦争がつきものであったことが、考古学によって立証されている。後代の社会もほとんど変わらない。市民皆兵の軍国主義政策を採用していた古代スパルタ人は、奴隷階級に毎年宣戦を布告することによって終始戦闘状態の日常を維持していたし、アステカ族では男児命名の儀式で産婆が「この子の居場所は戦場である」と宣言していた。マオリ族からメソアメリカの諸民族まで、スコットランド高地人から中央アジアのステップに住む騎馬民族に至るまで、何千年もの間、地球上のあらゆる社会の際立った特色となってきたのが戦争である。その多くは文書に記されることなく過ぎ去った。本書では、記録に残っている戦闘、戦士、技術を取り上げ、一貫した概説に取りまとめることを目指した。そしてその過程で、5000年の有史時代における人類の発展でとりわけ重要な働きをしてきた要因の一つを明らかにした。

本書では年代的にも地理的にもごく広範囲にわたって解説しているため、それぞれ全く別の時代の戦闘の間に存在する啓発的な類似点が浮き彫りになっている。傑出した将軍は、時代を超えた特質を具えている。チンギス・ハンの機動力に富んだ騎馬軍は、1940年春、フランスに侵攻した装甲師団と驚くほど類似する威力を発揮した。また、本書で解説したように、敵軍包囲という古来の戦法は、古代ローマの世界でも第2次世界大戦でも等しく奏功している。新技術を採用することによって断然優位に立った軍隊の事例も多い。

日本語版序文

　戦争の歴史を語ることは、きわめて難しい。そこには、あまりに対照的な両面がやどっているからだ。本書の著者たちが言うとおり、戦争をロマン化し、賛美するのは愚かなことだが、戦争が歴史を規定する重要なファクターであることも、また否定できないのだ。

　われわれ日本人は、長きにわたり、戦争の歴史を適切に語る技術を手にしてこなかった。過去におかした罪悪の反省から、躊躇気味になったからであろうか。あるいは戦後の長いあいだ、冷戦構造のもとで皮相的な平和に慣れきってしまったからかもしれない。

　だが、21世紀の初頭におこったテロ事件とともに、その平和がいかにも危ういものであると痛感させられた。戦争の歴史を語るための学習が、いまや必須になったともいえる。本書は、戦争についての冷静な記述として、類書のうちでもっとも信頼できるもののひとつだと思う。

　ただし、ここで基調となっているのは、いうまでもなくアングロサクソンの視線である。だが、アジアの20世紀を経験したわたしたちは、これとは違った眼を具備することができるだろう。その賢明な眼をもって、本書を味わっていただきたい。

　じつは、本書には現在の日本人の常識とは、いくらかの異なった記述も散見される。しかし、明らかな誤記・誤解をのぞいて、改訂せずに訳出した。これも、戦争を考えるための学習の教室だと考えたからである。

樺山紘一（日本語版総監修）

　本書にざっと目を通すだけでも、戦争が様々な創意工夫のきっかけとなったことに目をみはることであろう。中国人は黒色火薬を発明し、15世紀ボヘミアのフス戦争でフス派が編み出した装甲馬車や李氏朝鮮時代に存在したと記されている亀甲船は一見、付け入る隙さえないように思える。

　とはいえ軍事史は単なる兵器と司令官と地図にまつわる物語では終わらない。戦争の歴史は、戦闘に参加し命を落とした男や女や子供を度外視しては語れないのである。本書では、何千年も前の者も含めて、前線を守った兵士たちの証言を紹介することによって、戦争が人間に及ぼす影響をより深く掘り下げている。そして、戦争は勇気、恐怖、残虐性、同情心など、弱さや矛盾にあふれ、何にも増して人間的であるという点に注意を喚起している。なかでも、戦争は無秩序かつ流動的で、偶然に左右されるが、その要因として挙げられるのは、命令伝達の不備、偶然の幸運、決め手となることの多い直感などである。

　本書では、ロマン視も理想化もしない、戦争の素顔をそのまま紹介している。司令官については欠点も含めてありのままを伝え、兵卒の声も網羅した。戦争は歴史の原動力の一つである。戦争を知らずに、現代世界の成り立ちを理解することはできない。本書を読めば、最先進国でさえ時には戦わなければならない理由が分かる。今日の世界が戦争を例外的なものとみなしていることに、我々は感謝すべきであるが、だからといって戦争が常に無意味だというわけでもない。アリストテレスもこう語っている。「我々は平和のためには戦争も辞さない」

2005年9月　ダン・スノウ

古代世界の戦争
WARFARE IN THE ANCIENT WORLD
紀元前3000年－後476年

戦争の始まり

文明の発展において、戦争は中心的な位置を占めている。有史以来、文明を発達させた諸国家の繁栄と滅亡の分かれ目は、戦場で巧みに戦えるかどうかだった。戦争の歴史は、ペルシア対ギリシア、カルタゴ対ローマなど、限られた領域の定住文明内で起こる異なるグループ間の闘争、あるいはこうした定住文明と、遊牧民など近隣の「野蛮人」との闘争から始まった。

旧石器時代の斧
25万年前の手斧。初期の道具または武器だったようだ。

原始的な戦争、つまり国家形成以前の社会における戦争の性質と範囲は、人間の本性について根本的な問いを投げかけるものだ。「かつては人間も互いに仲良く暮らし、争いを好まなかったのか、あるいは戦争やそれに伴うあらゆる恐ろしい行為は『生来の』ものなのか」という問いである。人間の本性が堕落したわけではないと見る楽観主義者は、狩猟採集社会や単純な農業社会で争いが起こった時でさえ、犠牲者を最低限にとどめるため儀式的な戦いを交えたと主張する。各々が敵に対し儀式的に攻撃の意思表示をした後、戦士同士の一騎打ちとなるか、あるいは離れた地点から互いに矢や槍、石などの兵器を放った。そして両陣営ともほとんど損害なしに帰るのである。悲観的な歴史学者や人類学者は、こうした儀式的な交戦の存在を認めつつも、はるかに陰険な様相を思い描いている。「原始的な」社会では常に近隣のグループを攻撃し、恒常的な戦争状態にあったというのである。さらにこうした攻撃は、敗北した側の実質的な皆殺しという結末を迎えることもあり、敗者の虐殺や奴隷化もほぼ例外なく行われていた。ニュージーランドのマオリ族は、原始的な戦争を示す歴史上の例である。マオリの各部族は防備を固めた集落に住み、体面を保つため、または侮辱行為に対する復讐という名目で毎夏戦いを交える。マオリの戦争には、戦いのダンスや戦士の一騎打ちなど儀式的な行動も含まれるが、大量虐殺につながる待ち伏せ攻撃や襲撃も見られる。勝利した側は敗者の村や死者を焼き、生存者を奴隷にする。また死んだ敵の肉を食べたり、嬉々としてその骨で釣り針を作ったりもする。

「文明化された」戦争

「文明化された」戦争という言い方をしてよいなら、その歴史は複合社会の発展とともに始まる。複合社会は、主に灌漑農業を通じた余剰農産物の生産によって可能になった。こうした社会は徐々に、メソポタミア、ナイル川流域、地中海東岸、インダス川流域、中国、そしてアメリカ大陸各地に出現した。これらの国家は、大きな富と組織力によって大規模な軍隊を配備できたため、王や皇帝は征服した土地の人々を支配し、他の帝国と覇権をめぐって戦った。

戦争の技術

軍隊の規模が大きくなるにつれ、戦争の技術も発達した。紀

紀元前3100	前1500	前1000	前500

- 前2300ころ アッカド王サルゴンがメソポタミア南部の都市国家を統一
- 前1650ころ ハットゥシャにヒッタイト王国が出現
- 前1500ころ インド、パンジャブ地方にインド＝アーリア人が到着
- 前950ころ アッシリア帝国の興隆
- 前550ころ キュロス大王がアケメネス朝ペルシア帝国を建設
- 前480 サラミスの戦い
- 前333 イッソスの戦い
- 前1760ころ ハンムラビ率いるバビロニアがメソポタミア北部を支配
- 前1275ころ カデシュの戦い
- 前1069 エジプト新王国の終焉
- 前586 バビロニアによるエルサレムの破壊とユダヤ人の捕囚
- 前476 中国、戦国時代の始まり(-前221)
- 前2686ころ エジプト古王国時代の始まり(前2181)
- 前2023ころ エジプトが中王国のファラオの下に再統一
- 前1550 エジプト新王国の興隆
- 前1200 ヒッタイト帝国の滅亡
- 前1150 ギリシア、ミケーネの滅亡
- 前771ころ 中国、西周の終焉
- 前508 アテネに民主制が成立
- 前334 アレクサンドロス大王がペルシア帝国の征服を開始
- 前1550ころ 中国に殷王朝が出現
- 前612 ニネヴェの陥落。アッシリア帝国の滅亡
- 前431 アテネ対スパルタのペロポネソス戦争(-前404)

シュメールの軍隊、前2500年ころ　　エジプト王ナルメル、前3000年ころ　　ギリシアの兵士たち、前5世紀

元前3000年紀以降に青銅器、前1200年ころから鉄器が導入されると、石や骨で作られた槍や斧の先端、矢じりに代わってより効果的な武器が製造されるとともに、金属製の甲冑がもたらされた。集落を防備し軍事行動の拠点とするため、軍隊は要塞を建設するようになり、同時に敵の要塞を攻囲する方法が生まれた。前1700年ころから、初期の戦場で用いられた最も目覚ましい技術は、馬の飼育によって可能になった戦車である。騎兵として乗馬する方法は、おそらく中央アジアのステップに暮らす遊牧民から始まったものだが、前8世紀ころメソポタミアで用いられるまでは軍隊で主流とはならなかった。オールを備えた軍艦が発達し、戦場は海にも広がった。最初のいわゆる軍艦は前1000年ころに現れる。ギリシア人が建設し始めたガレー船で、艦首に敵の船を沈没させるため木製の衝角がついていた。

軍隊の組織

火薬が発明される前の戦争の主な戦い方は、紀元前1000年紀までに出そろった。歩兵は、敵を切りつけ刺し殺すための武器や、弓や投槍、投石器などの投射兵器で武装した。騎兵も弓か槍を使用した。またさまざまな攻囲用の兵器の中には、前4世紀に初めてギリシア軍がシチリアで使用した大型の石弓などがあった。問題は、こうした技術を用いるためにどう軍隊を組織し、動機付けたかである。アッシリア人は、整った供給システムに支えられ、定期的に支払いを受ける兵士からなる軍隊を初めて組織した。この職業的な軍隊のモデルは、前1世紀以降ローマ帝国によってきわめて効果的に踏襲されたが、唯一の成功例というわけではない。例えば前5世紀にはギリシアの都市国家が、一時的に兵士を務める市民でも素晴らしい戦力となることを示している。フン族など遊牧騎馬民は、馬に乗った射手の一団として戦い、定住文明の最高の軍隊に対してさえ、しばしば圧倒的な効果を見せつけた。この戦争史初期に明らかにされた一つの真理は、どんな戦闘部隊でも、優位に立つには規律と統率力が必要ということである。

騎兵による戦争
前4世紀の大理石レリーフに、ペルシア軍と戦うアレクサンドロス大王が描かれている。騎兵は、アレクサンドロスを数々の勝利へ導いた原動力だった。

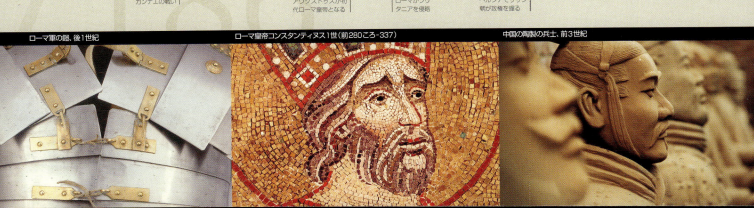

ローマ軍の鎧、後1世紀　　ローマ皇帝コンスタンティヌス1世（前280ころ-337）　　中国の陶製の兵士、前3世紀

歴史と伝説の間で

戦争の歴史は、紀元前3000-前1000年ころのメソポタミアと地中海東岸の伝説にその姿を現す。考古学によって兵器や征服のあり方について多くが明らかにされるとともに、シュメールのギルガメシュ叙事詩やギリシアの『イリアス』などの伝説を通して、この時代初期の情報が伝わっている。

最初期の軍隊

既知の最も初期の軍隊は、紀元前2500年ころからメソポタミア南部にあるシュメールの都市国家に存在していた。都市国家間の戦いにはたいてい、槍や斧、短剣を使いこなす歩兵隊が参加していた。4つの頑丈な木製車輪を備え、ロバに引かせた原始的な戦車もあった。この戦車は御者と選り抜きの兵士の2人乗りで、兵士は投槍で武装していたと思われる。初期の軍隊が使用した武器のうち、最も殺傷力が高いのは複合弓である。素材は木片と骨片、腱で、1本の木だけで作った単純な丸木弓よりはるかに強力だった。しかし複合弓はそれほど普及していなかったようで、当時は、シュメールの戦いでただ一度描写されているだけである。初期の都市国家の軍隊は小規模で技術的にも限界があったが、その力は予想以上である。アッカドやバビロンなど有力な都市は、メソポタミア一帯で軍事活動を行うと同時に、拠点から遠く離れた都市をも征服した。

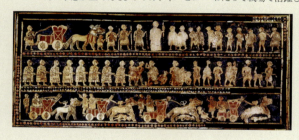

初期の戦士たち
前3000年紀シュメールの象嵌の箱『ウルのスタンダード（旗章）』。ロバの引く戦車と槍を持つ歩兵が見える。

戦車の登場

紀元前2000年紀に馬が戦争へ導入され、大きな技術革新をもたらした。馬に引かせた軽量二輪戦車の登場である。こうした戦車には主として射手が乗り、約1000年にわたって戦場で活躍した。馬の飼育、戦車の製造と維持、その戦車に乗る兵士の訓練は大変高くついたが、エジプト、ヒッタイト、アッシリアでは数千規模の戦車部隊を配備することができた。エジプト新王国（前1550-前1069）は、南はヌビア（現在のスーダン）から北はシリアまで軍事活動を展開し、一国家が当時の軍事資金でどれほどの権力を行使できるかを示した。

弓を射る王
古代エジプトの宝物箱。ファラオであるツタンカーメンが二輪戦車に乗り、ヌビアの兵士を虐殺する。

軍隊の誕生

記録に残る最初の戦争は、紀元前3000年紀にメソポタミアの都市国家間で行われた戦争である。その記録によれば、戦争は比較的小規模で、軍隊は数千人で構成されていた。こうした戦いで使用された唯一の乗り物は、ロバの引く戦車だった。前2000、前1000年紀に広大な帝国が現れると、必然的に軍隊は大規模化し、戦費は高くなった。前2000年紀後半、エジプト人とヒッタイト人は両陣営とも約2万人にのぼる軍勢を率い、メソポタミア東部にある諸国家の支配をめぐって争った。強大な両帝国は、馬に引かせた数千の二輪戦車を配備していたが、これは当時最も高価な軍事技術だった。

シュメールの都市国家
ラガシュとウンマの抗争

日付 前2450年ころ
兵力 ラガシュ軍/不明、ウンマ軍/不明
死傷者等 信頼できる推計なし
場所 メソポタミア南部のシュメール

シュメール初期の戦争を最もよく物語るのは、都市国家ラガシュが、隣国ウンマに対する戦勝を記念して建てた、彫刻の施された「ハゲワシの碑」である。両国間で国境紛争が持ち上がったため、ラガシュの守護神ニンギルスから霊感を得た同国の支配者エアンナトゥムは、軍を率いてウンマを攻撃した。碑では、戦車で進む王の後に歩兵隊が続いている。両軍が対峙すると王は戦車から降り、立って兵士たちを指揮した。兵士たちは槍の先を下げ、倒れた敵軍の死体を踏みつけながら、隙間なく並んで進んでいる。エアンナトゥムは目に矢を受けたものの、生きてラガシュ軍の勝利を見ることができた。実際、碑ではハゲワシが敵の骨をつついている。同時代の記録には、王がはるかエラム（現在のイラン西部）まで軍を率いたと伝えるものもある。

兜
銀と金の合金でできたシュメールの兜。おそらく支配者のもの。

ラガシュの歩兵隊
ウンマとの戦いに向かうラガシュ軍が「ハゲワシの碑」に彫られている。歩兵は槍を持ち、革または銅製の兜を被っている。

サルゴンの征服
アッカド王サルゴンの征服

日付 前2340年ころ-前2284年
兵力 サルゴン/常備軍5,400人
死傷者等 信頼できる推計なし
場所 メソポタミア（イラクとシリア東部）

アッカド王サルゴンは、征服によって帝国を築くという軍事的野心に満ちた最初の人物だった。伝説によれば、サルゴンは身分の低い家に生まれ、赤ん坊のとき籠に置き去りにされているところを庭師に発見された。サルゴンはアッカドに自ら都を建設したが、その正確な位置は不明である。サルゴンはそこを拠点に、強大なウルクの他、シュメールのウルやシリアのエブラなどメソポタミアのあらゆる都市国家を征服し、およそ今日のイラクに相当する範囲の帝国を建設した。しかしサルゴンの軍事活動は、さらに遠方の地中海とアナトリアにまで及んだようだ。王の勝戦は34を数えたとする銘文もあれば、「毎日、王の前でパンを食べる兵士5400人」からなる常備軍を持っていた、と伝える資料もある。サルゴンの歩兵隊は青銅の武器と複合弓を使用し、ロバの引く四輪戦車も使ったと考えられている。サルゴンは攻略した都市の城壁を破壊した、という記録が存在することから、同軍は攻囲戦にも対応できたようだ。サルゴンは紀元前2284年ころに没し、帝国はその死後125年間持ちこたえた。アッシリアやバビロニア、ペルシアは軍事征服によって領地を拡大したが、その伝統を打ちたてたのはサルゴンであると後代のメソポタミアの人々は考えていた。

戦勝記念碑
アッカド王サルゴンの勝利の記念碑断片。征服者としての名声は、アッシリア王サルゴン2世（前705年没）の名に反映されている。

バビロンの台頭
ハンムラビの軍事活動

日付 前1763年ころ-前1758年ころ
兵力 ハンムラビ軍/不明
死傷者等 信頼できる推計なし
場所 メソポタミア北部と南部

ハンムラビは紀元前18世紀初頭、小都市国家バビロンの王位に就いた。当初は、有力なアッシリア王国を中心とする同盟に加わっており、「バビロンとアッシリアは、有事には相互に援軍を派遣することに同意する」という書簡が残っている。しかし前1763年ころ、ハンムラビはこの同盟を離脱。王はバビロンおよび同盟都市エシュヌンナとマリからの連合軍を率い、ラルサのリム・シン王を倒した。ラルサはハンムラビがかつて同盟を結んでいた都市で、ウルクやウルなどメソポタミア南部の重要な都市を支配していた。考古学資料によれば、ハンムラビはラルサへ水を供給する主な水路をせきとめ、急に水を放出して洪水を起こすか、または住民の切望する水の供給を妨害して勝利したと考えられている。その後、ハンムラビは同盟を結んだばかりの都市へ向かうと、前1761年にエシュヌンナを破り、その翌年にマリを征服した。マリは征服者に対し前1758年に蜂起したが、ハンムラビはこれを制圧し、城壁の破壊を命じた。この勝利によってハンムラビは、シリア砂漠からペルシア湾に及ぶ領域を支配下に置いた。王は領土を守るために砦を築いたが、その死後、帝国は崩壊した。

ハンムラビ
自称「4つの世界の統治者」ハンムラビを象った閃緑岩の彫像。イラン南西部のスーサより出土。

古代世界の戦争

エジプト新王国
メギドの戦い

日付	前1468年ころ
兵力	エジプト軍/10,000-20,000人、パレスティナ軍/不明
場所	イスラエル北部のハイファ近郊
死傷者等	パレスティナ軍/死者83人、捕虜340人

ファラオ、トトメス3世(治世/紀元前1479-1425)はエジプト軍を動員し、パレスティナのメギドとカデシュの王子たちの同盟を阻止した。軍隊は、砂漠に延びる道沿いにあらかじめ掘られていた井戸の水を飲みながら、10日間でガザに到着した。停止して休息をとり、前方の土地を偵察した後、トトメスは大きな賭けに出た。北に延びる山々を迂回するかわりに、狭いアルナ峠を通って進軍したのである。見つかれば簡単に攻撃されてしまうルートだったが、この賭けは成功した。カデシュの王は、トトメスが時間をかけて山を迂回すると予想していたので、エジプト軍のすばやい進軍に驚いた。琥珀金(金と銀の合金)の戦車部隊を率いるトトメスはカデシュ軍を圧倒し、カデシュ軍はメギドの要塞へ避難した。要塞の門は固く閉ざされたが、内部の者は敗走してくる味方兵士を市壁越しに、衣類で作ったロープを使って引っ張り上げた。エジプト軍は戦場から略奪品を集め、要塞の攻囲を開始。7カ月後、メギドは降伏した。

戦闘の勲章
蝿が噛みつく形をした金の勲章。敵に「噛みついた」エジプト軍兵士に報奨として与えられた。

エジプト新王国
カデシュの戦い

日付	前1275年ころ
兵力	エジプト軍/兵士20,000人、戦車2,000両、ヒッタイト軍/兵士15,000人、戦車3,500両
場所	シリア西部のオロンテス川沿岸
死傷者等	信頼できる推計なし

> 「陛下(ラムセス2世)は馬をギャロップで駆り、敵のヒッタイト軍に突撃した……
> そして手強い敵軍の2500両の戦車すべてから攻撃を受けた」
> エジプト、テーベの銘文(前13世紀)

カデシュの戦いは、両陣営が数千の二輪戦車を用いるという、戦車時代の最も名高い対戦である。発端はエジプトとヒッタイトが、両国に挟まれたレバノンとシリアの支配をめぐって争ったことである。最初の年、ファラオのラムセス2世は、ヒッタイト軍の隙をついて地中海東岸まで軍を進めることに成功したと思われる。しかし翌年ファラオが戻ると、ヒッタイト王ムワタリはエジプト軍に対抗するため、王国各地から軍隊を結集して待ち構えていた。ラムセスの軍隊は4部隊に分かれ、各隊の中心に戦車部隊が配置された。馬2頭が引く戦車は軽量で、時速38kmもの速さで走り、車輪の間隔が広いため急カーブを切ることができた。戦車は2人乗りで各人が操縦か戦闘を担当し、主に複合弓を武器に用い

た。ヒッタイト軍もやはり戦車を利用したが、こちらは3人乗りで重く、動きも鈍かった。3人目は盾を持つ役か、または戦場に着くと戦車から飛び降り、歩兵として戦いに加わったのだろう。エジプト軍では特別な訓練を受けて戦車の横を走る兵士が、ヒッタイト軍の3人目に匹敵した。エジプト軍の戦車部隊が盾を持っていたとすれば、

ラムセスの戦車
エジプトのレリーフに、カデシュの戦いにおけるラムセス2世が描かれている。実際は王の戦車にも御者がいたようだ。

御者が手綱とともに持っていたと考えられる。戦闘当日、ラムセスの部隊はオロンテス川に面したカデシュに向けて進んだ。ラムセスとその先頭部隊は、ヒッタイト軍がはるか北方のアレッポにいると見込んでカデシュ近郊に野営した。しかし、それはムワタリの仕掛けた罠だった。オロンテス川対岸に身を潜めていたヒッタイト軍は、カデシュに向かうエジプト軍を2500両の戦車部隊で不意打ちにしたのである。ヒッタイト軍は一部隊を総崩れにさせると、ファラオの陣営へ向かい、同時にさらに1000両の戦車部隊を対岸に送り込んだ。エジプト側の記録では、戦車に乗ったラムセスが単独で数千の敵を倒し、川の中へ追いやったという。確かに、戦車の速度と射手隊の威力でヒッタイトを上回るエジプト軍が反撃に出て勝利したようだが、この戦いではエジプト側が主張するほどはっきりした決着はついていない。ラムセスは交戦の後、軍隊を撤退させ、いわば世界初の平和条約

前1304年ころ-前1212年ころ
ラムセス2世 RAMESSES II

エジプト新王国時代の最も名高い支配者ラムセス2世は、紀元前1279年に王位を継承し、67年間その座にあった。ラムセスは戦争指導者として成功した自分のイメージを打出そうと努めた。王が建てた数々の記念碑や神殿には、自分が戦車に乗って敵を蹂躙する姿や槌矛で捕虜を打ちのめす姿を描かせた。ラムセスはヒッタイトの他、モアブ、エドム、ネゲブの古代諸王国、およびリビアとも戦を交えた。

エジプトのアブ・シンベルにあるラムセス2世の石像

に合意し、カデシュはヒッタイト領に留まった。ヒッタイトはシリアにおけるエジプトの支配力回復を阻んだのである。

カデシュの戦い図:
① ラムセスがアメン部隊とともに野営
② ヒッタイト軍が撤退
③ ヒッタイト軍がラー部隊を攻撃し、壊滅させる
④ ラムセスの軍隊が北方に分散
⑤ ネアリム率いる援軍が到着、ヒッタイト軍を撃退
⑥ プタハとセトの各後衛部隊が南方から到着

凡例: エジプト軍の各部隊 / ヒッタイト軍の各部隊

エジプトの武器

古代エジプトで最も有効な武器の一つに複合弓がある。木芯の前面に角を接着し、背面に腱を取り付けたもので、175mも先へ矢を飛ばすことができる強力な武器だった。エジプト新王国時代(紀元前1550-前1069)、矢じりは青銅製が主流だったが、鉄や骨も使われた。兵士は、青銅製を主流とする各種の斧や手斧、剣も使用していた。独特のイプシロン型の斧(ギリシア文字イプシロンに似ているためこう呼ばれる)は、中王国時代(前2023-前1720)初期によく用いられた。

長剣 / 柄。しっかりと握れるもの / イプシロン型の斧 / 銀製の柄 / 尖った先端。相手を即死させる / 木製の柄 / 戦斧 / 青銅製の矢

トロイ戦争

日付	前1250年ころ
兵力	ギリシア軍/102,000人
死傷者等	信頼できる推計なし
場所	トルコ北西部のヒサルリク

トロイの攻囲は、古代ギリシア人が詩人ホメロスの作と伝える『イリアス』に語られる。トロイの王子パリスがスパルタの王メネラオスの妃ヘレネをかどわかしたことに端を発する、トロイとギリシアの抗争をめぐる物語である。メネラオスの兄でミケーネ王のアガメムノンは、「1000隻」の船からなる軍隊を組織しトロイを攻囲した。攻囲は10日間続き、その間にギリシアのアキレスやトロイのヘクトルといった英雄たちが、数々の名高い戦いを繰り広げた。結局、ギリシアが策略をめぐらしてトロイを奪取する。ギリシア軍は攻囲を放棄したと見せかけ、中に兵を隠した木馬を残して去る。もう1人残されたギリシア兵シノンは、トロイの人々に「この馬は女神アテナへの贈り物だから、城門の中へ引き入れるがよい」と言う。夜になれば木馬内の兵士が出てきて、外で待つギリシア軍のために城門を開けるという計画だ。ギリシア人は、物語が史実を伝えるものと確信していた。アレクサンドロス大王(紀元前356–前323)は、ペルシア帝国征服前に、昔からトロイとされる土地(現在のトルコ、ヒサルリク)に詣でている。考古学者たちはこの地に青銅器時代の集落を発見し、その一つは前13世紀に破壊されたとみられる。『イリアス』は、ミケーネとその敵(おそらくヒッタイト)との戦争という実際の出来事を、

トロイの馬
トロイ人が浅はかにも城壁内へ引き入れてしまった馬から、ギリシア軍兵士たちが出てくる。前7世紀のアンフォラ。

雄豚の牙でできた兜(かぶと)
頬当て
首当て
肩当て
厚く重いプレート

ミケーネの甲冑
前1450年ころの青銅製の甲冑一揃い。歩兵より戦車部隊の兵士に適しているようだ。

民間伝承の形で表現したものだと推定される。確かにミケーネは、前13世紀のギリシアで全盛を極めた好戦的な国だった。王と、王を支える軍人からなる貴族階級が支配し、軍人は戦車に乗り、青銅の武器と甲冑を使用した。ミケーネの影響力は広範囲にわたり、トロイなど多数の都市と交易を行っていた。ミケーネがトロイを襲撃したのは、略奪のため、または同地域の交易網の要衝に永続的な支配を確立するためと見るのが妥当だが、事実ともっともらしい話の間にはかなりの隔たりがある。トロイ戦争には、何らかの歴史的根拠があるとしても、伝説にすぎないのである。

海の民の襲撃

エジプト新王国

日付	前1176年
兵力	海の民/不明、エジプト軍/不明
死傷者等	信頼できる推計なし
場所	エジプト北部のナイル川河口

ファラオ、ラムセス3世(前1184–前1150)の治世に、エジプトはいわゆる「海の民」の襲撃に脅かされる。海の民の詳しい起源は判明していないが、アナトリアから来たと考えられている。海の民は海上のみならず陸上でも戦い、シリアとパレスティナ(海の民にはペリシテ人が含まれていた)の各地を占領したが、エジプト人に強烈な印象を与えたのは船の影響によるところが大きい。エジプトの地中海沿岸が襲撃されると、ラムセス3世は海軍を結集して反撃に出た。その結果は史上初の海戦として記録されている。エジプトの船は、海ではなくナイル川での使用に合わせて設計されていたため、エジプト側はナイル河口のデルタで敵を迎え撃った。両軍の船とも帆を備えていたが、近づいて戦闘を仕掛ける際には機動性を高めるためにオールも使ったはずである。エジプト軍は敵を近くに引き寄せ、甲板やマスト上の兵士が矢や投槍、石などの投射兵器を放った。海の民の船団がデルタの狭い水路に進入すると、岸からもエジプト軍が矢を放った。剣と盾で武装したエジプト兵が敵の船に乗りこみ、マストなどに引っ掛けた錨を引っ張って船を転覆させた例もある。海の民は大敗を喫した。あるエジプトの銘文によれば、敵軍は「皆殺しにされ、ガレー船の船尾から船首までその死体が累々と横たわっていた」という。

海戦
エジプトのレリーフ。ナイル川のデルタにおける海の民との戦いを描いたもの。船同士の戦いではなく、船上の兵士たちの戦いである。

ギルボア山の戦い

イスラエルの台頭

日付	前1100年ころ
兵力	イスラエル軍/不明、ペリシテ軍/不明
死傷者等	信頼できる推計なし
場所	イスラエル北部のエスドラエロン平野

聖書によれば、イスラエルの王サウルは王国に攻撃を仕掛けたペリシテ人との戦いに赴いた。人数も武器もイスラエル軍より優勢な敵に対し、サウルはゲリラ戦術を用いたが、結局はペリシテ軍と対戦することになった。イスラエル軍は、ペリシテ軍が戦車を利用できる平地では勝算がないと見て、険しく岩がちなギルボア山の尾根に退いた。しかしペリシテ軍は険しい地形をものともせず、尾根に猛攻撃を加えてイスラエル軍に大打撃を与えた。3人の息子を含め自軍の兵士たちが倒れていくなか、サウルは敵の手に落ちるより自ら命を絶つ方を選んだ。

紀元前3000年–後476年

メソポタミアの勢力

メソポタミアの勢力

紀元前9-前5世紀の大方の期間、近東は単一の国家に次々と支配された。まずアッシリア、次いでバビロニア、最後がペルシアである。こうした強大な帝国はよく組織された大規模な軍隊を用い、支配を拡大し強化した。当時の武器は鉄製が主流となり、騎兵と攻囲用の兵器が軍隊に加わっていた。

盛衰
アッシリアは前10世紀から広大な帝国を発達させ、前7世紀までそれを妨げるものはなかった。

アッシリア

紀元前9-前7世紀中ごろ、アッシリアは一段と効果的な戦争を開始した。アッシリア軍は、その支配に逆らう者がいれば復讐のために拷問、虐殺、大量の国外追放を行い、大変恐れられた。ティグラト・ピレセル3世(治世／前745-前727)の下で絶頂を極めたアッシリアには、階級的に組織された大規模な軍隊があり、職業軍人として雇われた将軍が各部隊を率いた。ティグラト・ピレセルの軍隊には様々な民族が交じり、外国人傭兵と戦争捕虜が大きな位置を占めていた。こうした兵士たちには定期的な支払いがあり、国の武器庫から武器やその他の物資を支給した。

ペルシア

ペルシア帝国の建国者にちなんで命名されたアケメネス朝も、騎馬隊を軍隊の中心に据えていた。アッシリアと同じく、帝国中から様々な民族の徴集兵や傭兵を集めた。民族によって専門とする役割が決まっており、ギリシア人傭兵は歩兵、フェニキア人は水夫、メディア人とスキタイ人は騎兵として活躍した。厳しい訓練によってこうした戦力は統制のとれた軍隊にまとめられ、必要とあればペルシアの見事な道路網に沿ってすばやく移動し、帝国を防衛し、または拡大することができた。

アッシリアの戦車
二輪戦車を描いた前8世紀アッシリアのレリーフ。このころ、3頭立て、または4頭立ての戦車も使われ始めた。

ペルシア王
ダレイオス大王(前548-前486)の征服によって、アケメネス朝ペルシアの国境が固まった。

騎馬兵

アッシリアは戦車を使い続け、従来より重い4人乗りを導入したが、紀元前8世紀末には騎馬隊の方が重要な位置を占めるようになった。スキタイ人などステップの騎馬民族が、馬に乗った軽装備の射手がいかに効果的かを見せつけていた。騎馬兵は敵より速く走り、強力な複合弓で相手に次々と矢を浴びせることができた。アッシリア帝国末期には、騎馬の射手は軍隊の主要な構成要素となり、槍で武装した騎兵もいた。騎馬隊の登場によって、戦場での機動性はさらに向上した。

スキタイの金工芸
2400年前のスキタイの金製の櫛。戦う騎手をかたどったもの。騎馬隊の有効性を最初に示した民族にふさわしい品である。

メソポタミアの勢力

アッシリアの征服
カルカルの戦い

日付 前853年
兵力 アッシリア軍／最大100,000人、シリア率いる同盟軍／約70,000人
死傷者等 同盟軍14,000人（アッシリア軍の主張）
場所 シリア西部のハマス北西

紀元前9世紀までに、アッシリアは軍事力で広大な帝国を支配し、領土を拡大することで、西アジア最強の国家となった。しかし前853年、イスラエル王アハブなど地中海東岸域の12カ国が、アッシリアのさらなる征服に抵抗しようと、ダマスカスのハダデゼルを中心に同盟を結成した。アッシリア王シャルマネゼル3世はこの同盟に対抗して大軍勢を動員し、かつてない大規模な戦争が行われた。シャルマネゼルは抵抗勢力を一蹴しつつ、ティグリス川とユーフラテス川を越えてシリアへ到達した。カルカルの町を略奪した後、オロンテス川近郊でシリアの率いる同盟軍と対峙した。アッシリア軍は戦車隊、騎馬隊、歩兵隊で構成されていた。アッシリアのレリーフを見ると、騎兵は2人一組で横に並んで戦い、一方が両方の手綱を取り、他方が複合弓を射っている。はるかに数の多い歩兵は、大部分が弓か槍を使った。おそらく歩兵も2人一組で戦い、槍兵が槍と盾で相手を守ったと思われる。アッシリア軍同様、シリア率いる同盟軍も、アハブ王が提供したものを中心に数千両の戦車を配備していたものの、騎馬兵はかなり少なかった。奇妙なことに、同盟軍にはアラビ

しなやかな鎧
青銅の小札をより糸で結び合わせたもの。おそらくアッシリア軍の防護用帷子の一部である。

ア王が用意したラクダ部隊が参加していたが、どのように用いられたかは不明である。実際、戦いの経過については何一つ記録されていない。シャルマネゼルは敵に1万4000人の死傷者を出し、無数の戦車と馬を獲得して勝利したと主張している。しかし敵側で王座を追われた者は誰もいない。ハダデゼルもその後12年間ダマスカスを支配し、さらに5、6度アッシリア軍と戦いを交えている。前8世紀、ティグラト・ピレセル3世の治世になってようやく、アッシリアはシリアとパレスティナを征服することができた。

アッシリアの征服
ラキシュの攻囲

日付 前701年
兵力 アッシリア軍／不明、ユダ軍／不明
死傷者等 信頼できる推計なし
場所 イスラエル南部のテル・ラキシュ

紀元前701年、アッシリア王センナケリブはパレスティナへ侵攻したが、その目的はエジプトに扇動されてアッシリア支配に反抗したと思われる人々を罰することだった。反乱民の中にユダ族が含まれていたため、センナケリブの軍はユダ王国の都エルサレムと城壁で囲まれたラキシュを攻囲し

破壊兵器
センナケリブの宮殿を飾るレリーフの細部。アッシリアの攻囲用兵器が、破壊槌で城壁を打ち壊せるよう傾斜路を上り、両軍の射手が攻撃しあっている。

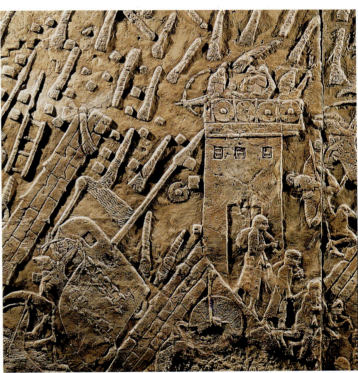

た。ラキシュの攻囲は、センナケリブが後にニネヴェの宮殿の装飾に使ったレリーフに描かれているため、とくによく知られている。門前に到着したアッシリア軍は、「城門を開けば慈悲を与えよう」と住民に降伏を呼びかけた。しかしユダ族は抵抗を選び、攻囲が開始された。アッシリア軍はラキシュを包囲したが、封鎖が功を奏するのを待つ代わりに襲撃の準備をした。初め、盾持ちを伴った歩兵の射手が前方へ送られた。射手は、上部が湾曲した大型の盾で敵の矢から守られ、城壁の防御に当たる兵士を強力な複合弓を使って射落とした。この射手に援護され、工兵が城壁へ向かった。ニネヴェのレリーフでは、工兵が城壁の基部を崩し、土台の下を掘ろうとしているが、その主な作業は、土を積んで城壁の半ばまで届く急な傾斜路を建設することだった。それが済むと、工兵は表面を滑らかにするため石板で舗装した。アッシリア軍の考えは、この傾斜路を用いて攻囲用の兵器を運び、城壁の頂点を攻撃するというものだった。その兵器は、四輪を備えた木製の塔である。塔上部には射手が配置され、下部からは1、2本の破壊槌が突き出ている。両軍が用いたと思われる火矢から守るため、塔全体を湿らせた革で覆った。兵士たちは、この塔を傾斜路の上まで押し、破壊槌で城壁を打ち壊し、射手は防備を固めた町の中へ矢を放った。同時にアッシリア軍の歩兵が、やはり矢や石の援護射撃によって守られつつ、攻城ばしごを用いて城壁の別の部分を攻撃した。ラキシュの攻囲がどれほど

包囲戦

アッシリア軍の一番の恐ろしさは、包囲戦の能力だった。長期の封鎖を行って待つより、アッシリア軍は町を襲撃する方を選んだ。必要な技術を備えた工兵が、城壁の土台を崩し、傾斜路を築いた。この傾斜路を使って攻囲用の兵器を押し上げたのだが、兵器は破壊槌を組み入れた塔で、射手が配置されていた。包囲した都市が陥落すると、アッシリア軍は住民を殺戮、あるいは追放した。

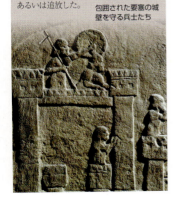

包囲された要塞の城壁を守る兵士たち

続いたのか、両軍がどれほどの死傷者を出したのかは不明だが、激戦が繰り広げられたと思われる。アッシリア軍は城壁内へ乱入し、虐殺を行った。ニネヴェのレリーフには、杭に刺されたり、命乞いをしたりする人々が描かれている。実際に数百人にのぼる男女、子供が虐殺されたという考古学的な証拠がある。ラキシュとは対照的に、アッシリア軍はエルサレムの攻囲には失敗した。襲撃によって町を陥落させることができず、長期に及ぶ封鎖の後、包囲を解いた。おそらく野営地で病気が発生したためだろう。

しかしセンナケリブの治世末期、アッシリアは再びこの地を攻め、ユダヤを帝国に組み入れた。

> 「歩兵に攻撃させ、地を掘り、城壁に穴を開け、攻囲用の兵器を用いることで、破壊槌が届くよう傾斜路を建設することで、……私は46の町を征服した」
>
> センナケリブ『旧約聖書』列王記・下18章

紀元前3000年 — 後476年

メソポタミアの勢力

アッシリアの征服
ディヤーラ川の戦い

日付	前693年ころ
兵力	アッシリア軍/不明、エラム/不明
死傷者等	信頼できる推計なし

場所 メソポタミア中部のディヤーラ川

紀元前694年、アッシリア王センナケリブは、エラムに侵攻し町々を略奪した。帝国に南接する地に住み、頭痛の種となっていたエラム人を支配下に置くためである。エラム人はひるまず、翌年バビロニア南部のカルデアと同盟軍を組織し、反撃に乗り出した。両軍はディヤーラ川で対峙した。センナケリブの宮廷に仕える年代記作者によれば、王は「羊の喉を切るようにエラム軍兵士の喉を切り、戦士の死体が牧草のように野を埋め尽くした」。エラム側の記録は残っていないが、アッシリアが珍しく翌年に軍事行動をとっていないところを見ると、アッシリア軍も多くの死者を出したようである。

アッシリアの征服
ニネヴェの陥落

日付	前612年
兵力	アッシリア軍/不明、バビロニアとメディア軍/不明
死傷者等	信頼できる推計なし

場所 イラクのモスル近郊

紀元前626年、当時アッシリア帝国の支配下にあったバビロンで、ナボポラッサルという出自のよく知られていない人物が王位に就いた。前616年までに周辺のアッシリアの守備隊を駆逐すると、ユーフラテス川中流沿いのアッシリア領への攻撃を開始し、諸都市を略奪した。アッシリア軍の反撃も空しくナボポラッサルはさらに北上し、前615年にはアッシュールへ至るまでアッシリア中心部に勢力を拡大した。しかしアッシュールでは大敗を喫し、ティクリートの要塞へ避難しなければならなかった。それでもアッシリアは同時期に別の敵メディアから攻撃を受け、勝ち戦を徹底することができなかった。ウマキシュタル率いるメディアがバビロニアと同盟を結んだことが、アッシリアの運命を決定した。前612年、ウマキシュタルとナボポラッサルの軍はバビロニアで合流し、アッシリアの首都ニネヴェに向けて北へ進軍を開始した。3カ月間の攻囲の末、ニネヴェは陥落した。アッシリア王シン・シャル・イシュクンは殺害され、町は略奪されたようである。アッシリアはエジプトの支援を受けて戦い続け、首都を西のハランへ移したが、前608年にはハランも陥落した。アッシリア帝国の滅亡である。

騎馬隊
アッシリアの戦士を象（かたど）ったテラコッタの型。盾で武装し、馬に跨っている。

槍、矢、戦車
アッシリアのレリーフ。戦車には、初期の円盤状の車輪から発達したスポークつき車輪が備わっている。しかし前1000年紀の間に騎馬隊が戦車に取って代わった。

バビロニアとエジプトの戦争
エルサレムの陥落

日付	前586年
兵力	バビロニア軍/不明、ゼデキア軍/不明
死傷者等	信頼できる推計なし

場所 エルサレム（イスラエル）

紀元前6世紀、パレスティナの諸国家は対立するバビロニアとエジプトの板挟みになっていた。ユダ王国のゼデキアがエジプト側につくと、バビロニアの支配者ネブカドネザルはユダ王国の首都エルサレムを攻囲し占領した。住民の多くが捕虜としてバビロンへ連行された。しかし、この教訓は生かされなかった。10年後、エジプトのファラオ、ホフラがパレスティナに侵攻し、バビロニアの守備隊を駆逐すると、ゼデキアは再びエジプトと同盟を結んだ。これに対してネブカドネザルは強力な軍をパレスティナに急派し、エジプト軍が撤退を余儀なくされると、ユダ王国はバビロニアに復讐されることになった。エルサレムは18カ月間包囲され、聖書によれば、ついに「国の民の食糧が尽きて」しまった。ゼデキアとその軍は攻囲軍の手に町を残して去ったようだが、エリコの野でバビロニア軍の追跡に遭い、そこでゼデキアは自分の目の前で息子を殺された。その後、ゼデキアは目をつぶされ、大部分のユダ族とともにバビロニアへ連行された。

キリスト教徒の見方
エルサレム陥落を描いた近代初頭のタペストリー。戦士たちの服装と武器はオスマン軍のものである。

古代世界の戦争

エジプト対イスラエル
メギドの戦い

日付 前609年
兵力 エジプト軍/ユダ軍を大幅に上回る（推定）
死傷者等 信頼できる推計なし
場所 イスラエル北部のハイファ近郊

紀元前605年、エジプトのファラオ、ネコ2世は、バビロニアの指導者ナボポラッサルにアッシリア西部でなお抵抗を続けていたアッシリア軍を支援するため（ニネヴェの陥落を参照）、パレスティナを通って進軍した。バビロニア側についたユダの王ヨシヤは、ネコの北進を妨害するために軍を動員。聖書によると、ネコはヨシヤに、ユダと争う理由はないから、軍を通過させるよう要求した。しかしヨシヤは「引き返さず、……メギド平野の戦いに臨んだ」。戦いの詳細は不明だが、両軍とも多数の戦車を用いたようだ。ヨシヤは矢を受けて死亡し、エジプト軍が勝利した。しかしネコの優位はこの勝利によって長続きしたわけではない。ネコはシリアに進軍し、かつては偉大だったアッシリア軍の残存勢力に合流したが、ユーフラテス川西岸のカルケミシュで、ナボポラッサルの息子ネブカドネザル率いる軍から攻撃を受けた。エジプト軍とアッシリア軍は激戦の末敗れ、ネコはエジプトに敗走し、その威信は失墜した。預言者エレミヤは皮肉を込めて「エジプトの王ファラオは騒ぎ立てるだけだ」と書き残している。アッシリアの大義はもはや顧みられなかった。

戦略的要衝
古代都市メギドの遺跡。前1468年、前609年、後1918年に戦場となった。

戦車

エジプトの戦車は、最高の速度と機動性を求めて設計された軽量戦車だった。主に放射兵器の移動型発射台として働き、揺れ動く台を使って訓練された戦士がこの発射台から矢や投槍を放った。また、その驚異的な速さを利用し、戦場への機材の運搬や負傷者の救出にも使われた。

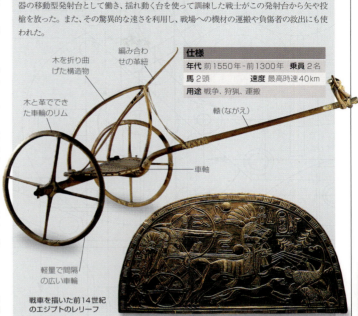

仕様
年代 前1550年–前1300年 **乗員** 2名
馬 2頭 **速度** 最高時速40km
用途 戦争、狩猟、運搬

木を折り曲げた構造物／編み合わせの革紐／木と革でできた車輪のリム／轅（ながえ）／車軸／軽量で間隔の広い車輪

戦車を描いた前14世紀のエジプトのレリーフ

ペルシアの征服
サルディスの戦い

日付 前546年
兵力 ペルシア軍/約50,000人、リュディア同盟軍/不明（敵軍を上回る）
死傷者等 信頼できる推計なし
場所 アナトリア、サルディス郊外のティンブラ平野

紀元前550年、ペルシアの支配者キュロスの勢力基盤は、同王が古代イランのメディア王国を制圧すると帝国に拡大。メディア奪取により、アナトリア西部の大勢力である隣国リュディアと対立が生じる。前547年のプテリアの戦いでは決着がつかず、キュロスはリュディアに侵攻し、首都サルディスに進軍。リュディアの支配者クロイソスは、エジプト、バビロニア、スパルタの同盟軍に支援され大規模な軍を編成し、ペルシア軍を迎えた。数で敵軍を下回るキュロスは、防御のため方陣を敷き、装備を積んだラクダを先頭に、射手を中央に配置した。ラクダの匂いでリュディア軍の馬が騒ぎ出し、リュディアの攻撃は混乱に陥った。その間、ペルシア軍の方陣内から射手が高弾道で矢を放ち、リュディアと同盟軍は隊列を乱した。ペルシアの反撃でたちまち敵軍は総崩れとなり、まもなくサルディスは陥落した。

王の戦士
「不滅隊」と呼ばれたペルシアの精鋭部隊。1人が死ぬとすぐに代わりが配置されたため、この名がある。

ペルシアの征服
バビロンの陥落

日付 前539年
兵力 ペルシア軍/不明、バビロニア軍/不明
死傷者等 信頼できる推計なし
場所 イラク（メソポタミア南部）

紀元前546年にリュディアを征服した後、ペルシアの支配者キュロスはバビロニア王ナボニドゥスと対決する。前539年、古代の文書によれば「川の水のごとく無数の大軍勢を率いて」キュロスはバビロニアに侵攻。ティグリス川東岸のオピスでバビロニア軍を破り、町の財宝を略奪した後、住民を虐殺した。しかし、これはバビロニアの年代記に記された一面にすぎない。キュロスを讃えて書かれた文書によれば、キュロスは反発も受けずに平和的に進んだという。軍は「腕を体の横につけて行進し」、「戦いも争いもなく」バビロンに入城した。実際には、バビロン攻囲のためにキュロスは将軍ゴブリアスをまず派遣したようである。攻囲が成功すると、ゴブリアスはバビロンを占領し、ナボニドゥスを捕らえたキュロスは住民の解放者として、バビロンへ平和的に勝利の行進を行うことができた。この状況はある程度、納得がいく。なぜなら、祭司を含めバビロンの住民はナボニドゥスの支配に苦しんでいたからである。

前590/580年ころ–前529年
キュロス大王 CYRUS THE GREAT

アケメネス朝ペルシア帝国の建国者であるキュロスは、メディア王アステュアゲスを倒して王国の支配権を獲得したのを手始めに目覚ましい征服事業に乗り出した。リュディアのクロイソスを破る紀元前546年までに、キュロスはイラン西部、メソポタミア北部、アナトリアの大部分を支配していた。バビロン占領とその後の軍事活動によって、ペルシアの支配は地中海からインド国境に至る広大な領域に及んだ。キュロスの軍事的成功は、帝国各地から集めた大規模な軍隊を組織し補充していく、類まれな能力のなせる業だった。さらに、キュロスは宗教に寛大だったため、征服した民族の多くから支持を得ていた。

紀元前3000年–後476年

ギリシアの勝利

紀元前7世紀ころからギリシアで繁栄した都市国家は、アッシリアやペルシアといった強大な帝国と比較すると、小規模で明らかに力のない統一体であった。ところが、槍を携えた歩兵として接近戦で戦うギリシアの市民軍は、ペルシアの国民兵の手に負えなかった。前4世紀にはマケドニア王国のギリシア人が地中海からインドに及ぶ帝国を築いた。

防備を固めた高地
他のギリシアの都市同様、アテネのアクロポリスは敵に市を包囲された時の防御として、塀で囲んだ要塞都市になっていた。

スパルタとアテネ

都市国家の中の2大強国はスパルタとアテネだった。スパルタでは、完全市民を7歳から訓練して戦争に備えることで、古代ギリシア最強の軍隊を作り上げた。スパルタ人は何よりも不屈の精神と健康を重んじ、毎日団体で鍛錬に励んだ。成人男性は共同で食事をとることが義務づけられ、各人が40人の兵士からなる隊に所属し、指揮官への服従を誓った。こうした隊がスパルタ軍の基本構成単位であり、都市国家軍隊の中でスパルタ軍だけが、明確な上意下達式をとっていた。一方、アテネ軍を構成する市民は特に訓練されてはいなかったが、市民の第一の義務は戦うことという信念を共有していた。スパルタは陸上戦で優れていたが、海を支配したのはアテネの戦艦だった。

都市国家の戦争

古代ギリシアの都市国家で軍隊を支えていたのは自由市民で、必要が生じたときに主に重装歩兵として戦う義務を負った。都市国家間には紛争が絶えなかったため、市民は頻繁に徴兵された。市民軍の規模は小さく、長期の軍事作戦は行えなかった。重装歩兵の大部分が農民で、1年のうちの農繁期には帰宅する必要があったからである。しかし戦闘は無情かつ残虐で、槍を用いる接近戦の戦いであった。

ギリシアの甲冑

ギリシア人は紀元前8世紀に青銅製の甲冑を採用した。武具一式は兜、上半身用の胴よろい、膝と向こうずね用のすね当てという構成であった。重装歩兵特有の装備でまず第一に必要なのが盾、その次に槍と剣、最後が甲冑であった。しかし、都市国家兵の全員が甲冑を身につけたわけではなかった。重装歩兵は自分で甲冑を用意しなければならず、多くは兜だけ、あるいは兜とすね当ての備えで精一杯だった。そのため、青銅製甲冑一式はステータスシンボルであり、裕福さを誇示できた。

頬あて付きの青銅製兜

板金2枚を革紐を使って両脇でつなぎ合わせた青銅製胴よろい

鋳型が戦士の筋肉の理想像を表している

青銅製武具一式
ギリシア重装歩兵の甲冑は保護を目的としていたが、同時に注意を引くようにもデザインされていた。輝くほどに磨き上げれば、自慢して見せびらかすことができた。

マケドニア勢力の出現

古代ギリシアで理想とされた戦争の形は、市民軍重装歩兵によるファランクス（密集隊形）の戦いだった。ところが現実の軍隊は、市民、非市民、傭兵の混成部隊だった。一般に貧しい者ほど散開員として戦い、石や矢を使ってファランクスを擾乱し、一方、ペルタスト（小盾を持った軽装歩兵）は槍投げの特別訓練を受けており、時には頑健なスパルタの重装歩兵を打ち負かすほど有能であったことが証明されている。ギリシア人は最終的に北の隣人のマケドニア人（文化的にはこちらもギリシア風）に支配されるようになる。マケドニア人は、ファランクスで戦う職業歩兵、徒歩と騎馬の散開員、首領に同行する精鋭騎兵隊という独特の戦闘様式を完成させた。

ギリシア対ペルシア
前5世紀初頭、単独ではほとんど勝ち目がなかったギリシアの都市国家は、ペルシアによる断続的な波状攻撃を撃退するために団結した。

敵と対峙
ギリシアの重装歩兵（右）が二輪戦車（乗車しているのはおそらくペルシア人）に立ち向かう様を描いた古代の花瓶画。

マケドニアによる征服

フィリッポス2世とアレクサンドロス大王がギリシアのファランクスを改革し、また、戦場では槍騎兵の役割が極めて重要になった。重装歩兵は以前より密集して奥行きが増した陣形をとるようになり、各兵士は両手で扱う6-7mの長い槍（サリッサ）を持っていた。アレクサンドロスの見事な指揮の下、騎兵隊、歩兵ファランクス、軽装散開員が最大の効果をもたらすよう組み合わされ、その結果アレクサンドロスは、ペルシア帝国から東はインド北部までのアジアを支配下に入れ、過去に類を見ない規模の征服を達成した。アジアとの交戦による影響はアレクサンドロス死亡前から顕著に現れ、マケドニア軍の要職にペルシア人が就いていた。アレクサンドロス帝国の後継国（ペルシア、エジプト、ギリシア）でも引き続きアジアの影響が見られたが、こうした国々はその後台頭してくるローマの攻撃に弱いことが判明する。

アレクサンドロスの騎兵隊
アレクサンドロスの石棺に生き生きと描写されたペルシアの騎手。鞍もあぶみもなく馬にまたがり、マケドニアと戦っている。

ファランクス

古代ギリシアの歩兵は、一般に縦8列の密集した陣形のファランクスで戦った。各重装歩兵は左側には盾（ホプロン）、右手には長さ約2mの突き槍を持った。敵対するファランクスが対峙した場合、盾と盾がぶつかり合うまで前進してから全体重をかけて押し合うが、その間、前列の兵士は野球の上手投げの要領で槍を振り回し、敵を突き刺した。

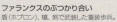

ファランクスのぶつかり合い
盾（ホプロン）、槍、剣で武装した重装歩兵。

ギリシア・ペルシア戦争

紀元前5世紀初頭、アナトリアのギリシア人は拡大を続けるペルシア帝国の支配に対して反乱を起こした。ギリシアの2都市国家、アテネとエレトリアの支援にもかかわらず、ペルシアの皇帝ダレイオス1世が反乱を圧服した。皇帝は反乱を支援したギリシアの都市国家を罰することにした。ペルシアが初めてギリシアへ侵攻した前490年、マラトンで撃退されることになるが、その10年後、ダレイオス1世の後継者クセルクセス1世が断固とした姿勢で征服に力を注いだ。ギリシア人は今一度抵抗に立ち上がり、テルモピュライでペルシア軍を足止めさせ、サラミスとプラタイアで撃破した。アテネ率いる同盟が前448年まで地中海でペルシア軍と戦争を続けたが、ギリシアが再度侵攻されることはなかった。

マラトンの戦い

ギリシア・ペルシア戦争

日付 前490年
兵力 ペルシア軍/20,000-25,000人、ギリシア/10,000人
死傷者等 ペルシア軍/死者6,400人、ギリシア/死者192人
場所 アテネの北東42km

ダレイオスは紀元前490年にギリシア侵攻軍を送り出したが、この軍隊を率いたのはメディア人の将軍ダティスだった。三段櫂船（31ページ参照）600隻の艦隊で地中海を渡ったペルシア軍は、主要標的のアテネに近いマラトンに上陸。アテネ人はその間、重装歩兵を招集して北へ進軍したが、合流したのはプラタイアの小部隊だけだった。アテネの司令官はマラトンに到着すると、直ちにペルシアと戦うべきか、同盟軍のスパルタを待つべきか、激しく議論した。アテネ軍で最も攻撃的なミルティアデスが議論に勝ち、ギリシア軍は直ちに前進してペルシアの大軍に立ち向かった。重装歩兵が2本の川の間で幅広いファランクスの陣形をとった。多勢のペルシア軍に側面を包囲されないように、ミルティアデスは陣形を広げる必要があったが、そのため中央部が手薄になった。切り倒した木で側面を防御したとする資料もある。人数的に少ないギリシアの歩兵が密集した隊形でまっすぐ敵に向かって攻撃的に前進し、ペルシア軍を驚かせた。両翼ではペルシア軍の前線が突撃で崩されたが、中央部ではペルシアの援軍が放つ雨あられのような矢と戦斧でギリシア軍のファランクスが乱れた。ギリシア軍両翼の重装歩兵が激しい追撃から戻って応酬し、両側からペルシア軍の中央を取り囲んだ。打ち負かされたペルシア軍が三段櫂船に戻ろうとしたため、戦闘は海岸でまとまりのない乱闘になった。ペルシア軍の約3分の2が逃走。アテネの言い伝えによると、ギリシア軍の勝利を知らせるために伝令フェイディビデスがアテネまで走った。「マラソン」の起源である。

勝利の宝庫

デルフォイにあったアテネの宝物庫ではマラトンの勝利を祝い、アポロ神への供え物として戦利品で宝物庫を一杯にした。

> 「ギリシア軍は駆け足で向かっていき、ペルシア軍はそれを迎え撃つ態勢をとった。ペルシア軍からは、アテネ人は正気を失い、破滅を目指しているように見えた。なぜなら、走ってくるのはわずか一握りばかりの兵のみで、騎兵も射手もいなかったのである」

戦争の証人
ヘロドトス HERODOTUS

ギリシアの歴史家ヘロドトス（紀元前485?–前425）が本書のギリシア・ペルシア戦争部分の主な情報源である。戦後生まれのため自分が描写する出来事を実際に見ることはできなかったが、ヘロドトスの記述には目撃者から聞いたと思われる鮮明な詳細が盛り込まれている。

ギリシア・ペルシア戦争
テルモピュライの戦い

日付 前480年8月
兵力 ギリシア軍/7,000人、ペルシア軍/200,000人
死傷者等 ギリシア軍/2,500人、ペルシア軍/20,000人
場所 ギリシア北部のテッサリア

紀元前486年、ペルシアのクセルクセス皇帝が父ダレイオスの跡を継いだ。帝国の拡大とマラトン敗戦の報復を決意したクセルクセスは、ギリシア征服を目指して周到な準備を始めた。大部分のギリシアの都市国家はこの新たな脅威に直面し、屈服してペルシアの宗主権を受け入れる道を選んだ。しかし、アテネに加え、スパルタなどのペロポネソス半島の都市国家は反抗をやめなかった。クセルクセスは前480年に準備を終え、軍を率いてヘレスポントス海峡（アジア本土と欧州の間。ダーダネルス海峡の古名）を渡り、艦隊を伴ってギリシア北部の海岸線を下った。アテネの司令官テミストクレスは、アテネからかなり離れた北部で、陸と海からペルシア軍を攻撃するよう、ペロポネソス半島の同盟国を説得した。スパルタのレオニダス王は重装歩兵と散開員を率い、カリドロモ山と海の間の狭い隘路のテルモピュライに陣取った。その間、主にアテネの船からなる三段櫂船の艦隊はエウボイア島付近に停泊していた。ペルシア海軍は海岸線を下る途中で嵐に遭ってひどく弱体化し、アルテミシオンにおけるギリシア軍との戦闘では慎重に戦い、勝敗がつかなかった。しかし陸上では、ペルシア軍はギリシア軍を圧倒した。レオニダスの部隊は兵力では圧倒的不利だったが、3日間山道を死守し、ペルシア軍は戦場の狭さゆえに数的有利を活かすことができなかった。クセルクセスの精鋭王室警護隊である不滅隊を相手にしても、一対一になるとギリシア

飾りをつけた英雄
テルモピュライの英雄レオニダスの像。兜には馬毛の前立てがつき、盾にはゴルゴンの頭部の飾りがついている。

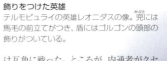

は互角に戦った。ところが、内通者がクセルクセスにテルモピュライを迂回する山道を教えたため、ギリシア軍は破滅を迎える。ペルシアの不滅隊がギリシア軍の背後に姿を現した時、ギリシア軍の運は尽きた。レオニダス王と王率いる300人のスパルタ人重装歩兵に加え、1000人ほどのギリシア兵は、死ぬまで勇敢に戦った。

戦地
前480年、テルモピュライは山々と海の間の狭い道だったが、堆積物により今では広い海岸平野になっている。

ギリシア・ペルシア戦争
サラミスの海戦

日付 前480年9月
兵力 ギリシア軍/300-500隻、ペルシア軍/500-700隻
死傷者等 ギリシア軍/40隻、ペルシア軍/200-300隻
場所 ギリシアのサラミス島沖

テルモピュライの戦い後、ペロポネソス半島にある都市はコリントス地峡の南へ兵を引いてしまったため、アテネを防御できなくなった。アテネの司令官テミストクレスは、できるだけ多くのアテネ住民をギリシア艦隊に乗せてピレウスへ南下し、比較的安全なサラミス島に降ろした。ペルシア軍はアテネのアクロポリスを短期間包囲した後、占拠し、内部の物すべてを略奪するか焼き払った。こうした大惨事の中でも、テミストクレスは海戦で勝利すれば形勢を逆転できると確信していた。ギリシア艦隊はサラミス島と本土の間の水路に避難していた。テミストクレスは狭い水路にペルシア艦隊をおびき寄せようと、クセルクセスに使者を

コリントの兜
顔を最大限保護するこの型の重装歩兵用兜は、前5世紀に普及していた。

送り、ペルシア艦隊が攻撃したら、アテネは寝返り、残りのギリシア軍は逃げるだろうと伝えた。すでに多数のギリシア人がペルシア軍に加わっていたため、テミストクレスの言葉には信憑性があった。翌日クセルクセスは、自分の艦隊の大半がサラミス水路の東端に漕ぎ入る様子を丘の上から眺めた。水路が狭くなるにつれ、三段櫂船は団子状態になって混乱が生じ、自由に動けなくなった。その時、ギリシア艦隊が攻撃を仕掛け、漕ぎ手隊が力いっぱい漕いで敵戦艦に激しくぶつかった。がっちりかみ合って動かなくなった戦艦上で、海軍歩兵と射手がぶつかって戦ったため、ほとんどの戦闘では弓矢、槍、戦斧が使われた。7時間続いた戦いの後、ペルシア艦隊は逃げるしかなかった。冬が近づき、海路を使った再補給が不可能になったため、クセルクセスは軍を北へ退却させた。

櫂漕ぎの戦争
当時のあらゆる海戦同様、サラミスの戦いでも目的は体当たりして敵艦を沈めるか、自艦上の兵士を敵艦に乗せることだった。

ギリシア・ペルシア戦争
プラタイアイの戦い

日付 前479年7月
兵力 ペルシア軍/100,000人、ギリシア軍/80,000人
死傷者等 ペルシア軍/50,000人、ギリシア軍/1,500人
場所 ギリシア本土、テーベ南方

紀元前479年、マルドニオス率いるペルシア軍は再度南へ行軍した。スパルタとアテネに加え、両都市の同盟都市が相当規模の陸軍を組織し、テーベの前でペルシア軍に対峙した。膠着状態が8日間続いた後、ギリシア軍はプラタイアイへの夜間退却を決定したが、この退却は大失敗だった。中央部は夜明け前に退却を終えたが、右翼のスパルタ軍と左翼のアテネ軍はまだ敵と距離を空けられずにいた。スパルタ軍を壊滅するチャンスと見たマルドニオスは、歩兵を送り出した。ところが、接近戦で無類の強さを誇るスパルタ軍がペルシア軍の歩兵多数を討ち取った。幸運にも、退却していたギリシア軍中央部が、ペルシア軍騎兵隊によるアテネ軍包囲の迎撃に間に合った。マルドニオスはスパルタ軍との戦闘で死亡し、逃げるペルシア兵が次々と討ち取られるにつれ、戦いはペルシア軍大敗の様相を呈した。翌月にもミュカレでギリシア軍が勝利を収め、ペルシアのギリシア侵攻に終止符が打たれた。

紀元前3000年-後476年

ギリシア対ギリシア

アテネの力を弱めようとしたスパルタがペロポネソス戦争（紀元前431－前404）を起こした。決定的な勝利を模索したアテネは、地上戦で優勢なスパルタに挑まざるを得ず、また、スパルタも海上を支配するアテネと戦わなければならなかった。スパルタ海軍がアイゴスポタモイで勝利すると、アテネの敗戦が決まった。前4世紀前半に起こった複雑な戦争では都市国家テーベがスパルタの重装歩兵より上手であることが証明されたが、アテネはこの戦争にも参戦し続けた。

ギリシアの戦争
同盟制度があったため、前5世紀末に起こったペロポネソス戦争にはギリシアの大部分とアナトリアの西岸が巻き込まれた。

ペロポネソス戦争
シラクサの包囲

日付 前415年－前413年
兵力 アテネ軍/30,000人、スパルタ軍/3,000人
死傷者等 アテネ軍/全員が死亡または捕虜
場所 シチリア島東岸

紀元前415年、アテネは政治家で将軍のニキアスの指揮下で遠征隊を送り、シチリア島におけるスパルタのギリシア人同盟都市、シラクサの攻略を試みた。三段櫂船100隻で海を渡ったアテネ軍は、上陸してシラクサを包囲した。当時のギリシアの軍隊には都市要塞を破壊する攻城兵器はなかったので、アテネ軍はシラクサの陸側に塀を築いて包囲しようとした。兵糧攻めで餓死させることが目的だった。ところが、前414年にギュリッポスに率いられて総勢3000人のスパルタ遠征軍が到着し、時間を要するアテネ軍の作戦を妨害した。ギュリッポスは、アテネが塀を建てようとしていた進路を遮る形で塀を構築し、アテネによる塀の完成を妨害した。デモステネス率いる援軍がアテネより到着したが、人的補強をしたに過ぎず、八方塞がりとなっていく状況に変わりはなかった。アテネ軍の野営地では病気が発生し、またシラクサ人に封鎖された港でアテネ艦隊は身動きがとれなかった。艦隊の包囲突破作戦が失敗に終わると、追い込まれたアテネ兵は陸路で逃走を試みた。残存アテネ兵7000人は、軽装部隊による弓矢、投槍、パチンコ攻撃に常時さらされ、山地で捕まり、遂に降伏した。将軍は処刑され、その他の兵士は死ぬまで働く奴隷としてシチリア島の石切場に送られた。

盾と槍
重装歩兵の木製盾は重さ7kgほどで、青銅張りのものもあった。槍の穂先は一般に鉄製で、反対側の端に青銅のスパイクをつけてバランスをとった。

ペロポネソス戦争
ピュロスの戦い

日付 前425年
兵力 アテネ軍/重装歩兵800人、その他2,000人、スパルタ軍/重装歩兵420人
死傷者等 スパルタ軍/死者128人、残りは捕虜
場所 ペロポネソス半島西岸

アテネとスパルタが紀元前431年に戦争を始めて以来、アテネはスパルタによるアテネ市壁外側への奇襲を防止できないでいた。アテネはデモステネスを司令官とした駐屯部隊をペロポネソス半島沿岸のピュロスに上陸させて反撃し、この駐屯地からスパルタへ奇襲を仕掛けた。前425年、スパルタは陸海協同作戦を展開したが、ピュロス奪回に失敗。さらに悪いことに、近隣のスファクテリア島に配置した重装歩兵がアテネ艦隊の到着で孤立してしまった。デモステネスは自ら800名の重装歩兵、多数の散開員とともに同島に上陸した。上陸軍の弓矢に追われたスパルタ軍は交戦できなかった。アテネ軍の攻撃に生き残ったスパルタ兵は捕虜となった。

ペロポネソス戦争
デリオンの戦い

日付 前424年11月
兵力 アテネ軍/重装歩兵7,000人、ボイオティア軍/重装歩兵7,000人、騎兵1,000人、軽装部隊10,000人
死傷者等 アテネ軍/重装歩兵1,000人弱
場所 ギリシア東中央部のボイオティアとアッティカ

将軍ヒポクラテス率いるアテネ軍はアテネの北西にあるボイオティアの略奪襲撃から戻る途中、同地域の軍隊に急襲された。ボイオティアのパゴンダス将軍は、アテネ軍からは丘に隠れて死角になる場所にファランクスを整列させた。ファランクスが丘を越えて攻撃を仕掛けたとき、アテネ軍は迅速に応戦しなければならなかった。アテネ軍は丘を登って突撃し、歴史家トゥキュディデスの言葉を借りると、敵対するファランクスは「逃げ回りながらお互い衝突し」、「残忍な戦闘でお互いの盾を押し合った」。右翼では縦25人のテーベのファランクスが、縦8人のアテネのファランクスを押し返したが、左翼ではアテネ軍の圧倒的優勢で、ボイオティアのファランクスが崩れると、ボイオティア兵多数が虐殺された。パゴンダスは騎兵隊に対し、攻撃に参加して弱い方の翼を支援するよう命令。パゴンダスが幸運だったのは、丘上に現れた騎兵隊をアテネ軍が新規援軍の参着と勘違いしたことだ。混乱が広がると、アテネ軍は後ろを向いてデリオン市の方向へ走り戻り、それをボイオティア軍が追撃した。ヒポクラテスを含むおよそ1000名のアテネ兵が殺された。

ギリシア対ギリシア

ペロポネソス戦争
アイゴスポタモイの戦い

日付 前405年

兵力 アテネ軍/戦艦200隻、スパルタ軍/不明

死傷者等 アテネ軍/拿捕または破壊190隻強

場所 トラキア沖のヘレスポントス海峡

アテネはシラクサの敗戦後、著しく弱体化した。スパルタは陸側からほぼ永続的にアテネを包囲。アテネによる海の支配を覆しさえすれば、スパルタの完全勝利であった。アテネは黒海から穀物を海路輸入して生き延びていたが、その生命線をスパルタに断たれると破滅しかなかった。紀元前406年、リュサンドロス提督の指揮の下、スパルタには新しい艦隊が整った。当初、戦いは勝ったり負けたりであった。リュサンドロスはエフェソスで勝利するも、スパルタの法律で提督の任期は1年と決まっていたため、任を解かれた。その後、アテネ軍はアルギヌサイでカリクラティダス率いるスパルタ軍に圧勝した。この敗戦を受け、ペルシアのキュロス王子は造船の資金を提供する代わりにリュサンドロスの復帰を要求した。前405年、アテネ艦隊はヘレスポントス海峡のアイゴスポタモイにあった。リュサンドロスはアテネ軍を追跡しながらも交戦は避け、対岸に陣取った。リュサンドロスがアテネ軍を観察すると、アテネ水兵にはお決まりの習慣があった。それは、毎朝出航して海を回ってから、昼食のために海岸に戻るというものだった。リュサンドロスは好機を見逃さなかった。船を1艘送り出してアテネ基地を偵察させた。アテネ兵の海岸上陸を知らせる信号が偵察船から届くと、スパルタ艦隊は敵艦に向けて下り、無人の三段櫂船を拿捕し、海兵を上陸させて海岸のアテネ兵を虐殺した。逃げ延びたアテネの戦艦はわずか8隻だった。飢餓に直面したアテネは翌年降伏した。

衝角攻撃
敵艦船体の破壊を目的として装備されたギリシア戦艦の大型衝角。

> 「ペロポネソス人は残りの船を襲撃したが、無人状態で拿捕した船もあれば、乗組員が乗船している最中に戦闘不能にした船もあった。まとまりなく、丸腰で乗船してきた男たちは自分の船で殺され、陸路を逃げたものたちは、下船した敵に殺害された。リュサンドロスは3000名を捕虜にし……〔そして〕勝利の笛を鳴らし、賛歌を歌って……帰還した」

戦争の証人
プルタルコス PLUTARCH

ギリシアの伝記作家プルタルコス(46-119?)が、スパルタのリュサンドロス将軍の伝記の中でアイゴスポタモイの戦いについて記している。プルタルコスが伝記を書いたのはペロポネソス戦争から5世紀後だが、当時の資料によると、プルタルコスの調査に抜かりはなかった。

> 「予期しなかった作戦に混乱したアテネ軍は、しばらく持ちこたえたが崩れ、その後すぐに船や野営地を見捨てて、各人が安全と思う方向へ逃げていった」
> ディオドロス・ディオドロス『歴史叢書』(前1世紀)

テーベ戦争
レウクトラの戦い

日付 前371年7月

兵力 スパルタ軍/11,000人、テーベ軍/6,000人

死傷者等 スパルタ軍/死者2,000人、テーベ軍/死者わずか

場所 ギリシア中部のボイオティア

紀元前379年、ボイオティアの都市国家テーベは、ペロポネソス戦争に勝利してギリシア支配を達成したスパルタに対して反乱を起こした。前371年、スパルタはボイオティアに侵攻。スパルタ軍はレウクトラ平野で重装歩兵を戦場全体に均等に展開したが、慣習に則り、指揮官と最強の歩兵を右翼に置いた。百戦錬磨で規模も大きいスパルタ軍は、テーベ軍を打ち負かすことに何の疑いも持っていなかった。ところが、テーベの指揮官エパメイノンダスは、これまでにない戦闘隊形(斜線陣)を採用した。重装歩兵を縦depth48列で左翼に集中させ、左翼には精鋭歩兵からなる神聖隊も配置した。中央部と右翼で手薄になった重装歩兵は、歩兵と騎兵の散開員が盾となり守った。エパメイノンダスの縦隊が敵の右側から突進して敵を散り散りにする間、散開員がスパルタ兵を阻止した。エパメイノンダスは次にスパルタ軍のむき出しになった側面を攻撃し、優れたスパルタ軍を敗走に追い込んだ。

マンティネイアの戦い

日付 前362年

兵力 両軍各25,000人

死傷者等 アテネ・スパルタ同盟軍/死者1,000人、捕虜2,000人、テーベ軍/同様の犠牲

場所 ペロポネソス半島のスパルタ北方

レウクトラでテーベが勝利して以来、ギリシアではテーベが優勢になり、軍事の天才エパメイノンダスがテーベの優位を確立した。スパルタとアテネが同盟を結んでテーベに立ち向かうが、テーベにとって深刻な脅威となったのは、他の都市国家が加盟した紀元前362年になってからだった。エパメイノンダスは戦略的主導権を掌握することで対応し、軍隊をペロポネソス半島奥深くまで送り込んだ。スパルタへの直接侵攻がスパルタ軍によって阻まれると、テーベ軍は方向転換し、スパルタの同盟都市の一つマンティネイアに迫った。アテネ軍が到着してテーベ軍の作戦を阻止し、アテネ、スパルタ、マンティネイアが連合してエパメイノンダスに立ち向かうことができた。通常どおり、エパメイノンダスは精鋭歩兵隊を布陣の左翼に配置し、それと同時にテーベの騎兵を両翼に展開させ、ハミッピポイ歩兵(騎兵隊に走ってついていくよう訓練された走兵)が騎兵を支援した。戦闘が始まるとエパメイノンダスは精鋭重装歩兵を率いて、敵の右翼を担っていたマンティネイア兵めがけて突撃し、それと同時に、テーベの騎兵隊が戦場からアテネの騎兵を一掃した。マンティネイア兵が逃走を始め、まさにテーベが勝利しようという瞬間にエパメイノンダスが殺された。テーベ軍は追撃を徹底させず、また指揮官も失ったため、テーベの優位もすぐに終わった。

紛争地帯
ペロポネソス半島のマンティネイアは3度戦場になった。1度目は前418年で、ペロポネソス戦争中、スパルタとアテネが戦った。2度目の前362年には、テーベに勝利をもたらした。3度目(最小規模の戦争)は、前207年のスパルタの敗戦だった。

ペリクレス PERICLES
前490?年-前429年

アテネの政治家ペリクレスは、アテネ黄金期の指導者であった。地中海周辺で貿易を発展させてアテネの利害を見極め、アテネの人々にギリシアとのつながりを断ち切るよう勧めた。長い市壁を巡らせてアテネとアテネの海港をピレウスの地点で囲い、海路による貿易を余儀なくさせた。その結果、アテネの経済は繁栄したが、ペリクレスの政策では紀元前431年のスパルタとの戦争を防ぐことはできなかった。失脚後、前429年の疫病で死亡した。

紀元前3000年-後476年

アレクサンドロス大王による征服

マケドニアのアレクサンドロスはその比類のない豪胆さをもって紀元前334年-前332年に強国ペルシアを打ち負かし、その結果ギリシアからインドにおよぶ帝国を作り上げた。アレクサンドロスは父フィリッポスから受け継いだ、圧倒的な騎兵隊、鍛え上げられた歩兵隊、外人部隊の軽装隊から成る軍隊でこの偉業を達成した。アレクサンドロスは全ギリシアを代表して戦争を遂行するという願望を宣言しており、軍隊の構成はその願望を反映していた。軍隊には、マケドニア人、テッサリア人、トラキア人のほかにクレタ島人とバルカン半島の人々も入っていたのである。アレクサンドロス自身は不屈の指揮者であり、常時主導権を握り、戦闘では敵の壊滅を求めた。

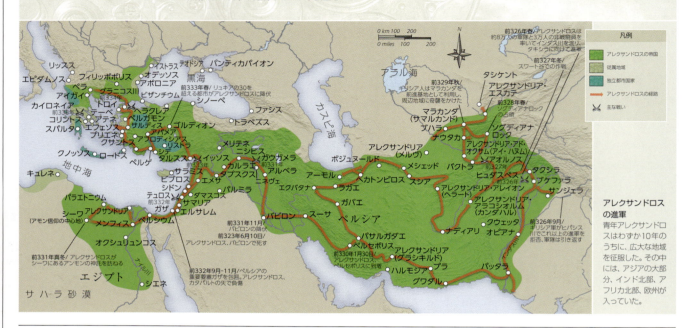

アレクサンドロスの進軍
青年アレクサンドロスはわずか10年のうちに、広大な地域を征服した。その中には、アジアの大部分、インド北部、アフリカ北部、欧州が入っていた。

マケドニア王フィリッポス2世の戦争

カイロネイアの戦い

日付	前338年
兵力	アテネ・テーベ連合軍/50,000人、マケドニア軍/32,000人
場所	ギリシア、テーベの北50km
死傷者等	アテネ・テーベ連合軍/20,000人、マケドニア軍/信頼できる推計なし

紀元前338年春、アテネ・テーベ連合軍がボイオティアの町カイロネイア付近でフィリッポス王率いるマケドニア軍に立ち向かった。アテネ・テーベ連合軍は数の上で優勢だったが、主に重装歩兵で構成され、多様性を欠いていた。対照的に、エパメイノンダス（25ページのテーベ戦争参照）の影響を受けたフィリッポスが作り上げた軍隊では、歩兵ファランクスは一要素に過ぎなかった。ファランクスの他、2000人の騎兵、飛び道具部隊、ヒパスピスト（ファランクスより柔軟に戦う精鋭歩兵）もいた。この戦いでは重要な転機が2度訪れた。一つは、フィリッポスが退却すると見せかけてアテネの重装歩兵を引きつけてから攻撃に転じた時であり、次はアレクサンドロス率いるマケドニア騎兵隊がテーベ軍を粉砕した突撃である。テーベの精鋭歩兵隊「神聖隊」は、300人が生存者46人になるまで戦い続けた。

前382年–前336年
マケドニア王フィリッポス2世 PHILIP II OF MACEDON

フィリッポスが王位に就いた紀元前359年、マケドニアはギリシア周辺の後進国だった。フィリッポスは精力的に統治し、外交・軍事面の革新を通じてマケドニアを強国にした。フィリッポスは生まれながらの戦士で（戦闘で片目を失う）、自らが作り上げた大規模常備軍に強靭さと規律を要求した。前338年のカイロネイアにおける勝利により、ギリシア支配権を手に入れたが、フィリッポスはこれを対ペルシア戦という大望の出発点にするつもりだった。しかしフィリッポスは前336年に暗殺され、その事業は息子のアレクサンドロスが引き継いだ。

アレクサンドロス大王の征服

グラニコス川の戦い

日付	前334年5月
兵力	マケドニア軍/40,000人、ペルシア軍/35,000人（ギリシア人傭兵20,000人を含む）
場所	アナトリア西部のグラニコス川
死傷者等	マケドニア軍/15,000人強

紀元前336年、殺害された父の跡を継いだアレクサンドロスは、テーベの反乱を容赦なく制圧し、ギリシアに対する支配を固めた。前334年には、亡き父が計画していたペルシア戦の準備が整った。アレクサンドロスの軍隊はヘレスポントス海峡を渡ってアナトリアへ入ったが、この作戦は大勢の兵士に加えて包囲攻勢用の兵器も必要とした。その後東進してペルシア領内に入ったが、海路補給を行うため、アレクサンドロスは海岸線に沿って進む計画だった。本隊の前を走っていた騎馬の斥候から、グラニコス川の対岸にペルシア軍が整列していると報告が入った。地元のペルシア軍司令官が招集した軍隊には、ギリシア人傭兵も多数いた。数の上ではアレクサンドロス軍が優勢だったが、ペルシア軍は強固な防御陣地を押さえていた。川の流れは速く、土手は急で、敵前で渡河するのは危険だった。夕方近くに

中世に描かれた戦いの模様
雨あられと降る投げ槍の中、アレクサンドロスの突撃騎兵隊がグラニコス川を渡る様子を描いたフランスの挿し絵。15世紀の作品。

川に到着したアレクサンドロスは、騎兵隊を引き連れて川を越え、攻撃を仕掛けた。対岸で交戦となり、馬と馬が押し合い、ペルシア軍の騎兵隊がマケドニア軍を川に押し戻そうとした。この戦闘の真っ最中、アレクサンドロスは槍を失い、危うく命も落とすところだった。しかし、マケドニア騎兵の猛攻撃の前にペルシア騎兵はすぐに崩れ、マケドニア歩兵は川を渡って戦闘に加わると、たちまちペルシア軍を取り囲み、1万5000人以上を虐殺した。捕虜としてマケドニア軍が捕らえた者は奴隷となった。

アレクサンドロス大王による征服

アレクサンドロス大王の征服
ガウガメラ（アルベラ）の戦い

日付 前331年10月

兵力 マケドニア軍/歩兵40,000人、騎兵7,000人、ペルシア軍/200,000人

死傷者等 マケドニア軍/死者500人、負傷者3,000人、ペルシア軍/死者50,000人

場所 イラク北部イルビール西方

アレクサンドロスはイッソスで勝利した（28-29ページ参照）後、シリアとパレスティナにある都市の鎮圧とエジプトの占領に1年を費やし、エジプトにアレクサンドリアを建設した。紀元前331年春、ペルシア王ダレイオス3世がメソポタミアで巨大な軍隊を編成していると聞いたアレクサンドロスは、自軍にペルシア目指して東進するよう命じた。ダレイオスは今度こそアレクサンドロスを負かそうと決意し、ガウガメラ平野でアレクサンドロスを待った。ペルシア軍はイッソスの戦いの時とは異なる部隊だった。ギリシア人傭兵がほとんどいなくなったため歩兵隊は弱体化したが、ダレイオスのアジア帝国から部隊を招集し、その中にはインドの象部隊やペルシア軍騎兵隊を増強するスキタイとアフガンの騎兵多数も含まれていた。ダレイオスはさらに、車輪に鎌をつけた二輪戦車200両を展開し、戦車を使えるようにまず地面を平らにならした。9月末にはペルシア軍を視界に捕らえたアレクサンドロスは、野営地を設営し、自軍の4倍の人数の敵とどうやって渡り合うかを検討した。夜襲はやめ、通常とる戦術の変型を計画した。平野では敵による側面包囲が避けられないため、騎兵隊と軽歩兵を側面防御にあて、前線の後方に予備の歩兵隊を配置した。マケドニア軍は、アレクサンドロスと精鋭騎兵隊のヘタイロイが右翼を率い、ファランクス歩兵隊と他の騎兵隊の翼が後方で梯状配置をとり、ペルシア軍に向けて前進した。ダレイオスの二輪戦車がマケドニア軍のファランクスに突撃したが、二輪戦車はマケドニア軍の軽装散兵による攻撃にとても弱く、ほとんどが投げ槍で倒されてしまった。左翼ではアレクサンドロスの護衛隊がスキタイ人騎兵による包囲を阻止し

マケドニアの甲冑
ヴェルギナにあるマケドニア王フィリッポス2世の墓から出土した金属製胸当て。

ようと必死に戦ったが、右翼ではマケドニア軍の騎兵隊とヒパスピスト（精鋭歩兵隊）が突破を果たし、ペルシア軍中心部のダレイオスに続く進路をこじあけた。ダレイオスは今回もまた、逃走を余儀なくされた。アレクサンドロスは追跡したが、断念した。自分の後方では激しい戦闘で自軍が苦戦しており、ペルシア軍歩兵隊と騎兵隊がマケドニア軍の後方部隊に達していたためである。アレクサンドロスの騎兵隊が到着すると、荷物輸送隊の周辺の混戦は間もなく終結した。ペルシア軍は再度総崩れになった。この戦いの直後、ダレイオスは自身の側近に殺害され、アレクサンドロスは進軍し、ペルシアの首都バビロンを占領した。

遅ればせながらの報復
ペルセポリスはペルシア帝国の儀式の中心であった。前330年、アレクサンドロスはペルセポリスを略奪し、クセルクセスの宮殿に火を放った。前480年にアテネを焼かれたことに対する報復と思われる。

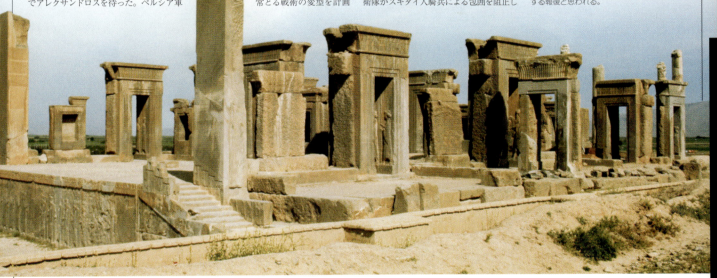

紀元前3000年-後476年

アレクサンドロス大王の征服
ヒュダスペス川の戦い

日付 前326年5月

兵力 アレクサンドロス軍/歩兵6,000人、騎兵5,000人、ポロス王軍/30,000人

死傷者等 アレクサンドロス軍/死者310人、ポロス王軍/死者23,000人（真偽不明）

場所 インド北西部のヒュダスペス川

ペルシア帝国を征服したアレクサンドロスは紀元前326年、軍事作戦をインド北部に展開した。これにより、パンジャブ随一の王侯パルヴァータカ（通常ポロス王と呼ばれる）と相対することとなった。両軍は徒歩では渡れないヒュダスペス川（現在のジェルム川）を挟んで対峙した。アレクサンドロスは兵を分割し、一方はポロスに対峙した位置に残し、残りを上流に進軍させて夜陰に紛れて船で川を渡った。アレクサンドロスが対岸ではなく自分と同じ側にいることに驚いたポロスは、左翼を水際に配置して自軍を整列させた。部隊前方では陣形いっぱいに広がった100頭を超える戦象が、背に射手や槍投げ手を乗せ、一種の動く要塞となっていた。アレクサンドロスは騎兵隊の一部に対し、ポロスの陣形の右側から大きく回り込み、背後から攻撃するよう命令した。それと同時に、槍投げ手を前に送って象を攻撃し、象が混乱して後ろのポロス軍を踏みつぶすよう仕向けた。ポロス軍が浮き足立つと、アレクサンドロスはヘタイロイを川の土手沿いに突撃させ、それと同時に歩兵ファランクスも盾を固定したまま容赦なく前進させた。激しい戦闘であったが、あらゆる方向から攻撃されたポロス軍がついに総崩れになり、ポロス王も捕らえられた。これがアレクサンドロスの最後の大戦であった。

戦場の象
アレクサンドロスはガウガメラやヒュダスペス川で戦象に遭遇したが、インドの軍隊では遡ることおよそ700年も前から戦象を使っていた。象は恐怖心を抱かせる以外にも、猛スピードで走ることができ、止めるのも難しく、背中の象かご（天蓋付きの鞍）には射手や槍使いを数人乗せることができた。不都合な点は、負傷した象はパニックに陥りやすく、敵味方なく踏みつぶすことだった。象は豚を怖がると言われ、少なくとも一度は豚を使った対応策が成功したという言い伝えがある。とはいえ、アレクサンドロス後の何百年にもわたって、戦象は地中海地域の軍隊に共通する特徴となった。

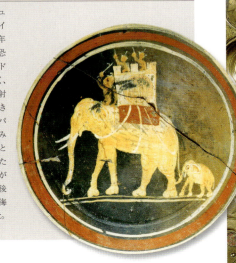

ギリシアの勝利

アレクサンドロス大王の征服

イッソスの戦い

日付 前333年11月
兵力 マケドニア軍/35,000人、ペルシア軍/110,000人
死傷者等 マケドニア軍/450人、ペルシア軍/50,000人（真偽不明）
場所 トルコのイスケンデルン湾に面した平野

紀元前333年秋までにアレクサンドロスはアナトリアの地中海沿岸を征服した。ペルシア王ダレイオス3世は、マケドニアによるペルシア領域内侵攻を迎え撃つため、大規模な軍隊を率いて出発し、シリア北部でアレクサンドロスの軍勢を探した。アレクサンドロスの戦略では戦闘回避ではなく戦闘の機会を求めていたため、アレクサンドロスも同様に、ペルシア軍を探していた。マケドニア軍はシリアに進軍しようとしていた矢先、自軍の背後、北東の方角にダレイオスの軍隊を発見した。アレクサンドロスは自軍を方向転換して前進し、ペルシア軍と会戦した。ダレイオスは山と海の間の狭い平野で戦わざるを得ず、狭さゆえに兵力的に優勢でも効果を発揮できなかった。アレクサンドロスの軍勢は薄く延びた状態になり、中央部のファランクスはマケドニア軍従来の16列よりかなり浅くなったが、アレクサンドロスは丘陵地帯から海岸へと布陣を広げることができた。しかしペルシア軍は、グラニコス川の戦い同様、川の後ろに整列し、土手が低くなっている箇所に矢来を配置して自陣を補強した。アレクサンドロスとヘタイロイは、ペルシア軍の防御を「戦う度胸がない証拠」と解釈し、逆に奮い立った。マケドニア軍の側面包囲を狙ったダレイオスが丘陵地帯に部隊を送り出して戦闘開始となったが、ダレイオスの機動作戦はアレクサンドロスの射手に撃退された。その後すぐにアレクサンドロスが全体前進を命じ、主導権を握った。歩兵隊

金の二輪戦車
このペルシアの二輪戦車模型は、円筒印章の挿し絵にあるペルシア王ダレイオスの乗り物と同型と思われる。

前356年-前323年

アレクサンドロス大王 ALEXANDER THE GREAT

古代の最も偉大な将軍、アレクサンドロス大王は、マケドニア王フィリッポス2世の息子である。紀元前336年の父親暗殺加担説はおそらく事実無根だが、成人したばかりのアレクサンドロスが、権力の掌握に興奮したことに間違いはない。アレクサンドロスは、自分はアキレスの子孫で神のような英雄であり、偉業を達成する運命にあると信じていた。とても冷酷で衝動的なアレクサンドロスは、前線で指揮をした。前330年のペルシア征服後、ペルシアの慣習を採用し、ペルシア人を軍隊に組み入れた。ギリシア文化のこうした「東洋化」により、同胞であるマケドニア人の多くから疎んじられ、その中の1人を前328年の酒席で殺害した。アレクサンドロスの犯した大きな間違いの一つが前326年にインドのヒュダスペス川で勝利した後、ペルシアへの帰還に砂漠越えの道を選んだことだ。多数の兵士には死の行軍となってしまった。アレクサンドロスは前323年にバビロンで死亡した。毒殺の可能性もあるが、熱病の可能性が高い。

アレクサンドロス大王による征服

が密集したファランクスの陣形で歩を進め、前列の兵士はサリッサ（長い槍）を低く構えて敵を刺し、後列の兵士はサリッサを高く掲げて飛び道具を防いだ。ヘタイロイとともに布陣の右側にいたアレクサンドロスは、川越えの突撃に際して先頭に立ち、ペルシア軍の重装騎兵隊と軽歩兵からなる混合部隊と交戦した。アレクサンドロスの左側の海岸ではテッサリア人騎兵とペルシア騎兵隊が突進して衝突した。マケドニア軍歩兵隊は、ほどなく不利に陥った。川を渡る途中で陣形を崩し、密に立てていたサリッサの壁に隙間ができ始めたため、ダレイオスのギリシア人傭兵歩兵の侵入を許してしまった。しかし右側では、マケドニア軍騎兵隊の衝撃効果は圧倒的であった。前方にいた敵すべてを打ち負かしたアレクサンドロスとヘタイロイは、左にぐるりと旋回できるようになり、ペルシア軍側面に切り込んだ。中央部で前方へ押していたギリシア人傭兵が包囲された。マケドニア軍騎兵隊がダレイオスに向かって戦いを進めてきたため、自身が脅威にさらされたダレイオスは戦場から逃げ出した。ペルシア軍の負けが決定すると、アレクサンドロスはペルシア王ダレイオスの捜索を試み、王の妻、母親、子供達を捕らえたが、王は逃げ延び、再度決戦することになる。

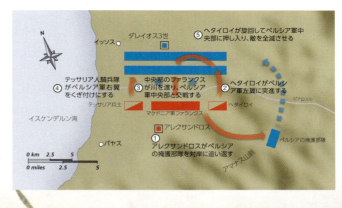

ダレイオスの逃走
ペルシア騎兵を槍で刺するアレクサンドロス（左）と二輪戦車で逃げるダレイオスの様子を描いたローマ時代のモザイク画。ここに見られる長い槍はマケドニア軍ファランクスの特徴だったが、この画の作者は、正誤は不明だが、ダレイオスのギリシア人傭兵歩兵に長い槍を持たせている。

紀元前3000年〜後476年

アレクサンドロスの死後

紀元前323年にアレクサンドロスが死亡すると、帝国は将軍の間で分割された。プトレマイオスがエジプトをとり、セレウコスはシリアとイランを手に入れ、アンティゴノスがアナトリアを支配した。この支配者3人は前3世紀を通じて何度も戦ったが、戦争の様式は変わらなかった。アレクサンドロス大王の戦術の繰り返しであり、そこには大王の非凡な才能が欠けていた。前2世紀になって強大さを増すローマに対抗した際、プトレマイオス朝、セレウコス朝、アンティゴノス朝はローマの革新的な戦略と無慈悲な侵略に対する対策をまったく講じることができなかった。

前367?年-前283年
プトレマイオス1世 PTOLEMY I

マケドニアの兵士プトレマイオスはアレクサンドロスの側近の一人だった。大王の死後、すぐにエジプトの支配権を掌握したが激戦を繰り広げて他の主権要求者から王国を守らなければならなかった。紀元前304年にはアンティゴノスの息子デメトリオスの包囲からロードス島を防衛し、ソーテール(ギリシア語で「救済者」)の名で呼ばれた。プトレマイオスが創設した王朝は前30年までエジプトを支配した。アレクサンドロスの後継国の中で最長だった。

王朝の硬貨
エジプト王プトレマイオス1世が発行した4ドラクマ硬貨。

アンティゴノス朝対セレウコス朝
イプソスの戦い

日付 前301年
兵力 アンティゴノス朝/歩兵70,000人、騎兵10,000人、象75頭、セレウコス朝/歩兵64,000人、騎兵10,500人、象400頭
場所 アナトリア中西部のフリギア
死傷者等 信頼できる推計なし

アレクサンドロス大王の死後20年以上経っても、大王に仕えた将軍で隻眼のアンティゴノスは、セレウコスとプトレマイオスを打ち破り、ギリシア世界の支配権を掌握したいといまだ熱望していた。80歳を超えていたアンティゴノスは息子デメトリオスに、アナトリアの将来を決定づける力試しを支援するよう求めた。プトレマイオスはシリアで軍事作戦中で、セレウコスはトラキア統治者のリュシマコスの後援を受け、アンティゴノスとイプソスで戦った。特大編成の両軍は従来の隊形を作り、中央には槍使いの歩兵隊ファランクス、両翼には軽歩兵と騎兵隊を置いた。両軍のもっとも目立った違いは象の頭数だった。セレウコス側にはアンティゴノスの5倍の数の象がいた。デメトリオスが騎兵隊の突撃を開始し、セレウコス布陣の左側を一掃したが、セレウコスは象一群を展開して無防備になった側面をカバーし、デメトリオスの騎兵隊が戻ってアンティゴノス軍の中央部を支援できないように妨害した。アンティゴノス軍傭兵歩兵隊は、セレウコス軍散兵による弓矢や投げ槍の雨あられにさらされて、その大部分が戦闘の最中に寝返った。アンティゴノスが投げ槍に当たって死亡すると、部隊は総崩れになった。この戦争の結果、昔のアレクサンドロス帝国に新たな線引きが行われた。リュシマコスはタウルス山脈までのアナトリアを自らの王国に併合した。セレウコスはシリア北部を、プトレマイオスは南部を手に入れ、もう一人の将軍カッサンドロスがマケドニアの支配権を保持した。戦争を生き延びたデメトリオスはその間、アジア西部の一部やギリシアから支援を受け続け、子孫がアンティゴノス朝を築いた。

セレウコス朝の遺跡
セレウコスの息子アンティオコス1世が築いたアナトリアにあるアパメアなどの都市は、アレクサンドロス死後1世紀の間、ヘレニズム文化を振興した。

セレウコス朝対プトレマイオス朝
ラフィアの戦い

日付 前217年6月22日
兵力 アンティオコス3世/歩兵62,000人、騎兵6,000人、象102頭、プトレマイオス4世/歩兵70,000人、騎兵5,000人、象73頭
場所 パレスティナ南部のガザ南西
死傷者等 信頼できる推計なし

アレクサンドロス帝国の後継国家間の大戦争のひとつ、ラフィアの戦いは、セレウコス朝統治者アンティオコス3世とエジプトのプトレマイオス4世の間で起こった。侵略者アンティオコスは、コイレ・シリア(ほぼ現在のイスラエル、レバノン、シリア、ヨルダン)の支配権を主張。彼は紀元前219年にコイレ・シリア侵攻に成功したが、エジプトを徹底攻撃しなかった。アンティオコスの攻撃の遅延でプトレマイオスは3万人のエジプト人重装歩兵を訓練し、部隊を増強できた。アンティオコスがエジプトに進軍した前217年、プトレマイオス軍は人数・質ともにアンティオコス側と同等だった。双方ともに相当数の戦象を従えていたが、エジプトのアフリカ象はセレウコスのインド象に比べて小さかった。戦闘初期にはインド象がアフリカ象に向かって前進するとアフリカ象は逃げ、同時にアンティオコス率いる騎兵隊が突撃し、プトレマイオス左翼の騎兵隊を分断した。しかし、両軍のファランクスが衝突した時、戦局が変化した。数で勝り、訓練も指揮も行き届き、中央のプトレマイオス自身に鼓舞されたマケドニア・エジプト混成歩兵隊が、勝利を収めた。

「(プトレマイオスは)自らの姿を見せることで、自軍兵士を鼓舞し、機敏性と士気を高めた」
ポリュビオス(前200?-前118?)『歴史』

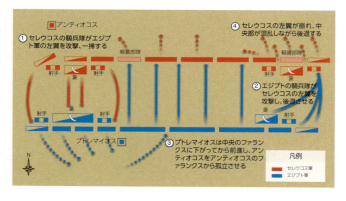

「(象は)牙をがっちり組み合わせ、相手をどけようと力いっぱい押し、強い方が相手の胴体を押しやった。その後、相手が倒れて腹を見せると、雄牛が角で刺すように、牙で相手を突き刺した」

戦争の証人
ポリュビオス POLYBIUS

上記のラフィアにおける象の戦いを書いたのは、古代ギリシアの歴史家でピュドナの戦いの後にローマに連行されて活躍したポリュビオス(前200年ころ-前118年ころ)である。象軍団の利用はインド軍による象の使用にヒントを得たもので、ヘレニズム時代の戦争の特筆すべき特徴である。

三段櫂船

ギリシア時代とヘレニズム時代には、オールの付いた戦艦は漕ぎ座の数で分類した。三段櫂船には漕ぎ座が三段あり、二段櫂船、五段櫂船にはそれぞれ二段と五段の漕ぎ座があった。三段櫂船は最も成功した船であり、かなり軽量で、通常は戦闘員14名(武装歩兵10名に射手4名)と乗組員200名を乗せていた。それにしても、三段櫂船艦隊の運用には多額の費用がかかった。100隻の三段櫂船には2万人の水兵が必要で、最も貧しい階層に対する低賃金を支払ったとしても、総額では巨額になった。三段櫂船を使った好ましい戦闘方法は敵艦に激しくぶつかり、船体側面に穴を空けることで、その後沈没させるか、味方が乗り込んだ。

漕ぎ手の層
漕ぎ手の座席が重ならないように配置する2種類の方法を示した断面図。

中段漕ぎ手(中段に着席)
下段漕ぎ手(下段に着席)
上段漕ぎ手(上段に着席)

オールの力
一般に170名の漕ぎ手が三段櫂船の推進力を作り出し、その他に、舵を取る操舵手と、船首には見張りがいた。

船首柱
先を尖らせ、金属で補強した衝角

戦闘中は帆を使わない

船尾にあるオール2本は舵の役割を果たす

仕様
全長 35m	重量 39t
幅 6m	速度 最高9ノット
高さ 3m	乗組員 200名

マケドニア対ギリシア
キオス島の戦い

日付 前201年
兵力 マケドニア軍/大型戦艦53隻、ロードス・ペルガモン軍/大型戦艦65隻
死傷者等 マケドニア軍/9,000人、ロードス・ペルガモン軍/130人
場所 エーゲ海上、トルコ西部沿岸の沖合すぐ

マケドニア王フィリッポス5世(紀元前221-前179統治)は侵略的な支配者であり、エーゲ海と地中海東部における拡大政策の一環として大型艦隊を作った。ロードス島とアナトリア西部の要塞都市ペルガモンは規模は小さくとも強国であり、フィリッポスはこの2国と対立。前201年、フィリッポスはペルガモンとロードス島の間にあるキオス島を艦隊に攻撃させた。ロードスのテオフィリスキュース提督とペルガモン王アッタロスは、キオス島救援のための海軍合同作戦を開始した。キオス島とアジア沿岸の間の海峡で勃発した海戦は、フィリッポスから見ると初めからうまく運ばなかった。最初の海戦で旗艦を失った。海兵隊員を満載したフィリッポスの大型船を目の当たりにして敵は慎重になっていたが、それでもフィリッポスの損害は着実に増えていった。マケドニア軍はアッタロスの旗艦拿捕に成功したが、全体としては犠牲の大きい敗北を喫した。

ローマ対マケドニア
キュノスケファライの戦い

日付 前197年
兵力 両軍それぞれ26,000人
死傷者等 マケドニア軍/死者8,000人、捕虜5,000人、ローマ軍/死者700人
場所 ギリシア北部のテッサリア

紀元前200年、ロードス島、ペルガモン、アテネは、拡張政策をとっているマケドニア王フィリッポス5世への抗戦支援をローマに要請した。前197年、軍隊を率いてテッサリアを南進していたフィリッポスは、執政官ティトゥス・クィンクティウス・フラミニヌス指揮下で北進していたローマ軍と不意に遭遇した。両軍とも横を向いて急いで前線を整えた。マケドニア軍はサリッサを密に立てた従来型の密集ファランクスを形成し、一方ローマ軍はマニプルス(120人からなる歩兵中隊)を3列横隊のチェス盤型に広げて配置した。マケドニアのファランクスは前からの攻撃に対してはほとんど難攻不落だったが、戦闘の決定的瞬間に、より柔軟性のあるローマ軍歩兵が側面から攻撃した。ファランクスが崩れると、マケドニア歩兵は殺されるか、投降を余儀なくされた。

ローマ対セレウコス朝
マグネシアの戦い

日付 前190年12月もしくは前189年1月
兵力 ローマ・ペルガモン軍/40,000人、シリア軍/72,000人
死傷者等 ローマ・ペルガモン軍/350人、シリア軍/53,000人
場所 アナトリアのスミルナ(イズミル)東方

紀元前192年、拡張政策をとるローマはシリアのセレウコス朝統治者で、ラフィアの戦いの敗者アンティオコス3世に宣戦布告。前190-前189年の冬、ルキウス・コルネリウス・スキピオとその名高い兄、スキピオ・アフリカヌスがローマと同盟国の軍隊をペルガモンからアナトリアへと導いた。アンティオコスは、象、車輪に大鎌の付いた二輪戦車を含む、敵よりも大規模な軍勢で会戦した。二輪戦車による攻撃は役に立たなかったが、アンティオコスが率いた騎兵隊攻撃でローマ軍左翼が崩壊。ところが、アンティオコスが後方のローマ軍野営地の攻撃に時間を費やす間に、ラフィアの戦い同様、アンティオコスの歩兵隊ファランクスが弱みを露呈。隊がパニックに陥り、ローマ軍騎兵隊に側面を攻撃され、シリアの陣形が崩れた。ローマ軍は幾万もの敵兵士を虐殺した。

ローマ対ギリシア
ピュドナの戦い

日付 前168年6月22日
兵力 ローマ軍/37,000人、マケドニア軍/42,000人
死傷者等 ローマ軍/死者1,000人未満、マケドニア軍/死者20,000人、捕虜11,000人
場所 ギリシア北部のオリンポス山付近

ピュドナの戦いは、ローマによるギリシア支配を決定づけた。ルキウス・アエミリウス・パウルス・マケドニクス率いるローマ軍とペルセウス王のマケドニア軍の間で戦いが行われた。両軍は川を挟んで駐屯した。最初の衝突後、ペルセウスは全軍を率いて川を渡り、戦闘を仕掛けた。当初はマケドニアのファランクスの方が優勢だった。サリッサを低く構え、盾を組み合わせて前進し、ローマの軍団兵が接近して白兵戦に持ち込むのを防いでいた。しかし、マケドニア軍が前進すると陣形が崩れ始めた。好機を見て取ったパウルスは少人数部隊に対し、敵の横列に入り込み、無防備な横や後ろから攻撃するよう命じた。接近戦になるとマケドニア軍の扱いにくいサリッサは使い物にならなかった。多くの兵士がサリッサを捨て、代わりに短刀を抜いたが、ローマ軍の容赦なく腕の立つ短剣にかなうはずもなかった。マケドニア兵が立って戦おうが、背を向けて逃げ出そうが、ローマ軍団兵は切り捨てた。ローマ軍の完全勝利であった。

ローマによる破壊
ローマのギリシアでの冷酷さを物語るコリントスの廃墟。前2世紀、ローマに盾突くコリントスを跡形もなく破壊した。

紀元前3000年~後476年

アレクサンドロスの死後

ケルト族の青銅製、鉄製武器

ケルト族は紀元前最後の1000年の間に西欧全体に広がった。前390年にローマを強襲したガリア人や、カエサルが前55年に戦ったブリトン人がケルト族である。ケルト族の戦争は騒々しく派手だった。戦士は一騎打ちを呼び掛けて申し込み、同時に軍隊全体が鬨の声をあげて武器と盾をジャンジャンと打ち鳴らし、それに角笛とラッパの音が加わった。野性的で激しいケルト族を戦いで打ち負かすには、ローマ軍団が持つ冷徹な戦闘実行能力が必要だった。

戦争の武器

ケルト族は、他の民族が二輪戦車の使用を止めてからも、長い間使い続けた。ユリウス・カエサルはケルト族のことを「戦場全体を槍を投げながら走り回り」、その後「二輪戦車から飛び降り、歩いて戦う」と記述している。ケルト族の金属加工技能はきわめて発達しており、青銅製と鉄製の両方でとても高品質な剣が多く見られる。しかし、剣は高価で、すべてのケルト族兵士が持っていたわけではなかった。刺す、投げるに槍を使うか、もしくはパチンコで間に合わせなければならない戦士が多数いた。

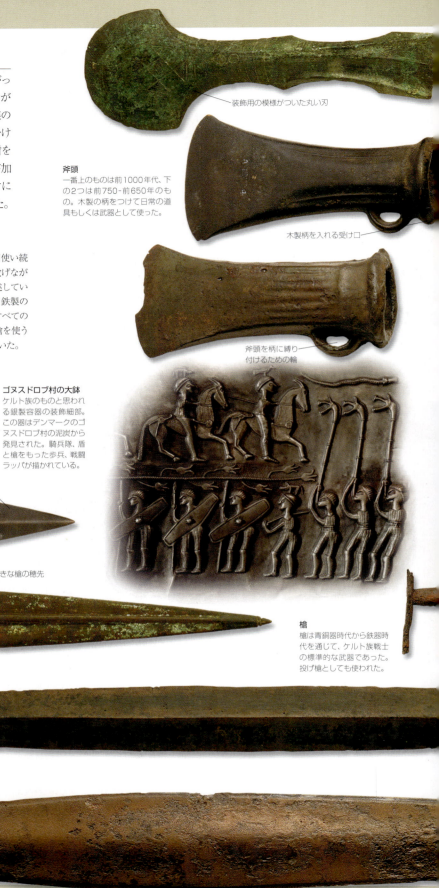

装飾用の模様がついた丸い刃

斧頭
一番上のものは前1000年代、下の2つは前750-前650年のもの。木製の柄をつけて日常の道具もしくは武器として使った。

木製柄を入れる受け口

斧頭を柄に縛り付けるための輪

軽量な槍のための尖端

ゴヌスドロブ村の大鉢
ケルト族のものと思われる銀製容器の装飾細部。この器はデンマークのゴヌスドロブ村の泥炭から発見された。騎兵隊、盾をもった歩兵、戦闘ラッパが描かれている。

見事な先細りになった先端

儀式用の大きな槍の穂先

槍
槍は青銅器時代から鉄器時代を通じて、ケルト族戦士の標準的な武器であった。投げ槍としても使われた。

剣は突き刺すより斬りつける使い方が多く、それでも先端は尖っている

両刃の刀身

剣
写真に見られる青銅製の刀身から、中心部が硬化鉄で刃の部分が軟鉄製のハルシュタット期の有名なロングソード(前750-前400)まで、ケルト族は剣で有名だった。

敗れたガリア人
『カエサルを前にしたウェルキンゲトリクス』（絵画名）は、ガリア人首領のウェルキンゲトリクスがアレシアでローマ軍に降伏した様子（46ページ参照）を19世紀に描いたもの。前1世紀になるとローマ軍はケルト族の軍隊をつねに打ち負かすようになっていた。ローマ軍の組織と規律の方がすぐれており、甲冑もより効果的だった。

儀式用盾
青銅の薄板に色つきガラスの鋲をはめこんだ装飾の美しい盾。ロンドンのテムズ川から発見された。前2世紀ころのもので、儀式用と思われる。

戦闘服
ケルト族は自分たちの外見を利用して敵の心を攪乱した。背が高く、奇妙な髪型をしたケルト族は、ローマの歴史家ポリュビオスの言葉を借りると、戦いの前に衣服を脱ぎ捨てて「全軍を前に全裸で武器だけを持って立つ」者もいた。しかし、裸体を衝撃効果に利用するのは例外だった。ケルト族の通常の戦闘服は、身を守るのは盾にまかせ、マントとチュニック、ズボンであり、装飾用として金の腕章や腕輪をはめた。

木製裏張りに帯状の青銅を巻き付けている

受け口には貴石がはめ込まれていたかもしれない

青銅製兜
青銅製盾（右）同様、このケルト族の兜もテムズ川で発見された。こうした角つき兜が戦闘時に頭部の保護として大いに役立ったかは不明である。儀式用の可能性もある。

短刀と鞘
木と青銅で作られた鞘から突き出ている短刀は鉄製。前6世紀の英国のもので、部族長の所有物と思われる。

金色に輝いたであろう金属表面

握りの材料には木や骨、角が使われ、革を巻いていた

ローマ軍団(レギオン)による征服

紀元前5世紀から前1世紀にかけて、ローマ共和国は小さな都市国家から地中海地域を支配する帝国へと成長した。これはもっぱら武力によって達成されたと言える。ローマ人は常に交戦状態にあり、イタリア半島の他民族を打ち破った後、対抗勢力であるカルタゴと死闘を繰り広げ、最後に東地中海のヘレニズム諸王国に対するローマの支配を確立した。

エトルリア兵士
ローマ軍はエトルリアの武器や鎧兜の影響を受けた。

共和国の拡大
前2世紀はローマ共和国が最も急速に成長した時期だった。新しく征服した地域を属州とし、総督が支配して秩序を保ち、税を徴収した。

ローマ軍団兵
前2世紀の骨壺に施された浮き彫り(右上)。ローマ人は軍団の兵役を同胞に自らの力量を示す機会と考えていた。

サビニ人の女たち
伝説ではローマ人がサビニ人の女たちを誘拐したために戦争になった。この絵ではサビニ人の女たちがサビニとローマの男たちの戦いを止めている。

共和制初期

ローマ初期の歴史は伝説に包まれているが、ローマ人は初め貴族階級の戦士に率いられた戦闘集団を形成して近隣部族と戦ったようだ。紀元前6世紀には市民軍に発展したが、おそらくエトルリア人の影響を受けたものである。しかしローマ人が軍団(レギオン)を形成したのは前4世紀になってからで、ガリア人や山岳部族サムニウム人に衝撃的な敗北を喫したことが誘因だったと考えられる。その初期の形態は依然として市民軍で、戦闘の間だけ徴兵され、終了後は通常の生活に戻った。個々の市民軍団は4500-5000人から成り、ローマのイタリア同盟市から派遣された同規模の軍団と一対になった。軍全体はコンスル(執政官。選挙で選ばれた政治家)が指揮した。驚くべきことに、素人でありながらコンスルの多くは優秀な指揮官だった。

交戦時のローマ軍団

ローマ人は戦時になるとコンスル指揮下の2個軍団を総勢1万人の単一部隊として配置し、2人のコンスルが1日交代で指揮をとった。ローマの指揮官は、戦闘を交える際にアレクサンドロス大王のように攻撃の先頭に立つことはせず、通常は前線のすぐ後ろに留まって軍隊を駆り立て、必要な場所に予備軍を投入する。ローマの騎兵と、軽装歩兵から成る散兵は戦場で重要な役割を演じたが、軍の中核は重装歩兵だった。これは120人の歩兵中隊（マニプルス）に編成され、さらに60人の百人隊（ケントゥリア）に分かれ、百人隊長が指揮をとる。戦闘では歩兵中隊はチェス盤型の陣形で3列に並べられる。それぞれの中隊の間には中隊と同幅の隙間をあけておき、後方に並んだ中隊がその隙間を覆う。この中隊による戦闘隊形は古来のファランクス（密集隊形）よりもはるかに柔軟性があり、独立した小部隊として戦うことも、素早く集まって密集隊形をとることも可能だった。攻撃時には軍団兵は前進して投げ槍を敵の列に投げ込み、さらに短剣が振るえる距離まで近づいて致命傷を与えた。

死の一撃
後3世紀のこのテラコッタの浮き彫りからは、ローマ人たちが敵を殺すことに残酷な喜びを感じていたことがうかがわれる。

青銅の兜
ローマ軍団兵の兜には様々な種類があった。これは後1世紀の「コールス型」の兜である。

プロの軍隊へ

軍団歩兵中隊の民兵たちは厳しい訓練を受け、厳格な規律に従っており、不名誉な行為のあった軍団に対して10人中1名を処刑する（10人ごとに1人が仲間によって殺される）罰まであった。しかしその軍制には欠点があった。戦争が勃発するたびに新しく軍を編成するのは非効率的である一方、兵役のためにローマの経済活動が中断した。紀元前1世紀までにローマ軍団は職業軍人から成るプロの軍隊へと発展した。貧困層から採用し、国家が武装させたのである。軍団は常備軍となり、ほぼ重装歩兵のみで構成された。プロの軍団兵たちは、ローマ国家に対する以上に、所属する軍団と指揮官に対して強い忠誠心を抱くようになった。それが前1世紀にローマを荒廃させた将軍同士の内戦を招いた主因となる。しかし、プロの軍隊が継続的に存在することは軍事技術の発達を促進し、後にローマが共和国から帝国へと変貌する過程で、さらなる征服を可能にしたのである。

補給線
ローマから南へ延びるアッピア街道など、ローマの道路網により兵士や装備を素早く運ぶことが可能となった。

マリウス
ガイウス・マリウス（前157ころ～前87）は最高記録である8回もコンスルとなった有力軍人だった。ローマの市民軍制度をプロの軍隊に切り換えるのに主要な役割を果たしたと考えられる。

紀元前3000年～後476年

初期ローマ

数多く存在したイタリア諸部族の一つにすぎなかったローマは、紀元前5世紀から前3世紀にかけて戦われた一連の戦争により、ポー川以南のイタリア全土の支配者となった。エトルリア人、ラティウム人、サムニウム人、ケルト人、ギリシア人は皆ローマと戦い、時には勝つこともあったが、ローマはそのたびに立ち直った。そしてイタリア征服の過程で創り上げた軍隊が世界最強の帝国の一つを建設することとなる。

第1次ラテン戦争
レギルス湖畔の戦い

日付	前509年－前493年
兵力	ローマ軍／不明、ラティウム軍／不明
死傷者等	信頼できる推計なし
場所	ローマ北方のフラスカティ付近（推定）

感謝を捧げた神殿
フォロ・ロマーノにあるカストルとポルックスの神殿は、レギルス湖畔の戦いで双子神の助力があったことに感謝して建てられたといわれている。

ローマの歴史家リウィウスによると、レギルス湖畔の戦いではアッピウス・ポストゥミウスおよびティトゥス・アエブティウス指揮下のローマ軍と、オクタウィウス・マミリウス率いるラティウム軍とが戦った。ラティウム人はローマのすぐ隣の部族で、ローマ共和国の強大化に対して反旗を翻したのである。双方ともにギリシアから学んだ戦法通り、ファランクスを組んだ重装歩兵が槍で刺し、軽装の散兵が投げ槍や投石器を使うという戦い方をしたのはほぼ確実だ。戦闘はローマ騎兵が下馬して白兵戦に加わったところで山場を迎えた。これによりローマの勝利が決し、イタリア中西部の古代ラティウム地域に対するローマの支配へ一歩前進した。

ガリア人のイタリア侵入
アッリア川の戦い

日付	前390年7月18日
兵力	ケルト軍／30,000人、ローマ軍／10,000-15,000人
死傷者等	信頼できる推計なし
場所	ローマの郊外18km

紀元前4世紀の最初の10年間、ローマ人は自信に満ちていた。9年も続いた戦闘の末、396年にエトルリア人の堅固な都市ウェイを攻略し大勝利を収めたことで、ローマの最初の名将マルクス・フリウス・カミルスは名声を確立した。この成功があっただけに、アッリア川でケルトの一部族セノネス族に敗北を喫したことになおさら衝撃を受けた。ケルト人（ガリア人ともいう）は定住地と略奪をする町を求め、ここ数年アルプスを越えて北イタリアに侵入していた。390年、族長のブラン（ローマではブレンヌスという）に率いられたセノネス族はさらに南下し、アペニン山脈を越えてエトルリア人の都市クルシウムを包囲した。援助を求められたローマはクルシウムに使者を送った。使者の使命はケルト人と

ケルト人の兜
この前4世紀の鉄と青銅と金でできたケルト族長の兜を見れば、ローマ人がケルト人を蛮族、未開人とみなした考えが誤りであることがわかる。

の交渉だったが、使者の傲慢な態度に激怒したケルト人は包囲を解き、ローマに向けて進軍した。急ごしらえのローマ軍がテヴェレ川沿いに進み、後世に言われたように、かなりの犠牲者が出ようともケルト人の道を封鎖しようとした。戦闘は片側が川に面し、もう片方の側面が開けている場所で行われ、数で優るケルト人がローマの隊列を側面から包囲した。ローマのファランクスは、密集隊形を取らずに戦うケルト人には効果がなかった。ケルト人の荒々しい風貌と気を動転させる叫び声におじけづいたローマ人は、いつもの闘志が湧かず、敗走した。多くの兵士が川を渡って逃げようとしたが鎧の重みで溺れた。それ以上に敗走中に切られた者が多かった。ブレンス軍がローマに到着すると、都市の城門は開いており、土と木でできた城壁は無防備だった。防備を固めたカピトリヌスの丘は持ちこたえたが、それ以外のローマ全土はケルト人に占領された。彼らは大量の黄金を貢物として受け取るまで去ろうとしなかった。ローマはその屈辱をけっして忘れなかった。カミルスの指導の下に、ローマは石造りの新しい城壁を建てる一方、軍事改革を進め、ファランクスに依存していた軍隊をより柔軟性のある軍団（レギオン）へと発展させた。

羽飾りをつけた戦士
前4世紀のフレスコ画のサムニウム人の特徴的なこのスタイルの鎧はローマの剣闘士に採用された。

第2次ラテン戦争
トリファヌムの戦い

日付	前338年
兵力	ローマ・サムニウム同盟軍／不明、ラティウム・カンパニア同盟軍／不明
死傷者等	信頼できる推計なし
場所	イタリア南部のカンパニア地方

トリファヌムの戦いは、ローマ人とアペニン山脈の頑健な部族民サムニウム人との同盟軍対ラティウム人と、南イタリアのカンパニア人の同盟軍の戦闘だった。これは方針の転換だった。というのは、紀元前343年にカンパニア人はサムニウム人の襲撃に対抗するための援助をローマに求め、実際に援助を受けた。その結果起きた第1次サムニウム戦争（前343-前341）ではサムニウム人を制圧することはできなかったが、ローマ人のカンパニアに対する支配権が拡大した。カンパニア人はこの結果に不満だった。同じころ、ローマのラテン同盟諸市は自分達の同盟内の役割に不満を抱いていた。前340年にラティウム人とカンパニア人が同時に反旗を翻した。前339年のウェスウィウスの戦いではローマ軍は何とか大敗を免れて引き分けにもっていった。しかし前338年には、サムニウム人の援軍を伴ったティトゥス・マンリウス・トルクアトゥス指揮下のローマ軍が、トリファヌムでラティウム・カンパニア同盟軍と対決した。トルクアトゥスは一徹な指揮官で（命令に従わなかった自分の息子を死刑にしたと言われている）、ウェスウィウスで窮地を脱したのは彼の指導力によるところが大きかった。トリファヌムでは彼の軍がラティウム・カンパニア軍を完全に打ち砕き、反乱は鎮圧された。敗者は寛大に扱われ、ローマの従属的な同盟市の地位に戻された。

> 「ラティウム人は散々打ち負かされ、コンスルとその勝利した軍が彼らの領土を破壊しようとすると完全に降伏した」
> リウィウス『ローマ建国史』（前29ころ－後17）

初期ローマ
カウディネ山道の戦い

日付	前321年
兵力	ローマ軍／不明、サムニウム軍／不明
死傷者等	信頼できる推計なし
場所	イタリア南東部のアペニン山脈

カウディネ山道の戦いは第2次サムニウム戦争（紀元前327-前304）中の戦闘である。スプリウス・ポストゥミウス、ティトゥス・ウェトゥリウス・カルウィヌス両コンスルに率いられたローマ軍は、アペニン山中の細道で待ち伏せされた。サムニウム軍の将軍ガウィウス・ポンティウスは道の両端を切り倒した木でふさぎ、部下が両側の高所を占領し、そこから飛び道具を雨のように降らせた。絶望的な状況に陥ったローマ軍は降伏した。サムニウム人はローマ人が講和条件を受け容れ、「くびき（サムニウム人の槍で作ったアーチ）の下をくぐる」という屈辱に耐えた後にようやく解放した。ローマの元老院は彼らが解放されると協定を拒絶した。

初期ローマ 37

第3次サムニウム戦争
センティヌムの戦い

日付 前295年
兵力 ローマ軍/38,000人、サムニウム・ガリア同盟軍/約60,000人
死傷者等 ローマ軍/8,500人、サムニウム・ガリア同盟軍/25,000人
場所 イタリア中部ウンブリア地方

第3次サムニウム戦争(紀元前298－前290)でローマは、サムニウム人、エトルリア人、ウンブリア人、ガリア人から成る手強い同盟軍と対決した。ローマ軍はプブリウス・デキウス・ムス、クィントゥス・ファビウス・マクシムス・ルリアヌスの両コンスルに率いられた2つのコンスル軍を動員した。それぞれの軍はローマの2個軍団とローマの同盟市からの2個軍団とで構成されていた。この強力な兵力はサムニウム軍とその同盟者を見つけだし、壊滅させるために進軍した。ローマ軍は、エトルリアとウンブリアの本土に対し陽動攻撃をしかけてエトルリア軍とウン

ブリア軍を引き離し、とり残されたサムニウム軍とガリア軍がセンティヌム(現在のサッソフェッラート付近)でローマ軍と対決した。デキウス軍はガリア軍と向かい合う位置に陣取り、その右手にはファビウス軍が族長エグナティウスに率いられたサムニウム軍との戦いに備えていた。いつものように両コンスルはローマの2個軍団を各軍列の中央に配置し、両側面を同盟市軍団で固め、両端に騎兵を置いた。戦闘が始まると、ファビウスに率いられた軍団はすぐにサムニウム軍より優位に立ったが、デキウス軍は苦境に陥り、ガリア人が一人乗り二輪戦車をサムニウム騎兵の中に送り込んで疾走させると度胆を抜かれた。動き回る馬に乱された軍団歩兵の陣形は、剣を振るうガリア戦士の攻撃を受けて崩れ始めた。この絶望的な局面でデキウスが単身ガリア軍の真っ只中に馬で

駆け込むという自殺行為とも言える自己犠牲に出た。コンスルの勇気ある死に鼓舞された軍団は気力を取り戻して戦った。この時までにサムニウム軍は敗走し始め、族長のエグナティウスと何千人もの兵士が追撃するローマ軍に斬り殺された。ガリア軍は撤退に成功し損失を抑えたが、ローマはまた一つ重要な意味を持つ勝利を収めた。

サムニウム人の装備
サムニウム戦争はサムニウム人の敗北に終わったが、彼らは前2世紀から前1世紀にかけてローマと戦い続けた。この花瓶にはサムニウム人が2人描かれている。

ピュロス戦争
ベネウェントゥムの戦い

日付 前275年
兵力 ローマ軍/不明、ピュロス軍/不明
死傷者等 信頼できる推計なし
場所 イタリア南部カンパニア地方

アスクルムの戦いの後(下記のヘラクレアの戦い参照)、ピュロスはカルタゴと紛争中のギリシア都市シラクサを支援するためにシチリアへ渡った。紀元前275年に南イタリアへ戻った彼はマニウス・クリウス・デンタトゥスに率いられたローマ軍と遭遇した。ピュロスの歩兵と象がローマ軍を彼らの野営地の城壁まで押し戻したが、ローマ軍は象を突き棒で追い立ててギリシア軍のファランクスの中に送り返した。その結果の混乱に乗じてローマ軍は反撃し勝利した。ピュロスはすぐにギリシアに戻り、その年の終わりまでにタレントゥムはローマの手に落ちた。

ピュロス戦争
ヘラクレアの戦い

日付 前280年
兵力 ローマ軍/35,000人、ギリシア軍/30,000人
死傷者等 ローマ軍/7,000-15,000人、ギリシア軍/4,000-11,000人
場所 イタリア南東部プーリア

ローマの勢力が拡大した南イタリアでは、既存のギリシア諸都市の独立が脅かされた。こうした都市の一つタレントゥムは、ギ

リシア都市エペイロスの王であり、当時最も経験豊かな将軍であったピュロスを招き、ローマへの抵抗の支援を求めた。彼は約2万人の歩兵と3000人の騎兵に加え、戦象を引き連れてやって来て、南イタリアの支配権を握った。それに対してローマ人はプブリウス・ウァレリウス・ラエウィヌス率いる軍を派遣し、ピュロスと対決した。両軍はシーリス河畔のヘラクレアで出会った。ピュロスの象(ローマ人は戦闘で初めて象を見た)がローマ騎兵を脅かして追い払い、非情な激戦の中でギリシア歩兵のファランクスがローマ軍を川の向こう岸に後退させた。両軍とも非常に多くの犠牲者が出たため、

> 「象はローマ軍をさらに大いに苦しめ始め、ローマ軍の馬は象が近づく前に耐えられなくなり騎兵を乗せたまま引き返した」
> プルタルコス『ピュロス伝』(前75ころ)

ピュロスは「もう一度このような勝ち方をしたら、こちらが参ってしまう」と言ったと言われ、「ピュロスの勝利」という慣用句が生まれた。戦闘後、ピュロスはローマが講和を求めるものと期待してローマに向かって北進した。しかしローマとその同盟諸市は新たに軍隊を召集して彼に立ち向かった。ピュロスは慎重にも兵力を強化するために撤退し、南イタリアから約7万人の連合軍を集めたが、その中には

サムニウム人、エペイロスの兵士、ギリシア諸都市からの傭兵が含まれた。ローマは再び攻撃態勢をとり、南へ進軍してプーリアに入った。またしても激戦となったアスクルムの戦いではピュロスが勝利したが、再び大きな犠牲を払い、ピュロス自身も重傷を負った。ローマ軍は勝負には敗れたが、その軍隊は戦闘隊形を維持した。

強力な獣
ヘラクレアの戦いを描いた後17世紀のこの絵画は、ピュロスの象が乗せることのできた人数を多く見積もりすぎている。乗っていたのは通常3人で、1人が象を動かし2人が戦った。

前319年－前272年
ピュロス PYRRHUS

エペイロス王ピュロスは、ギリシアでのアレクサンドロス大王の後継者間の戦争に参戦して、権力と富を集めた幸運な天才的軍人だった。交戦中の君主たちは、彼の将軍としての抜群の才能を見込んで傭兵として雇おうと張り合ったが、それに対して彼は十分期待に応えた。プロの軍人であった彼は、ローマ軍の戦いぶりが凶暴であることや、ローマが完敗しても取引をするのを拒否することに仰天した。紀元前272年、ギリシアの都市アルゴス市街での戦いの最中に、ピュロスは屋根から落ちてきた瓦に当たって気を失い、すぐに通りかかった敵の兵士に首をはねられた。彼は高く評価される本を2冊書き残した。回想録と、兵法についての研究書である。

紀元前3000年－後476年

ポエニ戦争

紀元前3世紀に拡大したローマは、地中海中部の最大勢力カルタゴとの戦争に巻き込まれていった。第1次ポエニ戦争（前264-前241）では、ローマとカルタゴがシチリアの支配権をめぐって海戦を重ねた。シチリアで敗退したカルタゴは第2次ポエニ戦争（前218-前201）で復讐を図る。カルタゴの将軍ハンニバルがローマを壊滅させる寸前までいったが、結局再びローマが勝利した。最後に第3次ポエニ戦争（前149-前146）でローマがカルタゴを完全に壊滅させた。

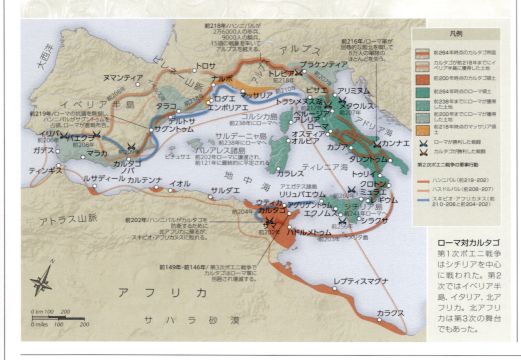

ローマ対カルタゴ
第1次ポエニ戦争はシチリアを中心に戦われた。第2次ではイベリア半島、イタリア、北アフリカ。北アフリカは第3次の舞台でもあった。

第1次ポエニ戦争
エクノムスの戦い

日付 前256年

兵力 ローマ軍/艦船330隻、140,000人、カルタゴ軍/艦船350隻、150,000人

死傷者等 ローマ軍/沈没24隻、カルタゴ軍/沈没30隻、拿捕64隻

場所 シチリア島南東岸沖

水夫と兵士の数から見れば、エクノムスは史上最大の海戦の一つに数えられる。紀元前256年、ローマはカルタゴ本土攻撃を決めた。ルキウス・マンリウス・ウルソ、マルクス・アティリウス・レグルスの両コンスルに率いられた大艦隊は、海を渡って北アフリカへ軍隊を船で輸送しようと試みた。最前列では2つの小艦隊が楔形の隊形を取り、その後ろに予備艦隊が横一列に並んで、軍用輸送船を牽引していたガレー船の小艦隊を守った。大艦隊はシチリア島沖で横一列に展開していたカルタゴ軍と遭遇した。カルタゴ軍は挟み撃ち作戦で右翼がローマの予備艦隊を攻撃し、左翼が輸送艦隊に突っ込んだ。しかし、最前列のローマの2艦隊がカルタゴ戦列の中央を突破した後、引き返して苦戦している後方の両艦隊の救援に向かった。見事な指揮と作戦行動だった。ギリシア人歴史家ポリュビオスの言葉によれば「今度はカルタゴ軍が苦境に陥る番であった」。ローマ艦隊は敵を敗走させ、シチリア島で船を修復した後、反撃を受けることなくアフリカへと渡った。

第1次ポエニ戦争
ミュラエの戦い

日付 前260年

兵力 ローマ軍/艦船110隻、カルタゴ軍/艦船130隻

死傷者等 カルタゴ軍/拿捕31隻、沈没14隻

場所 シチリア島北岸沖

第1次ポエニ戦争初期にはローマ軍がシチリア島を支配していたが、島周辺の制海権はカルタゴ軍が握っていた。ローマは海軍を持たず、五段櫂船と三段櫂船から成る艦隊を60日で造り上げた。ミュラエはこの新艦隊を試す機会となった。海戦での経験不足を補うためにローマは新発明の力を借りた。それはコルウス（カラスの意）と呼ばれる下側に鉄の大釘をつけた乗船橋である。カルタゴ軍のガレー船がローマ軍の船に近づくたびにコルウスが落とされて大釘を甲板にめり込ませた。そしてローマ軍団兵が大挙して渡り船を捕獲した。その結果、カルタゴ軍にとって衝撃的な敗北となった。

船に乗り込む一団
この絵にあるコルウスは、ローマ人の工学技術と発明の才を実証している。

第1次ポエニ戦争
ドレパヌム沖海戦

日付 前249年

兵力 ローマ軍、カルタゴ軍/それぞれ艦船130隻

死傷者等 ローマ軍/艦船93隻、死者8,000人、捕虜20,000人

場所 シチリア島西岸沖

エクノムスで勝利したローマ軍のアフリカ遠征は悲劇に終わった。撤退するために派遣された大艦隊が嵐で難破し、約10万人が死亡した。しかし紀元前249年にローマはまた艦隊を造り上げ、シチリア島のカルタゴ最後の拠点リリュバエウムでのカルタゴ軍包囲を決めた。実行前に吉兆を求めてローマのコンスル、プブリウス・クラウディウス・プルケルは、船の甲板上で聖なる鶏の前に穀物を広げた。鶏が食べるのを拒否したため、クラウディウスは鶏を船外にほうり投げた。この冒瀆行為は賢明ではなかったと後にわかる。カルタゴの提督アドヘルバルは、クラウディウス艦隊の到着前に港の外へ船を出しており、ローマ軍が港に近づくと岬の陰から引き返してローマ軍を罠にかけた。ローマ軍のガレー船の大半はカルタゴ船に衝角で激突され、カルタゴ兵に乗り込まれ、逃れられたのは30隻に満たなかった。しかし第1次ポエニ戦争でのローマの敗北はこれが最後となった。前241年のアエガテス諸島沖でのローマ軍の大勝利により、シチリア島内のカルタゴ軍への供給路が断たれた。カルタゴはシチリアの完全な支配権をローマに渡す以外になかった。

士官の飾り
前1世紀後半のローマ軍団士官は、このように馬の毛の飾りのついたシンプルな青銅の兜（かぶと）を被っていた。

第2次ポエニ戦争
トレビア川の戦い

日付 前218年
兵力 ローマ軍／40,000人、カルタゴ軍／30,000人
死傷者等 ローマ軍／死者30,000人、カルタゴ軍／死者5,000人
場所 イタリア北部のミラノ南方

第2次ポエニ戦争の緒戦では、カルタゴのハンニバルが軍を率い、スペインからガリアを抜けアルプスを越えて北イタリアに入った。雪に埋もれたアルプスを越える際に多くの部下と動物（37頭連れてきた象の大半も）を失ったが、彼がイタリアに到達したことはローマ人にとって衝撃だった。ハンニバルはティキヌス川付近でローマ軍と初めて対戦し、勝利を収める。実際は騎兵による小競り合いであったが、2つの重要な結果をもたらした。ローマの将軍ププリウス・コルネリウス・スキピオ（スキピオ・アフリカヌスの父）が重傷を負い、ハンニバルの勝利

で多くのガリア戦士が自発的に彼の軍隊に加わった。数週間後、カルタゴ軍はトレビア川を挟んでローマ軍と対峙した。ハンニバルは軽装騎兵を送り込んでローマ軍を苦しめ、ローマ兵が増水した川を渡って攻撃してくるようにしむけた。弟のマゴが隠しておいた歩兵と騎兵を率いてローマ軍の後方を

ローマの敗北
トレビア川の戦いの数週間前、ハンニバルとローマ軍が初めてイタリアの地で遭遇したティキヌス川の戦いでスキピオ・アフリカヌス（中央）が父を救う場面。

突いた。ローマ軍のほとんどが逃亡するか殺されるかしたが、軍団歩兵はカルタゴ軍の中央に切り込んで道を作り逃げのびた。

前247年-前182年
ハンニバル HANNIBAL

ハンニバルは第1次ポエニ戦争時のカルタゴの将軍ハミルカル・バルカスの息子だった。ハンニバルはローマへの復讐という父の執念を受け継ぎ、紀元前219年にスペイン東部のサグントゥムを包囲して第2次ポエニ戦争の戦端を開いた。彼は前218年以降のイタリアでの軍事行動で何度も軍才を見せつけたが、その彼をもってしても前202年のザマでのカルタゴの最終的な敗北を防ぐことはできなかった。彼は晩年亡命し、初めはセレウコス朝の王アンティオコス3世の宮廷で、最後はビテュニアで過ごし、そこでローマの捕虜となるよりも自ら毒をあおることを選んだ。ローマ人はハンニバルについて残虐で貪欲であると言及しているが、彼がローマの敗将の遺体に対して見せた尊敬や、部下や動物への心配りなど、それとは正反対の証拠がたくさん存在する。

第2次ポエニ戦争
トラシメヌス湖畔の戦い

日付 前217年6月
兵力 ローマ軍、カルタゴ軍／それぞれ40,000人
死傷者等 ローマ軍／死者約30,000人
場所 イタリア中部のペルージア付近

紀元前217年の春、ハンニバルは再びローマ軍の裏をかいた。軍勢をアペニン山脈を越えさせアルノ川周辺の通り抜け不可能と考えられていた湿地を抜ける経路で進軍させ、彼のローマ進攻を妨害するために配置された軍隊をよけたのだった。それに対してコンスルのガイウス・フラミニウスは、南下したハンニバル軍を自軍に急追させ

た。これはまさにハンニバルの思う壺だった。彼はローマへ向かう道が、トラシメヌス湖（現・トラジメノ湖）と険しい丘陵の間の狭い隙間を通っている場所に部下を配置した。フラミニウス軍が狭い道にさしかかると、道をふさぐように整列していたハンニバル軍の歩兵の中に飛び込む形となった。その時、ハンニバル軍の騎兵と軽装歩兵が丘の上から駆け下りて突撃した。騎兵がローマ軍の隊列の後方を攻撃し、軽装歩兵がローマ軍の側面と激しく衝突した。フラミニウスはその待ち伏せ攻撃で数千人の部下とともに戦死した。兵士たちは戦闘で斬り殺されたり、湖に逃げ込んで溺れ死んだ。さらに数千人は投降して命を助けられた。

> 「ローマ人は敵を発見できぬまま、全方向から上がった叫び声で包囲されていると知った」
> リウィウス『ローマ建国史』（前29ころ-後17）

ハンニバルの軍隊

紀元前218年にハンニバルがイタリアへ率いていった軍隊の陣営に、カルタゴ人はほとんどいなかった。カルタゴの人口はとても少なく、市民軍を形成することができず、兵力の大半を同盟国や属国からの傭兵に依存していた。北アフリカのリビア人やヌミディア人とともに、スペインの諸部族が軍の中核を成していた。それに加えて、軍事行動を続けるうちに大勢のケルト人（ガリア人）が入隊した。ハンニバルはこれらの兵力を画一化するよりも、たとえば、ヌミディア騎兵は投げ槍隊として、スペイン部族民は猛烈な飛び道具使いとして、といった具合に、個々の戦闘様式の違いを活かした。ハンニバルはこれらの部隊を、行軍に耐え、彼の命令で直ちに動く、一つの統制の取れた兵力にまとめあげた。

混成軍
16世紀に描かれたハンニバル軍の描写からは、彼の軍隊の多様性と異国情緒がうかがわれる。

湖畔の大虐殺
フラミニウスの部下たちの多くがトラシメヌス湖に追い込まれ、湖は血で赤く染まったと言われている。その結果、湖から流れる小川はサングイネート「血の川」と名づけられた。

ローマ軍団(レギオン)による征服

第2次ポエニ戦争
カンナエの戦い

日付	前216年8月2日
兵力	ローマ軍/歩兵80,000人、騎兵6,000人、カルタゴ軍/歩兵40,000人、騎兵10,000人
場所	イタリア南東部のプーリア
死傷者等	ローマ軍/死者50,000人、カルタゴ軍/死者6,000人

トラシメヌス湖での災難の後、ローマはクィントゥス・ファビウス・マクシムスを戦時体制の指揮をとる独裁官(ディクタトル)に選んだ。ファビウスの方針は、会戦を避け、ハンニバルのカルタゴ軍につきまとって苦しめることだったが、その戦術は本来のローマの戦い方とは異質のものだった。紀元前216年7月、ハンニバルが南イタリアのカンナエにあるローマの主要な食糧貯蔵所を攻略した際、ローマの大軍がこれを壊滅させようと試みた。ルキウス・アエミリウス・パウルス、ガイウス・テレンティウス・ウァロの両コンスル指揮下のローマ軍は、ローマの8個軍団と同盟市の8個軍団の、合わせて16個軍団であった。数回の小競り合いの後、両軍はアウフィドゥス川の北岸に陣営を築いた。8月1日、ハンニバルがローマ軍の前に軍を展開したが戦わなかった。翌日、ウァロの命令でローマ軍は川の浅瀬を歩いて渡り、南岸で戦闘隊形をとった。川と丘陵に挟まれた比較的狭い戦場となるのでカルタゴ軍が騎兵を使いづらいと判断したのだ。ハンニバルは躊躇することなく自軍に川を渡らせ、散兵を前衛部隊にしてその移動を守らせた。ローマの歩兵軍団は戦列の中央で奥行きのある密集隊形を組み、その右手の川側の側面にはローマ騎兵が、左手には同盟市の騎兵が置かれた。ハンニバル軍はケルト、スペイン軽装歩兵を中央に置き、その両側面にアフリカ歩兵を置いた。川べりでハンニバル軍の重装騎兵がローマ騎兵の中に突撃した。作戦行動を起こす余裕もなく、ほとんどの騎兵は下馬して白兵戦となった。鎧や武器の面で優ったハンニバル軍はローマ兵をずたずたに切り裂いた。一方、中央ではローマ軍団兵がスペイン、ケルト歩兵を後退させていたが、それこそハンニバルの思う壺で、後退するカルタゴ戦列の中に引きずり込まれていった。ハンニバル軍のアフリカ部隊が両側から包囲し、騎兵が再び馬に乗って後方へ回り込み、すでに苦戦している敵の背後に突入した。カルタゴ軍は約5万人のローマ人を虐殺し、その中にはパウルスも含まれていた。1日で出した犠牲者数では戦史に残る戦いの一つである。

古代カルタゴの鎧
前3世紀か2世紀のカルタゴの黄金の胸当て。ローマに一掃された文化に特有の様式である。

> 「かくして、ハンニバルの計画通り、ローマ人はリビア人の戦列にはさまれた。血気にはやってケルト人を追ったせいである。戦列を乱してはいたが、ローマ人は1人で、あるいは中隊単位で戦った」
>
> ポリュビオス『歴史』(前200ころ-前118ころ)

戦場
ローマ軍の未曾有の大敗の地であるカンナエの戦場を見晴らす石柱。

第2次ポエニ戦争
シラクサ包囲戦

日付	前213年-前211年
兵力	ローマ軍/不明、シラクサ軍/不明
死傷者等	信頼できる推計なし
場所	シチリア島東岸

カンナエ以後の出来事から、古代の戦争における包囲戦の重要性がわかる。ハンニバルは包囲戦の装備を持たなかったため、ローマ本土は言うまでもなく、防備を固めた都市の攻略に苦戦した。それでもカルタゴ側についた都市もいくつかあった。その中にシチリア島東岸のギリシア人都市シラクサがあり、紀元前213年にローマに反旗を翻した。そのため将軍マルクス・クラウディウス・マルケッルスに率いられたローマ軍が、その港町を陸と海から包囲した。老齢の発明家アルキメデスは、シラクサの防衛を指導する1人で、市の城壁を防衛すべく包囲砲兵隊を組織し、種々の石弓や投石機の発射物が包囲軍に集中して当たるようにした。ローマ軍には独創的な自前の装置があり、サンブカ(古代の角型ハープの意=ガレー船に搭載された攻城ばしご)もその一つであった。ローマの兵士は船の帆柱に取り付けられた滑車を使ってこのはしごを降ろし城壁に立てかけたが、アルキメデスの防衛装置がそれをなんとか打ち砕いた。包囲戦は何カ月も長引いた。ローマ軍は封鎖を強化してすべての供給を断つことはできなかったが、カルタゴのシラクサ救援の試みも失敗した。しかし212年に市民が女神アルテミスの祭に参加している間、ローマ兵は城壁を越えて市の郊外に入り込むことができ

アルキメデスの死
ギリシア人の発明家アルキメデス(前290ころ-前212ころ)が、シラクサ猛攻時にローマ兵に殺されようとしているところを描いたモザイク画。

た。アルキメデスもその時に殺された一人。しかしシラクサはさらに8カ月持ちこたえ、その後、裏切り者の手で内側の城塞の門が開けられ、ついに包囲軍に攻奪された。

第2次ポエニ戦争
メタウルスの戦い

日付	前207年6月22日
兵力	ローマ軍/40,000人、カルタゴ軍/30,000人
死傷者等	ローマ軍/2,000人、カルタゴ軍/10,000人
場所	イタリア中部のマルケ地方

カルタゴはイタリアのハンニバル軍の増強を一度だけ本格的に試み、紀元前207年にハンニバルの弟ハスドルバルがスペインからアルプス越えで進軍。ガイウス・クラウディウス・ネロ率いるローマ軍が、プーリアからの6000人の精鋭部隊と合流し土壇場で増強され、ハスドルバル軍と対決すべく派遣された。数の上で劣勢となったハスドルバルは一晩でメタウルス川を渡って撤退しようとしたが暗闇に道を見失い、夜明け直後にローマ軍に追いつかれた時にはまだ川の南方にいた。戦闘は拮抗していたが、ネロの部隊がローマの戦列の背後を回ってカルタゴ軍を側面から攻撃すると一変し、ハスドルバル軍はパニック状態で空中分解した。第2次ポエニ戦争の流れを変えることとなったこの戦いで、ハスドルバルは何千人もの部下とともに戦死した。

第2次ポエニ戦争
ザマの戦い

日付	前202年
兵力	ローマ軍/35,000人、カルタゴ軍/45,000人
死傷者等	ローマ軍/死者1,500人、カルタゴ軍/死者20,000人、捕虜15,000人
場所	北アフリカのチュニジア

紀元前203年までハンニバル軍は南イタリアではよく持ちこたえたが、他の地域では戦況はローマに有利だった。ローマの将軍スキピオ・アフリカヌスが、カルタゴ側についていたスペインを征服し、前204年にはカルタゴ本土に侵攻して講和を求めた。しかし休戦の間に、イタリア兵を主体として1万8000人に膨れ上がったハンニバル軍がアフリカに帰還。カルタゴはローマとの交渉を打ち切り、ハンニバルのイタリア歴戦兵を中核に新しい軍隊を編成。歩兵の大半が新兵で、騎兵は数の上で劣っていたにもかかわらず、ローマ軍がカルタゴ領を荒らしたため、ハンニバルはその軍隊を戦闘に連れて行かなければならなかった。以前はカルタゴの同盟国であったヌミディア騎兵の大半がローマ側についてしまっていたからである。戦端が開かれ、ハンニバルが象の力に頼ってローマ歩兵軍団を分断しようとすると、スキピオは兵が横に動けるよう歩兵中隊を縦列に並ばせ、突撃してきた象を素通りさせてしまった。スキピオ軍の歩兵は、前進してハンニバル軍の経験不足の歩兵を追い散らしたが、イタリア歴戦兵はローマ軍団兵と互角に戦った。しかし、スキピオ軍の騎兵がハンニバル軍の騎兵を蹴散らして戻り、後方から歴戦兵に突撃、撃破した。スキピオの戦術はハンニバルの昔の成功に学ぶところ大であったが、これはカルタゴ軍にとってなんの慰めにもならず、カルタゴは屈辱的な講和を結ばされた。

前236年-前183年
スキピオ・アフリカヌス SCIPIO AFRICANUS

プブリウス・コルネリウス・スキピオはローマの卓越した将軍の一人で、紀元前210年に弱冠25歳でスペイン方面のローマ軍司令官となり、4年もしないうちにスペイン全土を征服。前204-前202年にアフリカで勝利を重ねたことで、第2次ポエニ戦争の勝利がもたらされ、アフリカヌスの異名をとる。前190年のマグネシアの戦いで、弟のルキウスとともにシリアのアンティオコス3世を破ったが、汚職を告発されてからは田舎の別荘に引退した。

第3次ポエニ戦争
カルタゴ包囲戦

日付	前149年-前146年
兵力	ローマ軍/不明、カルタゴ軍/不明
死傷者等	信頼できる推計なし
場所	チュニジアのチュニス(一部)

第3次ポエニ戦争は、ローマとカルタゴの壮大な闘争に悲しい後書きを添えた。ザマの戦いから50年後、元老院議員の大カトーなどローマの要人たちが、カルタゴは依然脅威であり壊滅させるべきだと主張した。カルタゴとヌミディア(現在のアルジェリア)の戦闘がローマに介入の口実を提供し、紀元前149年にカルタゴを包囲するため遠征軍が送られた。しかし32kmの城壁に囲まれ、海上から補給することのできるカルタゴの包囲は生易しいことではなかった。衝角で城壁を突き破ったにもかかわらず、ローマ軍は初めカルタゴの将軍ハスドルバルに組織された強力な守りにほとんど戦果をあげられなかった。しかし、前147年、スキピオ・アエミリアヌス(スキピオ・アフリカヌスの養子)がローマ軍を指揮するようになると、包囲戦に進展が見られた。飢えと病気によりカルタゴの人口が激減し、抵抗が弱まった。前146年春、ローマ軍は城壁を貫通した。激戦の末、5万人にのぼる生存者が降伏、ローマ軍はこれを奴隷にし、都市を破壊した。

古代カルタゴの霊廟
チュニジアのドゥッガにあるこの記念碑はヌミディア王子を祭ったもの。ヌミディアがカルタゴからローマへ同盟関係を切り替えたことが、第2次および第3次ポエニ戦争で一つの役割を果たした。

ローマ帝国

紀元前1世紀の度重なる内乱によって共和制ローマが破綻し、ローマ帝国が創設された。初代皇帝のアウグストゥスと代々の後継者の下、軍事面での注目は帝国の最前線に向かった。ローマの東方では、栄華を誇っていたペルシア王に対して領土拡張と防衛を試み、一方、西方では蛮族（ゲルマン民族）と戦った。

ハドリアヌス帝の統治
ハドリアヌス皇帝（在位117-138）はローマ帝国の東部の属州をいくつか失ったが、それ以外の地域では大規模な陸軍と海軍が力強く防衛した。

卓越した軍
ローマ帝国初期のローマ軍団は卓越した軍隊で、戦いには圧倒的に強く、また攻囲戦や道路・橋・要塞の建設技術全般において並外れた能力があった。1世紀から4世紀までは、480人編成の強力な歩兵大隊（コホルス）10個で構成されるローマ軍団が、常に30個存在していた。この軍団を、主に帝国内の征服民から徴集された大量の補助兵が補強していた。この軍団はカタパルトやバリスタのような投石機の援護も含めて優位であったのだが、それでも特に白兵戦を嫌って飛び道具に頼る敵に打ち負かされることがあった。

ハドリアヌスの長城
ハドリアヌス帝は112年に、北方の蛮族によるローマ帝国の属州ブリタニア侵略を防ぐため、城壁の建設を命じた。長城はブリタニアを横断し、全長117kmにまで延びた。

ローマ軍団の衰退
2世紀後半以降、ローマ帝国は再び内乱時代に入り、軍事力が弱まった。3世紀になると、ゲルマン民族の侵略と移住も始まり、帝国の国境を越えてきた。ローマ軍はこれに対し、数の上ではおそらく2-4世紀では通常の倍以上の騎兵隊を編成した。また補助兵の徴集も拡大し、ゲルマン民族の軍をすべてローマ軍の指揮下に置いた。歩兵隊には、古典的な投げ槍（ピルム）と両刃の短剣（グラディウス）に代えて突き槍と刃渡りの長い刀剣を持たせ、また兵士は鎖かたびらと鉄の兜を着用した。5世紀のうちに古典的なローマ軍は姿を消し、東ローマ帝国では鎧を着た騎兵隊が主戦力のビザンチン式の軍に形を変え、また西ローマ帝国ではフランク族、ランゴバルド族、サクソン族などの軍に地位を奪われた。

征服軍
ローマ軍の戦闘を鮮明に描くローマのトラヤヌス記念柱のレリーフ。これは欧州南東部のダキア人がローマ軍の補助兵と戦う図。

ローマ軍団の記章
ローマ軍団は自分たちの所属に誇りを持っていた。この飾り板は、ブリタニアのイケニ族の反乱（60-61年）の鎮圧に参加した第20軍団を表すエンブレムである。

ローマ帝国の兵士

この武器と鎧は、1世紀後半のローマ軍団兵の装備である。銅製のかぶりものから鉄製の兜に代わり、兜のたてがみは、おそらくこのころまで特別な儀式で、または階級を示すためだけに着用されていた。投げ槍（ピルム）と両刃の短剣（グラディウス）は、500年以上もの間（紀元前200年から後300年ころ）、ローマ軍の歩兵隊の基本的な武器であった。

- 突き槍（ハスタ）
- 馬毛のたてがみ
- 前方の攻撃から頭頂を守る鉄の兜
- 顔を保護する頬あて
- 幅広のネックガード
- 鉄製の細い板を留め金と革紐で固定した甲冑
- 切っ先が長い鉄製の投げ槍（ピルム）
- 股間を守り、敵を威嚇する音を出す銅と革の下がり紐
- 銅と革のベルト（キングルム）
- 革張りで鉄の瘤が施された木製の盾（スクトゥム）
- 柄に入った刀剣（グラディウス）
- 両刃の短剣（プギオ）
- 底に鉄の鋲が付いた軍用サンダル（カリガエ）

奴隷戦争

スパルタクスの反乱

- **日付** 前73年－前71年
- **兵力** ローマ軍/不明、スパルタクスの軍/不明
- **死傷者等** 信頼できる推計なし
- **場所** イタリア南部全域

紀元前73年、約80人の剣闘士（グラディエーター）が、イタリア南部のカプアの刑務所を脱走した。トラキア人のスパルタクスが先導したこの小軍団は、主に所有者から逃れた奴隷を引き込み、兵の数を増やした。スパルタクスはこの集団を効果的なゲリラ軍に編成し、前72年には小規模のローマ軍はもとより、2つの執政官の軍にも圧勝した。イタリア南部全体の土地を略奪したスパルタクス軍は、勝利するたびにより多くの兵器と甲冑を手に入れた。元老院は、非道なマルクス・リキニウス・クラッススに治安の回復を委託した。前71年、クラッススはスパルタクスを決戦の場に引き出すことに成功した。元剣闘士のスパルタクスは、決闘の前に自分の馬の喉を掻き切り、決死の覚悟を示したという。だが、スパルタクスは大多数の部下とともに戦死。クラッススは6000人の捕虜を磔の刑に処した。

剣闘士の戦い

ローマの円形競技場で戦う剣闘士。大半は戦争捕虜などの囚人であった。

キンブリ・テウトニ戦争

アクアエ・セクスティアエの戦い

- **日付** 前102年
- **兵力** ローマ軍/30,000-35,000人、テウトニ族・アンブロネス族の軍/150,000人以下
- **死傷者等** テウトニ族/死者と捕虜100,000人未満
- **場所** フランス、エクサンプロヴァンス

紀元前2世紀の最後の10年間、ゲルマン部族がガリア地方のローマ領を脅かした。前105年にローマ軍がアラウシオで敗戦した後、ガイウス・マリウスがガリア南部で指揮を執った。アクアエセクスティアエでチュートン族とアンブロネス族と出くわし、丘の頂上に戦線を張る一方で、3000人の兵を森に隠した。敵が目前まで迫ると、ローマ軍団は槍を投げて突撃し、盾で叩き、刀剣で突き刺した。敵を丘の麓まで押し戻すと、そこに潜んでいた3000人の部隊が現れて背後から襲い、虐殺した。

ローマとパルティアの戦い

カルラエの戦い

- **日付** 前53年
- **兵力** ローマ軍/39,000人、パルティア軍/7,000人
- **死傷者等** ローマ軍/死者24,000人、捕虜10,000人
- **場所** シリアのユーフラテス川東岸の砂漠

ローマが東方で大敗した戦いである。紀元前53年、クラッススは軍を率いてシリアへ赴き、ペルシアを統治するパルティアを攻撃した。パルティア軍は騎兵隊だけで構成され、その大半が騎乗弓兵で、他に槍騎兵もいた。スレナス率いるパルティア軍と出会ったクラッススはローマ軍団を密集方陣で前進させた。パルティア軍の騎馬隊はその周りを全速力で駆け、甲冑をも貫く強力な合成弓で矢の雨を降らせた。ローマ軍が交戦の構えを見せるとたちまち駆け去り、すぐに戻って追跡してきたローマ軍を取り囲んだ。槍騎兵への突撃を先導していたクラッススの息子プブリウスは殺され、パルティア軍はその首を槍で掲げて行進した。クラッスス自身は、戦いで生き延びたものの、退却中に殺された多数のローマ人の一人となった。

紀元前3000年－後476年

ローマ帝国

「ガリアは全体が3つに分れ……」

ユリウス・カエサル『ガリア戦記』1巻・第1章

戦争の証人

ガリア戦争

ガイウス・ユリウス・カエサルは、遠征の記録を詳細に書き残した最初の将軍である。軍事司令官のみならず、ローマ帝国全体の最高権力者の地位に上りつめた政治家の手で書かれた戦記ということで、『ガリア戦記』は無類の貴重な記録となっている。今なお無比の文学的傑作ではあるものの、巧みに練られた散文には、ありのままの真実同様、利己的なプロパガンダも含まれているはずだが、それも今となっては識別しがたい。

「ガリア人は非常に迷信深い。そのため重病人や、戦争の危険に身をさらす者は、生贄として人間を捧げるか、あるいは捧げる誓いをし、その儀式をとり行うものとして僧侶を使う。身代わりの命を捧げなければ、神々の怒りはなだめられないと考えているのである……柳細工の巨大な像を作って、その四肢に生きた人間を詰め、火をつけて焼き殺す部族もある」

ユリウス・カエサル『ガリア戦記』6巻・第16章

カエサルはケルト族の社会的・政治的組織について、多くの重要な史料を残したが、その多くは一般論である。しかしローマ人読者の目に野蛮で恐ろしく映るであろうガリア人の風習については、詳細に記述している。ガリア人による紀元前396年のローマ占領・略奪（36ページ参照）は代々受け継がれた民族の記憶だが、カエサルがこれを利用したことに疑いはない。この記憶は非常に根強いものだったため、カピトル神殿では毎年番犬が殺され、略奪の機会を狙うケルト軍の存在をローマ市民に警告し損なった祖先の失敗を償わせる儀式が行われていた。カエサルは前58年に事実上権限を超えてガリアへ渡ったため、その侵攻を過去にさかのぼって正当化すべく、多くの国を荒らし回るケルト人を引き合いに出すのが好都合だったのである。

「自身、きわめて活力に満ちた男であったウェルキンゲトリクスは、態度のあいまいな者に苛酷な教練を課した。甚だしい不満分子には拷問や火刑を課し（中略）こうした恐怖政治でたちまち部隊を集め（中略）こう言った。ローマ軍の糧秣を断つよう、あらゆる手を尽くそう、我々は多数の騎兵をもっているし時期にも恵まれているからこれは簡単だ、馬糧の刈り入れは不可能だから敵は必ず分れて納屋を探すだろう、従って、騎兵で毎日これをかたっぱしから片づけよう、と」

ユリウス・カエサル『ガリア戦記』7巻・第4章、5章、14章

ローマ帝国

カエサルはケルト人の首領ウェルキンゲトリクスを、ローマ軍団の気骨を試すのにふさわしい敵であると見定めた。武勇の誉れが高い敵をほめそやしていただけではない。これほどの敵に勝てばカエサル自身の武功につながるのである。カエサルは、ただひとつの旗印のもとに諸部族を集めたガリア全体を征服しようと決めたのは自分自身なのだということを、十分意識していたのだろう。

「我が軍の兵士の並々ならぬ武勇に対し、ガリア人はあらゆる対策を講じた。(中略)櫓は地下道を掘ってくつがえした。その地方には広大な鉄鉱山があり、ガリア人は様々な地下道工事に精通していたのである。昼夜の度重なる突撃で櫓に火をつけたり、我が軍の作業中の兵士を襲ったり(略)」

ユリウス・カエサル『ガリア戦記』7巻・第22章1-4

復元されたアレシアの要塞

ガリア人はローマの戦術を真似ることにかけては有能な生徒であった。ウェルキンゲトリクスは襲撃隊にローマ軍の供給路を繰り返し攻撃させる一方、解囲軍の到着を待ちながら、驚くほど効果的な対抗策を講じた。だが解囲軍が到着し今度はローマ軍が包囲され食糧不足となるに至って、状況は厳しくなった。結局カエサルは解囲軍を背後から攻撃するという、ガリア人が想定し得なかった作戦を成功させたが、これは、カエサルの軍事的才能を示す真の証であった。

「カエサルはこの戦闘に加わろうと急いだ。カエサルがいつも戦闘で着る深紅の服により、カエサルの到着が敵の知るところとなり、(中略)ローマ兵は槍を捨て剣で闘った。不意に、ガリア人の背後にローマの騎兵が現れ、新たに歩兵隊も迫ってきた。ガリア軍は分断され逃走したが、ローマの騎兵はこれに襲いかかって阻止した」

ユリウス・カエサル『ガリア戦記』7巻・第87章3-88章3

「(カエサルは)合計三百万の敵を相手に激戦を繰り広げ、百万の兵を白兵戦で殺し、さらに百万を捕虜にした」

プルタルコス『カエサル伝』第15章

アルプスの戦勝記念碑
アルプスにそびえるこの記念碑は、カエサルの後継者アウグストゥスが反抗的なガリア人を撃破したことを祝して建てられた。

ローマ帝国

カエサルのガリア戦争
アレシアの戦い

日付 前52年7月-10月

兵力 ローマ軍/45,000人、ガリア軍/不明

死傷者等 信頼できる推計なし

場所 フランス中東部のディジョン近郊

紀元前53年、ガリア軍の間で、ユリウス・カエサルによる征服に抵抗する反乱が起き、ローマ軍団がガリア軍勢を討伐した。ガリアのカリスマ的首領ウェルキンゲトリクスは、ゲリラ戦でカエサルに挑む軍隊を編成。ガリアのウェルキンゲトリクスはアレシアに逃げこみ、カエサルは前52年夏、アレシア郊外の丘で野営していたガリア軍を見つけた。カエサルは軍団に命じて、町と野営地の両方を取り囲むため、壕と逆茂木を取り付けた塁壁に25m間隔で櫓を設けさせ23の砦から成る包囲線の建設を始めさせた。この驚くべき包囲線が完成する前に、ウェルキンゲトリクスの騎兵隊は多くの死傷者を出しながら、どうにか突破。カエサルは、騎兵隊が解囲軍を組織するために派遣されたと疑い、外側を向いた別の砦を円形に築いた。包囲されたアレシアで食糧が底を突いたため、ガリア軍は女子供と老人を町の外に送り出した。ところがカエサルはその要塞線通過を認めなかったため、彼らは敵軍と味方の中間の無人地帯で徐々に餓死していった。包囲戦が始まって3カ月目に、カエサルが予測した通り、ガリア人の大解囲軍が到着。この軍はその都度アレシアからの突撃隊に援護されながら、3度包囲線に突撃した。最後の攻撃は、ウェルキンゲトリクスの部隊が、ローマ軍からの槍と矢と投石機からの石が降る中、包囲線の一部を突破したため、もはや成功かと思われた。だがカエサルは、あらかじめ手薄になっていた場所に補強軍を投じておき、歩兵と騎兵の混合軍を先導してガリア軍を敗走させた。ガリアの解囲軍は潰走した。すべての望みを失ったウェルキンゲトリクスは、ローマ軍の野営地に馬を走らせ、カエサルの足元に刀剣を置いて降伏した。ローマ軍の各兵士は、奴隷として売るためのガリア人を一人ずつもらい受けた。

包囲壁
カエサルの軍隊がアレシアに築いた見事な包囲壁の復元。内側と外側に面する2本の壁の全長は35kmである。

?-前46年
ウェルキンゲトリクス VERCINGETORIX

アルウェルニ族の首領であったウェルキンゲトリクスは、ガリア中・西部の兵士をまとめあげ、気合いの点ではローマ軍にひけをとらない、統制の取れた軍隊を作り出した。そして土地勘を利用し、待ち伏せと焦土作戦を実行することでカエサルのローマ軍団を悩ませた。アレシアでは威厳ある降伏をしたが、カエサルの凱旋式に鎖に繋がれてローマ市内を引き回されたあげく、6年間拘禁され処刑された。

ローマ帝国

ローマの内乱
ディラキウムの戦い

日付 前48年7月
兵力 カエサル軍/40,000人、ポンペイウス軍/90,000人
場所 アルバニア

紀元前49年、カエサルはポンペイウスと元老院の命令を無視し、軍を率いてルビコン川を渡り、イタリアに入った（右コラム参照）。そして内乱が起きた。ポンペイウスはカエサルにローマの占領を許してイタリアから逃げたため、カエサルは独裁者となった。しかしポンペイウスはローマ海軍と優秀な陸軍を掌握していた。前48年1月、カエサルは7個のローマ軍団を商船に乗せてアドリア海を渡り、ポンペイウスの軍艦を避けてディラキウムの敵陣近くに上陸。多勢に無勢ではあったが、カエサルは天然港周辺に陣取っていたポンペイウス軍を包囲。カエサルがポンペイウスを土塁で包囲しようと試み、ポンペイウスの工兵がそれを妨害しようと競い合った末に戦いの火蓋が切られ、カエサルの軍団は大敗し、独裁者カエサルはギリシア北部へ退却した。

ローマの内乱
ファルサルスの戦い

日付 前48年8月9日
兵力 カエサル軍/歩兵22,000人、騎兵1,000人、ポンペイウス軍/歩兵45,000人、騎兵7,000人
死傷者等 カエサル軍/死者230人、負傷者2,000人、ポンペイウス軍/15,000人
場所 ギリシア北部のテッサリア

ポンペイウスはディラキウムからカエサルを追い、ファルサルス平原に2個軍団が野営していたテッサリアへ向かった。長く躊躇した末、8月9日にポンペイウスは数において優勢な部隊を戦場に配置した。カエサルは速やかに軍団を先導し、この挑戦に応じた。ポンペイウスはカエサル軍の右翼に騎兵隊を集中させ（カエサル軍の左翼はエニペウス川沿いに延びていた）、カエサルの騎馬兵を一掃して側面と背後から歩兵を攻撃することを狙った。これに対し、カエサルは彼個人が統率する6個の歩兵隊を右翼後方に置いた。当然のことながら、6000人を超すポンペイウス軍の騎馬兵がカエサルの小さな騎兵隊の分団に突進して大混乱を引き起こしたが、カエサルはその6個の歩兵隊をこの混乱に飛び込ませた。投げ槍が突き刺さりつつも、この歩兵隊は騎馬兵を戦地から離脱させた。そしてカエサルは軍に前進を促し、ポンペイウスの歩兵隊を側面から攻撃させた。また彼は歩兵第3戦列に対し、他の2戦列を突撃通過し、敵に槍を投げて刀剣で襲いかかる正面攻撃の衝撃を与えるよう命令した。この圧力に押されたポンペイウスの歩兵隊は隊伍を乱して逃げ出し、カエサルの部隊に追跡されて情け容赦なく斬り捨てられた。ポンペイウスは逃亡したが、2カ月後に暗殺された。

投石機
ローマ軍は、丸太や石などの弾丸を飛ばすためにバリスタ（またはスコルピオンの名でも知られる）を使った。

前100年-前44年
ユリウス・カエサル JULIUS CAESAR

ガイウス・ユリウス・カエサルは、紀元前59年に当時ローマの実力者であったポンペイウスとクラッススと手を組み政治力を手にした。そしてガリアとイリュリウムの総督としてローマ帝国の支配をライン川まで拡大し、ブリタニアにも2度遠征した。典型的なローマ軍司令官であり、大胆で素早く主導権を握り、戦場では常に激戦の渦中にいた。カエサルの遠征の記録は軍事史の古典である。元老院の一部が、総督解任と本国召還を命じたが、カエサルは服従せず、ローマ軍団から支持され続けた。その後の内乱では、カエサルの敵対者はポンペイウスを取り込んだため、これと対立。カエサルは完全勝利を果たし、前44年には終身独裁官に就任するが、同年、かつての支持者らの手で暗殺された。

ローマの内乱
フィリッピの戦い

日付 前42年10月3日および23日
兵力 共和派軍/歩兵80,000人、騎兵20,000人、アントニウス・オクタウィアヌス軍/歩兵85,000人、騎兵13,000人
死傷者等 信頼できる推計なし
場所 ギリシア北東部のフィリッピ

紀元前44年のユリウス・カエサル暗殺後の混乱した権力争いの中、マルクス・アントニウスとオクタウィアヌス（カエサルの姪の息子で後のアウグストゥス皇帝）は、ローマでの権力を保持するために不穏な同盟を結んだ。しかし、カエサル暗殺計画の首謀者であるマルクス・ユニウス・ブルートゥスとガイウス・カッシウス・ロンギヌスは、依然として地中海東部で共和派の軍を統率していた。前42年9月、アントニウスとオクタウィアヌスは軍隊を率いてマケドニアへ赴き、フィリッピで共和派軍の2つの陣営を発見した。オクタウィアヌスは病気であったため、アントニウスが単独で指揮を執った。彼は沼地を渡り、カッシウスが指揮する陣営を奪うという奇襲攻撃を計画した。この作戦は完全に成功した。信じていたものをすべて失ったカッシウスは自殺した。だがブルートゥスの方は、アントニウス不在という好機を逃さず、急襲して一時的に彼の陣営を制圧し、病気のオクタウィアヌスは捕捉から逃れるために隠れる羽目になった。両者互角のまま、敵対する軍はその場に留まった。3週間後、深刻な食糧難に悩んだブルートゥスは、危険を冒して会戦の決断をした。これは破滅的な決断であった。オクタウィアヌスは正面からブルートゥスを引きつけておき、アントニウスは部下に再度沼地から共和派軍の左側を取り囲ませた。ブルートゥスは結果的に大敗して逃亡したが、すぐにカッシウスに倣って自らの剣に斃れた。オクタウィアヌスとアントニウスの同盟は、壊れやすい状況にありながらも、この勝利の後10年間継続される運命にあった。

アウグストゥス皇帝
イタリアのトリノにあるオクタウィアヌスの像。カエサルの死後の権力争いに勝利した後、ローマ帝国の初代皇帝となった。

ローマの内乱
アクティウムの海戦

日付 前31年9月2日
兵力 オクタウィアヌス軍/軍艦400隻、アントニウス・クレオパトラ軍/軍艦230隻
死傷者等 アントニウス・クレオパトラ軍/軍艦150隻
場所 ギリシア西部のアカルナニア海岸沖

紀元前32年、オクタウィアヌスはアントニウスが自分の姉と離婚し、プトレマイオス朝の女王クレオパトラとともにエジプトに落ち着こうとしていることに腹を立て、ローマ元老院を説いてアントニウスに宣戦布告した。2人の同盟関係が崩れると、アントニウスはオクタウィアヌスの権力に深刻な脅威となった。翌年、ローマ軍とエジプト軍がギリシアのアクティウムで対峙。オクタウィアヌスは攻撃しようとせず、腹心の部下アグリッパが率いる海軍を動かして敵を封鎖。アントニウスとクレオパトラは海路突破を決め、（通常戦いの時には岸に残す帆を揚げ）安全な場所までいち早く運んでくれる風に望みをかけた。アグリッパの艦隊に遭遇すると、アントニウスの艦隊は左右に割れ、中央の隙間を抜けてクレオパトラの船隊が沖へ逃げた。アントニウスは旗艦が激戦で沈没したため別の船に移り、残った数隻とともに逃げた。翌年、オクタウィアヌスがエジプトに攻め入ると、アントニウスとクレオパトラは自殺した。

ローマの軍艦
軍団兵が乗った軍艦を描いたローマのレリーフ。船楼からは飛び道具で敵船を攻撃できた。

紀元前3000年-後476年

ユダヤ戦争

マサダの戦い

日付	73年-74年
兵力	ローマ軍/5,000人、ユダヤ人/960人
死傷者等	ユダヤ人/953人
場所	死海の南西岸付近の山頂

マサダはユダヤ人がローマ軍に対して劇的な最後の抵抗を行った場所である。死海の沿岸に近く、断崖に囲まれた岩山の頂上に造られたマサダの要塞の歴史は、紀元前2世紀にさかのぼり、ローマが公認したパレスティナ南部のユダヤの王、ヘロデ大王時代の前1世紀に大きく発展した。66年、ユダヤ人はローマ帝国に反抗した。ウェスパシアヌス皇帝とその息子ティトゥスが暴動を鎮圧し、その結果、70年にエルサレムが包囲された。エルサレムが陥落すると暴動は事実上終焉を迎えたが、エレアザル・ベン・ヤイルが率いる少数のユダヤ人反抗勢力が、マサダ要塞で抵抗した。ローマ帝国はこの反逆者の反抗行動を無視できず、73年11月にユダヤ属州の総督フラウィウス・シルウァ率いるローマ第10軍団が、この要塞を包囲した。要塞への道は防衛側からの砲火にさらされた危険な山道であったため、ローマ軍はこの山を包囲壁と櫓と野営で取り囲んだ。だが彼らは、この封鎖は目的達成までに時間がかかりすぎることに気づいた。要塞内には大きな貯蔵庫と貯水池があり、中にいる人々が数年間続く包囲にも持ちこたえられるからである。代わりにローマ軍は、突撃によって要塞を奪うという驚くべき計画をひねり出した。要塞の西側に大規模な攻城用の斜道を建設し始めたのである。建築作業は、要塞からの継続的なカタパルト投石機による攻撃の中で進められ、ローマ軍も要塞に向かって同様の方法で応戦した。完成時の包囲攻撃用の斜道は長さ600m、高低差は200m以上になった。ローマ軍は次に、下に破城槌をしのばせ、上に火を放つための投石器を載せた包囲攻撃用の櫓を斜道の上に押し上げた。破城槌はすぐに防壁を打ち破ったが、軍団が要塞内になだれ込んだ時には、エレアザルが仲間を促して集団自決をした後であった。突撃の間、貯水池に隠れていた2人の女性と5人の子供だけが生き残った。

山頂の要塞
73年には2つの宮殿に厚い防壁、櫓、水路などがあったマサダ要塞の遺跡。

ローマ軍の包囲作戦

「テストゥド」は亀という意味で、ローマ軍団が包囲作戦中に採用した形態である。2列目以降の兵士が盾を頭上にかざすことで、防衛側から浴びせられる激しい砲火の雨から身を守り、隊列は要塞壁や城壁に接近し、台付きてこやつるはしで攻撃することができる。城壁の突破には、他にも壁を打ち破る破城槌を使う方法や、壁の下に地雷を埋める方法などがあった。

ゲルマニア戦争

トイトブルクの森の戦い

日付	9年9月
兵力	ローマ軍/15,000人、ゲルマン軍/不明
死傷者等	ローマ軍/ほぼ全滅
場所	ドイツ北西部のオスナブリュック近郊

紀元前10年代ころから、ローマ帝国の北ヨーロッパにおける前線は、ローマ領ガリアとの境界線であったライン川から東側に拡張し、ドイツ東方のエルベ川に至った。しかし気性が荒いゲルマン人を征服することは、決して完全とはいかず、世紀が変わって最初の10年のうちに、散発的に反乱が起きた。9年の夏、ローマの将軍プブリウス・クィンクティリウス・ウァルスは、ドイツ中部のウェーザー川東岸で、3個のローマ軍団（第17、18、19軍団）とゲルマン補助兵を率いて作戦を指揮していた。ケルスキー族出身の補助兵の司令官はアルミニウスという王子で、彼はローマ軍に数年前から仕えており、信頼を得ていた。だがウァルスはアルミニウスの反逆計画の噂を聞いたため、彼を信用しなくなった。夏が終わるころ、ローマ軍は重い荷物と野営に随伴する兵士の家族などの長い行列で動きを妨げられながら、冬営地へと引き返した。アルミニウスと補助兵はすぐに彼らから離れ、噂に根拠があったことを証明した。ドイツ人の道案内も待ち伏せの警戒もなく、ローマ軍は気味悪くぬかるんだトイトブルクの森に踏み入った。

トイトブルクの森
今日とは違い、2000年前のトイトブルクの森は道の狭い湿地帯の森で、ローマ人はすぐに道に迷った。

アルミニウスの兵士は、数日にわたりローマ軍の縦隊を情け容赦なく攻撃し、奇襲攻撃で堅実な成果を上げた。最終的に、弱体化した軍は完全に圧倒された。ローマ兵とその家族のほとんどが殺され、ウァルスは自殺した。ローマの歴史家タキトゥスによれば、4年後にこの虐殺の地を訪れたローマ兵たちは、「白骨……壊れた武器と馬の残骸、また人間の頭蓋骨が木の枝に引っかかっていた」のを発見したという。惨劇のニュースは老齢のアウグストゥス皇帝に衝撃を与え、彼は宮殿の周りを「ウァルス、私の軍団を返せ!」と叫びながら、さまよい歩いたと伝えられている。ローマ軍はすぐにゲルマン軍を罰するために戻ったが、帝国の境界を東側に推し進める計画は中止された。ライン川の東側の土地は、永久にローマ帝国領になることはなかった。

ローマ人の面
トイトブルクの森の戦場で発見されたこのマスクは、勝ち抜き試合でローマ兵が着けたものの一種である。

ローマ帝国

アグリコラのブリタニア遠征
グラウピウス山麓の戦い

日付 84年夏の終わり
兵力 カレドニア軍/30,000人、ローマ軍と補助兵/25,000人
死傷者等 カレドニア軍/10,000人、ローマ軍と補助兵/360人
場所 英国北東部のアバディーンシャー

ローマ帝国のブリタニア総督グナエウス・ユリウス・アグリコラは、ローマ軍団兵と現地の補助兵を率いてスコットランドへ赴き、カレドニア人の暴動の機先を制した。アグリコラはカルガクス率いるカレドニア軍との会戦を補助兵に戦わせ、ローマ軍団を安全な場所に温存した。重要な役割は騎兵隊が担い、カレドニア軍の二輪馬車を分散させた後、背後から歩兵隊を攻撃した。カレドニア軍は戦場を逃げ回り、散々に倒された。

ブーディカの反乱
イケニ族の反乱

日付 60年-61年
兵力 ローマ軍/10,000人、ブリタニア軍/不明
死傷者等 ローマ軍/死者400人、ブリタニア軍/死者数万人
場所 英国のトーチェスター付近

43年のクラウディウス皇帝の遠征によって、ブリタニアの大部分はローマ帝国の属州になった。しかしローマ軍は60年にブリタニア東部で、ローマ帝国の役人に酷い扱いをされてきたイケニ族の女王ブーディカを中心とした大きな民族蜂起に直面した。このイケニ族の暴動に、近隣のトリノヴァンテス族が加わった。ローマ軍団の大半が、ウェールズ北西部のアングルシーに遠征に出ている隙に、反乱軍はカムロドゥヌム、ロンディニウム、ウェルラミウムの町を破壊した。ローマ帝国ブリタニカ属州のスエトニウ

ウェルラミウム
ブーディカの軍が60-61年に破壊したウェルラミウムの住居跡(現在のセント・オールバンズ付近)。

43年のクラウディウス皇帝の遠征によって、ブリタニアの大部分はローマ帝国の属州になった。しかしローマ軍は60年にブリタニア東部で、

征服者クラウディウス
43年にたった2週間遠征しただけだが、クラウディウスはブリタニア遠征の功を認められた。

ス・パウリヌス総督は、第14軍団と第20軍団の先頭に立ってアングルシーから兵を戻し、森が茂る山あいの狭い谷間に陣を構えた。ローマ軍より圧倒的多数のブーディカの兵が前進して攻撃に出た。ローマ軍団はブリタニア軍が自分たちの目前に迫るまで待った。そして合図とともに一斉に槍を投げ、刀剣を抜いて突撃した。ブリタニアの最前線が倒れると、後続の兵は混乱した集団となって前方に押し出された。何千人もの兵士がローマ軍に切り殺され、ブリタニア軍は大敗北を喫した。ブーディカはおそらく服毒自殺した。

トラヤヌス帝のダキア戦争
ダキア戦争

日付 101年-106年
兵力 ローマ軍/不明、ダキア軍/不明
死傷者等 信頼できる推計なし
場所 ルーマニア

ダキア人は好戦的な部族で、バルカン半島を流れるドナウ川の東岸地域を支配していた。90年ころ、彼らはデケバルスに導かれてドナウ川を越え、ローマ帝国領に侵略した。侵略はダキア人に有利な和平協定によってようやく収まった。101年のトラヤヌス皇帝によるダキア侵攻は、ローマ軍の優位性の回復を目的とする報復遠征であった。ゲルマン人補助兵の大軍を従えた第9軍団が、船を並べた橋伝いにドナウ川を渡った。この遠征に関してはほとんど知られていないが、実に大きな戦いで、トラヤヌスの補助兵が常に最前線にいた。102年にデケバルスが講和を求めたが、ローマ軍が撤退するとすぐに兵を立て直し、ローマ軍の前哨地に向けて攻撃を再開した。トラヤヌスは106年に戻ったが、今度は征服する決意で臨んだ。工兵は得意技である永久橋をドナウ川の幅広い流れの場所に架け、軍隊はカルパチアの山岳地帯に侵入し、ダキア王国の首都サルミゼゲトゥサを包囲した。すべてに絶望し、包囲されたダキア人は集団自決した。デケバルスは逃げたが、ローマ軍の偵察隊に見つかると、自分の喉をかき切って死んだ。ダキア王国はローマ帝国に吸収された。続くトラヤヌスによるアラビア、アルメニア、アッシリア、メソポタミア遠征によって、ローマ帝国は彼の在位中に最大の拡がりを見せた。

紀元前3000年-後476年

鞍上のトラヤヌス
ダキアでのトラヤヌスの功績は、バルカン半島での帝国の勝利を祝って建てられた有名なローマのトラヤヌス記念柱に描かれている。

東方への遷移

3世紀末ころ、ディオクレティアヌス皇帝（在位284-305）は統治権を数人の部下に分割し、ローマ帝国全土の反乱と侵略の脅威に対処した。次の1世紀の間に共治皇帝の人数は変化し、帝国の中心はローマから東のコンスタンティノープルに移った。帝国の西側は、領内に定住したゲルマン系部族とゴート族の軍事力への依存を強めていった。5世紀末までには、こうした部族の首領たちはもはや皇帝承認の必要はないと判断し、西ローマ帝国は消滅した。

コンスタンティヌス1世の遠征
ミルウィウス橋の戦い

日付 312年10月28日
兵力 コンスタンティヌス軍/50,000人、マクセンティウス軍/75,000人
死傷者等 信頼できる推計なし
場所 イタリア中部のローマ付近

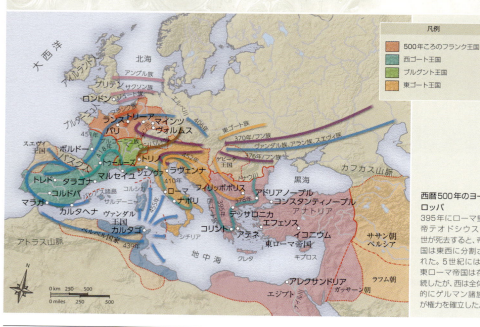

西暦500年のヨーロッパ
395年にローマ皇帝テオドシウス1世が死去すると、帝国は東西に分割された。5世紀には、東ローマ帝国は存続したが、西は全体的にゲルマン諸族が権力を確立した。

凡例
- 500年ころのフランク王国
- 西ゴート王国
- ブルグント王国
- 東ゴート王国

4世紀初頭、6人もの皇帝が帝国内で覇権を争った。312年にブリタニアとガリアを治めるコンスタンティヌス帝がイタリアに侵攻、ローマを治めるマクセンティウス帝を襲撃する。北イタリアで連勝したコンスタンティヌス軍は、ローマに進軍、待ち受けるマクセンティウスは敵を阻止すべく、すでにテヴェレ川に架かるミルウィウスの石橋の破壊を命じていたため、部下は浮き橋で川を渡った。マクセンティウス軍はおそらく建設されて間もないローマのアウレリアヌス城壁の中に留まっていた方が安全であったろう。コンスタンティヌスは空に現れた神の啓示に触発されて自軍を勝利に導いたという。浮き橋はマクセンティウス軍が退却するときに沈み、マクセンティウスも溺死した。

コンスタンティヌス1世
323年までに、コンスタンティヌスはローマ帝国で唯一の皇帝になった。初めてのキリスト教皇帝でもあり、帝国中に教会を広めた。

ユリアヌス帝のアレマン遠征
アルゲントラトゥムの戦い

日付 357年
兵力 ローマ軍/13,000人、アレマン軍/35,000人
死傷者等 ローマ軍/死者243人、アレマン軍/死者6,000人
場所 フランス東部のライン川西岸

356年、コンスタンティウス2世は、ライン川沿いで反乱を起こしていたクノドマール王率いるゲルマン人のアレマン部族同盟との戦いに、24歳のユリアヌスを派遣した。勝敗のつかない戦いを1年続けた後、ユリアヌスはアルゲントラトゥム（現在のストラスブール）付近でライン川を渡ろうとしたクノドマールの軍と会戦した。ユリアヌスの軍はローマからの援軍の到着が間に合わず、はるかに少数で、開戦当初の戦況は悪かった。アレマン軍の身軽な歩兵隊が騎兵隊を取り囲み、身を低くして馬を刺したため、騎兵隊は逃亡寸前であったが、ローマ軍の歩兵隊が安定を維持し、アレマン軍に投石機、弓、パチンコによる長時間の集中砲火を浴びせた。白兵戦になると、ローマ軍と補助兵（こちらも大半がゲルマン人であった）は、アレマン軍を敗走させ、彼らをライン川まで追跡すると、多くが溺死した。

ものみの塔
ゲルマン民族の侵入を恐れたローマ軍は、国境や川や海岸沿いにものみの塔を建てた（写真は復元された塔）。

ローマとペルシアの戦争
クテシフォンの戦い

日付 363年
兵力 ローマ軍/83,000人、ペルシア軍/不明
死傷者等 信頼できる推計なし
場所 イラク中東部のバグダード付近

コンスタンティヌス1世の甥のユリアヌスが361年に皇帝になると、ローマ帝国東方の大敵であるサーサーン朝ペルシアに侵攻する。1000隻を超す補給船を従えてユーフラテス川を下り、ティグリス川は馬で渡り、補給船は運河沿いに続いた。サーサーン朝の王シャープール2世はペルシアの首都クテシフォンの手前で少し戦うと退却し、城壁の外にローマ軍を置き去りにした。ユリアヌスはクテシフォンの攻略も攻撃もできず、補給船を燃やして撤退。退却は過酷で、ペルシア軍が弓兵による追撃と夜襲を仕掛け、ユリアヌスは戦死。ローマが屈辱的な和平協定に合意して、ようやく対立は終結した。

ペルシアの勝利
エデッサの戦い（260年）でサーサーン朝の勝利を受け、シャープール1世の前で跪くウァレリアヌス帝。ユリアヌスは、その挽回を図ったが失敗に終わった。

東方への遷移

第2次ゴート戦争
アドリアノープルの戦い

日付 378年8月9日
兵力 ローマ軍/60,000人、ゴート軍/100,000-200,000人
死傷者等 ローマ軍/40,000人、ゴート軍/信頼できる推計なし
場所 トルコ西部のエディルネ

4世紀が進むにつれ、ゲルマン民族の大移動によるローマ帝国への圧迫が強まった。370年代に、フン族という中央アジアの遊牧民の騎馬隊が西方に移動を開始し、黒海の北西に住んでいたゲルマン系のゴート族を襲撃した。好戦的な民族であるにもかかわらず、東ゴート族と西ゴート族はフン族から逃れ、民族全体が避難場所を探す移民となった。376年に西ゴート族はローマ帝国東方の皇帝ウァレンスに、ドナウ川を渡ってギリシア北部のトラキアに入る許可を求め、承認された。ウァレンスは東ゴート族からの同類の要求は拒否したが、彼らは構わずに帝国領内に侵入した。このゲルマン民族の流入はおそらく総勢200万人に上り、必然的にローマ政府との摩擦を引き起こした。やがてフリティゲルン率いる西ゴート族と、アラテウスとサフラクスが率いる東ゴート族がローマ帝国と交戦し、サルマティア人とアラン人、さらにフン族までも加わってトラキア中を暴れ回った。378年の8月までに、ゴート軍はアドリアノープルの郊外に野営を設け、そこから騎馬隊が周辺地域へ出向いては暴動を起こし、略奪した。ローマ帝国西方の皇帝グラティアヌスの援軍を待たずに、ウァレンスはコンスタンティノープルから進み出てゴート軍を攻撃した。彼の隊列が、車庫の周りに壕を掘ったゴート軍の陣営に接近したころ、アラテウスとサフラクスを含むゴート軍の騎馬隊は、奇襲攻撃を狙うため陣を離れていた。フリティゲルンは和平交渉を求め、対するウァレンスは、兵士が暑い中の遠征に疲れ戦闘態勢が整っていなかったため、これを受け入れた。ところが交渉が始まると、両者の間で戦いが勃発した。ウァレンスは、歩兵隊がまだ準備万端ではなかったが総攻撃を命じた。この時、アラテウスとサフラクスの騎兵隊が、ローマ帝国の歴史家アンミアヌス・マルケリヌスの言葉を借りれば、「雷電のごとく山を駆け降りて」戻った。ローマ軍の右翼に突撃した彼らは、騎兵隊を打ち負かし、くるりと方向転換して背後から歩兵隊を攻撃した。次いでフリティゲルンの歩兵隊が荷馬車の後方から現れ、ローマ軍団の正面を突いた。部下が何十万人も虐殺される中、ウァレンスは負傷し、後に殺された。いつもの通りローマ軍はこの悲劇から立ち直り、ウァレンスの後継者テオドシウスの下、ゴート族への反撃を積極的に進めた。フリティゲルンはこの5年後、ローマ軍への抗戦中に死亡した。ゴート人の多くは、最終的にゴート族の軍がローマ帝国に反抗するのではなく、参戦するという条件でローマ帝国と連合した。

皇帝の硬貨
ウァレンスは、375年からアドリアノープルで死亡する378年までローマ帝国の東半分を統治した。

> 「平原は死体で覆われ、戦いの残骸が飛び散り、また酷い傷を負って死にゆく者のうめき声が激しく響いた」
> ローマ帝国の歴史家アンミアヌス・マルケリヌス（330-395）

テオドシウスの遠征
フリジドゥスの戦い

日付 394年9月5日
兵力 テオドシウスの軍/不明、アルボガストの軍/不明
死傷者等 信頼できる推計なし
場所 イタリア北部のトリエステ北方

ローマ軍内のゲルマン民族と、属州のゲルマン民族の両方での闘争が次第に蔓延したことは、衰退しつつあった西方のローマ帝国ですでに複雑だった権力争いに、さらなる混乱を与えた。388年、ローマ帝国の東帝テオドシウス1世に仕えていたゲルマン系フランク人のアルボガストが、ガリアの暴動を鎮圧した。ところが西帝のウァレンティアヌス2世が、ガリアで確立した権力基盤からフランク族を追放しようとしたため、アルボガストは彼を殺害し、エウゲニウスという学者を皇帝の座に据えた。テオドシウスはアルボガスト討伐に着手した。彼が西ヨーロッパに従えた軍には、ヴァンダル族の将軍スティリコや西ゴート族の指揮官アラリックを始め、2万人の味方のゴート族がいた。テオドシウスの軍は、イタリア北東部を流れるイゾンツォ川の支流フリジドゥスの近傍でアルボガストの軍と会戦した。開戦初日のテオドシウス側の戦況は悪く、フランク族はローマ軍の攻撃を撃退して大きな損失を与えた。しかしその翌日、強い追い風がテオドシウスに味方し、砂塵が敵の目をくらまし、ほとんど立つこともできない状況となった。スティリコの目覚しい指導力とともに、強風がテオドシウスに完全なる勝利をもたらした。エウゲニウスは斬首され、アルボガストは自殺した。テオドシウス自身もこの戦いの直後に死亡したが、スティリコは西ローマ帝国の最高司令官に昇進し、西ローマ帝国のホノリウス帝の命で殺害されるまでその職を務めた。アラリックは帝国にとって最大の敵の一人となり、彼が没する直前の410年にローマを略奪した。

ヴァンダル人の将軍
ローマ兵の槍と盾を持つスティリコ（365-408）の肖像が描かれた二連祭壇画。

フン族との戦い
カタラウヌムの戦い

日付 451年6月または7月
兵力 ローマ軍/不明、フン族/不明
死傷者等 信頼できる推計なし
場所 フランス北東部のシャロンシュルマルヌ

5世紀ごろ、ローマ帝国に安住していた人々は、アッティラ率いるフン族の襲撃を受け恐れおのいた。戦場を駆け、鏃が骨の矢を浴びせ、生き残った者たちを至近距離から刀剣と投げ縄で殺すフン族の騎馬隊に、抵抗できる軍隊などないように思えた。しかし451年にローマ帝国の将軍アエティウスが、時にカタラウヌムの野と呼ばれるガリアの地でアッティラに追いついた。両軍とも多民族が参加していた。アエティウス軍は、テオドリック王率いる西ゴート族のほかアラン族とフランク族がいた。アッティラ軍にはフン族の他に東ゴート族とゲピート族がいた。戦いの詳細は不明だが激戦であったことは確かで、テオドリックが殺されたが、西ゴート族は目覚ましい働きをした。フン族は円形に並べた戦車の中へ立てこもったが、アエティウス軍は、その攻撃に失敗した。とはいえアッティラの大敗北であった。

406年ころ-453年
フン族のアッティラ王 ATTILA THE HUN

「神の災い」と恐れられたことで知られるアッティラは、443年にフン族の単独の王となった。他のゲルマン民族からの兵士の参加もあり、彼は騎兵隊を先導してローマ帝国領内に大きく侵略した。彼は征服者というよりも、略奪と破壊を目的とした侵略者であった。

ローマ法王とフン族
452年のローマ教皇レオ1世とアッティラの会見を描いたタペストリー。教皇はこのフン族の王にローマからの撤退を説いた。

紀元前3000年-後476年

アジアの帝国

紀元後1世紀には、ローマ帝国が体制を固める一方、中国では漢(前206-後220)が絶頂期にあり世界最強ともいえる軍隊を有していた。例えば後漢の将軍、班超(32-102)は中央アジア深奥にまで進攻した。中国とインドの帝国はともに、異民族の侵入に対し国境防御の戦いに臨んだ点で、ローマ帝国と類似していた。また中国では、政治闘争が顕在化することが多かった。

軍隊の発展

戦争は中東同様、中国でも当初は二輪戦車に乗った貴族階級が中心となって行った。二輪戦車は殷王朝の時代(前1500ころ-前1050)に登場し、次の周王朝で急増した。前8世紀には中央集権体制が崩壊して春秋時代が始まり、諸侯の間で小規模な戦いが行われた。その後、次第に諸大国が権力を強化し、戦国時代(前476-前221)となった。この時代に世界初の石弓が登場するなど軍事技術の革新が見られた。前4世紀になると、二輪戦車に代わり騎兵隊が登場した。これは趙の武霊王の功績によるもので、王は裾の長い衣服から、騎馬に必須の丈が短い上着とズボンの着用への移行を貴族階級に勧めた。前221年、壮大な軍事活動の末、秦の始皇帝が中国を統一した。しかし秦王朝はすぐさま前漢に取って代わられた。

テラコッタの兵俑
鎧を着たこの兵士は、秦の始皇帝(在位 前221-前210)の陵墓に何千体も埋納された、実物大の粘土製俑のうちの1体である。

中国の武器

紀元前450年ころ導入された石弓は中国の典型的な飛び道具であったが、別のタイプの弓も使用されていた。白兵戦では兵士はもっぱら槍や剣を使った。盾の代わりに皮、金属、キルトなどの鎧を着用した。中国における青銅製武器から鉄製武器への移行時期には諸説があるが、漢王朝ではいずれも用いられていた。

鎧(前5世紀以前)
皮製の小札
鞘と短剣(前7-前6世紀)
凝ったデザイン
青銅の刃

ステップ地帯の国家
3世紀から6世紀にかけて、北アジアと中央アジアのステップに住む遊牧民族が中国、インド、ペルシアに軍事進攻し、次々と移住を始めた。

凡例
- 匈奴（きょうど）の居住地
- 200年ころの後漢の最大領土
- 250年ころのササン朝ペルシアの領土
- 400年ころのグプタ朝の最大領土
- 275年ころのクシャーナ朝の領土
- 500年ころの北魏の領土
- 600年ころの東突厥（とっけつ）の領土
- 600年ころの西突厥の領土
- シルクロード

ステップ地帯の諸民族の主な動き
- 1世紀-3世紀
- 300年-350年
- 350年-500年
- 500年以降

マウリヤ朝の戦車
マウリヤ朝は、象隊、戦車隊といった常備軍で帝国の維持に努めた。

遊牧民族の影響

漢王朝をほぼ終始悩ませた大きな難題は、ステップ（中央アジアから中国北東部まで広がる草原地帯）の遊牧騎馬民族に由来していた。ステップの様々な民族が集結すると、中国の長大な国境をたびたび侵すほどの騎兵軍の出動が可能となった。異民族のこの脅威に対する漢王朝の対応の一つが、後に万里の長城として完成する防衛線の建設であった。もう一つは、遊牧騎馬民族を帝国軍に登用することであった。しかしこうした対策は十分とは言えず、遊牧民の侵入が主因となって、漢帝国は3世紀に崩壊した。遊牧民騎馬隊は、北インドにも同様の影響を及ぼした。北インドでは、マウリヤ朝（前310ころ-前185ころ）とグプタ朝（320-540）が巨大な帝国を築いて、独自の戦術を開発し、戦場で象隊を用いたことが特徴である。しかしインドは、スキタイ族、パルティア族、いまだ謎の多い白フン族といった、北方から侵略する遊牧民の攻撃に常にさらされ、グプタ朝は6世紀に滅ぼされた。

?-前234年ころ
アショーカ王 ASOKA

アショーカ王は、北インドを治めたマウリヤ朝の末期の王の一人であった。生涯の大半は勇敢だが残虐だったことでも知られていた。もっとも、こうした性格はマウリヤ朝の王侯戦士の間では高く評価されていた。王座を得るために、本来の王位継承者であるスシーマを始め兄弟すべてを殺害したと言われている。アショーカ王が明らかに仏教に改宗し不殺生の教義を採用したとされているのは、カリンガ戦争（56ページ参照）による大虐殺以後のことだという。武力に訴えず帝国をいかにして維持したかは不明である。

四頭獅子像
この四頭獅子柱頭は、インド・サールナートにあるアショーカ王記念柱の上部を飾るもの。前3世紀、王がこの地を訪れたことを記念し建てられた。

万里の長城
前300年代、中国はステップの遊牧民を阻止するため城壁の建設を始めた。秦および漢時代に、この城壁は3200kmを超す長城となった。

紀元前3000年-後476年

中国の戦争

城濮の戦い（紀元前632）から淝水の戦い（後383）までのおよそ1000年間、中国では戦闘状態が絶えることはほとんどなかった。対立国との覇権争いから、いわゆる「夷狄」であるステップ遊牧民の侵入に対する抵抗まで様々であった。さらに、中国は最強である時は常に、国境からはるか遠くの地域にまで権力誇示の戦いを行った。こうした経験を通して、軍隊が理論的にも実戦面でも発達、向上していった。

春秋時代
城濮の戦い

日付	前632年
兵力	楚軍／不明、晋軍／不明
死傷者等	不明
場所	中国の河南省もしくは山東省

城濮の戦いは、中国における二輪戦車時代の典型的な戦いであった。この戦いが生じた春秋時代（前770-前476）は、長江の南から北は黄河に至る地域を支配していた楚が、北方の晋、沿岸部の呉と三つどもえの争いをしていた。城濮の戦いの中心人物は、楚の成王と晋の文公であった。成王と文公の双方で1000以上もの二輪戦車を出動させ、文公だけで4頭立ての馬車を700両抱えていたと言われている。まず、晋軍の両翼が二輪戦車で攻撃を開始した。胥臣の指揮する晋軍の左翼は、戦車の馬に虎皮を被せていた。この作戦が功を奏したか否か定かでないが、胥臣の戦車隊は楚軍の右翼を一掃すると、楚軍の本陣を側面から攻撃する勢いで迫った。一方、左翼に比べ晋軍の右翼が対峙したのは強敵であったため、混乱し撤退するふりを装うことした。楚軍の右翼の戦車隊が追跡を始めた時、欒枝率いる晋の戦車隊は、道を横断する際、木の枝を引きずり砂塵をもうもうと巻き上げた。作戦は成功した。渦巻く砂塵で楚軍が視界を妨げられたところで、晋の戦車隊は旋回し圧倒的な反撃に出た。両翼を撃破された楚軍は、包囲を避けるため速やかに撤退するほかなかった。楚軍は戦車100両以上を失う大打撃を被った。

戦車の装飾品
前4世紀の、金を象眼した雄牛の頭は、戦車の旗ざおに飾られた。

城壁
楚は外敵の攻撃に対する防御壁を建設した。これらは後に中国の万里の長城に連結された。写真の嘉峪関（かよくかん）は、万里の長城における軍事拠点のひとつであった。

戦国時代
桂陵の戦い

日付	前341年
兵力	魏軍／不明、斉軍／不明
死傷者等	不明
場所	山西省もしくは河北省

この戦いは、戦国時代（前476-前221）に北方の対立国、魏と斉の間で生じた。まず魏の軍勢が趙の邯鄲を包囲すると、趙の王は斉に救援を求めた。優れた戦術家・孫臏の助言で、斉は邯鄲ではなく魏に軍を派遣した。魏の龐涓将軍は、急いで包囲を解き、魏の防衛のため軍を引き返させたが、何千という斉の弩の射手が待つ小道で、魏軍は虐殺され、龐涓は捕虜となった。孫臏の戦術は、後世のゲリラ指導者・毛沢東に深く称賛された。

前400年ころ-前320年ころ
孫子 SUN-TZU

孫子は世界初の兵法書『孫子』を著した。生没年を含め、その生涯はすべてが謎に包まれているが、その思想は何世紀を経ても色あせない。孫子は戦争の目的を、敵の破壊ではなく、政治目的および安定した平和の達成と考えた。また、巧妙さの必要性を説き、「すべての戦争は謀略に基づく」と述べた。

戦国時代
長平の戦い

日付	前260年
兵力	秦軍／不明、趙軍／不明
死傷者等	秦軍／不明、趙軍／400,000人（伝）
場所	中国北東部の山西省

戦国時代は、中国で戦争の絶えない時代で、様々な諸侯が互いに争った。前3世紀までに、斉、楚、燕、韓、趙、魏、秦の7国が並び立った。同世紀が進むにつれ、徐々に秦が、他の六国に強盛を誇るようになった。その成功の秘訣は騎兵隊にあった。秦は戦国の国家のうち最西に位置し、遊牧騎馬民族の襲撃を最も受けた。秦が中国最強の騎兵隊を構築できたのは、おそらくこうした侵略者との遭遇があったためであろう。秦が紀元前280年ころ魏を破った後も、趙は依然強敵として存在していた。長平の戦いは、大軍を率いた秦、趙2国間の最終決戦であった。両軍は、騎兵のほか大規模に歩兵も出動させた。鎧を着用した兵、着用しない兵、弩を携える兵、鉄の槍または矛を携えた兵など様々であった。主に将軍の指揮車両として、二輪戦車も出動した。趙軍が秦に2カ月間包囲され、必死に逃亡を試みた戦いであったが、試みは完全に失敗に終わった。秦軍は趙軍を虐殺し、捕虜もすべて殺害した。伝えられている趙軍の死者数40万人は、大きな誇張であるにせよ、戦いは秦の圧勝であった。戦いから40年のうちに、始皇帝が戦国時代を治め、中国の統一王朝を建てた。

兵士の模型（兵馬俑）
始皇帝の陵墓に見られるこれらのテラコッタ製兵士から、前3世紀の秦の兵士の服装がよく分かる。

中国の戦争 55

漢代の戦争
匈奴の侵入

日付 前201年-前200年
兵力 匈奴軍/300,000人、中国軍/不明
死傷者等 不明

場所 モンゴルおよび中国北西部

紀元前202年に秦王朝が崩壊し、漢の高祖が前漢を建国した。高祖の中央官制の表明により、戦国時代の騒擾への回帰が避けられた。しかしこの新帝国は、モンゴルの遊牧民、匈奴からの差し迫った脅威に直面した。前201年、冒頓単于の下に統一された匈奴は、30万と言われる騎兵隊で中国北西部に侵入した。翌年、高祖は兵を率い匈奴に対抗したが、動きの早い匈奴の騎馬射手に太刀打ちできなかった。高祖は国境の要塞で匈奴に包囲され、娘を冒頓単于の后とするなどの事項を含む屈辱的講和を結ばされた。

軍神
儒教の軍神・関帝は、勝利の祈願のためのみならず、戦争防止のためにも崇められた。

漢代の戦争
赤壁の戦い

日付 208年
兵力 曹操軍/220,000人、劉備・孫権連合軍/50,000人
死傷者等 不明

場所 中国中央部の長江流域

後漢の将軍で丞相であった曹操は、中国南部の君主、劉備と孫権という大きな対抗勢力に直面していた。208年に曹操がこれら南部の敵対者に行った軍事行動は、中国の戦史でも有名なもののひとつである赤壁の戦いへと発展した。この戦いの詳細は不明であるが、劉備と、孫権の総司令官・周瑜とが、数で勝る曹操軍を長江での水上交戦に引き入れ、勝利したとされる。南部出身者は水上交戦に熟達していたが、北部出身者は地上交戦の経験しかなかった。曹操は船の一団を捕らえ、足場の安定のため船同士を鎖で連結した。しかしこの安定策は、策略により台無しになってしまった。連結された船は、南部軍の射手が放つ火矢の格好の餌食となり、炎上した船は曹操軍の船隊の中に突入した。この大惨事の後、曹操軍の生存者は入り乱れて北へと退却した。

戦闘前夜
14世紀のこの挿絵は、大敗を喫した赤壁の戦いを前に、物憂げな後漢の将軍・曹操を描いている。

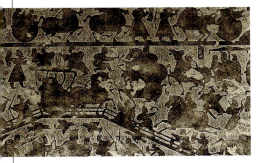

戦闘場面
戦場での歩兵、騎兵、二輪戦車を描いた漢代の煉瓦のレリーフ。

晋代の戦争
淝水の戦い

日付 383年11月
兵力 東晋軍/80,000人、苻堅軍/870,000人
死傷者等 不明

場所 中国中央部の長江の峡谷、淝水

淝水の戦いの背景には、異民族侵入による中国王朝の崩壊と、3世紀から4世紀にかけての内乱があった。度重なる遊牧騎馬民族の攻撃に抵抗できなかった晋の皇帝は、中国北部を追われ、長江の南に東晋を建国した。しかし東晋も脅威を免れることはできなかった。最大の脅威は、チベット出身で、力強く有能な戦のリーダー苻堅であった。370年ころ、苻堅は中国北部を支配下に入れ、前秦を建国した。まもなく彼は、東晋に軍事的圧力をかけ、379年に重要都市である襄陽を陥落させた。383年に東晋軍が襄陽の奪還に失敗すると、苻堅はこの機に乗じて、南方支配のため大攻撃を開始した。苻堅は、60万もの歩兵と27万もの騎兵からなる軍勢を集めたと言われている。この数が誇張であるにせよ、巨大な軍勢であったに違いなく、これらは苻堅支配下の民族、もしくは苻堅に忠誠を誓った民族から徴集されていた。多民族からなる前秦軍は、南方の長江峡谷に進軍し、淝水の対岸の東晋軍と対峙した。東晋軍は数で圧倒され、ほとんど勝算のない戦いに挑むこととなった。この戦いに関し信頼できる記述は残っていないが、一説によれば、東晋側が苻堅軍の野戦指揮官・苻融に使者を送り、東晋軍がスムーズに渡河できるよう、川岸から後退してくれれば会戦に応じられると伝えた。これを東晋撃滅の絶好の機会と見た苻融は、大軍勢に撤退を命じたが、実は東晋軍が渡河した時点で、旋回し壊滅的攻撃に出るつもりであった。しかし前秦軍が撤退を始めたとき、兵士らの間では、撤退するのは戦いに敗れたためだ、との噂が流れ始めた。さらに東晋軍は、渡河するや直ちに苻堅軍の後方部隊を攻撃し始めた。大混乱が生じたが、苻融は鎮圧できず、側近らとともに戦場から一目散に逃亡した。この説の真否は別として、史実として前秦は、この戦いから数年後に崩壊し、中国南部の諸国家は独立を維持した。東晋は、420年まで長江の南一帯を治めた。

> 「戦いに巧みな者は、敵を思いのままにし、敵の思いどおりにされることがない。敵の策略を知り、敵の強みと弱みを推し量らねばならない」
> 孫子『孫子』(前4世紀)

銅剣
銅剣が使われたのは、中国の戦争の初期段階である。白兵戦術自体は後代まで行われた。

装甲馬
中国の重騎兵は、繋ぎ合わせた皮でできた鎧で軍馬を保護した。この装甲馬像は、5世紀から6世紀ころの陵墓から発見された。

紀元前3000年-後476年

インドの戦争

マウリヤ朝、グプタ朝といったインドの帝国は、歩兵、騎兵、象隊、時として戦車隊からなる巨大な常備軍で大規模な戦争を行った。紀元前4世紀にマウリヤ朝の開祖チャンドラグプタの宮廷でまとめられ、政治面と軍事面の方策を説いた『アルタシャーストラ』には、軍隊の様々な構成要素の正しい戦術的使用、騎兵の訓練、戦闘と攻囲の実施、要塞の建設などが論じられている。しかし、古代インドの戦いに関する記述は乏しい。最も詳細なものは、アレクサンドロス大王がパンジャブの王ポロスを破ったヒュダスペスの戦い（27ページ参照）に関するギリシアの資料である。古代インドでは戦士の地位は高くても、仏教の影響で幾分か低められ、マウリヤ朝のアショーカ王を始め多くの人々が平和主義へと移行した。

マハーバーラタ戦争

日付 前1300年ころ
兵力 カウラヴァ軍/不明、パーンダヴァ軍/不明
死傷者等 カウラヴァ軍/全滅、パーンダヴァ軍/5王子のみ生存
場所 インド北部のハリヤナ州クルクシェトラ

古代インドの古典文学作品の一つ、『マハーバーラタ』は、カウラヴァとパーンダヴァという敵対するいとこ同士の権力争いを描いている。専門家のほとんどは、この戦争が史実ではないとしている。しかしマハーバーラタは、その成立年代とされる紀元前4世紀以前におけるインドの戦争形態に関する貴重な情報源となっている。この作品によれば、軍勢のほとんどは弓を持った歩兵であった。馬の数は少なく、王族が乗る戦車を引くのに使われるに過ぎなかった。18日に及んだ戦いの進行には、ギリシアの叙事詩『イリアス』と類似する点がある。随所で神々が介入する点、アキレスのような英雄すら、体の一カ所だけ護身の魔法が効かないために殺される点などである。

マハーバーラタのレリーフ
マハーバーラタの一場面を描写した、カンボジアのアンコールワットのレリーフ。インドの戦争はカンボジアに大きく影響を及ぼした。

チャンドラグプタの戦い

日付 前310ころ-前303年ころ
兵力 チャンドラグプタ軍/歩兵600,000人、騎兵30,000人、象隊9,000人
場所 インド北部と中部、アフガニスタン
死傷者等 不明

チャンドラグプタの軍事的野望は、アレクサンドロス大王が模範だと言われている。2人は、大王がインドに侵攻した時に出会ったとされる。チャンドラグプタがまず北インドのマガダ国を占領し、次いで北インドの残余部分、およびインド亜大陸の中央部を支配したのは、傭兵として仕えていたアレクサンドロスのマケドニア人家臣の援助があったためと思われる。拡大を続けるマウリヤ帝国は、アレクサンドロスの死後、彼のアジア領を継承したセレウコスと対立した。紀元前305年から前303年まで続いた戦争でチャンドラグプタは、今日のアフガニスタンの大部分の領有権をめぐりセレウコスと戦った。チャンドラグプタが勝利したことは驚くに値しなかった。チャンドラグプタの宮廷にセレウコスが派遣した使節メガステネスは、マウリヤ軍の規模の大きさを見聞記にまとめた。チャンドラグプタは厳格に軍を統制した。兵士の報酬は国家が支払い、馬、象の所有権はチャンドラグプタが握っていたため、これらは常備軍に常置されていた。象は要塞を破壊する生ける破城槌になったばかりか、戦場では敵軍に突撃した。

カリンガ戦争

日付 前262年ころ
兵力 マウリヤ軍/不明、カリンガ軍/不明
死傷者等 マウリヤ軍/死者10,000人、カリンガ軍/死者100,000人
場所 東中央インド

アショーカ王は、祖父チャンドラグプタ、父ビンドゥサーラと同様、マウリヤ朝の領土拡大のため軍事行動に出た。最終的にアショーカ王は、インドの南端を除くインド全域と、北は南イランまでを支配した。アショーカ王が征服した国の一つに、インド東岸のカリンガ国があった。アショーカは治世第8年目の紀元前262年ころ、カリンガ国王に対しマウリヤ朝の宗主権を認めるよう要請した。カリンガ国王が拒否すると、アショーカ王は権威をふるうため軍隊を派遣したが、初回のマウリヤ軍はカリンガ軍に完敗した。予期せぬ大敗に怒ったアショーカ王は、2度目の侵略のため最大限の兵を徴集した。この時は、カリンガ軍はマウリヤ軍の軍事力に応酬できず、不屈の抵抗も完全に制圧された。アショーカ王は、皇帝の権威へのかつての侮辱に対する残虐な報復としてカリンガ国を壊滅させた。マウリヤ朝の碑文には、この戦争と続く余波で、カリンガ国民10万人が殺害されたと記録されている。しかし大殺戮の惨状はアショーカ王を苦しめ、すっかり改心させる契機となった。王は仏教の教理を採用し、戦争を放棄し、前234年の死まで平和のうちに統治した。皮肉にも、仏教の教えに基づき多額の費用をかけて行った福祉体制を始めとする新政策は、マウリヤ朝の崩壊につながった。前185年、軍事クーデターによりマウリヤ朝最後の皇帝が倒された。インド亜大陸の大部分が再び統一されるのは、1700年後になる。

ダーメーク塔
アショーカ王は仏教に改宗後、このようなストゥーパ（仏教建築物）を建立した。また、僧院、灌漑設備、病院なども建設した。これらの建造物は、カリンガ戦争後に同王が戦争放棄して生まれた。

グプタ朝の戦争
サムドラグプタの征服事業

日付 330年ころ-375年ころ
兵力 グプタ軍/不明
死傷者等 不明
場所 南インド、中央インド、北インド

紀元前2世紀のマウリヤ王朝衰退の後、インドでは長く政治的分裂の時代が続いた。しかしマウリヤ朝は忘れられることはなかった。4世紀になると、かつてマウリヤ朝も基盤に据えたマガダの地で、マウリヤ朝を模範と仰ぐ支配者が政権を握った。その支配者チャンドラグプタ1世は、マウリヤ朝の創始者と同名であることから、その子孫であると表明し、領土の拡大に着手した。こうして発展したグプタ朝は、330年ころ息子のサムドラグプタが継承した。古代インド史ではしばしば言えることだが、サムドラグプタの軍事活動を示す証拠は非常に少なく、北部のウッタルプラデシュ州アラハバードにある、一部破損した石柱の碑文に頼るしかない。しかしサムドラグプタは、相当な占領地を獲得した恐るべき戦の指導者であったのは確かなようで、21人の王に対する戦勝を祝し、馬の犠牲祭を催したと記録されている。彼が収めた勝利の一つに、南東インドのコタ、アンドラの両王国の打破がある。サムドラグプタはこれら両王国には貢納を義務づける一方、他の王国は完全に支配下に入れ、東西はベンガル湾からアラビア海に及び、北はヒマラヤ山脈に至る帝国を築き上げた。しかしグプタ朝が支配したこの広大な領域の中には、名目的でしかないものもあったと思われる。

王立の鋳造所
サムドラグプタの父でグプタ朝の創始者である、チャンドラグプタ1世の治世の金貨。

グプタ朝の寺院
ウッタルプラデシュ州のデーオガルにあるこの寺院は、グプタ朝の富と権力の大きさを証明している。

グプタ朝の戦争
白フン族の侵入

日付 450年ころ-530年ころ
兵力 白フン族軍/不明
死傷者等 不明
場所 北インド(パンジャーブ州およびビハール州)

北西インドは、中央アジアの民族による侵入にたびたびさらされていた。紀元前1世紀には、スキタイ族とパルティア族がインドに侵入し、王国を建設した。紀元後1世紀には、クシャーナ族が帝国を建設し、アフガニスタン、中央アジアの一部、さらには北インドの大半をほぼ2世紀にわたり支配した。5世紀には、これらの諸民族と同じ侵入経路を通り、白フン族が台頭してきた。ビザンチン帝国のギリシア人は、白フン族をエフタルと呼び、ビザンチン帝国の歴史家プロコピウスは、白フン族を「フン族の一部族」で「フン族で唯一の白色系の部族」と記述した。白フン族をモンゴル系とインドヨーロッパ系の混血種であったとする説もある。しかし白フン族の戦闘様式は、他のステップ遊牧民族と類似していた。白フン族の戦士は動きの素早い騎兵で、定住する文明人を襲い威嚇した。白フン族は、現代のタジキスタンとウズベキスタンとの国境を流れるオクスス川(現アムダリヤ川)沿いに権力基盤を築き、ここからサンサン朝ペルシアに対し戦争を行ったとされている。484年、巨大なペルシアの軍勢を破り、ペルシアの皇帝ペーローズを捕虜とし、ササン朝を危機に陥れた。インドでは当初、苦戦を強いられ、457年にはグプタ朝の皇帝スカンダグプタに敗北を喫した。それでも、パンジャブ地方に王国を建設し、グプタ朝に圧力をかけ続け、467年のスカンダグプタの死後、グプタ朝を侵略した。ガンジス川沿いに進攻した白フン族は、仏教寺院を焼き、都市を廃墟と化したと言われ、グプタ朝の首都パータリプトラの人口は、一村落の人口にまで減少した。6世紀初頭、白フン族の王トーラマーナとその子ミヒラクラは、南部と東部に版図を広げた。しかし530年、ミヒラクラはインドの王子連合軍に決定的敗北を喫した。その後20年のうちに、白フン族のインドにおける王国は崩壊した。同じころ、ペルシアのホスロー1世により中央アジアにおける王国も滅ぼされた。王国崩壊後の白フン族については不明であるが、白フン族を8世紀から12世紀にかけて著名な王国を築いた戦士集団ラージプートの祖先とする説もある。

フン族の貨幣
野蛮な遊牧民という評判に反し、白フン族の貨幣には芸術的洗練が見られる。

> 「白フン族は都市を持たず、自由に放浪し、テントで生活する。都市で生活しない。移動する野営地こそが、白フン族政府の中枢なのである」
> 仏教巡礼者、宋雲と恵生(6世紀)

中世の戦争
WARFARE IN THE MIDDLE AGES

476年 – 1492年

騎馬隊と要塞

「中世」とは、ローマ帝国の古代から、ルネサンスによって到来した近代までという欧州の一期間を指す呼称ではあるが、軍事関係では地域に関わりなく全世界のその時代の呼称としても用いられている。伝播の速度こそ様々であったが新たな軍事技術が世界の大半の地域に広がり、欧州や中東から、中国およびインドにかけて文明国は、多くの場合同じ遊牧民族による侵略の波を受け、耐え忍んだ。

中世の著しい特徴は、国家や帝国が、国境に迫り来る「未開人」に対し、併合もしくは決定的優位の確立に失敗した点である。この失敗によってこうした国家や帝国は破壊的侵略や完全征服を受けることになる。唐・宋王朝時代の中国は技術面では同時代の最先端を行っていたが、大草原の騎兵による襲撃を受け続き、結局13世紀にモンゴル帝国の侵略軍に屈して滅亡。一方、中国に技術面でやや後れを取っていた西欧は、ビザンチン（東ローマ）帝国同様、8世紀から10世紀にかけて侵略者や移住者の波と戦った。西欧の大半の国が職業軍人から成る常備軍を維持するのは不可能だと考えており、軍隊を占有するなどという状況とは程遠かった。そのため、地元の領主や傭兵の司令官がそれぞれの動機に従って戦った場合、戦争と単純な暴力行為の区別がつきにくかった。しかし、多くの戦争が単に略奪や復讐のために行われていた一方で、7世紀から8世紀にかけて起こったアラブ人による異民族の大規模な征服はイスラム教の聖戦の教えによるもので、これを模したのが、11世紀末から始まった十字軍である。

主役は騎兵

この時代の戦闘の主役は騎兵であった。弓を携え甲冑をほとんど（あるいはまったく）着けずにゲリラ戦法を専門に行ったトルコの騎兵から、西欧とビザンチン帝国の重装騎士まで、多岐にわたった。どの国でも騎兵は軍隊で高い地位を占め、文字通り歩兵を見下していた。9世紀頃から全欧に鐙が普及して騎兵の安定性が増したが、これは騎兵の重武装化の一要因にすぎない。他の要因としては、鞍の改良や軍馬の品種改良などが挙げられる。また、キリスト圏でもイスラム圏でも金属細工師の技術が向上したことにより、刀剣の殺傷能力が上がったほか、欧州の騎士は13世紀以降、板金鎧を使えるようになった。日本やビザンチン帝国など様々な国の軍隊において弓は騎兵の重要な武器であったが、西欧の騎士は飛び道具を軽蔑し、槍を斜や横に構えての突撃と格闘による戦闘を理想とした。兵士は馬なしでは精鋭になり得なかったが、実戦では騎兵が下馬して戦うことが多かった。中世も後期に入ると、欧州では石弓と長弓を携えた歩兵隊を巧みに展開して騎兵突撃を阻止しようとする戦略が編み出され、歩兵隊の地位が再び高まった。14世紀と15世紀の顕著な特徴は、古代ギリ

馬上の皇帝
8世紀に作られたカール大帝の像。領土拡大のための軍事遠征では騎兵隊に頼った。

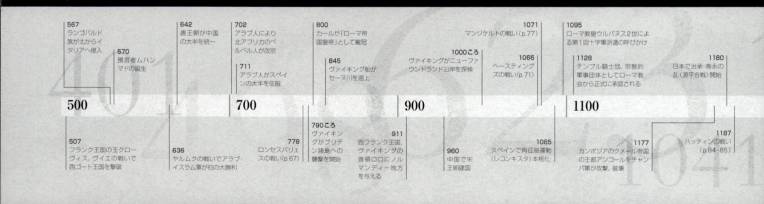

- 567 ランゴバルド族が北からイタリアへ侵入
- 570 預言者ムハンマドの誕生
- 642 唐王朝が中国の大半を統一
- 702 アラブ人により北アフリカのベルベル人が改宗
- 711 アラブ人がスペインの大半を征服
- 800 カールが「ローマ帝国皇帝」として戴冠
- 845 ヴァイキング船がセーヌ川を遡上
- 1000ころ ヴァイキングがニューファウンドランド沿岸を探検
- 1066 ヘースティングズの戦い(p.71)
- 1071 マンジケルトの戦い(p.77)
- 1095 ローマ教皇ウルバヌス2世による第1回十字軍派遣の呼びかけ
- 1128 テンプル騎士団、宗教的軍事団体としてローマ教会から正式に承認される
- 1180 日本で治承・寿永の乱（源平合戦）開始

- 507 フランク王国の王クローヴィス、ヴイエの戦いで西ゴート王国を撃破
- 636 ヤルムクの戦いでアラブ・イスラム軍が初の大勝利
- 778 ロンセスバリェスの戦い(p.67)
- 790ころ ヴァイキングがブリテン諸島への襲撃を開始
- 911 西フランク王国、ヴァイキングの首領ロロにノルマンディー地方を与える
- 960 中国で宋王朝建国
- 1085 スペインで再征服運動（レコンキスタ）本格化
- 1177 カンボジアのクメール帝国の王都アンコールをチャンパ軍が攻撃、破壊
- 1187 ハッティンの戦い(p.84-85)

アラブの騎兵隊、11世紀　　クメール族の王ジャヤーヴァルマン7世（在位1181-1215ころ）　　フランスの騎士、12世紀

騎馬隊と要塞

シアを彷彿とさせる密集軍で戦ったスイスの槍兵など、統制のとれた歩兵隊が成功を収めるようになったことである。

要塞と攻城戦
中世には政情不安と政治崩壊が拡大し、これを反映して難攻不落の石造の城や城壁都市が建設された。こうした土木技術の成果により、西欧やイスラム圏同様、中国においても攻城戦が中世の戦争の顕著な特徴となった。攻城兵器は古代兵器の域を出なかったため、攻城戦が長期化して混迷をきわめ、攻守双方が病気や飢餓で大損害を被ることが多かった。

火薬
火薬兵器が徐々に導入されたことで、攻城戦に著しい変化の可能性が生じた。中国では遅くとも11世紀までには火薬の軍用化を模索しており、13世紀末までには石や鉄の弾を発射する初期の鉄砲を作っていた。この二つの革新的な技術が他のアジア諸国や欧州へ広がるのに時間はかからなかった。イタリアの自治都市フィレンツェは1326年までに防衛目的で金属の大砲を注文し、大砲はフランス軍とイングランド軍が戦火を交えたクレシーの戦い（1346年）でささやかな役割を果たした。欧州は火薬兵器を発明することこそなかったが、開発と改良には手腕を振るった。「粒状」の粉火薬が製造されるようになって火薬兵器の威力が飛躍的に増す一方、大砲は金属板を金輪で連結したものから、錬鉄の砲丸を発射する鋳造青銅製へと進化した。また、兵士が二輪の台車（前車）に大砲を乗せ、砲耳（俯仰軸）を用いて上げ下げするようになって可動性も増した。15世紀後半までにはフランス軍が砲兵縦隊を有するようになっており、その一方で挙銃が有用な武器となり始めていた。火薬を使った飛び道具によって戦争に大改革が起きたとは到底言いがたいが、そうした飛び道具のおかげで中世の城の石壁は1500年までにはすでに時代遅れなものとなっていた。

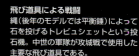

飛び道具による戦闘
縄（後年のモデルでは平衡錘）によって石を投げるトレビュシェットという投石機。中世の軍隊が攻城戦で使用した主要な飛び道具である。

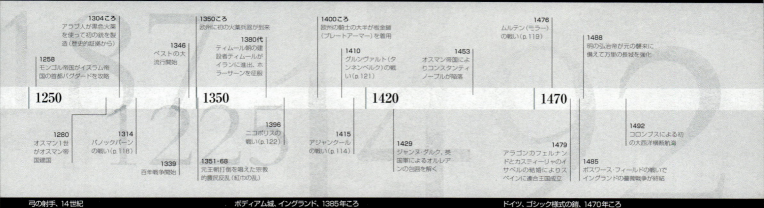

1258 モンゴル帝国がイスラム帝国の首都バグダードを攻略

1280 オスマン1世がオスマン帝国建国

1304ころ アラブ人が黒色火薬を使って初の銃を製造（歴史的証拠から）

1314 バノックバーンの戦い（p.118）

1339 百年戦争開始

1346 ペストの大流行開始

1350ころ 欧州に初の火薬兵器が到来

1351-68 元王朝打倒を唱えた宗教的農民反乱（紅巾の乱）

1380代 ティムール朝の建設者ティムールがイランに進出、ホラーサーンを征服

1396 ニコポリスの戦い（p.122）

1400ころ 欧州の騎士の大半が板金鎧（プレートアーマー）を着用

1410 グルンヴァルト（タンネンベルク）の戦い（p.121）

1415 アジャンクールの戦い（p.114）

1429 ジャンヌ・ダルク、英軍によるオルレアンの包囲を解く

1453 オスマン帝国によりコンスタンティノープルが陥落

1476 ムルテン（ミラー）の戦い（p.119）

1479 アラゴンのフェルナンドとカスティーリャのイサベルの結婚によりスペインに連合王国成立

1485 ボズワース・フィールドの戦いでイングランドの薔薇戦争が終結

1488 明の弘治帝が元の襲来に備えて万里の長城を強化

1492 コロンブスによる初の大西洋横断航海

1250　　1350　　1420　　1470

弓の射手、14世紀　　　　　　　　ボディアム城、イングランド、1385年ころ　　　　　　　ドイツ、ゴシック様式の鎧、1470年ころ

61

侵略者と封建領主

ローマ帝国は4世紀末に東西に分裂、東方地域はコンスタンティノープルに首都を置き、ビザンチン帝国として存続した。西欧ではフランク族がローマ軍撤退後のガリアに対する支配を強めたが、ヴァイキング、サラセン人、マジャール人などの侵略者が押し寄せ、定住者の生活が不安定化した。11世紀になってようやく侵略者や侵入者の圧力が弱まり、西欧自体がより侵略的な政策に転じることができた。

ビザンチン（東ローマ）帝国の存続

「ビザンチン帝国」の名は古代ギリシアの植民都市ビザンチンに由来する（ビザンチンは330年にコンスタンティノープルと改称）。ビザンチン帝国は、当初は西方地域における支配回復を試みたものの、その後はおおむね守勢に立ち、侵略者の撃退には難攻不落の「テオドシウスの城壁」に頼ることが多かった。ビザンチン軍の中核は、重い刀、弓、時には槍を装備した重騎兵隊「カタフラクト」。騎兵の新兵徴募は、7世紀からは自作農の兵役制度に基づいていたが、この制度は各地の領主が合意した騎兵数を提供するという形で発展した。ビザンチン軍は騎兵隊を巧みに使った。たとえばアラブ人やオスマン人の襲撃を受けると、国境の監視塔が侵入者ありとの警告を早期に発するため、騎兵隊が襲撃隊を追い詰めて撃退することができた。

象牙に刻まれた騎兵
ビザンチン帝国の騎兵は、首と背中を守る小さな盾に加え、槍と剣を持っていた。

600年ころの欧州
ビザンチン帝国は500年代に西方地域の一部を奪還したが、その後ランゴバルド族やアヴァール人などの侵略を受けた。

凡例
- ランゴバルド族の王国と公国
- フランク王国の領土
- スラヴの拡大（580年代以降）

ビザンチン帝国の英雄
ベリサリオス将軍（右端）は5世紀にササン朝ペルシア、ヴァンダル王国、東ゴート王国を制圧し、古代ローマ帝国の再興を果たした。

ローマ以後

かつて西ローマ帝国であった地域の大半は長い混乱期に入り、その間は戦争も分権態勢で進められ、各地の領主が住民を組織し防衛活動を行っていた。ローマ帝国ののちに出現した最強の王国はフランク王国で、最初の王朝であるメロヴィング朝の王たちが、5世紀末のキリスト教への改宗までに、おおむね現在のフランスにあたる地域を支配した。751年からのカロリング朝では度重なる軍事遠征により版図を大いに拡大したため、カール大帝は800年にローマで直接教皇からローマ帝国皇帝の称号を授けられた。カール大帝の後継者たちは、その権力と領土の統一に腐心したが、10世紀には現在のドイツでサクソン王朝のオットー大帝が、西アジアから侵攻してきたマジャール人に対し大きな勝利を収めて帝権を復活させた。

フランク王国の兵士
フランク王国の兵士を描いた7世紀の荒削りな彫刻。「スクラマサクス（短剣）」がひときわ目立つ。フランク王国の武器は全欧で珍重されていた。

騎士と要塞

カール大帝率いるフランク王国はビザンチン帝国同様、重騎兵隊を軍隊の中核、つまり戦場の主役たり得るエリート部隊と見なしていた。騎士一人の馬と甲冑は牛20頭分の価値があるとされていた。中世初期の欧州で、これほど費用のかさむ兵士達を擁する余裕のある国などなかったため、騎士は武装に必要な収入を得るため、独自に領地を所有しなければならなかった。近年、この時代を騎士が兵役の見返りとして土地を保有する「封建制度」の観点から見ることに異論を唱える歴史学者もいるが、大土地所有者が領主の求めに応じて武装、騎馬し参戦する義務を負っていたことは確かである。10世紀まで欧州の風景に欠けていた主要な軍事的特徴は城である。城が登場する以前は、丘の上の砦や要塞化した修道院などが簡便な緊急避難場所であった。城は、建設が始められた当初は大半が土や木で造られ、丘の上に塔を建て、周囲を堀と城壁と柵で囲むという形式を取っていた。

侵略者と封建領主　63

侵略者と開拓者

5世紀から10世紀にかけて、西欧では、武器を伴った襲撃、侵略あるいは移住の波を経験し、国家の安定や確立された地域社会の安全が脅かされた。イスラム教徒や海賊が沿岸地方を攻撃、また、アヴァール人、ブルガリア人およびマジャール人などは、ヨーロッパの長い陸上の国境を超えて東から圧力をかけた。ヴァイキングは特に恐れられ、8世紀後半から、軍艦による襲撃は海岸地域だけでなく川沿いの内陸地域をも恐怖に陥れた。しかし、スペインのイスラム諸国やハンガリーのマジャール公国などで見られるように、多くの侵略者と侵入者は後に移住者となった。キリスト教中心の西ヨーロッパ諸国を長い間苦しめたスカンディナヴィア人は、最終的に東イングランド、アイルランドおよび北フランスに王国を設立した。フランスの地元民と血縁関係を結んだ古代スカンディナヴィア人は、「ノルマン」と呼ばれるようになり、兵士は当地人の戦闘方法を導入し騎士となった。11世紀には、すでに他の欧州諸国軍と何ら相違をもたなくなったノルマン軍が、アングロサクソンの国イングランドだけでなく、南イタリアやシチリア島をも征服した。

ヴァイキングの信仰
英霊が迎えられる殿堂「ヴァルハラ」に入る神ウォドン。その下には武装した兵士で満ちた船が描かれている。

鐙（あぶみ）

鐙は9世紀ころにヨーロッパで使われるようになったが、中央アジアの騎兵達は約800年の間使用していた。横たえた槍を持って攻撃を行う騎馬隊に安定性を与えた鐙は、以前は戦争に大改革をもたらしたと考えられていた。しかし、鐙を使用しなくても変わりなく騎馬隊が激しく戦闘を行った多くの例が存在する。より重要であったのは、前方の高くなった鞍頭と後部の鞍尾を伴った鞍の導入であった。

上端は鞍から垂れ下がる革紐につけられる

騎手はここに足の親指の付け根にあるふくらみを乗せる

中世の鉄製鐙

ヴァイキングの兜
ヴァイキングの兵士達に制服はなく、自身で衣服を着て武装しなくてはならなかった。上のようにノーズガードのついた鉄兜は長が着用した。通説に反して、兜に角（つの）はない。

ノルマンの城
11世紀に建てられた英国南部のロチェスター城は、ノルマンの石の要塞の中でも最古級のものである。

476年-1492年

ビザンチン帝国（東ローマ帝国）の存続

6世紀初頭、ビザンチン帝国皇帝ユスティニアヌス1世（483-565）は、西地中海の大半を失ったローマ帝国領を回復した。しかしその成功も長くは続かなかった。たとえばイタリアは580年代までにランゴバルドに奪取された。ビザンチン帝国は620年代にペルシア人に勝利を収めて勢力を保持したが、その後の100年間は、イスラム帝国に北アフリカ等を征服され、完全には回復不可能な大打撃を被った。ビザンチン帝国の軍隊は高い組織的戦闘能力を持ち、重騎兵は他に類を見ない力を誇っていたが、7世紀からのビザンチン帝国は守勢に回ることになる。拡大基調が最高潮に達したときであっても、防衛能力の高い前線の模索がその主眼となった。

ユスティニアヌスの征服
トリカマルンの戦い

日付	533年12月15日
兵力	ビザンチン帝国軍/騎兵5,000人、歩兵10,000人、水兵20,000人、ヴァンダル軍/50,000人以下
場所	チュニジア（カルタゴの西）
死傷者等	信頼できる推計なし

533年夏、ユスティニアヌス1世は、5世紀以来ヴァンダル人が占領していた北アフリカを奪回すべく遠征隊を派遣した。ベリサリオス将軍率いるビザンチン帝国軍は500隻の輸送船に乗り組み、軍艦92隻に護衛されてコンスタンティノーブルから出発。チュニジアに上陸してヴァンダルの首都カルタゴに向けて進軍し、ヴァンダル王ゲリメルの兵士達を一蹴した後、9月15日、カルタゴを攻略。しかしゲリメルは隣国ヌミディアで新たな軍隊を組織し、再度の攻撃を期して戻った。ヴァンダル軍がカルタゴに接近すると、これを迎え撃つべく出陣したベリサリオスではあったが、フン族の弓騎兵の忠誠心には疑いを抱いていた。対照的に、歩兵の前を進んでいた重騎兵隊はヴァンダル軍を見るや突撃し、敵に戦闘準備の時間も与えなかった。白兵戦の後、ヴァンダル軍が乱れ始めた。ビザンチン帝国軍の勝利が見え始めると、フン族が加わり猛攻を行ってヴァンダル軍を粉砕。ゲリメルは逃れたものの、翌年降伏した。

ビザンチンの軍隊
戦闘に進むビザンチンの騎馬隊と歩兵。騎兵は弓、槍および刀で戦った。

505年-565年ころ
ベリサリオス BELISARIUS

バルカン半島のイリリア生まれのベリサリオスは、ペルシアに勝利したことと、コンスタンティノープルでの反乱を残忍に鎮圧したことで530年代初頭に名を馳せた。しかし540年にイタリアの東ゴート族を打ち破った後、西ローマ帝国支配を目論んでいるとの嫌疑で皇帝ユスティニアヌスに召還された。その後も多くの戦いに参加したが、皇帝の信用を完全には回復できず、562年には短期間だが投獄さえされた。英国人歴史学者エドワード・ギボン（1737-94）は「軽率を伴わない勇気と、恐怖心を伴わない分別の持ち主」と賞賛した。

ユスティニアヌスの征服
ローマ包囲戦

日付	537年-538年
兵力	ビザンチン帝国軍/5,000人、援軍7,000人、東ゴート軍/最高50,000人
場所	イタリア中部のローマ
死傷者等	信頼できる推計なし

535年、ユスティニアヌス1世は、493年から居座っていた東ゴート族からイタリアを奪回すべくベリサリオスを派遣した。ベリサリオスはまずシチリア島を攻略、その後北進しナポリ経由で536年12月にローマ入りした。ウィティギス率いるゴート族は反撃軍を組織し、翌年3月、ローマを包囲すべく進軍。包囲戦は1年と9日続いた。ゴート軍は市の城壁を攻撃しようとしたが、ベリサリオスの熟達した弓兵に矢を浴びせられ失敗。市を封鎖しようという試みも、包囲戦の最中にベリサリオスが援軍と食糧供給を受け、さらに周辺地に騎馬隊を派遣して見せしめの襲撃を行ったため失敗。病気で士気を喪失し多数の兵士を失ったゴート軍は、538年3月に包囲を解いた。ゴート軍撤退の際、これをベリサリオス軍が追撃した。

ユスティニアヌスの征服
タジーナの戦い

日付	552年6月
兵力	ビザンチン帝国軍/20,000人、東ゴート軍/最高15,000人
場所	イタリア中部のウンブリア
死傷者等	東ゴート軍/死者6,000人

551年、東ゴート軍がトーティラの精力的な指導力の下、ビザンチン帝国からイタリアの大部分を奪回した。ユスティニアヌスはトーティラと戦うため、老練の宦官ナルセスを軍指令官に任命。552年夏、ナルセスはアドリア海沿岸を進軍してイタリア入りし、さらにローマに向けて南進。トーティラはアペニン山脈の隘路を封鎖した。槍を持った東ゴート軍の重騎兵隊は敵目がけて突撃したが、ナルセスが前方側面に配置した騎乗弓兵からも徒歩の弓兵からも矢を浴びせられた。混乱のうちに押し戻された東ゴート軍はビザンチン帝国軍の重騎兵隊に包囲され、続く大虐殺でトーティラも殺された。ナルセスはその後2年もしないうちにカシリナムで再び決定的な勝利を収め、イタリアを帝国に奪還した。

ユスティニアヌスの征服
ダラの戦い

日付	530年
兵力	ビザンチン帝国軍/25,000人、ペルシア軍/40,000-50,000人
場所	ビザンチン帝国の要塞ダラ（アルメニア）
死傷者等	ビザンチン帝国軍/不明、ペルシア軍/死者8,000人

タジーナの戦いの22年前、ベリサリオス率いるビザンチン帝国軍はササン朝ペルシア国境で兵力優勢なペルシア軍を打破して実力を見せつけた。開戦直後は矢の応酬が続いた。次いでペルシア軍の重騎兵隊が槍を手に、初めは敵右翼、続いて左翼へ突撃。両翼で敵の騎兵を押し戻したが、ベリサリオスが重騎兵隊の間に配置していたフン族の騎乗弓兵に包囲され猛撃を受け、これを見たペルシア歩兵が逃走。追撃には危険があると見たベリサリオスが騎兵隊を制止したため、ペルシア歩兵の大部分が逃げおおせた。

ギリシアの火

ビザンチン帝国の武器「ギリシアの火」は化学者カリニコスが670年ごろに発明した。石油化合物（正確な混合比不明）であるこの武器は、爆発物ナパームの原型である。これを兵士はポンプで噴霧したり、火薬筒に入れて敵に発射したりした。

砲火攻撃
ギリシアの火は主として海上戦で使用し、敵艦目がけて噴霧した。

ビザンチン帝国対ペルシア

ニネヴェの陥落

日付	627年12月12日
兵力	ビザンチン帝国軍/不明、ペルシア軍/不明
死傷者等	信頼できる推計なし
場所	現在のモースル付近（北イラク）

7世紀初頭、ビザンチン帝国は勢いを失っていた。エジプト、シリア、アルメニア、アナトリアを制圧したホスロエス2世のペルシア軍がコンスタンティノーブルの外に駐留していた。622年、ビザンチン帝国皇帝ヘラクレイオスは反撃を決意し、軍隊を率いて小アジアの北岸目指して出航。その後、数年にわたる一連の遠征でペルシアを攻撃し、自軍を訓練し経験を積ませた。そして627年春、メソポタミアに侵攻。12月、廃墟と化した古代都市ニネヴェ近くの平野で、指揮官ラザテス率いるペルシア軍と交戦。戦闘は早朝に始まり、11時間休みなく続けられた。ヘラクレイオスは常に戦いの中心におり、最後はラザテスと直接対決し、一撃でラザテスの頭を切断した。ペルシア軍の生存者は潰走したが、ビザンチン帝国軍はペルシアの首都クテシフォンの入り口まで追跡し、その後、包囲攻撃を行わずに撤退。しかし敗れた王ホスロエスは宮廷革命で王座を追われ、後継者は講和を要求。ヘラクレイオスにとっては不運なことに、この大勝利のほぼ直後からアラブによる征服が相次ぎ、630年代初頭から651年までの間に戦果のすべてを奪われてしまった。

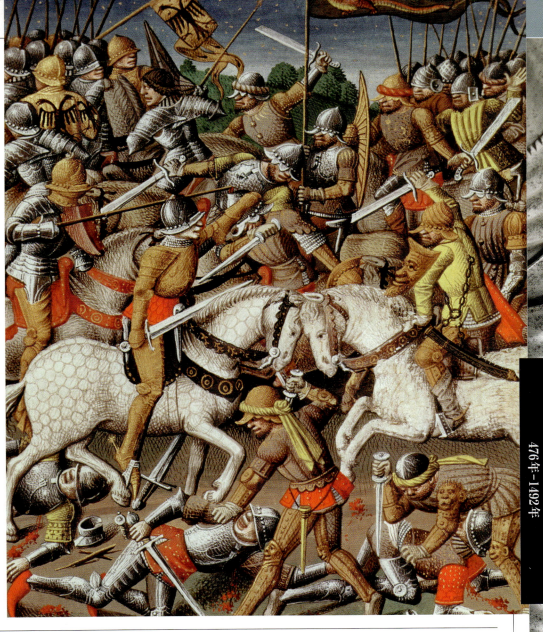

ヘラクレイオス皇帝の勝利
右は13世紀に起こったニネヴェの戦いの描写で、この戦いの一騎打ちにおいてビザンチンの皇帝は、ペルシアの軍指揮官に加え、3人のペルシア大将を殺害した。

476年–1492年

ビザンチン帝国対ブルガリア帝国

プリスカの攻略

日付	811年7月26日
兵力	ビザンチン帝国軍/不明、ブルガリア帝国軍/不明
死傷者等	信頼できる統計なし
場所	ブルガリア北東部のシューメン付近

9世紀初頭までに、アラブのカリフの指導力衰退の兆候が見られ、一方でビザンチン帝国は再び勢力拡張を試みた。811年、ビザンチン皇帝ニケフォロス1世はブルガリア王カーン・クルムに対する遠征隊を率いて出発、ブルガリアの首都プリスカを攻略したが、その後、山道で奇襲攻撃を受け大虐殺された。ニケフォロスは首をはねられ、その頭蓋骨はクルムの酒杯とされてしまった。

ビザンチン帝国対ブルガリア帝国

クリディオン峠の戦い

日付	1014年7月29日
兵力	ビザンチン帝国軍/不明、ブルガリア帝国軍/20,000人
死傷者等	ビザンチン帝国軍/不明、ブルガリア帝国軍/失明14,000人
場所	ギリシア北東部、テッサロニキの北

ブルガリア帝国はサムイル帝の下、976年からビザンチン帝国の内紛に乗じて領土を拡大し、マケドニアとギリシアの大部分を占領した。ビザンチン帝国皇帝バシレイオス2世は一連の反撃を開始し勝利して、1007年までには失った領土を回復し、ブルガリア帝国の征服を想定していた。サムイルはビザンチン帝国の侵略を防ぐために、ブルガリアの中心部につながる主要な峠と谷に塔や防御柵を造った。1014年、ビザンチン帝国の大軍がストゥルマ川沿いにあるクリディオン峠に接近。ブルガリア軍は峠の入り口に建設した砦の背後に軍隊を配置した。バシレイオスは、将軍の一人ニケフォロス・クシフィアスの提案を受け入れ、小規模な軍を率いて山地を抜け、後方からブルガリア軍を攻撃する決定を下した。この策略が奏功し、クシフィアス隊が突然現われたことにうろたえたブルガリア軍がその小隊と戦っている隙に、バシレイオスの本隊が無人の砦を攻略。そしてブルガリア兵の約3分の2を捕らえ、ビザンチン帝国の

「ブルガリア人殺し」の異名を取ったバシレイオス2世
長い顎髭をたくわえたバシレイオス帝（在位976-1025）を描いたコイン。精力的な支配者であったが、残酷なことも行った。

年代記編者ヨハネス・スキュリツェスによると、バシレイオスは恐ろしい復讐をした。捕虜100人ごとに99人の両目をつぶし、残る1人は失明した者達を導いて王のもとへ戻るために片目だけつぶした。サムイルは虐待された兵士達を見た衝撃で死亡したらしい。4年後、ビザンチン帝国はブルガリア帝国の征服を完了した。

フランク族の勢力

ローマ帝国の没落につれて、フランク王国がガリアの支配的勢力となり、8世紀末までには、カール大帝の下で領有権を旧西ローマ帝国の大部分にまで広げた。しかし843年、カール大帝の3人の孫の間で分割された。フランク族はその後も西部地域の支配を続けたが、10世紀、現在のドイツを中心とする東部地域はサクソン人の支配下に入った。サクソン人の王オットー1世は、カール大帝の帝国の再建に最善を尽くしたが、フランスは独立した王国のままであった。

フランク族の帝国
シャルルマーニュは東に向かってフランク族の支配を拡大し、ローマ崩壊以来初めてフランス、ドイツおよびイタリアを統合した。

クローヴィスの軍事行動

ヴイエの戦い

日付 507年春

兵力 フランク王国軍/不明、西ゴート王国軍/不明

死傷者等 信頼できる推計なし

場所 フランス中西部、ポアティエ付近

フランク族サリ部族の王クローヴィス（465ごろ-551）は一連の軍事行動により、ガリア北西部のみであった当初の領土を大幅に拡大することができた。486年ごろ、ガリア北西部の支配者シアグリウスを破り、496年ごろアラマンニ族を破り、その後、カトリックに改宗した。ヴイエの戦いの端緒となるクローヴィスの西ゴート王国侵攻は、西ゴート王国の宗派がアリウス派（4世紀の司祭アレイオスの説教を信奉する古代キリスト教の一派）であることを口実としていたが、クローヴィスにとって同様に重要であったのは、ガリアにおける西ゴート王国領の征服であった。507年、軍を率いたクローヴィスがロワール川を渡り、西ゴート王国のアラリック2世が防戦のため進軍。対戦の末、クローヴィスが勝利を上げたが、クローヴィスはアラリックを直接殺害したという。フランク王国は西ゴート王国の首都トゥールーズと、南西ガリアの大部分を獲得し領土に加えた。

フランク王国対イスラム・ウマイヤ朝

トゥール・ポワティエ間の戦い

日付 732年ごろ

兵力 フランク王国軍/15,000-75,000人、イスラム軍/50,000人（推定）

死傷者等 信頼できる推計なし

場所 フランス中西部、トゥール・ポワティエ間

ウマイヤ朝が新たに獲得したイベリアの知事アブドゥル・ラフマーンは732年、大部分がアラブ人とベルベル人の騎馬隊である大規模な軍隊によって、隣国アキテーヌを侵略。アキテーヌの君主ユードはフランク王国東部のアウストラシアに逃亡。アブドゥル・ラフマーンはこれを追跡し、トゥールのサンマルタン教会に迫った。アウストラシアの地域宮宰でフランク王国の事実上の支配者であったカール・マルテルは、トゥール・ポワティエ間の一地点で侵略者と遭遇。両軍とも様子をうかがっていたが、7日目にイスラム軍が攻撃を開始。フランク王国の騎士は馬から降りて密集方陣を作り、刀、槍、盾でイスラム軍騎馬隊と戦った。フランク王国軍は方陣隊形を維持し、ある時点でアブドゥル・ラフマーンを包囲して殺害し、結局イスラム軍が降参して撤退した。昔からこの勝利は欧州のキリスト教徒がアラブの征服の流れを止めた瞬間という歴史的転換期だと見られてきたが、最近ではフランク王国にとっては非常に重要な戦いであったとしても、イスラム世界にはほとんど重要ではなかったと歴史学者は強調している。

> 「北の国々の兵士は氷河のように固まり、壁のように不動の状態で、剣でアラブ人を一瞬のうちに殲滅した。兵力優勢で重武装のアウストラシア兵が、アブドゥル・ラフマーンを見つけ胸を打って殺害した」

戦争の証人

作者不詳

754年の年代記は作者不詳であるが、この筆者はトゥール・ポワティエ間の戦いでのイスラム軍に対するフランク王国軍の抵抗について記述している。

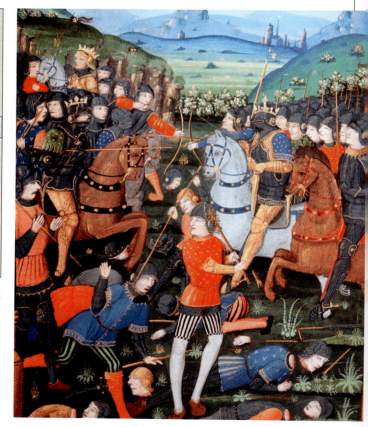

剣戦の響き
ポワティエでの騎馬戦を描いた彩色写本。ただし、戦いの最中、フランク王国の騎兵は馬から降りて戦うことが多かった。

フランク族の勢力

サクソン戦争
カール大帝のサクソン人征服

日付	772年-799年
兵力	フランク王国軍/不明、サクソン人/不明
死傷者等	信頼できる推計なし
場所	ドイツのサクソンおよびヴェストファーレン

770年代、サクソン人は服属を要求するフランク王国に抵抗してフランク王国領への襲撃を繰り返した。これを鎮圧すべくカール大帝はほぼ毎年軍隊を派遣、時折サクソン人が勝利を収めた。例えば782年にはカール大帝の騎兵隊が敵の用意周到な防衛線を突破しようとして敗れた。しかしカール軍の規模の大きさと、複数方向から一度にサクソン領へ侵攻する能力とにより、大抵はカール軍の方が優勢であった。サクソン人のリーダー、ウィドゥキントは784年に降伏し洗礼を受けたが、サクソン人に対する遠征は8世紀末まで続いた。

742年-814年
カール大帝 CHARLEMAGNE

カール・マルテルの孫で、カロリング朝フランク王国の初代国王ピピン3世の息子。フランス名シャルルマーニュ。在位期間中、最初の30年間は征服と覇権拡張に明け暮れた。800年12月25日にローマ教皇レオ3世から「ローマ皇帝」の帝冠を授けられるまでに、ロンバルディア王国（北イタリア）を征服し、サクソン人を服属させ、アヴァール人とスラヴ人を討伐した。残りの在位期間はスペイン北東部からデンマークに及ぶ帝国の防衛強化に専念。カール大帝の軍事的成功の秘訣は、年1度の遠征のための、大規模軍の動員力と兵站力、さらに後年においては遠い国境の要塞に対する永続的な守備隊の派遣能力であった。

フランク王国対バスク人
ロンセスバリェスの戦い

日付	778年8月15日
兵力	フランク族/不明、バスク人/不明
死傷者等	信頼できる推計なし
場所	スペイン北東部ピレネー山脈のナヴァル

778年、カール大帝は初めてスペインに遠征しサラゴサを包囲したが、本国での反乱の知らせに撤退を余儀なくされる。長い縦隊を組んでピレネー山中の隘路を戻っていくと、軽武装のバスク人が後衛部隊を奇襲。殺害された中にローラン伯がいた。この戦いを題材にしたのが古フランス語叙事詩『ローランの歌』であるが、叙事詩の中ではバスク人がイスラム教徒となり、ローランがカール大帝の甥となるなど史実と異なっている点もある。ローランは騎士としての名誉心から援軍を呼ぶ角笛を吹くのを拒んだという。

フランク王国軍の騎士

フランク王国軍の中心は騎兵隊であった。写真のレリーフのように、11世紀までは槍を前方に向けて突撃する方法が一般的であった。

東フランク王国対マジャール人
レヒフェルトの戦い

日付	955年8月10日
兵力	フランク王国軍/不明、マジャール人/不明
死傷者等	信頼できる推計なし
場所	バイエルン、アウクスブルク付近のレヒ川沿い

9世紀、中央アジアの遊牧民族マジャール人が東フランク王国に侵入し始め、荒らし回った。そして955年にバイエルンに侵攻し、アウクスブルクを包囲。東フランク王国国王オットー1世がこれを解放すべく1万人の重騎兵から成る軍隊を動員。兵力でははるかに勝っていたマジャール人は躊躇せず攻撃を開始。マジャール人の機敏な騎兵は素早く敵の側面に回ったが、敵営を略奪する好機に気を取られた。オットーは占領された野営地に攻め込み、下馬していたマジャール人を敗走させた後、敵本隊を攻撃させた。矢の飛び交う中を駆け抜けて敵中になだれ込み、戦場から駆逐したのである。その後、マジャール人の襲撃は途絶え、この勝利によりドイツにおけるオットーの地位が確立した。

残酷な勝利

19世紀に描かれたレヒフェルトの戦いの絵で光を浴びているオットー1世。戦争の後、何百人ものマジャール人捕虜が鼻と耳を切除された。

フランク族の武器

アイスランドからロシアにいたる地域でフランク王国の武器が売買されていたことから、中世初期の欧州でそれが珍重されていたことがうかがえる。9世紀、フランク王国の短剣が使用されなくなる一方、長剣は刃が先細りになり始め、扱いやすくなった。

失われた柄は、おそらく革か骨で覆われた木製であった。

6世紀から7世紀のフランク族の剣と兜

鉄の諸刃

平行の刃により剣は力を与えられたが、重くなった。

頬ガード

476年-1492年

ヴァイキングと初期スカンディナヴィア人

ヴァイキングは海の侵略者として8世紀末から9世紀にかけて歴史に登場し、ダブリンからコンスタンティノープルにいたる欧州を恐怖に陥れた。こうした船上の兵達は、貿易商人や探検家や開拓者でもあり、一定期間、海賊行為を繰り返した後、一部地域では永住する場合もあった。やがてスカンディナヴィアの政治組織が改善され、侵略がデンマークやノルウェーの王による、より野心的な戦争へと変化した。911年、西フランク王国のシャルル3世は、善行を条件に、ヴァイキングにフランス北部の領地を与えた。こうしてノルマンディ公国が設立され、ヴァイキングはノルマン人(「北方の人」の意)となり、以後、ノルマンディ公国として軍事活動を続け、イングランドやシチリアを征服した。

ヴァイキングの支配地域
ヴァイキングは優れた船のおかげで、北米、ロシア、ビザンチン帝国など、遠近いずれの地へも探検に出かけることができた。

リンディスファーンの略奪

ヴァイキングの侵略

日付 793年
兵力 ヴァイキング/不明、アングロサクソン人/不明
死傷者等 信頼できる推計なし
場所 イングランド北東海岸沖

「わが民族はこの美しい土地に住んでほぼ350年になるが、現在、異教徒から被っている恐怖はいまだかつてないものだ」。これは793年に起きたスカンディナヴィア人によるリンディスファーン島略奪の衝撃的なニュースに対する、ヨーク出身の神学者アルクィンの反応である。かつて自らもこの地に侵攻してきたサクソン族、アングル族、ジュード族が5世紀に設立したアングロサクソン人のイングランド王国は、この日まで、外部の攻撃からは安全であるという安心感を享受していた。こうした安心感を何よりも物語っていたのは、ノーサンブリア沖に浮かぶこの島に、キリスト教の拠点であるリンディスファーン修道院が建設されたという点であった。ヴァイキング船が侵略のため北海を横断して来ると、リンディスファーンは甚だしく無防備な標的となった。11世紀の年代記編者ダーラムのシメオンによれば、侵略者は「恐ろしい略奪行為を働いて全てを荒らし、汚れた足で聖地を踏みつけ、神聖な教会の貴重な品々を奪い去った」という。修道僧には剣で斬り殺された者、溺死させられた者、おそらく奴隷として売られるため鎖で縛られ連れ去られた者もいた。高価な略奪品を手に入れたことで、ヴァイキングが再来を望むのは当然であった。790年代にはこのような襲撃は散発的であったが、830年代からは欧州本土の海岸地域で頻発するようになり、特にユトレヒトやアントワープが標的となった。840年代にはセーヌ川やロワール川を遡上してくるようになり、フランスの内陸が荒らされた。845年、ラグナル率いる120隻の船団が初めてパリを襲撃。西フランク王国のシャルル2世は7000ポンドの銀でヴァイキングを買収するしかなかった。しかしほどなくヴァイキングはフランスで冬を過ごすようになり、スカンディナヴィアの人口増加のあおりで、略奪より定住を考え始めた。

ヴァイキングの兜
ヴァイキングの兜の多くは、鼻当てに加え、頬を守るためゴーグルがついていた。

ヴァイキングの槍
ヴァイキングは、突き刺すため、また投げるために短頭の槍を使用していた。長頭の槍は騎馬隊の武器であることが多かった。

中世の遺跡
写真は後世(中世)に再建された修道院の廃墟だが、793年の襲撃を想像させる存在である。

ヴァイキングの侵略
コンスタンティノープル襲撃

日付	860年夏
兵力	ヴァイキング/船200隻、ビザンチン人/不明
死傷者等	信頼できる推定なし
場所	トルコ、イスタンブール

860年6月18日、艦隊が何の警告もなく、コンスタンティノープルに向けてボスポラス海峡を通過し、海峡沿いの町と村と修道院を残らず炎上させ、略奪し、コンスタンティノープルの城壁に向かって錨を下ろした。軍船に乗っていた兵士達は「ルス人」だと名乗ったが、バルト海から通商航路に沿ってヴァイキング船でやってきたヴァイキングであることはほぼ確実であった。ビザンチン帝国の年代記編者は、この侵略者達の行動を恐怖をもって記録しているが、ヴァイキングはコンスタンティノープルの頑丈な城壁を攻撃をしようとはせず、代わりに西欧の人間がよくしたように略奪品を携えて姿を消した。しかし10世紀と11世紀に戻ってくると、ビザンチン帝国皇帝のバラング近衛隊となった。

ヴァイキング船

流線型の優美なヴァイキング船は、ヴァイキングの侵略と発見の旅には重要な存在であった。強みはスピードと多様性である。海岸沿いに進む代わりに外洋を航行する能力があり、警告を与えずいきなり目的地に到着することができた。喫水が浅い浜に上陸できるため港の必要がなく、両端に船首があるので必要に応じて素早く逃走できた。横帆もあったが、ヴァイキングは船を漕ぐこともできたため操作性に富んでいた。こうした船形と喫水のおかげで浅い川も航行でき、短距離であれば陸上を運べるほど軽量であった。これは川から他の川までの移動を含む内陸での旅においてはきわめて重要な要素である。

- マストは頑丈な松でできていた
- 帆は織布であった

船体 ヴァイキング船は、重複した厚板で作られた船体を持つ重ね張りである。使われた木はオークであった。

かじ ヴァイキング船は、スターボード上の船尾に取り付けられた舵とりパドルによって操縦された。

仕様

原産国	ノルウェー	年代	800年ごろ
長さ	22m	乗組員	漕ぎ手30名
幅	5m	速度	最高10ノット

オーセバルク船
この船は、1904年に埋葬塚で発見された遺跡から再建されたものである。マストを有するヴァイキング船で、知られている中で最古のものである。

- 精巧に彫刻された後部の船首
- オールは風がないときに使われた

デーン人のイングランド定住
エディントンの戦い

日付	878年5月
兵力等	おそらく両軍ともに5,000人
死傷者等	信頼できる推定なし
場所	イングランド南西部、チッペンハム付近

865年、デーン人のヴァイキングの軍隊がイングランドのアングロサクソン諸王国に大混乱を引き起こし、その後の5年間でノーサンブリア、マーシア、イーストアングリアがデーン人の支配下に入った。878年1月初頭、グスルム率いるデーン軍は、残るアングロサクソン王国ウェセックスに侵攻し、チッペンハムの領地でアルフレッド大王を奇襲。王のそばには護衛1人しかいなかったため、低湿な森林地帯に逃げざるを得ず、グスルム軍を攻撃すべくそこに砦を築いた。878年5月、驚いたことにアルフレッドは相当規模の軍隊を召集することができ、グスルムが基地を作ったチッペンハムへ進軍した。両軍はエディントンで対戦した。同時代の学僧アッセルの伝記によれば「王は楯の壁を作ってヴァイキング全軍と対決し打破した」。グスルムはこの敗北後、ウェセックス撤退を強いられたが、885年の和議によりイングランドはアングロサクソン系の地域とヴァイキング系の地域「デーンロー」とに正式に分割された。

騎兵の剣による戦い
ノルウェー、オーセベルクの埋葬地から発掘された彫刻。このように、9世紀にヴァイキングは陸上戦にも順応した。

アルフレッドの宝石
この宝石の縁には、「アルフレッドがこの宝石を作った」と刻まれており、アルフレッド大王の所有物であったことを示している。

ヴァイキングの侵略
パリの包囲攻撃

日付	885年11月-886年9月
兵力等	ヴァイキング/おそらく30,000人と軍船700隻、東フランク王国/不明
死傷者等	信頼できる推定なし
場所	フランス、パリ

東フランク王国は主要な川を封鎖すべく要塞橋を造ったが、ヴァイキングが内陸まで侵入するのを防げず、885年11月、ヴァイキング軍はパリに達し、攻城に失敗すると包囲攻撃に専念。パリの防御はオドー伯とゴズラン司教が率い、市の城壁への攻撃を撃退するために大小の投石機を使用。ヴァイキングは市外の拠点の一つを獲得したが、市内へ押し入ることはできなかった。サクソンのハインリヒ公率いる最初の救援軍は撃退されたが、886年の晩夏、フランク王国のシャルル肥満王が大軍を率いて到着、ヴァイキングと戦う代わりに、包囲を解くため巨額の賠償金を支払い、自分の西ローマ皇帝戴冠の承認を拒んでいたブルゴーニュの略奪を許した。

476年-1492年

侵略者と封建領主

ヴァイキングの侵略
モールドンの戦い

日付 991年8月

兵力 ヴァイキング/3,000人、アングロサクソン人/おそらく同等の数

死傷者等 信頼できる推計なし

場所 英国南東部、エセックス、モールドン

10世紀の間、アルフレッド大王の後継者アングロサクソン王は、デーン人のイングランドを破り国全体を支配した。しかし980年代から、新たな初期スカンディナヴィア人の侵略者の波が押し寄せ、英国の海岸に住む人々が被害を被った。エセックスのモールドンで起こったこれらの侵略の一つは、アングロサクソンの詩のテーマとなった。991年

死の湿地帯
モールドンの戦いが行われたエセックス、ブラックウォーター川の側にある湿地帯。

の夏、オーラフ・トリグヴァソン(後のノルウェー王)が率いた軍艦隊が、エセックス岸沿いに航海した。国の伯バイヒトノースは、この軍艦隊と対決するために従士(個人的家来)および地元の市民軍とともに出発した。侵略者たちは、干潮時に土手道によって本土エセックスにつながるノージー島に陣営を作った。バイヒトノースはこの土手道の最後部に陣取った。潮が引いたとき、侵略者達は本土へ前進したが、道が封鎖されているのに気づいた。このような限られた空間において実際の戦闘を行うのは不可能であると見て、トリグヴァソンは本格的な戦闘が行えるように、侵略者を本土へ入れるようバイヒトノースに要求した。バイヒトノースはおそらく敵を破る自信があり、この要求を受入れた。その後激闘となり、伯は槍で殺害された。伯の軍隊のほとんどが逃亡したが、従士は皆死ぬまでバイヒトノースの周りで戦い続けた。

ヴァイキングの武器

鉄製の斧、剣、槍は、ヴァイキングの主要な武器であった。熟練したスカンディナヴィア人の職人が作った長い両刃の剣は、突き刺すよりもむしろ猛烈な一撃を与えるように作られていた。ヴァイキングの兵士達は、おそらく彼らの恐ろしい戦斧とほぼ同じようにこれらを巧みに使った。騎兵と歩兵は、盾の壁の後ろ側にいる敵を突き刺すために長頭の槍を使った。またヴァイキングは、槍を投げたり、弓、斧の投擲など、飛び道具の武器を使った。

鉄剣 / 族長の鉄の斧頭 / 装飾的な銀の線 / 鉄の斧 / 三日月形の刃 / 銅と銀の幾何学模様 / 槍の穂先

ヴァイキングのアイルランド定住
クロンターフの戦い

日付 1014年4月23日

兵力 両軍ともにおよそ7,000人

死傷者等 ブライアン・ボルー軍/死者1,600-4,000人、ヴァイキングとレンスター王の同盟軍/死者6,000人

場所 ダブリン(アイルランド)のすぐ北

9世紀、ヴァイキングはアイルランドに定住し、ダブリンを交易の中心地とした。定住地外では、気性の荒いゲール(ガリア)人が権力争いをしていた。1002年、ムンスター王ブライアン・ボルーがアイルランド上王としてゲール人の指導的地位を要求。レンスター王メイル・モルダはこの要求に反抗した一人で、ダブリンのヴァイキングの首領シトリー・シルクビアッドと同盟を結んだ。1014年春、ボルーはダブリンを攻撃すべく、ヴァイキングの分遣隊を含む軍隊を召集。これを受けてダブリンのヴァイキング・レンスター同盟軍がボルー陣営の背後にあるクロンターフに向けて出航し、ボルー軍と対決するために横ўで戦線を張った(聖金曜日でボルー自身は戦闘に不参加)。概してヴァイキングの方がゲール人より武装の点で勝っていたが、ボルー軍が勝利を収めた。追われた敵は海岸の船に到着することもダブリンへ戻るリフィー川を渡ることもできず、大半が虐殺された。しかし逃亡するヴァイキングがボルーの野営地を攻撃し、ボルー自身も殺された。ダブリンに留まったシトリーはヴァイキング地区の首領を続けた。

ヴァイキングの鎖帷子
11世紀まで、ほとんどの初期スカンディナヴィア人兵士達は、織り合わされた金属の輪で作られた膝丈の鎖かたびらを身につけていた。

デーン人のイングランド侵略
アシンドンの戦い

日付 1016年10月18日

兵力 デンマーク軍/不明、アングロサクソン軍/不明

死傷者等 信頼できる推計なし

場所 イングランド南東部、エセックス、アシンドン

1013年、デンマークの「双叉髭王」スウェインがイングランドに侵攻、アングロサクソンの支配者エゼルレッド2世を追放。スウェインが1014年に亡くなるとエゼルレッドが復位したが、これをスウェインの息子クヌート1世が殺害し、王位に就く。エゼルレッドの息子エドマンド・アイアンサイドがクヌートに挑み、決着のつかない交戦を繰り返した後、アシンドンで対戦。当初、戦況は互角であったが、やがてエドマンドのマーシア人分遣隊が戦場から逃亡。イングランドの残りの戦線は崩れ、クヌート軍に痛撃された。アングロサクソンの年代記は「イングランドの貴族は全員そこで殺された」と伝えている。エドマンドはこの戦いでは生き残ったが1カ月半後に亡くなり、クヌートが全イングランドの王になった。

995年-1035年
クヌート王 KING CNUT

クヌートは1013年にデンマーク王の父スウェインとともにイングランドにやって来た。デンマーク海軍は1014年、クヌートをイングランド王として歓迎したが、王位を確保するため、最初はエゼルレッドと、次いでエドマンドと戦わなければならなかった。1019年、クヌートはデンマーク王として兄の跡を継ぎ、1028年、ノルウェーを征服。クヌートにはデーン人の妻がいたが、亡きエゼルレッドの妻ノルマンディーのエマと結婚し、イングランド王の地位を強化した。クヌートは賢く有力な支配者として広く崇敬された。

ヴァイキングと初期スカンディナヴィア人

ノルマン人の征服
チヴィターテの戦い

日付 1053年6月18日

兵力 ノルマンディー公国軍/騎兵3,000騎、神聖ローマ帝国・ローマ教皇軍/主に歩兵

場所 南イタリアのプーリア

死傷者等 信頼できる推計なし

ノルマン人は祖先ヴァイキングの蛮行を続けていた。それがどこよりも如実に表れたのが南イタリアで、ノルマン系のアルタヴィッラ家が強大な勢力地盤を築いたため、ローマ教皇レオ9世がこれに対抗すべく、1053年に軍司令官として神聖ローマ帝国皇帝ハインリヒ3世を招いた。騎兵対歩兵の戦いで、ノルマンディー軍が大勝したが、このとき戦功を挙げたのが若き日のロベルト・ダルタヴィッラ、後年「イル・グイスカルド（狡猾な人）」と呼ばれるようになる人物である。ノルマンディー軍はローマ教皇を捕虜にして10カ月間拘束。ロベルトは続いてプーリア、カラブリア、シチリアを征服してノルマン系の支配を確立し、ビザンチン帝国に侵攻した。

ノルマン人の矢

アングロサクソン人対ヴァイキング（ノルウェー人）
スタンフォードブリッジの戦い

日付 1066年9月25日

兵力 ノルウェー人/5,000人、アングロサクソン人/10,000人

場所 イングランド中北部、ヨークの東13キロ

死傷者等 ノルウェー人/死者4,000人、アングロサクソン人/信頼できる推計なし

1066年1月、ハロルド・ゴドウィンソンがイングランド王となったが、その王位継承権をノルマンディー公ギヨームと争う一方、前年にノーサンブリア伯の位を剥奪された弟のトスティッグと敵対。トスティッグはノルウェー王ハーラル3世と手を組み、300隻の船で北海を渡り、マーシア伯とノーサンブリア伯の軍を破り、ヨークを占領。ハロルドは驚くべき速さで北上し、スタンフォードブリッジで侵略者と遭遇。初期ノルウェー人の記録によると、イングランド軍が攻撃を仕掛けたものの、ハーラル3世が激しく反撃し勝利を収めたかに見えたが、ハーラルが喉を矢で射られて殺され、戦況が逆転。ハロルドはトスティッグに講和を申し入れたが、援軍の到着に勢いづいたトスティッグは拒否。しかし援軍は疲弊しており、さらなる激闘でトスティッグも兵士の大部分も殺され、ハロルドが勝利を収めた。

ノルマン人の征服
ヘースティングズの戦い

日付 1066年10月14日

兵力 ノルマン人/7,000－15,000人、アングロサクソン人/9,000人

場所 イングランド南東部、ヘースティングズの東10キロ

死傷者等 ノルマン人/死者2,000人（推定）、アングロサクソン人/4,000人

スタンフォード・ブリッジの戦いの3日後、700隻の船を率いて海峡を渡ったノルマンディー公ギヨームはイングランド南部のペヴェンシーに上陸。ハロルド2世は親衛隊員とともに馬で南下、諸州に使者を派遣し

バイューのタペストリー
この場面では、剣と斧を持ったハロルドの近衛隊員が死闘を行い、一方、ノルマン騎兵は槍と盾を持って前進している。

て、軍隊を送るよう命じた。10月14日、ハロルド軍はヘースティングズ郊外のセンラックの丘の頂上で歩兵密集方陣を組んだ。ギヨームは弓兵、重装歩兵、数千の騎兵など、より多様な軍を有した。緒戦では、イングランド軍の盾の壁が強固で矢を跳ね返し、槍や斧を持った敵の歩兵と騎兵による突撃を撃退した。ある時点で、ギヨームが殺されたという噂が広まったため、ギヨームは兵士を再結集させるため姿を現さなければならなかった。その後、おそらく目前に迫った勝利に興奮してか、またはある報告によるとノルマン人が行った偽りの撤退（戦場の図を参照）のためか、イングランド軍が陣形を崩し、勝敗の行方が逆転。イングランド軍右翼が崩れたが、疲弊し縮小した親衛隊はハロルドがおそらく目を矢で射られて戦死するまで戦い続けた。敗走するアングロサクソンの兵士たちは向き直り、追撃するギヨーム軍を奇襲したが敗北を喫し、イングランドの王権はウィリアムの手に渡った。

1027年－1087年
「征服王」ウィリアム1世
WILLAM THE CONQUEROR

ノルマンディー公ロベール1世の庶子ギヨーム（後のウィリアム1世）は7歳で公位を継承、運良く子供時代を生き延びた（後見人3人は殺害された）。しかし成年に達すると、支配者としての残虐性を発揮。外交手腕も発揮してイングランド侵略に対するローマ教皇の承認を取り付け、ヘースティングズの戦いの後、冷静さを発揮して強大な王権を樹立した。

476年－1492年

イスラムの兵士たち

620年代にイスラム国家が成立すると、驚異的な速さでイスラム世界が拡大した。100年もしないうちにイスラムのカリフたちがアジアの大半、北アフリカ、欧州の一部を支配下に収めたのである。こうした征服は革新的な技術や戦術による戦果ではなく、イスラム教徒（ムスリム）たちの闘志を鼓舞し信仰の名のもとに覇権拡大を推進する好戦的なイデオロギーによるものであった。

ヴァン城
東アナトリアにある古代の砦。9世紀にアッバース朝のムスリムに占有され、後年セルジューク朝およびオスマン帝国によって改築、増強された。

急速な台頭
ムハンマドの死後、100年でイスラムはスペイン北部や中央アジアまでも制覇し、古代ローマに匹敵するような帝国を築いた。

戦術

アラブ軍は元来ラクダを使用することで知られており、ラクダは兵士、装備、食糧を運搬するための便利な輸送手段であった。しかしアラブ人は新たな技術をたちまち習得した。ビザンチン帝国（東ローマ帝国）の軍事技術の多くを採用し、有能な騎兵隊を育成し、海上戦の技術さえも習得したのである。しかし、やがてアラブ人は単なるイスラムの戦士ではなくなっていった。9世紀以降、アラブの支配階級が戦いを好まなくなったからである。代わりにムスリムの支配者達は自軍で戦わせるため中央アジアのトルコ諸部族を吸収した。珍しいことだが、こうした兵士は奴隷であった。奴隷の司令官の中には富を得、特権階級になる者もいた。このように奴隷兵士を好むことは、ムスリムの軍隊の特徴となっていった。宰相ニザーム・アル・ムルク（1018-92）の言葉は、ムスリムの支配者の考えを集約している。「300人の息子より1人の忠実な奴隷の方がよい。息子たちは父親の死を、奴隷は主人の長命を望むからだ」。しかし非アラブ人に軍事力を渡すことで、やがて必然的に政治力も移ってしまった。

預言者とカリフ

原則的にムスリム（イスラム教徒）同士の戦いは禁じられていたが、イスラムの教義では異教徒との戦いは認められ、しかも歴史上の早い時期から奨励されていた。イスラム教の開祖である預言者ムハンマド（570ごろ-632）は軍の司令官でもあり、アラビア北部の都市メディナとメッカが戦った際に負傷した。彼の死後、アブー・バクルがムスリムを導く初代カリフとなったが、その短い統治期間内にアラブのムスリム軍はすでにアラビアの外へ向け軍事行動を開始した。661年にダマスカスを首都とするウマイヤ朝が成立するころまでに、アラブ人はエジプト、ペルシア、パレスティナ、シリアを支配した。100年で東はアフガニスタン、西はスペインおよびフランス中央部まで勢力下に入れた。イスラムの結束は理想だったが実現はしなかった。ウマイヤ王朝の成立自体がムスリムのスンニ派とシーア派の分裂の種を撒き、これが現在まで続いているのである。750年代にウマイヤ朝はアッバース家に無残に滅ぼされ、カリフ支配の中心はバグダードへと移った。対抗するウマイヤ家も、9世紀から10世紀にかけコルドバとエジプトでカリフを宣言している（シーア派のファーティマ朝）。内部紛争によりイスラム圏の拡大は必然的に妨げられた。

兵士の武装
十字軍遠征のころ（1099-1291）までのムスリム兵士の甲冑。写真のような鎖帷子と独特な先端をもつ兜を着用していた。
- 尖った先端の鉄兜（かぶと）
- 鎖かたびら

騎兵が描かれた陶器
9世紀のペルシア製の皿。ペルシアの武器と甲冑はイスラムの戦いに影響を与えた。

ベルベル人とオスマン人

11世紀までには、アラブ民族はムスリム世界の有力な支配者ではなくなっていた。西ではアルモラビド集団とその継承者たちによるムワッヒド朝(アルモハード朝)がベルベル人の支持を得、モロッコとスペインのムスリム地域を支配していた。東ではイスラム化したオスマン人がアラビアと、アジアの北部・中央部の大半を掌握した。オスマン人は乗馬の名手で、昔から騎乗弓兵として、様々な素材を組み合わせた合成弓を携え、馬に乗り奇襲をしかけていた。さらに槍や棍棒、サーベルによる白兵戦を習得すると手強い敵と化した。アッバース朝の中央アジアにおける軍事力だったオスマン人は10世紀から11世紀にかけて自らの帝国であるガズナ朝を樹立し、ペルシア東部からアフガニスタンまでを支配した。11世紀にトルコの別の一派であったセルジューク朝がガズナ朝に取って代わり、アジアのムスリム地域を支配する勢力となった。司令官トゥグリルとアルプ・アルスラーンの下、セルジューク朝は地中海まで覇権を伸ばしアナトリア(現在のトルコ)のイスラム化に着手した。

セルジューク朝の兵士
11世紀にイスラム世界の支配勢力として出現したセルジューク・トルコ。1071年のマンジケルトの戦いでビザンチン帝国を撃破した。

インドの軍隊
インド南部のヒンドゥー教ヴィジャヤナガル王国の宮殿の壁上部に彫られた兵士像。こうした兵士達がインドの北部および中部から外へのイスラムの侵攻をくい止めた。

新たな波

12世紀までにはイスラムの波が引いていく兆しが現れた。スペインではキリスト教徒によるレコンキスタ(88ページ参照)が進行していた。またセルジューク朝の内紛により十字軍にエルサレムの奪還と地中海東部における新しい十字軍国家の建設を許してしまう。13世紀にはスペインの大半がイスラムの手に渡る一方、アジアのムスリム地域はチンギス・ハンとその後継者たちが率いるモンゴルの攻勢に大きな脅威を感じていた。インドでは北部の広範囲をムスリムが支配していたが、ヒンドゥー教徒のラージプート王国や、14世紀からはインド南部のヴィジャヤナガル王国の抵抗を一貫して受けた。しかしイスラム世界は軍事侵攻の新たな波を可能にする回復力を失っていなかった。エジプトの奴隷兵であるマムルークがモンゴル帝国軍をも十字軍国家をも破り、さらに1300年代初頭のアナトリアでは後にオスマン帝国の初代君主となるオスマン1世が帝国の建設を始めていた。

岩のドーム
イスラム教の聖地の一つであるこの神殿は、638年にアラブ軍がエルサレムを占領してから約50年後の7世紀末に建設された。設計したのはビザンチン帝国の建築家達である。

476年-1492年

アラブ民族の進出

622年にイスラム国家の基礎が形成されてから20年の間に、アラブ民族はササン朝ペルシア帝国、地中海東部、およびエジプトを征服した。ビザンチン帝国は主にコンスタンティノープルの難攻不落の城壁のおかげで持ちこたえたが、イスラム帝国は8世紀に北アフリカ沿岸とイベリア半島の大半を征服した。9世紀に入るとシチリアに侵攻し、イタリアの一部も占領。イスラム勢力がジハード（聖戦）により世界の広範囲を掌中に収めたのである。

ビザンチン帝国への遠征

ヤルムクの戦い

日付 636年8月20日
兵力 ビザンチン帝国軍／最大80,000人、アラブ軍／最大40,000人
死傷者等 ビザンチン帝国軍／70,000人（推定）
場所 パレスティナ、ガリラヤ湖の南部ヤルムク川

634年、アラブ軍はパレスティナとシリアを侵攻し、ダマスカスなどビザンチン帝国の主要都市を占領した。636年にビザンチン帝国のヘラクレイオスがこれに応じて大軍を挙兵し、シリアへ進軍しムスリムにダマスカスを明け渡させた。名将ハーリド・アル・ワリード率いるアラブ軍はヤルムク川でビザンチン帝国軍と対峙した。長期にわたる小競合いが続いたが、8月20日に砂嵐が発生しアラブ軍の後方から風が吹きつけた。アル・ワリードは敵陣へ猛突撃を開始した。ビザンチン帝国軍は砂塵で視界が奪われ大半が討ち取られた。アラブ軍はダマスカスを奪還し、さらに638年2月には聖地エルサレムを占領したのである。

> 「ヤルムクの戦いは凄惨を極める残虐なものだった……、ギリシア人や部下たちはお互いに鎖で縛られ逃げる望みは絶たれていた。アラーのご加護により約7万の敵を死に追いやり、生存者は逃げ去った……」

戦争の証人

アル・バラードゥリ AL-BALADHURI

アラブの歴史家であるアル・バラードゥリ（892年ころ没）はヤルムクの戦いを著書の『イスラム国家の起源』の中に記しているが、これは伝承と初期の歴史書に基づいた書物である。この戦いの著者の記載には、ビザンチン帝国の支配に慣る多くのシリア人やパレスティナ人からアラブ軍がいかに歓迎されたかが語られている。

イスラム教徒対ササン朝

カーディシーヤの戦い

日付 637年6月1日
兵力 アラブ軍／30,000人、ペルシア軍／50,000人
死傷者等 信頼できる推計なし
場所 イラク、バグダードの南アル・ヒッラ

630年代に新たなムスリムの教義に導かれアラブ軍はアラビアから北進した。ビザンチン帝国とササン朝ペルシアの二大帝国に荒らされ勢力空白となっていた地域へ侵攻したのである。637年にサアド・イブン・アビ・ワッカース率いるアラブの大軍がペルシアの首都クテシフォンへ進軍した際、ササン朝はこの初期侵攻を切り抜けた。しかしアラブ軍はユーフラテス川の運河において優勢のペルシア軍と交戦し、攻撃力と決断力により大勝利を収めたのである。アラブ軍は進軍を続け、ティグリス川を渡り反撃を受けずにクテシフォンへ勝利の入場を果たすことができた。ササン朝による抵抗はペルシア帝国の各地で続いたが、641年にニハーヴァンドでアラブ軍がさらに勝利を収め、かつての偉大なペルシア軍の残党を壊滅させ鎮静化したのである。

ビザンチン帝国への遠征

コンスタンティノープル包囲戦

日付 717-718年
兵力 アラブ軍／160,000-200,000人、ビザンチン帝国軍／不明
死傷者等 アラブ軍／推定130,000-170,000人
場所 トルコ、イスタンブール

アラブ軍は最初のビザンチン帝国の首都包囲戦（674-678）に失敗してから40年後に再度攻撃を行った。陸からはマスラマ率いる総勢8万の軍がコンスタンティノープル包囲のため欧州側に入り、市の南のマルマラ海へはガレー船1800隻が向かった。ビザンチン帝国皇帝レオン3世は見事な手腕と決断力で防衛軍を指揮し、コンスタンティノープルの城壁が難攻不落であることをマスラマに悟らせた。一方、アラブ軍のガレー船は、有名な火炎放射器「ギリシアの火」を備えたビザンチン帝国海軍の攻撃を受け、ボスポラス海峡を北上できないことを悟った。ボスポラス海峡はビザンチン帝国軍の船舶輸送には開かれているため黒海からコンスタンティノープルへの物資の供給が可能で、717-718年にかけての厳冬に苦しんだのは守備軍よりむしろ包囲軍であった。アラブ軍はロバやラクダまで食糧にせざるを得ず、病死者を何千人も出した。春になりアラブ軍にエジプト船団が増強されたが、それ以上進軍できなかった。7月、ブルガリア帝国（当時ビザンチン帝国の隣国同盟）が混乱をきたしたマスラマの部隊を攻撃し大損害を与え、翌月、アラブ軍は包囲網を解いた。アラブ軍の一部はアナトリア経由で撤退し、残りは海から引き揚げようとしたが、嵐に襲われガレー船5隻しか残らなかった。

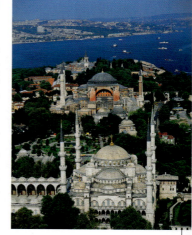

戦略上の要所
アラブ軍は、エーゲ海と黒海にはさまれた要所として、また頻繁な交易ルートをおさえる地としてコンスタンティノープルを望んだ。

包囲網の中

ペルシアによるビザンチン軍の砦の描写。この様子とは違い15世紀までコンスタンティノープルの城壁は繰り返される攻撃の波をはねつけてみせた。

イスラム教徒の継承戦争
カルバラーの戦い

日付	680年10月10日
兵力	ウマイヤ勢/4,000人、フサイン勢/70人
死傷者等	フサイン勢/70人
場所	イラク中部、バグダードの南西88km

イスラムの内部分裂は常に軍事拡大を抑制する傾向があった。661年ムハンマドの娘婿である預言者アリーが殺害されると、裕福なウマイヤ家がカリフ（ムスリム世界の聖と俗における指導者）の地位を要求した。しかし、アリーの子孫のみが正当な継承者であるとし、ウマイヤ家の即位を快く思わない者もいた。緊張が高まっていたところ、680年にウマイヤ朝の初代カリフ、ムアーウィヤが亡くなり息子のヤジードが引き継いだ。ウマイヤ朝と対立する者がイラクの古代都市クファで決起し、アリーの次男フサインを招いて合流し抵抗勢力の指導者として擁立しようとした。フサインは家族、私的な従者、ハーレムの女性のみを伴いアラビアのメッカからクファへ向け出発した。一方、ヤジードはフサインを阻止しようと、カーディシーヤの戦いの勝者サアド・イブン・アビ・ワッカースの息子ウマルを大軍とともに送り込んだ。このウマイヤ勢の武将はカルバラーでフサインに鉢合わせた。8日間にわたりフサインは敵の信仰心と人間性に訴えかけたが無駄であった。フサインと従者全員は殺害されたのである。フサインの首は斬られ命令遂行の証としてヤジードに送られた。カルバラーの悲劇は戦闘というよりは待ち伏せであったが、大きな影響を残した。ウマイヤ家によるカリフ支配を安泰にしたものの、同時にフサインを殉教者とし、イスラムの中でシーア派（アリーの継承者を信奉する）とスンニ派の分裂を決定づけたのである。現在、イランとイラクにおいてはシーア派のイスラム教義が優勢であり、さらにフサインの死はアーシューラーという公の行事で追悼されている。

ラクダ騎兵
フサインの死の記述の中に、馬が亡骸を踏みつけた様子を述べたものがある。アラブ兵はラクダに乗って戦っていたのである。ラクダは移動を助ける運搬手段としての用途が普通であった。

イスラム教徒のスペイン侵略
コバドンガの戦い

日付	718年ころ
兵力	西ゴート軍/300人、ムスリム軍/不明
死傷者等	不明
場所	スペイン北西部のアストゥリアス

710年にはアラブ民族はエジプトからモロッコに至る北アフリカを征服していた。この広域の統治者ムーサ・イブン・ヌサールは、調査部隊に海峡を渡らせスペイン南部に送り込み、711年に西ゴート族のスペイン王ロドリゴを倒した。西ゴート王国はこの敗北の結果まもなく滅亡したが、これは高官の大半が殺害されたためであり、その意味ではヘースティングズの戦い（71ページ参照）に類する。721年にはムスリム軍は西ゴート軍の反撃をほぼ鎮圧したが、半島の北部遠隔地域のとりわけアストゥリアスの山岳地帯は別だった。アラブ軍は支配権拡大のためにこの地に進軍したが、地方貴族のペラヨに敗れた。結果的にキリスト教徒のアストゥリアス独立王国が誕生し、後のカスティーリャ王国の礎がこの時代に築かれたのである。コバドンガという場所でのペラヨの勝利について確かなことはわからないが、半世紀の間で周辺に数々の伝説が生まれ、アラブ軍は18万7000人（そのうち12万4000人が殺された）にも達したとか、神がイスラム教徒の矢を途中で逆向きに変え敵を襲ったなどと言われている。小競り合いにすぎなかったであろうコバドンガの戦いの重要な点は、スペインのレコンキスタ（88ページ参照）の最初の一歩としてキリスト教国家と言えるものを獲得したという事実である。

国家的英雄
コバドンガの戦いで勝利したペラヨ。アストゥリアス王国を築いた人物でありスペインのレコンキスタの英雄として奉られた。

イスラム教徒のシチリア侵略
パレルモ包囲戦

日付	831年
兵力	アラブ軍/10,000人（増強前）、ビザンチン帝国軍/不明
死傷者等	信頼できる推計なし
場所	シチリアの北部沿岸

ビザンチン帝国の一部であった時代のシチリアは7世紀中葉からアラブの海賊の標的となり、町々は略奪され住民は恐怖のどん底にいた。とはいえ、9世紀初頭に北アフリカのケルワンに強大なアグラブ王国が勃興するまでは、シチリア島を占領しようとするアラブ系の動きはなかった。アグラブ王国はシチリアとは海峡を隔てられているだけであったため、侵攻を開始。その口実となったのが、シチリアの港町シラクサでの権力争いに敗れたビザンチン帝国海軍提督エウフェミウスが町を奪還すべくアグラブ朝に対して行った支援要請である。827年6月、アグラブ王ジヤーダ・アラーフ1世は70隻の船団を送り、兵士1万人と馬700頭をシチリア島に上陸させた。当初、ビザンチン帝国軍は猛反撃したが、最終的にはアグラブ軍がイスラムの支配下にあったスペインから援軍を受け、831年にパレルモを攻略。ここを拠点にイタリア南部の侵略を行った。以後、1071年にノルマン人に征服されるまでシチリアはイスラムの支配下にあった。

アラブ軍の勝利
アラブ軍が842年にシチリア島北東部の町メッシーナを征服した様子を描いたビザンチン絵画。

イスラムの影響

7世紀から8世紀にかけてイスラム帝国軍が数々の勝利を上げたことにより、中央アジアの主としてトルコ系諸国がイスラム化された。その結果、オスマン人はイスラムの兵士となり、アラブ人支配者の下で「奴隷」の傭兵として聖戦に加わり、古来からの戦闘技術を提供した。まもなくこうしたオスマン人の「奴隷」兵士自身がアジアの広範囲を支配するようになり、アッバース朝を脅かす存在となった。10世紀から11世紀にかけては、ガズナ朝のマフムードやアルプ・アルスラーンといったトルコ系の君主がイスラムの軍事拡大の新たな波を作り出した。マフムードは聖戦軍を率いてインドの深奥部まで侵攻し、一方、アルプ・アルスラーンはビザンチン帝国の心臓部アナトリアをルーム・セルジューク朝の領地とした。

アッバース朝の拡大

タラス河畔の戦い

日付　751年

兵力　アラブ軍/不明、唐軍/不明

死傷者等　信頼できる推計なし

場所　中央アジア、キルギスタン

8世紀、唐時代の中国は中央アジアへと西方支配を拡大しており、ペルシアから東方へ迫るアッバース朝のアラブ軍と衝突した。751年に朝鮮人の武将、高仙芝率いる唐軍がタラス河畔でアッバース朝の軍隊と交戦した。唐軍の歩兵部隊は騎兵隊の援護としてトルコの各部族の騎兵にほぼ頼っていた。しかしこうした騎兵の多くは戦闘の初期段階で逃亡したため、中国の歩兵部隊は置き去りにされアラブ騎兵隊の包囲にさらされた。将軍の高仙芝は討たれなかったが、唐によるパミール高原の西側(現タジキスタン)支配は終わり、中央アジアにおけるトルコ各部族は完全にイスラムの勢力下に収まった。

ガズナ朝の征服

ペシャワールの戦い

日付　1009年

兵力　ガズナ朝軍/不明、インド軍/不明

死傷者等　信頼できる推計なし

場所　パキスタン北西部

ガズナのマフムードは、現在のアフガニスタンの支配者にまでなったオスマン人奴隷の息子であるが、軍事侵攻による征服で父親の帝国を拡大した。マフムードの真の狙いはヒンドゥー教徒のインドであり、1000年から1030年の間に17回もの遠征を断行した。1009年にペシャワールでアーナンパル率いるヒンドゥー教徒の王族連合と対峙した。インド軍は戦象の大軍による衝撃作戦に重点を置いたが、マフムードは動物を混乱させ敵営へ追い返した。この勝利の後、マフムードは自分の軍隊でも一部で戦象を使っている。

マフムードの霊廟
マフムードの墓は何世紀も戦乱が続くアフガニスタンにおけるガズナ王朝の希少な遺跡の一つである。

セルジューク朝の征服

ダンダナカンの戦い

日付　1040年

兵力　オスマン軍/不明、ガズナ朝軍/不明

死傷者等　信頼できる推計なし

場所　トルクメニスタン、メルブ近郊

1030年代にトゥグリル・ベグ率いるセルジューク・トルコがガズナ朝領の一部、ホラーサーンの北部に侵攻を開始、マフムードの息子マスウード率いるガズナ朝軍は勇猛なセルジューク軍との対戦が困難だと悟らされる。1040年、マスウード軍は、アラブ人やクルド人からなる騎兵隊、トルコ宮殿の衛兵と12頭の戦象も従えてメルブから出陣。ガズナ軍はダンダナカンでセルジューク軍と交戦した際、小競り合いで馬上から矢を放たれ白兵戦で一刀両断され、緒戦で致命的に戦力が低下した。マスウードはひるむことなく鎚矛、剣、毒槍で戦ったが敗れ、ホラーサーンはセルジューク軍の手に落ちた。同軍はトゥグリル・ベグの下、アッバース朝ペルシアを制圧すべく進軍した。

インドの要塞
ラジャスタン州ジャイサルメールにある12世紀の要塞。ムスリムのインド支配に抵抗したヒンドゥー教徒のラージプート族の王が築いた砦。

ゴール朝の征服

タラーインの戦い

日付　1192年

兵力　ゴール朝軍/不明、オスマン人/不明

死傷者等　信頼できる推計なし

場所　インド北西部ターネーサル近郊

12世紀の終わりごろにゴール朝のムハンマドはインド北部の広範囲でムスリム支配を確立した。ガズナ朝のマフムード同様、ムハンマドもアフガニスタンを拠点とし、軍の主力にはトルコの奴隷兵を用いた。1191年、ムハンマドはタラーインでヒンドゥー教徒であるラージプート族の指導者プリトヴィラージャ3世に敗れ、後退を余儀なくされた。ムハンマドはこの交戦で深手を負ったが、翌年には同じ戦場に再度戻った。今度はトルコ騎兵の射手を最大限に活用しヒンドゥー教徒の軍隊を破った。プリトヴィラージャは捕らえられ処刑された。1206年のムハンマドの死後は、奴隷の司令官クトゥブ・ウッディーンやムハンマド・バフティヤールが、インドにおけるムスリム支配を拡大した。

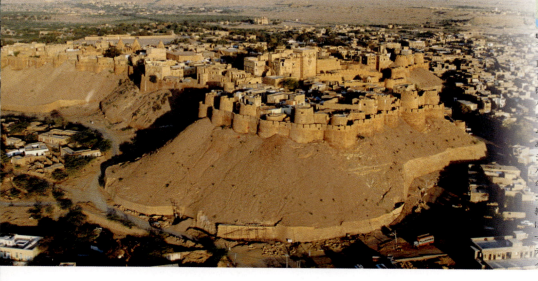

イスラムの影響

セルジューク朝の征服
マンジケルトの戦い

日付 1071年8月19日または26日

兵力 ビザンチン帝国軍/推定50,000人、セルジューク朝軍/推定40,000人

場所 アルメニアのマンジケルト（マンジケルト）近郊

死傷者等 不明

1071年、ビザンチン帝国のロマノス4世はセルジューク・トルコに決定的な打撃を負わせることを決断し、アルメニアおよびアナトリア侵攻を遂行した。大軍でボスポラス海峡を横断し東方へ遠征したが、傭兵と徴兵部隊の中には忠誠心の疑わしい者が多かった。セルジューク朝の将アルプ・アルスラーンはビザンチン軍を迎え撃つためシリアから北へと軍を率いた。一方、ロマノス帝は軍を二分し、大部隊の方をカラートにあるセルジューク朝の要塞に送り、もう一方の軍で自ら砦の町マンジケルトを占領した。ロマノス帝がセルジューク朝軍の接近を最初に知った時にはビザンチン帝国軍の偵察部隊は事実上壊滅していたのである。ロマノス帝は敵に阻まれることなくマンジケルト郊外の平地で隊列を整え進軍を開始した。しかしオスマン軍は神出鬼没の敵だと分かった。オスマン軍の騎兵は両脇からビザンチン軍に矢を放ち攻撃を続けるものの、主力

ビザンチン帝国時代の画法
11世紀のビザンチン年代記の彩色。ビザンチン帝国軍（左）とアラブ軍の騎兵隊の戦いが描かれている。

部隊は交戦しようとしなかった。1日中敵の影を追い疲れて野営地からも離れたので、夕方ロマノス帝は引き揚げを決意した。セルジューク朝軍が待っていたのはこの時だったのである。平地を囲む丘から下りロマノス帝と前衛隊を群がって包囲した。アナトリアの徴兵で組織された後衛隊は皇帝を助けず逃亡した。ロマノス帝とともに留まった隊はほぼ全員が殺害されたが、ロマノス帝自身は捕虜となった。まもなくセルジューク朝軍はアルメニアとアナトリアの大半を占領した。翌世紀には十字軍の援護のおかげでビザンチン帝国はアナトリアの一部を失地回復したものの、マンジケルトの敗戦からは完全に立ち直ることはできなかった。

> 「まるで地震だった。叫び声、汗、沸き立つ恐怖、とりわけわれわれを取り囲んだトルコ騎兵の群れ」
> — マンジケルトでセルジューク朝軍の攻撃を受けたビザンチン帝国の年代記編者

1030年-1072年
アルプ・アルスラーン ALP ARSLAN

グルジア、アルメニア、アナトリアを征服したアルプ・アルスラーンは、伯父のトゥグリル・ベグの跡を継ぎ1062年にセルジューク朝君主となった。性格については年代記編者によって異なった記録が残されており、残忍さと人命の軽視を強調する者もいれば、君主としての有能さと公正さを強調する者もいる。戦場では間違いなく超一流の司令官で、慎重さと、策士の才と、途方もない冷酷さを発揮した。マンジケルトでの大勝の翌年、ペルシアへの遠征中、捕虜に殺害された。

476年-1492年

十字軍

11世紀末、ローマ教皇ウルバヌス2世のイスラム教徒（ムスリム）に対抗する聖戦の呼びかけに応えて遠征軍がエルサレムを奪還し、東地中海地方にキリスト教国家を建設した。その後200年間、ムスリム軍はキリスト教徒を追放しようとしていたが、キリスト教徒の救済のためにたびたび十字軍が攻撃した。このほか、フランスのキリスト教の異端者、スペインのイスラム教徒、バルト海周辺の異教徒に対しても聖戦を宣言したが、「十字軍」という言葉に常に付随するのは「聖地への遠征」の概念である。

十字騎士勲章
ゴドフロワ・ド・ブイヨンの十字勲章。ゴドフロワは1099年のエルサレム奪還で武勲を立てた騎士で、パレスティナ初のラテン人支配者となった。

凡例
- 西方のキリスト教国 1100年ごろ
- 正教会統治国 1100年ごろ
- イスラムの領土 1100年ごろ
- 第1回十字軍の遠征路 1096-99年
- 第2回十字軍の遠征路 1147-49年
- 第3回十字軍の遠征路 1189-92年
- ルイ9世の十字軍の遠征路 1248年
- ルイ9世の十字軍の遠征路 1270年
- 十字軍国家の国境

十字軍への参加

十字軍の参加目的は、ローマ教皇の永遠の救済の約束から領土の征服欲や略奪まで、様々であった。しかし、十字軍遠征は容易に始められるものではなく、ヨーロッパからパレスティナまでは約4000kmの旅で、それ自体が大きな企てであった。オスマン人が支配するアナトリア半島を通る陸路を行くのは、多くの十字軍兵士にとって命がけだった。第3回十字軍（1189-92）からは海路が好まれ、ジェノヴァ、ピサ、ヴェネツィアなどイタリア諸都市の船隊に高い費用をかけて頼らなければならなかった。フランス王ルイ9世による1248年の大規模な十字軍はきわめて大掛かりで、フランス国王の年間収入の6倍の費用がかかった。十字軍に正確に何人のキリスト教徒が参加したかは不明だが、第5回十字軍では、騎兵が約3000騎、歩兵と弓兵が2万人、さまざまな巡礼者や非戦闘従軍者が3万人参加したとされている。

石造りの城
敵領を占領、支配する危険を考慮して、十字軍は精巧な石の城を数多く築いた。写真はトルコ南部のマムレの城。

まちまちな忠誠心

奇襲攻撃と包囲攻撃は、十字軍の本国での最も一般的な戦い方であった。この十字軍のヨーロッパ人は、遠征先の土地に合わせて戦い方を特に変えることはなく、重騎兵の槍による攻撃を中心としていた。十字軍甲冑は通常ムスリム軍のものより重く、耐え難いほど暑くなることがあったため、鎧の金属を涼しく保つために、上に外衣をまとっていた。戦闘は、イスラム教徒とキリスト教徒間の直接的な戦いでないことも多かった。どちらの軍も、異教徒だけでなく同信者とも戦った。キリスト教国家は生き残りを賭けて、近隣のイスラム教徒と、また13世紀には異教のモンゴルとさえ同盟を結んだ。サラーフ・アッディーン（サラディン 1137-93）や、奴隷身分出身の軍人マムルークであるエジプトの支配者バイバルス（1233ころ-77）のような強力なムスリム指導者が現れるたびに、キリスト教徒は石造りの要塞の強さを頼りにした。バイバルスは、全十字軍国家の兵力の少なくとも2、3倍に当たる約4万人の軍を動員できた。とはいえ十字軍兵士は、ときに規律不足ではあっても、概して有能で果敢な戦士であった。

サラーフ・アッディーンの軍隊
十字軍に格別に深い感銘を与えた敵、ムスリムのサラーフ・アッディーン軍を描いた欧州の絵画。彼は、騎士道精神を備えた戦士として多くのキリスト教徒に尊敬されていた。

中世の戦闘

1157年-1199年
リチャード1世（獅子心王） RICHARD I THE LION-HEART

イングランド王ヘンリー2世とアリエノール・ダキテーヌの息子。1190年にパレスチナへの十字軍に参加し、そのわずか1年後にイングランド王に即位。サラーフ・アッディーンとの交戦は伝説となったが、エルサレム奪取には失敗し、同じ十字軍のフランス王フィリップ2世やオーストリア公レオポルト5世とは反目した。遠征からの帰途、レオポルト5世に捕らわれて幽閉され、高額の身代金が支払われた後、1194年にイングランドに帰国した。

王墓
リチャード1世はシャールース城の包囲戦で石弓の矢を受け死亡し、フランスのフォンテーヌブロー修道院に埋葬された。

騎士団

1120年代から、十字軍国家に聖ヨハネ騎士団やテンプル騎士団といった騎士団が生まれた。このような騎士団の団員は修道士と同様に宗教上のしきたりに従ったが、キリスト教国の防衛戦に力を尽くし、東方でのキリスト教軍の精鋭となった。テンプル騎士団は異端的行為で訴追され、1312年に活動を禁じられる。他の騎士団は、オスマン帝国との戦いでのサンティアゴ騎士団（スペイン）や聖ヨハネ騎士団のように、ヨーロッパの戦争で重要な役割を果たし続けた。

神殿の騎士
テンプル騎士団の標章。テンプル（Templar）の名は、エルサレムへの十字軍遠征中、かつてユダヤ教の神殿（Temple）があった所を宿舎に使用したことから付けられた。

包囲戦
1099年7月のエルサレムの襲撃を描いた中世の絵画。十字軍が、車輪付きの攻城塔や投石機を使用していたことがわかる。

第1回十字軍と第2回十字軍

1095年、ローマ教皇ウルバヌス2世がキリスト教の騎士たちに、400年以上もイスラム教徒の支配下にある聖都エルサレムを奪還する遠征を呼びかけた。物質的な利益への期待と、戦死した十字軍兵士たちは天国へ行くことができるというウルバヌス2世の約束に東西ヨーロッパ各地の約10万の人々が熱狂し、この教皇の呼びかけに応えた。多大な困難にもかかわらず、この遠く離れた敵の領土への大規模な侵略に成功し、パレスティナとシリアにキリスト教国家が成立した。しかしその存在は常に危険をはらんでおり、イスラム教徒の反撃開始により、第1回十字軍で得た利益を守るためにさらなる十字軍が必要となった。十字軍は1回限りのものではなく、中世キリスト教徒の生活の一部として定着した。

第1回十字軍
ドリュラエウムの戦い

日付 1097年7月1日
兵力 オスマン軍/3,000人、十字軍/4,000人
死傷者等 信頼できる推計なし
場所 トルコ、アナトリア半島中央部のエスキシェヒル

第1回十字軍の参加者は1096年末から1097年初頭にかけてコンスタンティノープル郊外に集結した。主な指導者はノルマン人ボエモン公、トゥールーズ伯レーモン4世、ドイツ王子ゴドフロワ・ド・ブイヨン、ルピュイのアデマール司教など。十字軍は1097年春、ボエモン率いるノルマン人を先頭に、オスマン人が支配するアナトリア半島横断の旅に出発した。しかしドリュラエウムの近くで、ルーム・セルジューク朝君主クルチ・アルスラーン1世の軍の待ち伏せ攻撃に遭遇。このオスマン軍の敏捷な騎乗弓兵は、ノルマン人騎士のあらゆる攻撃を巧み

打ち出された生首
ドリュラエウムへ向かう途中で、十字軍はニカイアを包囲攻撃した。その間、十字軍は防衛軍の士気をくじくために、町なかにオスマン軍兵士の生首を投石機で打ち込んだ。

に逃れた。従軍記編者、シャルトルのフルシェルは「われわれは羊のように四方八方からオスマン人に囲い込まれた」と記している。ノルマン人は到着したレーモン4世の軍勢に救出された。クルチ・アルスラーン1世はこの軍勢の規模に驚き、負傷者が増えると、自軍の騎兵隊を撤退させた。

第1回十字軍
アンティオキア包囲

日付 1097年10月21日-1098年6月28日
兵力 (1098年6月) オスマン軍/75,000人、十字軍/15,000人
死傷者等 信頼できる推計なし
場所 古代のシリアの海岸（現トルコ南部）

1097年10月、十字軍は広く厳重に防衛強化されたアンティオキアの都市を包囲した。この都市の防衛はオスマン人支配者ヤギ・シヤーンが精力的に指揮しており、十字軍に攻撃をしかけて被害を出した。冬の間、攻囲軍は籠城軍よりも深刻な飢えと困窮の恐れがあることに気付いた。しかし両軍とも援軍は引き返したか、撃退されてしまっていた。1098年6月3日、オスマン軍の裏切り者が市の城壁の監視塔の一つに十字軍の入場を許してしまった。十字軍は住民を虐殺した後、オスマン軍の手に残った砦を包囲した。しかし、モースルの司令官ケルボガ率いる総勢7万5000人のムスリムの援軍が到着すると、十字軍は逆にアンティオキア市内に包囲された。敗北が目前となったとき聖遺物である聖槍が発見され、十字軍の士気が回復し、ボエモンも触発されケルボガへの攻撃を開始。ボエモンは約1000人の騎兵と約1万4000人の歩兵を率いてオロンテス川を渡り、はるかに優勢なムスリム軍を果敢に攻撃したため、ムスリム軍は敗走し、数多くの負傷者を出した。その後ボエモンは、後のアンティオキア公国の前身となる都市アンティオキアを手に入れた。

> 「一方ではオスマン人に攻撃され、他方では激しい飢えに苦しめられていたにもかかわらず、われわれには救助や支援が一切なかった」
> 十字軍従軍記『ゲスタ・フランコルム』
> シャルトルのフルシェル (1101)

包囲の様子
アンティオキア包囲を描いた15世紀の絵画。この都市の強固な城壁と多くの富を、十字軍が重視したことを示している。

第1回十字軍
エルサレム包囲

日付 1099年6月7日-7月18日
兵力 十字軍/騎兵隊1,300人、歩兵隊12,000人
死傷者等 信頼できる推計なし
場所 エルサレム、パレスティナ

第1回十字軍は、エルサレムに着くまでに次第に人数が減少していった。しかし、トゥールーズ伯レーモン4世やゴドフロワ・ド・ブイヨンの強力な指導の下で攻撃の準備をし、投石機を取り付けた車輪付きの攻城塔を作り上げた。大量の投石とギリシアの火の砲火の中、十字軍は攻城塔を城壁まで動かしていった。兵士が攻城塔から城壁の一部を奪取すると、他の兵士も攻城ばしごを使ってそれに加わった。防衛軍はまもなく敗北し、町のイスラム教徒やユダヤ人住民は虐殺され、通りは動きがとれないほど死体で埋まった。

エルサレムの攻撃
十字軍の目的はエルサレムをイスラム教徒支配から解放することだったが、ひとたび町を攻略すると恐るべき残酷さで大虐殺を行った。

第1回十字軍

ハランの戦い

日付 1104年5月
兵力 十字軍/騎兵隊3,000人、歩兵隊9,000人、ムスリム軍/不明
死傷者等 信頼できる推計なし
場所 トルコ南東部

1104年の春、アンティオキアのボエモンはエデッサのボードアンとともに、ハランの砦を攻略した。ムスリムの援軍が、町の郊外のキリスト教徒を襲撃した。ボエモンとボードアンは軍を分け、ボードアン軍がムスリム軍に応戦する一方、ボエモン軍は待ち伏せ攻撃を図った。しかし、ムスリム軍は十分試された戦略で逃げ、ボードアン軍の兵士を真っすぐにムスリム軍の本体に誘い込んだ。ボエモンが参戦したころには、ボードアン軍は総崩れとなっていた。

ムスリムの反撃

エデッサ攻囲戦

日付 1144年
兵力 ムスリム軍/不明、十字軍/不明
死傷者等 信頼できる推計なし
場所 トルコ南東部、シャンルウルファ

他の十字軍国家から最も離れていたエデッサの陥落は、第2回十字軍遠征の要因となった。1144年、アレッポのムスリムのアターベク(領主)、ザンギーがこの十字軍国家、エデッサに侵攻。エデッサの統治者ジョスラン2世は自国の防衛を怠っており、進軍してきたザンギーはほとんど抵抗を受けなかった。まもなくムスリム軍の投石機や包囲攻撃兵器がエデッサの砦を弱らせ、工兵が城壁の下を掘って穴を開けるとザンギーの軍がなだれ込み、住民を虐殺した。

第2回十字軍

アスカロン包囲

日付 1153年1月25日-8月19日
兵力 十字軍/不明、エジプト軍/不明
死傷者等 信頼できる推計なし
場所 パレスティナ沿岸、ヤッファの南

1153年、エルサレム国王ボードアン3世はエジプトの港湾都市アスカロンを包囲した。この市の陸の砦は強固で、十字軍はエジプト軍の海路による増援を阻む手段にも欠けていたが、攻城塔を市の城壁に立てかけて壁を破壊。包囲攻撃兵器によるさらなる攻撃にムスリム軍は耐え切れず、8月19日、十字軍の安全な通行と引き換えに降伏した。

第2回十字軍

第2回十字軍

日付 1147年-1149年
兵力 ドイツの十字軍/約20,000人、フランスの十字軍/約15,000人
死傷者等 信頼できる推計なし
場所 アナトリア半島および近東

1099年のエルサレム攻略の後、十字軍国家の存続はさまざまなムスリム国家間の軋轢に大きく左右されていたが、ムスリム諸国は異教徒を追い出す攻撃より互いの闘争にはるかに多くの労力を費やしていた。しかし1127年、モースルのアターベク(領主)イマードゥッディーン・ザンギーがアレッポを支配下に収め、北シリアと北メソポタミアにも勢力を広げ始めた。1144年、ザンギーはキリスト教支配下のエデッサを攻略し、エデッサはムスリムの反撃により陥落した最初の十字軍国家となった。ザンギーは1146年に死亡したが、息子のヌールッディーンはキリスト教徒にとってさらに危険な敵であった。一方、エデッサの陥落を受けて、ローマ教皇エウゲニウス3世は新たな十字軍の呼びかけを行った。フランス王ルイ7世とドイツ王

重い武器
この柄が十字型の12世紀の剣は、重い刃を持つおそらく典型的な剣で、敵のムスリムに対して十字軍が非常に巧みに扱った。

十字軍の大集団
ダマスカスに送られた十字軍は、こうした小規模の戦いが大半だったことからすると、異常に大規模であった。

コンラート3世率いる軍がヨーロッパを出発したが、アナトリア半島横断の際に深刻な問題が起きた。飢えと渇きと疲労にさいなまれたコンラート軍がオスマン軍の待ち伏せを受け、ドリュラエウムの近くで虐殺された。コンラート3世は少数の生き残りとともに逃れ、最後には船でパレスティナに到着。ルイ7世はアナトリアの海岸をアッタリアへと進んだ後、同様に船で大半の騎兵とともに目的地に無事到着したが、歩兵と残る騎兵はオスマン軍に殺戮された。

ダマスカス
ムスリムに大打撃を与えるため、ルイ7世とコンラート3世はエルサレム王ボードアン3世に、有名な都市ダマスカスの攻撃を同意した。ダマスカスはヌールッディーンと敵対しており、キリスト教徒が友好的に付き合うべきであったため、攻撃は極めて問題のある決定であった。しかし、

安全兜(かぶと)
この「ポットヘルム」は十字軍騎士の最も一般的なかぶりものであった。頭部は保護できても、レヴァントの熱い太陽の下では暑すぎることもあった。

1148年7月、東方で過去最大規模の十字軍がダマスカスに進軍し、この都市の支配者、領主ウナルはやむなくヌールッディーンに援軍の派遣を依頼した。十字軍は始めは順調に進軍し、ダマスカス軍を城壁内に追い返した。しかしまもなくダマスカス周辺の果樹園にいたムスリムの散兵とウナル軍の突撃隊から攻撃を受けた。守勢に立たされ、十字軍はダマスカス攻略後に誰が統治するかについて言い争った。ヌールッディーン軍の接近の報を受けると、論争はより切迫してきた。遅ればせながら、地元の有力者がルイ7世とコンラート3世にこの地域の政治問題の複雑さを説明した。また、ヌールッディーン軍とダマスカスの守備隊に挟まれたらどうなるかという緊張感もあった。不名誉なことに、ダマスカス郊外に到着後わずか4日で、この大遠征は撤退する。この出来事はキリスト教徒の威信を著しく傷つけ、ムスリムの士気を大いに高める結果となった。

> 「神のすべての戦士たちに（十字軍遠征の）声を
> あげさせましょう。これは神の思し召しです！」

ウルバヌス2世のクレルモンでの説教、十字軍従軍記編者・修道士ロベール筆『エルサレムの歴史』より（1095）

戦争の証人

第1回十字軍

　ローマ教皇ウルバヌス2世はこの言葉により、古代ローマ帝国の皇帝コンスタンティヌス以来最も強力なキリスト教徒軍を再生させたが、見方によっては、レヴァント地方の多数のイスラム教徒やユダヤ教徒の殺戮や領土剝奪に宗教的な許可を与えたともいえる。638年のムスリムのエルサレム奪還後、総主教ソフロニオスが失意のうちに死亡して以来、歴代のキリスト教司教は、イスラム教徒が巡礼者に与える制約に苛立つか、エルサレムへの十字軍遠征の復活がもたらす栄光を夢見るかのいずれかであった。1071年、マンジケルトの戦いでセルジューク朝によってビザンチン帝国軍が壊滅し、ビザンチン帝国の皇帝アレクシウス1世コムネヌスが救援を依頼した。これだけで、ウルバヌス2世が聖地解放のために新たな聖戦、十字軍遠征を訴えるには十分であった。

　が転がっていた。ボエモンが交戦した伏兵が、散り散りになり敗走していたのだ……」

> 「フランドル伯を攻撃してきたアラブ人たちは、矢を使う距離からの戦いではなく、剣を使う接近戦だと知ると、踵を返して逃げ出した。フランドル伯が3キロほど追跡すると、そこには畑で刈り取られた穀物の束のように死体

アンティオキア郊外の戦い、十字軍従軍記編者レーモン・ド・アギリエ筆『フランク人の歴史』より

第1回十字軍と第2回十字軍

1096年前半に、熱狂した群集が「十字軍に参加する」ために集まり、武装して聖地への巡礼に出発した。十字軍のこの第1陣は実践に役立つ軍隊ではなく、無秩序で略奪を行う農民の暴徒であった。しかし、魂の永遠の救済、軍人としての名誉、現世での略奪といった強力な3つの要因に欧州貴族が刺激されてエルサレムへの旅に出発し、十字軍の見通しは明るくなった。このキリスト教の突撃部隊である騎兵隊は、小アジアや北シリアに進軍した。十字軍の敵は未知の戦術を使い、軽騎兵によって、より動きの鈍い十字軍の縦隊を執拗に攻撃し、包囲し、罠にかけた。しかし、十字軍が開けた場所で敵を押さえつけると、その重騎兵の攻撃の効果は圧倒的なものとなった。

獅子心王リチャード1世
（ハッティンの戦い後）

「……十字軍は石や矢だけでなく、火のついた薪や藁も放った。薪は松脂や蠟、硫黄に浸され、また藁は鉄製の帯で固く縛られ、火をつけて装置から打ち出された。すべて鉄帯で縛られているので……どこに落ちても塊全体がまとまって燃え続けた。この燃える飛び道具は上方に打ち出され、……高い城壁も障害にならなかった」

十字軍従軍記編者レーモン・ド・アギリエ『フランク人の歴史』よりアンティオキア包囲の記述（1097-98）

アンティオキアでは、十字軍は中世の包囲戦に特有の卑劣さと裏をかいた蛮行のために、動きが取れなくなった。十字軍は、この町の優れた砦を攻撃すれば被るはずの損失をあえて出すまいとの決定を下し、戦いは持久戦に持ち込まれた。十字軍は、減りつつある自軍の補給が尽きてしまう前に、アンティオキアの飢えた防衛軍が降伏することを期待していた。その一方で、十字軍は工夫した放火物をムスリムに多数投げつけ、城壁を壊すとはいかないまでも、士気を低下させようとした。

十字軍従軍記編者レーモン・ド・アギリエ『フランク人の歴史』よりエルサレム奪還の記述

「ある（十字軍）兵士は敵の首を刎ね（こちらの方が寛大である）、別の兵士は敵を矢で射て塔から落とし、また別の兵士は敵を火の中に投げ込んで長く苦しめた。町の通りは、首や手、足で埋まった。人や馬の死体の間を縫うようにして、少しずつ進まなければならなかった。……この場所が不信心者の血で覆われるのは、実に、神の正しく偉大な審判であった……」

エルサレム包囲（1099年6月-7月）は、アンティオキア包囲よりはるかに短かった。十字軍は聖都の長期の包囲に伴う軍の弱体化の危険を冒すことはできないと承知していたうえ、聖都の解放という最終目標を達成したかったため、1カ月間だけ大規模攻撃を控えた。攻城塔によって城壁の一部を奪取すると、ムスリムの防衛軍は抵抗する気力が萎えてしまった。続いて血みどろの大虐殺が行われ、無慈悲な虐殺にも普通はかなり耐えられる十字軍従軍記編者でさえ衝撃を受けた。この虐殺はまた、近隣のムスリム勢力との和解の見込みをすべて永遠に消し去ってしまった。

十字軍の砦
ビブロスにある十字軍の堂々とした砦。1103年にトゥールーズ伯レーモン4世がこの町を攻略した後に建てられた。

「そこ（西方）では村さえ持ったことのなかった者が皆、ここでは神のおかげで都市を手にできる。この東方で何でも得られるのに、西に戻る必要があろうか」

シャルトルのフルシェル『フランク人の事績』より

十字軍

ムスリム対十字軍国家

ハッティンの戦い

日付	1187年6月30日-7月4日
兵力	ムスリム軍/30,000人、十字軍/15,000-20,000人
場所	北パレスチナのティベリアス湖近く
死傷者等	不明

ムスリムのスルタン（君主）サラーフ・アッディーンはエジプトとシリアの支配を確立した後、パレスチナの十字軍国家の破壊に着手した。1187年6月下旬、サラーフ・アッディーンは大軍を率いてヨルダン川を渡り、一部の軍はキリスト教徒が支配する都市、ティベリアス奪還のため進軍。十字軍国家はアッカに、新たなエルサレム王、ギー・ド・リュジニャン率いる軍を集めていた。この軍はサラーフ・アッディーンの攻撃を知ると、セフォリアの泉に向けて進軍。ギーと、防衛戦略を好むトリポリ伯レーモン3世との激論の後、軍はティベリアスの救援に出発した。酷暑の中、不毛な丘陵地帯を行くと、十字軍はムスリム軍の絶え間ない弓の攻撃にあった。喉の渇きに苦しんでいた十字軍は、「ハッティンの角」と呼ばれる2つの丘のそばの乾いた台地で停止した。その夜、サラーフ・アッディーン軍は十字軍を取り囲み、野営地の周りの茂みに火をつけた。翌朝、すでに死にそうなほど喉の渇いた十字軍兵士はムスリム軍の包囲を突破しようとした

1137年-1193年
サラーフ・アッディーン SALADIN

サラーフ・アッディーン（サラディン）はクルドの軍人で、1171年にエジプトの支配権を手に入れ、自身のアイユーブ朝がファーティマ朝に取って代わった。一連の軍事行動によってダマスカスとアレッポを支配し、その後は十字軍に対する聖戦に力を注いだ。慎重な軍事指導者で、決然として攻撃開始の機会を待ったが、敗北の危険が大きい場合は戦闘を避けた。

敬虔な支配者
サラーフ・アッディーンは評判通り信心深かったが、敵の殺害はためらわなかった。

ムスリムの復活
サラーフ・アッディーンはハッティンでの勝利（右図は15世紀フランスの写本の挿絵）に続いて、エルサレムを奪還し、十字軍が以前征服した国家も大部分を取り戻した。

が、歩兵は囲い込まれ虐殺された。レーモン3世は騎兵隊の突撃中に脱出したが、大半の騎兵はムスリム軍の弓によって倒された。残る騎士は「ハッティンの角」の一方の丘に退却し、果敢に抵抗したが、降伏を余儀なくされ、ギー王も捕虜の一人となった。

鎖頭巾（ずきん）
十字軍時代の騎士は大半が鎖帷子（かたびら）と、頭の上部が鉄製の帽子型あるいは兜（かぶと）型の鎖頭巾（ずきん）を身につけた。

6月30日-7月3日　第1局面

ハッティンの戦い
この地図は、十字軍の野営地がサラーフ・アッディーン軍に包囲されたときに、泉からどれだけ離れていたかを示している。レーモン3世はわずかに脱出できたうちの一人であり、残る騎士たちはカーン・ハッティンまで到達したが倒された。

7月4日　第2局面

中世の戦い　歩兵

十字軍の衰退

1187年にサラーフ・アッディーンがエルサレムを勝ち取った後、ローマ教皇クレメンス3世が第3回十字軍を呼びかけた。神聖ローマ皇帝フリードリヒ1世(赤髭王)、イングランド王リチャード1世(獅子心王)、フランス王フィリップ2世といったヨーロッパ最強の支配者たちがこれに応えたが、フリードリヒ1世はパレスティナへの進軍中に死亡し、リチャード1世とフィリップ2世は数奇な運命をたどることになる。また、その後の十字軍においては、ビザンチンの攻撃(第4回十字軍)やエジプトの攻撃(第5、7回十字軍)、ムスリム支配者との交渉も行った。第6回十字軍を率いた神聖ローマ皇帝フリードリヒ2世は巧みな外交術でエルサレムを取り戻したが、苦労の甲斐なくすぐに破局されてしまった。13世紀の終わりには、パレスティナの十字軍国家は地図の上から消滅した。

第3回十字軍
アッカの包囲

日付 1189年8月28日-1191年7月12日
兵力 十字軍/不明、ムスリム軍/不明
死傷者等 信頼できる推計なし
場所 イスラエルのアッカ

サラーフ・アッディーンのアッカ攻略の2年後の1189年、ギー・ド・リュジニャン率いる小規模な十字軍が、果敢にこの町を包囲した。ピサやジェノヴァの船が、封鎖によってこの包囲を支援した。1191年4月にフランス王フィリップ2世が、6月にイングランド王リチャード1世が到着し、十字軍側が優勢になった。サラーフ・アッディーンの籠城軍はアッカを守り抜くことができず、城壁に穴が開き始めるとついに降伏し、多くの損失を出した後、十字軍の大勝利となった。

神のアッカ
1191年、アッカに上陸する十字軍。アナトリア半島を通る長い陸路が非常に危険になった後は、海路による十字軍国家への補給が不可欠であった。

第3回十字軍
アルスフの戦い

日付 1191年9月7日
兵力 十字軍/50,000人未満、ムスリム軍/不明
死傷者等 十字軍/死者700人、ムスリム軍/死者7,000人
場所 パレスティナ沿岸

1191年8月22日、獅子心王リチャード1世はアッカから南進し、サラーフ・アッディーン軍がその後をつけていた。リチャード軍は負傷者を最小限にするような統制された編隊を保ちながら、毎日少しずつ行進した。テンプル騎士団が軍を率い、ホスピタル騎士団が後方を、クロスボウ隊と歩兵隊が陸側の側面を守った。ムスリム軍の奇襲攻撃でどんな挑発があっても編隊を保つよう、騎士たちは厳しく命じられていた。しかし9月7日、リチャードは戦闘開始を決定した。事前に決められていたラッパの合図で十字軍騎士が突撃し、サラーフ・アッディーン軍をすぐに追い散らした。リチャード軍は訓練され組織化されていたが、翌年エルサレムを奪還することはできなかった。

第4回十字軍
コンスタンティノープルの攻撃

日付 1203年7月-1204年4月
兵力 十字軍/不明、ムスリム軍/不明
死傷者等 信頼できる推計なし
場所 トルコ、イスタンブール

1201年、ローマ教皇インノケンティウス3世が新たな十字軍、第4回十字軍を呼びかけた。ヴェネツィア元首エンリコ・ダンドロが、2万5000人の十字軍への船の供与に合意した。十字軍が費用を調達せず、ダンドロが、以前ヴェネツィア領でその後ハンガリー支配下となったザラの奪取への協力と引き換えに、十字軍の移送を申し出たのである。1202年、ザラは契約どおり攻略され、略奪が行われた。ビザンチン帝国の皇位を要求するアレクシウスが十字軍を訪ね、皇帝就任の報酬として20万マルクの支払いなど様々な見返りを提示した。1203年6月、十字軍はコンスタンティノープルに到着し、翌月攻撃を開始した。95歳のダンドロが直接指揮するヴェネツィアの船隊は、金角湾を通り海上の城壁を攻撃した。皇帝アレクシウス3世は逃亡し、この町の陥落を早めることとなった。アレクシウスは、アレクシウス4世として皇帝に即位した。ヴェネツィア軍と十字軍はこの町に留まり20万マルクの報酬を待ったが、支払われることはなかった。アレクシウス4世はアレクシウス5世の反乱により殺され、皇帝の座についたアレクシウス5世は町の防衛に備えた。1204年4月6日の十字軍の最初の攻撃は反撃に合って大損害を被ったが、6日後、海上の城壁を攻撃中に町なかで火災が起こり、防衛軍は混乱して散り散りになった。次の3日間、コンスタンティノープルでは大規模な略奪と虐殺が続いた。

ザラ襲撃
1202年の十字軍のザラ攻略では、十字軍は同じキリスト教であるハンガリー軍と戦った。

十字軍の衰退

第7回十字軍
ハルビーヤの戦い

日付	1244年10月17日
兵力	十字軍騎士とムスリム同盟軍/1,500人、エジプト軍とホラズム軍/5,000人
場所	ガザの近く
死傷者等	十字軍/死者5,000人、捕虜800人

1244年、中央アジアのホラズム地方の騎兵隊がシリアとパレスチナを一掃し、キリスト教徒やイスラム教徒を攻撃した。ホラズム軍はエルサレムを奪取し、エジプトと同盟を結ぶ。これに対抗するために、テンプル騎士団はホムスとダマスカスのムスリム支配者と契約を結んだ。イスラム・キリスト教連合軍はエジプトに向けて進軍、ホラズムの大軍隊や、奴隷身分出身のマムルークを含む統制のとれたエジプト軍と交戦。ホラズム軍は突撃して左翼側のムスリム軍を破り、キリスト教軍を捕らえた。捕らわれた兵士たちはテンプル騎士団の総長とともに虐殺された。逃れたのは、テンプル騎士団33人と聖ヨハネ騎士団26人のみであった。

第7回十字軍
マンスーラの戦い

日付	1250年2月8日
兵力	十字軍/騎兵隊20,000人、歩兵隊40,000人、エジプト軍/兵士70,000人
場所	ガザの近く
死傷者等	両軍ともに深刻な損害

1249年、フランス王ルイ9世はエジプトに上陸し、直ちにダミエッタを攻略した。カイロに向けて進軍し、12月に、バハルアッサギル運河の反対側を支配するファクル・アッディーン指揮するエジプトの大軍隊と交戦した。2月8日の夜明け、ルイ9世の弟のアルトア伯ロベールが騎士の前衛を率いて浅瀬を渡った。直ちにエジプト軍野営地の奇襲攻撃を開始し、ファクル・アッディーンを含め多くのエジプト兵を虐殺した。残りのエジプト兵は、マンスーラのすぐ近くの町に逃れた。ロベールは軽率にもこれを追撃したが、狭い通りに捕らえられ虐殺された。町の外では十字軍が優勢だったが、それは幻の勝利であった。十字軍は病によって兵を失い、エジプト軍に繰り返し攻撃され、ダミエッタへ撤退を始めた。4月6日、十字軍はファリスクールで制圧され、ほぼすべての兵が殺されたか、ルイ9世と同様に捕虜となった。

捕虜となった王
ルイ9世はムスリムの捕虜となり、マンスーラの独房で鎖につながれた。

1215年-1270年
ルイ9世 LOUIS IX

1248年、フランス王ルイ9世は、最も有力なムスリム勢力であるエジプトの制圧とエルサレム奪還を望んで、自身の最初の十字軍遠征(第7回十字軍)に出発した。この十字軍は、ルイがムスリムの捕虜となり、弟のアルトア伯が死亡するという惨事となった。ルイは莫大な身代金を支払い、ダミエッタをエジプトに返還して解放された。ルイの長く平和なフランスの治世は、1270年に再び十字軍遠征(第8回十字軍)に出発したときに終わった。この十字軍ではチュニジアに上陸し、そこで疫病により死亡した。

聖王
15世紀のイタリアの画家ヴィヴァリーニによる肖像画。王の気高い姿を強調している。王は1297年に列聖された。

十字軍国家の終焉
アッカ陥落

日付	1291年4月6日-5月28日
兵力	ムスリム軍/騎兵隊60,000人、歩兵隊160,000人、十字軍/騎兵隊1,000人、歩兵隊16,000人
場所	イスラエル、アッカ
死傷者等	信頼できる推計なし

1260年、バイバルスはエジプトの支配権を手に入れた。この熟練した一意専心のムスリム戦士は、エジプトの莫大な富を自由に

十字軍の城
聖ヨハネ騎士団の城、クラク・デ・シュバリエは、世界最強の要塞の一つと言われていた。1271年、長い包囲戦の後バイバルスが攻略し、海岸にある十字軍のこの最後の本拠地を戦いの基地として使用した。

使い、十字軍国家の消滅を決定づけた。バイバルスは、多くの包囲攻撃兵器を用いて十字軍国家の都市や城を一つ一つ征服し、1268年にアンティオキアを、1271年にクラク・デ・シュバリエ城を陥落させた。1277年のバイバルスの死で一時中断したが、エジプトの新たな支配者カラーウーンが、1290年からはその息子のアシュラフ・カーリルが征服を続けた。それまで、この港湾都市アッカは十字軍に残された最後の砦であった。1291年、アシュラフはアッカを包囲。半島に築かれたこの都市は、12基の塔で強化された二重の城壁に守られていた。海路による補給のために開かれていたが、城壁に配置する防御要員は不足していた。ムスリム軍は連日、包囲攻撃兵器で城壁を攻撃し、工兵が壁の下を掘り続けた。5月18日までに外側城壁の一部が崩れ、アシュラフはさまざまな攻撃を指示した。十字軍側の目撃者は、「歩いてやって来た彼らの人数は、理解を超えていた。まずやって来たのは大きな盾を運んで来た兵で、次に来たのはギリシアの火を砲火する兵、その後にダートや矢羽付きの矢を射る兵が来て、あまりたくさんで、まるで空から雨が降ってきたようだった……」と述べている。ムスリム軍は戦いながらこの町に進軍し、小舟で逃げ損ねた人々を殺したり捕虜にしたりした。夕方まで持ちこたえたのは、テンプル騎士団のみで、5月28日、アシュラフ軍の工兵が城壁の下に穴を開けると、この十字軍の最後の本拠地は陥落し、アッカはムスリムの手に落ちた。

騎士と十字
テンプル騎士団の白い外衣サーコートと赤い十字を身につけた騎士。テンプル騎士団の騎士たちはアッカの防衛で重要な役割を果たし、陥落時に民間人の一部を救った。

476年-1492年

スペインの再征服運動（レコンキスタ）

8世紀から、ムスリム指導者がイベリア半島の大部分を支配していた。しかし、11世紀初めのコルドバのカリフ国の分裂後、カスティーリャ王国、レオン王国、アラゴン王国、ポルトガル王国といったキリスト教諸国が「レコンキスタ」を開始し、ムスリム勢力を押し返して、最後には完全に追い出してしまった。

スペインのレコンキスタ
トレドの包囲

日付	1084年秋-1085年5月25日
兵力	不明
死傷者等	不明
場所	スペイン中央部のトレド

11世紀までに、スペインのムスリム首長国はタイファと呼ばれる多数の小さい王国に分裂していた。カスティーリャおよびレオン王国の王アルフォンソ6世はこの混乱を巧みに利用し、近隣のタイファ諸国の王に貢物を納めさせた。1081年にタイファの一つのトレドがこうした貢納の中止を求めると、アルフォンソはこの町を包囲した。包囲は初めは中途半端なものであったが、1084年秋にアルフォンソはトレド周辺の封鎖を強化し、飢えを加速させるために周辺の地方を破壊した。トレドの支配者カーディルは他のムスリムの王国に援助を要請したが、助けはなかった。1085年5月6日、カーディルは降伏し、5月25日、アルフォンソはトレドに入った。トレドはスペインのキリスト教徒が今までに攻略した最大の都市であり、その支配者ズル・ヌーン家は、キリスト教徒の攻撃により失脚した最初のムスリム王朝であった。また、トレドは戦略的にきわめて重要な都市で、ムスリムの地理学者ヒムヤリは「国全体の中心地」と考えていた。トレドの征服は、スペインのキリスト教徒がムーア領のどこへでも攻め込めることを意味していた。

信仰の厚い戦士
800年ころ、コンポステーラで遺体が発見されると、聖ヤコブはレコンキスタの守護聖人となった。聖ヤコブはキリスト教徒を救うために戦いに現れたといわれ、「マタモロス」（ムーア人殺し）というあだ名が付けられた。

スペインのレコンキスタ
バレンシアの包囲

日付	1093年7月-1094年6月16日
兵力	キリスト教軍/不明、ムスリム軍/不明
死傷者等	死者不明、捕虜30,000人
場所	スペインの地中海沿岸、バレンシア

東スペインでのキリスト教徒支配者とムスリム支配者双方の傭兵による10年の戦いの後、1090年代までに、ロドリゴ・ディアス、通称「エル・シド」（下の囲み参照）は自らの力で有力な存在となっていた。バレンシアの都市のムスリム王は、実際エル・シドの依頼主であった。1086年、モロッコのマラケシュを拠点とする領土拡張主義者のムスリム勢力のムラービト朝が、南方からスペインに侵攻してきた。このムラービト朝の君主ユースフ・イブン・ターシュフィーンが、1086年にサラカでアルフォンソ6世を破り、また、スペインのムスリム勢力もすべて征服した。バレンシアは、ムラービト朝に忠誠を尽くす義務のある新たな支配者、イブン・ジェハーフの下に入った。1093年7月、エル・シドはこの町を包囲し、町のすぐ外側のジュバヤに防備を固めた

野営の陣を張った。ムラービト朝の守備隊は町を去ったが、イブン・ジェハーフは降伏を拒んだ。これに対しエル・シドは包囲を強め、郊外を徹底的に破壊した。1094年4月までには町は深刻な食糧不足となり、人食いがあったといわれる。エル・シドはさらに包囲を狭め、包囲攻撃兵器で町の防衛を攻め続けた。6月にはバレンシアは降伏を余儀なくされ、エル・シドはこの町に入った。しかしエル・シドの立場は決して安全とはいえず、ムラービト朝の軍が進軍して反撃してきた。1094年12月、エル・シドは待ち伏せ攻撃をして、バレンシアから7kmのクアルテでこの軍を破った。エル・シドは1099年に死ぬまで独立した統治者としてバレンシアを支配したが、バレンシアは1102年にムラービト朝に奪還された。

> 「この町は全ムーア人から切り離され、死の海の真ん中に孤立していた」
> イブン・アルカマ、ムーア人歴史学者でありバレンシア包囲の目撃者
> 『エル・シドのグラナダ征服史』より（1110）

エル・シドの剣
エル・シドの剣、ティソナはムスリムの王から略奪された。20世紀になって、スペインの独裁者フランコ将軍がこれを手に入れようとしたが、失敗した。

1040年ころ-1099年
エル・シド EL CID

ロドリゴ・ディアス・デ・ビバール、通称「エル・シド」（アラビア語で「主人」を意味する言葉に由来する）は、20代初めころ、後のカスティーリャ王サンチョ2世の軍に仕えていた。しかし1081年、カスティーリャ王アルフォンソ6世と不仲となり、追放された。その後、東スペインで傭兵となり、レコンキスタの象徴とされた立場としては皮肉だが、キリスト教徒とイスラム教徒双方のために戦った。1099年のエル・シドの死後、キリスト教徒によるバレンシアの支配は長くは続かなかった。妻ヒメーナがこの町を統治したが、1102年、無傷の町がムスリムの手に渡るのを嫌い、町を燃やしてしまった。

馬上のエル・シド
エル・シドは、「カンペアドール」（戦場の勇敢な戦士）とも呼ばれた。

スペインのレコンキスタ
サラゴサの包囲

日付	1118年冬
兵力	キリスト教軍/不明、ムスリム軍/不明
死傷者等	信頼できる推計なし
場所	スペイン北東部のサラゴサ

アラゴン王アルフォンソ1世（武人王）は、ムスリムのムラービト朝をスペインから追い出し、自分の大義に一役買わせるためにフラ

ンスの十字軍騎士を迎える。1118年のアルフォンソのサラゴサへの遠征は聖戦であると宣言され、エルサレムの包囲（80ページ参照）に参加したガストン・ド・ベアルンがこの軍に加わった。ガストンの聖地での包囲戦の経験は貴重で、攻城塔や投石機20台の製作を指導し、町の防衛軍に飛び道具の雨を降らせた。数カ月後、ムラービト朝の将軍タミム率いるムスリムの援軍が到着したが、12月8日、アルフォンソは激戦でタミム軍に圧勝。サラゴサは新たな包囲に苦しみながら降伏し、12月19日、キリスト教軍に占領された。

スペインのレコンキスタ
リスボンの包囲

日付	1147年6月28日-10月24日
兵力	十字軍/兵士13,000人、船164隻、ムスリム軍/不明
場所	ポルトガルのリスボン
死傷者等	信頼できる推計なし

アフォンソ・エンリケスは、1139年に西イベリア半島のオーリッケの戦いでムラービト朝に対して勝利を収めると、初代ポルトガル王となった。1147年、ドイツ、フランドル地方、イングランドの十字軍の船隊を説得して聖地へ向かう途中で立ち寄らせ、イスラム教徒の都市リスボン征服を支援させた。6月28日、十字軍はリスボン郊外に上陸し、一連の衝突の後、7月1日に郊外を占拠した。初めは包囲はうまくいかず、城壁を打ち壊す投石機(カタパルト)5台は破壊され、攻城塔1台は水浸しの地面で攻撃された。ドイツ軍とフランドル軍は城壁の下を掘り10月16日に穴を開けたが、町の防衛軍は反撃した。しかし、10月19日にイングランド軍が2台目の攻城塔を完成させた。攻城塔が城壁の方へ運ばれると、略奪をしないという保証と引き換えに、ムスリム軍は降伏に同意した。10月24日、停戦協定の下で十字軍はリスボンに入ったが、停戦中にもかかわらず虐殺や略奪を行った。

スペインのレコンキスタ
ラスナバスデトロサの戦い

日付	1212年7月16日-17日
兵力	キリスト教軍/60,000-80,000人、ムスリム軍/100,000人
場所	スペイン南部のシエラモレナ山脈
死傷者等	死者推定60,000人

12世紀半ば、ムスリムの信仰復興論を唱えるムワッヒド朝がモロッコとスペインのムラービト朝を一掃し、1195年のアラコルスの戦いでキリスト教軍に対して大勝利を収めた。このムーア人の攻撃を受けたカスティーリャ王アルフォンソ8世に促され、ロー

アルフォンソの勝利
ラスナバスデトロサでのアルフォンソ8世の勝利は、キリスト教徒が13世紀半ばまでにイベリア半島の大部分を再征服する道を開いた。

マ教皇インノケンティウス3世はムワッヒド朝に対する聖戦を宣言した。1212年6月20日、アラゴン王ペドロ2世率いる派遣部隊や、ポルトガルとフランスの騎士を含む十字軍の大部隊が、アルフォンソの国の首都トレドから南進した。スペインのカラトラバ騎士団やサンティアゴ騎士団、スペイン市民軍が重要な部分を担った。アルフォンソ軍には、ナバラ王サンチョ7世も加わる。カリフのナースィルは、キリスト教軍が十分に防衛されたロサ峡谷を進まざるを得ないと予想して、ラスナバスデトロサの高原で待ち伏せするが、地元の羊飼いがアルフォンソ軍を秘密の通路に案内し、高原でムスリム軍に奇襲をかけた。軽装備のムワッヒド軍は、重装備のキリスト教軍の騎兵隊を弱らせてから近づいてとどめを刺す作戦であった。当初この戦法はうまくいったが、アルフォンソが騎兵隊の予備軍に突撃を命じ、ムワッヒド軍は逃走、虐殺された。ラスナバスデトロサでのキリスト教軍の勝利によって、スペインのムワッヒド勢力は事実上、崩壊した。

スペインのレコンキスタ
グラナダの陥落

日付	1482年2月-1492年1月2日
兵力	スペイン軍/26,000-60,000人、グラナダのムーア軍/53,000人(包囲開始時)
場所	スペイン南部のグラナダ王国
死傷者等	信頼できる推計なし

15世紀まで、グラナダはスペインのムスリムの最後の居留地であった。1479年、カスティーリャ女王イサベル1世とアラゴン王フェルナンド2世を共同統治者として、キリスト教徒のスペイン王国が誕生した。レコンキスタ完遂のため、1482年2月、フェルナンドの軍がグラナダを侵攻。乾燥した不毛の土地での戦いに適した軽騎兵を従えていたほか、スイスの槍兵部隊もおり、火薬武器を備えていた。1485年には大砲91門を所有し、初期の火縄銃で武装した部隊もあった。フェルナンドはグラナダ周辺の都市や砦を攻略していき、8年間の軍事行動で兵が経験を積み、強固な軍となった。グラナダを支配するムーア人の王朝、ナスル朝の内紛のために、ムスリムの反撃は不可能だった。1491年4月からの包囲戦の下、1492年1月1日、グラナダは降伏した。翌日、イサベルとフェルナンドはグラナダに入る。降伏の条件としてムーア人の信教の自由は保障されたが、この寛大さは続かず、1502年には、ムーア人は改宗か追放を選択させられた。

アルハンブラ宮殿
グラナダのアルハンブラ宮殿は、キリスト教徒の手に落ちた、スペインのムーア人の最後の砦であった。その見事さは、イベリア半島でのイスラム教徒の偉業を思い出させる。

476年-1492年

モンゴルの威力

13世紀のモンゴルの征服を超えるものはいまだかつてない。チンギス・ハンとその子孫たちの指揮の下、ステップ地帯の騎馬隊は、東西へ攻撃を仕掛け、中国や中央アジアのイスラム国家を征服し、ヨーロッパや中近東の奥深くまで侵入した。日本と東南アジアに支配を拡大しようという試みには失敗したものの、モンゴル軍が決定的な敗戦をしたのは、マムルーク朝のバイバルス将軍との、1260年のパレスティナにおけるアイン・ジャールートの戦いのみである。

モンゴル帝国
モンゴルは現在の韓国からヨーロッパの東端までの地域を支配した。1300年までに、この帝国は4つのハン国に分割された。

凡例
- 1206年-1227年のチンギス・ハンの遠征
- 1227年のチンギス・ハンの帝国
- チンギス・ハンの子孫の遠征
- チンギス・ハンの子孫の帝国
- シルクロード

現代の遊牧民
先祖と同様、ボグドスマのモンゴル人たちは小型の馬に乗ってステップを駆ける。

騎馬兵士

ゴビ砂漠の北の草原地帯出身で、チンギス・ハンによって統一されたモンゴル民族は、ステップ地帯の兵士の伝統を受け継いだ。敵の攻撃が届かない距離を保ちながら、敵に矢の雨を浴びせる機敏な騎乗弓兵である。約1000年前のフン族由来の、逃亡するふりをして追跡者を取り囲むなどの悪戯を楽しんだ。また完全な勝利を手にするため、接近戦を交える槍騎兵も配備した。モンゴル軍の広域で戦える能力は、ステップ地帯の小型馬の耐久性によるものだが、供給網が不要なことにも起因した。当時のほとんどの軍と同様、モンゴル軍も野営同行者の隊列を引き連れたが、略奪物と狩猟採取で生計を立てていた。モンゴル軍の粘り強さと持久力は、他人の苦しみに無頓着なことに起因しており、逆らう者に対して無慈悲で、良心の呵責なく皆殺しにしたのである。

恐怖支配
モンゴル軍は残忍であるとの評判を広めた。彼らが破壊した町には、このアフガニスタンのバーミヤン渓谷の町をはじめ、二度と復興しなかったところもある。

モンゴル軍

モンゴルの軍隊は一つの大群とは全く異なっていた。1万人単位の兵士の部隊が、それぞれ千人隊、百人隊、十人隊に細分化されていた。下層の指揮官が戦場で意思決定権を持つこの現代にも見られる構造は、フン族の時代から受け継がれた草原地帯の伝統であった。チンギス・ハンは実力主義制をもって軍隊を監督し、その中で能力を認められた兵士たちは、家柄にとらわれず最高司令部に昇進した。またモンゴル軍は被支配民族からの入隊も歓迎した。オスマン人、アラブ人、中国人の新兵は、モンゴル軍に特に欠けていた攻囲戦における技術をもたらし、モンゴル軍の数的な強さに貢献した。全モンゴル人が兵士であったとしても、それだけでは大陸全土に十分に行き届かなかったため、これは極めて重要なことであった。

モンゴルの鎧

鎧と武器
小さな鋼板を重ねて作られたモンゴルの鎧。14世紀以降のものである。馬の背をめがけて放たれる合成弓は、モンゴル軍の中心的な武器で、刀剣と短剣は補助的に使われた。

鞘

短剣

大勝利と分割

1211年、チンギス・ハンは遊牧民の侵入の長い歴史を持つ中国北部への侵略を皮切りに、モンゴル軍の遠征を開始した。当初、モンゴル軍は長城地域の攻略に失敗したが、中国人の工兵の力を借りてすぐに攻城技術を学ぶ。その後、西へ進路を変え、中央アジアの大都市ブハラとサマルカンドを攻略した。西征は息子のオゴタイが引き継ぎ、ロシアを支配下に入れる。1241年にオゴタイが死去した時には、モンゴル軍はポーランド、ハンガリー、地中海東部にまで達していた。1250年ころまでに、モンゴルの首都カラコルムは世界の外交の中心となり、フランスの国王、ビザンチン帝国の皇帝、ロシアの大公たちからの使節を迎えた。勝利はさらに続く。1258年、モンゴル軍はイスラム国家の首都バグダードを占領、破壊した。そしてその2年後、チンギスの孫のフビライ・ハンが中国南部への侵略を始めた。フビライ・ハンの遠征では、モンゴル軍が中国の強い影響を受けた。ステップ地帯での戦いは海上戦と攻囲戦に変わり、フビライは「元」という短命の中国王朝を創設した。西では、モンゴル人によるハン国が黒海とペルシア湾までを支配したが、13世紀の半ば以降の後継者争いによって、モンゴル人の結束は着実に弱まった。フビライが死去した1294年には、モンゴル軍の遠征の大波はすでに終わりを迎えていた。

1162年-1227年
チンギス・ハン GENGHIS KHAN

テムジン、後のチンギス・ハン（「海内の天子」の意）は、今でいうモンゴルの北とある部族の首長の息子であった。13歳の時に父親が殺され、テムジンは生き延びる術を学ばざるを得なかった。外交と侵略を組み合わせることで権力を手にし、1206年の部族会議が承認した指導者として、敵対する諸部族をまとめ上げた。以後の遠征は、すべての人間を支配するという使命への信念に突き動かされたもののようである。

首領の中の首領
チンギス・ハンはクリルタイという部族長の会議を統括した。チンギスの息子オゴタイの死後、全部族長が出席のため帰国しなければならなかったクリルタイによって、西ヨーロッパはモンゴルの侵攻から免れた。

棍棒、槍、弓
14世紀の戦うモンゴル軍の描写。武器は正確に表しているが、小柄でがっしりした馬はこの高貴な馬とはまったく異なっていた。

アジアとヨーロッパへの侵略

モンゴル軍の機動力と卓越した戦闘・攻囲技術は、その勢力を東西アジアのほぼ全域と中央ヨーロッパにまで拡大させた。1241年にリーグニッツで戦い、続くシャヨー川でハンガリー人を敗走させると、モンゴル軍はさらに西のウィーンやアルプス地方にまで偵察隊を派遣することが可能となった。そんな折りに大ハンのオゴタイが死去し、モンゴル軍は次期皇帝選出のために帰国しなければならなかったため、ヨーロッパは侵略から免れた。イスラム世界は1259年に、ヨーロッパと類似した状況で侵略を逃れた。バグダードを破壊したモンゴル人のフラグは、シリアとパレスティナを侵略し、さらにエジプト侵入の構えを見せたが、ハンのモンケの死を機に撤退し、紛争は子孫の代に引き継がれた。

モンゴル軍のロシア遠征
カルカ川の戦い

日付 1223年
兵力 モンゴル軍/40,000人、ロシア人・クマン人の軍/80,000人
死傷者等 信頼できる推計なし
場所 黒海の北のウクライナ

1222年、モンゴル軍はカフカス山脈を越え、テュルク系クマン人の領内へ侵入した。ロシア人とクマン人の連合軍が、カルカ川ではるかに少数のモンゴル軍と会戦した。モンゴル軍からの和平特使は殺され、その報復としてモンゴル軍はロシア軍を全滅させ、クマン軍全員を戦場から追放した。

ハンの硬貨
弓を構える大ハンのオゴタイが造幣した硬貨。

モンゴル軍のロシア遠征
ウラディーミルの攻略

日付 1238年
兵力 モンゴル軍/騎馬隊150,000人、ロシア軍/不明
死傷者等 信頼できる推計なし
場所 ロシアのモスクワの東

1237年、モンゴル軍はロシア諸公国への侵攻を開始した。モンゴル軍の名目上の指導者は、チンギス・ハンの孫のバトゥであったが、実際の統率は、カルカ川の戦いでの将軍の一人であったスブタイが執った。モンゴル軍は真冬に攻撃を仕掛け、明らかに進行を妨げたであろう凍てつく川を、馬に乗って何本も越えた。

バトゥ司令官
西のモンゴル帝国最高司令官のバトゥは、中央ヨーロッパ侵攻の総責任者であった。

炎上するウラディーミル
モンゴル軍に占領された町の破壊は、恐怖心を広め、敵を脅して服従させるための意図的な政策であった。

ロシア軍は町の城壁内に留まっていれば安全だと信じていた。ところが城砦はモンゴル軍にとって何の抑止効果もなかった。1238年の初め、モンゴル軍はリャザニ、モスクワ、ウラディーミルの町を破壊し、すべて焼き払った。モンゴル軍は3月にシチ川でウラディーミル公国の大公ユーリー2世が率いるロシア軍を掃討した後、南のウクライナへと移動した。

モンゴル軍のヨーロッパ遠征
ワールシュタットの戦い

日付 1241年4月9日
兵力 モンゴル軍/20,000人、ドイツ人・ポーランド人の軍/40,000人
死傷者等 ドイツ人・ポーランド人の軍/30,000人
場所 リーグニッツ(ポーランド南西部のレグニツァ)近郊

1241年、スブタイが中央ヨーロッパ侵攻を先導し、オゴタイの孫カイドゥが指揮する分隊がポーランドを一掃した。ワールシュタット(リーグニッツ近郊)でドイツ人・ポーランド人・チュートン騎士団と対峙。ヨーロッパからの援軍の接近に気づいたカイドゥは、いち早く開戦、騎乗弓兵が大量の矢を放ち、それによって連合軍の一部を敗走させる。その後モンゴル軍の槍騎兵と、重装備のキリスト教騎士団が激突。モンゴル軍は一旦は退いたが、素早く引き返して敵を包囲した。連合軍の損失は、多数の貴族を含めて甚大であった。

血だらけの勲章
ワールシュタットの戦いの後、モンゴル軍は戦勝記念品として倒れた敵の耳を削ぎ落として集め、首を槍に刺して掲げた。

アジアとヨーロッパへの侵略

モンゴル軍のペルシア遠征
バグダードの陥落

日付	1258年1月11日-2月10日
兵力	モンゴル軍/150,000人
死傷者等	バグダード市民/80,000人
場所	ペルシアのバグダード(イラク中部)

1256年、ペルシアにおけるモンゴル帝国のハンで、大ハンのモンケの弟であるフラグが、イスラム教アッバース朝の首府バグダードの攻略に乗り出した。イスラム世界での実権がカイロやダマスカスに移って久しかったが、第37代カリフのムスタアスィムは、イスラム教徒にとって依然象徴化された偉大な重要人物であった。フラグがモンゴル帝国の宗主権の承認を求めたところ、彼は横柄に拒否した。フラグはこれに対し、アラムートのイスラム暗殺教団の城砦を破壊した。そして彼は1257年後半に東からバグダードに向かって進み、一方でモンゴル人の将軍バイジュ率いる軍がアナトリアから南進した。1258年1月11日、アッバース朝の軍はバグダードから約50km離れた場所でバイジュの軍と対峙した。バイジュはどうやら敵をぬかるんだ野におびき出し、次に工兵を送り込んで敵の背後を流れるユーフラテス川の堤防を破壊したようである。モンゴル軍と水浸しの土地の間にはまったアラブの大軍は、続く戦いで壊滅した。フラグはバグダードに到着し、兵士に命令して町を挟むティグリス川の上流と下流に船で橋を作らせた。その後4日でモンゴル軍はバグダードを包囲し、陸上と水上の逃げ道をすべて封鎖した。フラグは強力な包囲攻撃の列を配備し、大型の投石機で町の東側の城壁を破壊した。2月の初頭に城壁は崩壊し始めた。2月10日に包囲されたムスタアスィムが、側近と軍司令官とともに城壁の外に現れたころには、モンゴル軍はすでに郊外にいた。フラグは彼らに武装解除を命じた後、カリフ以外を虐殺し、カリフ自身は隠し財産の所在を白状するまで、その後5日間生かされた。市民の大虐殺は、路上に転がる腐乱死体の悪臭がフラグに移動を促すまで、1カ月以上続けられた。

> 「モンゴル軍は蟻や蝗のようにあらゆる方面からやってきて、バグダードの城壁の周囲に包囲陣を敷き、壁を設けた……。彼らは一斉に攻撃し、アジャミーの櫓の向かいに投石機を据え、その櫓に穴をあけた……。激しい戦いが六昼夜行われた……」

戦争の証人
ラシード・アッディーン
RASHID AD-DIN

ペルシアの政治家で歴史家のラシード・アッディーン(1247-1318)はイル・ハン国の君主アバカに仕え、『集史』を著した。

残忍な略奪
バグダード市民のうち、モンゴル軍が同盟と見なしたキリスト教徒だけが1258年の大虐殺を免れた。

モンゴル軍のパレスティナ遠征
アインジャールートの戦い

日付	1260年9月23日
兵力	モンゴル軍/20,000人、エジプト軍/30,000人(推定)
死傷者等	信頼できる推計なし
場所	パレスティナのガリラヤ東部

バグダードを破壊した後、フラグはシリアの都市アレッポとダマスカスを包囲、エジプトだけが、この地域で未征服のイスラム国家となった。フラグはカイロに使節を派遣し、エジプトのスルタンのサイフ・アッディーン・クトゥズに、モンゴル帝国の宗主権を認めるよう要求した。クトゥズはその使節の処刑を命じた。だがこの肝心な時に、フラグは大ハンのモンケの死去による次期皇帝選出会議のため、東への帰還を余儀なくされた。キト・ブカ将軍配下のわずかな軍が残った。クトゥズは機に乗じてエジプト軍を率い、奴隷兵士のバイバルス将軍を陣頭に立たせてパレスティナへ赴いた。ガリラヤ東部のアインジャールートでモンゴル軍を発見。数で勝るエジプト軍は、騎兵の一部を山の陰に隠し、バイバルスは残りの軍をモンゴル軍と対峙させた。モンゴル軍が突撃すると、バイバルスは山まで後退し、その陰に隠れていたエジプト軍の騎兵隊が出現して敵を側面から突く。この罠は功を奏したが、キト・ブカの兵は精鋭部隊であったため、接戦が続いた。最後は少数のモンゴル騎馬隊が道を切り開いて逃げ、キト・ブカは斬首された。エジプト軍は続けてダマスカスとアレッポを奪還したが、クトゥズはこの勝利で何も得ることがなかった。バイバルスに暗殺され、エジプトの支配権が渡ってしまったのである。

モンゴル騎兵隊
この13世紀のペルシアで著されたラシード・アッディーンの『集史』の挿絵には、槍と丸い盾を持ち、鎧を着たモンゴル騎兵隊の戦う様子が正確に描かれている。

476年-1492年

ティムールの征服

デリーからダマスカスに至る都市を震撼させた偉大な軍人ティムールの征服の経歴は、思いがけず遅れてやってきたモンゴル大躍進時代の再来であった。テュルク人でありながら、ティムールはモンゴル人の征服者を手本とし、モンゴル軍と同等の戦闘能力を持ち、残忍さではそれに勝る軍を率いた。首都のサマルカンドは美しく学識のある場所になったが、実際にティムールが征服した土地のほとんどは跡形もなく破壊された。ティムールの遠征の最大の特徴は、恐怖心の利用であった。ティムールの最後の西征はエーゲ海沿岸のイズミルにまで達したが、中国に遠征する途中で死亡した。後に残された広大なティムール帝国は、ティムールの死後、瞬く間に分裂した。

ペルシア征服
イスファハーンの破壊

日付	1387年
兵力	ティムール軍/70,000人、ペルシア軍/不明
死傷者等	70,000人の市民が死亡
場所	ペルシア南部

1387年、イスファハーン出身で南ペルシアを支配していたシャーのホッドシャーが死去した。ティムールはその後継者に敬意を払わせようとイスファハーンに進軍した。新しい支配者はいち早く逃亡し、イスファハーンはティムール帝国軍のなすがままになった。町は開門され、指導者は貢納することに同意した。そしてティ

豪華な矢筒
ティムール軍の司令官は、このような豪華な装飾が施された矢筒を携帯していたと思われる。

恐怖の支配
ティムールの部隊がイスファハーンに恐怖をもたらす様子。一人は溶けた金属を喉に流し込まれて殺されている。

ムールは約束の品々を徴収するための占領軍を残し、軍とともに出発した。ところが財宝の引渡しを要求された市民が反乱を起こし、数千人のティムールの占領軍を殺してしまった。そのためティムールは軍を率いて戻り、町に乱入した。そして7万人の兵士、一人につき、一つずつ市民の首を切って持ってくるよう命じた。この命令は厳格に果され、冷酷な殺人に尻込みする兵士は、さほどピュアでない良心の呵責のない兵士から首を買い取ってノルマを達成した。首はその後、イスファハーンの城壁にピラミッド状に積み上げられた。

ティムール対キプチャク・ハン国
テレク河畔の戦い

日付	1395年
兵力	ティムール軍/100,000人、キプチャク・ハン軍/不明
死傷者等	おそらく100,000人死亡
場所	中央アジア

ティムールの遠征きっての激戦は、西アジアの広範囲を支配していたキプチャク・ハン国の指導者トクタミシュに対してであった。彼らは1391年にカンドゥルチャで3日間戦い、10万人が死亡したとされている。ティムール軍は戦場を支配したものの、敵を追跡するまでの強さはなかった。そして1395年、今度はテレク川の河畔で、両軍は再び会戦した。白兵戦が激しくなり、トクタミシュは部下にティムールを探し出して殺すよう促した。彼らはもう少しで成功するところであった。ティムールは突撃隊に抵抗する間に剣を折られ、周りに人壁を作った護衛のお陰でどうにか救われた。しかし最終的にこの戦場から逃げたのはトクタミシュで、この時のティムール軍の追撃は残酷なものであった。

インドへの侵攻
パーニーパットの戦い

日付	1399年12月16日
兵力	デリー・スルタン軍/騎兵10,000人、歩兵40,000人、ティムール軍/不明
死傷者等	100,000人死亡(推定)
場所	インド、デリーの北

偏狭なイスラム教徒のティムールは、イスラム教のデリー・スルタン朝の君主が、ヒンドゥー教徒の臣下を要職に置き続けている怠慢に憤慨した。将軍らはインドの険しい山地や河川を問題視したが、それでも彼はインド北部に侵攻する決断をした。インドへの前進はあちこちで恐れた通りの状況であった。ティムール率いる部隊は、年配のティムールが橇に乗ったまま凍った斜面を滑り落ちるなど、苦労しながらヒンドゥークシュ山脈を越えた。彼らはどうにかインダス川にたどり着き、雪崩の起こる中をデリーへ向けて下った。スルタン朝の都市に接近するころには、ティムール軍は略奪と奴隷で雑然としていたため、彼は兵士にヒンドゥー教の捕虜を全員殺すよう命じ、迫り来る戦いに集中させた。この殺人は10万人を数えたと思われる。ティムールはヒマラヤ山脈の丘陵とラージャスターン砂漠の間にあるパーニーパット平原でスルタンの軍と会戦した。インド軍は戦象に乗って戦線を張り、兵士はそこから敵に向かって爆発物を投げつけた。スルタンの軍もティムール軍に向かってロケット弾(金属花火)を発射したが、百戦錬磨の侵略軍には何ら影響はなかった。ティムールは嘲笑し、戦象は「牛のように退却」したと言った。大敗したスルタンの軍は逃げ、デリーの城門は町を破壊する征服者のために開放された。

火薬兵器
戦象に乗り、可燃性の液体が詰まった爆発物をティムール軍の騎兵に投げつける兵士。この騎兵隊の甲冑と槍の描写は史実に基づいている。

ティムールの征服

シリア征服
アレッポの戦い

日付 1399年10月30日
兵力 ティムール軍/不明、マムルーク軍/不明
死傷者等 信頼できる推計なし
場所 シリア、アレッポ

エジプトのマムルーク朝は、13世紀にシリアを占領し、パレスティナからキリスト教徒を追放したモンゴル軍を、アインジャールートの戦い（93ページ参照）で倒した。そんなエジプトも14世紀の終わりには、ペルシアで残忍な腐敗政治をする息子のミーラーン・シャーに対して反乱を起こし、西アジアに惹かれていたティムール軍に立ち向かうほどの力はすでになかった。息子を執念深く罰した後、ティムールはシリアへ進んだ。マムルーク軍はアレッポの手前で抵抗を試みたが、ティムール軍にいとも簡単に全滅させられた。アレッポは占領破壊され、大都市のダマスカスは征服軍に明け渡された。おそらく彼らが軍の進入に抵抗しなかったため、ティムールはダマスカスの人々に対しては驚くほど寛大であった。組織的な大量処刑こそなかったが、それでも兵士は町の大部分を略奪して火をつけた。

アレッポ城
10世紀に造られたアレッポ城は、この地域の重要な軍事拠点であった。ティムールの軍によって破壊されたが、1415年にマムルーク朝によって過去の栄光が再現された。

1336年-1405年
ティムール TIMUR

ティムールはウズベキスタンのテュルク族の出身だが、「遠い子孫である」と自称し、チンギス・ハンを見習っていた。戦いと陰謀によって、1370年までにサマルカンドの首長とチャガタイ・ハン国の指導者となる。チンギスとは違い、常に自ら軍に指令を出し、兵站と兵器の細部にわたって関心を持った。野望は尽きることがなく、60歳でインドとアナトリアの侵攻に着手し、中国へ出征した際、おそらく氷水を飲み過ぎたために死亡した。

アナトリアへの侵攻
アンカラの戦い

日付 1402年7月20日
兵力 ティムール軍/不明、オスマン軍/不明
死傷者等 オスマン軍/少なくとも15,000人死亡
場所 トルコ中部アンカラ付近

ティムールのシリア遠征は、オスマン朝アナトリアとの国境に至った。2つの民族的に関連のある権力間の争いは、1400年にティムールがオスマンの都市シバスを包囲したことで戦端を開いた。1396年のニコポリスの戦い（122ページ参照）で十字軍を撃退したオスマン朝のバヤジト1世は、コンスタンティノープルの包囲に携わっていたが、軍を撤収してティムールの脅威に対応した。

1402年の夏、バヤジトはシバスに向かって東へ進み、一方ティムールはオスマンの都市アンカラを目指して西へ向かった。2つの軍は互いにすれ違った。ティムールはアンカラを包囲し、オスマン軍は引き返して彼を捜索した。ようやくティムールの戦線に直面したのは、疲れ果て、渇ききったオスマン軍であった。戦況は混乱したが、ティムール軍はオスマン軍と唯一の水路の間に位置したようである。攻撃に出ざるを得なかったバヤジトは、後方から突撃した。ティムール軍の兵士と同民族のオスマン軍の兵士には、任務を放棄する者もいた。最終的にバ

稲妻のスルタン
スルタン・バヤジト1世（1360-1403）は、迅速に戦果をあげることから「稲妻」と呼ばれた。アンカラの戦いでの敗北は、オスマン人にとって衝撃であった。

ヤジトは数百人の兵士とともに逃亡したが、追跡されて捕獲された。彼は拘束されたまま、その翌年に死亡した。

「バヤジトは逃亡し、少なくとも1000人の騎馬隊とともに山に入った。ティムールは彼が身動きできなくなるように山を囲み、そして彼を捕獲した」
バヤジト捕獲を目撃したヨハン・シルトベルガー（1402）

東アジアの戦争

中国は、中世の大半を通じて、技術面での進歩と大規模な組織という観点から見て最先端を謳歌する、世界で最も裕福かつ強力な帝国であった。折に触れて中央アジア、朝鮮、東南アジアの奥地へと支配を拡大したほか、日本の初期の発展にも支配的影響を与えた。しかし長い国境線を有したことから、常に侵入の脅威にさらされ、また領土の大きさが原因の分裂や内乱が頻発した。

宋時代の中国

7世紀に唐が中国を統一し、400年間の混沌とした内戦時代に終止符を打った。太宗皇帝（在位626-649）の下、討伐軍はそれまでの中国の国境を遥かに越えて戦争を仕掛け、チベット族と中央アジアのテュルク族を制圧した。この時に得た領土の一部は、8世紀に西のイスラム軍によって再び奪われる。唐はテュルク人の騎兵隊などの非中国人兵士に大きく依存しており、そのテュルク人兵による755年の反乱が、唐の王朝を揺るがした。そして不安定な政情が200年あまり続いた後、960年に唐に変わって宋が王朝を建てる。宋は石弓と方天戟を装備した中国人の農民歩兵による大規模な常備軍を組織し、北と西の半遊牧民の騎馬隊への抵抗に力を入れた。

貴重なサラブレッド
騎兵隊が使う純血種の馬を探し求め、馬に乗って中央アジアに頻繁に遠征に出かけた。

火薬兵器

火薬は9世紀に中国で発明された。宋の時代にその焼夷性と爆発性に磨きがかけられ、火矢、爆竹、手投げ弾、火炎放射器を作り出した。13世紀のころは、火薬が詰まった筒が発射に使われた。このような銃の原型ともいえる装置は、散弾や下図の装置のような矢の束の発射に使われていたと思われる。

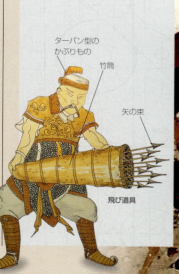
- ターバン型のかぶりもの
- 竹筒
- 矢の束
- 飛び道具

遊牧民の侵入

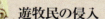

宋のあらゆる努力をもってしても、中国北部を侵略の手から守ることはできなかった。中国は契丹と女真族という2つの部族の連合軍と戦った時期もあったが、12世紀の初めに女真族がまず契丹を倒し、続いて宋を打ち負かした。女真族は中国北部に独自の「金」を建国したが、その金も1世紀あまり後にモンゴル人に入れ替わるように倒された。その一方で宋は、防衛を揚子江の水軍の支配に大きく依存しながら、南の首都杭州に後退した。宋の水軍は数百隻もの船を保有しており、その中には踏み車を動力とする外輪の軍艦もあった。また攻囲用のカタパルトが船上投石機として装備されていた。モンゴル帝国のフビライ・ハンは、宋を征服するために海軍力を用い、イスラム圏で発達した攻囲機械の使用を余儀なくされた。1279年までに、フビライ・ハンは中国全土を支配した。

モンゴル人兵士
何世紀もの間、騎馬隊の侵略の波が中国北部に押し寄せたが、モンゴル軍だけが南部の攻略に成功した。

侍の反乱
この絵画は、1159年の源氏一族による権力奪取失敗の物語を伝える『平治物語』の一場面を描いている。

モンゴル人の支配

フビライ・ハンは中国伝来の戦法を取り入れ、それを発達させた。宋の水軍を、日本やジャワに海外遠征するための海軍に変え、東南アジアの地上侵攻を実行した。しかし東南アジアのような軍の伝統が定着していた地域に対しては、限られた成果しか得られなかった。モンゴル(元)の支配はすぐに衰退し、14世紀には「明」の下で中国に漢民族の支配が復活した。朝鮮の歴史は中国の歴史と酷似しており、再三にわたり契丹の侵略と闘い、1018年に契丹軍を迎撃して大量殺戮を行った。1238年のモンゴル軍の侵攻に対する抵抗を通じて、国民意識が刺激された。李成桂は14世紀の倭寇討伐で目覚ましい働きにより権力を握り、その後500年あまりにわたって朝鮮半島を支配する朝鮮王朝を建設した。

ヨーロッパの見方
15世紀のヨーロッパの名もない画家が描いた東洋の船、服装、兵器。包囲攻撃を指揮するフビライ・ハンを表現している。

- 漆塗りの鞘
- 髷(まげ)を出す穴
- 鍛打ちされた兜(かぶと)
- 鞘を留める紐
- 鼻あてのある面具

侍の装備
侍は鉄芯に鋼のコーティングを施した大小の刀を携帯した。兜と面具によって頭部全体が保護された。

武士の出現

日本では中央政権の力不足に起因するほぼ間断のない内乱が続き、独特な戦闘形式が発展した。兵士の中核をなす武士(侍)は鎧を身につけ、通常弓と刀で戦い、一対一の決闘をことのほか重視した。武士は10世紀の京都御所の護衛官をその起源とする。日本の各地で武士階級へと発展し、やがて敵対する一族を形成し最高権力の座を奪い合った。12世紀後半の源氏の勝利によって、傀儡天皇の下で軍事支配をする将軍制度が生まれた。将軍による支配は、国内平和と1274年と1281年の元寇に対する組織的な抵抗を可能にしたが、14世紀には再び内乱が起こった。日本が事実上安定するまでには、さらに300年がかかった。

476年−1492年

フビライと明

中国の宋の緩やかな衰退は、12世紀初めにステップ地帯の騎馬民族の女真族によって、中国北部を失ったことに始まり、1270年代のフビライ・ハンのモンゴル軍による勝利まで、約150年かけて完了した。この軍事的大偉業を成し遂げるために、ステップ地帯から侵略したモンゴル軍は、包囲攻撃兵器や火薬兵器など、中国の軍事技術への順応と、大規模な海上戦を強いられた。だが最終的にモンゴル軍は、中国の支配権を明に奪われた。

靖康の変

女真族と宋の戦争

日付	1126年9月-1127年1月
兵力	女真軍/不明、中国軍/500,000人以上
死傷者等	信頼できる推計なし
場所	中国北部

万里の長城の向こうにいた騎馬民族の女真族が、1122年に中国の宋に侵入した。中国軍は常備軍約50万人に加えて多数の農民兵からなる大軍であったが、女真族は中国北部一帯を襲い、最終的に首都の開封を包囲した。宋は爆発物や鏃に火薬を塗った矢などの最新兵器を使用したにもかかわらず、町は4カ月間包囲された後に陥落した。皇帝徽宗は捕らえられたが、宋の後継者は中国南部を支配し続け、一方の女真族は北部に金を建国した。

中都の陥落

モンゴルの中国征服

日付	1214年2月-1215年5月
兵力	モンゴル軍/不明、中国軍/不明
死傷者等	信頼できる推計なし
場所	北京

1211年、モンゴルの指導者チンギス・ハン(91ページ参照)は金の征服に目を付けた。当初の彼の遠征は、モンゴル軍に攻囲技術が無く、中国の要塞都市を攻略できなかったために挫折した。だが独特の機略に富んだモンゴル軍は、おそらく必要な技術を持つ中国人の専門家を雇い、包囲攻撃の隊列を編成した。1214年2月、投石器と破城槌を備えた彼らは、中都(北京)を包囲した。3月にモンゴル軍が金の救援軍を破ると、町の防衛の望みはほぼ絶たれたが、それでも彼らは1年以上も持ちこたえた。町が陥落した1215年5月までに、食糧不足が包囲する側とされる側の両軍を、人食いするまでに陥れたと伝えられている。

兵士
モンゴル軍の騎馬隊のほとんどは弓騎兵で、ゲリラによる小戦闘の戦法を採用した。槍や刀剣を持つ重装備の騎馬隊も存在した。

開封の包囲

モンゴルの中国征服

日付	1232年-1233年
兵力	モンゴル軍/不明、中国軍/不明
死傷者等	信頼できる推計なし
場所	中国北部

1231年、モンゴル軍は金と長年対立関係にあった宋の支援を受け、金を完全に滅ぼす作業に着手した。スブタイが率いるモンゴル軍は、1232年に金の首都開封を包囲した。モンゴル人と金の女真族はともにステップ地帯の騎馬民族であるため、定住文化で発達した様式の古典的な攻囲戦の経験はなかったが、この対決は熾烈を極めた。モンゴル軍は包囲攻撃兵器を使用し、また城壁に向かって対壕を掘った。一方金は、中国の最新火薬技術を用いた。その最強兵器の破裂弾「震天雷」は、50km先まで爆発音を響かせ、100m四方を焼きつくした。この爆弾は圧倒的な効果をもたらし、突撃兵はみな跡形もなく木っ端微塵に吹き飛ばされたという。さらに金は火炎放射器の原型も保有していた。これは火薬の詰まった竹筒を槍に取り付けたもので、長さ2mの火花と炎を噴出した。開封は1年に及ぶ包囲の末、突撃によって陥落した。

襄陽の攻囲戦

モンゴルの中国征服

日付	1268年-1273年
兵力	モンゴル軍/不明、中国軍/不明
死傷者等	信頼できる推計なし
場所	中国南部の河北省

金を掌握したモンゴル軍は、彼らの中国北部の制圧達成に不心得にも支援した南宋を攻撃するため、南へ向かった。ところが南宋を倒すことは、なかなか容易ではなかった。南宋の経済圏と人材源が豊富にあったためである。南宋領の地形は、ステップの伝統的な機動力のある騎馬軍にはまったく適さず、大河と運河が横切る中に農地と森林が混在しており、また馬にとっては暑く飼料に乏しい場所であった。しかしチンギス・ハンの孫のフビライ・ハンは執拗な意志を持って中国征服を完遂した。彼は大ハンのモンケの補佐官として遠征を開始し、1259年にモンケが没した後は自らが大ハンとなり、遠征を続行した。極めて重要な戦いは、1268年以降に城塞都市の樊城と襄陽周辺で起こった。フビライの部隊は、名将スブタイの孫で頭脳明晰な将軍バヤンが指揮を執った。南宋軍は呂文煥が指揮した。度重なる激戦と小戦闘が両都市の周辺で発生し、なかにはモンゴル軍が船上投石機を装備し、船隊を操る水上戦への適応を証明した河川での交戦もあった。武器を飛ばす手持ち式の発射器が、おそらく両軍ともに使用された。戦争で火器が使われたのは史上初めてのことである。1272年、2人のイスラムの技術者がモンゴル帝国支配下のペルシアからやって来た。彼らの指導により、どんな壁でも破壊する強力な包囲攻撃兵器が作られた。樊城と襄陽は陥落し、呂文煥は降伏した。そしてフビライは1276年に広大かつ裕福な南宋の首都杭州を占領した。この戦いの最終決戦は南シナ海における海上戦で、そこでまだ幼かった南宋の最後の皇帝は溺死した。

船の橋
16世紀のペルシアのモンゴルに関する歴史書の挿絵には、フビライの兵が舟橋を伝って揚子江を渡る姿が描かれている。

1214年-1294年 フビライ・ハン KUBLAI KHAN

チンギス・ハンの孫のフビライはモンゴル帝国の大ハンで、中国文明の虜になった人物である。1271年の元朝初代皇帝就任のかなり前から、モンゴルのステップ地帯には留まらず、北京を首都と定めた。征服への野望は限りなく、北は遠く日本へ、そして南は遥かヴェトナム、ビルマ、ジャワまで遠征した。

明の台頭

紅巾の乱
こうきん

日付	1356年-1368年
兵力	モンゴル軍/不明, 中国軍/不明
死傷者等	不明
場所	中国東部

フビライ・ハンが建国した元朝は、中国では一般に支持を得られず、モンゴル人はよそ者の支配者と見られていた。その上、元は効率の良い政治と実効力のある軍事組織を維持できなかった。

14世紀の中ごろ、中国の広域で強盗と反乱が横行し、1351年には紅巾賊として知られる集団が、広がる反モンゴルの暴動の中心となった。指導者の朱元璋は元々貧しい農家出身で、1352年に紅巾賊に採用された時には中国南部の僧院に住んでいた。4年で紅巾賊の一角を担う司令官になり、南京の制圧を先導し、そこに秩序ある政府を創設した。競合する反乱軍や紅巾賊の他の指導者たちと戦いを重ねるうちに、朱は中国南部のほとんどを制圧し、続いて当時はまだ北京で統治していた元朝の武将と、揚子江の支配を巡って戦った。1363年、揚子江の中流の鄱陽湖で大規模な水上戦が勃発した。陳の艦隊には3つの甲板がある軍艦などがあり、朱が保有するどの船よりも大き

中国の火槍
中国の初期の火薬兵器。このような飛び道具を竹筒や槍に詰めて発射していた。爆発する火薬力により致死力を持っていた。

1371年-1435年
鄭和 ZHENG HE
ていわ

拡大政策論者であった明の永楽帝の下、イスラム教徒の宦官の鄭和は中国の権威を東南アジアとインド洋に拡大した。巨大な9本マストの中国船と、それよりやや小型の船を数多くそろえて艦隊を組織し、1405年から1433年にかけて7度出航し、スマトラ、インド、ペルシア、アラビア、アフリカ東岸まで航海した。最後の航海には、63隻の船に3万人を超える乗組員が携わった。鄭和は帝国の動物園のために、キリン等の珍しいものを持ち帰ったが、本来の目的は、すでに交易によって中国と関係がある遠隔地に君主を立て、中国の皇帝を宗主と認知させ、朝貢を得ることにあった。ところが1436年に明は権力拡大から防衛的な内政問題への集中へと方針を転換したため、洪熙帝はその後の航行を禁止した。

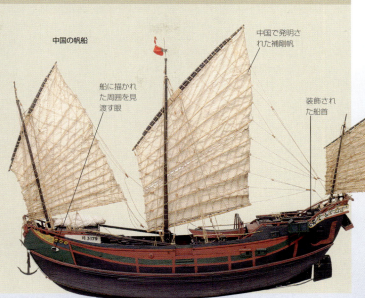

中国の帆船
中国で発明された補剛帆
船に描かれた周囲を見渡す眼
装飾された船首

かったが、朱の小型船のほうが機動性に富んでいた。両軍ともに船に大砲を装備していた。中国人は火薬兵器から飛び道具の発射方法をすでに発見していたのである。朱は陳の船を多く捕えて味方の艦隊に組み入れて戦いに勝ち、揚子江沿岸の都市を次々と攻略した。1368年、元の最後の皇帝は、朱の軍が北京に進軍したために逃亡した。朱は洪武帝と名乗り、明朝を建国した。明の軍は、その後1388年の最終勝利までの20年間、モンゴル軍と戦った。

明の防衛
明の時代に万里の長城の西の果てに建設されたこの要塞は、ステップ地帯で再編された騎馬隊から中国を守る目的があった。

> 「しかし国民が目覚めるにつれて、われわれ貧しい農民たちは、人々を救うため愛国的思想を抱いた」
> 朱元璋からビザンチン帝国皇帝に送られた就任宣言 (1372)

476年-1492年

東南アジア

東南アジアにおける中世の戦争は、インドを模範とする影響を強く受けた。概して馬がこの地域の気候と植物に合わなかったという理由もあり、戦象が幅広く用いられた。現在のヴェトナムに位置する北の地域において、軍隊は中国の影響をより多く受けた。多数の戦いがこの地域の国家間で行われたが、中国軍による北からの侵略も頻繁にあった。

唐と安南の戦い
バクダン川の戦い

日付 938年
兵力 唐軍/不明、安南軍/不明
死傷者等 信頼できる推計なし
場所 ヴェトナム北部のハイフォン付近

紀元前2世紀から中国の支配下にあった安南(現在のヴェトナム北部)は、10世紀の唐の衰退によって生じた好機に乗じて独立を主張した。劉洪操率いる軍が、中国の支配を維持するために海路南へ向かった。ヴェトナム軍のゴ・クエン(呉権)将軍は、艦隊が干満のあるバクダン川(白藤江)を上っていくと見込み、先端を鉄で作った杭の列を満潮の時にちょうど水中に隠れるように川床に打ち込み、そして満潮の間に浅喫水船を送りこんで敵を挑発して退却し、中国軍の船が追跡するように仕向けた。潮が引くにつれ、中国軍の艦隊は杭で進退極まった。そこへゴ・クエンが突撃して止めを刺し、この時に劉洪操は殺された。この地域は946年に大瞿越として独立した。

フビライ・ハンの遠征
ンガサウンジャンの戦い

日付 1277年
兵力 ビルマ軍/歩兵・騎兵合わせて60,000人、象2,000頭、モンゴル軍/騎兵12,000人
死傷者等 不明
場所 ミャンマー北部

元朝皇帝のフビライ・ハンとビルマ王朝のナラティーハパテの間に起こったこの戦いは、主にヴェネツィアの商人マルコ・ポーロの旅行記で伝えられている。ビルマの歴史書とは異なるものの、マルコ・ポーロの記述は概して正確と思われる。1273年、フビライはビルマ人の王朝の首都パガンに使者を送り、朝貢を要求した。おそらくこの使者が靴を脱ぐことを怠るという無礼な態度をとったため、ナラティーハパテは殺害を指示。これに対抗して、大半がテュルク族の騎馬隊で構成されたと推定される軍が、ビルマ人を罰するために中国南部の雲南地方から派遣された。両軍はある平原で会戦した。ビルマ軍は戦象を先頭に前進し、敵の馬を怖気づかせた。モンゴル軍指揮官は、下馬して矢を放つよう命じる。矢の雨は戦象をうろたえさせ、方向転換してビルマ軍の隊列に向かって突進した。そこでフビライの兵は再び騎乗し、ビルマ軍に刀と槌矛で突撃した。すさまじい戦いの末、ナラティーハパテの軍は敗走した。パガンの町は最終的にモンゴル軍に占領され、王朝は滅びた。

パガンの寺院
パガンは1287年にモンゴルの属州となり、1299年に新興のシャン族によって徹底的に破壊された。

クメール人とチャム族の戦い
アンコールの破壊

日付 1177年
兵力 チャンパ軍/不明、クメール軍/不明
死傷者等 信頼できる推計なし
場所 カンボジア中北部、トンレサップ湖の北

12世紀、チャム族の王国(現在のヴェトナム南部)と、その隣国で現在のカンボジアにいたクメール人との間に、長きにわたる戦いがあった。チャム族はインドネシアを起源とする民族で、強力なチャンパ王国を建国し、アンコール朝に対してだけでなく、安南(ヴェトナム北部)にも繰り返し攻め入っていた。クメール人のアンコール朝は、現在は素晴らしいヒンドゥー教の寺院が有名だが、こちらもその支配者が軍人であったと推測される国家である。アンコール朝の軍はチャンパ王国や安南とだけでなく、西のタイ族とも戦っていた。ほとんどの戦いの記録は、寺院の記録やレリーフからしか得られない。しかし1170年代のチャンパは、アンコールより優勢だったようである。両国の軍は類似しており、槍か弓を持つ兵士一人を乗せた戦象と、わずかな騎兵隊、腰布だけをまとって戦った大量の歩兵隊で構成されていた。チャンパ軍はおそらく中国と接触があったことから、石弓も保有していた。これらの武器は騎馬隊によって使われ、アンコール軍より優位に立ったと考えられる。1177年、チャンパの侵略軍はアンコールの町を破壊し、この国を支配下に置いた。アンコール朝の王位簒奪者トリブヴァナーディチャヴァルマンが死亡し、代わりにジャヤーヴァルマンがクメール人の反乱軍の指導者になった。1178年に、メコン川かトンレサップ湖のいずれかで水上戦が行われたようで、そこでチャンパ軍は決定的敗北を喫した。1181年までに、ジャヤーヴァルマンはアンコール朝の独立を取り戻し、その後約20年間はチャンパに対して完全に優位に立った。1203年には、ジャヤーヴァルマンはチャンパを倒して占領していたが、戦いは断続的に続けられた。対立する両者が、ともに恒久的に勝利する手腕を持たなかったからである。そして実際に13世紀には、チャンパの英雄が再び隆盛を極める時代が訪れ、一方アンコール朝はタイ族の権力による圧迫に苦しんだ。

クメール人兵士
カンボジアのバイヨンにある、このような戦象と歩兵のレリーフは、クメール人の戦いの様子を伝えている。

1125年-1219年
ジャヤーヴァルマン7世 JAYAVARMAN Ⅶ

クメール人の偉大な君主ジャヤーヴァルマンは、権力の座につきたくはなかったようである。1160年に父のダーラニンドラヴァルマンが没した後も、王権を主張せず、1177年のチャム族による侵略の末に、ようやく指導者として浮上した。1181年以降、王となり軍事力によってクメール人の権力を復活させただけでなく、アンコールに見事な寺院を建設した。

黎氏大越国独立戦争
ラムソンの反乱

日付 1426年
兵力 明軍/不明、南越軍/不明
死傷者等 信頼できる推計なし
場所 ヴェトナム北部、ハノイの西

1405年、中国の明朝が後継者争いの解決という大義名分の下、大越国(ヴェトナム北部)に侵攻した。そして1年と経たぬうちに、これまでの独立王朝は明の属州に成り下がった。明の支配は厳しく、ヴェトナム人地主のレ・ロイ(黎利)が率いる反抗行動を誘発した。レ・ロイは1416年に数名の仲間とともに山岳地帯に拠点を築き、徐々に数千の兵士による軍を形成する。1424年以降、ゲリラ戦を開始、隔離された駐屯地を襲った。10万人を超す部隊が明から派遣されたが、レ・ロイの軍もヴェトナム人がはせ参じたことで増大した。1426年には、熟練の将軍王通が指揮する明軍と野戦を交えても、十分わたり合える強さになった。王通の騎兵隊を狼狽させるために象を利用し、トットドンで敵を敗走させた。拠点を数カ所に限定された明軍は、不安定な状況に陥った。レ・ロイは王通に、ヴェトナム独立の保障と引き換えに、無事避難させると提案する。こうして1427年に明軍は撤退し、レ・ロイは大越国の君主となった。

武士の戦い

日本の戦争は、中世に完全に定型化された。戦いは武士が一騎打ちの相手を選ぶため、互いに名乗りを上げてから行われ、合戦は弓矢による攻撃で始まることが多かった。高潔な品行を重んじた厳しい規律があり、たとえば戦で討ち取った武士の首は、杭を打った板の上に載せ、所属陣営に送り返す習慣があった。とはいえ、1281年にモンゴル軍が侵略を挑んで失敗した時(元寇)に示されたように、優れた戦闘能力も保持していたことには疑念の余地はない。

平家の時代
平家一門は12世紀半ばの日本で覇権を握ったが、その政権は短命で、再び内乱が勃発した。

源平合戦

源頼政の挙兵

日付 1180年
兵力 平家/不明、源氏/不明
死傷者等 信頼できる推計なし
場所 山城国宇治(現京都府宇治市)

1160年、平家一族は敵対する源氏一族の多くを処刑し、日本における権力を掌握した。その20年後、源氏は平清盛の政権に反抗する兵を挙げ、源平合戦として知られる一連の内乱を引き起こした。源氏は当時の混沌とした状況の中で寺の利益を守っていた手荒な僧兵たちと同盟を組んだ。僧兵が主に使った武器は薙刀といい、柄が伸びた刀のような道具であった。源平合戦の初戦は、源頼政を始めとする軍勢が、平家によって宇治川の南岸に追い詰められたところで起こった。源氏は平家に川を渡らせないような布陣をし、援軍の到着を待った。僧兵たちは壊れた橋の上で一騎打ちをし、平家の前進を食い止めた。源氏は最終的に平等院まで退き、そこで追い詰められた息子たちを敵に捕らえられた頼政は、辞世の句を詠み、切腹して果てた。

> 「埋もれ木の　花さく事も
> なかりしに　身のなるはてぞ
> 悲しかりける」
>
> 源頼政が切腹の前に詠んだ辞世の句(1180)

前九年の役

河崎柵の合戦

日付 1057年
兵力 安倍貞任/4,000人、源氏/不明
死傷者等 不明
場所 東北地方

源義家(1039-1106)は正真正銘の武士の魂を体現する者として世に現れた。前九年の役(1051-62)の時、彼は父の源頼義に従って戦う少年であった。源氏は出羽の国で安倍氏が起こした反乱の鎮圧を任せられていた。この役の最初の合戦は河崎で起きた。安倍貞任は守りの強固な場所に陣を設けた。源氏は吹雪の中突撃したが撃ち返され、追跡された。苦戦しながら退却した義家は、武士としての抜群の素質を見せ、長じて八幡太郎(戦の神様である八幡の息子)との名声を得た。彼は城砦をいくつか攻略した後、厨川柵の包囲攻撃に成功し、結果的に安倍氏の討伐に大きく貢献した。勝利した義家は、討ち取った貞任の首を京都の朝廷に持ち帰り、任務を果たしたことを証明した。

日本の刀
17世紀の短刀は、武士が名を残すための切腹の儀式に使う類のものであった。

弓騎兵
初期の武士が戦うこの場面は、戦での弓の重要さが際立っている。

名誉の自害
この19世紀に描かれた肖像画の源頼政は、戦場での偉業よりもその最期の遂げ方によって誰よりも崇拝されるようになった。

476年-1492年

東アジアの戦争

源平合戦
倶利伽羅峠の戦い

日付	1183年5月
兵力	平家/100,000人、源氏/50,000人
死傷者等	信頼できる推計なし

場所 加賀国・越中国境（現石川県・富山県境）

倶利伽羅峠の戦いは、源平合戦が源氏優勢に転じた一戦である。平家の棟梁平重盛の息子平維盛が指揮した平家軍は、源義仲の軍と交戦するために北上した。この平家の軍は多勢であったが、能力の低い徴集兵が大半を占めていた。大発生したイナゴのように田舎を通過し、農民がやっとのことで蓄えたわずかな米を食べつくした。源氏方の火打城を攻略した平家は、軍を二手に分けるという失策をする。平維盛が主力軍を率いて倶利伽羅峠へ向かう一方、少数軍は遥か北の能登の国へ進軍し、そこで小規模ながら戦略上価値のない勝利を得た。平家の主力軍は峠にたどり着き、そこから眼下の谷に義仲の軍を見下ろした。義仲は、自軍が実際よりも多勢であると思わせるため、人目に付く場所にたくさんの旗を掲げ、平家に即座に突撃することを思いとどまらせた。平家の軍が峠で休息し、馬に水を与えている間、義仲は掃討分隊を派遣して敵の背後を囲ませた。またこの行動から平家の注意を逸らすため、日暮れ間際までの長時間、弓による射撃戦を行った。陽が落ちると、源氏の移動部隊が突如として平家の背後を襲った。混乱を煽るため、義仲は燃え盛る松明を牛の角にくくりつけ、狭い峠道に放った。平家の軍は混乱して逃げまどい、多くは峠道を外れて崖から転落し、命を落とした。谷底まで落ちた者も、多くは殺害された。この大勝利の後、義仲は京の都に向かう平家の残党を追跡した。平宗盛は皇族の大半を連れて都を落ちた。義仲は大手を振って京に入り、後白河法皇に対して源氏にゆかりのある皇位継承者を次期天皇に推挙した。

面具
武士は護身と勇猛に見せるためにこのような面具を付けた。顔の下半分に鼻あてがあるタイプは面頬と呼ばれた。

源平合戦
粟津原の戦い

日付	1184年
兵力	源義仲/不明、源範頼と源義経/不明
死傷者等	信頼できる推計なし

場所 近江粟津（現滋賀県粟津）

倶利伽羅峠の戦い以降の源義仲の支配は、乱暴狼藉が目立ったため、一族が彼に対して兵を挙げた。義仲は従兄弟の源義経と源範頼によって都を追われた。緒戦の宇治川の戦いで敗れた義仲は、粟津原で敵軍と会戦した。義仲側で戦ったのは、信頼の厚い家来の今井兼平と愛妾の巴御前であった。義経と範頼は激戦の末勝利した。義仲は馬が動けなくなった後に矢によって殺された。巴御前も敵の武将の首を切り落とした末に死亡。敗戦に直面した今井兼平は、口に太刀を含んで馬から真っ逆さまに飛び降り自害した。

源平合戦
一ノ谷の戦い

日付	1184年2月
兵力	源氏/10,000人、平家/不明
死傷者等	信頼できる推計なし

場所 摂津国福原（現神戸市）

源義仲の死によって、源氏一族は一ノ谷の陣まで退却した平家との争いに思う存分専念した。源義経に率いられた軍は、敵陣に向かって海岸まで前進した。義経は大手軍を平家の守備陣地に面して配置した。戦いは伝統的な儀式を偏重する形式で始まった。源氏の武士は、自分の血統と軍歴を叫びながら平家の前線に接近し、平家側からの一騎打ちの名乗り出を待った。この前哨戦から全面戦争へと展開する間に、義経は搦手軍を率いて敵陣の背後の切り立った崖へ回った。平家はこの方面の防備を怠っていたのである。ところが義経の軍は馬に乗って崖を駆け下り、平家の陣営の背後へと突入した。平家は戦いながら海岸の船での撤退をやってのけた。この戦いの記録の一つに、開戦当初に戦傷を負った16歳の息子を嘆く源氏方の熊谷直実が、いかにして16歳の平敦盛を討つ立場となり、熟慮の末に実行したかが伝えられている。平家の大半は海へ逃れたが、源氏は海岸伝いに彼らを追跡した。義経は平家を最後の拠点であった屋島から追い出した。意気消沈した平家は関門海峡沿岸まで落ち延びた。1185年4月、義経はそこで平家を発見し、壇ノ浦の決戦を迎えることとなった。

首切り
戦の後、敵の死体の首を短刀で切り落とす武士のしきたり。弓と刀に加え、薙刀（なぎなた）を持つ者もいる。

源平合戦
壇ノ浦の戦い

日付	1185年3月
兵力	源氏/船850隻、平家/船500隻
死傷者等	信頼できる推計なし

場所 長門国壇ノ浦（現山口県下関市）

壇ノ浦での海戦は、源平合戦における源氏方の勝利を決定づけた。2つの船隊はそれぞれ多くの武士を乗船させていた。戦いは互いの遠距離の矢合せに始まり、続いて刀と短刀による白兵戦となった。平家の武将の一人が寝返ったことと、時宜を得た潮流の変化によって、源氏は大勝した。平家方のほとんどは海に身を投げて自害した。平宗盛は海から救い上げられ、京都まで連行される途中で処刑された。

海上の武将たち
壇ノ浦の戦いを描写するこの絵巻には、武士がいまにも白兵戦に持ちこもうと、引っかけ錨で寄せた長い櫓の船が見える。

武士の戦い

元寇
文永の役

日付	1274年10月
兵力	元軍/40,000人、日本軍/10,000人
死傷者等	信頼できる推計なし
場所	博多湾

1274年、モンゴル（元）軍の指導者フビライ・ハンは、モンゴル・中国・高麗の混合部隊を乗せ、900隻の艦隊を高麗から出航させた。この軍は、対馬と壱岐の防衛軍を大量殺戮した後、博多湾に上陸した。これは武士が初めて海外の軍と対決した出来事で、彼らは一騎打ちの名乗りあいも無視し、そ れどころか日本の歴史書の言葉を借りれば「全員が集団となって突進し、捕まえられる兵士なら誰とでも格闘し、殺してしまう」敵の不作法な戦争形態に驚愕した。この衝撃は、モンゴル軍の弓兵による密集戦術と、投石機で投げつける火薬爆弾の使用によって膨れ上がり、日本軍は内陸の大宰府方面への退却を余儀なくされた。日本は侵略者の手に落ちる危機に瀕したように見えたが、モンゴル軍は襲来とほぼ同時に再乗船して消え去ったことから、おそらくこれは単なる威力偵察に相当するものであった。悪天候によって蹴散らされたという繰り返し聞く話は、事実無根のようである。

> 「去る朔日大風動き、彼の賊船多く漂没すと云々。誅戮并生虜数千人、壱岐・対馬一艘と雖もこれ無し」
> 公家の勘解由小路兼仲による弘安の役に関する記述（1281）

源義経 1159年-1189年

源平合戦で最も聡明な将軍であった源義経は、源義朝の息子である。父親を1160年に暗殺され、幼かった義経は僧院に預けられて育った。1180年に兄の源頼朝が率いる打倒平家の反乱に加わった。義経は戦勝に大いに貢献し、その結果1185年に平家を滅亡に追い込んだ。だが頼朝は義経の軍功に対して、感謝よりむしろ脅威の念を抱いた。頼朝は義経の背信の罪を宣告して追討を命じ、敵に追い詰められた義経は1189年6月に自害した。

武士の鎧

この12世紀の武士の戦闘服は大鎧という。この時代の武士は基本的に弓騎兵であった。

- 装飾の施された面頬（めんぼお）
- 華美な籠手（こて）
- 上胸板に付けられた鉄の胴
- 腰を守るスカート状の脇楯（わいだて）
- 絹と革で編み上げられた漆塗りの鉄板の草摺（くさずり）
- 武士の階級を示す脛当（すねあて）

476年-1492年

元寇
弘安の役

日付	1281年5-7月
兵力	元軍/150,000人、日本軍/40,000人
死傷者等	元軍/言い伝えでは100,000人
場所	博多湾

1274年に未遂に終わった侵略の7年後、フビライ・ハンは機が熟すのを待った。1281年に彼が本気で侵攻軍を再編成したころ、日本人はそれに備えて、博多湾に全長20kmもの長い防塁を築くなど、沿岸の防備を整えていた。今回はモンゴル（元）軍は4400隻の船を二手に分け、小さな艦隊は高麗から、大きな艦隊は中国北部から出航させた。高麗からの艦隊が先に博多湾に着いたが、日本軍の凶暴な対応と強固な沿岸防衛によって、モンゴル軍は沖の島々に足止めされ、そこで彼らは小船に乗った武士たちに繰り返し襲撃された。この艦隊は撤退し、中国からの艦隊と壱岐で落ち合ったが、鷹島での襲撃以外には何の成果もなく、日本人には「神風」として知られる台風が侵攻軍を吹き飛ばし、海に沈めた。モンゴル軍はこれ以降、日本を征服しようとしなかった。

建武の新政
湊川の戦い

日付	1336年5月
兵力	天皇軍/2,700人、足利軍/不明
死傷者等	信頼できる推計なし
場所	摂津国湊川（現神戸市）

1331年、後醍醐天皇が北条家の執権政治に対して反乱を起こした。天皇を擁護する者の中には、山の城砦から北条家に反抗した楠正成がいた。幕府があった鎌倉の1333年の占拠によって北条家は失墜したが、その結果は別の一族の足利家が小さな政権を発足させたに過ぎなかった。1336年、足利軍は天皇のいる京都に進軍した。後醍醐天皇軍の武将新田義貞は、京都の防衛のために楠を上洛させた。楠は足利と対決するという決断に異議を申し立てたが、不本意ながら従った。天皇軍は湊川をまたいで布陣した。足利軍は陸と海から前進し、足利直義と小弐頼尚は陸の軍を、足利尊氏と細川定禅が水軍を指揮した。小弐が率いる軍の正面攻撃と背後からの細川の脅威に直面し、新田は退却した。これによって楠の少数軍は完全に孤立した。絶望的な状況の中で6時間戦った末、楠は親族や家臣とともに自害した。

武士の刀

12世紀以降、日本の軍事分野は、武士という独自の道徳軌範を持つ上級兵士に支配された。武士（侍）は禁欲的な生活様式を培うことと、いかなる時も主人のためには死をも厭わないことが求められた。武士の武器の中心は刀で、多くは極上のものであった。長剣（刀）は、短剣（脇差）と一緒に帯に差して持ち歩かれた。鞘から出すなり勢いよく切れるように、両方ともきわめて鋭い刃を持つ。武士の階級は1868年に廃止された。

日本刀と剣術道場

鍛造技術が発達するにつれ、日本刀の形状も進化した。初期の刀は真っ直ぐだったが、8世紀までに、武士は湾曲した刀が鞘からより速く引き抜くことができ、より良い切れ味を生むことに気づいた。武士の台頭に伴い、禅宗の教えに触発された武術が至高の精神集中の形式となった。地方大名は剣術道場に資金援助し、家臣はそこで剣術を学んだ。技は何年もの厳しい修行を経て習得された。練習には木刀や竹刀が使われ、17世紀以降、ようやく練習中のけがを予防する綿入りの防具が着用されるようになった。

刀の階級

刀は外出する時にのみ携帯され、武士だけがその所有を許されていた。脇差は常に腰に付けられていた。柄は階級を象徴する凝った装飾が施されることが多く、木製で、鮫皮と編み紐で巻かれ、中に目貫が入っていた。柄頭は敵が接近しすぎて刀が抜けない場合、殴るための武器にもなった。

短刀
武士は鎧の中に短刀を隠し持っていた。短刀の鞘には小柄（小さなナイフ）と笄（櫛）が納まっていた。

短刀

漆塗りの短刀の鞘

小柄（こづか）

笄（こうがい）

脇差
脇差は予備的な戦闘武器であったが、武士の切腹の儀式にも使われた。

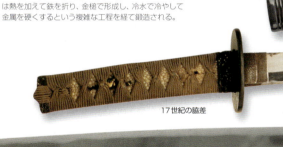

刀工
この絵には刀工が技を磨く様子が描かれている。刀身は熱を加えて鉄を折り、金槌で形成し、冷水で冷やして金属を硬くするという複雑な工程を経て鍛造される。

17世紀の脇差

刃文（はもん＝結晶の波模様）

太刀
これは柄をはずした刀である。刀身が水で冷やされると、刃文という自然の模様が刃にそって現れる。

14世紀の刀工大和志津作の刀

鎬（しのぎ＝稜線）

目貫（めぬき＝装飾）

鍔（つば＝刀の保護）

15世紀の刀工志津一門作とされる刀

帯に鞘を固定する下げ緒

15世紀の漆塗りの鞘と下げ緒

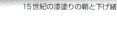

刀装に凝った脇差

刃渡りの短い槍

鎧兜
（よろいかぶと）

侍の刀は大きな切り傷を与えるように使われていたため、鎧は様々な防御をすると同時に、自由かつ素早い動きができるものでなければならなかった。それでも良い刀は大概の鎧を切り裂いた。胸や腕や肩を守るために、何枚もの漆塗りの金属板を、絹糸や革紐でつづり合わせ編み上げた。16世紀以降、鎧はより丈夫になり、火縄銃の弾に対してもある程度は防御できるようになった。鎧の形状と複雑さは時を経て全身防御にまで進化し、19世紀には右のような精巧なものになった。

戦の腕前
この19世紀の絵では、武士が刀を振り上げて攻撃をかわしている。刃が傷つかないように、峰を使っている。

1792年の刻印のある刀工
摂津住藤原長綱作の脇差

漆塗りの鞘

文打ち（切る時に使われる刃の部分）

峰（刀の背）

切っ先（刃先）

19世紀の当世具足

籠手（こて）

筏（いかだ）

逆板と衝胴（かぶきどう）

兜

騎士、城塞、弓兵

西暦1100年から1500年のヨーロッパでは、十字軍遠征を通じて戦闘エネルギーを外へ向けようと画策されたが、程度の差はあれヨーロッパ内でも絶えず戦闘が行われていた。戦闘への参加は身分の高い健全な若者にふさわしい行為とされていたのである。ヨーロッパでは政治権力が分散するという特性とあいまって、敵対王国の領土主張、都市の競合、公爵や教皇、皇帝間の権力争いにより、ヨーロッパ全土で対立がくすぶり、戦いへと発展していった。

騎士道の戦い

ヨーロッパの人々には「戦いはかくあるべき」という明確な理念があった。それは名誉と武勇の理想に鼓舞された騎士が馬にまたがり、騎士道にのっとって対戦することだった。槍を使った一騎打ちが好ましいとされたが、馬上槍試合以外の実戦はやや異なるものだった。この時代の大半は侵略と略奪が横行し、百年戦争ではイングランド軍がフランスの未開墾地を「略奪行」により荒らしまわった。あらゆる面で危険すぎたため、大規模な対戦はできる限り回避された。騎士たちはかなり防護にこだわり、こてやすね当て、さらに可動式の面頬付きの兜など、全身を包む甲冑を採用していた。馬もまた鎧を着用しなければならなかったため、騎士と馬の両方の重量により、ぬかるみを動き回るのは難しかった。

フリードリヒ2世の帝国
神聖ローマ帝国は、教会権力の絶頂にあった中世のローマ教皇により窮地に追い込まれた。

円錐形の鉄冑
14世紀の騎士に普及したかぶり物のバシネット。ドイツでは「フンドスカル」(犬面)と呼ばれた。

防衛策
14世紀末の英国のボディアム城。めぐらせた外壁を両側の塔が守る。

軍隊の結成

軍隊の結成と維持は常にヨーロッパ諸国に重くのしかかった。最も安上がりな戦争遂行は兵役義務のある者を使うことであり、こうした者たちは自前で武器をそろえ略奪品を報酬とした。しかし支配者たちは次第に報酬を払わざるを得なくなり、傭兵の雇用が一般的となった。傭兵隊を率いるのは野心的な傭兵隊長であり、イタリアではコンドッティエーレと呼ばれていた。なかには富と名声を手にする者もいた。しかし傭兵は解雇されると常に、寝返るか、すぐに略奪行為に走った。1450年ころになると、傭兵の雇用から職業軍人による常備軍編成の方向へと発展していった。

騎士、城塞、弓兵

中世の歩兵

弓、槍、矛槍を持つ普通の歩兵でも訓練を積めば、槍を持って突撃する騎士にも効果的であると判明した。騎士が戦場で負けると殺されるよりも捕虜となって身代金が支払われたが（騎士道の目的には犠牲者を最小限に留めることも含まれた）、歩兵がそのような待遇を受ける見込みはなかった。離れた場所から矢を放つ弓兵を卑怯と見なし、憎む騎士は多かった。教会は1159年にクロスボウの使用禁止を試み、騎士は捕らえた弓兵に残酷な復讐をすることもあった。

歩兵の甲冑一式
中世後期の歩兵は綿入りの防護服を着用し、殴打用の小円盾を携帯した。主な武器は段平という先を尖らせた長い棒である。

段平・サレット・片手剣・小円盾・籠手（こて）付きの防護服・食事用の小刀と短剣

トレビュシェット

トレビュシェットは大型の投石機で、ロープを引っ張る型と、13世紀に導入された平衡錘装置を操作する型（錘を巻き揚げ、投擲のため落下させる）があった。100kgの岩石を400m以上飛ばせるトレビュシェットも存在した。攻城戦の現場で工兵が組み立てるやや簡素なカタパルトとは違い、トレビュシェットは軍隊が運搬した。

仕様

起源	イタリア	高さ	4.5m
全長	3.6m	積載量	100kg
使用開始時期	11世紀	重量	2t超

投石袋・再度アームを下げるためのロープ・旋回アーム・「魔女の髪」と呼ばれた引き綱

投石機
1097年のアンティオキア攻城戦で使われた平衡錘トレビュシェット。錘は石や砂を詰めた箱である。投石袋から放たれたのは石や、ひどい時には切断された頭だった。

城塞と攻城戦

全体的に不安定なヨーロッパでは、要塞化が進んだ。市壁、城塞とも石造りの頑丈な構造物だった。城塞は、簡素な環状の外壁で内部の塔を囲んだだけのものから、中心を共有する幾重もの塀を備え、その塀に防御強化した門番詰所と塔を組み入れたものへと進化した。こうした防御に対して、投擲用の大投石機、トレビュシェット、バリスタ、破城槌、攻城塔などの攻城用兵器一式が配備された。14世紀になると大砲が加わったため、要塞の設計も再考せざるを得なくなった。

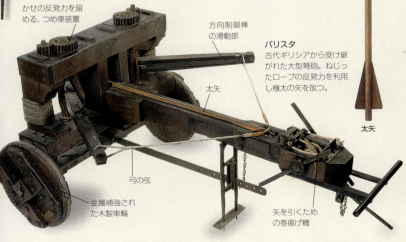

かせの反発力を留める、つめ車装置・方向制御棒の滑動部・バリスタ
古代ギリシアから受け継がれた大型弩砲。ねじったロープの反発力を利用し極太の矢を放つ。

太矢・弓の弦・金属補強された木製車輪・矢を引くための巻揚げ機・太矢

弓兵

中世ヨーロッパにおいて最も実戦で活躍したのは、ジェノヴァのクロスボウ弓兵部隊とイングランドの長弓兵部隊である。クロスボウは比較的装填に時間がかかる武器だったが、この弱点を強い貫通力で補った。1分間に12本ほどの矢を放てる長弓は、素早さでは有利であったが、名人でないと効果的に使いこなせなかった。イングランドでは1337年に優秀な弓兵を確保する目的で、弓術以外のすべてのスポーツが禁止された。初期の小火器は戦場での有効性において弓には及ばなかった。

長弓兵
クレシーの戦いにおけるウェールズの長弓兵。長弓を使いこなすには腕力と長年の訓練が必要だった。

476年-1492年

教皇と皇帝

12世紀から13世紀にかけてのヨーロッパは、教皇、フランス、ホーエンシュタウフェン朝の神聖ローマ皇帝による三つどもえの権力争いで分裂していた。最も激しい争いが繰り広げられたのは政治上分断していたイタリアでは、皇帝派のギベリン党と教皇派のゲルフ党が権力を争った。ホーエンシュタウフェン家は当初ドイツを本拠地としていたが、13世紀になると婚姻により継承したイタリア南部とシチリアの土地に関心を移した。教皇は1260年代にこの地からホーエンシュタウフェン家を追い出そうとフランス人のアンジュー伯シャルルという人物に援助を求めたが、シチリアの晩鐘事件（1282-1302）でアンジュー家はアラゴン王国に倒された。

ロンバルディア同盟の戦争
クレマ包囲戦

日付 1159年6月-1160年2月
兵力 フリードリヒ1世軍/不明、クレマ市民軍/不明
死傷者等 信頼できる推計なし
場所 イタリア北部、ミラノ付近のクレマ

1158年にフリードリヒ1世「バルバロッサ」（赤髭王）は、ミラノを始めロンバルディア地方の諸都市で専制君主の地位に就こうとイタリアへ進軍した。クレマは小規模ながら、ミラノと同盟関係にある守りの堅固な都市だった。1159年6月、フリードリヒはクレマ市民に市壁を取り除くよう命令したが、これは近隣のクレマの最強の敵、クレモナによる働きかけだった。クレマが拒否すると両陣営が野蛮で残酷な行為を応酬する悲惨な攻城戦に突入した。フリードリヒが捕虜の首をはねると、クレマ市民は敵からよく見えるように、市壁の上で捕虜を切り刻んで報復した。フリードリヒはこの包囲戦でクレマの子供たちをカタパルトに据えて投げ飛ばし、市壁にぶつけたと言われている。既知の攻城戦術はすべて使われた。包囲側は、壁の下を掘る工兵を防護するため箱型盾という移動覆屋を使った。守備側も自分たちで坑道を掘って応戦したので、地下での戦いとなった。破城槌が要塞に突破口を開けても、クレマ市民は突破口の内側に土壁を築き、再び行く手を阻んだ。飢えと病で弱体化した市民は最終的に降伏した。町が全壊する前にクレマ市民は避難を許された。

投石機
カタパルトはロープをねじってかせにし、その反発力を利用した。ねじれを解放するとアームが上に飛び上がり投擲する。

（図注）
- 投擲する物を入れるカップ
- 重いオークの木枠
- アームを引き下げるロープ
- ねじれたロープのかせが動力となる

ロンバルディア同盟の戦争
レーニャノの戦い

日付 1176年5月29日
兵力 フリードリヒ1世軍/騎兵3,500騎、歩兵不明、ロンバルディア同盟軍/騎兵4,000騎、歩兵不明
死傷者等 不明
場所 イタリア北部、ミラノから30km

1176年、フリードリヒ1世は再び教皇やロンバルディアの都市に自らの権威を振るおうとイタリアへ出兵した。フリードリヒがコモからパヴィアへ3000騎余りのドイツ騎兵を伴って南下していたところ、ミラノ隊とロンバルディアの都市同盟軍に阻まれた。ミラノ軍は市民軍であり、比較的裕福な市民は馬を用意し、そうでない市民は歩兵となった。全員が交易と農耕で得たミラノの富のおかげで武器甲冑をすっかり備えていた。市民による騎兵隊は敵軍に劣ったが、ミラノの歩兵は高度な訓練を受け士気も高かった。フリードリヒは数の上ではかなり劣勢で、意のままに動かせるのは騎兵隊だけだったが「逃げるのは皇帝の威厳にふさわしくない」と戦闘回避の進言を退けた。最初、ドイツ騎兵は向かうところ敵なしであり、ロンバルディアの前衛騎兵を蹴散らし、騎兵隊本体に猛攻をしかけ、市民騎兵を敗走させた。このためロンバルディアの歩兵は取り残され、騎兵の攻撃にさらされた。歩兵は肩を寄せ合い、味方のカロッキオを囲んで立ちはだかった。カロッキオとは軍旗を掲げ司祭が乗り込んだ大型の馬車のことで、隊にとって死守すべき神聖な再結集地点としての役割を果たしていた。ミラノの歩兵は、逆さにした槍を外向きに地面に突き刺し、それを盾として、猛突撃してくる帝国重騎兵隊の大軍に立ち向かった。前線が突破されれば市民軍は皆殺しとなるのだが頑強に持ちこたえ、ドイツ騎士による再三の攻撃を長い槍で打ち砕いた。フリードリヒが戦闘中に落馬し、姿を消したちょうどその時、再編成されたロンバルディアの騎兵隊が浮き足立つドイツ軍の側面を攻撃した。ドイツ軍は敗走したが、ミラノ軍は追跡し、多くの捕虜を取るとともにフリードリヒの槍、盾、ドイツ軍旗を獲得した。当初死亡したと思われたフリードリヒは戦闘の3日後、無事パヴィアに姿を現した。

（地図凡例）
- フリードリヒ1世軍
- 援軍騎兵隊
- ミラノ市軍旗
- ロンバルディア同盟軍
1. フリードリヒ1世の騎兵隊は攻撃に成功したが、同盟軍の歩兵は市民軍旗を囲み堅固に立ちはだかった。
2. 騎兵隊の援軍のおかげで同盟軍は持ち直し敵軍を破ることができた。

神聖な馬車
ミラノ市民軍のカロッキオ。19世紀に描かれたレーニャノの戦いの殺戮場面では軍旗と司祭を乗せたこの馬車が中心となっている。

1123年ころ-1190年
バルバロッサ BARBAROSSA

ホーエンシュタウフェン家のフリードリヒ1世は赤い顎髭を持つことからバルバロッサ（赤髭王）として知られ、1152年に神聖ローマ皇帝に即位した。イタリアへは6回遠征したが、レーニャノの戦いで敗れた後の1177年、最終的には教皇アレクサンデル3世と和解した。ドイツではサクソン公ハインリヒ獅子王との長い権力闘争の末に頂点に立った。青年時代、1147年の第2回十字軍に参加した王は、1189年に再び聖地を目指したが、途中のトルコの川で溺れ、命を落とした。残虐な面もあったが有能な武将であるとともに野心的な政治家でもあった。

バルバロッサの金箔貼りの頭部像

教皇と皇帝

アンジューとフランドルの戦争

ブーヴィーヌの戦い

日付 1214年7月26日
兵力 フランス軍/騎士1,450騎、歩兵6,000人、ドイツとフランドル軍/騎士1,500騎、歩兵7,500人
場所 フランス北東部トゥルネーの南、ブーヴィーヌ
死傷者等 ドイツとフランドルの騎士300人が殺害されるか捕虜となった

1213年、ドイツのオットー4世、フランドルのフェルディナンド伯、イングランドのジョン王による連合軍が、フランスのフィリップ2世に戦いを挑んだ。1214年、オットー帝が率いた軍がブーヴィーヌでフランス軍と対戦。甲冑姿の騎兵が槍を下段に構え突撃し、歩兵も猛攻したため、オットー軍は傭兵の歩兵隊のみになった。勝利したフィリップ王はフランドルの支配権を握るとともに、ジョン王のフランス領奪還の望みも絶った。

甲冑の衝突
ブーヴィーヌでは騎士同士の接近戦となった。槍のほか短剣も使い、鎧の継ぎ目から突き刺した。

アラゴンとフランスの戦争

ベネヴェントの戦い

日付 1266年2月26日
兵力 アンジュー軍/騎士3,000人、マンフレーディ軍/騎士3,500人、弓兵数千人
場所 イタリア南部、ナポリの東、ベネヴェント
死傷者等 アンジュー軍/不明だが被害甚大、マンフレーディ軍/不明だが被害甚大

1250年に神聖ローマ皇帝フリードリヒ2世が没すると、その庶子マンフレーディがイタリア南部とシチリアの支配権を握った。フリードリヒ同様マンフレーディもこの領土を支配拠点としイタリアにおける教皇勢力に立ち向かった。1264年、教皇ウルバヌス4世は、フランス王ルイ9世の弟アンジュー伯シャルルにシチリアの統治権を与えるという条件で反撃させた。ルイ王はシャルルの軍隊結成のために資金を援助したが、イスラム教徒のサラセン人とマンフレーディの親交がキリスト教徒としての王の信条に反したのが理由の一端であった。1265年から1266年の冬にシャルルはローマに到着し、さらに軍を南下させベネヴェント近くの平原でマンフレーディ軍と対戦した。マンフレーディは散兵として何千ものサラセン弓兵を前線に送り込み戦闘を開始した。徹底的な矢の攻撃に見舞われ、フランス人歩兵は混乱して退却した。そこでフランス騎士隊の前衛部隊がサラセン人に反撃をかけ、たちまち追い散らした。次に槍を下段に構えたドイツ騎士隊が乱れたフランス騎兵隊の側面を攻撃した。騎士たちが戦いの渦中へと突撃していくにつれ、戦闘は大混戦に発展した。接近戦になったため、サラセン弓兵は敵と味方の区別がつかず矢を放てなかった。

王の槍
ベネヴェントの戦いで王冠をかぶり槍で突くアンジュー伯シャルル。マンフレーディはこの戦いで討ち取られた。

クロスボウ

クロスボウは、当時の手持ちの発射兵器の中で最強のものだった。弓兵は弓床の端についている鐙を足で踏みつけてしっかりと固定しながら巻揚げ、弦を留め具にかけた。再装填には時間がかかったが、射つための特別な技能は必要なかった。

二重の弦 / 張力の強い麻の弦 / 太矢 / 鉄の矢じり / 鐙（あぶみ）/ フランドルのクロスボウ / 腕木 / 矢をはめ込む溝 / 弓床 / 巻揚げ機

ランス軍は甲冑で身を固めた敵騎手ではなく馬を攻撃し、大損害を与えた。正念場でマンフレーディが予備軍に攻撃命令を下したが、裏切って戦場から馬で逃げ去る者が多かった。それにもかかわらずマンフレーディは突撃し、馬の向きを変えては剣を振り下ろす騎士の集団の中に姿を消した。次第に制圧されたマンフレーディ軍は壊滅し、漸次討ち取られていった。

シチリアの晩禱戦争

ナポリ湾の戦い

日付 1284年6月5日
兵力 アラゴン軍/ガレー船40隻、アンジュー軍/ガレー船30-40隻
場所 イタリア南部
死傷者等 アンジュー軍のガレー船、最低10隻が捕獲

シチリアの晩禱戦争でアラゴン王国がイタリア南部の支配権を得ようとアンジュー伯シャルルと戦った。1284年6月にアラゴン軍の提督ロヘル・デ・ラウリアがナポリ湾を封じ、次いで戦いをしかけるためアンジュー軍の船団を港の外へおびき出した。アンジュー伯シャルルの弟、サレルノのシャルルが指揮するアンジュー船団はラウリアの船を外海まで追った。両軍が港から十分に離れるとラウリアが向きを変え、そこに付近のカステラマーレから気づかれずに忍び寄った援軍が合流。シャルルの船団には逃げた船もあった。残りの船はラウリアのクロスボウ弓兵の矢を浴びた。アラゴン軍は敵の甲板に石鹸を投入し、兵が滑って立てないようにしたと伝えられている。シャルルは持ちこたえたが、船に穴を開けられ降伏した。

476年-1492年

異教と反乱

中世後半になると、それまで名ばかりの忠誠しか示さなかった家臣や被支配民に対し、ますます力を拡大してきた君主たちが真の権威と宗教の統一を押しつけようとした。このような独断的な新興宗教や新しい政治的権力に対抗するという形で、ヨーロッパ各地で戦いが頻発した。フランスでは1209年に始まったカタリ派異教徒（別名アルビ派）の弾圧が引き金となって複雑かつ残忍な紛争が起こり、最終的にはそれまで自治の地域であったラングドックがフランス王の版図に組み込まれることとなった。英国ではイングランド王がスコットランドやウェールズに覇権を伸ばそうと戦い、さらに国内では、反逆心のある貴族や王権を主張する対立者による謀反に直面した。

アルビジョア十字軍
ミュレの戦い

日付 1213年9月12日
兵力 十字軍／騎兵900騎 歩兵1,200人、トゥールーズ・アラゴン軍／騎兵4,000騎、歩兵30,000人
場所 フランス、トゥールーズの南20km
死傷者等 トゥールーズ・アラゴン軍／7,000人超が死亡

シモン・ド・モンフォールは、南フランスのアルビ派（カタリ派）異端者征伐の十字軍を率いたが、ミュレの町でトゥールーズ伯レーモン6世とアラゴンのペドロ2世の圧倒的な大軍に包囲された。シモンの唯一の望みは攻撃で、騎士を町の外に連れ出し遠回りをしながら敵陣へと近づいた。甲冑を光らせ「森全体が斧で切られるような」凄まじい音をたてながら、全速力でトゥールーズ軍の騎兵隊に突撃した。次にアラゴン騎兵隊も同じ手口で粉砕し、王を一刀で討ち取ると、続いて野営地を守るレーモンの騎兵隊を蹴散らした。残るは市壁を包囲する歩兵を討つことだけだった。

完璧な異端信仰
アルビ派の信仰は全社会階層に広まった。田舎の農民も裕福な町人も、同じように惹きつけた。

アルビジョア十字軍
トゥールーズの戦い

日付 1217年10月8日-1218年7月1日
兵力 十字軍／不明、トゥールーズ市民軍／不明
場所 フランス、トゥールーズ
死傷者等 信頼できる推計なし

1209年に教皇インノケンティウス3世は、南フランスのラングドックに特に多かったキリスト教異端のアルビ派に対し、十字軍を遠征させると宣言した。異端者を徹底的に弾圧するためフランス北部から貴族や騎士が進軍し、1209年7月にベジエの全住民を虐殺。教皇特使のアルノー・アモーリは「みな殺しだ。主はおのれのものを知り給う」と命じたと伝えられている。十字軍初期の成功で利を得たのはシモン・ド・モンフォールで、ベジエやカルカソンヌなどの広大な領土を手に入れた。シモンの権力が増大したことで、トゥールーズ伯のレーモン6世や南フランスに利権を持つアラゴンのペドロ2世との対立が起こった。ミュレで勝利を収めたシモンの地位は揺るぎがたく見えた。レーモン伯が逃亡したため、シモンがトゥールーズの支配権を握った。しかし1216年にトゥールーズの市民が反乱を起こすと、シモンは町を略奪し報復した。レーモン伯は町を取り戻す機会を見逃さなかった。1217年9月に再びトゥールーズに戻ったレーモン伯は熱狂的に迎えられた。トゥールーズ市民はシモンが破壊した町の要塞を再建し、十字軍が現れる前に守備を固めようと日夜働いた。シモンは10月8日に町はずれに到着し、半分完成した要塞を直ちに攻撃するよう命じた。全市民は手元にある飛び道具をすべて使って応戦した。年代記作者の記載には、攻撃者の上に岩、矢、棒、石が「細かい雨のように密集して」落ちてきたとある。トゥールーズの騎士たちは至近で十字軍兵士を捕らえようと出撃したが、追い返された。シモンは北フランスから騎士の援軍を得たものの、続く冬から春まで、襲撃に繰り返し失敗した。そのうえ、ガロンヌ川伝いに町に物資が届いてしまった。1218年6月、シモンは町の胸壁よりも高い台を備えた巨大な攻城塔を築いた。守備側は塔を破壊しなければ敗れると決め込んだ。6月25日、市民は攻城塔攻撃のため市壁の外側に集結した。シモンと騎士たちはこの攻撃に対して馬で突撃し、トゥールーズの市民を退却させたが、危険なほど守備側に近づいてしまった。シモンの鉄兜に投石機から放たれた岩が当たった（トゥールーズの女性が操作したと言われている）。その一撃で「両目、脳天、奥歯、額、顎が打ち砕かれた」と年代記作者は書いている。シモンが死亡すると、まもなく包囲は解かれた。

市民の強制退去
1209年8月、十字軍はカルカソンヌのカタリ派を追放した。家も財産も置いて行かなければならなかった。

攻城戦の光景
カルカソンヌにあるシモン・ド・モンフォールの墓のレリーフ。トゥールーズの戦で攻城戦兵器を使用した様子が彫られている。

1160年ころ-1218年
シモン・ド・モンフォール SIMON DE MONTFORT

アングロサクソン系フランス人騎士のシモン・ド・モンフォール4世は1202年から1204年の第4回十字軍に参加し、同胞のキリスト教徒への攻撃参加を拒否したことで有名になった。1209年に始まるアルビ派十字軍の将という役割によりラングドック人民から永遠の憎悪を受けることとなった。右はトゥールーズの包囲で命を落とした場面。次男で同名のシモン・ド・モンフォールは英国で貴族の反乱を先導した。

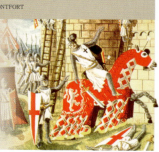

異教と反乱　111

第2次バロン戦争
イーヴシャムの戦い

日付	1265年8月14日
兵力	モンフォール軍/7,000人、エドワード王子軍/20,000人
死傷者等	信頼できる推計なし
場所	英国、ウスターシャー州イーヴシャム

1258年にレスター伯シモン・ド・モンフォール率いる貴族グループが、イングランド王ヘンリー3世にオックスフォード条項を承諾させた。この条項により王は国政を貴族議会に委譲し、定例議会を開くことを余儀なくされた。1261年にヘンリー王がこの条項を破棄すると、続いて内乱が勃発。1264年のルイスの戦いで王と息子のエドワード長脛王がモンフォールに敗れ、捕らえられた。しかしエドワードは逃亡して英国西部で挙兵し、一方、モンフォール伯はウェールズ公ルウェリンと同盟を結んだ。伯はウェールズで兵を招集し、同名の息子シモンが指揮する大部隊に加わるべく出発。エドワードはモンフォール親子の合流を阻止すべく、ウースターから即座に東へ進軍して8月2日に

接近戦
エドワード王子と十字軍の章を身につけたシモン・ド・モンフォール。イーヴシャムの戦いにおける想像上の対決場面。

夜明けに奇襲をかけ、ケニルワースで野営していた息子のシモン軍を破った。この惨事を知らないシモン伯は8月3日から4日にかけイーヴシャムの谷に夜営した。エドワードは兵を夜通し進軍させ、イーヴシャムから2本しかない道をふさぐように軍を配備した。圧倒的な軍勢に包囲されたことを知ると、シモン伯は「たとえこの身は敵のものでも、神よ、われらの魂を憐れみ給え」と言ったと伝えられている。無鉄砲にも部下を率いて突撃し、エドワードの本陣めがけ駆け上がったが、兵は囲まれシモン伯は討ち取られた。この戦いがあまりに一方的だったため、グロスターの年代記作者ロバートは「戦いではなくイーヴシャムの殺戮」と呼んだ。

アングロサクソン人とスコットランド人の戦争
スターリングブリッジの戦い

日付	1297年9月11日
兵力	スコットランド軍/15,000人、イングランド軍/50,000-60,000人
死傷者等	信頼できる推計なし
場所	英国、スターリング北方のアビー・クレイグ

1297年、スコットランドの民衆はイングランド王エドワード1世によるスコットランド併合に対し、反乱を起こした。ウィリアム・ウォレスとアンドリュー・マリー率いるスコットランド軍はフォース川上方の丘の傾斜地に軍を配備し、サリー伯配下の優勢なイングランドの大軍と対面した。
イングランド軍はスコットランド前線の目前にある狭い橋を使って川を渡り始めた。ウォレスとマリーは丘下へと槍を投げつけた。何千ものイングランドの騎士が湿地でもがきながら討ち死にした。対岸の残りのイングランド軍は戦場から逃げ去った。

スコットランドの英雄
ウィリアム・ウォレスは捕らえられ、1305年にロンドンでイングランド人に処刑された。

薔薇戦争
ボズワース・フィールドの戦い

日付	1485年8月22日
兵力	ヘンリー・テューダー軍/5,000人、リチャード3世軍/8,000人
死傷者等	信頼できる推計なし
場所	英国、レスターシャー郡マーケットボズワース近く

1485年8月7日、ヘンリー・テューダーはイングランドの王位要求を宣言する目的で、ウェールズのミルフォードヘヴンに上陸した。ヘンリー軍はボズワース・フィールド（正確な場所は不明）においてリチャード3世の軍と対戦した。リチャードの軍勢は数的には優勢だったが不忠者ばかりだった。両軍へ加勢の約束をしていたスタンレー卿が率いる3番目の軍勢は、ヘンリー・テューダー側について介入した。この戦いの鍵を握る瞬間に、王はこの王位僭称者を討ち取り勝利しようとヘンリーの本陣へ突撃隊を率いた。リチャード王はテューダー側の旗手を討ち取ることには成功したが、味方の大半が寝返るか戦線を離脱したため、包囲され討ち取られた。ヘンリー・テューダーはヘンリー7世として政権を握った。

グリンドゥールの反乱
オワイン・グリンドゥールの反乱

日付	1400年-1409年
兵力	グリンドゥール軍/不明、イングランド軍/不明
死傷者等	信頼できる推計なし
場所	ウェールズ

ウェールズは1280年代にイングランド王エドワード1世に征服され、王は多数の城を築いてこの地を支配した。表面上は大半のウェールズ人がこの状況に甘んじていたようだが、不満はくすぶっていた。1400年にウェールズの領主オワイン・グリンドゥールは隣接する無法なイングランド人と諍いとなり、ルーシン城周囲の村を焼き払った。この事件が引き金となり全ウェールズが蜂起したのである。プリンス・オヴ・ウェールズを名乗ったグリンドゥールはゲリラ戦によりウェールズの大半を勢力下に置いた。1402年6月、ウェールズ軍はエドマンド・モーティマー伯率いるイングランド軍にピレスで大勝した。捕虜となったモーティマー伯はグリンドゥールの味方となりイングランド北部のパーシー家が率いるヘンリー王への反乱軍との仲介をした。しかしパーシー家は1403年7月にシュルーズベリーの戦いで、グリンドゥール軍と組む前に敗退してしまう。グリンドゥールは次にフランスの援護を求め、1405年にフランスのクロスボウ弓兵と歩兵がミルフォードヘヴンに上陸し、ウェールズ軍とともにウースターへ進軍した。ヘンリー王や重装備の騎士と対峙したウェールズ軍が退却すると、失望したフランス軍はまもなく帰国した。王の息子ヘンリー王子は反乱を軍事行動により粉砕し、同時に反乱軍が再び王への忠誠を誓うよう仕向けた。ハーレフ城はイングランドに抵抗する最後の砦となった。1409年、飢餓に苦しみ、補給の望みを絶たれたウェールズの守備小隊は降伏した。グリンドゥールはウェールズの丘陵に姿を消し、その後の消息は不明となる。

> 「ウェールズ人のイングランド人に対する反抗心は長年の狂気である。予言者マーリーンの言葉を借りれば、奴らはいまだにイングランドを取り戻そうとしている」
> ─ エドワード3世の廷臣の記述

戦いの舞台となった城
南ウェールズのブレコン近くのカレグケネン城。イングランド側が築いた城だが1403年にグリンドゥール軍に攻められた。

476年-1492年

百年戦争

1337年から1453年にかけてイングランド王とフランス王の間で繰り広げられた一連の戦争は、一般に「百年戦争」と呼ばれている。この戦争は、フランス王位継承権がイングランドにあるとエドワード3世が主張したことに端を発し、フランスのシャルル7世がイングランド軍をフランスからほぼ完全に撤退させて終結した。

百年戦争
スロイスの海戦

日付 1340年6月24日
兵力 イングランド軍／150-250隻、フランス軍およびジェノヴァ軍／約190隻
場所 南オランダ、ゼーラント州
死傷者等 フランス軍およびジェノヴァ軍／拿捕または沈没166隻

百年戦争の初期段階ではエドワード3世がフランスを攻撃すべく、フランドルの諸侯同盟軍を利用しようとした。しかし戦果があげられず、1340年夏、自らのフランス王位継承権を主張するエドワード3世は、艦隊を率いて海峡を渡った。フランス艦隊はジェノヴァのガレー船を雇い戦力強化し、イングランドに対抗すべく集結した。指揮官は、フランス人ユーグ・キエレ提督と、ジェノヴァ人エジディオ・ボカネグラ(別名バルバヴェラ)であった。両艦隊はフランドル沖の入り江で対峙した。フランス艦隊はバルバヴェラの助言を退け、港に碇を下ろしたまま3列から4列の隊形をとり、船同士をロープでつなぎ合わせた。エドワードの艦隊は6月24日朝に入港した。両軍とも船には兵士を満載していた。当時の海戦は地上戦と同じく接近戦だったからである。唯一の違いは、年代記作家フロワサールが述べた「海上の戦いは陸上の戦いより危険で恐ろしい。退却も逃亡もできない」点だ。イングランド艦隊は、弓兵の船2隻ごとに重装兵を満載した船1隻を間に置いていった。イングランド艦隊は、風上で太陽を背にする優位な位置を占めると、フランス軍に接近して戦闘が始まった。火矢の打ち合いと横並びに向き合う船の間で行われた接近戦では、イングランド軍が終始優勢であった。エドワードの

戦闘用コグ船
スロイスの海戦で見られた船の大半は、見た目の悪い1本マストのコグ船であった。海上戦でこれらの船は、兵士を乗せ戦闘区域まで運ぶ役目を果たした。

言によると「その日1日とその夜」まで続いた戦闘の後、フランス艦隊はほぼ壊滅状態となった。バルバヴェラは逃走したが、キエレは殺害された。フロワサールはフランス軍の死者を、誇張であるにせよ3万人と記している。しかしエドワードはこの勝利に乗ずることができず、続く地上戦はトゥルネーの攻囲戦と同様に失敗に終わった。さらに、この戦いでの遠征費用が莫大な額に上ったため、1340年代は他に大々的な侵攻を試みることがかなわなかった。

百年戦争
クレシーの戦い

日付 1346年8月26日
兵力 イングランド軍／10,000-20,000人(うち長弓兵10,000人)、フランス軍／25,000-60,000人
場所 フランス北部、ピカルディのアブヴィル近郊
死傷者等 イングランド軍／死者200人、フランス軍／死者4,000人(推定)

1346年7月、エドワード3世は軍を率い海峡を渡り、ノルマンディーに上陸した。フランスの領土を蹂躙しながらパリへと南進した後、北東に向きを変えた。追跡するフランス王フィリップ6世は、フランスの海岸近辺でイングランド軍を捉えた。エドワードはクレシー村の傾斜面沿いに陣地を構えてい

> 「イングランドの弓兵は一歩前進すると、驚くほどの力強さと機敏さで矢を放ったため、雪が降ったように見えた」
> 年代記作者ジャン・フロワサール(1369ころ)

た。8月26日の午前、エドワードは軍勢を3隊に分けて配置し、そのうちの1隊は形式上、16歳の息子エドワード王子に指揮させた。各隊は、騎士、騎士見習い、騎乗せず装甲歩兵の役割を果たす領臣、長弓部隊、ウェールズの軽騎兵という構成だった。フランス軍は長い行軍で疲弊し統率を乱し、雷雨によりずぶ濡れになったうえ、太陽を背に陣取るイング

騎士の兜
細いスリットから外を見る仕様になった鉄製の兜は、重い上に十分な視界を確保できないが、防御性能は優れていた。

ランド軍と対峙することとなった。しかしフィリップは、数で下回るイングランド軍を直ちに攻撃せんと勇む騎士団を止めることができなかった。やむなく、ジェノヴァの傭兵からなるクロスボウ部隊が斜面を進軍した。部隊の早すぎた一斉射撃は無駄に終わり、射程距離と発射速度で勝るイングランドの長弓部隊により壊滅した。クロスボウ部隊が退却すると、アランソン伯率いるフランス軍の騎士団は斜面を登り、イングランドの弓兵が降雨のごとく矢を放つ中へと突入していった。少数はイングランド部隊まで達し、エドワード王子の一隊と激しく交戦したが、大半が死傷した。フィリップの同盟者で、年老いた盲目のボヘミア王ヨハンが記憶に残る騎士道精神を見せ、戦死した。ヨハンは翌朝、戦場に倒れた何千もの貴族や庶民の中に発見された。

1330年-1376年
エドワード黒太子 BLACK PRINCE

イングランド王エドワード3世の長子エドワード王子は、百年戦争で勝利をあげた指揮官の一人である。甲冑の色から黒太子と呼ばれた。青年時代にクレシーの戦いでそつなく働き、その後、1356年のポワティエの戦い、1367年のナヘラの戦いでも勝利した。また「騎行」と呼ばれる略奪と破壊を繰り返す戦術を取ったことでも知られ、フランスの広大な地域を荒廃させた。生涯最後の戦いは、悪名高い1370年のリモージュの大虐殺である。エドワード3世に先立ち死亡したため、王となることはなかった。

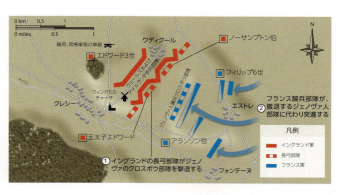

百年戦争
カレー包囲戦

- **日付** 1346年8月4日-1347年9月4日
- **兵力** イングランド軍/推定30,000人、フランス軍/不明
- **場所** 北フランスのカレー
- **死傷者等** 信頼できる推計なし

クレシーで勝利した後、エドワード3世は北に行軍し、港町カレーを包囲した。軍勢を従え、町の石壁を破壊するべく原始的な大砲20門を配備した。実は荷車に金属製の砲管を搭載しただけだったため、効力はなかった。カレーの市民は発射音に驚いたものの、砲弾が石壁を破壊するには至らなかった。降伏まで兵糧攻めせざるを得ないイングランドは、援軍や補給品をイギリス海峡越えでフェリー輸送せねばならず、時間と多額の費用を要することとなった。フィリップ6世は町を救出できず、市民は鼠を食らうまでに飢え、13カ月後にカレーは降伏。リーダーのジャン・ド・フィエンヌと6人の裕福な

象牙彫刻の塔
堀を巡らす城の攻囲を描いた中世の象牙彫刻。クロスボウは攻囲側、籠城側双方でよく用いられた。

市民が首にロープを巻いた姿で町から現れ、慈悲を求めた。カレー占領はエドワードにとって貴重であったが、財源が尽きたうえ、ヨーロッパでは黒死病が猛威を振るっていた。そのため協定が結ばれ、8年間の休戦が続いた。

百年戦争
ポワティエの戦い

- **日付** 1356年9月19日
- **兵力** イングランド軍/12,000人（内、重装歩兵4,000人）、フランス軍/20,000人-40,000人
- **場所** 中央フランスのポワティエから3km東
- **死傷者等** フランス軍/死者2,500人、捕虜2,600人、イングランド軍/死者1,000人

1356年晩夏、エドワード黒太子はアキテーヌから軍を率い中央フランス中を襲撃した。9月、略奪品を満載し荷物段列が速度を落としたため、イングランド軍はジャン2世率いるフランス軍に阻止された。エドワードは、ポワティエ郊外の斜面に強固な防御陣地を築き、優勢な敵軍との対決を回避しようとした。9月19日早朝、エドワードは逃走を試みるが、イングランド軍の撤退に気づいたフランス軍が攻撃を開始。エドワードは急ぎ戦場に戻らざるを得なくなる。イングランド軍は生け垣の背後に布陣した。年代記作者フロワサールによれば「蔓植物や棘のある低木の生け垣の背後に、弓兵と重装兵がすべて歩兵として整列していた。生け垣には4人の騎士が横1列で通れるほどの隙間が1カ所あった」。フランス軍はこの隙間から突撃させようと、300人の騎兵精鋭部隊を送り出した。残りの勢力は下馬騎士として、この先陣部隊の後を追った。フランス軍の騎兵が生け垣の隙間に達すると、長弓部隊が馬に矢を放った。

騎士の模型
馬に乗った14世紀の騎士の銅像。中世に理想とされた気高い戦士を象徴している。

イングランドの重騎兵は、倒れた馬と騎士が入り乱れる中に分け入り次々と切り殺した。続いてジャン2世の王太子率いるフランスの騎兵隊が矢の雨の中を進み、激しい白兵戦を繰り広げた。エドワードは前線に予備部隊を送り、イングランド軍はかろうじて勝利を収めた。疲弊し多数の負傷者を出しながらもイングランド軍は、フランス軍のさらなる猛襲に備え、弓兵は死体から矢を抜き取り、空の矢筒に補充した。幸い、若いオルレアン公率いるフランスの第3部隊は、王太子軍の惨劇に怖気づき逃げた。このため、国王自ら率いるフランスの最終部隊がイングランド軍に向かうこととなった。主導するエドワードは総攻撃を命じ、背後から攻撃すべくフランス軍の側面に200人の騎兵隊を送った。両軍は激しく交戦した。イングランド軍の弓兵は弓を切らし、剣を使うほかなかったが、騎兵隊が背後からフランス軍を壊滅させた。最後は国王と側近だけがばらばらになった死体の中で戦ったが、ついには取り押さえられ降伏した。

追いつめられた王
ポワティエで最後の抵抗を示すフランス王ジャン2世。捕虜として1360年までイングランドに拘束され、金貨300万枚の身代金を払って解放された。

騎士、城塞、弓兵

百年戦争

ナヘラの戦い

日付 1367年4月3日
兵力 フランス軍およびカスティーリャ軍/推定30,000人、イングランド軍/推定20,000人
場所 スペイン北部のエブロ川南方
死傷者等 フランス軍およびカスティーリャ軍/死者7,000人、イングランド軍/死者100人

1360年、イングランドとフランスは正式に和平条約を結んだが、フランス国民の苦しみは終わらなかった。「主なき部隊」と呼ばれた傭兵隊は解散に応じず、各地を略奪して収益を得ていた。フランス国民が心から安堵したのは、名高いフランスの軍人ベルトラン・デュ・ゲクランが、トラスタマラ家のエンリケを支援すべく傭兵の大部隊を率いてフランスからカスティーリャに向かったときである。エンリケは、イングランドの支援を受けた弟の残虐王ペドロとの内戦にあった。ペドロは退位させられ、エンリケが王位に就いた。1367年2月、エドワード黒太子はペドロを復位させるべく、軍を率いてピレネー山脈を越えた。デュ・ゲクランとカスティーリャの同盟軍は、ナヘラで黒太子の軍勢と対峙。イングランドの弓兵が戦場を席巻し、カスティーリャの騎士に圧勝した。デュ・ゲクランの傭兵隊は弓兵に怯まず断固として抵抗したが、カスティーリャの同盟軍から支援がなく、敗北は必至であった。デュ・ゲクランは捕虜となり、ペドロは復位した。黒太子は、10万フランの身代金と引き換えにデュ・ゲクランを解放、デュ・ゲクランは1370年に帰国し、軍司令官となった。

百年戦争

ランカスター公の襲撃

日付 1373年7月-12月
兵力 イングランド軍/5,000-10,000人、フランス軍/不明
場所 フランス西岸
死傷者等 イングランド軍/兵の約半数が死亡

1368年に戦争が再開すると、フランス王シャルル5世はイングランドに圧力をかけ続けながらも、大きな衝突は回避した。シャルルは軍司令官ゲクランとともに、フランスの失地の多くを回復した。1373年、ランカスター公ジョン・オヴ・ゴーント率いるイングランド軍がフランス遠征を開始、カレーからシャンパーニュ、ブルゴーニュに至る5カ月の略奪行を経てアキテーヌに入った。フランス軍は城壁都市に立てこもり、落伍者を狙い撃ちし、待ち伏せ攻撃してイングランド軍を苦しめた。冬になり、イングランド軍は飢え、寒さ、疲労で死者が出始めた。ランカスター公がボルドーに達するまでには、戦わずして兵の半分と馬の大半を失っていた。

イングランドの公爵
ジョン・オヴ・ゴーント(1340-1399)は、父王エドワード3世に匹敵する軍事的功績を残せなかった。

百年戦争

アジャンクールの戦い

日付 1415年10月25日
兵力 イングランド軍/6,000人、フランス軍/20,000-30,000人
場所 北東フランス、パドカレのエダン近郊
死傷者等 フランス軍/死者3,000-5,000人、イギリス軍/死者300-400人

1415年8月、イングランドのヘンリー5世は約1万人の兵を率いてノルマンディーに上陸、フランスの内戦に乗じてイングランドのフランス王位継承権を再度主張しようとした。軍事侵攻はアルフルール包囲で幕を開けた。9月22日に町が陥落するまでに、ヘンリーの軍勢は負傷と疾病で激減していた。イングランドの占領地カレーを目指し北上する間にも、疲労、飢え、敵意を持つ地元市民による攻撃で兵は減少し始めた。ヘンリー軍は、フランス大元帥シャルル・ダルブレ率いる軍勢に道を阻まれる。10月25日早朝(聖クリスピヌスの祝日)、ヘンリーは約6000人の軍勢をカレーに通ずる深い森の狭間地に布陣させた。両翼に弓兵を置き、中央部では弓兵の間に下馬した重騎兵をところどころに配置した。弓兵は戦列の前面に先の尖った杭を並べ、地面に突き差した。数ではるかに上回るフランス軍は、狭い戦場のため兵を3隊に分けて縦列に配置せざるを得なかった。重騎兵の大半は馬から降りていた。フランス軍が攻撃を開始、少数の騎兵がイングランド軍の戦列に先に達したが、弓兵が立てた杭に阻まれた。激しく矢を浴びて泥濘で立ち往生した騎兵隊は、間もなく絶望状態に陥った。仲間が徒歩で続いたが、重い鎧と泥濘のため歩行もままならず、イングランドの戦列に達したときには疲弊し多数の負傷者が出ていた。接近戦となると、イングランド軍の弓兵は弓から斧や剣に切り替え、重騎兵に加わり激闘した。このころ、ヘンリーは後方の野営地が攻撃されたという知らせを受ける。フランス軍による包囲を恐れたヘンリーは捕虜殺害を命じた。窮地にあってはイングランド軍に捕虜を見張るだけの兵もなかったのであろう。フランス軍によるヘンリー包囲計画は裏目に出る。イングランドの騎兵数百騎は、フランス軍の残存兵を戦場から一掃。フランス軍の死者にはダルブレを始め、公3人、伯7人、その他の貴族90人以上も含まれていた。

甲冑と弓兵
重騎兵と弓兵は、アジャンクールで戦った軍勢の主要構成員であった。

長弓(ロングボウ)

イングランドは、13世紀にウェールズの弓兵に遭遇して以来、長弓を採用。技術面での新奇性はなかったが、馬上の騎士を倒すべく集団で用いる戦術は革新的であった。とりわけイチイの木製は優れ、1分間に10射発射でき、200m先の標的を射抜いた。長弓を有効に使えるだけの体力と技能を備えるには、長期の訓練が必要であった。

ヘンリー5世
即位したヘンリー5世が描かれている。フランス王位を主張する者として、その象徴たるユリ紋章の模様が入った盾を携えている。

百年戦争

オルレアンの攻囲戦

- 日付　1428年10月12日－1429年5月7日
- 兵力　イングランド軍およびフランス軍/5,000人（フランス軍は変動あり）
- 場所　フランス中部ロワール渓谷
- 死傷者等　信頼できる推計なし

運命の謁見
1429年、このシノン城でシャルル7世は御前会議を開いた。3月4日、小作農の娘ジャンヌ・ダルクが到着した。ジャンヌの奇跡的な予見により、フランス人は目的意識を取り戻し、勝利へと邁進した。

1422年のヘンリー5世の死後、ほどなくして幼い息子ヘンリー6世がイングランド王兼フランス王と称された。摂政ベッドフォード公は、ブルゴーニュ同盟軍の援助を受けてパリを支配する一方、フランス王太子、後のシャルル7世はロワール川以南へと後退した。1428年、ベッドフォードはオルレアンでロワール川に架かる橋を奪取すべく南に軍を派遣した。イングランド軍は、町の南に架かる石橋を防御する石積みの双塔に集結。坑道を掘削して10月23日にはフランス軍を撤退させ、城塞を奪取した。イングランド軍司令官ソールズベリ伯は、フランス軍の防御陣地を観察すべく双塔のうちの一塔に登り、大砲で殺された。そのためサフォーク伯が攻囲の指揮を執った。オルレアンを封鎖するだけの十分な兵力がなかったイングランド軍は、町の周囲に土と木で砦を建設したが、フランス軍の輸送する増援隊や物資を遮断することはできなかった。イングランド軍は約1500人のブルゴーニュ軍で増強していたが、12月までには、町の防衛を指揮するバタール（私生児の意）・ジャンが、敵を凌ぐ兵力を整えた。しかしフランス軍の士気は沈滞したままであった。2月12日には、パリからオルレアンに向かうイングランドの補給隊をスコットランド軍の援助で捕撃するが、補給隊指揮官ジョン・ファストルフに惨敗を喫してしまう。しかし、シノンのシャルル7世の宮殿にジャンヌ・ダルクが現れたことにより、フランス軍の士気は一転して上がり始める。さらに、3月のブルゴーニュ軍の離脱もイングランド軍の形勢を弱めた。1429年4月、シャルルはジャンヌのオルレアン解放の企てを許可。ジャンヌの鼓舞で5000人ほどの軍勢がオルレアンに進軍し、無事イングランドの防衛地点を通過した。ジャンヌはフランス軍上級指揮官の反発を抑え、首尾よく出撃を促し、順次砦を攻め落としていった。5月7日までには、イングランド軍の占領する砦は、町の北西の数カ所を残すのみとなった。イングランド軍は砦の外に戦列を組み始めたが、フランス軍は直接攻撃を回避、イングランド軍はオルレアンから撤退した。ジャンヌは戦闘で矢傷を負いながらも、フランス軍のロワール河畔地域制圧を推進し、6月19日の

「彼女がまるで20年か30年の経験を持つ指揮官のごとく、賢明に鮮やかに戦いを遂行したのには誰もが驚嘆した」
ジャンヌ・ダルク復権裁判の証人アランソン公（1456）

1412年ころ－1431年ころ
ジャンヌ・ダルク JOAN OF ARC

1429年2月、17歳だったジャンヌ・ダルクは、フランス救済を命じる神の声を聞いたと確信し、フランスの王宮を訪れる。名識士とする見方もあれば、単に霊感を備えた人物にすぎぬとする見方もあり、ジャンヌが果たした役割については意見が分かれる。いずれにせよ、ジャンヌの登場で戦争の流れが変わった。9月のパリ攻撃が失敗に終わり、1430年5月、ジャンヌはブルゴーニュ軍に捕えられる。イングランドに引き渡され、異端者として火刑にされた。

錐状の鏃
これらの錐状の鏃（やじり）は甲冑の継ぎ目を貫通した。巧みな長弓兵が扱うと、フランス軍は致命傷を被った。

パテーの戦いで、ジョン・タルボットおよびジョン・ファストルフ率いるイングランド軍に大勝した。7月16日までにフランス軍は、北上してランスでも勝利し、ここでジャン2世の王太子は戴冠式を挙げ、フランス王となった。

平衡錘トレビュシェット
回転する腕木の先端にある錘が下降すると、もう一方の先端の投石紐が飛び上がり、300m先まで投擲した。

シャティヨンの戦い

- 日付　1453年7月17日
- 兵力　イングランド軍/6,000人、フランス軍/7,000–10,000人、大砲300門
- 場所　フランスのボルドー東方
- 死傷者等　信頼できる推計なし

百年戦争の最終段階は、ほぼ連続してフランス軍が勝利を収めた。1444-49年の休戦協定の間シャルル7世は、解雇された傭兵隊が各地で暴れ回る問題を回避すべく、常備軍の祖たる「勅令隊」を創設し、雇い入れた。また、ジャンとガスパルのビューロー兄弟を雇い入れ、組織化した機動野戦砲隊の整備を進めた。野砲隊は百年戦争の終盤で極めて重要な役割を果たした。1449年以降、フランス軍は大砲で石壁を破壊し、イングランド軍から次々と都市を奪還していった。1450年4月のフォルミニーの戦いでも、野戦砲がフランス軍勝利の決め手となった。1451年夏までにフランス軍はノルマンディーからイングランド軍を駆逐し、アキテーヌを奪取した。しかしアキテーヌの貴族は、イングランド王への忠誠から救援を求めた。1452年10月、シュルーズベリー伯ジョン・タルボット率いるイングランド軍が上陸、ボルドーを奪還した。1453年7月、タルボットはジャン・ビューローが城壁を砲撃して包囲下に置いたシャティヨンの解放に向かった。イングランド軍の接近を知ったビューローは、大砲の向きを反転させた。騎兵部隊の先頭に立つタルボットは、フランス軍が撤退したものと思い込み、ビューローが自軍の防衛のため急造した土塁に突撃した。フランス軍の砲撃と弓矢により、騎兵部隊は混乱に陥った。「大砲はイングランド軍に甚大な被害をもたらした。一発ごとに5、6人を倒していったからだ」という証言が残されている。自分の馬の下から撃たれたタルボットは、その後に殺され、イングランド軍は大潰走することとなった。フランス軍はアキテーヌの再奪取に取りかかった。

「大砲はイングランド軍に甚大な被害をもたらした。一発ごとに5、6人を倒していったからだ」
シャティヨンの戦いの目撃者（1453）

大兜
頭頂部が円錐状または球状のバシネットは、首と両頬までしっかり保護した。

突き刺し用の剣
刀身の形状を菱形にし、特別頑丈な造りにしている。刃先は鋭く、鎖帷子の接合部を切断できた。

476年－1492年

騎士、城塞、弓兵

中世の甲冑

15世紀になるころには、ヨーロッパの騎士は全身を金属板で覆う板金鎧を着用するようになった。板金鎧は表面が硬く、鎖帷子より保護能力に優れていた。

板金鎧の2大製造地は、南ドイツと北イタリアであった。写真のようなドイツ製の甲冑は「ゴシック式」と呼ばれる。甲冑一式は非常に高価な特注品であるうえ、細部まで施した装飾により称賛を浴びることも狙っていた。当時、騎士が甲冑の上に布製のサーコートを着用しなくなった理由がここにある。甲冑は動きを妨げると思いがちだが、体にぴったり合うようきめ細かな作りになっており、約25kgの重量は均等に分散されている。そのため騎士はまったく自由に身動きが取れ、馬の乗り降りにも補助は不要であった。しかし甲冑の着用にはかなりの時間を要した。

無敵の騎士

板金鎧で全身を覆った騎士には、盾が不要になった。甲冑は剣を使ったいかなる斬りつけ攻撃をも防御したため、敵は板金の継ぎ目の弱い部分を狙って突き刺した。こうした攻撃を防ぐため、騎士は板金鎧の下にさらに鎖帷子を着込んで両方の重さに耐えるか、継ぎ目に鎖を縫いこむなどした。鎚矛による激しい殴打は、甲冑自体を貫通できなくとも騎士を負傷させることができた。しかし、湾曲した鉄兜は打撃をまともに受けない作りになっており、十字軍時代の上部が平らな兜に比べ、この点では遥かに優れていた。甲冑を着用した騎士に対して真に威力を発揮した武器は、強力な鋼製クロスボウと火器の2種類のみだった。しかし16世紀に拳銃の使用が増加すると、全身を覆う板金鎧は廃れていった。

ロマンチックな騎士
1513年のデューラーの有名な銅版画「騎士と死と悪魔」には、ゴシック式の見事な甲冑が描かれている。

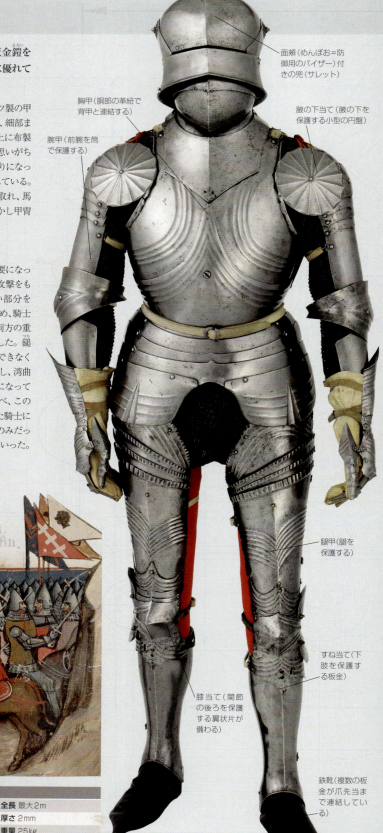

面頬(めんぼお=防御用のバイザー)付きの兜(サレット)

胸甲(胴部の革紐で背甲と連結する)

腋の下当て(腋の下を保護する小型の円盤)

腕甲(前腕を筒で保護する)

腿甲(腿を保護する)

すね当て(下肢を保護する板金)

膝当て(関節の後ろを保護する翼状片が備わる)

鉄靴(複数の板金が爪先まで連結している)

鎖帷子と板金
この絵の騎士は、布製サーコートの下に鎖帷子を着用し、四肢は板金の防具で覆っている。14世紀は、こうした組み合わせスタイルが主流であった。

仕様			
起源	北ドイツ	全長	最大2m
様式	ゴシック式	厚さ	2mm
年代	15世紀末	重量	25kg

面頬（めんぽお）の座金 甲冑の連結部は弱点となり得た。兜の面頬の蝶番につけたこの花形の座金などは、いかなる殴打の衝撃をもそらすのに役立った。

腋の下当て こうした小型の円盤を肩部の鎖帷子に取り付けて腋下を保護した。14世紀に廃れたが、15世紀のゴシック式甲冑で再び用いられた。

蝶番（ちょうつがい） すね当てと鉄靴の連結部

留め金 板金鎧の各部は、綿入りの下着もしくは武装用胴着に紐や留め金で留められた。

鎖帷子 鎖帷子は、腋下のようなむき出しの連結部を保護するために使われた。甲冑の下に着用し全身を覆う場合もあった。

腿甲 腿甲を背面から見ると、自在な動きを可能にするため、板金の連結には複雑な作業を要したことがわかる。

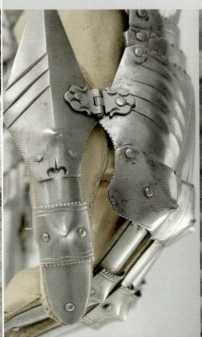

籠手（こて） 手を保護するこては、鎖編みの二股手袋から進化した。15世紀までには、複雑に板金が連結する構造となり、五指が動かせるよう指用の板金が独立した。

歩兵の勝利

14-15世紀の戦争では、大激戦になると平民の歩兵が身分の高い騎士を打ち負かす例が多く見られ、中世の戦争観、社会観を持った人々に大きな衝撃を与えた。革新的で巧みな戦術と統制された凶暴性とが、勝利の秘訣であった。クルトレーで、フランドル軍ユーリッヒの将軍ウィリアムは、「敵に攻撃されても横隊を崩すな。恐れるな。人馬もろとも殺してしまえ」と歩兵隊に訓示した。当時、武装騎兵の効力は相対的に薄れていったが、この傾向は弓兵が対騎兵の戦いで効果を発揮した際や、火薬兵器登場の折にも同様に見られた。しかし、19世紀に入っても騎兵は戦争で重要な役割を担い続けた。

フランス・フランドル戦争
クルトレーの戦い

日付	1302年7月11日
兵力	フランス軍/騎士2,500人と従者および歩兵、フランドル軍/歩兵8,000-10,500人
場所	ベルギー、クルトレー（コルトレイク）
死傷者等	フランス軍/死者1,000人（騎士）、フランドル軍/死者数百人

1302年、フランドル伯ギーはフランスの封建的大権力者フィリップに反旗を翻し、フランドルの大半を支配するようになった。フィリップはフランドルを従わせるため、弟アルトア伯ロベールを送り込んだ。ギーの軍隊はフランドルの商人、職人、農民と、少数の貴族で構成され、歩兵のみで、槍やフーデンダッハ（「こんにちは」の意）と呼ばれる木製の棍棒で武装していた。フランス軍騎士は突撃に心がはやり、歩兵間に馬を走らせ、水路を横切り、槍を下段に構えてフランドル軍目がけて進軍した。敵は尻込みせず、地面にしっかり槍を突き立て、フーデンダッハを振り上げて攻撃した。騎士は槍の列に猛烈な勢いで突進したが、その後の混戦でめった切りにされた。

「皆その場で懺悔を行い、互いに身を寄せ合った。そして石壁のような陣を敷き、恐ろしい試練に耐えたのだ」
年代記作者ルイ・ド・ヴェルテムがクルトレーの戦いを語った言葉

馬用の罠
鉄菱。馬と騎士を傷つけるために尖った金属の仕掛けを地面にばらまいた。

イングランド・スコットランド戦争
バノックバーンの戦い

日付	1314年6月24日
兵力	イングランド軍/25,000人、スコットランド軍/9,000人
場所	英国のスターリング南部
死傷者等	イングランド軍/死者最大15,000人、スコットランド軍/死者4,000人

1314年、イングランド王エドワード2世はロバート・ブルース（スコットランド王ロバート1世）軍と戦うため、軍隊を北へ送った。ロバート軍の奇襲や待ち伏せ攻撃により、スコットランドからイングランドが追い出されそうになっていたからだ。エドワード軍が近づいてきた時、ロバートはイングランド軍が陣を敷いていたスターリング城の包囲攻撃を続けていた。ロバートは注意深く戦場を選び、通称バノックバーン川上流の丘へ兵を移動。森と沼地で前線の幅は約1.6kmに制限された。6月23日に最初の衝突が数回起こる。そのうちの一戦でロバートはイングランド騎士ヘンリー・ド・ボーアンと対決し、戦斧で殺した。主戦闘は6月24日に始まった。スコットランド軍は伝統的なシルトロンの歩兵隊形をとった。この隊形はギリシアのファランクス、すなわち歩兵が肩を寄せ合って盾となる壁を形成し、各人の槍を外へ突き出す隊形に似ていた。しかし、ファランクスと異なり、シルトロンの歩兵は正面と同様に後方、側面すべてが外を向いており、18世紀の歩兵方陣に似ている。イングランド軍は愚かにも弓兵の前に騎士を布陣したため、弓兵は騎士が邪魔で矢を放てなかったが、騎士は小川を越えてスコットランド軍に突撃。シルトロンは強固だった。騎士が押し入ってきても、兵士に囲まれて斬り倒された。谷底のぬかるんだ地はやがて混乱した大量のイングランド騎士と歩兵であふれた。大混乱の中、シルトロンは破壊的な効果をあげ、前進した。イングランド軍の長弓兵がスコットランド軍に矢を放ったが、効果はなかった。エドワード王は早々に撤退を決断し、兵士の士気を減退させた。兵士らは多大な犠牲を払い、やがて王の決断に従った。決定的な勝利をあげたロバートはスコットランドの独立を再び勝ち取ることができた。スコットランド軍はシルトロンの攻撃力に自信を持ったが、それは誤りであった。1333年、ハリドン・ヒルでイングランド軍はスコットランド軍に大勝した。長弓兵を使って、スコットランド軍の密集陣形に矢を注いだのだ。

地元の勇者
スターリング城のロバート・ブルース像。スコットランドの国民的英雄である。

混戦
バノックバーンの混沌と混乱を表す中世の絵。馬に乗った騎士がシルトロンの犠牲となった。

スイス独立戦争
モルガルテンの戦い

日付	1315年11月15日
兵力	オーストリア軍/8,000人（装甲騎兵2,500人）、スイス軍/歩兵・弓兵1,500人
場所	スイスのエーリ湖付近
死傷者等	オーストリア軍の大半が死亡

1315年、オーストリア公レオポルトは、スイスに対するハプスブルク家の覇権強化を目的に、軍を率いてスイスに向かった。山道でスイスの小部隊による待ち伏せ攻撃に遭い、巨石や木の幹を投げつけられたオーストリア軍は混乱した。レオポルト隊の騎士は場所がなく展開できなかった。坂下へ突撃してきたスイス軍に、斧槍で突かれ、斬られ、全滅も同然であった。

追いつめられた騎士
槍や棍棒で武装した歩兵が装甲騎兵隊を阻止した。槍は騎士のものより長かった。

ブルゴーニュ戦争

ムルテンの戦い

日付 1476年6月22日

兵力 スイス軍/25,000人、ブルゴーニュ軍/15,000-20,000人

場所 スイスのベルン西方、ムルテン（モラー）

死傷者等 ブルゴーニュ軍/死者7,000-10,000人、スイス軍/損害は少数

ブルゴーニュのシャルル突進公は革新的かつ野心的な指導者であり、野戦砲を備え、よく訓練された常備軍を組織した。しかし、スイス軍歩兵隊と対戦し、シャルルは15世紀最強の軍隊を目の当たりにする。1476年6月、ブルゴーニュ軍はスイス陣営ムルテンを包囲攻撃し、塹壕や矢来で強力な防衛陣地を築いた。しかし、スイス軍歩兵隊がオーストリアやドイツ騎兵の援軍とともに迅速に到着したため、ブルゴーニュ軍にとっては完全な不意打ちとなった。スイス軍は戦闘隊形を組むと、ずさんな作りの塹壕を発見するや否や、すかさず攻撃した。ブルゴーニュ軍の大半が野営地から慌てて到着したが、スイス軍の槍兵に圧倒され、虐殺された。

突進公の敗北
ムルテンの戦いから半年後の1477年1月5日、シャルル突進公はナンシーにてスイス軍に敗北し、命を落とした。絵はフランス人画家ドラクロワによるもの。

フス戦争

クトナーホラの戦い

日付 1421年12月21-22日

兵力 ジギスムント軍/不明、フス派/不明

場所 チェコ共和国ボヘミアのクトナーホラ

死傷者等 信頼できる推計なし

1419年、ローマ法王はフス派との聖戦を布告した。フス派は、1415年に処刑されたヤン・フスの教えを信奉するチェコの改革派である。ターボル派と呼ばれるフス派の過激派が、ターボルの本拠地で宗教軍の共同体を結成した。チェコ社会のあらゆる階級の人々が含まれてはいたものの、大半が農民であった。ターボル派は訓練の行き届いた軍事力となりつつあり、共通の信仰に結託し、厳格な規律で行動を統制していた。ヤン・ジシュカによる見事な指導のもと、銃や「蛇」と呼んだ細長い大砲など、最新兵器が導入された。また、機動性が求められる戦いにも戦闘馬車で柔軟に対応した。最も注目すべき戦いは1421年冬のクトナーホラにおけるものだった。ジシュカ率いるターボル軍は数で優るジギスムント王の兵に包囲された。ジギスムント部隊の装甲騎兵はターボル軍の大砲に常に追い詰められてはいたが、フス派のターボル軍は明らかに玉砕寸前であった。しかしジシュカは馬車を縦隊に配列し、敵陣に突撃。一斉射撃をしながら戦闘馬車を進め、安全な場所までたどり着いたのである。フス派は敗北したと見なしたジギスムントは追撃に失敗。ジシュカは数で劣っていたにもかかわらず、すぐに反撃を開始。ジシュカの通常の戦術は、奇襲して敵を引きつけると同時に、騎兵、射手、槍兵で突撃するものであった。ジシュカの絶対に負けない部隊に容赦なく追撃され、士気をくじかれたジギスムント隊の兵は、ボヘミアから駆逐された。

1376年-1424年

ヤン・ジシュカ JAN ZIZKA

チェコのヤン・ジシュカ将軍は、ボヘミア王ウェンセスラス4世に仕え戦術を身につけた。1410年のタンネンベルクの戦いの後、プラハへ戻りヤン・フスの厳格な信仰に改宗した。フス派の弾圧が1419年に始まると、ターボルでフス派陣営の指導的なまとめ役となった。馬車を戦力として利用する革新的な戦術によって、優勢な敵に対して見事な勝利をおさめた。

フス戦争の馬車

馬車を円状に配置する防御法は古代から見られた。しかしフス派は馬車を馬車要塞「ヴァーゲンブルク」として発展させ、手強い防御法とした。鉄の装甲で補強した馬車を互いに連結し防壁を形成した。さらに、馬車を矢来で囲んだこともある。クロスボウや銃を穴から発射した。大砲を搭載した馬車もあった。槍兵は、この攻撃の雨を縫って侵入してきた敵を撃退する準備をしていた。

ドイツの斧槍（1500年ころ）

スイスの斧槍（1400年ころ）

斧槍
斧と槍が融合した非常に効果的な歩兵の武器。14世紀のスイス軍の主要な武器であった。

- 銃を乗せるための切れ込み
- 14世紀の銃
- 木製の大盾
- 鉄の銃身
- 木製の支柱
- 射手の司令官を判別するための紋章

盾に守られた砲手
初期の銃は持ち運びできる盾の後ろに設置されることが多かった。土塁や戦闘馬車の後方にまとめて配置され、敵の戦意を喪失させるような銃火を放った。

476年-1492年

北方十字軍の戦争

13世紀から15世紀にかけて、欧州の北はずれで起こった一連の紛争により、最終的にリトアニア、モスクワ市民のロシア、ポーランド、プロイセンが重要国として台頭し、多くの戦いが、カトリックと正教、キリスト教徒と非キリスト教徒といった宗教的な境目で起こった。パレスティナで創設された修道騎士団のドイツ騎士団は、十字軍の精神を北方の地へ吹き込んだ。結局、ポーランドとリトアニアが連合し、ドイツ拡大の流れを阻止した。

北方十字軍の戦争
1100-1350年のドイツ人率いる移住者の波。東欧およびバルト諸国が変貌を遂げ、ポーランド、リトアニア、ロシアとの間に紛争が起こった。ドイツ騎士団が東欧で聖戦を戦った。

帯剣騎士団
ザウレの戦い

日付	1236年9月22日
兵力	リヴォニア軍/不明、リトアニア軍/不明
死傷者等	リヴォニア軍/騎士50人余が死亡
場所	リトアニアのザウレ（シャウレー）

リヴォニア帯剣騎士団は、バルト海周辺のキリスト教徒を異教徒の攻撃から保護するため、1204年に設立された。1236年9月、リヴォニア長官フォークイン・シェンクは異教徒の領土へ進軍するが、リトアニア軍に完敗する。リトアニア軍の指導者ミンダウガスは、至近距離からの槍で武装した軽装騎兵で、リヴォニア軍の小回りがきかない重装騎兵に抗戦した。『ペトルス・フォン・ドゥスブルク年代記』には、リヴォニア軍は「女のように刺し殺された」と記されている。

戦争の記憶
ミンダウガスによるリトアニアの勝利を讃える記念碑。

ロシア・スウェーデン戦争
ネヴァ川の戦い

日付	1240年7月15日
兵力	スウェーデン軍/不明、ノヴゴロド軍/不明
死傷者等	信頼できる推計なし
場所	ロシアのネヴァ川とイジョラ川の合流地点

1240年7月、ビルイェル・ヤール率いるスウェーデン軍はロシアの繁栄都市ノヴゴロドを攻撃した。このスウェーデン軍にはノルウェーおよびフィンランドの派遣部隊も含まれていた。表向きは、連合国フィンランドの領土を侵したかどでノヴゴロド征伐に乗り出すというものだったが、スウェーデン軍はネヴァ川河口を抑え、バルト海へのロシアからの通行を塞ごうと画策していた。ウラジーミル大公ヤロスラフ2世の息子、アレクサンドル・ヤロスラヴォヴィッチ王子は少数のロシア軍を率い、ノヴゴロドを守るためヴォルホフ川を上った。深い霧の中、スウェーデンの陣営に接近し、都市を襲撃される前に奇襲を開始した。スウェーデン軍は完敗し、生存者はわずかな光を頼りにイジョラ川を渡って逃げた。戦いの後、アレクサンドルはその勝利をたたえる「ネフスキー」（「ネヴァ川の」という意）の通称を与えられた。ネヴァ川での勝利は、時を同じくして東部でモンゴルから攻撃されていたロシアを、北欧からの激しい侵略から守った。勝利の後、アレクサンドルはノヴゴロドの統治者と協議したが、影響力を恐れた統治者らに追放されてしまった。

聖なる大公
ネヴァ川の戦いおよびペイプス湖の戦いにおける勝者、アレクサンドル・ネフスキー（1218-63）は、正教会により聖人に認定されている。

ドイツ騎士団対ノヴゴロド軍
ペイプス湖の戦い

日付	1242年4月5日
兵力	ドイツ騎士団/不明、ネフスキー軍/不明
死傷者等	信頼できる推計なし
場所	ロシア・エストニア間の国境

1242年の春、ドイツ騎士団総長ゲルハルト・フォン・マールベルクは騎士たちを率い、プスコフ襲撃のためペイプス湖の凍土を横断した。途中、都市防衛のため追放を撤回されたアレクサンドル・ネフスキーと交戦した。4月5日、氷上での戦いが勃発。おそらく相手より60人は上回っていたドイツ騎士団は、くさび形陣形で攻撃を仕掛け、何時間もの白兵戦へなだれ込んだ。騎士団は、新たに到着した騎兵の攻撃に遭い、最終的に退却した。重厚な甲冑のせいで氷に亀裂が入り、多くの兵が退却の際、溺れてしまった。この敗北により、ドイツ騎士団側のロシア征服作戦は中止になった。

氷上の戦闘
アレクサンドル・ネフスキー率いるロシア軍の、氷上の攻撃を描いたペイプス湖の戦いの絵。

モスクワ・モンゴル戦争
クリコヴォの戦い

日付 1380年9月8日
兵力 モスクワ・ロシア軍/30,000-80,000人、モンゴル軍/30,000-125,000人
場所 ロシアのドン川付近クリコヴォ平原（狙撃場）
死傷者等 信頼できる推計なし

「……彼らは十字軍に完全に敗北した。ある者は武器で打ち倒され、またある者は川で溺れ死んだ。その数は数えきれないほどであった」
『ノヴゴロド年代記』より

14世紀中ごろになると、ロシアを支配していた黄金の遊牧民モンゴルの勢力を、内戦が弱めていった。モスクワのドミトリー大公はこの局面を利用し、貢税の支払いを中止した。それに対して、モンゴルのママイ将軍は、ジェノヴァの大弓兵も含め軍を立ち上げた。ママイはリトアニアのヨガイラやリャザンのオレグと同盟を組み、協力してモスクワに大攻撃を仕掛ける計画を立てた。ドミトリーはドン川近くのクリコヴォでモンゴル軍を封じるのがやっとで、ちょうど40km離れた地点にいた同盟軍と合流するに至らなかった。戦いが始まる前、両軍の勇者が一騎打ちを果たしたが2人とも命を落とした。続く戦いは熾烈なもので、両軍は深刻な損害を被った。最終的に側面攻撃でドミトリーが勝利をおさめ、ママイは戦場から逃亡した。この戦いの後、ドミトリーには「ドンスコイ」（「ドン川の」の意）の通称がついた。クリコヴォの戦いはロシア軍がモンゴル軍に勝利した最初の戦争であった。

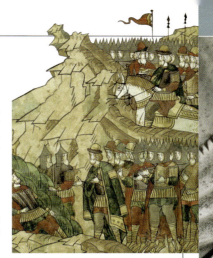

モスクワの勝利
ロシアに対するモンゴル支配の終焉を運命づけた勝利の前後のドミトリー・ドンスコイを描いた絵。

ドイツ騎士団対ポーランド
グルンヴァルトの戦い

日付 1410年7月15日
兵力 ポーランド・リトアニア軍/39,000人、ドイツ騎士団/27,000人
場所 東プロセインのグルンヴァルト（タンネンベルク）
死傷者等 ドイツ騎士団/死亡13,000人、捕虜14,000人

1409年7月、ポーランド・リトアニア軍はマリエンブルクでドイツ騎士団本部に接近し、騎士団がプロイセンに設立した独立国家への攻撃を目論んだ。ドイツ騎士団のウルリヒ・フォン・ユンギンゲン総長は重装騎兵と歩兵隊を使い、グルンヴァルトで敵を断ち切ろうと計画。ポーランド・リトアニア軍はポーランドのウウディスワス2世ヤギェウォ王が率い、リトアニアのヴィトルト大公が補佐していた。最初、ポーランド・リトアニア軍は広野でドイツ騎士団に対峙し煽動するだけだったが、正午には攻撃を開始し、ドイツ騎士団に突撃した。騎士団は退却の際、自軍の騎兵と合流。持ち直した騎士団は、退却のため右翼側面からリトアニア軍を攻撃した。ウワディスワスが主力軍の背後の森から予備軍を進軍させるまでは、騎士団優勢に傾くように見えた。しかしドイツ騎士団の側面攻撃は失敗し玉砕した。

ポーランドの勝利
ポーランドをヨーロッパの一大勢力へと導いた勝利を讃え、クラクフに建てられたグルンヴァルトの記念像。

1360年-1410年
ウルリヒ・フォン・ユンギンゲン
ULRICH VON JUNGINGEN

1407年、ウルリヒ・フォン・ユンギンゲンは兄コンラートの後を継いで、ドイツ騎士団の23代総長に選ばれたが、これは不幸な選任であった。尊大かつ短気で、攻撃的な方針を掲げ、その結果、1409年、ポーランド・リトアニアとの戦争につながる。敵軍の、特に歩兵隊の過小評価が致命的であった。総長として勇敢に兵を率いたことは明らかで、たとえば、グルンヴァルトの戦いで、最強のポーランド軍部隊に直に突撃した。しかし、最終的に多くの兵士とともに殺されてしまう。フォン・ユンギンゲン亡き後、総長を継いだハインリヒ・フォン・プラウエンは、完全消滅を免れるため騎士団の所有地をなんとか守ろうとした。土地はポーランドとリトアニアに奪われ、グルンヴァルトにおける多数の兵の死により、雇用兵に頼ることになり、資金も底をついていった。

十三年戦争
ホイニーツェの戦い

日付 1454年9月18日
兵力 ポーランド軍/20,000人、ドイツ騎士団/15,000人
場所 ポーランド北部のホイニーツェ（コーニッツ）
死傷者等 ポーランド軍/死亡3,000人、捕虜となった騎士300人、ドイツ騎士団/死亡100人

1454年、プロイセンの都市がポーランドと同盟を組み、ドイツ騎士団と対立したことから十三年戦争が勃発。ホイニーツェは、1454年4月からポーランド軍とプロイセン同盟軍による包囲攻撃を受けていた。ドイツ騎士団の雇用兵ベルナルド・シュハボルスキーは、軍を率いて都市を離れた。ポーランド王カジミェシ3世いるポーランド軍は、司令官が歩兵や砲兵は不要と判断したため、ほぼ重装騎兵のみで構成されていた。しかし、ドイツ騎士団に対峙したポーランド軍は動転した。最初、ポーランド軍の重騎兵による攻撃作戦は成功し、ドイツ騎士団の布陣を壊し、シュハボルスキーを捕虜にとった。しかし、包囲攻撃された都市からドイツ騎士団が脱出し後方へ攻撃を仕掛けた時、ポーランド軍は混乱に陥り、退却を余儀なくされた。混乱のさなか、シュハボルスキーは脱出に成功し、逃げるポーランド軍の追撃計画を援助した。ポーランド軍はホイニーツェで完全に打ち負かされたが、1466年には最終的にドイツ騎士団に勝利をおさめた。

両手で使う剣
両手で使う諸刃の剣は白兵戦でよく使われた武器。板金鎧だけが攻撃に耐えることができた。

476年-1492年

オスマン帝国の台頭

オスマン帝国はおよそ150年の間に、聖戦士「ガージー」の小集団から成長し、アナトリアの北西部の土地を侵略、ヨーロッパからアジアにまたがる帝国の支配者となった。ビザンチン帝国を倒し、大都市コンスタンティノープルを征服する一方で、キリスト教域のバルカン諸国にまで支配を広げた。オスマン帝国が成功した理由には、敵の弱点と分裂を最大限生かした狡猾な外交術も挙げられるが、伝統的なトルコの軍人精神とヨーロッパから取り入れた最新技術をうまく融合したことが最大の理由である。コンスタンティノープルの包囲攻撃における大砲の使用がその好例だ。15世紀中ごろになると、オスマン帝国の躍進が中央ヨーロッパを席巻すると見られていた。

オスマン帝国対ビザンチン帝国戦争
ニコメディアの包囲攻撃

日付	1333年-1337年
兵力	オスマン帝国軍/不明、ビザンチン帝国軍/不明
死傷者等	信頼できる推計なし
場所	トルコの現イズミット

14世紀初頭、アナトリアの勇敢な兵士オスマンを指導者とする軍勢が、ビザンチン帝国に対して頻繁に襲撃を行うようになった。オスマンは1301年までニカイア（イズニック）周辺を支配し、ビザンチン帝国軍に対する勝利を重ねることで、多くのオスマン人兵士を引きつけることに成功した。オスマンは1326年に死亡するが、残された軍が主要都市ブルサを攻略、この地がオスマン帝国の最初の首都となる。1328年、ビザンチン帝国皇帝アンドロニコス3世がニカイア救出のため軍を送るが、オスマンの息子オルハンに完敗。1331年、ニカイアはオスマン帝国の手に落ち、ニコメディア（イズミット）がアナトリアにおけるビザンチン帝国唯一の砦となってしまう。1333年には、ニコメディアもオルハンによる包囲攻撃を受け、アンドロニコス3世は金銭による解決を試みるが無駄に終わる。4年後、オスマン帝国はこの都市を奪取、新たな首都とした。

スルタン・オスマン（オスマン1世）
オスマン1世は聖戦士「ガージー」として生を受け、後にアナトリアやバルカン半島を支配するまでに成長する帝国の基礎を築いた。

オスマン帝国対セルビア戦争
コソヴォの戦い

日付	1389年6月15日
兵力	オスマン帝国軍/30,000人、セルビア軍および同盟軍/15,000-20,000人
死傷者等	信頼できる推計なし
場所	コソヴォのプリシュティナ付近コソヴォポリエ

1365年、キリスト教社会はオスマン帝国の脅威に気づき始めた。このころ、スルタン・ムラト1世は首都をアジアからヨーロッパのエディルネ（アドリアノープル）に移した。翌年、教皇ウヌバヌス5世はオスマン帝国との聖戦を指示したが、概して無駄な戦いに終わった。ムラト1世はバルカン諸国内のキリスト教徒の分裂につけ込んで、勢力を広げていった。1386年、オスマン帝国はセルビア南部の都市ニーシュを占領。セルビア侯ラザルはオスマン帝国と戦うため、セルビア軍、ボスニア軍、ザクセン人傭兵を集結させた。ムラトは北部へ進軍し、不満を抱いている一部セルビア人の援助を受けた。コソヴォポリエの戦いの目的は錯綜していた。ラザル自身は初期の頃に殺害された模様である。ムラトもまた、降伏するふりをしたセルビア兵に刺されて死亡した。オスマン軍は、自軍に背いたセルビア謀反人と、ムラトの息子バヤジトの勇敢な戦いによって勝利を手にした。結果、セルビアはオスマン帝国の忠実な同盟国となった。

オスマン騎兵
イタリア・ルネサンスの皿に描かれた、オスマン帝国の「シパーヒー」（封建制度の騎兵）。

ニコポリスの聖戦

日付	1396年9月25日
兵力	十字軍/16,000人、オスマン軍/20,000人
死傷者等	オスマン軍（勝者）の方が十字軍（敗者）より多数
場所	ブルガリアのニコポリ

ムラトの後継者、オスマン帝国スルタン・バヤジトは精力的な兵士であった。「サンダーボルト（稲妻）」の名を持ち、コンスタンティノープルに包囲攻撃を仕掛けた。ハンガリーのジギスムント王は、バヤジト軍との対戦を恐れ、フランス王室を味方につけ、オスマン帝国との聖戦を開始する。当時、フランスとイングランドは平和だったため、武勇を誇る機会を熱望する騎士がたくさんいた。ブルゴーニュ君主の息子ヌベール伯と他の名士は8000人近い兵を伴いハンガリーへ出立、ジギスムント部隊と合流し、オスマン帝国の支配下にあったブルガリアのドナウ川へ進軍する。ホスピタリア騎士団の勢力も、ロードス島から出帆し合流した。十字軍はバヤジト不在と目されていたオスマン帝国の本拠地ニコポリスへ包囲攻撃を仕掛けた。しかし、バヤジトは強行軍で北部へ急行し、ニコポリスから数キロ地点に陣を敷いた。ジギスムント王が諌めるのを聞かず、フランス軍騎士たちは突撃開始を強く求めた。多くは通り道に仕掛けられた鋭い杭や矢の攻撃で落馬し、白兵戦となっても凄まじい勇敢さで立ち向かったが、結局はオスマン軍騎兵「シパーヒー」に囲まれてしまった。ジギスムントは予備軍を率いて戦いに

> **「収容所でオスマン軍の兵士たちは、それぞれ受け持ちの捕虜を殺すよう命じられ、拒んだ者も殺すようバヤジト王が他の者を指名した」**
> 年齢のため助命された16歳のヨハン・シルトベルガー談

挑み勝機を計ったが、ステファン・ラザレビチ率いるバヤジト側セルビア同盟軍騎兵の突撃で騎士たちは逃げした。少数の兵だけが小舟や徒歩で脱出した。3000人ほどの兵が捕虜となり、翌日にはほとんどが虐殺された。

ヴァルナの聖戦

日付	1444年11月10日
兵力	ハンガリー軍および同盟軍/30,000人、オスマン軍/60,000人
死傷者等	おそらくハンガリー軍・同盟軍の半分が死亡
場所	ブルガリアの黒海沿岸

1421年からスルタンとなったムラト2世は、1402年のティムールにおけるバヤジトの敗北（95ページ参照）後、低迷していた南ヨーロッパへの侵略作戦を再開した。しかし、ハンガリーのフニャディ・ヤーノシュ将軍の猛烈な反撃で阻止される。教皇エウゲニウス4世は聖戦開始を宣言したが、バルカン諸国以外ではほとんど援軍を得られなかった。フニャディ、ハンガリーおよびポーランド王ウワディスワフ、ワラキア公国のヴラド・ドラキュラの部隊は、黒海沿岸でより多勢のオスマン軍に遭遇。フニャディは強硬姿勢をとり、防衛線に馬車を使い、戦いは暫し均衡を保ったが、その後ラディスラスが無謀にも激戦の中を通り抜け、殺される。オスマン軍は王の首を槍にさらし、戦いは十字軍の敗退に終わった。

1387年ころ-1456年
フニャディ・ヤーノシュ JANOS HUNYADI

ハンガリーの国民的英雄フニャディは、1437年から1443年まで立て続けにオスマン軍を倒し、トランシルヴァニアから追放し、ダニューブ川南部へも攻め入った。ヴァルナでのラディスラス王の死後、ハンガリーを王権代行者として治めた。1448年のコソヴォの2度目の戦いで再びオスマン軍に敗北するが、1456年7月のベオグラードの戦いでは決定的に打ち負かした。死の1カ月前のことであった。

オスマン帝国対ビザンチン帝国戦争
コンスタンティノープル

日付 1453年4月6日-5月29日

兵力 オスマン軍/80,000人、ビザンチン帝国軍/7,000人

死傷者等 信頼できる推計なし

場所 トルコ、イスタンブール

1451年、父ムラト2世の後を継いだスルタン・メフメト2世は、かつてはほぼ全域が栄華を極めたビザンチン帝国の領地であったコンスタンティノープルの侵略を決断した。まず、ボスポラス海峡とダーダネルス海峡に要塞を作り、海上からの輸送を断ち孤立させ、続いて、何千年もの歴史を持つ難攻不落の都市外壁を破るため、かつてないほど巨大な大砲を製造した。1453年4月、大砲を引いた牛の群れと他の武器で手強い壁に挑んだ。オスマンの大軍は、都市への陸路を封鎖する一方、120隻を有する海軍がマルマラ海に乗り込む。しかし、入り口が下桁で塞がれていたため金角湾の入江には侵入できなかった。外壁攻撃は4月12日に始まり、大砲による一斉攻撃が1日に7回行われた。やがて突破口が徐々に現れたように見えたが、防衛軍はオスマン軍精鋭部隊の猛攻撃をすべて撃退する。さらなる圧力をかけるべく、4月22日にオスマン軍は船をボスポラス海峡から陸にあげ、金角湾で船を進水させた。広く散らばっていた防衛軍は、比較的弱い海壁方面に要員を配置しなければならなくなる。陸と海の両面攻撃は5月29日朝に始まり、無防備な側門からの道を見つけたイェニチェリもいた。ビザンチン帝国最後の皇帝コンスタンティヌス11世は、反撃のさなかに落命。その日の午後、ビザンチン帝国軍の兵士は虐殺され、メフメト2世は聖ソフィア聖堂でアッラーに祈りを捧げた。

ボスポラスの城
1522年、コンスタンティノープルへの海からの通行を封鎖するため、メフメト2世がボスポラス海峡のヨーロッパ側岸に建設したルメリ城。

大砲戦争
メフメト2世の大砲で最も大きいものは、長さ8mを超える銃身を持ち、重量500kg以上の石玉を発射した。

> 「オスマン軍が都市中で凄惨なキリスト教徒大虐殺を行った日のこと。街には突然の嵐で排水路を流れる雨のように血が流れた。オスマン軍の死骸もキリスト教徒の死骸もダーダネルス海峡に投げ出され、運河をメロンのように海へ向かって漂っていった」

戦争の証人
ニコロ・バルバロ
NICOLO BARBARO

ヴェネツィア人軍医の貴族ニコロ・バルバロは、コンスタンティノープル侵略に伴う包囲攻撃と大量殺戮を目撃し、このように描写した。この記述は日記の形で残されていた。ジェノヴァとヴェネツィアは少数のスペイン軍および他の十字軍同様、都市を防衛するビザンチン帝国軍とともに戦った。都市が陥落すると、バルバロは多くの同胞とともにガレー船でなんとか海外へ脱出し、ペラで比較的安全なヴェネツィア集団に合流した。

勝者の到着
コンスタンティノープルの外壁前にメフメト2世の軍が勝ち誇って到着する様子を描いた、ルーマニアのフレスコ画。

近代の戦争
EARLY MODERN WARFARE
1492年 – 1750年

小火器と艦隊

ますます重要度を増した火薬兵器は、16世紀以降、陸上戦において不可欠な要素であり、それと同時に、大砲を搭載した外洋航行船により、海戦には大変革がもたらされた。フランス騎士を題材とした16世紀の伝記作家ルイ・ド・ラ・トレモイユは、こうした変化を「戦争でこのような武器が使われるとしたら、騎士が武器を扱う腕前や、強さ、不屈の精神、規律はもはや何の役にも立たない」と嘆いた。

1500年代、スペインがアメリカ大陸でアステカ帝国とインカ帝国に勝利し、ヨーロッパの軍事的な力量を証明した。鋼鉄製の武器、騎兵隊、戦闘に臨む無慈悲な姿勢といった力量である。しかし、スペインが米大陸で征服に成功したからといって、同時期にヨーロッパ諸国が米大陸以外でも同様の成功を収めたわけではなかった。日本人やオスマン人といった、まったくの異民族に目を向けてもわかるように、ヨーロッパ以外の勢力でも新しい火薬技術をいとも簡単に採り入れることができた。実際、16世紀の大半を通じて、キリスト教圏のヨーロッパは、イスラム教圏のオスマン帝国に対し守勢に回っていた。ヨーロッパ人は西インド諸島やインド洋、太平洋など世界各地で戦ったが、戦場を世界に広げただけで、戦争の相手は大概ヨーロッパの国であり、ほぼ絶え間なく続く戦争によりヨーロッパ自体が疲弊した。王家の紛争によって宗教的な分裂が促進されたり、妨害されたりしたが、キリスト教がプロテスタントとカトリックに分裂した宗教改革によってヨーロッパが分裂してからは、ヨーロッパの国同士の戦争は、大なり小なり宗教的な意味合いを持つようになった。

陸上戦における変化

大砲が使用されるようになったため、1500年代初頭には新しい種類の要塞の建設が始まり、ヨーロッパの攻囲戦が一変した。近代の要塞に背の高い石造りの城壁は存在せず、代わりに稜堡（突出部）が塁壁前面に突き出している。稜堡には大砲などの発射兵器とそれを扱う者を配置し、敵がどの方向から接近してきても対処できた。さらに、土の塁壁で大砲の弾を遮ることにより、比較的低い壁に命中しないようにした。そのため包囲する側は直接攻撃を受けないようにするために、忍耐を必要とする新しい戦術を採用せざるを得なかった。つまり城壁に向かってジグザグに塹壕を掘るという方法であり、それと同時に、要塞または町に向けて臼砲で弾薬を撃ち上げた。戦場では指揮官達が、従来の武器と一緒に銃器と大砲を最も効果的に配置する方法を模索した。スペインのテルシオ

大砲の威力
1709年のポルタヴァの戦いでロシアがスウェーデンに勝利したが、勝利には大砲が貢献した。

マリニャーノの戦い（1515年) | インドの大砲（18世紀） | スペイン無敵艦隊の敗北（1588年）

小火器と艦隊

は16世紀に実戦で最も戦果をあげた歩兵隊であり、訓練された多数の槍兵に、槍兵より少人数の火縄銃で武装した兵を組み合わせていた。さらに効果的な火打ち式のマスケット銃が使われるようになると、17世紀の終わりまでに、ヨーロッパの軍隊で槍兵の占める割合が減少した。18世紀初期頃には、銃剣が普及して槍が不要になり、歩兵はみなマスケット銃で武装できた。地位の高い突撃部隊としての騎兵隊の役割に変化はなかったが、16世紀の間に、槍を前方に向けて突撃する騎士から、ピストルと刀で戦う騎兵へと進化した。甲冑の進化は16世紀に頂点に達したが、銃器に対する防御効果がますますなくなっていったため、その後人気が衰え始めた。それでも甲冑は、17世紀の大半を通じて着用され続けた。と言っても、非常に厚い防具で体のより狭い部分を覆うのが一般的であった。

海軍の力

16世紀の地中海における海上戦は、一部のガレー船の船首に大砲が搭載されていたとしても、オールを漕いでガレー船を衝突させ、敵船へ乗り込むことを目的としたため、古代の海上戦と何ら変わりがなかった。しかし、朝鮮で驚くべき革新があった。大砲を搭載した装甲の「亀甲船」が日本による侵略を撃退し、手強い船であることを証明したのだ。けれども、最も意義深い進歩は、スペイン、フランス、英国、オランダの外洋航行艦隊であった。こうした国々の帆船は、次第に戦争用に建造されるようになり、鋳鉄製の火砲を多数備えていた。たとえば17世紀の軍艦1隻は、陸軍の1方面軍が有する大砲と同程度の数の大砲を搭載していた可能性がある。敵船への乗り込みはなおも行われたが、帆船間の海戦は、距離を置いた状態での大砲の撃ち合いへと発展した。

費用のかかる職業軍隊

莫大な資金を持った国のみが、軍艦で構成するこうした艦隊を作り上げ、活動させることができたのだが、それと同時に、陸地における稜堡式要塞と大規模な軍隊も費用がかかるものであった。たとえば、17世紀末のロシアでは、平時における軍事費は歳入の60%を占め、戦時には90%に上った。1600年代終盤になるころには、ヨーロッパの全主要国が傭兵の代わりに常備軍を導入した。しかし、英国東インド会社などの民間企業が、そのころになっても遠隔植民地の軍隊を管理していた。教練によって歩兵の有効性が増すことがわかったため、教練が重視されるようになった。各国は士官学校を設立し、軍隊においては明確な階級制を確立した。兵士には制服を支給し、武器を統一し、厳しい規律に従わせた。1700年代ころには、ヨーロッパの陸軍と海軍は優れた職業軍隊となった。

新しい銃器
小型兵器の技術は近代において急速に発展した。それまでの火縄銃は、使用する際、常に火のついた火縄を必要としたが、この17世紀のホイールロック式ピストルは火縄銃とは異なり、いつでも発射できた。両者とも火打ち石銃に取って代わられた。

| 1600 英国東インド会社が設立される | 1652 オランダが喜望峰に植民地を設立する | 1661 鄭成功が台湾を占拠する (p.178) | 1682 ピョートル大帝がロシア皇帝になる | 1690 アイルランド、ボイン川の戦いで、プロテスタントが勝利する (p.158) | 1709 ロシアがポルタヴァでスウェーデンに勝利する (p.163) | 1721 ライフルが北米に伝来する | 1739 ナーディル・シャーがインドを侵略する (p.137) |

| 1603 日本で徳川将軍が政権を握る | 1642-51 イングランド内戦が始まる | | | 1703 ロシア、サンクトペテルブルクが設立される | | | |

1600 — 1650 — 1690 — 1710

| 1618-48 三十年戦争が始まる | 1638 オスマン帝国がサファヴィー朝からバグダードを奪還 | 1675-76 フィリップ王戦争 (p.171) | 1680 プエブロの反乱 | 1699 アラブ人がポルトガルから東アフリカの覇権を奪う | 1700-21 ロシアとその同盟国が大北方戦争でスウェーデンと争う | 1701-14 スペイン継承戦争 | 1732 プロイセンが義務兵役を導入する | 1746 英国がスコットランド、カロドンでジャコバイトに勝利する (p.161) |

| 1600 日本で関ヶ原の戦いが起こる | 1639-49 ロシアがシベリアを征服する | 1644 中国で清王朝が設立される | 1660 イングランドで君主制が復活する | | | | | |

将軍徳川家康(1543年-1616年)　　ボイン川の戦い(1690年)　　ピョートル大帝(1672年-1725年)

イスラムの帝国

ヨーロッパとアジア全域を版図としたオスマン帝国、ペルシアのサファヴィー、インドのムガルといったイスラム教の帝国は、16世紀から17世紀にかけて最新式の大規模軍隊を有し、世界で最も活力に満ちた勢力であった。こうした帝国が用いた戦闘様式の特徴は、アジアの騎兵による伝統的な攻撃と機動力を、最新の火薬技術と組み合せたことであった。たとえばムガルの皇帝アクバルは、可動式の野戦砲を早くから使用していた。

イスラム教徒の軍隊

オスマン帝国には常備軍の設立に必要な官僚組織を扱う能力があり、さらに、地主階級から封建的な騎兵隊を育てることもできた。帝国の最も名高い軍隊イェニチェリは、もともとキリスト教徒の奴隷として生まれ、イスラム兵として育てられた。イェニチェリは訓練の行き届いた精鋭歩兵隊であり、銃器の扱いに優れ、皇帝を護衛した。しかし、オスマン帝国軍で優位を占めたのは騎兵隊であり、大砲も侮りがたい要素であった。オスマン帝国による偉業の一つに、地中海で一時期君臨した強力な海軍を一から作り上げたことが挙げられる。

サファヴィーの騎兵
剣と弓で武装したペルシア兵が、敵のウズベク族を負かしている絵。

オスマン人の太鼓
トルコ軍のイェニチェリが、兵士を戦争へと駆り立てる太鼓とともに行進している場面。

帝国の発展
16世紀から17世紀にかけて、オスマン帝国は地中海のほぼ全域を版図にするほど拡大した。

サファヴィー朝

サファヴィー朝ペルシア帝国は、17世紀初頭にアッバース大王(1571-1629)が改革を導入するまで、オスマン帝国のような強力な軍隊を持っていなかった。ヨーロッパ人顧問を登用した大王は、大砲とマスケット銃で武装し、巧みに組織化した歩兵隊の常備軍を創設した。また、部族の騎兵に頼らず、大王直属の騎兵隊も設立した。こうした改革により、サファヴィー朝はオスマン帝国にとって危険な敵国となり、それはアッバースが1606年、シスにおいてオスマンに完勝して証明した。その後30年以上続いた長期の戦争で、両帝国とも疲弊した。

衰退

16世紀、ヨーロッパ人はイスラムの軍隊に最高の敬意を払っていた。ところが17世紀後半になるころには、イスラムの帝国は政治と社会構造の崩壊に苦しみ、ヨーロッパの技術や組織に対して急速に後れをとるようになり、衰退していった。象徴的であったのがイェニチェリで、かつて大称賛を浴びた部隊も、政治的陰謀や保守主義を通じて軍隊の改革を妨げ、オスマン帝国軍の弱点と成り下がった。

インドの輝き
18世紀インドの富は、豪華な装具を身に着けた大規模な軍隊を生んだ。写真はそれを物語るシルク、金、銀でできた戦衣。

オスマン帝国の栄光と衰退

1453年のビザンチン陥落から16世紀末にかけて、オスマン帝国の陸軍と海軍はおそらく世界最強であった。オスマン帝国軍はエジプトを征服し、地中海を支配し、国境を接するオーストリア帝国に対して軍事行動を成し遂げ、それと同時にペルシアのサファヴィー朝とも戦った。しかし、1571年にレパントの海戦で大敗を喫した（134ページ参照）後、オスマン帝国が制海権を回復することはなかった。17世紀末ころになると、軍事勢力として全面的に衰退していることは、極めて明白であった。1683年にオーストリアの首都ウィーンを占領しようという最後の試みは、ぎりぎりのところで失敗に終わり、ゼンタの戦いで敗北すると、オスマン帝国の時代は終わりを告げた。

オスマン帝国の拡張戦争
チャルディラーンの戦い

日付	1514年8月23日
兵力	オスマン軍／60,000人、サファヴィー／最高50,000人
死傷者等	おそらくほぼ同等数
場所	タブリーズとヴァン湖の間

征服者
スルタン・セリム1世は、短い在位期間（1512-20）で驚くべき征服を成し遂げた。

ペルシアにおけるサファヴィー朝の創設者イスマイル1世は、シーア派の異教徒としてだけでなく、父の死後の権力争いでセリムの兄弟アフメトを支持したとしてスルタン・セリム1世の特別な憎悪を受けた。1514年、セリムは東方へ大軍隊を率い、サファヴィー領に入った。サファヴィーは、オスマン帝国軍の餓死をねらい、後方の土地を焼いて撤退した。しかし、チャルディラーンの平野で両軍が対峙した時、勝利を収めたのはオスマン軍であった。歩兵、騎兵および大砲の組み合わせにより、サファヴィーの騎兵を破ったのである。オスマン軍は続いてタブリーズ占領を目指すも、イェニチェリによる反乱が起こり、撤退せざるを得なかった。

オスマン帝国の拡張戦争
ロードス島攻防戦

日付	1522年6月-12月
兵力	オスマン軍／100,000人、騎士団／7,000人
死傷者等	オスマン軍／死者50,000人、騎士団／死者5,200人
場所	東地中海、ロードス

1522年、スルタン・スレイマン1世（『壮麗者』）は、ロードス島のキリスト教徒の要塞を包囲、ヴィリエ・ド・リラダン率いる聖ヨハネ騎士団と対した。オスマン軍は大砲100門以上から砲撃、城壁の土台の下に掘ったトンネルでは弾薬も爆発させ、強固な壁を突破。騎士団も抵抗、多数の犠牲者を出しながらもオスマン軍を撃退した。しかし、キリスト教勢力からの支援がなく、半年後、安全通行権と引き換えに要塞を明け渡した。

騎士団の要塞
ロードス島には、1480年のオスマンの包囲攻撃に耐えた極めて頑丈な防衛設備があったが、1522年には敗北した。

オスマン帝国のエジプト征服
ライダニヤの戦い

日付	1517年1月22日
兵力	オスマン軍／40,000人、マムルーク朝／約40,000人
死傷者等	オスマン軍／死者6,000人、マムルーク朝／死者7,000人
場所	カイロの東、シナイ砂漠

マムルーク朝エジプトは、豊かな土地であるがゆえに、征服の目的となった。1516年の夏、セリムの軍はシリアのマジダビクでエジプト軍に勝利し、火薬兵器が騎兵を敗走させた。エジプトの歴史学者イブン・ザブルは、大砲と「キリスト教徒によって巧妙に作り出された仕掛け」である火縄銃の使用を止めるようエジプト人が訴えたと述べている。トゥーマン・ベイが率いるようになったマムルーク軍は急遽大砲を組み立て、カイロに迫るオスマン軍の前進を阻止すべく、ライダニヤに要塞を作った。経験豊かなオスマン軍砲手が、最初の砲撃の応酬で優位に立ち、マムルーク騎兵が突撃すれば、側面からオスマン軍軽騎兵の攻撃を受け、イェニチェリの火縄銃兵に撃退された。激しい市街戦の末、オスマン軍はカイロを占領。トゥーマンは城門で絞首刑になった。

カイロの征服
エジプトの富、中でも下の写真にあるカイロの町は、オスマン帝国が大国になる助けとなった。

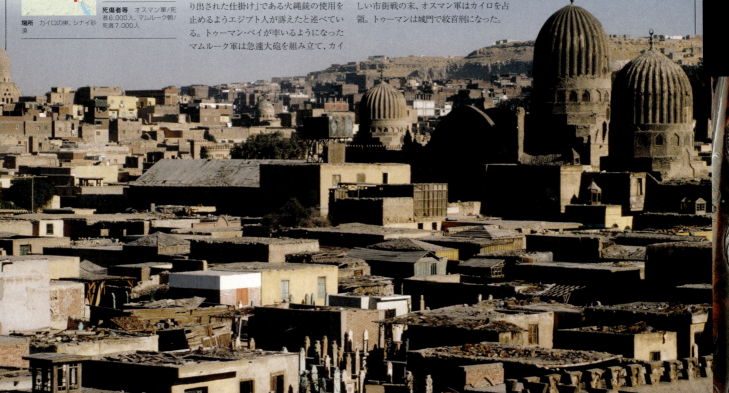

オスマン帝国の武器

16世紀のオスマン帝国駐在大使、ビュスベック男爵は、オスマン帝国の大砲や小砲の利用を引用し、「他民族の便利な発明をこれほど嫌がらずに採り入れた国もないだろう」と述べた。オスマン帝国によるマスケット銃とピストルの導入にも、同じことが当てはまった。こうした火器を組み合わせ、伝統的な刃物の武器とともに配備したことにより、オスマン帝国軍はこれほど手強い軍隊となったのである。

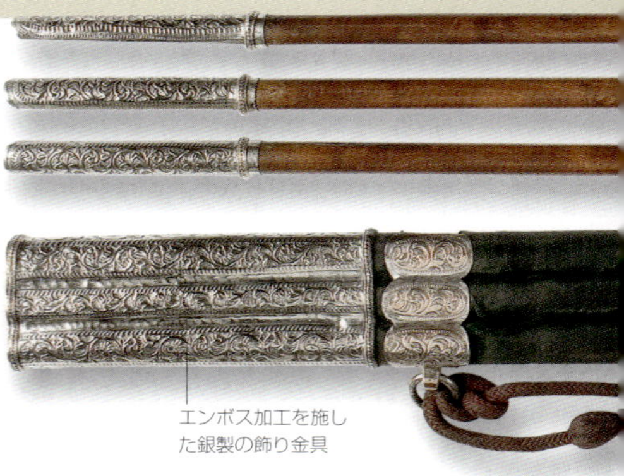

エンボス加工を施した銀製の飾り金具

撃鉄

火皿カバー

サドルバーとリングは馬の背に載せる際に使用

ラッパ銃
銀で豪華に装飾されたこのラッパ銃には、「修道僧アムルラー製作」と刻まれている。

撃鉄は金で装飾されている

シタン製の銃床は銀の渦巻き模様で装飾されている

クルミ製の銃床には彫刻が施され、銀がはめこまれている

台尻キャップは金銀で装飾されている

携帯兵器

16世紀、キリスト教徒の軍隊は、マスケット銃を使って正確に射撃するオスマン帝国の歩兵に驚いた。火打ち石銃は、ヨーロッパの騎兵にもオスマン帝国のシパーヒー（騎兵）にも同様に好評であった。しかし、このような英雄らしからぬ装置の利用に愕然とするイスラム教徒もいた。エジプトのマムルーク族長カートベイは、「女性が発砲したとしても」マスケット銃が効果的になりうるため、軍隊が銃器による射撃を中止するよう、オスマン帝国のスルタンに懇願した。しかし、18世紀になるころには、銃器の質や戦術的配備において、オスマン帝国はヨーロッパのライバル達に後れを取り始めた。

安全装置はイタリア製で、製造業者の名前が刻まれている

銀メッキは鋳造され彫刻が施されている

トルコの短剣
オスマン帝国の短剣の様式は、そのデザインも装飾も、おそらく中世のインドあるいはペルシアを起源とする。

華美な刀身には金がちりばめられている

オスマン人の海賊
このオスマン人の海の戦士は、銃2丁、ヤタガン剣、斧で武装している。

バルカンのマスケット銃

このマスケット銃は、オスマン帝国が支配したバルカン諸国のもので、19世紀初期の製造である。この銃に採用されているスペイン式火打ち石銃の発射装置は、主に中東の兵器に見られる発火装置の一種である。

真鍮で覆った銃床には、象牙と金箔の凝った装飾が施されている

スペイン式火打ち石銃の構造になっている

鉄の刃の上にコーランの文章が銀で刻まれている

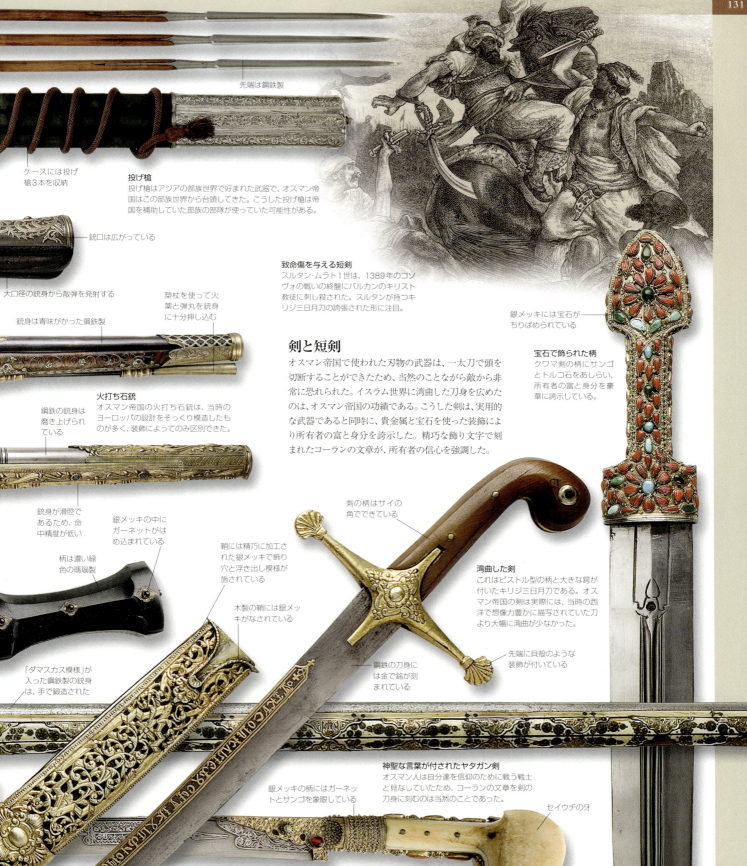

先端は鋼鉄製

ケースには投げ槍3本を収納

投げ槍
投げ槍はアジアの部族世界で好まれた武器で、オスマン帝国はこの部族世界から台頭してきた。こうした投げ槍は帝国を補助していた部族の部隊が使っていた可能性がある。

銃口は広がっている

大口径の銃身から散弾を発射する

銃身は青味がかった鋼鉄製

梨杖を使って火薬と弾丸を銃身に十分押し込む

致命傷を与える短剣
スルタン・ムラト1世は、1389年のコソヴォの戦いの終盤にバルカンのキリスト教徒に刺し殺された。スルタンが持つキリジ三日月刀の誇張された形に注目。

火打ち石銃
オスマン帝国の火打ち石銃は、当時のヨーロッパの設計をそっくり模造したものが多く、装飾によってのみ区別できた。

鋼鉄の銃身は磨き上げられている

剣と短剣

オスマン帝国で使われた刃物の武器は、一太刀で頭を切断することができたため、当然のことながら敵から非常に恐れられた。イスラム世界に湾曲した刀身を広めたのは、オスマン帝国の功績である。こうした剣は、実用的な武器であると同時に、貴金属と宝石を使った装飾により所有者の富と身分を誇示した。精巧な飾り文字で刻まれたコーランの文章が、所有者の信心を強調した。

銃身が滑腔であるため、命中精度が低い

銀メッキの中にガーネットがはめ込まれている

柄は濃い緑色の瑪瑙製

剣の柄はサイの角でできている

銀メッキには宝石がちりばめられている

宝石で飾られた柄
クワマ剣の柄にサンゴとトルコ石をあしらい、所有者の富と身分を豪華に誇示している。

鞘には精巧に加工された銀メッキで飾り穴と浮き出し模様が施されている

木製の鞘には銀メッキがなされている

湾曲した剣
これはピストル型の柄と大きな鍔が付いたキリジ三日月刀である。オスマン帝国の剣は実際には、当時の西洋で想像力豊かに描写されていた刀より大幅に湾曲が少なかった。

先端に貝殻のような装飾が付いている

鋼鉄の刃身には金で銘が刻まれている

「ダマスカス模様」が入った鋼鉄製の銃身は、手で鍛造された

神聖な言葉が付されたヤタガン剣
オスマン人は自分達を信仰のために戦う戦士と見なしていたため、コーランの文章を剣の刀身に刻むのは当然のことであった。

銀メッキの柄にはガーネットとサンゴを象眼している

セイウチの牙

イスラムの帝国

オスマン帝国のハンガリー征服

モハーチの戦い

日付	1526年8月29日
兵力	ハンガリー人/騎兵12,000人、歩兵13,000人、オスマン人/70,000-100,000人
場所	ハンガリー南部、モハーチ付近
死傷者等	ハンガリー人/死者15,000人、オスマン人/おそらく同等数

1526年4月、スレイマン1世は、ハンガリーを征服しようと決意して、巨大な軍隊とともにコンスタンティノープルの外へと進行した。オスマン軍が長期にわたって前進している間、ハンガリーのルイシュ王は、他のキリスト教徒の支配者達から援助を得ることができなかった。また、スレイマンの軍隊は、ドラヴァ川にある急造の舟橋を渡るのに5日間かかったが、ルイシュ王はこの横断を阻止しなかった。代わりに、ルイシュはモハーチの平原に陣地をかまえ、ハンガリーの首都ブダへ続く道をふさいだ。かなり数で勝っていたハンガリー人は、武装した騎兵の軍隊の衝撃力を信じていた。少数の大砲からの最初の短い集中砲火が行われ、その後、ハンガリーの騎兵はオスマン軍の中心部を突撃した。オスマン人の封建的な騎兵の2つの戦線が、この猛烈な攻撃の面前で崩壊したが、そのため騎士達は戦線が崩れないよう鎖でつながれたオスマンの大砲とイェニチェリの歩兵に直面することとなった。ハンガリー人はスレイマンを打ち破ろうと必死に戦ったが、オスマン人の射撃能力と軽騎兵の側面攻撃によって打ちのめされた。オスマン人の反撃により戦争は敗北へと変わった。ルイシュ王は逃走中に殺害された一人で、転倒する自身の馬に押しつぶされた。1529年にスレイマンが初めて包囲攻撃を行うためにウィーンに戻った時、スレイマンは初の軍事的敗北を期したが、ハンガリーはオスマンの属国となり隣国のオーストリアは攻撃を受けやすい状態となった。

宝石で飾られた兜
これはトルコの王室に現存する16世紀の式典用兜。鉄製で金と宝石で装飾され、征服によって得た豪華な富を反映している。

征服軍
モハーチにおけるオスマン軍は、主に騎兵の軍隊であったが、よく訓練された歩兵の管理下にあり、大砲とともに火縄銃は勝利に不可欠であった。

オスマン・ハプスブルク戦争

チュニスの包囲攻撃

日付	1535年6月-7月
兵力	帝国軍/60,000人、オスマン帝国軍/不明
死傷者等	信頼できる推計なし
場所	北アフリカ、チュニス

バルバロッサとしても知られるオスマン帝国海軍大将ハイレディンは、アルジェの基地からキリスト教徒の船舶と海岸に対する襲撃を行っていた。1534年、ハイレディンはチュニジアを獲得し、首都チュニスはオスマンの海賊の新しい基地となった。神聖ローマ帝国皇帝チャールズ5世は、町を奪回するために十字軍を結集した。皇帝は、海上でバルバロッサの軍隊を決定的に破ったジェノヴァの艦隊司令官アンドレア・ドリアが率いる艦隊に守られて地中海を横断した。赤痢によって多くの人が亡くなった包囲攻撃の後、帝国軍はラ・ゴリータの要塞化された港を獲得した。帝国軍はチュニスへ移動し、町を占拠して略奪し、推定3万人の居住者を殺害した。

オスマン帝国の拡張戦争

マルタの包囲攻撃

日付	1565年5月18日-9月7日
兵力	防衛者/13,000-14,000人、オスマン帝国軍/30,000-60,000人
死傷者等	防衛者/死者5,000人、オスマン人/死者24,000人
場所	マルタ

1522年、ロードス島から追放されたヨハネ騎士団は、新しくマルタに要塞化された島を作った。1565年、スレイマンは、島を獲得するためにムスタファ・パシャ率いる大規模なオスマン帝国軍を派遣した。マルタにある港への入口は、セント・エルモの超現代的な星型の砦で守られていた。騎士に守られ海からの補給を受けたセント・エルモは、6月23日まで抵抗したが、猛攻撃によって最終的に奪取された。砦の獲得においては、オスマン人約8000、騎士団1500の死者を出した。その後、戦闘はセングレアのグランド・ハーヴァー、ビルグおよび聖アンジェロ砦の中にある防衛設備へと移る。大砲による集中爆撃は壁を破壊したが、繰り返される攻撃は、激しい戦闘において撃退された。弱点である海側から防衛設備を獲得しようという巧妙な企てが、アルジェの軍司令官バルバロッサの息子ハッサンによって実行されたが、水面下に隠されていた防材に阻まれた。トレドのガルシアに率いられた援軍を乗せたスペイン艦隊が到着したことで、ムスタファ・パシャは最終的に撤退を決めた。

騎士の十字架
忠誠の誓いを行うのに使われたこの十字架は銀製で、宝石で装飾されており、1522年にヨハネ騎士団によってロードス島から持ち出され、マルタへ運ばれた。

> 「夜の暗闇はその後、膨大な量の人工的な火によって日中と同じような明るさとなった。非常に明るいため、実際にとてもはっきりとセント・エルモを見ることができた。聖アンジェロの砲手は、武器を配置し、砲火の光の中で際立って見える、前進するオスマン人に照準を合わせることができた」

戦争の証人

スペインの兵士フランシスコ・バルビ FRANCISCO BALBI SPANISH SOLDIER

「人工的な火」とは、両者が使用した松明と焼夷弾で、燃焼する金輪、「鬼火」として知られ手榴弾のように投げられる引火性の混合物で満たされた壺、および管から燃える液体の噴流を発射する「トランプ」と呼ばれる原始的な火炎放射器を含んでいる。

オスマン・ハプスブルク戦争

ウィーンの包囲攻撃

日付	1683年7月16日-9月12日
兵力	オスマン帝国/150,000-200,000人、ウィーンの守備隊/12,000人、ソビエスキーの援軍/75,000-80,000人
死傷者等	信頼できる推計なし
場所	オーストリア、ウィーン

1683年、オスマン帝国は154年前に失敗した同じ企てを再び試み、オーストリアの首都を獲得しようとした。大宰相カーラ・ムスタファに率いられたオスマン軍は、大型の大砲をほとんど持っておらず、地下を掘って城壁を破壊していた。オスマン軍は町への襲撃を9月1日まで行わなかった。9月12日の午後、ポーランド王ヤン・ソビエスキーに率いられたポーランド人、ドイツ人、オーストリア人の援軍がオスマン陣営を攻撃した時、外側の防衛設備は破られ、守備隊は砲弾を使い果たしていた。カーラ・ムスタファの軍隊は急いで逃走し、夕暮れにより即座の追撃が妨げられたため、破滅は逃れた。オスマン皇帝メフメト4世は、喉を弓の弦で絞め、大宰相を処刑した。

町の包囲攻撃
オスマン帝国軍はウィーン郊外の広大な陣営で快適に過ごした。大宰相は1500人の愛人を連れて行った。

オスマン・ハプスブルク戦争

ゼンタの戦い

日付	1697年9月11日
兵力	オーストリア帝国軍/50,000人、トルコ軍/不明
死傷者等	オーストリア帝国軍/死者300人、トルコ軍/死者または捕虜30,000人
場所	セルビア北部

スルタンのムスタファ2世はベオグラードから北進し、ハンガリーを侵略するという無理な試みを行った。サヴォイ公オイゲンに率いられたオーストリア帝国軍は、チサ川の舟橋を横断するオスマン人を攻撃した。オイゲンは騎兵隊が横断するまで待って箱船を破壊し、オスマン軍を分裂させた。その後オイゲンは、座礁した歩兵を圧倒した。オイゲンはオスマン軍を破ると同時に、87門の大砲、6000頭のラクダおよびトルコ皇帝の宝箱を獲得した。

サヴォイ公オイゲン
ゼンタでの勝利によりサヴォイ公オイゲンはヨーロッパで最も名高い軍司令官となった。オイゲンは後にブレンハイムで戦った。

1492年-1750年

イスラムの帝国

オスマン帝国の拡張戦争

レパントの海戦

日付	1571年10月7日
兵力	オスマン軍/88,000人(兵士16,000人)、カトリック同盟/84,000人(兵士20,000人)
場所	ギリシア、ナフパクトス、パトラス湾沖
死傷者等	オスマン軍/死者15,000人～20,000人、カトリック同盟/死者7,566人

1570年、オスマン軍はキプロス島を攻撃した。ローマ法王ピウス5世は、ハプスブルクの領地であったジェノヴァとヴェネツィアを含むカトリック同盟を組織し、島の救済に向かう。ドン・フアン・デ・アウストリアに率いられた大規模な海軍がメッシーナで結集したころ、キプロス島は奪われてしまう。艦隊は航行を続け、10月7日、敵艦隊とレパント(ナフパクトス)沖で対峙した。敵対する軍は海上を8kmにわたって散らばり、真っ向から衝突、激しい混戦が繰り広げられた。ガレアス船と呼ばれる通常の2倍の大きさの船6隻が、キリスト教徒の艦隊を先導し、オスマン軍の前線を破った。敵対するガレー船は動けず、武装し銃器を積んでいたキリスト教軍は、弓を射る。ドン・フアンの旗艦はオスマン軍司令官アリ・モエジンゼイドの旗艦と激突し、モエジンゼイドは火縄銃で頭を打たれた。オスマン帝国軍のガレー船約50隻が逃走し、残りは沈没、略奪または座礁させられ、約1万5000人のキリスト教徒の奴隷が解放された。その後、オスマンは翌年に新しい艦隊を設立することで気力を示したが、この戦争はヨーロッパにおけるキリスト教徒の大勝利として賞賛された。

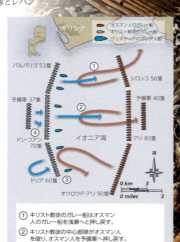

① キリスト教徒のガレー船はオスマン人のガレー船を浅瀬へと押し戻す。
② キリスト教徒の中心部隊がオスマン人を破り、オスマン人を予備軍へと押し戻す。
③ キリスト教徒の右側部隊が戦闘から撤退し、オスマン人の左側部隊は中央部隊が崩壊した際、撤退する。
④ キリスト教徒の予備部隊は、中央部隊と右側部隊を援護し、中央部隊が崩壊すると左側の敵を追跡する。

ドン・フアン・デ・アウストリア
スペインの軍司令官ドン・フアン(1547-78)の高まる評判は、レパントの戦いにおいて指導力を示したことで確固たるものとなった。

最後の戦争
レパントの戦いの混乱を描いている。オールを備えたガレー船を用いた最後の大規模な海戦であった。

ムガル帝国（インド）

ムガル帝国では政治が安定し、文化が花咲き、インドに黄金時代が到来した。1526年にデリーとインド北部を征服したムガル人（中央アジアを起源とするイスラム教徒）が、その後急速に南方に勢力を拡大し、1858年まで存続する王朝を築いた。しかし、アウラングゼーブが1707年に死去すると、国は分裂し、王朝最後の1世紀は事実上、英国あるいはフランスの傀儡国家となった。ムガル拡大の犠牲となったのは当時のヒンドゥー政権であったが、ムガル人はイスラム教徒にもかかわらず、同時代の欧州諸国のどこよりも異宗教に対して寛大であった。この寛大さをなくしたことが、帝国衰退の重要な要因となった。

ムガル帝国によるインド征服

第1次パーニーパットの戦い

日付	1526年4月21日
兵力	ムガル軍/12,000人、ロディー軍/100,000人、象1,000頭
死傷者等	ロディー/死者20,000-50,000人
場所	インド北部、デリーの北90km

バーブル（「虎」の意）と呼ばれたザヒールッディーン・ムハンマドは、モンゴルのティムールとチンギス・ハン（92-95ページ参照）の直系の子孫で、中央アジアの小公国フェルガナの統治者だった。1525年、ウズベク族に先祖代々の土地を奪われ、「放浪に飽きた」バーブルは、新たな王国を求めてインド北部に侵攻。「信ずる神にすべてを委ねた」バーブルは、デリーから2、3日のパーニーパットでスルタンのイブラヒーム・ロディーに対峙。インド中北部の統治者イブラヒームは、1000頭の象と1万人の兵を率いていたが、致命的にも火薬兵器を持たなかった。イブラヒームは、防御柵とロープで繋いだ荷車を並べたバーブル布陣の狭い正面を攻撃したが、後ろに隠された大砲と火縄銃で猛攻撃された。バーブルの騎馬射手によって重装備のインド軍は大混乱の暴徒と化し、イブラヒームも敗走中に死亡。バーブルはスルタンの領土を手中に収め、ムガル帝国の中核とした。首都をアグラに置き1530年の死までに、インド北部の大半（デリーを含む）に支配を広げた。

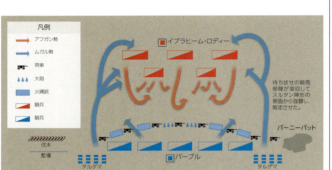

ムガル帝国によるインド征服

第2次パーニーパットの戦い

日付	1556年11月5日
兵力	ムガル勢/20,000人、アフガン-ヒンドゥー勢/100,000人、象1,500頭
死傷者等	アフガン・ヒンドゥー勢/捕獲された象1,500頭
場所	インド北部、デリーの北90km

バーブルの息子、フマーユーンの代には、ムガル帝国は敗北を重ねた。その息子アクバルが王朝に再度繁栄をもたらす。バーブルの大勝利の地パーニーパットで、アクバルは1556年、アフガン・ヒンドゥー連合軍に相対した。敵の戦象は当初、力強く前進。しかし、戦いの最中、ヒンドゥーのヒームー将軍が流れ矢に当たると、将軍の軍隊は混乱。逃げ出したヒンドゥー・アフガン連合軍は虐殺された。アクバルは切断した敵の首で勝利の柱を立てた。

ヴィジャヤナガル王国の没落

ターリコータの戦い

日付	1565年1月23日
兵力	ヒンドゥー教徒/600,000人以下、イスラム教徒/700,000人以下
死傷者等	ヒンドゥー/数十万人（複数の史料による）
場所	インド、ヴィジャヤナガルの北130km

16世紀半ばころ、ムガル人がインド北部と中部を統治していたが、南部はヴィジャヤナガル（「勝利の都市」）のヒンドゥー王国が支配していた。3世紀の間、同国は様々なイスラム王朝の南方進出に抵抗してきた。ヴィジャヤナガルにはナーヤカ族という強力な軍事貴族層があったが、ヴィジャヤナガルのラーマラージャ王は外交的能力に欠け、彼らを疎外した。1527年バフマニー王国の分裂で、敵対するイスラム教徒は弱体化したが、ラーマラージャは自分に敵対するインド中・西部のスルタン継承者全員を結束させてしまった。1565年、同盟を結んだアフマドナガル、ビーダル、ベラール、ゴールコンダ、ビジャープルが、王国北部のターリコータでの戦いでラーマラージャに決定的勝利を収めた。ラーマラージャは斬首され、ヴィジャヤナガルは破壊された。同時期の史料の「数十万人ものヒンドゥーが殺された」というのは誇張だろうが、インド南部のヒンドゥーの政治勢力は回復不能なまでに壊滅した。イスラム教のスルタン国はマイソールまで拡大した後、アウラングゼーブ支配下（1658-1707）のムガル帝国に吸収されてしまった。しかし、アウラングゼーブはヒンドゥー教に寛大でなかったため対立が生まれムガル帝国は数十年のうちに致命的に弱体化した。

宝石をちりばめた短剣
絢爛なインド製武器は富と権力の証し。略奪しようとする侵略者の注意も集めた。

ムガルの勝利
1560年代のアクバルの戦いに見られる戦象。インドの多数の軍隊で、戦象は部隊の一部を成していた。

ムガル帝国（インド）

ハルディガーティの戦い

> ムガル帝国のインド征服

日付	1576年6月18日
兵力	ムガル帝国/80,000人、メワール/20,000人
死傷者等	不明、メワール側の損害大
場所	インドのウダイプールの北45km

アクバル皇帝は1570年代半ば、メワールのプラターブ・シングを除く全ラージプート族（ヒンドゥー戦士の君主）を撃退。プラターブの宿敵アンベールのマン・シングの手勢を加えたアクバル軍は、南進してプラターブに対峙。チェタックという名の白馬にまたがった美しいプラターブは7度負傷し勇敢に戦い、退却した。1614年にメワールが屈服するまで決着はつかなかった。

馬の英雄
致命傷を負った愛馬チェタックを慰めるプラターブ・シング。プラターブはこの雄馬のおかげで命拾いした。

ナーディル・シャーによるインド侵略

> ナーディル・シャーによるインド侵略

日付	1738年-1739年
兵力	ナーディル・シャー/不明、インド人/不明
死傷者等	デリーの略奪で最大20,000人
場所	インド北部

1736年にペルシア王に即位したナーディル・シャー（枠内参照）は、まずアフガニスタン征服に着手。1738年終わりごろ、カイバル峠を越えてインド北西部に入った。1739年2月24日にカルナールでインド人の抵抗を一蹴したナーディルは、1739年3月20日、何の妨害もなくデリーへ入った。ナーディルがデリーで行った略奪と大虐殺は広範囲におよび、大量殺戮

孔雀玉座
ムガルのシャー・ジャハーン皇帝のために作られた、宝石をちりばめた玉座。1739年、ナーディル・シャーに強奪された。

> 「ナーディル・シャーには現在と未来の両方を考慮に入れる賢明さが欠けていた」
> ナポレオン・ボナパルトがペルシアのファトフ・アリー・シャーに宛てた手紙（1805）

を意味する「ナディルシャヒ」という言葉が生まれた。2万人もの人々が非業の死を遂げた可能性がある。コーイヌール・ダイヤモンドや宝石をちりばめた孔雀玉座などの財宝を手に入れて帰国したナーディルは、ペルシアで3年間、租税免除を実施したほど潤っていた。しかし、ナーディルはますます専制君主的、偏執的になっていき、1747年に暗殺された。後継者のアフマド・シャー・アブダーリーは1757年にインドに侵攻し、デリーを略奪したが、ムガルから王座を奪うことはなかった。それでも、アフマド・シャーのインド支配は、ムガル衰退後に力を強めてきたパンジャブのシーク教徒やヒンドゥーのマラータ同盟などの脅威にさらされた。1761年にはパーニーパットで再度大規模な戦いが起こり、アフマド・シャーがマラータ軍を破ったが、その後も反乱が続き、アフマド・シャーは1772年にインドから手を引いた。

1688年-1747年
ナーディル・シャー NADIR SHAH

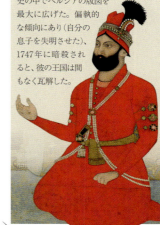

ナーディル・シャーはアジア最後の偉大な征服者と見なされる。サファヴィー朝ペルシア統治者タフマースプ2世に仕えたナーディル・シャーは、アフガン人との戦いで輝かしい勝利を重ね、1736年には自身がペルシア王位に就いた。1738-39年にインドに侵攻、過去1000年を超える歴史の中でペルシアの版図を最大に広げた。偏執的な傾向にあり（自分の息子を失明させた）、1747年に暗殺されると、彼の王国は間もなく瓦解した。

シヴァージー・マハラジの戦役

> シヴァージーの戦役

日付	1646年-1680年
兵力	マラータ同盟/不明、ムガル帝国/不明
死傷者等	信頼できる推計なし
場所	インド中部

インド中・南部でムガルの勢力が衰え、ヒンドゥーのマラータ同盟が台頭しその空洞を埋めた。明るく空想的な人物、シヴァージー・マハラジ（1627-80）率いる「山ネズミ」はムガルの大軍に公然とは立ち向かわず、ゲリラ戦を選んだ。（シヴァージーの「ずる賢いやり方」と呼ぶ年代史家もいる。）ムガル帝国の内戦に乗じたシヴァージーは、ムンバイ付近の西海岸にある西ガーツ山脈で、多数の要塞を占拠。十分な力を手に入れたと確信すると、1674年に自身を王と宣言。ますます狭量になったムガルのアウラングゼーブ政権との差別化を図り、シヴァージーは宗教に寛大な政策をとった。「モスクやコーランの神聖を汚したり、女性を奪ったりしてはならない」とした。彼の軍隊にはヒンドゥー教徒だけでなくイスラム教徒もいた。彼が1680年に死去すると、ムガルはシヴァージーの息子達の間に起こった内乱につけ込もうとしたが、アウラングゼーブはマラータを完全に征服できず、勢力を増したマラータは、1771年にデリーを掌握した。

シヴァージー像
マラータの指導者シヴァージーの軍隊は主に騎馬兵で構成されており、脅威にさらされると迅速に山岳地帯に退却できた。この戦術は非常に有効で、限られた兵力を浪費せずにすんだ。

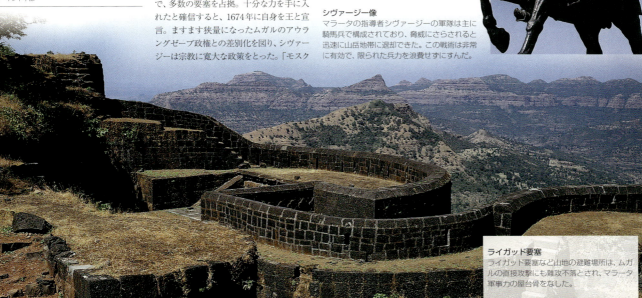

ライガッド要塞
ライガッド要塞など山地の避難場所は、ムガルの直接攻撃にも難攻不落とされ、マラータ軍事力の屋台骨をなした。

1492年-1750年

ムガル帝国の武器

ムガルが16世紀にインドを侵略した際、アジアのイスラム文化に属する武器や甲冑を持ち込んだが、インド北部はもちろん、それまでにも何世紀にもわたってイスラム世界に接していた。16世紀以降のインド軍に見られる武器として、ヨーロッパ伝来の火薬武器も挙げられる。インド人は火縄式マスケット銃を非常に好み、19世紀になっても使用していた。

インド特有の武器

しかし、独自の武器を開発したインド国家もあった。最も独創的な武器はチャクラムで、帯状の鋼鉄製の刃を輪投げの輪の形にしたものである。シーク教徒の兵士は背の高い円錐形のターバンの周りに5、6個のチャクラムをつけていた。チャクラムは人差し指で回して投擲するか、人差し指と親指で挟んで下手から投げた。ヒンドゥーの短剣ジャマダハルもインド独自の武器である。H型の柄を握り、敵に接近して突き刺した。ブージという長い柄のついた片刃の戦斧もインドで生まれた。

火薬入れ
火縄式マスケット銃に使われたヒンドゥーの火薬入れ。

対照的な短剣
ハンジャールは全体が鋼鉄製で、両刃の刀身は反曲している。拳で握って持つジャマダハルは、突き刺すための短剣。

ジャマダハル
ハンジャール
大型の両刃の刀身
握り部分は平行する棒2本
手首を保護する細長い金属
鋭利な外側の刃
チャクラム

投げ輪
主にシーク教徒が使用した鋼鉄製投げ輪のチャクラム。外側の刃は非常に鋭利。

湾曲した剣
シャムシールはペルシア生まれのサーベルの一種。片刃の湾刀はインドで広く使われた。

象牙彫刻の柄
直線的で短い十字鍔
湾刀
金色のダマスク模様を施した柄
革でつなぎ合わせた木製の鞘

軍隊を率いるバーブル
弓矢、槍、斧、剣、楯を持つムガル人。バーブルが身に着けた頭も首も保護するかぶりものに注目。

刃のついた武器
ブージはインド特有の戦斧である。ペッシュ・カブズは鎧も貫通する短剣。

ブージ
ペルシアの影響により細部まで装飾的
ペッシュ・カブズ

ムガルの兜
「トップ」と呼ばれるインド製兜にはベンテールと呼ばれる鎖帷子が付いており、着用者の肩まで垂れ下がる。

戦斧
何百年にもわたってインドでよく使われた、タバールという名の全鋼鉄製の斧。中空の柄に短剣を隠せるタイプもあった。

銀と金箔で象眼装飾を施した斧頭

首を保護するベンテール

曲線的な刃

ヒンドゥーの楯

華美な装具

インドの武器や甲冑は、その手の込んだ装飾を最大の特徴とする。装飾は社会における富と地位を表すものであり、インド社会では戦闘における武器の実用性だけを考慮することはなかった。17世紀にムガル宮廷へ派遣された英国大使のトーマス・ロー卿に、ムガルの軍隊は「男らしさに欠け、敵にとっては恐怖の対象というより、略奪の対象」と言わしめたのも、おそらくこの装飾的な特質が原因であろう。

楯
シパルー、もしくはダールと呼ばれたインドの楯。ヒンドゥーとイスラムのどちらの楯にも華美な装飾が施されたが、ヒンドゥーの楯にはヒンドゥーの神々を描写した場面が施されることが多い。

波紋のある鋼鉄製刀身

波紋のある鋼鉄

金箔装飾

イスラムの楯

彩色エナメルの装飾

シャムシールと鞘

片刃の刀身

アフリカの帝国

ユーラシアにおける戦争の特徴の数々は、アフリカにも当てはまる。たとえば、武装騎馬隊や城壁をめぐらせた都市、16世紀以降の火器の登場である。エチオピアはキリスト教辺境の居住地として存続したが、北アフリカの大部分はイスラム世界の延長となった。サハラ砂漠の南にあるサヘル地域のイスラム指導者は、騎兵隊を使って農業社会を支配し、マリやオヨなどの帝国を築いた。北岸のモロッコは、キリスト教徒、モロッコ人と同じ宗教のイスラム教徒の両方を撃破した軍隊を擁する、一大勢力中心地であった。

イスラム教の拡大
北アフリカ諸国をしっかり掌握したイスラム勢力は、10世紀ころから南方に拡大を始めた。近代初期になると、イスラム勢力はサハラ以南まで広がった。

アフリカの帝国
エチオピア軍とアフマド・グラーンとの戦い

日付　1543年2月21日
兵力　ポルトガル/400人、イスラム教徒/不明
死傷者等　信頼できる推計なし
場所　エチオピアのタナ湖

キリスト教国エチオピアは1520年代から、アダル地域のスルタン、アフマド・グラーン率いるイスラム勢力を脅威に感じていた。1541年、クリストバン・ダ・ガマ率いるポルトガル兵が、同志のキリスト教徒の支援に到着した。1542年8月、アフマドがエチオピアとポルトガルの軍勢を破り、クリストバンは斬首された。1543年2月、エチオピア・ポルトガル軍はタナ湖で再度アフマドに遭遇。ポルトガル兵の半数は殺されたが、アフマドも撃たれて戦死した。アフマドという優れた指導者がいなくなり、エチオピアに対する脅威も消滅した。

円形の楯
エチオピアの楯は獣皮で作られた。この飾り見本はビロードと銀細工で覆われている。

アフリカの帝国
アルカサルケヴィルの戦い

日付　1578年8月4日
兵力　ポルトガル/16,500-18,000人、モロッコ/不明
死傷者等　ポルトガル/死者7,000人、捕虜8,000人、モロッコ/不明
場所　モロッコ

アルカサルケヴィル(アルカセル・キヴィール)の戦いは、欧州勢力がアフリカ勢力に負けたという意味で非常に重要である。1576年、新しい統治者アブドゥル・マリクがオスマン帝国の支持を得てモロッコを支配下に置いた。追放された前統治者ムハンマド・アル・ムタワッキルは、王位復権の援助をポルトガル王セバスティアンに要請した。年若いセバスティアンは、征服や高尚な聖戦の冒険という夢に取りつかれており、モロッコの異教徒に対して聖戦を行う許可を法王から取り付けた。しかし、現実には、強大な隣国のフェリペ2世から軍事的支援を受けることに失敗した。セバスティアンはポルトガル貴族やドイツ、スペイン、オランダの傭兵からなる部隊を編成した。この間に合わせの部隊をセバスティアンが直々に率いて、モロッコの海岸に上陸した。部隊は愚かにも内陸へ向かい、補給や増援ができる船から遠ざかった。アブドゥル・マリクのオスマン式軍隊は、アンダルシアのムーア人、オスマン人、アラブ人、ベルベル人で構成され、馬上から火縄銃を撃てるよう訓練した騎馬隊も含まれ、装備が行き届いていた。この後に起こった「3王の戦い」では、3人の王全員が死亡した。モロッコの王位を狙っていたアル・ムタワッキル、戦いの早い段階で自然死したアブドゥル・マリク、消息不明になり、二度と発見されなかったセバスティアンの3人である。ポルトガル軍は大敗し、全員が殺されるか捕虜になった。セバスティアンの死により王位継承に危機が訪れ、フェリペ2世がそれに乗じて1580年にポルトガルを併合した。セバスティアンが「戦闘中行方不明」になったという事情から、セバスティアンは「生きており、今に帰還してポルトガル国民を導く」という伝説が生まれた。

戦闘準備
アルカサルケヴィルの戦いを前にしたキリスト教徒部隊。槍や矛、剣、火器など多数の武器で武装している。

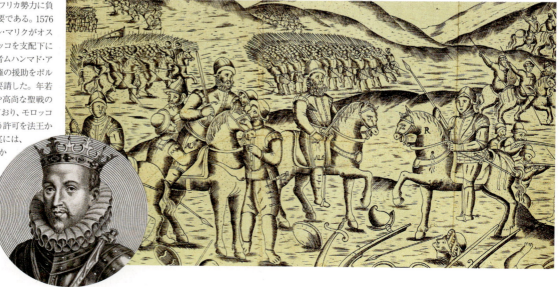

セバスティアン王
ポルトガルのセバスティアン王はわずか24歳の時に無計画な侵攻軍を率い、命を落とした。

アフリカの帝国　141

アフリカの帝国
モロッコのソンガイ帝国打破

日付	1591年3月
兵力	モロッコ/5,000-25,000人(マスケット銃士4,000人含む)、ソンガイ/騎馬兵10,000-18,000人、歩兵30,000-100,000人
死傷者等	不明
場所	西アフリカのニジェール川

モロッコの統治者アフマド・アル-マンスールは、ニジェール川流域のソンガイ帝国を攻撃すべく、サハラ砂漠を横断して南方に軍隊を送った。ガオに向けて進軍中に、大軍勢のソンガイ軍に遭遇したが、アル-マンスール軍には火器があり、ソンガイにはなかった。ソンガイはモロッコ戦列に牛を追い立て混乱を図ったが、効果はなかった。モロッコ軍のマスケット銃発砲に大部分のソンガイ兵はすぐに逃亡。ソンガイの首都トンブクトゥは、間もなく占領された。

泥のモスク
14世紀の泥のモスク。モロッコ軍占領時にもソンガイ帝国の中心部、マリのジェンネに建っていた。

1549年-1603年
アフマド・アル-マンスール
AHMED AL-MANSUR

1578年に兄のアブドゥル・マリクがアルカサルケヴィルで死亡したため、アフマドがモロッコを支配することになった。キリスト教徒を打ち負かしたとして賞賛され、「勝利者」を意味する「マンスール」の名がついた。アフマドは、マスケット銃や火縄銃、大砲を熟知していたオスマン人傭兵を中心としたモロッコ常備軍を設けた。キリスト教からの改宗者やキリスト教国のスペインから逃げてきたムーア人難民から職業軍人を募った。アフマドが1591年のソンガイ征服計画を実行できたのは、この軍隊のおかげであり、モロッコの版図は南方へ過去最大の拡大をみせた。

奴隷戦争

日付	14世紀以降
兵力	―
死傷者等	―
場所	西アフリカ

世界中どこの歴史にもおおよそ当てはまるが、アフリカにおける戦争も奴隷獲得に関係していた。奴隷の獲得は、捕虜という形で戦争の付随的な副産物として発生するか、奴隷そのものが侵略や征服の目的となるかのどちらかである。たとえば、14世紀以降、ニジェール川上流域のマリやソンガイなどのイスラム帝国は、騎兵隊を利用することにより、近隣種族に勝る軍事的優位を築いた。すばらしいバーバリーの馬に乗り、鎖帷子の上着を身に着けたこうした騎兵隊は、ほとんど恒常的に奇襲を行い、何千人もの捕虜をとった。こうした捕虜は、やがてサハラ越えの交易路を通って地中海周辺のイスラム圏に奴隷として連れて行かれた。15世紀にはポルトガルの水夫がアフリカ西岸沿いの国々と交易するようになり、交易品の中でも有用と判明したのが奴隷であった。西アフリカ沿岸の奴隷貿易と戦争の間に共生関係が発達したのは、17、18世紀であった。1700年ころまでは、毎年3万人ほどの奴隷がアフリカから船で送り出されていたが、1780年には、毎年8万人になっていた。こうした奴隷の多数が、アシャンティやダオメー、オヨなどの西アフリカの王国による奇襲や占領時に捕らえられた。王国は奴隷貿易から得た収入で購入した火器を用い、軍事的優位性を拡大できた。18世紀中ごろには、アシャンティの圧倒的な常備軍はマスケット銃で武装した歩兵で構成されるようになり、アシャンティは版図を拡大した。年貢と奴隷貿易により、アシャンティ支配者は極めて裕福になった。アフリカに利害関係のあったヨーロッパ諸国は、この時期、まれな例外を除き、アフリカ民族の国家に対して軍事介入を行わなかった。もし介入していたら、火器と武装騎兵隊を有したアフリカの王国は、ヨーロッパ諸国の手強い敵となっていただろう。

ベニンの青銅
西アフリカのベニン王宮を装飾していた青銅板。火縄式マスケット銃を持ったポルトガル兵が描かれている。

1492年-1750年

ヨーロッパの要塞
西アフリカにあるヨーロッパの全要塞同様、ケープ・コースト城も敵対するヨーロッパの貿易国から守るために作られた。アフリカの国家を仮想敵としたものではなかった。

権力と宗教

16世紀から17世紀の欧州の形成には戦争が大きな役割を果たした。技術の発達につれ、帝国建設の夢を持つ者たちが軍事手段により志を実現する力を身につけていった。収入を増やして今までにないこうした圧力に対抗できる国家を建設する必要から政府も社会も姿を変えていった。1648年以降の戦争の主たる動機は、宗教心から王家の野心や領土拡大に代わった。

国家の統合
17世紀には従来のスペインの支配的地位が崩れ、イングランドとフランスの覇権伸張が見られた。

火薬と方陣

16世紀初期からは小型で携帯可能な銃の使用が増え、近代初期の軍隊に大きな課題をつきつけ、馬上の騎士優位の時代に終わりを告げた。1520年代にはスペインのテルシオ(銃兵に援護された長槍兵の方陣)が出現し、1643年のロクロアの戦いでスペインが敗れるまで1世紀以上戦闘で銃を用いる最も効果的な手段となった。しかしテルシオの優位も揺ぎないものではなかった。オランダの名戦略家ナッサウ伯マウリッツはマスケット銃の一斉射撃を行う比較的小編成の熟練歩兵部隊を採用した。

信仰の証
1572年のサン・バルテルミーの虐殺では2000人のフランス人新教徒が犠牲となった。この事件をきっかけに凄惨な宗教対立が起こり30年近くフランスを苦しめた。

無敵のマスケット銃

17世紀には、マッチロック式、ホイールロック式、フリントロック式のマスケット銃がたて続けに登場し、発射速度が着実に改善した。18世紀中ごろの熟練兵では1分間に3、4発の射撃が可能だった。こうした効率向上から次々と技術革新が促進されたものの全てがうまくいったわけではない。馬で敵の前線めがけて突進し、半回転して発砲し、退却するのは至難の業だった。そのため1680年までに騎兵隊は火薬兵器を使用する実戦攻撃をほとんど行わなくなった。

窓外へ
三十年戦争の引き金となったプラハ窓外投擲事件。ボヘミアの新教徒の権利を侵害した旧教の役人たちがプラハ城の窓から投げ落とされた事件。

王家の剣
この剣のサイドリングに描かれているのはグスタフ・アドルフ王と思われる。このスウェーデン王は三十年戦争で新教徒側としておおむね勝利を収めた。

権力と宗教

馬の甲冑

16世紀と17世紀の戦法上の大変革にもかかわらず、騎兵隊は近代初期の軍隊でも不可欠な役割を維持し続けた。図のような馬の甲冑は高価で一般的ではなかった。すべてを装着することはさらに稀で、シャフロン（面甲）のみの使用が最も一般的だった。こうした甲冑を持つことが高い身分の証であり、1600年には戦場でよりも馬に乗った王たちの肖像画でお目にかかる方が多かった。

別々に動く厚板 / 渦巻き状の角 / 目を保護する輪縁 / 喉の下を通す轡（くつわ）鎖 / 透かし細工の鉄枠 / 鼻先を保護 / 金細工 / 歯車 / 拍車 / 銜身（はみみ） / 口輪

中世の騎士
昔に戻ったような見事な騎士の甲冑姿。馬上の騎士の防御の固さをはっきり物語る。

教練と擲弾兵

17世紀には軍隊の多くが職業化した。1700年には、サンクトペテルブルグからリスボンに至る欧州全域の戦いでは、フリントロック式のマスケット銃やソケット式銃剣を備え、完全な訓練のもと大演習を行う軍服姿の歩兵が、標準となっていた。常備の連隊が創設され、それぞれ独自の特徴を備えた。専門化が進み、要塞化した陣営への攻撃の訓練を受けた擲弾兵のような部隊はますます重要度を増した。

オランダの勝利
1673年のテセル島沖海戦でオランダの旗を掲げる戦艦。オランダが勝利し英蘭戦争が終結した。

税と戦争

1750年には1500年ころに比べ軍事費が国家に重い負担を強いていた。フランス軍は1693年のネールヴィンデンの戦い時には50年前のロクロアの戦い時の5倍もの銃を保有していた。並行して国家財源の増収改革を進めることに失敗した国々は軍事費負担に耐えきれなかった。フランス王権が都市に住む知識人にそれに見合う政治参加の増加を認めずに増税を試み、フランス革命の第一の要因となった（196ページ参照）。

ボヘミアでの戦い
三十年戦争の口火を切った1618年の白山の戦い。プラハ近郊での新教徒側のこの敗北は信条に大打撃を与えた。

1594年-1632年
グスタフ・アドルフ王
GUSTAVUS ADOLPHUS

スウェーデン王グスタフ・アドルフは「新教徒のアレクサンドロス大王」と崇拝された。騎兵、歩兵、砲兵の連携に才を発揮した。このため規律正しく高度な訓練を受けた職業軍人という新しい型の兵士が必要となった。新たな軍組織成功の一因は騎兵の役割を見直したことにある。

1492年-1750年

フランスによるイタリア戦争

1494年にフランスのシャルル8世はイタリアへ侵攻し、常備軍と車輪付き砲架に載せられた大砲の威力を見せつけた。この軍事行動が16世紀半ばまでの戦争の連鎖の始まりで、フランス、スペイン、スイス、イタリア都市国家が主役を担った。これらの戦いでは稜堡式城郭への発達や銃の使用という新たな概念など斬新な軍事戦略や技術革新が見られた。しかし戦いは何よりも様々な兵が入り混じる相を呈し、甲冑を着た騎士が槍で突撃し、歩兵が長槍密集方陣で交戦し、石弓兵が火縄銃兵や大砲の傍らで射撃するものだった。この戦争がもたらしたものは、神聖ローマ皇帝（兼スペイン国王）カール5世の下で一体となったスペインと神聖ローマ帝国による欧州支配である。

フランスによるイタリア戦争
チェリニョーラの戦い

日付 1503年4月28日
兵力 フランス・スイス軍／10,000人、スペイン軍／6,000人
死傷者等 信頼できる推計なし
場所 イタリア、イタリア・アドリア海岸から30km

チェリニョーラの戦いは銃兵による最初の勝利とされる。歴戦のスペイン指揮官ゴンサロ・フェルナンデス・デ・コルドバは、フランス軍のイタリア南部への侵攻を食い止めようと、長槍兵と火縄銃兵の小隊に戦場での成功の秘策を握らせようと決めていた。フランス重騎兵隊およびスイス槍兵隊の大軍と対峙した際、ゴンサロは丘の斜面に塹壕を掘り、兵を隠し、溝と土塁で身を守らせ、土塁の後ろに火縄銃兵、その後ろに長槍兵を配置した。フランス・スイス軍は突撃の勢いでスペインの脆弱な前線を破ることができると判断して正面攻撃を決断した。この攻撃隊は塹壕で足をとられ、銃兵に撃たれた。火縄銃兵はこのような近距離では高い効果を発揮した。フランス軍の将ヌムール公が銃弾で命を落とした。すると時機を見計らったフェルナンデスは長槍兵と軽騎兵に反撃を命じ、敵を壊滅させた。火縄銃の成果は弓兵でも達成できるかもしれないが、このスペイン軍の勝利により将来の射撃武器としての銃に対する信頼性は高まった。

残忍な戦い
画家によるチェリニョーラの戦いのイメージ。長槍、剣、火縄銃での戦争の残酷さを伝える。

スペインのテルシオ

スペインのテルシオ（3部隊の意）とは、総勢3000名ほどの長槍兵と火縄銃兵からなる方陣である。槍と銃を併用するという戦略的な新機軸に基づいており、1534年に初めてこの名で呼ばれてから17世紀初頭までヨーロッパ中で恐れられた。火縄銃兵は通常、長槍兵の方陣の外側に配置され、接近戦で攻撃される恐れがある場合は内側へ移動した。

フランスによるイタリア戦争
ラヴェンナの戦い

日付 1512年4月11日
兵力 スペイン軍／16,000人、フランス軍／21,000人
死傷者等 スペイン軍／死者9,000人、フランス軍／死者4,500人
場所 イタリア

1511年に法王ユリウス2世はフランスと対戦するため神聖同盟を結成した。1512年、レイモンド・カルドナと軍事技師ペドロ・ナバロ率いるスペイン軍を主体とした神聖同盟軍は、ラヴェンナを包囲していたガストン・ド・フォワ率いるフランス軍との対決のため進軍した。スペイン軍は土塁の後方に防御陣地を構え、互いの野戦砲兵隊は2時間にわたり敵の戦列を砲撃し合った。ついに中枢を撃破されたスペイン軍が突撃をかけたが、フランスの重騎兵に打ち倒された。フランス側に雇われたドイツ人傭兵部隊ランツクネヒトがスペインの土塁へ正面攻撃をかけ、そこで凄惨な戦いとなった。最終的にフランス重騎兵に側面攻撃されたスペイン軍は、戦いながら撤退していった。しかしフォワが追撃中に戦死してしまい、フランス軍の勝利に陰を落とした。

1489年-1512年
ガストン・ド・フォワ GASTON DE FOIX

1503年に父がチェリニョーラで戦死し、ヌムール公を継いだガストン・ド・フォワは、1511年に21歳でイタリアでのフランス軍指揮を任された。ガストンは驚くべき大胆さと力強さを発揮し、1512年2月にブレシアを攻撃し、次にラヴェンナでスペイン軍を破るが、そこで命を落とす。一回の遠征のみでこれだけの名声を得る軍司令官は稀である。

フランスによるイタリア戦争
ノヴァラの戦い

日付 1513年6月6日
兵力 フランス軍／12,000人、スイス軍／5,000人
死傷者等 信頼できる推計なし
場所 イタリア北部のミラノ西方

スイスの長槍密集方陣は15世紀末から16世紀初頭において最強の歩兵団だった。スイス兵は傭兵としての需要が高く、ノヴァラの戦いのころにはフランスと対戦する神聖同盟に加わっていた。ルイ・ド・ラ・トレモイユ司令官の指揮下でフランス軍はアルプスを越えミラノを占拠し、次にスイスが支配権を握るノヴァラの町を包囲した。6月にスイス救援軍接近の報を受け、トレモイユは包囲網から引き揚げ戦闘へ備えたが、スイス軍の迅速な動きを計算に入れていなかった。夜を徹して行軍したスイス兵は、6月6日の明け方に戦闘準備がほとんど整わないフランス軍を攻撃した。密集方陣の長槍兵は速足で前進しながらフランス軍の前線を打ち破って本陣に達し、可能な限り歩兵を討ち取り、騎兵を敗走させた。トレモイユは粉砕された残兵とともにフランスへ退却した。こうした圧勝もあったが、イタリア戦争全般では野戦築城や火薬兵器に対する攻撃の際の長槍方陣の限界が浮き彫りとなった。

面甲のない冑
16世紀の火縄銃兵が着用した頂部にとさかのついたモリオン冑。顔を覆わない型はねらいを定めるのに都合がよかった。

フランスによるイタリア戦争
マリニャーノの戦い

日付	1515年9月13日-14日
兵力	フランス軍/30,000人、スイス軍/20,000人
死傷者等	フランス軍/5,000人、スイス軍/6,000-10,000人
場所	ミラノから15km、メレニャーノ

フランスのフランソワ1世は1515年夏イタリアへ侵攻した。ヴェネツィアと同盟を結びミラノをスイスから奪還しようとしたのである。通行不可能とされていた経路で約50門の青銅の大砲を運びながらアルプスを越え、6月にはロンバルディアに到着した。フランソワはスイス兵を買収し、かなりの兵を帰国させることに成功した。9月中ごろ留まっていたスイス軍が進軍し攻撃をしかけた。スイス軍は敵の不意を突くため素早く接近し、長槍密集方陣の衝撃効果で敵の前線を突き破った。しかしマリニャーノでフランソワ側の傭兵ランツクネヒトの抵抗と王自身が率いた重騎兵の反撃がスイスの攻撃を破った。接近戦は日没後も長引き、明け方に再開されたが、決着がつかなかったところにフランソワ側のヴェネツィア同盟軍が遅れて戦場に到着した。新たな敵に直面したスイス軍は撤退した。それ以降、スイスはロンバルディアから引き揚げ、フランスと恒久和平を締結した。

王家の墓
フランソワ1世の墓のレリーフ。スイスの槍兵を踏みつける馬に乗った王の姿。フランソワ王にとってイタリア戦争はまだ騎士道の時代のものであった。

フランスによるイタリア戦争
パヴィアの戦い

日付	1525年2月24日
兵力	フランス軍/20,000人、帝国軍/23,000人
死傷者等	フランス軍/8,000人、帝国軍/1,000人
場所	ミラノの南、パヴィア

フランスのフランソワ1世が2度目にイタリアへ侵攻した際の主な対戦相手はスペイン国王兼神聖ローマ皇帝のカール5世だった。1524年秋にフランソワ1世はアルプスを越えて進軍しミラノへ勝利の入城を果たした。次いで帝国軍に守られていたパヴィアの町を包囲したのである。ペスカラ候指揮下の帝国救援軍が1525年1月末に到着したころには、両軍とも小川を挟んで塹壕を掘り散発的に砲撃を行っていた。2月23日から24日の夜、ペスカラは大胆な攻撃計画を実行に移した。闇にまぎれ軍の大半を数キロ北へ進め小川を渡った。夜明けには防備の手薄なフランス軍の左翼に陣取っていたのである。不意をつかれたフランス軍は兵力をまわすのに精一杯だった。朝霧のため、さらに混乱を呈した。フランソワは本能的に、また騎士道の伝統に従って帝国軍に向かい、長槍を構え重騎兵による攻撃を先導した。その衝撃効果自体は功を奏したが、フランス軍騎兵の猛攻は敵への砲撃をも遮ってしまったのである。フランソワ側のスイス傭兵歩兵隊の援護が遅れて到着した上、現状把握ができなかったフランス軍の多くは参戦し損ねた。戦闘は全域で小規模な交戦に分かれ、帝国軍の長槍兵と火縄銃兵は、土塁を守備していた時と同様に開けた土地でも効果的に戦えることが判明した。フランスの騎士団は徐々に制圧され、ド・ラ・トレモイユ公は胸を撃ち抜かれ、フランソワ王は馬から下ろされ捕虜となった。傭兵のランツクネヒト黒隊は、フランスの残兵が逃げようとしても決して道を通さなかった。

奪われた大砲
パヴィアの戦いで帝国軍はフランス軍の大砲を奪い取った。大砲と敵の間を割ってフランソワ1世と騎士たちが突撃したため大砲は無力と化した。

戦槌
戦槌は騎士が馬から下りたときに使う武器。16世紀フランス製。

鋼鉄棍棒
騎士が接近戦で使用した頭部殴打用のフランジ付き棍棒。16世紀イタリア製。

1492年-1750年

宗教戦争

16世紀末から17世紀初頭に旧教対新教の連鎖的な衝突が起こった。オランダではスペイン・ハプスブルク家支配に対する反乱が起き、フランスでは旧教徒と新教徒による一連の内戦が勃発し、新教国の英国は旧教団のスペインと争った。この戦いは、マスケット銃の使用の広まりと、大砲搭載の帆船の威力を実証した点で、軍事史上重要である。

オランダの反乱
スペイン統治下のオランダでは、スペイン王フェリペ2世の圧政により独立戦争が勃発。1609年ついに休戦条約が締結される。

フランス宗教戦争
ドルーの戦い

日付 1562年12月19日
兵力 ユグノー/15,000人、王党派/19,000人
死傷者等 ユグノー/4,000人、王党派/4,000人
場所 フランスのパリ東方

1562年にフランスでカルヴァン派のユグノーと旧教徒の間で戦いが勃発した。ユグノー側はコンデ公ルイ1世とガスパール・ド・コリニー提督に率いられ、旧教徒側はギーズ公とモンモランシーに率いられていた。フランス宗教戦争におけるこの最初の総力戦は、ユグノーがイギリス軍と合流するためルアーヴルへ向け北進中に、ルーアンの町を壊滅させたばかりのギーズ公とモンモランシーに遭遇して起こった。戦闘はコリニー提督率いる騎兵の猛突撃で火蓋が切られ、旧教軍を混乱に陥れた。勝利を確信したコンデ公は騎兵を混戦の中に率いていった。しかしその後にギーズ公はスイス傭兵の長槍兵を送り込み、次いでフランスの近衛兵団を投入。コンデ公は捕虜となったが、コリニー提督は戦場から多くのユグノー救出に成功した。モンモランシーも捕虜となっていることから、この戦いが旧教徒側の勝利であるとは言い難い。

騎兵の突撃
ドルーの戦いで長槍を使う両軍の騎兵。互いに突撃し大砲陣地も攻撃している。

オランダ独立戦争
イェミンゲンの戦い

日付 1568年7月21日
兵力 スペイン軍/約15,000人、反乱軍/約15,000人
死傷者等 スペイン軍/死者約100人、反乱軍/死者6,000-7,000人
場所 オランダ、フリースラント州エムス河口

> 「こうした暴動は、寛容、穏健、交渉や話し合いなどは一切使わず、全てを鎮圧するまで武力で決着をはかるべきなのだ」
> ― オランダ独立戦争におけるアルバ公 (1573)

新教徒人口が優勢のオランダが旧教のスペイン王フェリペ2世の圧政に対し蜂起すると、王はアルバ公とその歴戦部隊に鎮圧を命じた。アルバ公は名将であり、スペイン軍歩兵の標準装備として火縄銃に代わり重マスケット銃を導入した功績がとりわけ評価されている。アルバ公の敵はオラニエ公ウィレムである。ウィレムは逮捕を逃れて国外脱出し、ドイツ傭兵軍を結成し弟のナッサウ伯ルイ支配下のオランダ北部へと送り込んだ。アルバ公の軍はイェミンゲンの半島でルイの軍をとらえた。両軍は数の上では互角だったが、訓練と火力には差があった。エムス河口を背にして逃げ場を失った反乱軍は容赦なく粉砕された。何千もの兵が川を泳ぎ渡ろうとしたが大半が溺死した。エムデンの住民は溺れたオラニエ兵の帽子が町まで満ち潮で漂流してきてこの惨事を知った。アルバ公は勝利の記念にイェミンヘンで反乱軍から奪った大砲を鋳造しアントワープに銅像を建てた。

マッチロック式マスケット銃

マッチロック式銃の射撃手順は、まず銃口に火薬を入れてから銃身の奥へ弾丸と詰め綿を押し込む。次に火薬の粉末（口薬）を火皿に盛る。引き金を引くと火縄が火皿に落ち口薬に着火し、銃身の弾薬を発射させる。重い銃を発砲するには二股の脚に据える必要があった。

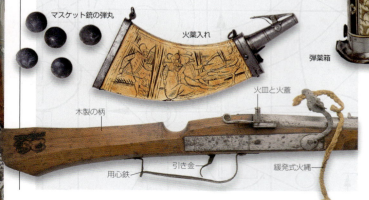

オランダ独立戦争
ブリールの戦い

日付 1572年4月1日
兵力 オランダ軍/600人、スペイン軍/不明
死傷者等 なし
場所 オランダ、ロッテルダム東のブリール

オランダの「海乞食」はもともとイェミンゲンの戦いでナッサウ伯ルイが味方の援軍として召集した船団だった。オランダ軍がその地で敗北してからは生活のため無差別に商船を襲うようになった。1572年4月1日、600人ほどの「海乞食」が大胆にもゼーラントのブリールの町を奪取した。しかしこのころフランスのユグノーがオラニエ公ウィレムと組みオランダへ侵攻する恐れがあったため、スペイン軍は反撃してこなかった。失業中の何千もの漁師や水兵が「海乞食」に加わろうと参集し、たちまちフローニンゲンやゼーラント沿岸の港を掌握した。大砲を搭載した高速の「平底船」を操る「海乞食」は、沿岸海域において無敵であり、1573年11月にはゾイデル湖で、1574年1月にはスヘルデ河口でスペイン艦隊を破ったのである。旧教商船への襲撃は独立運動の貴重な財源となった。

オランダ独立戦争
アントワープの包囲

日付　1584年9月-1585年8月

兵力　反乱軍/不明、スペイン軍/不明

死傷者等　信頼できる推計なし

場所　ベルギー

1578年にパルマ公アレッサンドロ・ファルネーゼが、オランダのスペイン軍指揮官となった。一番の功績はアントワープの包囲攻撃である。反乱軍は堤防を決壊させ洪水で、スペイン軍を包囲網の外に押し出したが、堤防が水上に出ていたためスペイン軍はそこに砦を築き反乱軍の出撃を撃退した。1584年から85年の冬にパルマ公の軍事技師たちが、スヘルデ川に全長800mもの橋を架けた。パルマ公はこの橋に200門の攻城砲を並べた。4月5日、反乱軍は爆弾を積んだ焼き討ち船にスヘルデ川を下らせて爆破し、橋に大穴をあけ800人のスペイン部隊を殺傷した。しかし穴を活かすことはできなかった。包囲は続き8月17日には兵糧がつきアントワープの町は陥落した。

巧みな防備
パルマ公は広大な陸上防備には見向きもせず、アントワープへの海路供給を絶った。

フランス宗教戦争
クートラの戦い

日付　1587年10月20日

兵力　王党派/10,000人、ユグノー/6,500人

死傷者等　王党派/死者3,000人、ユグノー/死者200人以下

場所　フランス西部のボルドー東北

1587年にフランス宗教戦争は「三アンリの戦い」へと発展した。3人のアンリとは、当時旧教寄りだったフランス国王アンリ3世、新教のユグノーを率いるナヴァル公アンリ（後のアンリ4世）、そしてフランスの旧教を率いるギーズ公アンリである。クートラでナヴァル公の軍隊がアンリ3世の寵臣ジョワイユーズ公の軍と遭遇した。ナヴァル公は2本の川の分岐点に追い込まれたが、巧みに隊列を組んだ。大半が火縄銃兵である歩兵の両側を自然の要害である川で守り、軽騎兵と重騎兵を中央に配列した。3門の大砲は左翼に据えられた。ジョワイユーズの騎兵も中央に隊列したが、こちらは一列に並び、装飾の凝った重い鎧を光らせ槍を構え突撃待機した。アンリ3世の騎兵は比較的軽装でピストルと剣を備え縦6列の小隊にまとめられており、射撃力増強のため火縄銃兵がこの小隊の合間に配置された。突撃命令が中央から発せられ、ジョワイユーズの騎兵が槍を構え挑んだ。王党派騎兵はユグノー騎兵を直撃し隊を崩す前に、火縄銃の犠牲となった。何千もの王党派が敗走中に討ち取られた。情けはかけられずジョワイユーズ公は降伏後に頭を撃ち抜かれたが、ナヴァル公アンリが間に入ってようやく秩序と騎士道のしきたりを復活させた。

装飾甲冑
1575年ころ、フランス製。この装飾の凝った面甲付き冑はアンリ3世の王党派騎兵が着用する類のものだった。

寛大なアンリ
ナヴァル公アンリの戦闘後の慈悲深さを称えた絵画。しかし捕虜に対しては多くの部下が情けをかけなかった。

英西戦争
カディス港の襲撃

日付　1587年4月29日-5月1日

兵力　イギリス艦隊/23隻、スペイン艦隊/不明

死傷者等　スペイン艦隊33隻撃沈

場所　スペイン南部

スペイン王フェリペ2世がイギリス侵攻を目的に艦隊を編成していると知り、女王エリザベス1世はフランシス・ドレイク卿にスペインの準備を妨害するよう命じた。ドレイクは私掠船による攻撃で敵意をあおっていたが、大胆にも船団をカディス港へ入港させ、ガレー船と海岸の大砲に迫った。焼き討ち船を避けガレー船をかわし巧みに操舵しながら、ドレイクはガレオン船から商船に至るまで、船を軒並み放火または撃沈した後、犠牲もほとんど出さずに逃げ去った。事件の報告書を読んだフェリペ2世は「損害はさほどでもないが、この大胆不敵な攻撃こそが重大だ」と結論づけた。

海の英雄
フランシス・ドレイク卿の像。カディス港の襲撃で「スペイン王の髭を焦がしてやった」と豪語していた。

1492年-1750年

権力と宗教

英西戦争
スペイン無敵艦隊（アルマダ）

日付 1588年5月-10月
兵力 スペイン無敵艦隊／艦船130隻、英国艦隊／艦船約170隻
死傷者等 スペインは63隻を失う
場所 戦場の多くはイギリス海峡内

1580年代半ば、対立関係にあった英国とスペインは戦闘状態に突入した。英国のエリザベス1世がスペインに対するオランダの反乱を支援する兵を送ると、スペイン国王フェリペ2世はローマ教皇から英国侵攻の承認を得た。スペイン艦隊（別名「アルマダ」）は1588年5月下旬にリスボンを出港し、メディナ・シドニャ公が指揮を執った。その目的はイギリス海峡の制海権を確立することだった。悪天候のためアルマダはラ・コルーニャに避難しなければならず、コーンウォール沖に現われたのは7月19日になってからだった。英国艦隊はハワード・エフィンガム卿を正司令官、フランシス・ドレイクを副司令官としてプリマスを出港し、7月21日にスペイン艦隊と交戦した。イギリス海峡での一連の戦闘の中で英国の長距離砲がアルマダに損害を与えたが、スペイン艦隊の隊形を崩すことはできなかった。7月26日には双方とも砲弾が不足し、スペイン艦隊はカレーに停泊した。7月27日から28日にかけての晩に、英国は火薬を積んだ焼き討ち船をアルマダの停泊地に送り込んだ。パニックに陥ったスペイン艦船は、錨を切り、隊形を崩して北方へ漂っていった。それに乗じて英国艦隊は敵の間隙に入り込み、多くの艦船を沈め、損傷を与えた。北海に吹き込む風に運ばれて、メディナ・シドニャは英国諸島の周囲を周っての帰国を決意した。その船旅は悲惨な結果となった。9月の嵐でスコットランドとアイルランドの海岸で艦船が次々と難破した。英国艦隊も戦闘後になって何千人もの水夫がチフスで死ぬという最大の損失を被った。勝利は英国民が信じたいと思ったほど決定的ではなかった。

勝利のメダル
この17世紀英国のメダルは、アルマダに対する勝利を記念したもの。

① 英国艦隊がアルマダを追跡
② ワイト島沖で英国艦隊がアルマダに遭遇
③ アルマダがグラヴリーヌに到着し、追い払われる
④ 敗走するアルマダが北へ向かう
⑤ アルマダの残存艦隊が嵐に遭遇
⑥ 数隻のスペイン艦船が岸に引いて来られる
⑦ 多くの艦船が座礁。生存者は虐殺される

「私はあなた方とともにいる。戦闘の真っ只中、熱気の中であなた方皆と生死をともにする覚悟を決めている。我が神、我が王国、我が人民、我が名誉、我が血のために、塵の中に身を投げ出す覚悟である」
エリザベス1世のティルベリーでの軍隊への演説（1588年8月8日）

1527年-1598年
スペイン国王フェリペ2世 PHILIP II OF SPAIN

1556年にスペイン国王に即位したフェリペ2世の生涯の目標は、スペインの国力拡大と、新教やイスラム教から旧教を守ることだった。1580年にポルトガルを併合、オランダ南部を旧教の地に保った。しかしオランダ人の反乱鎮圧にも、ナヴァル公アンリのフランス国王即位の阻止にも、英国の旧教支配の復活にも失敗した。

英国艦隊の火力
この長期にわたる海戦の間中、英国艦隊の推定1800門の大砲に砲弾を供給することは重大な問題だった。

宗教戦争

ユグノーの反乱
ラ・ロシェル包囲戦

日付 1627年6月27日-1628年10月28日
兵力 王党派/約25,000人、フランス軍/不明
死傷者等 ラ・ロシェルでの死者18,600人、英国兵の死者2,000人
場所 フランスのラ・ロシェル

フランス宗教戦争は、ナヴァル公アンリがフランス国王アンリ4世として即位し、旧教を国教としながらも、1598年のナントの勅令により新教ユグノー派と和解して幕を閉じた。しかし彼の後を継いだルイ13世統治下では、ユグノー派は再び冷遇された。ロアン公アンリとその弟スビーズは1625年からユグノーの反乱を率い、一方、ルイの主席大臣リシュリュー公爵は、ユグノーの反体制の弾圧が最優先課題であると宣言した。反乱軍は英国王チャールズ1世の支援を得て勝利した。チャールズは寵臣のバッキンガム公に指揮を取らせて80隻の艦隊を送ったのだ。1627年6月、英艦隊はラ・ロシェルに近いイル・ド・レ島に兵士6000人を上陸させた。

堤防
リシュリューが市を孤立させるための堤防の建設を視察しているところの想像画。実際の構造は長さ1400mにおよび、粗石で満たして沈めた廃船の列の上に建設された。

ラ・ロシェルは新教の拠点でありながら反乱に加わることを躊躇していた。しかし英国軍がイル・ド・レに落ち着くと、リシュリューは市の周りに軍を展開し、9月に入ると包囲を開始した。やがて、イル・ド・レでは英国軍がサン・マルタンの小さな砦を包囲したが陥落させることはできなかった。フランス軍のボートが勇敢にも封鎖をかいくぐって物資や援軍を運んだからだ。秋にはバッキンガム公自身の軍も物資が不足し、病気により多くの兵が死んだ。砦への最終攻撃が失敗すると、英国軍はフランス軍の攻撃の中、多くの死傷者を出しながら船へと撤退した。英国軍が去った後、ラ・ロシェルの包囲は強化された。陸上では12kmにおよぶ11の砦と18の方形堡によって分断され、海上では4000人の作業員によって建設された巨大な堤防によって孤立した。1628年9月に英艦隊が姿を現したことで束の間、市側の期待

「その港は英国に開かれたフランス最後の港であり、そこを永遠の敵、英国に対して閉ざすことにより、枢機卿はジャンヌ・ダルクの偉業を完結した」
アレクサンドル・デュマ『三銃士』の中のラ・ロシェルの項(1844)

感が高まったが、フランス軍陣地を砲撃した後、英国軍は撤退せざるを得なくなった。すべての望みが消えて市民の大半が餓死し、市は10月28日に降伏した。2万4000人の住民の内、生存者は5400人ほどだった。

オランダ独立戦争
ブレダ包囲戦

日付 1624年8月28日-1625年6月5日
兵力 オランダ軍/不明、スペイン軍/不明
死傷者等 信頼できる推計なし
場所 オランダの北ブラバント

17世紀初めのオランダ独立戦争の主要な司令官はアンブロジオ・スピノラとナッサウ伯マウリッツだった。オラニエ公ウィレムの息子マウリッツは、オランダ軍組織の大改革の功労者と評価されている。スピノラはジェノヴァ出身で、この戦争に自費でイタリアから軍隊を引き連れて参戦し、破産した。しかしスピノラは、休戦協定が結ばれる1609年までで、戦争が再開された1621年以降、マウリッツを繰り返し打ち負かした。オランダの主要な国境要塞ブレダの包囲戦は、一般にスピノラの経歴の絶頂期とされている。彼は要塞を塹壕線ではなく方形堡や小さな砦の輪で囲み、これらを脱出や救援軍を送る試みから防御した。ナッサウ伯マウリッツは包囲中に病死した。守備隊や市民は非常な困難に見舞われた。ある時壊血病が広まったが、偽薬を供給することにより大量治療が達成された。しかし、1625年6月までにブレダ内の状況は絶望的になっていた。使者を捕まえてこのことを知ったスピノラは、寛大な降伏条件を申し出た。オランダ軍は撤退を許され、市民は危害を加えられなかった。長期の包囲戦の常で、この勝利にはほとんど実利はなかった。

降伏
スピノラがブレダ守備隊の降伏を受け容れているところ。このベラスケスの有名な絵画はその時の騎士道精神を強調している。

オランダ独立戦争
ダウンズの戦い

日付 1639年10月31日
兵力 オランダ軍/艦船117隻、スペイン軍/艦船77隻
死傷者等 スペイン軍/破壊または捕獲艦船70隻、死者15,000人
場所 英国南東海岸沖、ドーヴァー海峡東部

オランダの海軍力は、特に商業船の襲撃という形で、スペインにとっては悩みの種だった。1628年にオランダの私掠船船長ピート・ハインがペルー産の銀を積んだスペイン艦隊を捕獲したのが、海上で奪われた最も高価な船荷だろう。また、オランダ海軍は、スペイン領ネーデルラントとスペインとの海上通信を遮断する脅威となった。1639年スペイン軍は、アントニオ・デ・オケンド提督指揮下の戦艦の大艦隊を、スペインが領有していたダンケルク港に送り出した。オランダ提督マールテン・トロンプは重砲で装備した船わずか13隻でスペイン艦隊の行く手を遮り、激しく攻撃したためスペイン艦隊は英国沖の中立海域へ避難せざるを得なかった。トロンプは連合州から増援軍が到着するまでスペイン艦隊を見張り続けた。10月31日、陸地近くで包囲され、銃砲装備で劣り、作戦行動を取れなくなったスペイン艦隊は、殺戮の餌食となった。1588年のアルマダ海戦同様、この戦いでも、船は動く砲床であるという概念にスペイン艦隊が適応できないことが明らかとなった。スペイン艦船には敵船に乗船する機会をうかがう兵士が満載されていたが、その機会は決して来なかった。オランダ軍の勝利により、最終的に1684年にスペインはオランダ独立を認めた。

評判の良い戦艦
ガレオン船は、この時代の外洋航行をする海軍すべてに好まれた戦艦で、通常30門の大砲を装備していた。

スペインのガレオン船

1492年-1750年

三十年戦争

1618年から1648年にかけて欧州では、一括して三十年戦争として知られる一連の複雑に絡み合った戦闘が行われた。この戦争は、一つには、神聖ローマ帝国内の内戦であり、また、フランス、スウェーデン、スペイン系・オーストリア系の両ハプスブルク家の間の欧州覇権争いであり、さらに旧教と新教の間の宗教戦争でもあった。戦争の発端はハプスブルク皇帝のマティアスとフェルディナント2世が、ボヘミアの新教を根絶しようと試みたことにあった。1630年にスウェーデンが、1635年にフランスが介入したことにより、中欧、西欧で戦火の及ばない地域はほとんどなくなった。

三十年戦争
過酷な戦いを経て、ハプスブルク家の欧州再カトリック化計画は阻止された。

マクデブルクの戦い

日付 1631年5月20日
兵力 皇帝軍/不明、スウェーデン軍/不明
死傷者等 マクデブルク市民/虐殺20,000-25,000人
場所 ドイツ中部のベルリン西方80km

1630年、スウェーデン国王グスタフ・アドルフは、包囲された新教の諸都市を支援しようとドイツ北部に軍を上陸させた。諸都市の中でもマクデブルクは筋金入りのルター派で、神聖ローマ帝国内で最も富裕な都市の一つであり、3万の人口を擁していた。1630年11月以来ティリー、パッペンハイム指揮下の皇帝軍に包囲されていたマクデブルクは、激しい砲撃を受けて城壁に2つの裂け目が生じた後、1631年5月20日についに陥落し、勝者である皇帝軍の酔った兵士達に略奪された。マクデブルク市民のうち2万5000人が虐殺されるか、血まみれになった市街に燃え広がった火事の中で命を落とした。

差込み式銃剣
このような初期の銃剣は、マスケット銃の銃口に押し込まれたので、装着時には発砲できなかった。

白山の戦い

日付 1620年11月8日
兵力 旧教連盟軍/20,000人、ボヘミア軍/24,000人
死傷者等 信頼できる推計なし
場所 チェコ共和国プラハ付近のビーラ・ホラ

17世紀初頭にはカルヴァン派新教はボヘミアに深く根付いていた。1618年に神聖ローマ皇帝フェルディナント2世が旧教徒の国王をボヘミアに押し付けると、大規模

坂を登りながらの戦い
ティリーのプロの軍隊が、寄せ集めのボヘミア軍を圧倒している様子が見て取れる。

バーゴネット兜
前びさし、蝶番で動く頬当て、クレストがついていた。

な反乱が起きた。1620年、アンハルト侯クリスチャン指揮下のボヘミア軍がプラハ付近の丘(白山=チェコ名ビーラ・ホラ)の斜面に展開。敵のティリー伯爵率いる皇帝軍が丘を登りながら攻撃してきた時、クリスチャンはまったく無防備で、ボヘミア軍の中央が即座に壊滅。同軍は解体し、まもなくティリー軍はプラハを攻略、ボヘミアは独立を失った。

デッサウの戦い

日付 1626年4月25日
兵力 皇帝軍/20,000人、新教軍/12,000人
死傷者等 新教軍/死者4,000人
場所 ドイツのライプツィヒ北方50km

1625年、デンマーク国王クリスチャン4世は、神聖ローマ帝国に包囲されているドイツの新教徒支援のために介入。新しい脅威に対抗するため皇帝フェルディナント2世はアルブレヒト・フォン・ヴァレンシュタイン(下の記事参照)を雇い、彼は大軍を皇帝軍に提供。戦略上重要なデッサウ橋で、彼はエルンスト・フォン・マンスフェルト率いる新教軍を待ち伏せした。橋はシュレージェンに入る動きを統制しており、彼の予想では、マンスフェルトは橋を渡るはずだった。読みは正しく、1626年4月25日総勢1万2000人の新教軍が現れた。ヴァレンシュタインは大砲と精鋭部隊を隠しておき、橋をマンスフェルト軍の死の罠と変えた。マンスフェルトは兵の3分の1を失い退却。ヴァレンシュタイン軍は北進、デンマークを攻略してクリスチャン4世に講和させた。

1583年-1634年
アルブレヒト・フォン・ヴァレンシュタイン
ALBRECHT VON WALLENSTEIN

フリートラント侯アルブレヒト・フォン・ヴァレンシュタインは、ボヘミアの統治権を使って、1625年に戦争に介入したデンマークに対抗する大軍をつくり上げた。その後、勝利を重ねたが、彼の人に頼らない振る舞いにドイツ諸侯の間にやっかみが生まれ、1630年に皇帝フェルディナントは彼を解任した。1631年にグスタフ・アドルフの脅威と対決するために(莫大な犠牲を払って)呼び戻され、政治的な権力を得ようとして1634年に暗殺された。

三十年戦争

第1次ブライテンフェルトの戦い

日付 1631年9月17日

兵力 スウェーデン・ザクセン連合軍/42,000人、皇帝軍/35,000人

死傷者等 皇帝軍/20,000人(内、死者7,000-8,000人)

場所 ドイツのライプツィヒ近郊

1631年のマクデブルクの略奪後、スウェーデン王グスタフ=アドルフは、フェルディナント2世とその旧教強制への熱意に対抗し、新教勢力の結集を目的とする防衛同盟をザクセン選帝侯ヨハン・ゲオルクと結ぼうとした。1631年8月下旬にティリー指揮下の皇帝軍が、ヨハン・ゲオルクにスウェーデンへの味方を破棄させようとザクセンに侵攻。ライプツィヒ北方のブライテンフェルトにおいて、ティリーとパッペンハイムは、スウェーデン・ザクセン軍と対決するため、軍を17の方陣(テルシオ)に展開させた。そのころのスウェーデン軍は訓練されており、戦術の

柄が湾曲した棒でできている騎兵の剣
この剣は17世紀初頭の典型的な騎兵の剣である。頑丈な両刃の剣は切りつけるのにも突き刺すのにも使われた。

手を守るためのガード

名人グスタフは自軍を長い2列に整列させ、ティリー軍に匹敵する正面最前列を作り上げながらも、きわめて重要な予備軍を用意した。パッペンハイム軍の重装騎兵の7回の突撃はその度にスウェーデン軍に押し返された。やがてティリー軍騎兵がザクセン軍騎兵を打ち負かし、ザクセン軍歩兵も敗

方陣攻撃
ブライテンフェルトの戦いを描いたこの当時の版画には、皇帝軍のテルシオ隊形がはっきりと見て取れる。

> 「敵は我らが向かって来るのを見て、同じように我が軍に向かって来た。互いに接近して入り乱れ、我らは槍で突き、神が満足されるまで長い間譲らずに戦ったので、敵を敗走させ、勝利した……」

戦争の証人

ジョン・フォーブズ JOHN FORBES

上級曹長フォーブズは、この第1次ブライテンフェルトの目撃証言を、デルフト在住のカルヴァン派牧師である父に書き送った。彼はグスタフ=アドルフ軍に所属して戦った大勢のスコットランド人新教徒の一人だった。

走した。あたかも新教側が敗北したかのように見えた。この時点でグスタフは第2列を戦闘に投入し、ローダーバッハ川を主要な正面最前列に対して直角に歩いて渡った。ティリーはなぜか攻撃せず、スウェーデン軍はティリー軍左側面を急襲。スウェーデン軍砲兵隊が加わり、皇帝軍の残りを壊滅。この戦闘は歩兵、騎兵、砲兵の連繋の成功例であり、グスタフの軍才を実証し、新教ドイツ諸侯が彼の下に馳せ参じた。

リュッツェンの戦い

日付 1632年11月16日

兵力 スウェーデン軍/歩兵12,800人、騎兵6,200人、皇帝軍/歩兵13,000人、騎兵6,000人

死傷者等 スウェーデン軍/死者5,000-6,000人、皇帝軍/死者6,000-8,000人

場所 ドイツのザクセン

ブライテンフェルトでの勝利に続き、グスタフ=アドルフは「すべてか無か」の戦略に乗り出し、ニュルンベルクに500門の大砲を配置した皇帝軍司令官ヴァレンシュタインに罠を仕掛けた。ヴァレンシュタインは策略を見破り、両軍とも1632年夏、消耗戦に突入した。11月になり戦闘の季節は終わったと考えたヴァレンシュタインは軍を二分し、越冬のためにライプツィヒに向けて撤退。グスタフはリュッツェンからライプツィヒに至る途上で追いついた。ヴァレンシュタイン軍の右手にはリュッツェン城があり、バイエルン騎兵が位置するのは皇帝軍のやや弱い左側面だった。当初霧のため遅れていたスウェーデン軍が、皇帝軍戦列のこの弱い部分の包囲に成功。

ヴァレンシュタイン軍の惨敗は目前と思われた時、パッペンハイムが皇帝軍のもう半分とともに到着した。やがて、ヴァイマール公ベルンハルト指揮下のスウェーデン軍左翼は、重大な困難に陥る。グスタフ=アドルフが包囲された自軍を元気づけようと騎兵の突撃を率い、そのさなかに戦死。ヴァイマールはその後、皇帝軍右翼の包囲に成功、全面的な勝利を確保。夕刻、ヴァレンシュタインはライプツィヒに撤退してボヘミアに入った。スウェーデンは勝ったが、「北方の獅子」グスタフの新教の大義を失った。

運命の突撃
リュッツェンで騎兵の突撃を指揮するグスタフ2世アドルフ。この作戦が彼の死につながり、その後、新教の勢力に長くダメージを与えることとなった。

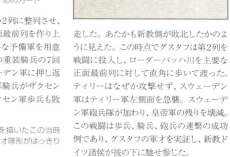

権力と宗教

三十年戦争
ネルトリンゲンの戦い

日付	1634年9月6日
兵力	スペイン軍/歩兵20,000人、騎兵13,000人、新教軍/歩兵16,000人、騎兵9,000人
場所	ドイツのミュンヘン北西
死傷者等	新教軍/死者17,000人、捕虜4,000人

グスタフ=アドルフの死後、スウェーデンの軍事行動は戦略的方向性を失ったが、ちょうどそのころ、旧教陣営は結束を強めていた。ヴァレンシュタインが司令官を解任されたことは、ハプスブルク皇帝家とスペイン・ハプスブルク家の間の亀裂を修復するのに役立った。1634年9月、両家の合同軍がバイエルンに入った。同軍がスウェーデン軍と戦ったネルトリンゲンの戦いは、稀にみる勇敢さと大混乱の両面が特徴であった。

> 「この不運な瞬間に大量の火薬が爆発し、スウェーデン軍に大混乱が広がった。皇帝軍騎兵が突撃し……全面的に敗走が始まった」
> フリードリヒ・シラー 『三十年戦争史』(1789)

皇帝軍とスペイン軍は町の正面の平坦地を占領し、先遣隊を道路を見渡せる丘の上に配置した。スウェーデン軍は1.5km南西に位置する小高い丘の上に陣取った。新教軍は明け方に、谷と丘で同時に攻撃する計画だったが、致命的なことに新教軍司令官は森の存在を考慮に入れておらず、森により軍隊の連繋を取ることがほぼ不可能となっ

た。戦いは激しくも混乱した対決の連続となった。ある時にはスウェーデン歩兵の2個旅団がお互いを撃ち合った。孤立して最終的に敗北したスウェーデン軍は虐殺された。ハプスブルク家の勝利で、欧州は「普遍帝国」という亡霊に脅かされることとなり、フランスが三十年戦争に参戦した。

追いつめられたスウェーデン軍
ネルトリンゲンの戦いのこの場面は、スウェーデン軍崩壊前の状況である。

三十年戦争
第2次ブライテンフェルトの戦い

日付	1642年11月2日
兵力	皇帝軍/20,000人、スウェーデン軍/22,000人
場所	ドイツのライプツィヒ近郊
死傷者等	皇帝軍/死者5,000人、捕虜5,000人

1636年、旧教国フランスが新教国スウェーデンおよびオランダと同盟を結んで参戦した。宗教的忠誠心よりもハプスブルク家の野望を阻止したいという欲求に動かされてのことである。1636年にスペインがフランスに侵攻したが撃退されており、1642年にはスウェーデンの将軍トルシュテンソンがオーストリアのハプスブルク領を荒廃させた。ライプツィヒ攻略を決意したトルシュテンソンは、レオポルト大公とピッコロミニ伯爵指揮下の皇帝軍と同市付近で会戦し

騎兵の銃
このホイールロック式カービン銃は馬上での発砲が可能だった。拳銃よりも射程距離が長く、正確であった。

た。戦いは、騎兵の大攻勢に先んじようと意図した皇帝軍の連鎖弾の大規模連続砲撃で始まった。トルシュテンソンは敵が戦闘隊形を取る前に一撃を加えなければならないと悟り、皇帝軍の左側面をすばやく攻撃すると、統率を保とうとする大公の最善の努力にもかかわらず、左側面はたちまち崩壊した。しかし、右側面ではバイエルン騎兵がスウェーデン軍を撃退しており、さらに、大公の歩兵がスウェーデン軍中央を圧

迫し始めていた。トルシュテンソンは自軍の右翼を横切らせ、大公軍を押し戻した。混乱の中で、皇帝軍騎兵は歩兵が退却したために孤立したことに気づき、降伏するか逃亡する以外選択の余地はほとんどなかった。全部隊がただ武器を捨ててトルシュテンソンに従うことに即座に同意した。皇帝

軍は崩壊し、逃走した。その後、軍の半数を失って激怒した大公は、まるまる1連隊の士官たちを軍法会議にかけた。上級士官は首を刎ねられ、兵士の10人に1人は即座に射殺された。皇帝軍側の運命はどん底に落ちた。

1603年-1651年
トルシュテンソン TORSTENSSON

レンナート・トルシュテンソンは熟練した戦術家で、新しい新兵採用法の先駆者であった。健康が優れず、関節炎で足が不自由であったため、担架に乗って軍を指揮しなければならないことも多かった。彼の苦しみが軍律に対する彼の見解を形作ったと考えられる。どんな失敗や命令違反も直ちに処罰され、部下達は彼を心底嫌った。彼の厳格さに匹敵するのは彼の戦場での輝かしい勝利のみであった。

> 「息子よ、知らないか？
> なんとも知恵を持たずに世界が支配されていることよ」
> スウェーデン宰相アクセル・オクセンシェルナが三十年戦争を終わらせるための和平交渉に関して息子に宛てた手紙 (1648)

三十年戦争

ロクロアの戦い

日付 1643年5月19日

兵力 スペイン軍/騎兵8,000人、歩兵19,000人、フランス軍/騎兵7,000人、歩兵15,000人

死傷者等 スペイン軍/死者8,000人、捕虜7,000人

場所 フランスのランス北東90km

1642年5月、ドン・フランシスコ・メロ指揮下のスペイン軍は、フランスを横断し、ランス北方の小さな要塞ロクロアで止まり、包囲した。アンギャン公指揮下のフランス軍はすばやく進軍し対決した。スペイン軍は伝統的なテルシオ隊形を取り、フランス軍はより進歩した戦闘隊形を取った。両陣営とも騎兵隊を側面に配置した。戦いは5月19日の夜明けに開始され、当初はスペイン軍に有利に展開し、スペイン騎兵が敵の左翼の騎兵を打ち負かした。しかし右翼のフランス騎兵が敵を敗走させた。この時点でアンギャン公が敵の中央に突撃して、自軍の疲れた歩兵への攻撃の手を緩ませることができた。スペイン騎兵隊は挟撃され、崩壊して沼地へと逃走した。8000人のスペイン歩兵は脱出の見込みもなく敵の包囲の中に取り残されても果敢に耐え、驚異的な忍耐力を発揮したにもかかわらず(4回もフランス軍の突撃を防戦)、フランス軍の砲撃と、情け容赦ない騎兵の攻撃の前に打ち破られた。しかしテルシオの降伏が流血の終わりとはならなかった。混乱の中でアンギャン公に向けて発砲があり、報復として公の部下が無力なスペイン兵に襲いかかると、半数以上を虐殺した。この敗北により、事実上スペインは軍事大国ではなくなった。

常備軍

三十年戦争により、軍隊職業化への動向が運命を決めることが証明された。戦争の本質が変わりつつあった。戦争遂行手段として、新式の、訓練の行き届いた、職業的な、それゆえ費用のかかる軍隊が出現し始めた。スウェーデン軍の連勝の一因として挙げられるのは、同軍の中核に歴戦の兵士からなる小部隊があったことだ。また三十年戦争では、兵士の公式訓練のための教練入門書が使用されることが増えた。

マスケット銃兵　　手榴弾兵

情け容赦なく

この絵は、兵士たち(おそらくフランス兵)が軍規違反や市民への犯罪に対して野蛮なやり方で処罰される様子を描いている。

三十年戦争

ヤンカウの戦い

日付 1645年3月5日

兵力 スウェーデン軍/15,000人、皇帝軍/15,000人

死傷者等 信頼できる推計なし

場所 チェコ共和国のプラハ付近

第2次ブライテンフェルトの戦いの後、皇帝軍はデンマーク・スウェーデン戦争のおかげで大敗を免れた。しかしスウェーデン軍の将軍トルシュテンソンが1645年夏には中欧に舞い戻り、プラハ近郊のヤンカウで皇帝軍と対決した。その後の戦いは丘陵地帯や森林地帯での小競り合いの連続だった。スウェーデン軍は数で優り、トルシュテンソンの戦術も冴え、皇帝軍は歩兵がほとんど抵抗を見せることができないまま撃退された。バイエルン騎兵だけは新教軍に反撃したが、人数の上でも銃砲装備の面でも劣るため、多くが倒れた。この精鋭部隊を失った皇帝フェルディナントは軍事的に無力化し、有利な和平を強要するという旧教側の望みはすべて絶たれた。

三十年戦争

ツスマルスハウゼンの戦い

日付 1648年5月17日

兵力 皇帝軍/不明、フランス・スウェーデン連合軍/不明

死傷者等 信頼できる推計なし

場所 ドイツ南部のミュンヘン付近

1648年には、ザクセン選帝侯がスウェーデンと和平を結び、皇帝フェルディナントは危うい孤立状態に置かれた。1648年春、残されたバイエルン軍と皇帝軍は、フランス・スウェーデン連合軍に数の上でかなわないことに気づいた。この2つの皇帝・旧教軍の間には連携はほとんどないに等しく、それぞれの司令官たちは主導権をめぐって仲たがいした。さらに皇帝軍は、兵士の数の4倍も多いと推定される非戦闘員の大行列を伴っており、動きが鈍かった。皇帝軍の陸軍元帥メランダーは、イタリア軍将軍モンテクッコリが騎兵で後方を守ってくれるものと期待し、歩兵隊と砲兵隊を行列から引き離そうと試みた。確かにイタリア軍は、相当な粘り強さで後方援護を実行し、メランダーは戦死してしまったが、歩兵を残してすべて手放し、歩兵はランズベルクに到着させるまでもちこたえた。退却していたバイエルン軍司令官はただちに反逆罪で逮捕された。ツスマルスハウゼンの戦いからほどなくしてウェストファリア条約が結ばれた。同条約は延々と交渉が長引いていた。条約の締結は三十年戦争をついに終わらせ、スウェーデンが欧州の新勢力として地位を確立する一助となり、とうとうスペインにオランダ共和国の独立を認めさせた。その諸条項により、王朝への忠誠や、重なり合う宗教的・政治的な管轄区域に基づいた欧州ではなく、国民国家を基盤とする欧州誕生の土台が築かれた。

フランス軍元帥
テュレンヌ子爵アンリは三十年戦争終盤の指導的なフランス軍将軍だった。

書類上の平和
このウェストファリア条約の調印書は、30年におよんだ戦争の終わりと、近代外交の始まりを示すものである。

イングランド内戦

1642年から1651年までの間、イングランド、ウェールズ、スコットランド、アイルランドにおいて、王室擁護派と議会擁護派の間に、相次いで戦争が起こった。この2派の分裂は、宗教的な相違と、議会に頼らず統治するというチャールズ1世の王権神授説の信念に起因した。王党派と議会派の初戦は1642年に行われ、1646年までにチャールズは敗戦した。衝突は1647年から49年の間、スコットランド軍が王室と同盟したために再燃した。チャールズは1649年に処刑され、彼の息子のチャールズ王子が名目上のリーダーとなった。1649年から51年にかけて、王党派軍とアイルランド・スコットランド同盟軍は大敗し、英国はイングランド内戦で最大功労者のオリヴァー・クロムウェルの統治下に置かれた。

マーストンムーアの戦い

イングランド内戦

- **日付** 1644年7月2日
- **兵力** 王党派軍/18,000人、議会派・スコットランド軍/27,000人
- **死傷者等** 王党派軍/死者4,150人、議会派スコットランド軍/死者約2,000人
- **場所** 英国のヨークの西6km

戦闘が始まって2年近く経ち、戦争はイングランド北部の王党派に不利な状況になっていった。ニューカッスル公率いる王党派はヨークまで退却させられ、そこでトーマス・フェアファクス卿とリーヴン伯が指揮する議会派軍とスコットランド軍に包囲された。カンバーランド公ルパートが率いる救援軍が7月1日にヨークに到着し、その翌日に王党派は対戦するために町から進軍した。両軍ともに、中央に歩兵隊を、その両脇に騎兵隊を配置した。午後2時ごろに短い砲撃戦を交わしたが、両軍とも本格的には動かなかった。ルパートはこの戦いが翌朝開始されると思い込んでいたが、午後7時30分ころに議会派軍が攻撃を仕掛けた。クロムウェルが指揮する左翼は、王党派の右翼を壊滅した。それ以外は王党派が優勢で、リーヴンは敗戦を確信して逃亡した。ところがクロムウェルが王党派を背後から攻撃し、包囲されていた議会派軍を解放することができた。この勝利によって、議会派はイングランド北部の確固たる支配権を手に入れた。

軍馬
クロムウェル率いる議会派軍の騎兵隊の強さと機動力は、戦勝の重要な要素であった。

ネーズビーの戦い

イングランド内戦

- **日付** 1645年6月14日
- **兵力** 王党派軍/9,000人、議会派軍/14,000人
- **死傷者等** 王党派軍/死者400-1,000人、議会派/死者150人
- **場所** 英国中部、レスター南方

1645年1月、議会派はニューモデル軍を設立し、給与の良い統制された軍が生まれたが、最初は熟練した騎兵隊とにわか仕立ての歩兵隊の間の質に大きな差があった。王党派は5月にレスターを破壊し、トーマス・フェアファクス卿率いるニューモデル軍にオクスフォードの包囲から手を引かせた。カンバーランド公ルパートは、王党派軍をネーズビーの北の稜線沿いに後退させ、歩兵隊の両脇に騎兵隊を配置した。フェアファクスは、議会派軍をネーズビーの稜線の真下に同様に配置し、ジョン・オーケイ大佐が指揮する竜騎兵1000騎を左翼の守りの背後に置いた。議会派軍の前方の土地はぬかるんでいたため、クロムウェルはフェアファクスに高地に後退するよう忠告した。議会派フェアファクス卿率いるニューモデル軍にオクスフォードの包囲から手を引かせた。

戦略
このネーズビーの戦闘計画書には、チャールズ1世とフェアファクスが指揮する歩兵と騎兵の部隊の正確な配置が示されている。

ニューモデル軍の兵士
ネーズビーの戦いにおけるクロムウェルのニューモデル軍最高司令官トーマス・フェアファクス卿は、議会派の勝利に大きく貢献した。

軍の後退を見て、ルパートは午前10時に攻撃開始を決断。自身が率いる右翼の騎兵隊の猛攻撃で議会派軍の左翼の騎兵隊と竜騎兵を突破。ところが歩兵隊への攻撃に移らず、戦闘から離れて追撃した。一方、王党派の歩兵隊は、議会派の歩兵隊を圧倒していた。しかしクロムウェルの騎兵隊「鉄騎隊」が、右翼へ統制の取れた突入を実行し、王党派の騎兵隊を突破、続いて歩兵隊に突撃した。残存する議会派の騎兵隊と竜騎兵からも攻撃され、王党派の歩兵隊は壊滅した。チャールズ国王の側近は、王が予備隊を率いて救援しようとするのを止めた。ニューモデル軍は初戦を白星で飾り、内戦に王党派が勝利する見込みは事実上消えた。

> 「両軍の歩兵は、カービン銃の射程距離に入るまでは互いがほとんど見えず、そのため一斉射撃は一度しか行えなかった。剣とマスケット銃の台尻を用いて整列したわれわれの軍は目覚ましい働きをし、私が見た限りでは、敵の軍旗は倒れ落ち、歩兵はひどく隊伍を乱していた」

戦争の証人

王党派エドワード・ウォーカー卿
SIR EDWARD WALKER, ROYALIST

両軍の歩兵は、あまりにも速く「槍で一突きの距離」まで近づいてしまい、槍兵隊と交じり合った銃兵隊は、たった一度しか一斉射撃をする時間がなく、その後はマスケット銃を殴る道具として使った。王党派の歩兵隊は、議会派の歩兵隊よりも少数であったが、敗戦必至の状況に直面しながらも、強い意志を持って戦った。

イングランド内戦

ドロエダの包囲戦

日付	1649年9月11日
兵力	議会派軍/12,000人、王党派軍/2,300人
死傷者等	議会派軍/死者150人、王党派軍と市民/死者3,500人
場所	ダブリンの北方45km

1649年1月17日、オーモンド公は王党派軍とアイルランド軍の間に同盟を結び、アイルランドを王党派の拠点にし、そこから勝利を収めつつある議会派軍への反撃に乗り出そうとした。対する議会派軍は、クロムウェルをアイルランド総督に任命した。クロムウェルは何の妨害もなくダブリンへ軍を進めることができたが、9月10日にドロエダに到着したところで敵軍に遭遇した。町は高さ7m、厚さ2mの城壁で堅固に守られていたため、領主のアーサー・アストン卿は町の防衛に自信があり、降伏の命令を拒否した。クロムウェルは直ちに大砲による砲撃開始を命じ、9月11日に城壁は破られた。だがその突破口は多数の部隊が通過するには小さすぎたため、クロムウェルの兵士が2度突入を試みるも撃退された。クロムウェルが自ら率いた3度目の突撃は、防衛軍を圧倒した。クロムウェルの軍は大挙して町中を駆け抜け、司祭と修道士を見つけ次第、殺害した。防衛軍の兵士が数名逃げ込んでいた教会には火が放たれた。アストンは、彼自身の木製の義足で撲殺された。兵士はもとより市民までも虐殺された。クロムウェルのここでの行動と、後のウェクスフォードでの行動によって、彼はアイルランドの旧教徒にとって憎悪すべき人物として永遠に記憶されることとなった。彼は議会派によるアイルランド島の支配が完了する2年前の1650年5月にアイルランドを離れた。

珍しい兜
このタイプの鉄兜は、イングランド内戦の間、騎馬隊が時々着用した。

鉄製の車輪ベルト

砲身

ドロエダの強さ
城壁に穴が開けられた後もなお、ドロエダはクロムウェル軍の猛攻撃にしばらくの間持ちこたえた。

木製の台車の脚

ハブ

木製の車輪の外縁

ファルコネット砲
この内戦時代のファルコネット砲のような小口径の大砲は、機動性を追求して設計された。これらは動きの遅い砲兵隊ではなく、騎兵か歩兵の部隊に配備された。

プレストンの戦い

日付	1648年8月17-19日
兵力	議会派軍/8,600人、スコットランド軍/17,600人
死傷者等	議会派軍/不明、スコットランド軍/死者1,000人
場所	英国北西部のプレストン

1647年1月、議会はチャールズ1世を捕えた。ところが彼は11月に逃亡してスコットランド軍と同盟を結び、1648年7月にイングランドに侵攻した。ハミルトン公率いる同軍はランカシャー州経由で南下。8月17日朝、クロムウェルはプレストンへの道を警備するスコットランド軍を攻撃し、日暮れまでに町を手中に収めた。翌日、彼は統率の乱れたスコットランド軍を追撃した。はるかに少数の軍に完敗したハミルトンは、騎兵隊の大半を連れて逃亡した。スコットランド軍は8月19日、ウォリントンでクロムウェルに降伏した。

鎧
槍兵の草摺が付いたこの胸当ては、当時の内戦時代のものである。

ダンバーの戦い

日付	1650年9月3日
兵力	スコットランド軍/20,000人、議会派軍/11,000人
死傷者等	スコットランド軍/死者3,000人、議会派軍/死者20-40人
場所	英国、エディンバラ東方

チャールズ1世の処刑に激昂したスコットランド軍は、イングランドの王政復活を誓った。1650年7月22日、クロムウェルはイングランドへのあらゆる攻撃の先手を打つべく、1万6000人の軍を率いてスコットランドに赴いた。デヴィッド・レスリー司令官率いるスコットランド軍は人数では勝っていたが、レスリーは8月中の直接対決を避けた。この方策は功を奏し、クロムウェルの軍は8月末までに5000人もが病死した。このため彼はダンバーの海岸線までの退却を余儀なくされ、そこで艦隊の支援を受けようとした。レスリーの軍はクロムウェルの軍を追跡し、9月1日にダンバーの上手のドゥーンヒルに布陣し、クロムウェルの部隊を自軍と海岸との間に閉じ込めた。9月2日、レスリーは翌日にクロムウェルを攻撃する計画を立て、軍を率いて山を降りた。両軍を隔てたのは、急勾配の峡谷だけだった。クロムウェルはこれに対し、闇に紛れて峡谷を渡るよう自軍に命じ、9月3日の夜明けに「神起きたまえ、その仇を散らしたまえ」と詩篇の一節を部下に叫んで奇襲攻撃を開始した。最初スコットランド軍は、クロムウェル

暁の攻撃
クロムウェルはダンバーでスコットランド軍に対し、闇夜に乗じて部隊を移動させ、夜明けとともに攻撃するという奇襲攻撃を仕掛けた。

が言うには「勇敢な抵抗」をしたが、クロムウェルは、スコットランド軍の右翼が、峡谷と高台の間にすし詰め状態になっていることに気づいていた。彼は予備の騎兵隊をその隊伍の乱れた部隊の側面に投入した。スコットランド軍の騎兵隊は、歩兵隊を背にして後退せざるを得ず、完全に一貫性を失った。戦いは総崩れになった。ダンバーの戦いは、クロムウェルの将軍としての才が最も発揮された一戦とされる。王党派はチャールズ王子の下で再結集したものの、最終的には1651年ウースターで敗戦した。

1599年-1658年
オリヴァー・クロムウェル OLIVR CROMWELL

ジェントリ階級出身のクロムウェルは、1642年以降議会派の大義のために戦い、人を奮起させ規律ある騎兵隊長としてその名を知られるようになった。勇猛でカリスマ性があったため、部下の忠誠心と称賛を手にした。「自分が何のために戦っているかを知る」平民は「紳士と呼ばれる者」に勝つ、というのが彼の信念であった。彼は1653年に、護国卿という実質的な軍事独裁者として権力を掌握した。

1492年-1750年

大砲

青銅、真鍮、または鉄製の先込め式の滑腔砲は、15世紀後半から19世紀にかけて使用された基本的な野戦砲である。

大砲は最初、主に包囲攻撃に使用されていたが、前車(車輪付きの弾薬箱)に搭載された軽量の大砲の開発によって、実践的な野戦兵器が生まれた。大砲は主として昔ながらの「砲弾」である固い鉄製の丸い弾丸(初期の砲弾は石製)を発射し、近距離を前進する歩兵が標的である場合には、散弾が使用された。これは錫製の弾体に小さな弾子がたくさん入ったものである。弾体が砲身から発射されると、弾子が放出されて大砲の前方一帯に飛び散った。散弾の小型版はブドウ弾で、こちらは金属製の弾体ではなく麻袋に入っていた。迫撃砲と17世紀後半以降の榴弾砲は、鉄球の中の空洞に火薬を詰め、導火線によって点火される形式の榴弾を発射していた。

砲撃要員の配備

大砲は通常、5-6人の砲兵によって操作された。複数の馬や人によって戦場まで牽引され、前車から切り離された。まず砲身が掃除され、次に火薬と弾丸が先端から砲腔に押し込まれた。砲手は、くすぶっている点火装置(細長く燃焼の速い点火物が付いた木製の柄)を、火門の中の点火薬が詰まった管に付け、推進火薬に点火した。発射の都度、大砲を爆発の反動で後退した場所から元の位置に「復座」させなければならず(この作業には多大な筋力を要した)、そして再び照準を合わせた。これに関連して、てこ棒による砲身の上下移動と、隅石(くさび)による位置の固定が考案され、18世紀の間にようやく昇降ねじが導入された。17世紀の後半に、砲身寸法に即した砲弾を製造する技術がより緻密になると、大砲の種類は発射する砲弾の重量によって分類された。この測定単位は大砲の口径として知られるようになった。

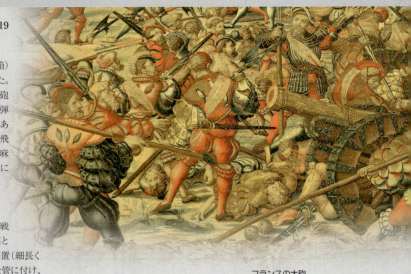

フランスの大砲
1525年のパヴィアの戦いで、神聖ローマ帝国のカール5世の部隊に奪われたフランスの大砲。この戦いは大砲が無力であった珍しい例である。

突き棒 突き棒(下の2枚の写真)は弾薬と砲弾を砲身に詰め込むために使われた。

華美な砲口 火薬に続いて砲弾が、この美しく装飾された砲口から砲身に装填された。

仕様

製造地	インド南部	口径	6ポンド砲
年代	18世紀後半	砲身長	152cm
素材	青銅	砲身重量	400kg

マイソール軍の大砲
この豪華に装飾された大砲は、インドのマイソール王国の「虎」と呼ばれたティープー・スルタン(1749ころ-99)のために製造された。

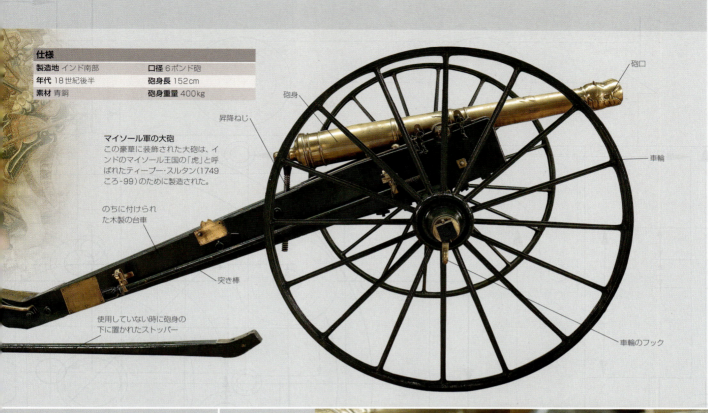

- 砲口
- 砲身
- 昇降ねじ
- 車輪
- のちに付けられた木製の台車
- 突き棒
- 車輪のフック
- 使用していない時に砲身の下に置かれたストッパー

昇降ねじ ねじで調節する仕組みにより、砲身の後部を昇降させた。

砲耳 この大砲の砲口の周囲に装飾された虎のモチーフ(左ページ)が、2つの砲耳(旋回軸)にも施してある。砲耳は木製の台車に大砲を載せても位置がずれないように止めている。この取り付け方法により、砲手が砲身の角度を上下に変え、ある程度離れた目標物に向かって発砲できる。

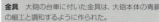

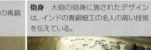

車輪のフック 大砲の台車は、両側のハブに付けたフックにロープを繋ぎ、おそらく馬で牽引されたと考えられる。

金具 大砲の台車に付いた金具は、大砲本体の青銅の細工と調和するように作られた。

砲身 大砲の砲身に施されたデザインは、インドの青銅細工の名人の高い技術を伝えている。

製造番号 19世紀の大砲の台車には製造番号が付けられており、これによって大砲を簡単に識別することができた。

製造印 大砲の台車の製造者は、片隅に鍛冶工の刻印を入れた。

王家の戦争

1648年以前の100年間、ヨーロッパの戦争はカトリックとプロテスタントの勢力間で争われた宗教戦争が大半を占めていた。だがそれ以降の100年は、王家の紛争に起因する戦争が多かったことが特徴である。こうした戦争の主因は、フランス代々の国王、特にルイ14世による、フランスにとって正当な国境を勝ち取るための取り組みにあった。フランスの利権を主張するための連続的な試みが、ケルンとイングランド（1688-97年の大同盟戦争の発端）、スペイン（1701-13年のスペイン継承戦争）、オーストリア（1740-48年のオーストリア継承戦争）で、度重なる紛争を引き起こした。18世紀中ごろにプロイセンにその地位を脅かされるまで、フランスはヨーロッパ随一の軍事大国であった。

大同盟戦争
ビーチヘッド海戦

日付 1690年6月30日
兵力 フランス軍／70隻、イングランド・オランダ軍／70隻
死傷者等 オランダ軍／沈没13隻、捕獲1隻
場所 イギリス海峡イーストサセックス州沖

1688年、ルイ14世のフランスはドイツのプファルツに侵攻し、対抗するドイツ諸国、スペイン、スウェーデン、オランダの同盟を挑発した。また同年、オランダ総督のオレンジ公ウィリアム（オラニエ公ウィレム）がイングランドの王位を継承（ウィリアム3世）したため、彼の新たな統治にも参戦、イギリス海峡の支配権をめぐり海戦が起こった。1690年6月、トリントン伯率いるイングランド・オランダ軍の艦隊が、トゥルヴィル伯が指揮するフランス軍と対面した。戦いは、帆船の時代における初の大戦の一つではあったが、17世紀の海軍力の限界を露呈した一戦でもあった。右翼のオランダ軍は、敵に接近するのが早すぎたため、イングランド軍の援護を受けられず、戦隊は叩きのめされた。同盟軍の艦隊は秩序を乱して退却した。トリントンは後に退却したことで軍法会議にかけられ、無罪となったが二度と指揮を執らなかった。抗弁において、残った艦隊を守ることで侵略を阻止した、と主張した。真実がどうであれ、トゥルヴィルは勝利を手にできず、デヴォン州のテーンマスという漁村に火を放っただけで、フランスに撤退した。

見せかけの勝利
ルイ14世はビーチヘッド海戦における艦隊の戦勝記念メダルを鋳造した。

アイルランドのウィリアマイト戦争
ボイン川の戦い

日付 1690年7月12日
兵力 ウィリアマイト軍／35,000人、ジャコバイト軍／21,000人
死傷者等 ウィリアマイト軍／500人、ジャコバイト軍／1,500人
場所 アイルランド東岸のドロエダ近郊

イングランド国王のジェームズ2世は、プロテスタントのオレンジ公ウィリアムによる廃位の後、逃亡先のアイルランドでカトリックの軍を起こした。彼のジャコバイト軍は、アイルランド人の上層騎兵隊と農民からの徴集兵の混成軍。より職業的なウィリアマイト軍は明らかに優位で、砲兵隊の規模は8倍の差があった。両軍はドロエダ近郊のボイン川の浅瀬で会戦。ウィリアマイト軍はまず歩兵隊が、次に騎兵隊が川を渡って戦い、ジャコバイト軍は騎兵隊の反撃もかなわず敗戦。ジェームズは退却に追い込まれた。大敗ではなかったが、イングランドにおけるカトリック教再興の望みは絶たれた。

統治のためのボイン川の戦い
ボイン川の戦場におけるウィリアム3世（オレンジ公ウィリアム）。イングランド議会に招聘され、イングランド国王となった。

大同盟戦争
ナミュールの包囲

日付 1695年9月1日
兵力 フランス軍／13,000人、同盟軍／不明
死傷者等 フランス軍／8,000人、同盟軍／信頼できる推計なし
場所 ベルギー南部

ネールヴィンデンの戦い（159ページ参照）の後、ルイ14世はベルギーの大部分を征服した。フランスの獲得領土を防衛するため、ルイの工兵長官ヴォーバンは、緻密な計算に基づく90カ所の城郭建築を監督した。2回目のナミュールの包囲は、これら要塞陣地の重要性を例証する戦いとなった。イングランドのウィリアム3世は、バイエルンとブランデンブルクの選帝侯とともに、ナミュールを包囲攻撃した。不意を突かれた仏軍は、ブリュッセルを砲撃する反撃に出る。3カ月後、ナミュールは陥落、仏軍は動揺し、同盟軍の左翼は体制を立て直したが、戦いは1696年にどちらにもほとんど収穫なく終わった。

ウィリアム3世
ナミュール城郭の外側で軍を査察するウィリアム3世。ウィリアムは町に突撃するのではなく、兵糧攻めにして降伏させた。

城郭

17世紀前半には、大砲は従来の城郭がほぼ役立たずになるほど、その威力を十分に発達させた。ルイ14世の工兵長官のヴォーバンは、防衛側に絶好の射線を与え、攻撃側が突破するための死角をなくした精巧な仕組みの稜堡によって、この問題を解決した。フランス南東部のバローのもの（下図）をはじめ、300以上の城郭を建築・改築した。

ヴォーバン
下級貴族出身のヴォーバンは、1658年にルイ14世の軍の工兵になった。彼は50以上の攻囲戦を指揮し、そこから学んだ教訓によって、砲撃戦に耐えうる星型の城郭を完成させた。

大同盟戦争

ネールヴィンデン（ランデン）の戦い

日付	1693年7月29日
兵力	オランダ軍/50,000人、フランス軍/80,000人
死傷者等	オランダ軍/19,000人、フランス軍/9,000人
場所	ベルギー、ブラバント州

1692年には、フランスは大同盟戦争で優位に立った。ナミュールは、1695年に再び失うことになるものの（158ページ参照）、前年に陥落していた。1692年6月には、リュクサンブール公がステーンケルケでウィリアム3世を破っていた。1693年7月29日、両将軍は再びブラバントで対峙。ウィリアムはランデンとネールヴィンデンの間に陣営を構えた。オランダ軍は国内産の榴弾砲を実戦に導入しており、仏軍に勝る砲撃力を有していた。しかし伸びすぎた同盟軍の戦列は、仏軍騎兵隊による3度の襲撃の末に突破された。死傷者の数は、17世紀の戦争でおそらく最大に上った。ウィリアムはルーヴェン、ニーウポールト、オーステンデといった要衝を無防備なままに、ブリュッセルに退却した。

将軍の帰還
リュクサンブール公がネールヴィンデンで勝利を収め、凱旋する。同公はウィリアム3世に敗れることなく、戦争終結前に亡くなった。

スペイン継承戦争

ブレンハイムの戦い

日付	1704年8月13日
兵力	同盟軍/52,000人、フランス軍/56,000人
死傷者等	フランス軍/20,000人、同盟軍/12,000人
場所	ドイツ、ドナヴァルトの西15km

スペイン継承戦争は、アンジュー公フィリップ（フランス国王ルイ14世の孫）が空位となったスペイン王位の継承権を主張したことに始まる。ヨーロッパの他の大国にとって、スペインとフランスの結びつきがあまりに強くなれば脅威である。英国がオーストリア、ネーデルラント連邦共和国と大同盟を結成し、フィリップの王位継承に反対すると、アンジュー家が支配するフランスとスペインは、同盟国との戦争に突入した。フランスは1702年と1703年にライン川上流と南ドイツで続けて勝利を収めたため、大同盟軍は崩壊するかに見えた。この重大局面に、マールバラ公とサヴォイア家のオイゲン公率いる同盟軍は、バイエルンのブレンハイムでタラール率いる仏・バイエルン連合軍と対峙する。マールバラ公はタラールの布陣の致命的な欠陥を見抜いた。タラール軍はドナウ川に側面を、ネーベルの沼地に正面を守られていたが、戦列は約5kmにも延びていたのである。タラール軍の本隊は援護部隊なしの騎兵隊で構成され、両翼はそれぞれ独立していた。そこでマールバラ公は、思いのままに敵を引き離し、攻撃することができた。仏軍大隊はブレンハイムとオーベルグラウの町まで撃退され、同盟軍の小規模な大隊は仏軍の歩兵隊を包囲した。ネーベル川とその周辺の沼地を渡ったマールバラ公の軍の本隊は、仏軍騎兵隊の攻撃を阻止し、自軍の強みを利用して仏軍の脆弱な本隊を襲った。タラール軍は敗走した。この遠征中に、同盟軍はバイエルンを占拠した。何よりも重要なのは、マールバラ公とオイゲン公が、仏軍にとって50年ぶりの大敗北をもたらしたことである。

マールバラ公の活躍
マールバラ公はブレンハイムで部隊を勝利に導いた。画面の左手は英国国旗を描いた初期の例。

権力と宗教

スペイン継承戦争

ラミーユ（ラミイ）の戦い

日付 1706年5月23日

兵力 同盟軍／62,000人、フランス軍／60,000人

死傷者等 同盟軍／3,600人、フランス軍／12,000人、捕虜6,000人

場所 ベルギー、ナミュール近郊のムエーニュ川

ブレンハイムではマールバラ公が勝利したものの（159ページ参照）、戦局に変化はなかった。1705年、同盟軍のオランダ遠征は失敗に終わり、一方ルイ14世は戦争の小休止を利用してフランス軍を立て直した。いまや英国・オランダ軍を単独で指揮するマールバラ公は、ついにヴィルロワ元帥率いる敵軍と北フランスで交戦する決意を固めた。英国の将軍に多大な協力をしたのは、皮肉なことにルイ14世その人だった。戦争に疲れたフランス軍に対し、同盟軍とその優れた砲兵隊と戦うよう主張したのである。君主から遠征について細かい注文をつけられ、調子を狂わされたヴィルロワは、敵を急襲しようとルーヴェンから軍を進めた。ヴィルロワとマールバラ公はラミーユ（ラミイ）の平原へ急いだ。ラミーユの戦いは、ブレ

ヴィルロワの敗北

ラミーユの戦いの真っ最中を描いた銅板画。それぞれ軍を率いるマールバラ公とヴィルロワのうち、後者は敗北することになる。

ンハイムの戦いと多くの共通点をもつ。ヴィルロワ軍は下稜に沿って布陣し、湿地帯によって守られる形になった。マールバラ公は再び、フランス軍の過ちにつけ込んだ。フランス軍の戦列は伸びすぎて、両翼は相互に孤立していたばかりか、沼地のせいで左翼は自由に動くことができなかったのである。フランス軍両翼への最初の攻撃は成功し、ヴィルロワは部隊を本隊から両翼へ移動させざるを得なかった。対するマールバラ公の対処は見事だった。自軍を本隊に集中させ、地勢を利用して陽動作戦を採ると、

> 「マールバラ公は落馬した……ビングフィールド少佐は手を貸そうと鐙を支えたが……マールバラ公の両足の間を通過した砲弾に倒れた」
> ――オークニー将軍、ラミーユの戦いについて（1864）

元帥杖

フランスの元帥杖は、17世紀の軍隊に現れ次第に形式的になった指揮系統を象徴している。

右側から敵を襲ったのである。後衛の勇敢な働きも虚しく、日没前にヴィルロワの部隊は追い詰められていた。ラミーユに続き、ルーヴェン、ブリュッセル、アントワープ、ヘント、ブルッヘ、オーステンデ、メネンなど、ネーデルラントの戦略的に重要な防衛拠点は、マールバラ公の軍に対し城門を開いた。

スペイン継承戦争

マルプラケの戦い

日付 1709年9月11日

兵力 同盟軍／90,000人、フランス軍／90,000人

死傷者等 同盟軍／55,000人、フランス軍／死者40,000人、捕虜30,000人

場所 ベルギー、モンス南方15km

1709年には、フランス軍の戦略的要衝は壊滅し、残るはパリと同盟軍との間に位置するモンスの要塞のみとなった。1709年春、フランス国王は同盟軍の講和条件を断固として退け、ヴィラール元帥にはどんな危険を冒してでもモンスと首都を救うよう命じた。ヴィラールはマールバラ公と渡り合える唯一のフランス人将軍だった。ヴィラールは、数で劣勢の自軍に有利な土地、マルプラケに布陣することを決め、両翼を2カ所の森に配置するとともに、その間を土塁と、予備の騎兵隊とで補強した。マールバラ公とサヴォイアのオイゲン公との同盟軍は、ヴィラール軍の本隊を弱体化させようと、フランス軍の両翼に集中攻撃を加えたが、左翼、右翼の攻撃とも同盟軍は多大な犠牲を被った。同盟軍の騎兵隊が左翼に現れると、まさにマールバラ公が望んだ通り、ヴィラール軍の本隊は手薄になった。そして、フランス軍本隊の砲台は占拠されたのである。このとき、同盟軍の強力な騎兵隊3万人がフランス軍の騎兵を襲い、激闘が続いた。フランス軍は押し戻されたものの、リールからパリへ通じる道を見下ろすラ・バッセの防衛線まで、軍の大半を整然と退却させることができた。両軍は相次いで戦闘における勝利を宣言した。戦争はさらに4年間続き、ついに1713-1720年に結ばれた一連の条約によって終結した。この条約により、ルイ14世の孫アンジュー公フィリップはスペイン国王フェリペ5世と認められ、代わりに英国がジブラルタルとミノルカ島を得るなど、同盟軍は領土を獲得した。

フランス軍の砲列

フランス軍の強力な大砲も、マルプラケでは役に立たなかった。前景ではフランス軍の大砲が奪われ、遠方にはフランス軍の土塁が見える。

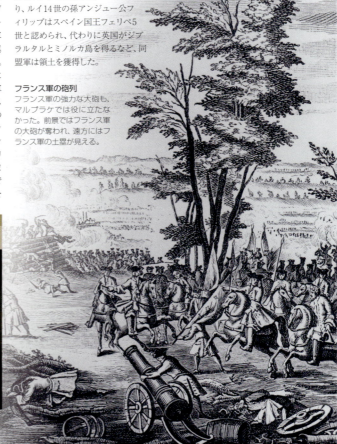

1650年-1722年
マールバラ公 DUKE OF MARLBOROUGH

後にマールバラ公となるジョン・チャーチルは、イギリスの偉大な将軍であり、1704年にブレンハイムで収めた勝利によって、欧州における勢力の均衡が変化した。マールバラ公の作戦で際立っているのは、夜間の進軍である。仏軍の指揮官ヴァンドーム公は、アウデナールデの戦い（1708）を前にマールバラ公の進軍を知らされ、「よほどの人物でなければ、それほど遠くまですばやく同盟軍を率いることは不可能だ」と語った。

オーストリア継承戦争
デッティンゲンの戦い

日付 1743年6月27日
兵力 同盟軍/40,000人、フランス軍/60,000人
死傷者等 同盟軍/死者2,400人、フランス軍/死者5,000人
場所 ドイツ、フランクフルト東方110km

1740年、プロイセン王フリードリヒ2世はオーストリア支配下のシレジエンに侵攻、プロイセン、フランス、バイエルンおよびザクセンと、オーストリア、英国、ネーデルラント連邦共和国との戦争に発展した。英国王ジョージ2世は、バイエルンのフランスとの同盟から離脱を試み、失敗に終わる。1743年には仏軍と対戦すべく、自ら軍を率いてドイツに向かう。王の軍は6月下旬にデッティンゲンに到着したが、丘に囲まれ基地からの連絡を絶たれる。幸運なことに、仏軍の性急なグラモン元帥が仕掛けてきた攻撃は時期尚早で、仏軍右翼の歩兵隊は進軍中に猛攻撃に遭い、退却して騎兵隊の背後に隠れた後、隊伍を乱して敗走した。多くはマイン川を渡ろうとして溺れた。デッティンゲンの戦いは戦略的に何ももたらさず、歴史上、英国王が部隊を率いて参戦した最後の機会となった。

大乱戦
デッティンゲンの戦いの模様。赤い外套を着た英国部隊がフランス軍の歩兵隊を撃退する。

オーストリア継承戦争
フォントノワの戦い

日付 1745年5月11日
兵力 同盟軍/53,000人、フランス軍/70,000人
死傷者等 同盟軍/9,000人、フランス軍/5,000人
場所 ベルギー、トゥールネー南東8km

デッティンゲンの戦いの後、戦局はフランス側に傾き、フランドル地方を制圧した仏軍は1745年5月、サックス元帥に率いられてトゥールネーの要塞を攻囲した。ジョージ2世の25歳になる息子カンバーランド公率いる英国軍は、フォントノワ近郊で仏軍と対峙した。サックスは慎重に作戦を練り、部隊を起伏のある田園地帯に隠した。英国軍とハノーファー軍は仏軍の戦列を突破したが、隠れていた仏軍からの砲撃が激しく、カンバーランド公は撤退を余儀なくされた。仏軍が勝利し、トゥールネーを含むネーデルラントの大部分が同軍に征服された。

ウィリアムの参戦
カンバーランド公ウィリアムは21歳で将軍となり、フォントノワの戦いとカロドン・ミュアの戦いに参加した。1757年、七年戦争の最中に降伏し、面目を失った。

ジャコバイトの反乱
カロドン・ミュアの戦い

日付 1746年4月16日
兵力 ジャコバイト軍/5,400人、政府軍/9,000人
死傷者等 ジャコバイト軍/死者1,000人、政府軍/死者50人
場所 英国のインヴァネス東方

フォントノワで敗北した英国は、フランスによる侵略という危機に晒された。1745年、チャールズ・エドワード・ステュアート(『ボニー・プリンス・チャーリー』)は、祖父ジェームズ2世(ウィリアム3世が王権を剥奪)の王権によるイングランドとスコットランドの王位継承権を主張し、フランスの支持を得てスコットランドに上陸すると、ステュアート朝の再興を狙って反乱を起こした。チャールズは緒戦を勝利で飾り、支持者(「ジャコバイト」)をイングランド領内の遥か南のダービーまで率いた後、スコットランドに戻った。インヴァネス東方のカロドン・ミュアで、ジャコバイト軍はカンバーランド公率いる優勢な軍に追い詰められた。チャールズと団結したスコットランドのハイランド氏族たちは戦略的な撤退を行うよう進言したが、チャールズは耳を貸さない。士気の低下と物資の不足、兵士の脱走に加え、政府軍兵士のマスケット銃と銃剣はハイランド氏族の剣とは比較にならなかったため、ジャコバイト軍の勇気も虚しく、戦いは大虐殺と化した。カンバーランド公は兵士たちをよく訓練しており、前年の夏からの鍛錬で新しい銃剣と幅広の刀を完璧に使いこなせるまでになったのである。1時間足らずでジャコバイト軍の本隊と右翼は崩壊し、チャールズの兵士たちは逃走した。さらなる犠牲が食い止められたのは、騎兵2大隊が後衛で精力的に敵を遮断したからである。この敗北によりジャコバイトは崩壊、5カ月後、チャールズは侍女に変装してフランスへ逃亡した。

クーホルン迫撃砲
携帯型迫撃砲。1674年に発明され、射角45度で砲弾を発射する。射程は弾薬の量によった。

ミュアの戦い
カンバーランド公が白馬に跨り、部隊を指揮する。訓練を重視したおかげで、カロドンでは勝利を収めた。

1492年-1750年

権力と宗教

大北方戦争

大北方戦争（1700-21）は、スウェーデンとその勇猛な王カール12世（在位1697-1718）が、デンマーク、プロイセン、ザクセン、ハノーファー、ポーランドおよびロシアとの間に展開した一連の戦闘を指す。ロシアはかつてない速さでヨーロッパ列強の一員となったが、ロシアが頭角を現したのは、主に貿易で繁栄していたスウェーデン・バルト帝国の犠牲によるところが大きい。大北方戦争は領土争いであると同時に、バルト海貿易が生む富の支配権をめぐる戦いとなった。バルト海沿岸の都市は、フランスやベルギーの都市ほど戦略的に重要ではない。一般に軍隊はその土地で自給自足することができた。結果として、大規模な包囲戦は3度しか行われず、西欧とは大きく異なる戦争の形態が生まれた。

大北方戦争

ナルヴァの戦い

日付 1700年11月30日
兵力 スウェーデン軍/8,000人、ロシア軍/40,000人
死傷者等 スウェーデン軍/少数、ロシア軍/死者10,000人以下
場所 エストニア北東部

1700年5月、スウェーデンはデンマークのフレゼリク4世、ロシアのピョートル1世（大帝）、ザクセン選帝侯アウグスト強健王、およびポーランド王が結成する同盟軍の攻撃を受けた。同盟側は、北欧で増大しつつあるスウェーデンの影響力に対抗しようとしたのである。スウェーデンは多くの点で戦争の準備が整った国家で、1670-80年代に導入された「インデルニンクスヴェルク」という徴兵制度により、職業軍人がそろっていた。地域割り当てによる徴兵制で、州単位で1連隊を形成した。各連隊には、2つの農地で構成される兵士徴用管区から兵を1名ずつ出した。平時にも長期の訓練を積んでおり、結果としてこの徴兵制度がよく訓練された軍隊を生んだのである。対照的にロシア軍は、ピョートル大帝が自覚するように、大いに改革が必要とされていた。

戦争は、スウェーデン軍の小規模な守備隊がナルヴァ（現エストニア）で約5万のロシア軍に包囲されたことに始まる。カール12世が町を救出すべく軍を出動させると、ロシア軍は数キロ離れたノヴゴロドの塹壕で防備された陣営に退却した。カール12世は11月の吹雪の中、果敢に攻撃を行い、8000人のスウェーデン軍が塹壕へ突入、3時間の接近戦の後、ロシア軍の左翼を粉砕して騎兵隊を破り、敗走させた。この勝利で、バルト海におけるスウェーデンの優位と、カール12世の地位が確立された。王は1701年にワルシャワとクラクフを占領し、1704年には盟友スタニスワフをポーランド王位に就けた。デンマークは1700年にスウェーデンと和平を結び、1708年にザクセンとの講和も成立、ロシア攻撃への道が拓かれた。ナルヴァの後、東欧での支配力は揺るぎないと見られていた。

ピョートルの勝利

ピョートル大帝は、ナルヴァでの敗北から9年かけてロシア軍を立て直した。その結果がここに描かれたポルタヴァでの勝利につながった。

1682年-1718年
カール12世 CHARLES XII

カール12世は、自ら遠征に赴くというスウェーデン王家の伝統を守った。王は軍事面を大変重視し、「軍隊と結婚した」と話したほどだった。1709年のポルタヴァでの敗北後、オスマン帝国に亡命し、後にスルタンの捕虜となった。カール12世はその人物にふさわしく、1718年にフレゼリクスハウンの戦場で没した。その死をもって、スウェーデンが大国だった時代は幕を閉じた。

近代の戦争

大北方戦争

ポルタヴァの戦い

日付 1709年7月8日
兵力 スウェーデン軍/17,000人、ロシア軍/80,000人
死傷者等 スウェーデン軍/死者または捕虜10,000人、ロシア軍/死者1,300人
場所 ウクライナ東部

ナルヴァの敗北で、ロシアでは緊急に軍事改革を行う必要がはっきりした。中央組織が改善され、新たな軍隊組織と士官学校が設立された。1705年には歩兵の召集制度が拡大され、以降は農民20人につき1人の兵士が供出されることになった。1705-09年にこうして16万8000人もが召集された。また近衛連隊が設立され、貴族を含め全員が訓練を受けた。1708年7月にホロヴツィンで勝利を収めた後、カール12世はロシア軍に決定的な打撃を与えようと、ウクライナに

復讐

このレリーフは、1704年にロシア軍がナルヴァを奪回した様子を描いたもの。4年前に同地で喫した敗北の恨みを晴らした。

侵攻した。しかしこの決定はスウェーデン側に破局をもたらす。1708-09年の冬は非常に厳しく、またロシアの焦土作戦も、ある程度効果を上げ、1月にはハジャチ近郊で数百人のスウェーデン部隊が凍死した。カール12世の部隊はヴェプリクの小要塞を攻撃しようとしたが、壁はすっかり凍り付いていた。一方、カール12世と同盟を結んだコサックの首領（ヘーチマン）マゼーパはほとんど支援を行わず、コサックの首都バチューリンはロシア軍に略奪された。慎重な家臣たちはスウェーデン王に、ポーランドまで戦略的撤退を行うよう進言した。ピョートル大帝はスウェーデン軍をおびき寄せ、ポルタヴァの防備の固い陣地を攻撃させた。負傷したカール12世は自ら戦闘の指揮を執ることができず、部下の将軍たちには十分な統率力がなかったため、スウェーデン軍の攻撃は足並みが乱れ、調査不足と連携の悪さがさらに事態を悪くした。ロシア軍の歩兵隊と砲兵隊の攻撃を受け、スウェーデン側は大きな犠牲を出した。しかし1万の犠牲者は、7月11日にパレヴァロキナで1万5000人が降伏したことに比べればましである。カール12世はオスマン帝国に亡命し、同地に1714年までとどまった。この間、ロシア皇帝はポーランドとスウェーデンのバルト海沿岸地方を奪回した。戦争は1721年になってようやく終結したが、スウェーデンの覇権は失墜した。

馬上のロシア皇帝
このピョートル1世像は、大国ロシアを生んだ人物の権勢を強調している。

エーゼルの戦い・グレンガムの戦い

日付 エーゼル/1719年5月24日、グレンガム/1720年7月27日
兵力 エーゼル/ロシア軍艦6隻、グレンガム/ロシア艦艇61隻、スウェーデンのフリゲート艦4隻、軍艦1隻
場所 エストニアのエーゼル島（サーレマー島）沖、スウェーデンのグレンガム島沖
死傷者等 エーゼル/スウェーデン艦沈没2隻、グレンガム/スウェーデンのフリゲート艦拿捕4隻

ピョートル大帝の治世といえば、何と言っても艦隊の誕生である。1700年にロシア海軍本部の創設、1705年には海軍専門の水兵の募集が始まる。1715年は名門の海軍士官学校創立、1724年にバルティック艦隊は32隻の戦列艦を有していた。ピョートルはこの艦隊を用いてスウェーデンを攻撃し、スウェーデンの反撃は1718年にカール12世がフレゼリクスハウンで没した後、かなり勢いを弱めており、海軍は2度、大敗した。ロシア海軍が外海で初の勝利を収めた1719年のエーゼルと、1720年のグレンガムである。エーゼルでロシア海軍は3隻の艦艇を拿捕し、ロシア海軍にとって幸先のよいスタートを切った。グレンガムでは、軽量なガレー船のロシア艦隊が、重量

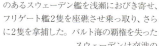

コサックの刀

のあるスウェーデン艦を浅瀬におびき寄せ、フリゲート艦2隻を座礁させ乗っ取り、さらに2隻を拿捕した。バルト海の覇権を失ったスウェーデンは交渉の座に就き、ストックホルム条約（1720）をもって、スウェーデンとハノーファー選帝侯との戦争は

船便
連絡手段の改善が功を奏し、ロシアはスウェーデンに勝利した。このフリゲート艦はピョートル大帝の手で再び、クロンシュタット要塞に基地を置く軍事郵便サービスに使われるようになった。

ステップの民
コサックは「シャーシュカ」などの刀をもつ、騎乗の戦士だった。カール12世と同盟を結んだが、あまり役には立たなかった。

終結した。ハノーファーはブレーメンとフェルデンを100万ターレルで購入、プロイセンはシュテッティンを含むポンメルンを200万ターレルで獲得した。またニスタット条約（1721）ではスウェーデン・ロシア間に和平が結ばれ、バルト海沿岸の大部分がロシアに割譲された（フィンランドはスウェーデンに返還）。ロシアは、バルト海および中欧・東欧における大国となった。

勝利ののろし
ピョートル大帝が、のろしを上げて勝利を収めたロシア艦隊に合図を送る。ピョートルは同艦隊の創設に大変乗り気だった。

南北アメリカ大陸における戦争

先コロンブス期(15世紀末のヨーロッパ人到着以前)、アメリカ大陸には独自の戦争の歴史があったが、その大部分が今となっては再構成が難しい。戦争が行われた目的や原因には、征服、貢納物の獲得、近隣社会間に古くから存在する敵対関係などが挙げられる。とりわけ重要な目的は、奴隷もしくは儀式の生贄用にする人間の捕獲であったと思われる。戦闘は徒歩で行われ、使用した武器の大部分が木と石でできていたが、武器が単純だからといって、アステカやインカなどの大帝国創設が妨げられることはなかった。

先コロンブス期の戦争

先コロンブス期に存在した多数の共同体では「男＝戦士」であった。少なくとも、地位や信望のある男性の場合はそうであった。アステカ族では男児命名の儀式で、「この子の居場所は戦場である」と産婆が宣言した。成人男子への変わり目には、自分が戦士であると証明する必要があり、そのためには、敵のとりわけランクの高い闘士を捕まえなければならなかった。アステカ族は頭蓋骨を割るのではなく、たいていは足をねらって切りつけた。目的は生け捕りなので、足をねらったのはアステカ族に限ったことではなかった。それでもなお、戦争は時として徹底した破壊となった。アステカの写本には、アステカの機嫌を損ねた特定の共同体を「何の痕跡も残さず消し去った」と書かれている。

アステカの被害者
アステカの写本より、敵の捕虜を連れて行く戦士。敵の髪の毛をつかむ伝統的行為は、服従を強要するものであった。

新興帝国

15世紀に創設されたインカ帝国とアステカ帝国はどちらも、繰り返し戦って他部族を属国として取り込んで築かれた。帝国にたてつく反乱を迅速かつ残虐に鎮圧しては、支配力を維持したのである。版図拡大の余地がなくなると、当然紛争も減った。アステカ族にとっては敵が不足し、戦士は敵の生け捕りに、神官は生贄の確保に困る深刻な問題となった。アステカ族はそこで「花戦争」という異常な行事を設け、アステカ帝国内の独立した少数部族、その中でもとりわけトラスカラ人に対し、アステカが決めた条件で交戦することを強要した。こうした戦争の目的は破壊や侵略ではなく、アステカによる捕虜獲得の儀式であった。

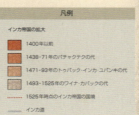

羽で防御
ジャガーの革と羽で装飾した円形の楯。先コロンブス期のアメリカ大陸の共同体では、多数の戦士がこうした楯を持っていた。

インカ帝国
インカ帝国は100年足らずの間に出現した。1470年以後、首都のクスコから広大な領域を支配した。

凡例
インカ帝国の拡大
- 1400年以前
- 1438-71年のパチャクテクの代
- 1471-93年のトゥパック・インカ・ユパンキの代
- 1493-1525年のワイナ・カパックの代
- 1525年時点のインカ帝国の国境
- インカ道

凡例
- イツコアトル(1427-40)
- モテクソマ・イルウィカミナ(1440-68)
- アシャヤカトル(1469-81)
- アウィツォトル(1486-1502)
- モテクソマ・ショコヨトル(1502-20)
- ソコヌスコへのアステカ族の経路
- 北部の独立国家
- 後古典期におけるマヤ文明の主要中心地

アステカ帝国
1519年までには、メキシコ中部の大部分をアステカ族が支配していた。常に戦争状態にあったアステカは、近隣諸国から貢納物を巻き上げた。

ヨーロッパの影響

1492年のコロンブスの航海以降に南北アメリカ大陸に上陸したヨーロッパ人は、馬や鋼鉄製の武器・甲冑、火薬武器（全体的には少数）を持っており、大陸で遭遇したどの先住民よりも明らかに軍事的優位にあった。また、ヨーロッパ人の戦争に対する姿勢は実際的かつ残酷なほど攻撃的であり、決断力も伴っていた。そして何よりも、故意ではないにしろ、アメリカ先住民が抵抗力を持たない病気の保菌者であった。それでも、中米・南米を見ると、エルナン・コルテスによる1521年のアステカ帝国征服は、被支配民族との同盟があってこそ実現したものであり、フランシスコ・ピサロがインカ帝国を攻略できたのは、インカの内戦のおかげであった。その点、北米にはアステカやインカのような中央集権的な帝国が存在しなかったことから、ヨーロッパからの移住者と先住民の築いた関係は同盟関係もあれば敵対関係もあったにせよ、絶対的な軍事的優位性を基盤とするものではなかった。北米インディアンは馬や火器などヨーロッパからの輸入品を採り入れた。アラウカン人が抵抗したチリなどでは、ヨーロッパ人は足場作りに苦労し、完全支配など言うまでもなく無理であった。

おしゃれな先住民
ヨーロッパの衣服を身に着けたイロコイ族族長を描いた18世紀の絵。イロコイ族はヨーロッパ人の味方にも、敵にもなった。

アステカの武器

アステカ族の武器は、斧や棍棒、剣などの種類にかかわらず木製で、縁、あるいは先端に黒曜石や火打ち石の鋭利な薄片が埋め込まれていた。弓矢や投げ槍などの飛び道具を補助的に使用したが、投げ槍には腕力を増大させる「投槍器」という棒を用いた。戦士は防御のために、矢に対して非常に効果的なキルティングの防具を着用し、さらに小型の楯も携帯した。アステカが金属で武装した民族に対して無力であったことは、ヨーロッパ人が到来する前から明らかで、鋼製武器を有した遠方の隣人タラスコ族に対し、1480年に敗北を喫していた。

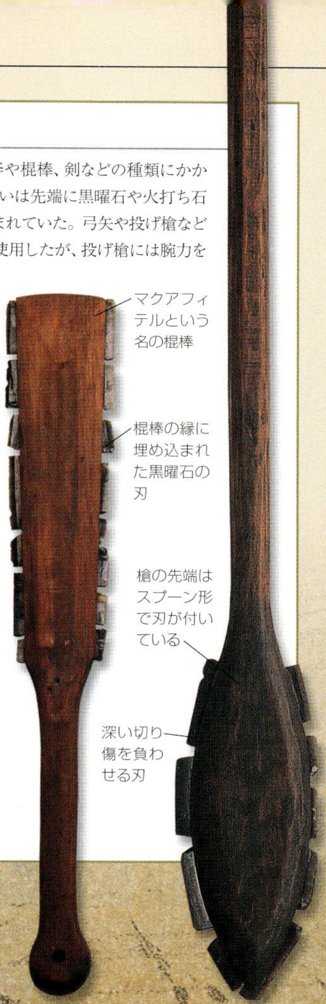

マクアフィテルという名の棍棒

棍棒の縁に埋め込まれた黒曜石の刃

槍の先端はスプーン形で刃が付いている

深い切り傷を負わせる刃

1492年-1750年

インカの征服
聖職者に扇動された征服者フランシスコ・ピサロとその部下は、槍と剣でインカ族を圧倒した。インカ族はまた、侵略者が持ち込んだ病気によっても死亡した。

アステカ帝国とインカ帝国の征服

1518年11月、エルナン・コルテスは兵士600人、馬17頭、大砲10門とともにスペイン国王のために、キューバからユカタン半島へ探索的な遠征の航海に出発した。コルテスはスペイン国王の命令を大きく超えてアステカと敵対するトラスカラ王国と同盟を結び、アステカの首都、テノチティトランに進軍した。迷信による不吉な前兆にとらわれていたアステカ皇帝モクテスマ2世は、このスペイン人を都市に迎え入れ、自らはコルテス支配下の傀儡君主となった。その後反乱が起こり、コルテスはテノチティトラン征服を成し遂げるために、厳しい戦いを強いられた。しかし、冷酷なスペイン人探検家フランシスコ・ピサロは、それよりはるかに少ない軍隊でインカ皇帝アタワルパを倒した。

スペインのメキシコ征服
「悲しき夜」の戦い

日付	1520年6月30日-7月1日
兵力	スペイン軍/約1,000人、トラスカラ軍およびアステカ軍/不明
場所	現メキシコシティ
死傷者等	スペイン軍/死者または捕虜約600人、トラスカラ軍およびアステカ軍/不明

1519年春、命令違反の罪でコルテスを捕えようと、スペイン軍の遠征隊がキューバから送られた。コルテスは副官のペドロ・デ・アルバラードをテノチティトランに統治のために残し、海岸へ進軍して遠征隊を捕え、その隊の兵士を徴用した。テノチティトランに戻ると、アルバラードがアステカ貴族を皆殺しにしたせいで反乱が起きていた。敵対する都市の宮殿に包囲され、スペイン軍は夜間この湖上の都市から岸へつながる土手道を逃れようとするが見つかり、スペイン軍を攻撃しようとアステカ人がカヌーで沖へ出る。限られた場所では馬や大砲を使えず、何百人ものスペイン軍が矢や斧で襲われた。

土手道での戦い
本土からテノチティトランへ続く橋の上での戦いを描いた絵画。スペイン軍が苦戦する様子が描かれている。

スペインのメキシコ征服
オトゥンバの戦い

日付	1520年7月7日
兵力	スペイン軍/370人、トラスカラ軍/約2,000人、アステカ軍/約200,000人（スペインによる推定値）
場所	テノチティトランの北東
死傷者等	アステカ軍/死者20,000人（スペインによる推定値）

「悲しき夜」の戦いの後、スペイン軍とそのトラスカラ同盟軍は退却。疲れ飢えていたこの両軍は、オトゥンバでアステカ軍と遭遇した。コルテスはなす術もなく、自軍を敵の真ん中に率いて行く。アステカ軍は剣で切られ、生き残ったわずかな馬に踏みつけられ、多数の死傷者を出した。それでも、アステカ軍は数に物を言わせて必ず勝つと信じていたようだが、コルテスはアステカ軍の指揮官や軍旗を打ち倒すために、下段に構えたやりで先頭に立って攻撃した。アステカ軍は逃走したが、追跡され虐殺された。

スペインのメキシコ征服
テノチティトランの包囲

日付	1521年5月31日-8月14日
兵力	先住民同盟軍/約100,000人、スペイン軍/900-1,000人
場所	現メキシコシティ
死傷者等	アステカ軍/10,000人等、スペイン軍/信頼できる推計なし

1520年夏にトラスカラへ撤退したコルテスは、やがてテノチティトラン征服の準備を始めた。アステカの属国はほとんど、すでにスペイン同盟軍としてトラスカラ軍に参加していた。湖の掌握がテノチティトラン奪取の鍵だと考えたコルテスは、ブリガンティンという帆と櫂によって推進し、船首に大砲を搭載した小型船を13隻建造させた。一方アステカは、新たな皇帝クアウテモックの下で攻撃に備えていた。包囲戦は1521年5月末に始まり、スペイン軍のブリガンティンがアステカ軍のカヌーを湖から駆逐した。しかしスペイン軍とその同盟軍が土手道を渡り町に入ると、激しい抵抗にあった。毎朝、土手道にあけられた穴を同盟軍が埋め、スペイン軍は町に入ると1区画ずつを掌握しては壊滅させた。日暮れにスペイン軍が土手道を渡って撤退し、アステカ軍は闇に紛れて再び土手道を損傷させた。7月には、都市の大部分は破壊され人々は飢え死にし始めていた。その絶え間ない抵抗は勇敢さのかがみである。8月12-13日、テノチティトランを制圧。生存者の多くは虐殺された。皇帝は湖を渡って逃げる途中で捕らえられた。

アステカの首都
テノチティトランは1524年に出版された地図に、湖の島にある都市として描かれている。人口は25万人であった。

堅固な短剣
鋭い鋸歯状の刃を持つこのような堅固な短剣は、戦闘用の武器ではなく、おそらくいけにえのために使われたのであろう。

1485年-1547年
エルナン・コルテス HERNAN CORTES

スペインのエストレマドゥーラの平凡な家の生まれ。1504年、立身出世を決意して西インド諸島へ渡った。1519年のコルテスのメキシコ遠征は論争になり、出発前に命令が当局により取り消された。アステカに対する勝利によって、コルテスが非情ではあるが優れた指導者であると示された。越権行為の告発を受けて自己弁護のために1526年にヨーロッパに戻らなければならず、熱望した総督の地位は得られなかった。

アステカ帝国とインカ帝国の征服 | 167

スペインのペルー征服
カハマルカの戦い

日付 1532年11月16日
兵力 スペイン軍/150-200人、インカ軍/40,000人
死傷者等 信頼できる推計なし
場所 ペルー北部

スペイン人のコンキスタドール（征服者）であるフランシスコ・ピサロは、職業軍人の息子で、読み書きもできなかった。1520年代に南米大陸の西岸沿いを探検した際、アンデス山中に豊かな帝国が存在する証拠を発見した。大胆にもヨーロッパの皇帝カール5世から許可を得たピサロは、1531年にペルーに向けて出航。インカの皇帝ワイナ・カパックは、後継者問題が未解決のまま1528年に天然痘で死去していた。帝国は、1532年にアタワルパの勝利に終わった内乱によって荒廃し、この内紛が終わりに近づくころ、ピサロの小隊は海岸から上陸し、アンデス山脈の奥地へと前進した。これは明らかに無謀な行動で、インカには何万人もの兵士がおり、皇帝たちはその兵を使うことをためらわなかった（かつてワイナ・カパックは、死亡する直前にカランキの人々を2万人虐殺したと言われている）。だがピサロの兵士

インカの兵士
羽飾りは、多くのアメリカ先住民の勇壮な正装の一番の特徴で、その鮮やかな色彩と自然の光沢から、階級の象徴として使われるようになった。

は、火縄銃と石弓とインカの兵士を特に狼狽させた馬を持っており、加えて並々ならぬ度胸があった。カハマルカにあるアタワルパの拠点に進軍すると、インカの人々はピサロらに宿を提供し、公式会談に同意した。11月16日の朝、皇帝アタワルパは何千人もの従者を連れて中央広場に姿を現し、そのよそ者たちと対面した。居丈高な皇帝が、おそらく聖書を軽蔑する仕草をしたその瞬間、スペイン軍が火縄銃と石弓で広場を囲む低い建物から発砲し、次に馬に乗って突進し、非武装のインカの兵士たちを虐殺した。アタワルパは捕虜となり、巨額の身代金を黄金で支払った後、反逆の罪を捏造され、1533年7月に処刑された。ピサロはインカ帝国の首都クスコに向かい、戦わずしてそこを占領した。

斬首された皇帝
この16世紀の版画には、インカ帝国最後の皇帝トゥパク・アマルの斬首が描かれており、これによってカハマルカで始まったスペインのペルー征服は完了した。

スペインのペルー征服
マンコ・カパックの反乱

日付 1536-1544年
兵力 インカ軍/40,000人、スペイン軍/200人（1536年のクスコ）
死傷者等 信頼できる推計なし
場所 ペルー

フランシスコ・ピサロがクスコに向かった際、皇帝アタワルパの異母兄弟のマンコ・カパックを連れて行き、権力を持たない傀儡皇帝に就任させた。この屈辱的な状況が、マンコ・カパックの心に、スペイン人に対する不変の憎悪という、多くの被征服者が必然的に共有する感情を募らせた。マンコ・カパックは囚われの身から逃げ出し、1536年にスペインの占領に反抗する軍を結成した。この反乱軍はクスコを攻撃し、言い伝えではパチンコで赤熱する石を発射して建物を破壊したという。小規模なスペイン軍の守備隊は、サクサイワマン城塞まで後退し、そこで優れた兵器を活用して包囲攻撃に耐えた。反乱軍はクスコとピサロが建設した新首都リマとの間の補給線を断ったが、この大軍は戦場に長居することができず、ほどなくして兵士たちは流出し始めた。ピサロと同じ征服者のディエゴ・デ・アルマグロがクスコを占領した際、この2人は口論から戦争状態に突入したため、ピサロはこの機を利用することができなかった。1538年、アルマグロは弟のエルナンド・ピサロに捕らえられ、絞首刑に処された。アルマグロ派は1541年にフランシスコ・ピサロを殺害し、復讐を果たした。一方のマンコ・カパックは、アンデス山中の僻地に退却し、そこからスペイン軍に対してゲリラ戦を展開したが、1544年に、おそらくインカの反乱軍に身を寄せていた数名の元アルマグロ軍兵士に殺された。こうしてスペイン人支配に対する初の反乱は終わったが、これでインカによる抵抗が終わったわけではなかった。真の終わりは、マンコ・カパックのミイラ化した遺体を持ち運んでいた最後の皇帝トゥパク・アマルが、スペイン人に捕らえられた1571年9月にようやく訪れた。トゥパク・アマルは、1572年5月にクスコ大聖堂の前の広場で斬首された。

> 「インディオたちは、馬とロバと火縄銃を持つことが許されており、その多くは馬の乗り方や射撃の仕方をとてもよく知っていた」
> ロペ・ガルシア・デ・カストロ総督がインカを語る（1560ころ）

インカ帝国の遺跡
エクアドルのインガピルカにあるインカ帝国の城壁と神殿は、皇帝ワイナ・カパックの在位中に建築された。

1492年-1750年

「コルテスは国王陛下のためにその地を占有した」

ベルナル・ディアス『メキシコ征服記』(1568ころ)

戦争の証人

メキシコの征服

 600人の兵と17頭の馬という少数部隊で到着したエルナン・コルテスは、1519年から1521年にかけてアステカ帝国を崩壊させた。これは、ヨーロッパの対外政策における破壊的軍事攻撃の中でもきわめて無謀なものの一つに数えられる。この大惨事に関するアステカ側の記述はほとんどない。それに対しスペイン側では、自国の驚異的な勝利を記録にとどめたい強い衝動から、架空の話が多数作られたばかりか、利己的ないし誇大な記述がなされた。その成果に対して誰もが驚きを禁じ得なかったのである。

ベルナル・ディアス『メキシコ征服記』(1568ころ)

「破壊的な戦いで、見るも凄惨な光景だった。われわれは剣で敵を切り、突き刺し、接近戦の中を進んだ。しかし奴らの猛反撃に遭い、槍や両手剣で負傷したり殺されたりする者も出た」

アステカ帝国とインカ帝国の征服　169

ディアスが記した記録には常にスペイン人につきまとった危機感が漂っている。異国の危機的な状況下で、多数のメキシコ人兵士に取り囲まれたコルテスは、アステカ族の尊厳を圧倒すべく、強硬な外交術、軍人としての勇敢さ、そして殺伐たる残虐行為を混在させる手法をとった。無傷のスペイン人兵士は皆無に等しく、めった切りにされたほか、負傷や疾病が元で死亡した者も多かった。ディアスは、最終的勝利に対してコルテス自身の性格が果たした役割を強調している。アステカの支配から脱しようと望む先住民との同盟が必須であると考えたのである。

「祭司たちは踊りを終えた生贄を、幅の狭い石の生贄台に仰向けに寝かせて胸を裂き、まだ動いている心臓を取り出して眼前の偶像に供えた。そして遺体を階下へ蹴り落とすと、待ち構えていたインディオの執行人が、腕や足を切断し、顔の皮を剝いだ。皮は手袋に使う革のようになめし、顎鬚は取っておき、後で酒を飲んでの乱痴気騒ぎの時に使った。遺体の肉は、唐辛子とトマトのソースをかけて食べた」

ベルナル・ディアス『メキシコ征服記』（1568ころ）

アステカ族とスペイン人の戦い

1521年のテノチティトラン攻撃に関するディアスの報告箇所では、脅威と恐怖と暴行の極みが述べられている。アステカ族は激しく戦い、首都の建物は1棟ずつ破壊された。一時はコルテスも包囲され捕らわれたが、部隊長数人の捨て身の行動で救出し、スペイン人が最も恐れた、異教神への人身御供とならずにすんだ。人身御供が世界の破滅を救うと信じるアステカ族の考えは、スペイン人がこだわる神学的感覚からはかけ離れていたのだ。

「攻撃が始まると常に大勢の兵士が、矢や投石器、様々な種類の剣や槍を携え、われわれの兵を待ち構えていた。湖は戦闘カヌーで埋め尽くされた。防塞のそばには平屋根が多数あり、そこから石が一斉に投げ落とされた」

ベルナル・ディアス『メキシコ征服記』（1568ころ）

アステカ最後の皇帝クアウテモックをテノチティトランの小地区に追い詰めながらも、コルテスは最終攻撃の手を緩めなかった。ディアスは、クアウテモックを追い詰めるに至った軍事戦略および奇策を詳細に記している。さらに、新たに得た領土にスペイン軍が建設せんとした新国家の片鱗も窺い知ることができる。トラスカラ族などコルテスの先住民同盟軍は、黄金や宝石を貢納すればスペイン人も手を引き、メキシコに自らの覇権を確立できるだろうと確信していた。しかしそれは、黄金を求めて止まないスペイン人の望みをかなえるにはほど遠く、かえってその栄誉欲をかり立てるばかりだった。

死者の道
テオティワカンはかつてアメリカ最大の都市であった。16世紀には崩壊し、巡礼地となった。

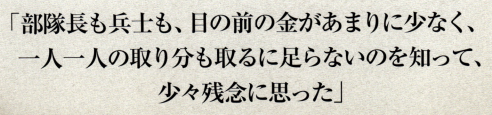

「部隊長も兵士も、目の前の金があまりに少なく、一人一人の取り分も取るに足らないのを知って、少々残念に思った」

ベルナル・ディアス『メキシコ征服記』（1568ころ）

北アメリカにおける戦闘

17世紀の北アメリカでは、ヨーロッパからの入植者は戦闘の一構成要素にすぎず、相互に戦うアメリカ・インディアンも戦闘に関与していた。欧州人は先住民と戦う際、同盟を結ぶアメリカ・インディアンを常に必要とし、見つけだした。戦闘の大半はかなり小規模で、襲撃や待ち伏せ攻撃も含まれたが、それにもかかわらず非常に破壊的となることもあった。敗北が一部族の完全消滅を意味することも多々あった。長期的な観点から入植者について言える最も重要な点は、海を渡って来る入植者を受け入れることにより人口を増やすことができたという点だ。このように新しく入ってくる人的資源をほぼ無限に供給し得たことが、長期にわたるアメリカ・インディアンへの破壊活動を可能にした。

ポーハタン族対入植者
ヴァージニアでのポーハタン族の攻撃

日時 1622年3月22日
兵力 英国人/入植者約1,000人、ポーハタン族/戦士約3,000人
死傷者等 英国人/死者347人、ポーハタン族/不明
場所 ヴァージニア州沿岸部

1607年5月、105名の英国人入植者がヴァージニア植民地建設のためにジェームズ川河口に上陸し、勢力拡大中のポーハタン部族連合の支配地域に足を踏み入れた。これらのアルゴンキン語族を統率していたのは、英国人にはポーハタン(単に「首長」の意)として知られていたワフンセナカウで、部族連合を4部族から30部族を超える組織に拡大させており、どんな敵にも容赦しなかった。ワフンセナカウにとって数の少ない英国人は許容できる存在だった。両者の関係がおおむね平和的だったのは、新しい首長オペチャンカヌウが指導者として後を継ぐまでだった。オペチャンカヌウは植民地破壊を決意し、1622年5月22日早朝、何の前触れもなく、農場にいた入植者を襲い、斧やナイフ（トマホーク）で殺した。しかし、植民地は存続して1644年までに繁栄を取り戻し、一方、ポーハタン族は病気により人口が激減した。

ヴァージニアの教会
ヴァージニア州ジェームズタウンにあるレンガ造りの教会と鐘楼は、入植者たちがまだポーハタン部族連合と紛争中だった1639年に建造された。

ピークォット族対英国人
ピークォット戦争

日付 1636年8月-1637年9月
兵力 英国人入植者/110人、モヒカン族・ナラガンセット族/300人(ミスティクにおける)
死傷者等 英国人/死者2人、ピークォット族/死者500人以上
場所 コネティカット州

ピークォット族はコネティカット川渓谷の好戦的な部族だった。1630年代の同渓谷では、英国およびオランダ人入植者、インディアン諸部族の間に複雑な関係が存在していた。1636年7月、マサチューセッツ州の貿易商ジョン・オールダム船長一行が、ブロック島のピークォット族の村付近で殺された。マサチューセッツ入植者が報復にその村を壊滅させ、怒ったピークォット族がコネティカット入植者を攻撃した。ピークォット族と仲が悪かったモヒカン族とナラガンセット族は、コネティカット民兵の逆襲を支援するように説得される。

1637年5月26日、ジョン・メイソン船長率いる民兵・インディアン同盟軍は、戦士が不在だったミスティクのピークォット族の村を攻撃。メイソンは村を囲む防御柵を通り抜け、中にいた者をほぼ皆殺しにした。この虐殺によりピークォット族は崩壊、いくつかの小軍団に分裂してさまよい、6月に首長ササカスの軍団が沼地でメイソンに追い詰められ、多くが殺された。

インディアンの攻撃
ニューイングランドでの待ち伏せ攻撃を描いたメロドラマ風の絵。アメリカ・インディアンがピューリタン入植者を矢で殺している。

イロコイ戦争
イロコイ戦争

日時 1640年-1698年
兵力 イロコイ族/約8,000人(戦争初期のころ)
死傷者等 不明
場所 アメリカ北東部

イロコイ5部族連合(モホーク族、オネイダ族、カユーガ族、セネカ族、オノンダガ族)は、よくまとまっており、欧州製の小火器を採り入れていた。イロコイ連合に敵対するヒューロン族はフランスと同盟を結んだ。1640年代にイロコイ連合はヒューロン族襲撃を開始し、やがてカナダのフランス人への攻撃に拡大した。イロコイ軍団は農場を攻撃して入植者を恐怖に陥れた。1660年代に優勢だったイロコイ連合は、フランス軍の到着で形勢が一変すると、1666年に侵攻を受けて徹底的に土地を荒らされ、餓死者を多く出した。この過酷な交戦の後、1683年に戦争が再開されるまで平和が続いた。イロコイ連合は地元のフランス系カナダ軍と対決、カナダ軍はアルゴンキン同盟軍とともに戦って先住民の戦闘技術を採り入れ、素早い、目に見えない行動でイロコイ植民地に激しい襲撃を加えた。1698年イロコイ連合は講和を求めたが、以後も軽視できない存在であり続けた。

イロコイ族の防御柵
この17世紀のフランス人によるイラストは、欧州人の攻撃を受けている要塞化したイロコイ族の村を描いたものである。イロコイ族は政治的、軍事的に洗練されていた。

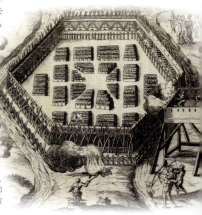

北アメリカにおける戦闘

ワンパノーグ族対英国人

フィリップ王戦争

日時	1675年6月-1676年
兵力	英国人/不明、ワンパノーグ族/不明
死傷者等	英国人/死者600人、ワンパノーグ族/死者3,000人
場所	ニューイングランド

この戦争は、ニューイングランドの欧州人植民地に対するアメリカ・インディアンの抵抗を打ち砕いた戦争であった。「フィリップ王」はワンパノーグ族首長メタコメットの英語名である。戦争が勃発したのは、キリスト教に改宗したインディアンを殺したかどで、彼の部族民3人が入植者によって絞首刑に処せられた後の1675年である。植民地の町スウォンジー襲撃に続いて他の植民地も攻撃された。植民地民兵はモヒカン族の助けを得て反撃を開始した。1675年12月、民兵はロードアイランド州にある重要なナラガンセット要塞を攻撃破壊した。にもかかわらず植民地軍は1676年春まで海岸沿いの植民地しか占領していなかった。しかし英本国が植民地に兵を送り、一方、メタコメットは人的資源も物資も使い果たしていた。その夏、メタコメットは何度か敗北を喫した。彼が発見されて殺された時、従っていたのはほんの数人だった。

沼地での死

「フィリップ王」は沼地の隠れ場所をつきとめられ、1676年8月12日に射殺された。彼の頭部はプリマスに送られた。

アメリカ・インディアンの武器

本来、アメリカ・インディアンは木や石や骨でできた武器で武装していた。欧州人との貿易を通じて、まもなく銅鉄や鉄製の斧(トマホーク)やナイフを手に入れた。小火器を入手した後も、アメリカ・インディアンの戦士たちは好んで熟練している弓矢を使い続けた。多くの者が矢を防ぐことのできる獣皮製の盾を携帯した。

伝統的な武器であるトマホーク

プエブロ族の木製の弓

染色した動物の皮でできたタオス・プエブロの盾とその飾り

盾は鷲か野生の七面鳥の羽で飾られていた

プエブロ族の矢

ビーズで飾られたヒューロン族のナイフの鞘

プエブロ族対スペイン人

プエブロ族の反乱

日付	1680年8月-9月
兵力	プエブロ族/2,500人、スペイン人/約1,000人(サンタフェにおける)
死傷者等	プエブロ族/不明、スペイン人/死者約400人
場所	ニューメキシコ州

北米大陸南西部では、プエブロ族のインディアンが16世紀にスペインの支配下に入っていた。植民地政府の総督府はサンタフェに置かれていた。1670年代にスペイン支配に対する憤りが頂点に達した。当時、長期間の干ばつに耐えている状況でスペイン人が労役を要求してくることがことのほか負担になり、一方、カトリック宣教師の主張で土着宗教への干渉が増してきたのだ。1675年魔術に関わったとされて、サンタフェでプエブロ族リーダー4名が絞首刑、43名が鞭打ちの刑に処せられた。植民地当局に鞭で打たれた者の一人に、タオス族のプエブロ集落に住むポペという者がいた。ポペはスペイン人に対する反乱軍の組織化に着手した。1680年8月10日、連繋した蜂起が発生した。宣教師と入植者が殺され、生き残ったはアントニオ・デ・オテルミン総督の指揮下にあるサンタフェを頼った。マスケット銃と弓矢で武装したプエブロ族の戦士たちは市を包囲し、水の供給を断ち、総督府の周りの家々を占拠した。外部からの援助がまったく期待できず、スペイン人たちはエルパソに撤退した。これはプエブロ族の大勝利だったが、その結果は万々歳とは言えなかった。ポペは統治を開始したが、それはスペイン人に負けず劣らず圧政的で、その間プエブロ族はアパッチ族の襲撃や続く干ばつに苦しめられた。スペイン人が1692年に戻ってきた時、スペイン支配の復活に対する抵抗はほとんどなかった。

ホピ族の助け

プエブロ族が反乱を起こした時に同盟したのはホピ族だった。このホピ族の子孫は1880年代にアリゾナで撮影された。

> 「私は顔の2カ所の矢傷と胸のひどい銃創から大量に出血したが、直ちに……人々に水を与えた」
> スペイン総督アントニオ・デ・オテルミンの手紙(1680年12月8日付)

1492年-1750年

日本、朝鮮、中国

1468年から1615年までの日本は、戦国時代にあった。織田信長、豊臣秀吉、徳川家康らにより、ようやく諸大名による果てしない戦が終結し、徳川幕府の揺るぎない中央集権体制が確立したのである。中国においてもこのころは大規模な戦乱の時代であり、明が滅亡し満州族が漢民族に勢力を及ぼし、満州が領土を拡大していた。中国と日本に挟まれていた朝鮮は、2度にわたる日本の侵略にもかかわらず独立を維持していた。

日本と朝鮮
16世紀後半、織田信長が天下統一を目指し、統一を遂げた後継者の豊臣秀吉は朝鮮出兵を命じた。

大坂夏の陣
この屏風は1615年の徳川家康軍による大坂城攻めを描いたものである。徳川軍の勝利により、家康は名実ともに日本の将軍として君臨し内乱の時代は終息した。

日本の軍勢

戦国時代、日本では封建領主(大名)間の勢力争いにより戦の様式が大きく変化した。大名たちは、戦に勝つには武将による一対一の果たし合いにこだわるのをやめ、代わりに訓練した足軽(農民の歩兵)と武士との混成軍を組織しなくてはならないことを悟ったのである。また城郭建築においても大いなる進歩がみられた。かつての自然地形を活かして柵や土塀で補強しただけの砦から、防戦用の銃眼が開けられた厚い壁ををめぐらし、櫓や中庭が入り組んだ迷路のようになって天守閣を取り囲む構造に変わった。

姫路城
17世紀に築かれた姫路城は日本の城郭建築の粋を体現している。使われた材料は主に木材、土、瓦である。

日本、朝鮮、中国

日本の武器

当時の武士は、槍、弓、火縄銃を持った足軽に援護されながら、馬上もしくは馬から下りて槍や刀で交戦した。1543年にポルトガルの火縄銃が伝来すると、数年内に日本の鍛冶職人は独自の火縄銃を製造し、もとの伝来品より優れていることも多かった。こうした銃は1分間に3発の弾を発射し、50m先の武将の鎧を貫くことができた。

陣羽織
武将が身分の象徴として鎧の上から着用した袖なしの外衣。

剣桁端
雁股
矢
十文字槍
直槍
騎兵銃
火縄銃

小火器

火薬兵器を発明した中国人は様々な型の大砲や小火器を持っており、こうした武器の使用は日本でも採り入れられていた。しかし1543年にポルトガルの船員が日本に漂着し、日本にヨーロッパ式の火縄銃をもたらした。これが中国式のやや原始的な小火器に急速に取って代わり、日本の戦争に多大な影響を与えた。ヨーロッパでも同様であったが、弓も名人の手によればより優れた威力を発揮するだろうが、銃であれば多少の訓練を施した農民をひとまとめに戦場の主戦力にできることがわかったのである。1570年代には何万丁もの火縄銃が日本の主な戦場に登場した。しかし1607年に徳川将軍家康は銃器製造を幕府に限った。銃の製造と販売は厳しく統制され、100年後には日本で製造された銃は年間300丁にも満たなかった。

明の彫像
軍人の霊廟の入り口から発掘された守護の像の頭部。中国・明王朝時代のもの。

中国のジャンク船
この16世紀のオランダの銅版画には当時の典型的な中国の船が描かれている。海上戦は1597年の日本による朝鮮出兵の主戦であった。

大規模な戦い
中国では大規模な戦争が多い。17世紀後半の清の康熙帝による戦いでは2500万人が犠牲になったと推定されている。訓練された歩兵をそろえた大軍同士が戦うことが常で、石弓や斧槍の類がよく使われる武器であった。砲兵隊も広範囲に採用され、中国でも大砲の製造にはヨーロッパ人を雇っていた。全般に中国の軍隊は非常に実兵力が高く、その様子は1597年の日本による第2次朝鮮出兵に介入して撃退した際に見られる。

1492年-1750年

日本の平定

15世紀後半以降、日本は封建領主である大名の間の戦いで荒廃していった。1540年代にヨーロッパの鉄砲が伝来した後は、織田信長が覇者の地位を築いた。1582年の信長の死後は、豊臣秀吉がさらに勢力を伸ばし事実上の日本の統治者となった。秀吉は全国の刀狩りを始めたが、1590年代になると2度にわたり朝鮮経由で中国を侵略しようという暴挙に出る。秀吉の死後、徳川家康は朝鮮への出兵は行わず、権力を掌握することに重きを置いた。家康が築いた徳川幕府が揺るぎない中央集権の下で最終的に全国を平定し、武士を戦の生活から解放したのである。

戦国・安土桃山
桶狭間の戦い

日付	1560年5月19日
兵力	義元軍/25,000人、信長軍/3,000人
死傷者等	不明

場所 尾張国（現愛知県）

この戦は織田信長が名を上げた勝ち戦であった。織田家の領地が今川義元に攻め込まれ、山野の険しい谷間で義元が陣を張った。信長は兵を率いて山野を越え北側から攻撃をしかけ、戦闘体制の整わない敵を打ち破った。陣中の義元は外の騒ぎが意味する事態に気づいていなかった。義元は攻撃されていると認識する間もなく、信長の家臣に首をはねられたのである。

織田信長
最初に天下統一の歩を進めた偉大な覇者。仏教徒である僧兵の勢力を弾圧した。

戦国・安土桃山
山崎の戦い

日付	1582年6月13日
兵力	秀吉軍/36,500人、光秀軍/16,000人
死傷者等	不明

場所 山城国（現京都南西部）

1582年、信長配下の武将のひとり、明智光秀が信長を自害に追い込み、子息や後継者を殺害した。これを受け、信長の忠臣の豊臣秀吉が光秀が将軍を宣言して京都へ進軍し、天王山に陣取った。信長の死後13日目に秀吉はここで光秀軍と戦う。秀吉の鉄砲隊は天王山に攻め上る攻撃陣を全滅させ、一方で残りの兵は山の両腹から敵を挟み込んだ。敗北を喫した光秀は小栗栖村まで落ち延び、そこで土地の民に殺害された。

戦国・安土桃山
長篠の戦い

日付	1575年5月21日
兵力	武田軍/15,000人、信長軍/38,000人
死傷者等	武田軍/死者約10,000人、信長軍/不明

場所 三河国（現愛知県）

織田信長は、武田勝頼軍に包囲された長篠城の解放に大軍を率いて出陣した。信長は川の後方で守備陣形をとったが、そこは左方が森で固められ右方は開けていた。軍の前列には3000の鉄砲隊を配置し防護柵を築いた。武田軍が突入してきたが、信長の鉄砲隊は交代しながら一斉射撃を浴びせ壊滅的な打撃を与えた。柵までたどり着いた武田軍の騎兵も信長軍の足軽の長槍に阻まれて前進できなかった。そこへ信長軍の武士が現れ、兵力の落ちた武田軍と刀や槍で戦い、主に右翼が展開して激しい合戦となった。結局、武田軍は敗走を余儀なくされ、騎馬の武士や歩兵の射手に容赦なく追い詰められた。

戦の準備
長篠で武田軍の攻撃に備え、前線で戦闘体勢に入る信長の鉄砲隊。50mのところで砲撃が開始された。

「敵がまだ遠いうちに小頭は弾を込め、……火縄は後で入れる。敵が1町（約110m）まで寄せたら、点火の命令を下す。火縄の入れ方が早すぎても仕掛けが悪くても、火はすぐに消えてしまう……」

戦争の証人
『雑兵物語』
当時の年代記に書かれた火縄銃手の指南によれば、きちんと結果を出すには、銃の取り扱いにも鍛練を積んでおく必要があると強調している。

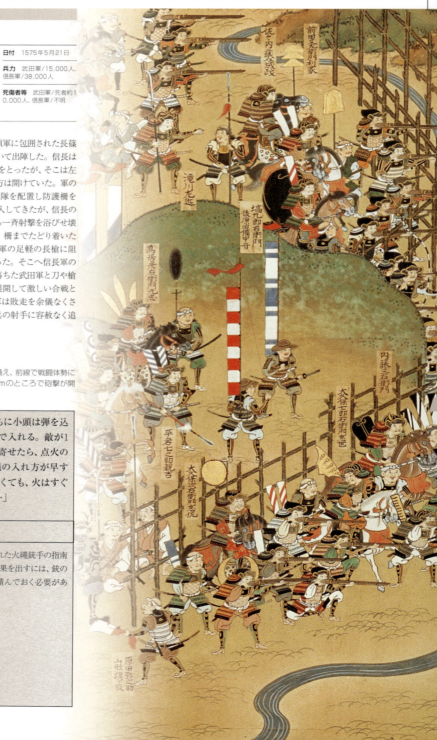

日本の平定

戦国・安土桃山
賤ヶ岳の戦い

日付	1583年4月21日
兵力	柴田勝家軍/11,000人、豊臣秀吉軍/33,000人
死傷者等	柴田勝家軍/死者数千
場所	琵琶湖北岸

山崎の戦いで勝利を収めた後、豊臣秀吉は天下統一を目指す。1583年4月、織田信長の元家臣の柴田勝家は、賤ヶ岳と琵琶湖北岸一帯の高台に秀吉が築いた城の防御線に侵攻した。秀吉が大軍を率いて賤ヶ岳に向かったという知らせが届くと、勝家は現場で指揮を取っていた佐久間盛政に撤兵を命じるが、佐久間は秀吉到着には3日かかると見込んでとどまることを決断した。しかし、秀吉軍は1日もかけずにやってきたのである。急いで守備体制をとることを強いられた佐久間は、あっという間に大敗。この戦では秀吉配下の7人の武将が「賤ヶ岳の七本槍」として勇名をはせる機会を得た。敗走した軍は山深くまで追われ残虐に討ち取られた。柴田勝家は切腹を遂げた。

豊臣秀吉
「日本のナポレオン」とも呼ばれる豊臣秀吉。貧しい生まれながら軍事能力に長け独裁権力を勝ち得た人物。

戦国・安土桃山
関ヶ原の戦い

日付	1600年9月15日
兵力	徳川家康軍/80,000人、石田三成軍/80,000人
死傷者等	石田三成軍/死者60,000人近く
場所	美濃国（現岐阜県）

1598年の秀吉の死後、継承をめぐる激戦が勃発し、徳川家康は石田三成の率いる同盟軍と対峙した。両軍は三方を山に囲まれた関ヶ原で衝突した。石田側の同盟軍のひとり小早川秀秋は高い山の一翼に陣取っていた。石田軍は中央部で戦いが始まれば、小早川に側面と後方から家康を攻めさせる作戦を取っていた。しかし小早川は、石田軍を裏切る密約を交わしていたのである。霧のために遅れた開戦にいたると石田軍は家康軍を攻めるよう、のろしを上げて小早川を促した。指令に反し、小早川は石田軍の一翼を攻め、この打撃により石田軍は体制を立て直すことができなくなった。予備軍は戦わずに逃亡し、石田軍の生き残りも四散した。

徳川家康
1542年-1616年

1560年に今川義元が敗北するまで徳川家康は織田信長と敵対していたが、その後は信長に最も忠実な味方となった。信長の死後は増長する豊臣秀吉に反目したが、慎重に秀吉との共存を図り、江戸で、自身の基盤を築いた。関ヶ原の勝利により、1603年に家康は将軍となり幕府を開き、統治は250年間続く。

戦国・安土桃山
天王寺の戦い（大坂夏の陣）

日付	1615年5月7日
兵力	豊臣秀頼軍/55,000人、徳川家康軍/150,000人
死傷者等	不明
場所	大坂（現大阪）郊外

1614年に豊臣秀吉の嫡男、秀頼の周りに集まった大名の同盟軍は家康による統治に異を唱えた。浪人を含む何千もの兵が大坂を居城とする秀頼の下に集結した。天王寺の戦いは、家康軍の長期にわたる大坂城攻めの最終段階にあたる。勝算がないにもかかわらず秀頼側は勝敗を決する道を選んだ。秀頼軍の作戦は、真田幸村配下の隊が前線で敵を引きつけておき背後から明石守重が攻撃をしかけ、その後、秀頼が籠城する出撃隊を指揮し決着をつけるというものだった。しかし勢い立った浪人たちが家康の本陣へ総攻撃を開始したことで真田軍が応援を余儀なくされると、この作戦は崩れ始める。しばらくはこの大胆な突撃は功を奏したように見えた。老齢の家康は戦場を歩いてまわり、崩れかかる軍の立て直しを図るうちに槍で突かれて負傷した。しかし真田幸村が戦死すると戦局は変わったのである。明石軍の包囲網も分断され後方からの攻撃ができなくなった。徳川軍は大坂城に潜入し、秀頼を天守閣に追い込んで大砲で攻撃した。よりどころを失った秀頼は自害する。

大坂夏の陣
大坂城の守備隊への攻撃を率いる家康の武将本多忠朝。

1492年-1750年

朝鮮による日本への反撃

1590年代に日本を統一した豊臣秀吉は中国侵略を企てた。朝鮮は日本が求めた国を自由に通過する許可を拒む。すると秀吉は、朝鮮を制圧して中国に進軍するため総勢16万の軍を送った。日本軍は北の平壌までを占領したが、朝鮮の義兵に襲撃され、また水軍も朝鮮の船団に撃破され、1593年に撤退した。1597年の2度目の侵攻はさらに不首尾に終わった。中国の介入と強敵の李舜臣提督の前に敗退し、1598年9月に秀吉が死去するとこの軍事行動を終結させたが、そのころには2、3の砦を固守するのみになっていた。

日本の朝鮮出兵
忠州の戦い

日付	1592年4月
兵力	朝鮮軍/16,000人、日本軍/19,000人
死傷者等	朝鮮軍/死者3,000人超
場所	朝鮮半島、ソウル南東

朝鮮半島南部の港である釜山を攻略すると小西行長率いる日本の軍勢は漢城(ソウル)へと北上した。忠州は進路の途中の最も重要な砦だった。朝鮮の将軍申砬は砦の北側の平地に軍を整列させた。というのも、そこで騎兵が最大限の効果を挙げるだろうと期待したからだった。戦は申砬率いる騎兵隊の突撃で開始した。火縄銃の射撃により犠牲者を出し、朝鮮軍は日本の前線を破ることができなかった。突撃が行き詰まると騎兵は全方向から攻撃を受けた。敗北に直面し申砬は自害した。

日本の朝鮮出兵
全州の戦い

日付	1592年7月10日
兵力	朝鮮軍/不明、日本軍/不明
死傷者等	信頼できる推計なし
場所	朝鮮半島の南西部

日本の朝鮮出兵は一連の圧倒的勝利で始まったが、まもなく侵攻軍は義兵の反撃に気づく。しかも義兵は日本の占領下での残虐行為に反発して増えていった。1592年7月、朝鮮の李洸が小早川隆景配下の日本軍を撃退し全州で大勝利を収めると、抗日義兵隊は士気を高めた。隆景は錦山のさらに北に陣を取ったが、翌月に総勢700の朝鮮軍に敗北した。この兵士たちは「七百義士」として朝鮮半島では有名である。

日本の朝鮮出兵
晋州城の攻防戦

日付	1592年10月4-10日
兵力	日本軍/20,000人、朝鮮守備軍/3,800人
死傷者等	信頼できる推計なし
場所	朝鮮半島南部、釜山の西

1592年10月、細川忠興を将とする日本軍は朝鮮の晋州城を包囲した。日本軍は城壁を爆破するため大砲を使い、また城内へ砲撃できるよう攻城台を架設した。包囲から3日目に日本軍は竹製の攻城ばしごを掛け壁を強襲しようとしたが、朝鮮側の守備隊が撃退し、一般市民も日本軍へ投石や熱湯攻めでこの勝ち目のない攻防戦に加わった。しばらくすると朝鮮の義兵が日本軍の包囲網の背後に群がり迫ってきた。数千の義兵が包囲網を突破して城へ入り、守備隊を援護した。挟撃にさらされ、日本軍は降参して慎重に退去した。この撤退は日本の第1次朝鮮出兵を終結に導く最初の徴候となった。

- この部分に木製の柄をとりつける
- 火薬をつめる銃身

手持ち大砲
3つの銃身をもつ朝鮮の手持ち大砲。もともとは木製の柄にはめ込まれており、合図用として使用されたと思われる。

李舜臣提督の像
李舜臣は天才的な水軍の将だった。像は韓国の釜山港を見渡している。

日本の朝鮮出兵
閑山島の海戦

日付	1592年7月8日
兵力	不明
死傷者等	日本軍/沈没59隻もしくは73隻
場所	朝鮮半島の南沖

日本軍のアキレス腱は補給と増強に関して海上輸送が欠かせないことである。朝鮮の水軍は初期の上陸を阻止できなかったが、1592年の5月から6月にかけ李舜臣提督は日本の水軍に一連の断続的な攻撃をしかけていた。7月8日、李提督は日本の主力船団と交戦するため唐浦を出港した。この日本の船団は脇坂安治に率いられ内海に停泊していたのである。李提督は船を日本軍の前方に回して岬沿いに進ませて、外海へおびき出す作戦を立てた。李提督の予想通り、逃げると見せかけると日本軍は船を追いかけてきた。外海に出たところで朝鮮軍は向きを変え、敵に攻撃をしかけたが、これは李提督の甥である李芬が言う「鶴翼」の陣であった。李芬の戦の報告によれば朝鮮の亀甲船は「矢のごとく前進し、砲弾を発射し、矢をあられや稲妻のごとく敵の船団に放った。たちまち火の手があがり、敵船73隻船は煙をたなびかせながら赤い血の海でまもなく炎上した」とある。李提督自身は日記に「わずか数時間で全滅させた」と書いている。しかし日本側の情報には、数隻が逃れ、その中には脇坂安治たちがおり、朝鮮の矢を何度も浴びながらも鎧が身を守ったと記されている。

> 「兵は全ての銃を発射し、持っている矢を全て放って船を焼き払い、敵の船団の兵を残らず討ち取った」
> ― 交戦中の船団にて、提督李舜臣

朝鮮による日本への反撃　177

鳴梁海戦

日付	1597年9月16日
兵力	朝鮮軍/12隻、日本軍/133隻
死傷者等	信頼できる推計なし
場所	朝鮮半島の南西沖

第1次朝鮮出兵で日本軍は海軍力の重要さを思い知ったため、第2次出兵では海軍に一層の重点を置いた。1597年7月の2度の海戦では李提督が上官の気を損ねたため解任され不在であり、日本軍は約200隻の船を撃沈した。朝鮮水軍の壊滅という甚大な被害に直面し、遅ればせながらも李提督が指揮を取るため呼び戻されたのは賢明なことだった。日本水軍は北方を目指す陸軍と足並みをそろえ朝鮮の西岸を侵攻することで優位を得ようとしたが、李提督のわずかな船団に行く手を阻まれた。於蘭浦での持久戦で日本軍に来たるべき激戦を予期させ、李提督は日本水軍を壊滅させるつもりで鳴梁の海峡を戦場に選んだ。133隻の軍勢をわずかな船団で攻撃し、あっという間に日本の旗艦を撃沈した。日本の司令官来島通総は斬首され、マストにその首が掲げられた。朝鮮水軍は潮流の知識を利用しながら敵を作戦でしのぎ、大きな損失を与えて戦いが終わった。朝鮮の人々の間で有名なこの「鳴梁の奇跡」は、日本の海上征服の望みを断ち、秀吉の死後は無謀な軍事行動であった日本の侵攻軍を撤退させたのである。1598年11月18日に李提督は露梁海峡で日本軍の輸送船の退路を断ち、船団の約半数を撃沈させたり火を放ったりした。しかしこの攻撃の最中に李提督は日本の砲撃を受け、命を落とした。

冑
16世紀の朝鮮の冑。塗りを施した皮製で、首と頬のところには鋲打ちされ、布で内貼りした保護プレートがついている。

鳴梁海戦の船団
鳴梁海戦に加わった船の規模は様々で、どの船にも船員と兵が配備していた。火縄銃と矢は大砲同様に重要な役目を果たした。

蔚山城の戦い

日付	1597-1598年
兵力	明・朝鮮軍/40,000-80,000人、日本の守備隊/5,000人
死傷者等	信頼できる推計なし
場所	釜山の北60km

第2次朝鮮出兵は1597年の夏に開始された。李提督が不在の中、朝鮮水軍は日本軍の釜山での上陸を阻めなかった。しかしまもなく日本軍は、明の皇帝が朝鮮に派遣した同規模の大軍と対峙していることに気づいた。1597年の暮れには、日本の蔚山城の守備隊は、明の将軍楊鎬率いる明・朝鮮の大軍に包囲された。結局、日本の援軍が包囲を解いたが、明・朝鮮は敵を海岸沿いの数箇所の砦に後退させ、引き続き押さえ込んだ。日本水軍はなおも1598年9月の泗川における大きな衝突では勝利を収めることができ、戦果として塩漬けにした何千もの鼻を日本に送ったが、すでに侵略は明らかに失敗となっており、秀吉の死によって軍に本国への撤収の指令がもたらされた。

朝鮮の亀甲船

亀甲船は、1592年の日本の朝鮮出兵を前に短期間で提督李舜臣によって開発されたものである。甲板に鉄釘を打った平板が敷かれて乗船を阻む構造で、これは19世紀の装甲艦を先取りしたものとされる。最大23門の大砲を搭載し、舷側、船首、船尾の砲口から砲撃でき、そこから矢を放つこともできた。李提督の甥の李芬によれば「亀甲船は何百もの敵の船団に思いのまま分け入ることができ、進むところ敵なしである」という。この船の最も恐ろしい特徴は舳先の竜の頭で、口から砲撃が可能であり、また内部で火を焚いて煙幕を作り出すこともできた。韓国の海軍士官学校博物館に、実物大の模型が現存する。

仕様
製造地　朝鮮
高さ　7m
全長　33m

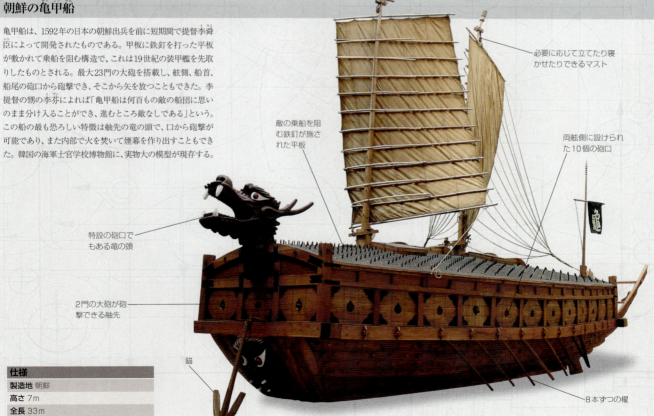

- 必要に応じて立てたり寝かせたりできるマスト
- 敵の乗船を阻む鉄釘が施された平板
- 両舷側に設けられた10個の砲口
- 特設の砲口でもある竜の頭
- 2門の大砲が砲撃できる舳先
- 錨
- 8本ずつの櫂

1492年-1750年

満州族の征服

1610年ころ、万里の長城の北側で狩猟と遊牧生活をしていた女真族の指導者ヌルハチが中国明王朝へ反旗を翻した。30年でヌルハチの後継者たちは、女真族、モンゴル人、漢民族からなる強力な軍事体制を確立し、八旗を組織した。自らを満州族と名乗り、慢性的な国力低下に陥っていた中国の明王朝より優位に立つ。そのころの明では失政と経済破綻により暴動が広まっていたのである。1644年に、満州族は北京を比較的容易に陥落させると清朝を興したが、中国全土を制圧するには長年にわたる激しい戦いが必要であった。

満州族の征服
北京の陥落

日付	1644年4月-6月
兵力	満州族/170,000人
死傷者等	信頼できる推計なし
場所	中国北東部

1640年代には明の皇帝崇禎は2方面からの脅威にさらされていた。李自成に先導された反乱軍「民変」が山西省、河南省および北京の南西の湖北省を制圧しており、一方、万里の長城の北側では満州族がすでに新王朝を宣言していたのである。李自成は衰退する明帝国の下、反乱に参加した何千という普通の中国人の一人であった。満州族の勢力は30年間に伸長していた。1620年代では明の優れた武将袁崇煥が2度にわたる満州族の侵攻を撃退したが、満州族は1636年から1637年にかけ朝鮮侵攻を成功させ、朝鮮の明に対する忠誠を転換させた。満州族へ寝返った明の武将も多かったが、呉三桂は要所の山海関を堅守し続けた。1644年春、李自成は中国北部に大軍を率いて、行く先々で味方を集めた。4月には抵抗を受けず、北京に入城している。明朝の最後の皇帝崇禎は紫禁城の外苑で首をくくった。しかし李自成の大勝利もつかの間であった。呉三桂は貧しい農民の反乱と統制の取れた満州族のどちらにつくか選択を迫られ、満州側に投降したのである。この時、摂政ドルゴンの下で満州族の八旗は山海関に押し寄せ、配下に下った呉三桂は李自成と対決した。万里の長城の南側における激戦の後、6月6日には呉三桂を伴った満州族は北京入りし、清王朝が政権を握った。

明朝の墓
この軍人像（上）は北京にある明時代の霊廟（右）の入り口を守護している。1635年、反乱の指導者李自成は明朝の墓所を数ヵ所荒らし、衰退する王朝の弱体化を露呈し屈辱を与えた。

満州族の征服
揚州の包囲

日付	1645年5月
兵力	不明
死傷者等	揚州虐殺による死者数十万人
場所	南京北東の大運河沿い

崇禎帝が自害すると、明王朝に君臨した生き残りの一族は満州の侵略に対する反撃を再開しようとした。一族の福王は南京で皇帝宣言をしたのである。1645年、満州族は北京から大軍を差し向け、明に支配を握られた揚州の町を包囲した。明の軍勢は強力な砲列で市壁を守ったが、わずか1週間しか持ちこたえなかった。満州族も独自の大砲を備えており、市壁を破壊し、兵は恐れ知らずの玉砕突撃を行う者がほとんどだったからである。町が陥落すると、10日間にわたり大虐殺が行われた。

揚州湖
揚州の町は豊かな交易の中心地であり美しい建物が多い。満州族の侵略により甚大な被害を受けた。

台湾制圧
国姓爺の台湾占拠

日付	1661年5月-1662年2月
兵力	国姓爺側/推定200,000人
死傷者等	信頼できる推計なし
場所	中国東部、台湾の西部沿岸

欧米では国姓爺として知られる鄭成功は、中国沿岸部出身の裕福な一族出身だった。明の忠臣として陸海両軍で清への攻撃を行った。しかし1650年代の終わりに清軍は国姓爺の本拠地厦門の町に迫ってきた。そこで国姓爺は軍を台湾に送り、オランダの砦ゼーランディアを包囲した。オランダ軍は数の上では1対10の劣勢だったが9ヵ月間、持ちこたえた。1662年2月、オランダ側が降伏すると無血開城を許された。鄭一族は台湾を統治し、清は1683年についに300隻の船団を差し向け、台湾全島を制圧した。

海賊でもあった貿易商
浮世絵に描かれた国姓爺。日本人の母と中国人の父を持ち、貿易と海賊行為で富を蓄えた裕福な一族の出身。

満州族の征服

満州族の征服
三藩の乱

日付	1673年-1681年
兵力	不明
死傷者等	信頼できる推計なし
場所	中国南部の各省

1669年に清の皇帝である15才の康熙帝が重臣のオボイを排除し、支配権を握った。康熙帝の先帝たちは中国全土を支配できないとし、「三藩」として知られる漢人武将に国の南部と南西部にそれぞれの管轄地を領有することを認めていた。3人のうち尚可喜と耿継茂の2人は漢民族の旗人であり、満州が北京を攻略する以前から

「もし我が軍が到着し敵を皆殺しにすれば、私が人々を救済したいという願いと矛盾してしまう」
康熙帝が反逆者たちを容赦するよう兵に指示を下す(1681)

満州軍に加わっていた。3人目は呉三桂であり、1644年に満州が実権を握るのに寄与していた。若い康熙帝にはこの体制が受け入れがたく、まもなく三藩にそれぞれの直轄領を放棄するよう圧力をかけた。1673年に呉三桂が新しい周王朝を宣言すると、これに応じて貴州省にある南西部の拠点から湖南省へと軍を率いた。耿氏と尚可喜の息子の尚之信はいずれもこの造反に加担し、軍を長江へ向け北上させた。康熙帝は中国南部の支配権を失ったが、三藩たちはお互いの猜疑心から不和となり、連携した軍事体制をとれなかった。康熙帝の満州族の武将たちの忠誠は揺るがなかったため、康熙帝は反撃を組織化することができた。1677年には耿氏、尚氏はともに降伏を取り決めた。

清の八旗
清の騎兵隊の竜の軍旗。「旗人」とは清朝中国における支配階層であり、民族的には女真族、モンゴル人、漢民族のいずれかであった。

中国対モンゴルの戦争
ジョーンモドの戦い

日付	1696年
兵力	清軍/80,000人、ジュンガル/不明
死傷者等	信頼できる推計なし
場所	モンゴルのウランバートル南方

17世紀の後半、外モンゴルの遊牧民であるジュンガル部族の兵はガルダンを優れた指導者として仰いでいた。中国では清王朝が新しいモンゴル帝国の台頭に脅威を感じ、先制攻撃を決めた。1696年には総勢8万人の清の3部隊が西方へ進軍した。清の康熙帝は自ら軍を率いてゴビ砂漠を横断し、80日間に及ぶ行軍へ適切に補給し続ける兵站組織による驚くべき離れ業をやってのけた。清の軍勢はジュンガルをケルレン川の後方まで追いやり、ジョーンモドで交戦した。清軍の砲兵部隊が主力となり、ジュンガルを決定的に撃退した。ガルダンは翌年死亡している。

中国対ロシアの戦争
アルバジンの攻防戦

日付	1685年-1686年
兵力	清軍/推定10,000人、ロシア軍/数百人
死傷者等	不明
場所	中国東北部、アムール川沿い

1681年に三藩の乱を鎮圧し、1683年には鄭一族から台湾を奪取すると、清の康熙帝は帝国の国境制定に目を向けることができるようになった。17世紀、ロシアは軍事遠征と狩猟や交易活動の連携でアジアへ進出し、17世紀の中ごろには中国が昔から支配権内としていた領域に入り込んでいた。清の関心が注がれたのはアムール川流域のアルバジンにあるロシアの防護柵で囲まれた集落だった。康熙帝はこれを許すことができない領土侵犯とし、この辺境地を攻撃するため大軍を送った。この軍には台湾で敗北を喫したばかりの鄭氏の部下たちが配属されており、北部の河川を航行するにあたり貴重な海事技術を提供した。またこの遠征には改良型の大砲を備えていたが、これは康熙帝の側近でイエズス会宣教師、フェルディナント・フェルビーストの指導で開発されたものである。何度かの激戦の末、アルバジンの守備隊は降参せざるを得なくなった。ロシア人はネルチンスクまで撤退することを認められたが、清の軍隊が引き揚げるとすぐに自分たちが育てた作物を収穫しに戻り再び砦を占拠した。その結果、翌年にはさらに激しい戦いとなった。しかしロシア側は結局は長引く軍事行動に直面しつつ、この辺境地帯を維持する望みはほとんどないと悟ったのである。1689年のネルチンスク条約においてロシアはアルバジンを放棄し、アムール川の北へ撤退することで合意した。

中国の剣
16世紀から17世紀にかけての中国歩兵の典型的な武器。満州族は騎馬隊だったが、中国における戦いの中心は歩兵と砲兵だった。

清朝の水軍
1699年の康熙帝のキャンハンへの訪問における清の一団の上陸の様子。水軍はアルバジンでの軍事作戦の一端を担った。

1492年-1750年

帝国と革命
EMPIRES AND REVOLUTIONS

1750年-1914年

近代戦争の幕開け

欧州諸国軍と、アメリカ合衆国などその植民地に創設された軍隊は、1750年から1914年までの間に、技術と組織という観点から見て明らかに他の軍隊の追随を許さぬ存在となった。欧米方式の採用、非採用によって生じた格差は拡大の一途をたどった（欧米以外で採用に踏み切った国は日本だけである）。欧米諸国は、大規模軍、新型の銃器、新たな輸送・通信方式により、植民地支配を広範囲に拡大することができた。

18世紀から19世紀にかけて発生した戦争は複数の大陸に及んだものが多く、こうした戦争によって近代国家が生まれた。この時期に勃発した七年戦争（1756-63）は、当事国が欧州のみならずインドと北米でも戦ったことから、真の意味で初の「世界大戦」であると言われている。アメリカ合衆国の建国においては、英本国との戦いであった独立戦争（1775-83）から、メキシコやアメリカ・インディアンとの戦い、南北戦争（1861-65）まで、戦争がきわめて重要な役割を果たした。欧州では、フランス革命戦争とナポレオン戦争（1792-1815）という大動乱ののち、これに規模では劣るものの、重要性では決して引けを取らない紛争や戦争が1世紀にわたって続き、これによってドイツとイタリアが「国民国家」となった。その他の地域では、インドや東アフリカにおける英国の支配、東南アジアや西アフリカにおけるフランスの支配など、西欧列強による植民地化に抵抗するアジア・アフリカ諸民族の反乱が多数起きた。

移動式の火砲
この野戦砲のような火砲が南北戦争できわめて重要な役割を果たした。

軍紀

欧州諸国は18世紀半ばまでに軍服と厳密な階級とを備えた職業軍を有するようになっていたが、そうした標準を定めたのはフリードリヒ大王率いるプロイセン王国（現在の北部ドイツおよびポーランド・ロシアにまたがる領域）である。軍隊の中核は歩兵隊で、銃剣を装備したフリントロック式マスケット銃で武装し、横隊、方陣、もしくは縦隊といった密集隊形での戦闘訓練を受けていた。こうした歩兵隊の新兵としては、いわゆる「社会のくず」が採用、補充されることが多く、厳罰を交えた訓練を受けたが、新兵に連隊の誇りを植え付ける努力も払われた。一方、騎兵隊は常に精鋭部隊としての地位を保って、哨戒、偵察、突撃などの役割を担い、砲兵隊は戦場で陸軍の必要不可欠な機動部隊となった。しかしアメリカ独立戦争では、難所での戦闘や隊形を組まない敵との戦闘で欧州職業軍の弱点が露呈した。密集隊形の限界を思い知らされた欧州列強は、ロシアのコサックをはじめとする帝国内の少数民族などから騎馬散兵を徴集して、ライフル銃を装備した狙撃兵や散兵を育成した。

英国海軍戦列艦ヴィクトリー号（1778-1812）
ナポレオン・ボナパルト（1769-1821）
テキサスのアラモ砦（1836）

市民軍

18世紀半ばから19世紀半ばにかけては、戦闘技術の躍進はなかったものの、1790年代のフランス革命によって、ナショナリズムを原動力とする市民軍という新たな形の武装組織が生まれた。また、フランス革命で戦場に新たなダイナミズムが生じたが、その典型がナポレオン・ボナパルトの迅速な戦略機動と、敵軍撃破による圧勝を目指す戦術である。19世紀までに少なくとも欧州本土では、国民皆兵制で招集される市民軍が一般的な存在となった。兵役は国民の権利であると同時に義務であり、愛国心を学ぶ場であり、国民を統合する力であると見なされるようになったのである。

爆薬の技術

1850年ころ、精密機械製造技術と大量生産技術の発達に伴って戦争にも変化が現れ始めた。「ミニエー弾」と呼ばれる弾丸の発明により、腔線が施された命中精度の高いマスケット銃が登場した。銃身内にらせん状の浅い溝が刻まれているため、弾丸が旋回し、射程も精度も改善された銃である。19世紀末までには、金属薬莢を銃口ではなく銃尾から込めて発射する後装ライフル銃が大量生産されるようになった。ほどなく、機関銃、回転式拳銃（リヴォルヴァー）、連発ライフル銃も広く導入されるようになる。また、火薬に代わってさまざまな新種の高性能爆薬が登場し、高性能炸薬を充填した炸裂弾が実体弾に取って代わった。さらに鉄道によって大衆軍の動員と移動に大変革が起こり、情報伝達も、まず電報によって、次に電話と無線通信によって一変した。海上では、装甲を施した蒸気戦艦の登場で、木造戦列艦の時代が終わった。加えて、気球と初期の航空機により空中戦の、また初期の潜水艦により海中戦の端緒が開かれた。

戦争と平和

南北戦争では、和解不能な敵同士が限界まで戦い続けた場合、現代の破壊的な戦争がいかなるものになり得るかが明らかになった。こうした現実の変化を受けて、西欧ではこの時期に平和の新たな理想に燃え、面映ゆさを抱きながらも戦争を制限もしくは非合法化さえしようとする試みが続けられた。たとえば、負傷兵の保護にかかわるジュネーヴ協定（1864）や、各種協定が結ばれたハーグ平和会議（1899および1907）などである。しかし、こうした理想だけでは不十分であった。効率的な軍需産業界の後ろ盾を得、敵意に満ちた愛国心に駆り立てられて、大衆軍が創設され、第1次世界大戦における集団虐殺への道が開かれてしまったのである。

革命と戦争
フランスの画家ウジェーヌ・ドラクロワが描いた『民衆を導く自由の女神』。フランス革命の影響は欧州全土で、さらにその外でも実感され、国民皆兵制に基づく大衆軍の誕生につながった。

南北戦争の南部連合国旗（1861） ガトリング砲（1862年ころ発明） ボーア戦争（1899-1902）でのボーア軍兵士

七年戦争

七年戦争(1756-63)は真の意味で初の「世界大戦」であるとする説がある。欧州列強がことごとく参戦し、欧州、北米、アジア、アフリカのほか、海上でも戦闘が行われたためである。原因は8年前プロイセンに割譲したシュレージエンの奪回を意図したオーストリアの動向で、これによって欧州の同盟関係が変わり、フランス、オーストリア、ロシアなどがプロイセンと対決する形になった。プロイセンの唯一の同盟国は英国で、英国はいくらかの財政支援を行い、少数の部隊を派遣し、フランス側に圧力をかけた。しかし、英国の主な関心は海上貿易と植民地におけるフランスとの覇権争いにあった。欧州ではプロイセンが多大な犠牲を払って戦いに耐え抜き、カナダとインドでは英国がフランスから支配権を奪取した。

フレンチ・インディアン戦争
新世界における英仏間の旧来の対立関係が、欧州七年戦争の間に領土戦争へと発展した。

軍隊

18世紀半ばの欧州の軍隊はまだ比較的小規模で、報酬目当ての傭兵部隊で構成されていた。プロイセンが圧倒的な劣勢の中で戦争に耐え抜いた背景には、軍隊国家としての確固たる伝統があった。プロイセン軍の将校の多くは、中世プロイセンを支配していた軍事的組織「ドイツ騎士団」の子孫であった。プロイセン軍は厳しい軍事訓練を積んだ(傭兵軍ならぬ)国民軍で、選択徴兵制を敷き、訓練済みの予備軍を用意していた。こうした兵士たちは厳しい軍事訓練のおかげで、すばやく移動し敵の防備が最も手薄な箇所に榴弾砲の集中砲火を浴びせることができた。兵士たちは自らの任務を熟知しており、士官は士官学校で訓練を受け、砲手は数学に精通していた。

騎兵戦
七年戦争では騎兵は、やや湾曲した鋭い刃を持つサーベルを使っていた。写真の例はフランス軍(左)と英国軍(右)の軍刀。デザイン面では、さらに古いトルコの刀剣の影響を受けている。

粋な軍服
英国軍兵士は、快適性よりもむしろ見栄えを重視して作られたこのような兵帽をかぶって切り立った崖をよじのぼり、ケベックシティを攻撃した。

1712年-1786年
フリードリヒ大王 FREDERICK THE GREAT

プロイセン王フリードリヒ2世(治世1740-86)は、音楽の才能に恵まれ、絵画を愛好し、学者を擁護した教養人であった。欧州で数々の軍事作戦を成功させて国家の英雄となったものの、戦術の天才としての評判については今なお賛否両論がある。巧妙な軍事作戦を展開したことは確かで、特に1757年、首都ベルリンが敵軍に占領されたのち、優れた戦術で大勝利を収めたが、打撃も大きく、結局、外国人傭兵を雇わざるを得なくなるほど兵力が激減した。フリードリヒ大王は機動力の重要性を熟知し、騎馬砲兵隊を導入した優れた戦術家として知られたものの、その軍事システムは基本的には旧来のものであった。最大の強みは訓練の行き届いた優れた軍隊であり、1763年以降は、壊滅的な打撃を被った国と軍隊の回復に力を注いだ。

植民地

七年戦争のうち、北米やインド、各大洋上で繰り広げられた戦闘では、英国が宿敵フランスに圧勝した(フランスはこの時期、欧州での戦いでも多大な犠牲を払っていた)。英国は海上貿易でも植民地でも圧倒的優位に立ったが、代償も大きかった。国防費がかさみ、七年戦争の間に国家負債が倍増したため、北米での大規模な軍事行動に費やした分を課税という形で入植者に支払わせようとした。しかし植民地の反発を買ってアメリカ独立戦争を招き、この戦争では結局、植民地側が勝利を収めることになった。これにより欧州、特にフランスで自由平等の理念が高まり、フランス革命にかかわる大混乱ののち、フランスはナポレオンの指揮下、欧州最大の軍事国として再浮上する。プロイセンは1763年には戦後の荒廃状態にありながら、復興は早かった。また、1762年に突然の離反でプロイセン側についたロシアは、列強としての地位を確立した。

フレンチ・インディアン戦争

七年戦争のうち、北米で行われた一連の戦闘は「フレンチ・インディアン戦争」と呼ばれている。現在のカナダにあたる「ヌーヴェルフランス（新フランス）」からオハイオ川流域へと入植地を南へ拡大しようとしていたフランス勢力と英国勢力の間で、すでに何年にもわたって衝突が続いていた。フランス側も英国側も、互いに異なる先住民族と同盟を結んでいた。1758年、英国の遠征軍がケープブレトン島のルイスバーグ要塞を攻略したのち、覇気に燃えてケベックシティを攻撃、攻略する。続いてモントリオールをも陥落させ、英国軍はカナダの大半を掌握した。英国は卓越した海軍力のおかげで、カリブ海の重要な「砂糖の島」グアドループ島も占領し（1763年のパリ条約で返還）、欧州におけるフランスの同盟国スペインからはフロリダを獲得した。

フレンチ・インディアン戦争
アブラハム平原の戦い

日付 1759年9月13日
兵力 英国軍/4,800人、フランス軍/4,000人
死傷者等 英国軍/死者658人、フランス軍/死者644人
場所 ケベックシティ郊外のアブラハム平原

1758年にルイスバーグ要塞を陥落させた英国軍には、セントローレンス川上流の「ヌーヴェルフランス」の首都であるケベックシティ攻略の障害がなくなった。しかし英国軍は、名将モンカルム侯の率いるフランス軍にはケベックシティの長期包囲戦でなければ勝てまいが、そのような包囲戦には英国軍自身が持ちこたえられまいとの懸念を抱いた。結局、英国軍の強力な船団が、32歳のジェームズ・ウルフ陸軍少将率いる8000人の上陸軍を乗せてセントローレンス川を上流に向かった。そしてケベックシティの下流での上陸に数回失敗したあげく、対岸のレヴィの高台に砲陣を構え、そこからケベックシティに砲撃を加えられるようにした。3週間後、ウルフは斥候がケベックシティの上流で発見した入江に本隊を上陸させる決定を下し、自ら隊を率いてアブラハム平原南岸にある高さ50mほどの断崖をよじのぼった。夜襲にフランス軍は度肝を抜かれた。実際の会戦はケベックシティの西にある平原で行われ、1時間弱で決着した。司令官はウルフ、モンカルムともに致命傷を受け、相次いで死亡。ケベックシティが正式に降伏したのは4日後だった。

「ヌーヴェルフランス」の敗北
ケベックシティを攻略する英国軍を描いた近代の版画。フランスによる北米支配の全ての終焉を告げる出来事であった。

フレンチ・インディアン戦争
ポンティアック戦争

日付 1763年
兵力 英国軍と入植者の民兵、アメリカ・インディアンの複数種族などを含むさまざまな同盟
場所 五大湖地方
死傷者等 入植者および交易業者/約200人、アメリカ・インディアン/不明

カナダでの出来事を知ったアメリカ先住民の多くは、自分たちの独立を脅かす存在はフランス人よりもむしろ英国人だと確信するとともに、先住民に物を贈るフランス人の習慣を廃止させる英国軍の決定に憤慨した。その結果、オタワ族の族長ポンティアックが先導してデトロイト付近で反乱を起こし、東へ拡大しながらデラウェア族、ショーニー族、セネカ族など諸部族を緩く連合した。そして、五大湖地方の英国の砦を8つ攻略し、エリー湖における英国の水上補給路を断った。ピット砦とデトロイト砦は最後まで抵抗を続けた。反乱はフランス人の北米撤退により求心力を失った。

捕虜
インディアン側は講和条約に従って、ピット砦を救った遠征隊の司令官ブーケット大佐に捕虜を全員引き渡さねばならなかった。

フレンチ・インディアン戦争
モノンガヒーラの戦い

日付 1755年7月9日
兵力 英国軍と入植者/1,500人、フランス人とアメリカ・インディアン/900人
死傷者等 英国軍と入植者死者/876人、フランス人死者/56人、アメリカ・インディアン死者/40人
場所 モノンガヒーラ川とアレゲニー川の合流点付近

1754年、英国系入植者とフランス人との間で戦闘が始まると、79歳のエドワード・ブラドック少将が英国軍正規兵2個連隊を率いて北米に上陸した。このときブラドック付きの副官を務めたのがジョージ・ワシントン。後年、アメリカ独立戦争で植民地軍総司令官を務め、アメリカ合衆国初代大統領となった人物である。1755年、ブラドックは全軍を4分して攻撃をしかける作戦を立てたが、そのひとつが自身の遠征隊によるデュケイン砦（現ピッツバーグ）への行軍であった。デュケイン砦の約14km南に位置するモノンガヒーラ川の土手で、トマス・ゲイジ中佐率いる先遣隊がフランス・インディアン連合軍に出くわす。先遣隊は短時間戦っただけで後退するが、銃声を聞いて急行した本隊とぶつかってしまう。ブラドックと士官たちの戦術は的外れなものだったようで、隊列を立て直そうと努める間に、フランス・インディアン連合軍が周囲の木陰から激しい狙い撃ちを続け、ブラドック隊に甚大な被害をもたらした。3時間にも及ぶ激闘の末、ブラドック自身が深手を負って落命すると、部隊は退却に転じる。撤退前には荷車約150台分の装備を焼き払った。すっかり気力がくじけ、元気がなくなっていたが、兵力では依然英国軍が優勢であったため、追撃はされなかった。しかし、モノンガヒーラでのこの衝撃的な敗北によって、英国軍の戦闘力に対する疑念が生じることになった。

欧州とインドにおける戦争

「七年戦争」は、世界数カ所で事実上個別に勃発した戦争の総称である。欧州とインドにおける戦争の共通点は、主な主役がフランスであったことと、いずれもフランス軍が敗北したことである。欧州ではプロイセンが1757年に収めた大勝利によって、それまでほぼ1世紀を負け知らずで通してきたフランス軍の名声が損なわれ、その回復には1790年代のフランス革命戦争を待たなければならなかった。一方インドでは、英国人もフランス人もインド全体の人口から見れば少数派であったため、優れた軍事技術と、現地勢力との同盟関係とに依存した。北米の場合と同様、英国軍が制海権に物を言わせてフランス軍の援軍をはばみ、最終的には勝利を手にした。

ロスバッハの戦い

七年戦争（欧州）

日付	1757年11月5日
兵力	フランス・オーストリア連合軍/42,000人、プロイセン軍/21,000人
死傷者等	フランス・オーストリア連合軍/死者7,700人、プロイセン軍/死者550人
場所	ドイツのライプツィヒ近郊

プロイセンのフリードリヒ大王は、1757年6月にコリーンの戦いで、また同年7月にグロス・イェーガードルフの戦いで敗北を喫したのち、態勢を立て直して11月にはロスバッハでスビース公シャルル・ド・ロアン率いるフランス・オーストリア連合軍と激突した。戦闘準備不足の連合軍は、兵力が半分しかない敵軍を倒せなかった。プロイセン軍の左側面に回り込んで攻撃しようとした際、プロイセン軍が実際にはこれを迎え撃つべくすばやく方向を転じたことを退却と受け取ったことが連合軍の大敗につながる。プロイセン軍騎兵隊が連合軍に奇襲をかけ、これに続いた歩兵隊がわずか15分ほどで戦闘をしめくくった。

敗北から得た教訓
ロスバッハの戦いでの大敗北が、後の仏軍改革につながる。

ロイテンの戦い

七年戦争（欧州）

日付	1757年12月5日
兵力	オーストリア軍/60,000人、プロイセン軍/36,000人
死傷者等	オーストリア軍/死者9,500人、捕虜12,000人、プロイセン軍/死者2,300人
場所	ポーランドのシュレージエン

フリードリヒ大王はロスバッハの戦いの後、オーストリア女帝の義弟、ロートリンゲン公カール率いるオーストリア軍を、大王が1740年にオーストリアから奪った経済的、軍事的要衝であるシュレージエンから駆逐する好機をねらっていた。ロイテンの戦いはフリードリヒ大王の天才的な戦術が奏功した戦争と言われており、ナポレオンも「機動と戦術と決断の傑作」と評している。オーストリア軍はロイテン村を中心に、8km近い作戦正面と、沼地に守られた両翼という有利な布陣を敷いた。大王はオーストリア軍右翼を攻撃すると見せかけ、右翼に敵の注意が向けられている間に、オーストリア軍の視界が尾根で一部妨げられた経路を通って左翼方面へと進軍させた。そしてローベティンツの南では移動があまりにすばやく整然としていたため、敵の監視から非難の声が飛ぶほどだった。左翼を突かれたオーストリア軍は対応が遅れた。危険が大きいと見なした右翼へ騎兵隊を移動してあったのである。圧倒的に優勢な兵力で布陣していたオーストリア軍であったが、敵の戦意をくじくまでには至らず、フリードリヒ大王のロボットのような歩兵隊（「歩く砲列」）に粉砕された。シュレージエンはプロイセンの手に戻り、撃退されたオーストリア軍はボヘミアまで撤退し、憤慨した女帝マリア・テレジアはカールを司令官の地位から外した。

冬期の戦闘
ロイテンの戦いは雪の中で行われた。下の絵は、ロイテン村へ突撃するプロイセン軍の槍兵とマスケット銃兵。

マスケット銃
1747年製のマスケット銃（ショートランド・パターン）。重騎兵が使っていたものと思われる。

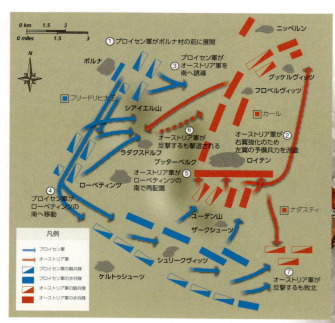

凡例:
- プロイセン軍
- オーストリア軍
- プロイセン軍の騎兵隊
- プロイセン軍の歩兵隊
- オーストリア軍の騎兵隊
- オーストリア軍の歩兵隊

① プロイセン軍がボルナ村の前に展開
② オーストリア軍が右翼強化のため左翼の予備兵力を派遣
③ プロイセン軍がオーストリア軍を南へ誘導
④ プロイセン軍がローベティンツの南へ移動
⑤ オーストリア軍がローベティンツの南で再配置
⑥ オーストリア軍が反撃するも撃退される
⑦ オーストリア軍が反撃するも敗北

欧州とインドにおける戦争

七年戦争（欧州）
ミンデンの戦い

日付 1759年8月1日
兵力 英国・ハノーファー連合軍/37,000人、フランス軍/44,000人
死傷者等 英国・ハノーファー王国軍死者/2,800人、フランス軍死者/7,000人、捕虜/8,000人
場所 ヴェストファーレンのハノーファーの西28km

1759年7月、ド・ブロイ公およびコンタデ侯率いるフランス軍がヴェストファーレンのミンデンの町とヴェーザー川にかかる橋を占領した。フランス軍は周囲を塹壕で固めていたため、同君連合であった英国とハノーファー連合軍の司令官ブラウンシュヴァイク公フェルディナントは、正面攻撃ができず、代わりに兵站線に急襲をかけ、コンタデ侯の部隊を前進させようとした。早朝の小規模な衝突後、戦闘開始。接戦が続いたが、英国軍のある旅団が、誤って出された命令に従って前進し、フランス軍は騎兵隊の掩護射撃を始めた。英国軍は猛烈な勢いでフランス軍騎兵隊を四散させ、続いて歩兵隊をも攻撃。次いで英国軍騎兵隊に戦闘参加の命令が下ったが、ジョージ・サックヴィル卿はなぜかこれに従わなかった。とはいえ、すでにフランス軍は大打撃を被っていたため、英国軍砲兵隊が驚異的な速さで前線に移動すると、フランス軍は隊伍を乱して退却し、その際、多数の兵士が落伍し、大砲40門を遺棄した。サックヴィル卿は強制除隊処分となり、その裁定は英国のすべての連隊で公表された。英国のピット首相は、「あのようなことをしでかした者が家柄や軍高官の地位を口実に逃れるなど、許されないことを将校連に示すための措置である」と述べた。

七年戦争（欧州）
キブロン湾の海戦

日付 1759年11月20日
兵力 英国戦列艦/23隻、フランス戦列艦/21隻
死傷者等 英国軍/艦船2隻が撃沈、フランス軍/艦船8隻が撃沈もしくは拿捕
場所 フランスのローレンからサンナゼールまでの海岸に囲まれたキブロン湾の沖

キブロン湾の海戦で、英国軍は同国海軍史に残る輝かしい勝利をあげた。艦隊の指揮官は、1747年にフィニステル岬沖でフランス艦隊を撃破したことで知られる海軍提督エドワード・ホーク。フランスはこのキブロン湾の海戦以前に英国への侵攻を画策、実行不可能と思われる計画ではあったが、ロワール川の河口に軍用輸送船を集めていた。軍港ブレストにはコンフラン提督の率いるフランス艦隊がおり、ロワール川へ向けて出港せよとの命令を受けたが、英国側ではそのブレスト港を封鎖すべく、ホーク提督の艦隊が派遣された。しかし11月初めにホーク提督の艦隊は暴風雨のため英国のトーベイに避難する。その間、仏軍側ではブレスト港のコンフラン提督の艦隊に西インド諸島戦隊が合流し11月14日に出港。ホーク提督はトーベイを出てこれを追い、難所であるキブロン湾入り口で仏軍に追いついた。暗く視界のきかない暴風雨の中で、水先案内人のいるフランス艦隊を追って危険な湾内に入る。夕暮れまでにフランス艦隊は4隻を失ったが、英国戦艦も闇の中で2隻が座礁。フランスの旗艦ソレイユ・ロワイヤルも撃沈された。フランス艦数隻がヴィレーヌ川へ逃れ、そこで長期間拘束され、残る8隻はかろうじてロシュフォールへ逃れた。結果、フランスによる英国侵攻の可能性は完全に失われ、以降、七年戦争終結までにフランス海軍は大幅に弱体化した。

> 「できることはすべてやった」
> 英国海軍提督エドワード・ホーク（1759年11月）

ホーク提督の攻撃
1759年11月20日のキブロン湾の海戦でフランス艦隊に発砲する英国艦隊。ホーク提督の勇気と操艦術には、敵でさえ賞賛の念を抱いた。

七年戦争（インド）
プラッシーの戦い

日付 1757年6月23日
兵力 英国東インド会社の軍隊/3,000人、ベンガル太守軍（フランス人砲兵を含む）/55,000人
死傷者等 英国東インド会社の軍隊/死者65人、ベンガル太守軍/不明
場所 英領インド、バーギーラティ河畔のベンガル州

1756年、ベンガル太守シュジャー＝ウッダウラが、カルカッタに英国が許可なく造った要塞を急襲し占領。太守は、英国人による交易上の特権乱用に不快感を抱くと同時に、外国人の支配を恐れていた。要塞では一室に多数の英国人（146名）を一晩監禁した。のちに「カルカッタの小獄房」と呼ばれたこの部屋で、翌朝までに21人以上が落命した。英国は反撃のためロバート・クライヴ率いる東インド会社の軍隊をマドラスから送り込み、カルカッタを奪回。太守は英国の交易権を再確認する不平等条約に署名したものの、和解する気など毛頭なく、フランス勢力と策略を巡らした。英国側はベンガルのヒンドゥー勢力の支援を受け、シュジャー＝ウッダウラよりも従順な土侯ミール・ジャーファルを新しい太守の座に就ける決定を下す。こうして勃発したプラッシーの戦いでは、（旧）太守軍にフランスの砲兵隊が加わっていたこともあり、クライヴ率いる英国軍は兵力でも火力でも劣勢であった。クライヴが招集した参謀会議では大多数が戦闘に反対したが、あくまで攻撃を促すエア・クート中将に押し切られた。戦闘は、太守軍の司令官の多くが事前の「交渉」で英国側から買収されていたため短時間で決着。例外は太守軍の将官ミール・ムーディンで、騎兵隊を従えて突撃し落命する。司令官の裏切りを知らない兵卒たちも猛烈な、しかし無益な突撃をし、雨で火薬が湿ったため砲撃戦に敗れた。次いでクライヴが太守軍の要塞を直接攻撃し、抵抗勢力は瓦解。この勝利によりベンガル州の支配権は英国が掌握。以降、インドの植民地化を進めていく。

傀儡王
この戦いにより英国のベンガル州の支配は不動のものとなった。クライヴは土侯ミール・ジャーファル（右）を新たなベンガル太守に就任させたが、傀儡として操った。

1725年–1774年
ロバート・クライヴ ROBERT CLIVE

18歳でインド南東部マドラスの東インド会社の書記になり、後年、志願して入隊。1751年、仏軍要塞アルコットを占領したことで名を上げ、一時帰国して下院議員に立候補するも落選、正規軍の大佐としてマドラスへ戻る。プラッシーの戦いにおける戦功でベンガル州知事となる。アイルランド貴族としての男爵位も得たが、生来の激しい気性が災いして政敵も多く、1760年代の州知事時代に私腹を肥やしたとの弾劾を受ける。無罪の決定が下るが、のちに自殺。

1750年–1914年

銃器の発達

殺傷能力の高い銃器は1400年代に登場したが、その要因となったのは2つの技術革新——射手が銃身を保持するのを助けるとともに反動を吸収する木製の銃床と、引き金を引くことで弾が発射される「ロック機構」であった。1800年代までは、大半の銃が火薬と弾丸を銃口から装塡する先込め式であった。射手は込め矢を銃身に差し込んで火薬と弾丸を薬室へ突き入れ、火薬に着火、爆発させて弾丸を射出した。

マッチロック式銃

最初期の発射機構がマッチロック式である。木製の銃床が考案される以前の初期のマッチロック式銃（火縄銃）は銃床を胸に当てて発射した。16世紀半ばからは火縄銃に代わってマスケット銃が使われるようになったが、初期のマスケット銃は発射する際、二股の棒で銃身を支えなければならなかった。

ホイールロック式銃

16世紀初頭にホイールロック機構が発明されると、装薬に点火するマッチ（火縄）が不要になった。ホイールロック式では火縄の代わりに、タバコに火をつける現代のライター同様、ギア（歯車）を回転させ、これにハンマーに装着した黄鉄鉱の火打ち石を打ち付けて、摩擦で火花を起こした。ホイールロック式銃は騎兵隊に歓迎された。馬上でマッチロック式の火縄銃に点火する作業では手元が狂いがちだからである。しかし、ホイールロック機構は高価で構造も複雑なため、兵器として広く普及することはなかった。

- 床尾
- バネの力で回転する歯車状のやすり
- 火打ち石（黄鉄鉱）を挟んだハンマー
- 1640年ころの英国のマッチロック式マスケット銃

マッチロック式マスケット銃
マッチロック式銃は雨天の場合、点火し損なうことが多く、使い物にならなかった。火薬に炎を近づけなければならない点でも危険があった。

- ドイツの拳銃
三十年戦争（1618-48）で騎兵が使っていた拳銃
- 1640年ころのドイツのホイールロック式拳銃
- 木製の込め矢
- 引き金を引くと歯車が回転する
- 17世紀ころの北欧のホイールロック式拳銃
- 真鍮と真珠層を象眼した銃床
- 1590年製のホイールロック式銃
- 用心鉄
- ハンマー

初期の拳銃
高価な武器であったホイールロック式拳銃は、凝った装飾を施したものが多かった。火打ち石（黄鉄鉱）を挟んだハンマーを射手が引き下げて引き金を引くと、歯車がバネの力で回転し、それが火打ち石に擦りつけられて火花が散り、火薬に点火して弾丸が発射された。

- 象牙製の台尻キャップ
- 1750年ころのプロイセンのフリントロック式カービン銃
- 鉄製の銃身
- 真鍮製の台尻キャップ
- 1746年ころの英国のマスケット銃
- 撃鉄の上下の嘴状の部分に挟んだ火打ち石

マッチロック機構

S字型金具（サーペンタイン）で挟んだ火縄の様子がよくわかるマッチロック式マスケット銃。引き金を引くとサーペンタインが旋回して火縄が火皿に落ち、火皿に置かれた点火薬に引火し、これによって銃身内の装薬が爆発、弾丸が発射される。

引き金を引くと火縄が旋回して火皿に落ちる

発射前に開く火蓋

17世紀初頭のドイツ製マッチロック式マスケット銃

火縄

マスケット銃の発砲

マスケット兵は通常直立したまま発砲し、1分間に約3発の割で撃った。マスケット銃は命中精度が低く、100m以上離れた標的をねらって発砲しても無意味だが、前進してくる歩兵隊に向けて一斉射撃をすれば大きな破壊力を発揮できた。

フリントロック式銃

1600年代末から1830年代まではフリントロック機構が優位を占めた。撃鉄に取り付けたフリント（燧石）が当たり金にぶつかり火花を発することによって点火薬に引火する仕組みである。撃鉄は、弾丸と火薬を装塡する際にはハーフコックの状態にし、発射する前に引き戻してフルコックにする。18世紀までには、1回分の弾薬を包んだ紙製の薬莢が広く使われるようになった。薬莢の端を食いちぎって中の弾薬を装塡した。

南京錠タイプのフリントロック機構

1785年ころのダブルバレルの小型ピストル

18世紀のコーカサス地方のピストル

浮き彫りの銀細工

1850年ころのハウダーピストル

フリントロック式拳銃

17世紀半ばから、拳銃にはホイールロック機構に代わってフリントロック機構が用いられた。マスケット銃にそれが採用されるより早かったのである。しかし、フリントロック式拳銃は火皿の点火薬が燃え上がるばかりで、発砲し損なうことが多かった。

プロイセンのカービン銃

七年戦争（1756-63）でプロイセン軍の胸甲騎兵（重騎兵）が使ったフリントロック式カービン銃。騎兵はマスケット銃より銃身が短く軽量なカービン銃を好んだ。

銃剣を装着できるよう、木製の銃床が銃身より短くなっている

込め矢は銃身の下にはめ込む

ソケット式銃剣

マスケット銃と銃剣

18世紀に英国で広く使われていたマスケット銃はフリントロック式銃（ロングランド型）で、銃身の先端にソケット式銃剣を装着した（銃剣の登場で槍が不要になった）。

アメリカ独立戦争

アメリカ独立戦争は世界の歴史に甚大な影響を及ぼした。18世紀から19世紀にかけて欧州で起こったさまざまな革命の前兆となり、今なお「圧制との戦い」の代名詞的存在となっている。この戦争は課税に対する抗議の形で始まり、英本国からの植民地の独立という世界を震撼させる出来事で終わった。そもそもの亀裂の主因は、本国に対する入植者の忠誠心を見誤った英本国の圧制である。1770年の段階では、大半の入植者が本国への帰属を喜んで受け入れていたものの、何らかの形での代議制政治を求めていた。

アメリカ独立戦争（1775-83）
初期の戦闘は膠着状態のまま終了した。英国軍は兵力でも火力でも優位にあったが、戦闘が南部に移るにつれて、独立派の大陸軍が多くの支援を得るようになった。

課税問題

1763年に英国の勝利で終わった七年戦争（184-187ページ参照）により、英国とアメリカ植民地との絆は強まったが、この戦争で莫大な負債を抱え込んだ英国は植民地側でも相応の費用負担をすべきだと考えた。しかし、1620年以降、入植者たちは本国政府の干渉をほとんど受けない自由な社会を築いていたため、課税に憤慨、抗議し、その結果多数の税が撤廃された。植民地側は「代表なくして課税なし」との決議を行い、憲法上の問題点を強調したのである。

ボストン虐殺事件
1770年3月5日、ボストンのキングストリート（現ステートストリート）で暴徒から投石などを受けていた英国軍歩哨の応援に向かった分隊が発砲、市民3人が即死した。

武力抵抗

1773年、ボストン市民が茶税に抗議して船荷の紅茶を海に投げ捨て、英国は報復としてボストン港を閉鎖。その後、英国軍は反乱を鎮めるべくレキシントンとコンコードへ赴き、そこで本格的な戦闘が始まった。この戦闘については「マスケット銃を装備し厳しい訓練を積んだ英国兵に対する、カムフラージュをした田舎者の入植者たち」という単純化された図式が有名である。実際、英国兵は銃剣をつけた銃を構え横隊を組んで前進し、植民地民兵の側は攻撃をしては直ちに退却するゲリラ戦法を用いた。もっとも、大陸軍総司令官ジョージ・ワシントンの目標は欧州の流儀で職業軍を創設することで、それはのちにおおむね成功している。プロイセンの士官を雇って兵士を訓練させたのである。

狙撃兵
英国兵を狙撃する植民地兵士。英国側は狙撃を卑劣な戦術と見なしていた。

最初の一撃
植民地側の武器庫の接収という意図的な挑発的任務に向かう途上、「緊急召集兵（ミニットマン）」から成る民兵隊に攻撃される英国軍。アメリカ独立戦争の「最初の一撃」が放たれたのはこのレキシントンの戦いにおいてであった。

海戦

13植民地の海岸線は非常に長く、複雑に入り組んでいたため、英国軍は海軍力では優位であっても完全な海上封鎖ができず、大陸軍は常に物資の揚陸ができた。植民地側には有力な海運の伝統があり、自軍の艦隊がなくとも不利ではなかった。英国軍にとっては、優位な兵力と火力が何の役にも立たなかったのである。戦艦同士の一騎打ちでは、1779年に英国軍艦セラピスを捕獲したジョン・ポール・ジョーンズ船長率いるボノムリシャールなど、大陸海軍が戦果を挙げた。

欧州諸国の支援
1781年、アフリカのカーボヴェルデ諸島へ向かう英国艦隊を奇襲するフランス艦隊。フランスとスペインは大陸軍を支援した。

各派の軍隊と同盟関係

アメリカ独立戦争は独立を勝ち取るための戦争であると同時に内戦でもあり、英国と国王ジョージ3世のために独立派の大陸軍と戦った王党派も大勢いた。また、インディアンの中には英国軍と大陸軍の双方を敵に回した部族もあった。七年戦争で英国に敗北を喫したフランスは報復の機会を得ながらも、比較的小規模な参戦であった。英国軍はドイツ人傭兵(ヘッセン兵)も使ったものの、はなはだしい兵站不備のため傭兵部隊は移動が遅く役に立たないことが多かった。ジョージ・ワシントン率いる大陸軍は当初は当てにならず規律も乱れていた反面、ヴァレーフォージでの冬営(1777-78)後は着実に士気が高まっていった。

ヴァレーフォージ
ヴァレーフォージで負傷兵を見舞う大陸軍総司令官ジョージ・ワシントン。ここでは飢えと寒さで2500人が命を落とした。

臼砲

臼砲は15世紀以降、特に包囲攻撃で使用された砲口装填式の大砲である。砲身は短く切り株状で、長さは口径の2倍ほどしかなく、弾道が高い。装甲や土塁などで防護されていない軍事目標(軟目標)に対して特に威力を発揮し、榴弾砲に比して、砲口速度は遅いが発砲速度が速い。また、軽量で移動が容易であった。写真は口径が33cmで1760年ころから1860年ころまで使用された英国軍最大の臼砲。

仕様

製造地	英国	高さ	70cm
長さ	70cm	口径	33cm
製造開始	1760年	重量	1,270kg

独立

この戦争全体の勝者は明白であるが、個々の戦闘の結果は、どちらの勝利とも取れるような曖昧なものであった。18世紀の戦争ではよくあったことである。膠着状態の要因は、他の地域での戦闘に比べると騎兵隊がさほど重要な役割を演じなかったことと、事前に配備と陣形を整えて行う会戦がまれにしか行われなかったことである。米国は英国との長年のつながりを断ち切ったものの、その政治体制からわかるように、指導層は英国の議会制度を尊重、踏襲した。一方、英国では、この戦争は当初から不評で、最後の戦闘となったヨークタウンの戦い(1781)の結果、指導者の大多数がアメリカの独立宣言を受け入れる気になった。両陣営とも完全な勝利を収めることはできず、戦闘は徐々に収束した。

傭兵
夜間哨戒を行う英国軍ドイツ人傭兵隊。独立戦争では利害関係をほとんど持たなかったとはいえ、概して信頼に足る存在であった。約2万人が英国軍とともに戦った。

この型は英国軍の将校が使用していたものと思われる

接眼レンズ側は対物レンズ側にしまい込めるようになっている

重い砲弾を持ち上げて砲身に込めるために使われたウインチ

33cm臼砲用弾丸

ウインチのワイヤの巻き取りや巻き戻しを行うハンドル

「吊り手(ドルフィン)」と呼ばれていたハンドル

真鍮製の托架

望遠鏡
望遠鏡は敵軍旗の確認や遠方の合図の読み取りに使った。

1750年-1914年

アメリカ独立戦争

独立のための戦い

資金不足の大陸軍総司令官ジョージ・ワシントンの第一の目標は、ただ「生き延びる」ことであった。そのため、配備と陣形を整えて行う会戦を可能な限り回避した。敵軍の動きの鈍さと、一部敵将校の同情がそれを可能にした。一方、英国軍は大陸軍のゲリラ戦術、特にヴァージニア州のライフル銃兵を率いてカウペンズの戦いで勝利をあげたダニエル・モーガンの戦術に攪乱された。独立戦争で特筆すべき戦闘に、フランスの参戦を招いたサラトガの戦いと、事実上、戦争を終結させたヨークタウンの戦いがあげられる。

マサチューセッツ
レキシントン・コンコードの戦い

日付 1775年4月19日
兵力 英国軍/1,700人、植民地民兵隊/4,000人
死傷者等 英国軍/273人、植民地民兵隊/95人
場所 マサチューセッツのレキシントンとコンコード

英領マサチューセッツの総督であったゲイジ将軍は、反乱鎮圧作戦の一環として植民地民兵隊の武器庫接収のため、小部隊をボストンからコンコードに派遣した。極秘命令にもかかわらず、民兵隊はこれを知り、レキシントンで英国軍部隊を止め、ここで最初の一撃が放たれた（これをラルフ・ウォルドー・エマソンは「コンコード賛歌」で「全世界に轟く銃声」と表現している）。短時間の交戦後、英国軍はコンコードに進み、再び民兵隊の待ち伏せ攻撃に遭う。若年兵主体の英国軍は一度ゲリラ戦術に隊伍を乱して敗走したものの隊列を立て直した。しかし小競り合いを続けつつボストンのチャールズタウンまで30kmほど撤退した末に再び包囲された。

レキシントン・グリーン
部隊に発砲を命じる英国軍のジョン・ピトケアン少佐。この日が独立戦争の開戦日となった。

ニュージャージー
トレントンの戦いとプリンストンの戦い

日付 1776年12月26日-1777年1月3日
兵力（トレントン） 英国軍/1,200人、大陸軍/2,400人
死傷者等 英国軍/106人（および捕虜900人）、大陸軍/4人
場所 ニュージャージー

1776年の夏は終始英国軍が主導権を握ったが、年末には1775年から大陸軍司令官を務めていたジョージ・ワシントンが反撃に出た。集められるだけの兵を集めたワシントンは、わずか10日の間に巧みな戦術で、小規模ながら納得のいく勝利を2度収めた。まず、クリスマスの夜、氷結したデラウェア川を渡って、ドイツ人傭兵から成る守備隊が駐屯していたトレントンを掌握した。ドイツ人傭兵隊の司令官を殺害するとともに、ぜひとも必要であった物資を手に入れたワシントンは、続けてプリンストンへ進み、敵の別の分遣隊に圧勝する。ニューヨーク陥落など悲惨な敗北続きの後でのこの2度の勝利は、軍事的意味はさておき、低下していた士気の向上に役立った。

マサチューセッツ
バンカーヒルの戦い

日付 1775年6月17日
兵力 大陸軍/1,400人、英国軍/2,600人
死傷者等 大陸軍/死者310人（および捕虜30人）、英国軍/1,053人
場所 マサチューセッツのボストン近郊

「バンカーヒルの戦い」とは呼ばれているものの、実際の戦場は、チャールズ川内湾へと通じる狭い水路の西岸に位置するブリーズヒルである。レキシントンでの武力衝突ののち、植民地民兵がボストンを包囲し、民兵の数は日に日に増していった。大陸軍のアーティマス・ウォード少将は、ボストン北部にあるバンカーヒルとブリーズヒルを攻略しようとの英国軍の計画を見越して、チャールズタウン半島にあるバンカーヒルに砦を築くよう命じたが、何らかの理由で砦はブリーズヒルに造られた。丘を間違えた可能性もあるが（作業は夜間に行われた）、ブリーズヒルの方が英国艦船に近く、より有利な攻撃場所ではあった。ところが、すぐにウィリアム・ハウ少将率いる英国軍の攻撃を受けた（ハウはこの戦いの後、10月にゲイジ将軍の後継として総司令官に就任）。ハウは1ヵ月前に英国から9000名の援兵を従えてボストンに到着、後続隊には「紳士のジョニー」といわれたジョン・バーゴイン少将とコーンウォリス中将がいた。英国軍は2列横隊で攻撃し、2度退けられた。最終的には目的を果たしてブリーズヒルを掌握したが、隊の3分の1を超える兵を失い、これは軍の自信と士気に対する大きな打撃となった。その上、英国軍は他の場所でも脅威にさらされていた。大陸軍がすでにシャンプレーン湖に近いクラウンポイントとタイコンデロガの砦を占領しており、1774年11月にはモントリオールを掌握していた（大陸軍は同年12月にケベックも攻撃したが、これは英国軍が阻止した）。1775年6月、植民地側が正規軍を結成し（まだ風采のあがらない集団ではあったが）第2次大陸会議で最高司令官に任命されていたヴァージニア出身のジョージ・ワシントンがみごとに指揮を執った。ジョン・アダムズら大陸会議の指導者は、（これまで独立運動にほとんど関与していなかった）アメリカ南部の離脱を懸念していたが、1776年、多数の王党派にアメリカ新政府に対抗する決起を呼びかける目的で英国軍総司令官ヘンリー・クリントンが海路南部へ赴くと、ノースカロライナにおける王党派の反撃はウィルミントン近郊のムーアズクリークブリッジの戦いですでに粉砕されていた。クリントンは結局、同年6月に王党派支援のためサウスカロライナ州のチャールストン港を砲撃して撃退され、敗北を喫した。

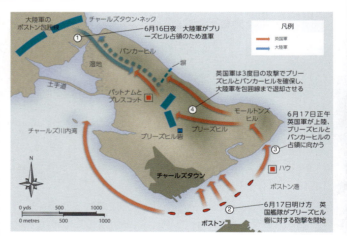

記念塔
ボストンのバンカーヒル記念塔。1843年完成。高さ67m。

「敵の白眼が見えるまでは撃つな」
バンカーヒルの戦いにおける民兵隊へのウィリアム・プレスコット大佐の命令(1775)

独立のための戦い　193

サラトガ
サラトガの戦い

日付 1777年9月19日 – 10月17日
兵力 英国軍/10,000人、大陸軍/15,000人
死傷者等 英国軍/800人（および捕虜6,000人）、大陸軍/1,600人
場所 サラトガ（現ニューヨーク州サラトガ郡）

「サラトガの戦い」とは2度の小規模な戦闘の総称で、2回目の戦闘は1カ月も経たないうちに行われた。1776年末、トレントンとプリンストンでワシントンが待ちこがれていた勝利を収めたものの、翌1777年は概して大陸軍に不利な戦況が続き、9月にこのサラトガの戦いに来て流れが変わる。英国軍のハウ少将はブランディワインの戦い（9月11日）で大勝しフィラデルフィアを占領したが、ワシントン率いる大陸軍も壊滅には至らなかった。並行して北から別の作戦が開始され、カナダを出発した英国軍のジョン・バーゴイン少将が、ニューイングランドをハドソン川以西と分断、孤立させるべく兵を進める。少将はクラウンポイントとタイコンデロガの砦を奪還したが、ヴァーモント共和国ベニントンの大陸軍倉庫の奪取に失敗し、約1000人の兵を失う。ハドソン川上流では大陸軍のホレイショ・ゲイツ少将が、進路に大木を切り倒すなど、行軍遅延作戦を実行したため、バーゴイン側は蝸牛の歩みの進軍となった。バーゴイン側が3隊の縦隊で林の間をサラトガに近づくと、フリーマン農場で（大陸軍左翼の指揮官ベネディクト・アーノルド少将の指揮下にあった）ダニエル・モーガン大佐の狙撃兵から攻撃を受ける。バーゴイン少将はモーガン隊を撃退したものの、多数の犠牲者を出す。撃退されたモーガン隊に指揮官アーノルド少将が増援を送り、これが英国軍の反撃に跳ね返される。英国軍が粉砕を免れたのは、大陸軍のゲイツ少将がアーノルド少将への増援を拒んだためで、英国軍が最後の攻撃まで持ちこたえたのち、ゲイツ少将はアーノルド少将を指揮官の地位から外すことになる。英国軍は補強不能なほど甚大な痛手を被りながらも農場を占領して防御陣地を造り、大陸軍もその南に砦を築く。英国軍のバーゴイン少将はクリントン少将からの増援を心待ちにしていたが、上官であるハウ少将がフィラデル

サラトガ国立歴史公園
サラトガの戦いで大陸軍が勝利をあげた場所に近い、ハドソン川を見下ろす丘に今も残されている大砲。1938年、国立公園に指定された。

フィア占領のため不在で、クリントン少将はニューヨークを離れられない。この失態に関して、米国植民地担当大臣であったジョージ・ジャーメイン卿を含め、多くの者に責任があると考えられているが、ともかく結果は惨憺たるものとなった。10月7日、新たに加わった者も含めて1万2000を超える兵を従えたゲイツ少将が陣を構えるベミス高地で、2回目の戦闘が行われた。しかしバーゴイン少将の攻撃は簡単に跳ね返され、戦闘可能な兵は5000程度に減り物資も不足する。退却を始めると、兵力比4対1と圧倒的な優勢になった大陸軍に包囲され、10日後に残された道は降伏のみとなった。この戦闘後、大陸軍の信望は大いに高まり、ひいてはフランスとの同盟関係につながった。

> 「俺らを脅そうったって無駄な話、まわりでどんどん死んでくが、だれも逃げ出しゃしなかった！」
> —— 当時のアメリカの歌

ベミス高地
ベミス高地で負傷し、馬上で息をつくベネディクト・アーノルド少将。向かって右側に描かれているのは英国軍ドイツ人傭兵のライフル隊。

アメリカ製ピストル
ラッパハノックの工場で製造され、大陸軍軽量竜騎兵が使用していた銃。アメリカ製の火器は概して高品質であった。

> 「いかに無節操に見えようと、国を愛するがゆえの行動です。世の人々は、だれの行動についても正しく判断するということがまずありません」

戦争の証人
ベネディクト・アーノルド
BENEDICT ARNOLD

サラトガの戦いではゲイツ少将の下で副司令官を務めたアーノルド少将は、大陸軍屈指の有能な将官であった。タイコンデロガ砦を攻略し、また1775–1776年の真冬のカナダ侵攻は名高い武勇伝である。しかし、正当に評価されていないと感じたアーノルドは、英国軍と内通、大陸軍陣地の明け渡しを画策するが発覚、英国軍に逃れ、その後英国軍の准将として大陸軍と戦った。上の一節はジョージ・ワシントンに宛てた手紙の言葉で、己の反逆行為を正当化している。

1750年–1914年

アメリカ独立戦争

北海
ボノムリシャール号の戦い

日付 1779年9月23日
兵力 大陸軍/フリゲート艦ボノムリシャール、英国軍/フリゲート艦セラピス
死傷者等 大陸軍/150人、英国軍/128人
場所 北海（英本国フランバラ岬沖）

ジョン・ポール・ジョーンズは1776年、大陸海軍に配属された。フリゲート艦ボノムリシャールに乗り組み、間に合わせの小艦隊を率いて、英国軍を「攪乱」すべく出帆。北海を南下中、ピアソン艦長の指揮する英国海軍フリゲート艦セラピスが護衛するバルト海商船隊に遭遇した。ピアソンはジョーンズの艦隊を阻止して商船団を逃がしたのちボノムリシャールと交戦。2時間後、セラピスは火災を起こし、降参の合図に旗を降ろした。しかしボノムリシャール側は使える大砲が2門のみと状態がさらにひどく、沈みかけていたため、ジョーンズはセラピスに移り、フランスに戻ると英雄となった。

海の決闘
ボノムリシャールとセラピス。交戦はセラピスの炎上で終わった。18世紀では最も名高い海の決闘である。

ジョージア
サヴァナの戦い

日付 1779年10月9日
兵力 フランス・大陸連合軍/不明、英国軍・王党派民兵軍/不明
死傷者等 信頼に足る推計なし
場所 ジョージアのサヴァナ川下流

ジョージアのサヴァナでは革命の気運は高まっておらず、1778年には英国軍と王党派民兵軍に占拠された。大陸軍の南部方面軍指揮官ベンジャミン・リンカーン少将はフランス海軍提督デスタン伯爵と合同で、海運の要衝であるこの港湾都市の奪回に向かい、デスタンの率いるフランス戦列艦22隻が海上を封鎖した。1779年9月9日、大陸軍はサヴァナを包囲したものの、英国軍が本格的な攻撃に出れば海上封鎖は破られることを承知していた。10月9日、大陸軍は攻撃を開始したが、メイトランド大佐率いる英国正規軍に跳ね返された。前線が寸断され始めたとき、大陸軍の騎兵指揮官カジミエシュ・プワスキ伯爵が致命傷を負った。10月16日、リンカーンは整然と撤退を開始し、2日後、デスタンも海上封鎖を解いてフランスへ帰っていった。

南北カロライナ
キャムデンの戦い

日付 1780年8月16日
兵力 大陸軍/4,100人、英国軍/2,239人
死傷者等 大陸軍/723人（捕虜を含む）、英国軍/324人
場所 サウスカロライナのキャムデン

1778年、英国軍は南部に目を転じた。南部は王党派の比率が高く、本国への綿花供給の点で経済的要地でもあったのだ。ジョージアに拠点を築き、1780年5月、チャールストンを掌握。農村地帯でのゲリラ鎮圧は困難であったが、南部で急遽、集められたゲイツ少将の大陸軍部隊を、英国軍のコーンウォリス中将がキャムデンで撃破した。このとき、大陸軍右翼を指揮したのはドイツ出身の勇猛果敢な将校カルプ男爵であったが、コーンウォリスの部隊が向かってくると、左翼の未熟な民兵が一斉に逃亡。英国軍は整然と旋回してカルプ隊の側面をついた。カルプ男爵はこの攻撃中に落馬し致命傷を負い、ゲイツ少将の名声は地に落ちた。

カルプ男爵
キャムデンの戦いでの負傷が元で死んだヨハン・ド・カルプ。「男爵」は肩書きだけで、父は小作農であった。

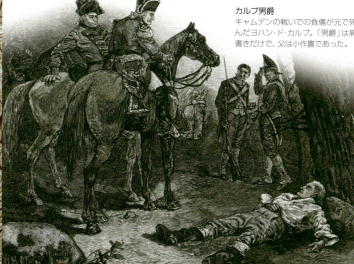

南北カロライナ
キングズマウンテンの戦い

日付 1780年10月7日
兵力 王党派民兵軍/1,100人、愛国者軍/900人
死傷者等 王党派民兵軍/320人（および捕虜698人）、愛国者軍/90人
場所 ノースカロライナのキングズマウンテン

キャムデンでのゲイツの敗北の後、南北カロライナでは王党派と愛国者軍（大陸軍南部方面軍は崩壊状態であった）との間で情け容赦のない戦いが行われた。王党派民兵は英国軍のパトリック・ファーガソン少佐に率いられ、9月26日、シャーロットに向かった。そこへ愛国者軍接近の知らせを受けて迎撃に向かい、サウスカロライナとの境界近くの丘、キングズマウンテンに陣を構えた。愛国者軍には総司令官がいなかった（各隊、自称「大佐」が指揮していた）が、目覚ましい連携行動を見せた。丘を包囲すべく8部隊に分かれ、発砲を始めると、ファーガソン隊は銃剣突撃で応戦した。愛国者軍は押し返されて丘を下り、態勢を立て直して攻撃を再開した。これが数度繰り返された。愛国者軍は絶え間なく部隊を編制し直し、ファーガソン隊の死傷者は増え続けた。ファーガソンが銃弾の雨を浴び落馬して死ぬと王党派軍は戦意を失って降伏し始めたが、ワックスホーの虐殺の復讐に燃える愛国者軍の多数の兵士がそれに構わず発砲し続けた。ようやく指揮官らが何とか発砲を止めさせ、生き残った王党派民兵を捕虜にした。捕虜のうち数人は大義を捨てて英国軍に寝返った罪ですぐに絞首刑にされた。それ以外の死傷者は戦場に放置された。

辺境開拓者の部隊
キングズマウンテンをよじのぼりながらの攻撃の手はじめとして、王党派部隊への射撃を開始する愛国者軍民兵。

独立のための戦い　195

南北カロライナ
カウペンズの戦い

日付 1781年1月17日
兵力 大陸軍/1,000人、英軍/1,100人
死傷者等 大陸軍/73人、英国軍/150人（および捕虜830人）
場所 カウペンズ（サウスカロライナ、スパータンバーグの北）

牛の放牧場（cow pens）の近くで行われたこの戦いは、南北カロライナにおける英国軍の軍事作戦の典型的な失敗例である。特に大陸軍のゲリラ戦法、中でも大陸軍南部戦線の大胆で機略に富ん

臼砲の弾丸
18世紀のフランス軍のものと思われる22.5cm臼砲の弾丸。ヴァージニアの戦場近くで発見された。

だ最高司令官ナサニエル・グリーン少将の部隊と連携して展開されたゲリラ戦法には、英国軍もなすすべがなかった。グリーン部隊は兵力では劣勢ながらも迅速な展開と奇襲攻撃で英国軍のコーンウォリス中将の部隊を攪乱し続けた。兵力劣勢にもかかわらず、グリーンは大胆にも自隊を二分して、一方をダニエル・モーガン准将に任せ、サウスカロライナ西部へ派遣した。そこでモーガンは自隊とほぼ同規模の英国軍と激突する。敵の指揮官は、チャールストン占領やキャムデンの戦いなどに参加したバナスター・タールトン大佐。モーガンを追って午前2時半に進軍を開始したタールトンは、8時にカウペンズに到着し、疲労と空腹のはなはだしい王党派部隊に朝食も取らせずに攻撃開始を命じた。モーガンは狙撃兵を一帯周辺に、残りの兵士を丘の陰に配置してい

た。そして、最小限の痛手を被っただけで、まさしく牛を追うようにして英国軍の包囲に成功した。敵の手を逃れた英国兵はほんの一握りで、その中には指揮官タールトンもおり、冷酷残忍な司令官との悪評を買った。タールトンは後年、大将に昇進。

1732年-1799年
ジョージ・ワシントン　GEORGE WASHINGTON

大陸軍総司令官を務め、合衆国初代大統領にもなったジョージ・ワシントンは、性格は厳格で忍耐力をもち、豊かな才能に恵まれた力強い人物であった。ヴァージニアで英国出身の上流階級の家に生まれ、マウントヴァーノンの農園を相続した。フレンチ・インディアン戦争ではヴァージニア民兵軍の部隊長を務めたことから、英国軍を熟知しており、第2次大陸会議では満場一致で大陸軍の総司令官に任命された。しかし、完全無欠の指揮官ではなく、特に騎兵戦は苦手であったが、ワシントン以外に独立派の団結をずっと維持できた者はいなかったであろう。

「前進してモーガン隊をたたきのめすか、ブロードリヴァーの向こう、キングズマウンテンの方へ追いやるか、どちらかだ」
英国軍タールトン大佐
カウペンズの戦い（1781）直前の言葉

ヴァージニア
ヨークタウンの戦い

日付 1781年9月-10月
兵力 大陸軍/8,845人、フランス軍/7,800人、英国軍/7,500人
死傷者等 大陸軍/108人、フランス軍/186人、英国軍/482人（および捕虜7,018人）
場所 ヴァージニアのヨークタウン

独立戦争最後の大規模な戦闘であったヨークタウンの戦いで、とりわけ注目に値するのが、大陸軍とフランス軍の広域にわたる協調関係である。大陸軍を構成していた部隊は、ロードアイランドから来たフランス軍、ニューヨークから来た大陸軍、西インド諸島から来たフランス艦隊、ヴァージニアにいたラファイエットの正規軍とヴァージニア民兵隊である。英国軍の司令官コーンウォリス中将は南北カロライナで敗北を喫したのち、英国

海軍からの物資補給と増援とを期待して、ヨークタウン港からの撤退を拒否した。大陸軍総司令官ワシントンや、ニューヨークにいた英国軍の北米総司令官ヘンリー・クリントンには明白であった事実、すなわち、8000のコーンウォリス隊がいる場所が陸海両面の封鎖に対して無防備だという点が理解できなかったのだ。ワシントンは急遽、軍を南下させ、ヨークタウン近郊でラファイエット部隊に合流、一方、ド・グラス提督率いるフランス艦隊が海上を封鎖。米仏連合軍の攻撃により、英国軍は防壁の外にある砦からの撤退を余儀なくされ、10月6日、ヨークタウンの包囲戦が本格化する。クリントンの命令により増援の騎兵大隊を乗せてニューヨークからやって来た英国艦隊はド・グラスの艦隊に撃退された。コーンウォリスは、何日間も連合軍の砲撃を受け続け砦が壊滅状態となり、10月19日に降伏。その後、英国軍は停戦交渉を要請したものの、1783年までニューヨークなどを占領し続けた。

戦闘準備
ヨークタウンの戦いを前に、各隊の配置を検討するワシントンと部下の将軍たち。中央がワシントン、その向かって左がフランス軍の指揮官ロシャンボー。

1750年-1914年

フランス―革命から帝政へ

平民が国政参与権と貴族特権廃止を要求したため、フランスは1789年に全面的な革命に突入した。1792年には共和制が敷かれ、1804年にナポレオンが皇帝に即位するまで続いた。この革命が発端となって次から次へと戦争が起こったが、そうした戦争は革命派と反革命派とのイデオロギーの対立であるとともに、欧州各国間の権力闘争の延長でもあった。

フリントロック式ピストル
ナポレオン戦争の時代、ピストルは主に騎兵の武器だった。写真は1814年に英国軍に導入されたニューランド型ピストル。

国民軍

この時期フランス軍は優位を確立したが、その下地は革命前の時代に培われた。国王の軍事参議官ギベール伯は、機動力と攻撃力を基にして合同軍事作戦を行う国民軍を構想した。さらに、国王軍砲兵総監ジャン・バティスト・ド・グリボーヴァルは、よく訓練された砲兵士官が自由に操ることのできる、移動可能で射撃精度の高い大砲をフランス軍にもたらした。ナポレオン・ボナパルトはそうした砲兵士官の一人であった。革命中の最も激烈な時代にあたる1792年から1794年にかけて、国民軍は現実のものとなった。1793年6月のジャコバン憲法で、「すべてのフランス人男性は兵役に就き、軍事訓練を受けなければならない」と宣言した。同年8月には徴兵によって30万人の兵士が集められたが、軍事活動への参加は全国民の義務とうたわれた。

武装した女性たち
フランス革命(1789)では女性が槍やまさかり、小銃で武装し、国王のいるヴェルサイユ宮殿へ向かって行進した。

軍事力の担い手

徴集兵、革命を支持する義勇兵、従来の国王軍が融合して大規模な軍隊となり、その軍隊を支えたのは急速に拡大する国家的軍事産業であった。士官を投票によって選出するといった極端に革命的な行為はすぐに中止され、規律制度や階級制度が採用されたが、フランス軍は革命に対する情熱や愛国心という点で敵の軍隊とは大きく異なっていた。生まれや経歴にかかわらず、だれでも能力次第で速やかに昇進できた。こうした状況でナポレオンが台頭し、ナポレオンによってフランス軍は個人の野心を実現するための非常に優れた手段となった。ナポレオンは、部隊ごとに独立して行動できる連合部隊を編成し、攻撃的な戦略を取り、勝利を求めて敵を捜し出しては攻撃した。

勝利の記章
ナポレオンが失脚した1815年の勝利を記念した英国ウォータールー(ワーテロー)記章。

1769年-1821年
ナポレオン・ボナパルト NAPOLEON BONAPARTE

ナポレオンはコルシカ島出身の砲兵士官だったが、1795年にパリの街頭で起こった反乱をすぐさま鎮圧したことから、軍隊を指揮するようになった。軍人としての成功から政治的権力を手に入れ、1804年には頂点を極め、皇帝の称号を得るまでになった。参戦した50の戦役のほぼすべてに勝利した。生来の勝負師であったナポレオンは、1815年に追放先のエルバ島から復権しようとさせえた。ワーテルローの敗北により、英国領セントヘレナ島に幽閉され、そのまま一生を終えた。

精鋭親衛隊
ナポレオン親衛隊の前身となった執政親衛隊は、1800年マレンゴの戦いにおいて鉄壁の方陣を敷き、オーストリア騎兵隊の進撃を阻止した。

フランスの元帥
ミシェル・ネーはナポレオンが任命した26人の元帥の一人だが、フランス革命戦争勃発時は一介の上級曹長だった。

急襲戦術

ナポレオンの大軍は強行軍で迅速に移動し、道すがら食糧を調達した。交戦となれば、勝敗は優れた作戦で決まることが多かった。たとえば、敵の弱い部分に壊滅的な打撃を与えてから、数的に劣勢になった残りの敵勢力に全力を向けるといった具合だ。ナポレオンは戦場で、重砲による連続砲撃、隙間なく並んだ縦列歩兵隊による攻撃、大騎兵隊の突撃といった具合に、無慈悲かつ攻撃的に兵力を使ったため、敵味方とも当然、死傷率が高かった。1812年のボロディノの戦いでは、1日に7万4000人の犠牲者を出した。兵士は徴兵によっていつでも集められると考えていたので、ナポレオンは大事に使おうとはしなかった。

凡例
- 英国軍
- フランス軍の勝利
- フランス軍の敗北
- 英国軍による封鎖
- 1797年当時の国境
- 1797年当時の神聖ローマ帝国
- 1798-1801年 エジプト遠征
- 1808-14年 イベリア半島戦争
- 1812年 ロシア戦役
- 1815年3-6月 百日天下

戦時下の大陸
ナポレオン戦争は1914年に第1次世界大戦が勃発する前に、ヨーロッパ全土に拡大した最後の軍事行動であり、他の大陸にさえ拡大した。

革命派
1796年モンテレジーノの戦いで、最後まで戦うことを誓う革命を支持する兵士たち。

真鍮製の大砲
火砲は戦いを補助する武器ではなく、火砲によって勝敗が決まると考えていたナポレオンは、「人は大砲で戦争する」と述べている。

フランスの敗北

フランスの宿敵英国は、ナポレオン戦争の間も海を支配し続け、犠牲の多い軍艦同士の激戦を制した。陸上に目を移すと、ナポレオンはイベリア半島戦争で常時、物資不足に悩まされながら、スペイン人ゲリラや英国の介入に立ち向かった。1812年のロシア遠征では無理をしきて失敗し、モスクワからの退却によって百戦錬磨の軍隊が壊滅的な損害を受けた。徴兵制を始めたのはプロイセンだけだったが、諸外国もフランスに学び、軍隊を拡張し戦術も改良した。決してナポレオンほどの軍才に恵まれたわけではないが、それでも各国の軍隊は次第にフランス軍と渡り合えるほどになり、ついには勝利した。1814年にはフランスの君主制が復活し、翌年ワーテルローでナポレオンは捨て身の賭けに出るが、運も尽きて無駄骨に終わった。

1750年-1914年-

フランス革命戦争

フランス革命政府とさまざまなヨーロッパ諸国同盟との戦争は、フランス国王の復権を目的とした侵攻に対する抵抗として1792年に始まったが、その後革命の理念を広める革命戦争へと発展した。この戦争に伴い、フランスの領土は拡大を続けた。ラザール・カルノーの見事な指導のもと、1793年から数十万の新兵が大量動員され（国民皆兵）、従来の常備軍に併合されて革命への情熱に満ちた国軍となった。兵士たちはナポレオン・ボナパルトの中に、フランス軍を指揮する天才司令官の姿を見た。しかし、フランス軍の軍事力にも限界があり、英国が支配する海には及ばなかった。

ヴァルミーの戦い

フランス革命戦争

日付	1792年9月20日
兵力	フランス軍/30,000人、同盟軍/30,000-40,000人
死傷者等	フランス軍/死者300人、同盟軍/死者200人
場所	フランス東部

1792年4月、フランスはオーストリアとプロイセンに宣戦布告した。8月、同盟軍（プロイセン、オーストリア、ヘッセン、フランス革命亡命者）はフランスに進軍した。プロイセン軍司令官ブラウンシュヴァイク公は、9月3日にヴェルダンを制圧、パリに向かった。シャルル・デュムーリエとフランソワ・クリストフ・ケレルマンが率いるフランス軍の2部隊は、樹木の茂ったアルゴンヌの高地を抜けて西に向かうプロイセン軍を阻止できなかった。ブラウンシュヴァイクのパリ行きを邪魔する者はいなかったが、自軍の後方連絡線を遡る敵軍をそのまま残して前進し続けることに不安を感じ、向きを変えてフランス軍との交戦を選択、ヴァルミーの丘に整列したケレルマンのフランス軍と会戦した。激しい砲火を浴びてもフランス軍はたじろ

がなかった。同盟軍の歩兵隊が前進すると、今度はフランス軍の砲兵隊が威力を見せつけ、突撃を阻止した。フランス軍に逃げ出す気配がないことから、ブラウンシュヴァイクは間もなく退却を決断する。自軍を傷が浅いうちに退けるのが最善策であると考えたのだ。本格的な戦闘というよりも行き詰まりの引き分けに近かったが、この戦いは革命を救済する偉大な勝利として賞賛された。

新時代を画する戦い

ヴァルミーの風車付近で砲火にさらされるフランス軍陣営を描いた絵画。ドイツの詩人ゲーテは戦いを目の当たりにし、この戦いを「世界史の新時代」の幕開けと表現した。

ジュマップの戦い

フランス革命戦争

日付	1792年11月6日
兵力	フランス軍/40,000-45,000人、オーストリア軍/13,000-25,000人
死傷者等	フランス軍/死傷者2,000-4,000人、オーストリア軍/死傷者4,500人
場所	ベルギー東部モンスの北

1792年11月初め、デュムーリエは北方軍とともにオーストリア領ネーデルラント（ベルギー）に侵攻した。モンス郊外のジュマップでザクセン・テシェンのアルベルト公率いるオーストリア軍に出くわした。オーストリアは数では圧倒的に劣るものの、強固な防衛陣地を敷いていた。フランス軍による3時間に及ぶ集中砲火で戦いは幕を開けたが、砲撃の効果はほと

んどなかった。そこでデュムーリエは幾度も正面から攻撃したが、オーストリア軍の砲弾、チロル射撃部隊によるライフル攻撃、さらに騎兵隊の反撃もあり、フランス軍は後退を繰り返した。最終的にオーストリア軍は数で勝るフランス軍に圧倒され、足早に退却した。フランスは年末までに、オーストリア領ネーデルラントを占領した。

野戦砲

フランスのジャン・バティスト・ド・グリボーヴァル将軍（1715-89）が大砲の改良に尽力したため、フランス軍の大砲は敵軍のものに比べて射撃精度と機動性に優れていた。

トゥーロンの戦い

フランス革命戦争

日付	1793年8月27日-12月19日
兵力	英国軍、スペイン軍、トゥーロン内のピエモンテ軍/18,000人余り
死傷者等	信頼できる推計なし
場所	フランス地中海沿岸のトゥーロン

1793年8月ころになると、革命派は英国、スペイン、オーストリア、プロイセンと戦争状態にあり、フランスのかなりの部分が反政府王党派の支配下にあった。王党派の頼みでフッド提督率いる英国・スペイン艦隊がトゥーロンの港を占領すると、フランス軍はトゥーロンの町を包囲した。砲兵下士官ナポレオン・ボナパルトは、港を見下ろす高台を占拠し、敵に砲弾を浴びせることで、艦隊を排撃する作戦を立てた。12月17日、フラン

攻囲戦でのナポレオン

ナポレオンはトゥーロン攻囲戦によって一躍有名になった。4カ月後、大尉から准将に昇進した。

ス軍はこの地を制圧するための要所ミュルグラーヴ砦を奪取した。ナポレオンの予想通り、フッドは翌日、艦隊を避難させ、撤退せざるを得なかった。

> 「並外れた軍事手腕と底知れぬ知性、そしてあり余るほどの勇気。どんな言葉を並べたててもボナパルトの真価を表現することができない」
>
> フランス士官ジャック・デュゴミエによるトゥーロン攻囲戦（1793）についての報告書より

フランス革命戦争
フルリュースの戦い

日付	1794年6月26日
兵力	フランス軍/75,000人、オーストリア・オランダ軍/52,000人
死傷者等	フランス軍/死者4,000人、オーストリア軍/死者2,300人
場所	ベルギー、シャルルロワの北

1793年の秋から、フランス革命派は外国の同盟軍や国内の王党派との戦いで主導権を奪回した。1794年6月、ジュールダン将軍がベルギーの町シャルルロワを包囲した。オーストリアとオランダの軍隊、加えて少数の英国兵が、ザクセン・コーブルク皇太子の指揮のもと、シャルルロワの解放に向かった。同盟軍は勢力で劣っていたにもかかわらず、6月26日の夜明け、フルリュース近郊で果敢にも攻撃した。ザクセン・コーブルク軍は5列縦隊で攻め込み、左右の縦隊がフランス軍の両端を押し戻した。しかし、ジュールダンには前代未聞の強みがあった。水素気球アントルプルナン号を戦場上空に揚げ、空から偵察していたのである。2人の搭乗員(うち1人がこの作戦の立案者のシャルル・クーテル)が戦闘中終始空中にとどまり、敵軍の動きを記した通信文を繋留綱から地上に滑り落とした。空中からのすばらしい戦況報告に助けられ、ジュールダンは左右の軍勢を集め、中央攻撃を仕掛けた。同盟軍は退却を強いられたが、弾薬不足と疲労のためフランス軍は追撃しなかった。

革命の指揮官
同盟軍とのフルリュースの戦いで白馬にまたがるジュールダン将軍。勝敗を決める反撃に予備部隊を投入した。

それでも勝利は決定的だった。フランス軍がベルギーを占領し、その後20年間、占領状態が続いた。この勝利によって、フランスでは外国に侵略される恐怖が薄らいだため、支配的な公安委員会の過激派は勢力を弱め、委員会は1794年7月に解散した。

空中戦

フランス軍は1794年に世界初の空軍である航空部隊を編成した。水素気球アントルプルナン号は1794年6月2日にモーブージュに配備され、フルリュースでの成功を受けて、さらに3機の気球が投入された。ナポレオンが空中戦という構想を好まなかったため、航空部隊は1799年に解散した。

フランス革命戦争
アルコレの戦い

日付	1796年11月15-17日
兵力	フランス軍/20,000人、オーストリア軍/17,000人
死傷者等	フランス軍/4,500人、オーストリア軍/6,000人
場所	イタリア、ヴェローナの南

1796年、フランス軍のイタリア方面軍司令官に任命されたナポレオン・ボナパルトは、迅速な機動作戦と決定的攻撃というたぐいまれな軍才を示し続けた。4月と5月にはピエモンテ軍を破り、北イタリアの大半からオーストリア軍を追い払った。マントヴァに残るオーストリア軍の要塞を長期にわたって包囲し、その間オーストリア軍が何度もマントヴァの解放を試みた。11月にナポレオンは、アルポーネ川とアディジェ川の合流地点付近で、ヨーゼフ・アルヴィンツィ率いるオーストリア軍と対決。あらゆる物資が不足していたが、それでも攻勢に出た。11月14日、フランス軍がアディジェ川を渡り、隔てるものはアルポーネ川だけになった。11月15日と16日、アルポーネ川に架かるアルコレの橋を渡ろうと何度も試みたが、オーストリア軍の砲火に撃退された。しかし、17日、フランス軍が側面移動すると、アルヴィンツィは包囲される危険を感じ退却した。ナポレオンは1797年1月にリヴォリでも圧勝し、オーストリアは同年中にカンポ・フォルミオ和約の締結を強いられた。

橋の横断
アルコレ橋を渡るナポレオンを描いたこの絵などの英雄像は、ナポレオン個人の人気を高める宣伝の役割を果たした。

フランス革命戦争
サンヴィセンテ岬の海戦

日付	1797年2月14日
兵力	英国軍/15隻、スペイン軍/27隻
死傷者等	英国軍/死者73人、負傷者227人、スペイン軍/死者255人、負傷者341人、拿捕船/4隻
場所	ポルトガル南西部のサンヴィセンテ岬沖

1796年、スペインはフランスと同盟を結んだ。フランス・スペイン連合艦隊の戦力は、英国海軍の優位性を脅かし、英国本土侵略を招く恐れがあった。提督ジョン・ジャーヴィス卿指揮する英国地中海艦隊は、同盟軍のフランスと合流するため北に向かうスペイン艦隊を阻止する任務に当たった。1797年2月14日朝、ジャーヴィスはサンヴィセンテ岬沖で、ホセ・デ・コルドバ率いるスペイン艦隊の行く手を阻んだ。英国艦隊は数で劣っていたにもかかわらず、単縦陣(縦1列の艦列)で突進し、スペイン艦隊を二分した。海軍准将ホレイショー・ネルソンが、二分されたスペイン艦隊のうち、艦数の多いグループの逃げ道をふさぎ、一時は単独で7隻の敵艦を相手にした。スペイン艦は4隻が捕らえられ、そのうち2隻はネルソンによるものであり、それ以外にも多数のスペイン艦艇が深刻な損傷を受けた。残ったスペイン艦艇はカディス港で封鎖にあい、英国本土侵略計画は挫折した。

骨でできた船
捕虜になった革命派フランス海軍兵が骨で作った英国軍艦エグモントの模型。

> 「激しい雷のような轟音がし、船がばらばらになるかと思うほど揺れた。火薬の臭いと煙で息苦しくなった」
>
> サンヴィセンテ岬の英国軍艦バーフラー号にて、英国海軍士官候補生ジョージ・パーソンズの言葉(1797)

ナポレオンによる支配

1798年、ナポレオン・ボナパルトはエジプト遠征に乗り出して軍功をあげるが、戦略的には英国の強大な海軍力を前に効果がなかった。1799年秋にフランスに戻ると、クーデターで権力を掌握した。フランスはそのころまでに、ロシア、英国、オーストリア、オスマン帝国が結成した第2次対仏大同盟によって多数の敗北を喫しており、イタリアではロシアのソヴォロフ将軍によってフランス軍の大半が追い出されていた。しかし、ロシアが戦線から離脱し、ナポレオンはマレンゴでの勝利によって状況を覆した。ナポレオンは1802年までに、概してフランスに有利な和平を無理やり敵国に受け入れさせ、1805年に戦争が再開するころにはすでにフランス皇帝に即位していた。

エジプト遠征
ピラミッドの戦い

日付 1798年7月21日

兵力 フランス軍/25,000人、エジプト軍/20,000-30,000人(マムルーク騎兵/6,000人)

場所 エジプト、カイロ近くのエムバベ

死傷者等 フランス軍/死者29人、負傷者260人、エジプト軍/死者4,000人(マムルーク騎兵/2,000人)

1798年7月2日、アレクサンドリアに上陸したナポレオンはエジプト征服に燃えていた。当時、エジプトはオスマン帝国領で、マムルークによって支配されていた。フランス歩兵隊はカイロに向けて過酷な行軍を続けていたが、カイロではマムルークの精鋭騎兵隊と農民歩兵隊がフランス軍を迎え撃つ準備をしていた。7月20日、フランス軍偵察隊がピラミッド付近に陣取る敵軍を発見した。翌日、ナポレオンの歩兵隊は6列の方陣を編成し、それぞれの角には大砲を配置した。豪華な絹をまとい、サーベルとピストルで重装備したマムルークの騎兵隊が、恐ろしい喊声をあげながら方陣に襲いかかった。ナポレオンの公式報告書によると、マムルーク騎兵隊を「50歩以内にまで引き付けてから、散弾や銃弾を雨あられのごとく浴びせた……」とある。ナイル川から小艦隊が援護射撃する中、主導権を握ったフランス軍が土手沿いを前進すると、マムルーク騎兵隊は逃走した。難を逃れようと川に入った兵もおり、少なくとも1000人が溺死した。

マムルークの敗北
ピラミッドの戦いで、フランス軍のマスケット銃や大砲に総崩れして退散する、派手な身なりのマムルーク兵。

エジプト遠征
ナイル(アブキール湾)の戦い

日付 1798年8月1-2日

兵力 フランス軍/13隻、英国軍/14隻

場所 エジプトのアブキール湾

死傷者等 フランス軍/拿捕船9隻、破壊船2隻、死傷者2,000人、英国軍/死者213人、負傷者677人

ナポレオン軍をエジプトへ輸送したフランス艦隊は、ブリュイ提督が指揮していた。ホレイショー・ネルソン率いる英国艦隊がフランス艦隊を捜していたが、艦隊の「目」であるフリゲート艦が不足していたため、ナポレオン軍は無傷でアレクサンドリアに到着する。1798年8月1日、ネルソンはアブキール湾で停泊中のフランス軍を発見、突撃を始めたが、日没まで数時間しかなかった。フランス軍は、多数の兵士が陸上で物資の補給中で、不意をつかれた形になった。フランス軍艦艇が浅瀬に停泊していたにもかかわらず、英国軍はあえて危険を冒し、縦陣を敷いたフランス艦艇の先頭を周航して進んだ。英国艦1隻が座礁したが、それ以外はゴライアスを先頭に主要フランス艦艇の横に錨を下ろし、敵の舷側を掃射した。フランス軍は艦砲がすべて海側にあったため、応酬できなかった。ヴァンガード号に乗艦したネルソンは、艦隊の残り半分を率いて敵艦隊の海側に停泊させ、挟み撃ちにした。フランス軍も奮戦し、特に三層甲板型で120門を搭載する旗艦ロリアン号の応戦は激しかった。ネルソンも頭部を負傷し、ブリュイは砲弾で体が真っ二つになった。ロリアン号は出火し、午後10時ごろ火薬庫が爆発した。その爆音は30km以上先にまで届き、英国艦艇2隻に飛び火した。戦闘は一晩中続き、夜明けまでにフランス軍は大敗した。逃げ延びた艦艇は3隻のみ。ナポレオンはエジプトで孤立した。

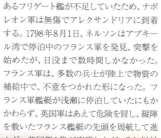

海軍の剣
ナポレオン時代にフランス海軍が使用していた刀剣。柄の先にはフランス革命のシンボル、若い雄鶏の頭が付いている。

炎上するフランス艦艇
ブリュイ提督率いるフランス艦隊のうち残っていた艦艇も、ナイルの戦いが終わるころには炎上していた。

エジプト遠征
アブキール湾の戦い

日付 1799年7月25日

兵力 フランス軍/10,000人、オスマン軍/15,000人

場所 エジプトの北岸

死傷者等 フランス軍/死者220人、負傷者750人、オスマン軍/死者約2,000人

1798年9月、オスマン帝国はフランスに宣戦布告した。1799年の初め、オスマンのエジプト急襲を出し抜くため、ナポレオンはオスマン・シリアの首都アッカに向けて北進する。アッカの町は63日間の包囲に耐え、疾病によって大量の兵を失ったナポレオンは自軍をエジプトに戻す。1799年7月11日、ムスタファ・パシャ率いるロードスのオスマン軍がエジプトのアブキール沿岸に上陸。ナポレオンは上陸したオスマン軍と対決するため、2週間のうちに1万の兵をカイロから行軍させた。フランス歩兵隊が苦闘しながらオスマン軍の中央まで進むと、ジョワシャン・ミュラが騎兵隊に猛攻撃を指揮した。衝撃を受けたオスマン軍は崩壊し、味方艦艇に逃げ帰った。この勝利にもかかわらず、翌月、ナポレオンはフランスに帰国した。

イタリア遠征
マレンゴの戦い

日付	1800年6月14日
兵力	オーストリア軍/31,000人、フランス軍/32,000人
死傷者等	オーストリア軍/死傷者および捕虜9,400人、フランス軍/死傷者7,000人
場所	イタリア北部アレッサンドリアの東2km

第一統領になっていたナポレオンは1800年5月、新たに組織された予備軍を率いてサン・ベルナール峠を通り、アルプス山脈を越えた。木の幹をくりぬいて大砲の砲身を入れ、氷、雪、岩の上を引きずって運んだ。ロンバルディア平野に出たフランス軍は、オーストリア軍と交戦するため西へ進む。トリノにいたオーストリア軍司令官ミヒャエル・メラス男爵は、軍の後方連絡線をナポレオン軍に遮断されていたため、東進して打ち破るのが最善策と判断。メラスの攻撃意図を予測していなかったナポレオンは、オーストリア軍は撤退するものと思い込んでいた。マレンゴで攻撃を受けたとき、ナポレオン軍は分散しており、メラス軍3万1000に直ちに対抗できるのは約2万2000だった。混乱したフランス軍は押し戻され、昼過ぎまでにメラスは勝利を確信した。しかし、午後5時ごろ、ドゼー率いる約1万の別働隊が戦場に到着、反撃に出た。ドゼーは心臓を打ち抜かれたが、フランス砲兵隊、騎兵隊、歩兵隊の連合部隊はオーストリア軍を打ち破り、敗走させた。翌日、メラスは休戦協定に合意し、ロンバルディアを明け渡した。

理想的な英雄
ナポレオンがアルプス越えに使ったのは、実際はラバだった。この絵は皇帝のプロパガンダとしてジャック・ルイ・ダヴィッドが描いた理想像。

峠道
1800年5月にフランス予備軍がサン・ベルナール峠を越えたとき、道は雪と氷に覆われていた。

デンマーク遠征
コペンハーゲンの戦い

日付	1801年4月2日
兵力	デンマーク軍/18隻、英国軍/33隻(12隻が参戦)
死傷者等	デンマーク軍/死者470人、負傷者550人、捕虜1,779人、英国軍/死者254人、負傷者689人
場所	デンマークのコペンハーゲン

英国による中立国船舶の捜索に反発し、1801年2月、デンマーク、ロシア、スウェーデン、プロイセンが武装中立同盟を結成した。これに対して英国は、提督ハイド・パーカー卿率いる艦隊を送り、副司令官ネルソンに戦列艦12隻でコペンハーゲンに入港するよう命じた。ネルソンはデンマークの軍艦だけでなく、武装した廃船や浮き砲台による防御線と交戦しながら、砂洲を通り抜ける。戦いが最も激しくなったとき、パーカーは退却命令を出すが、ネルソンは見えない方の目に望遠鏡を当て、退却信号は見えないと言い張る。4時間に及ぶ激しい砲撃戦の末デンマーク軍は抵抗をやめた。ネルソンはこの戦闘について「105の戦いを経験したが、今回が最もすさまじかった」と語った。

第3次対仏大同盟
ウルムの戦い

日付	1805年10月
兵力	オーストリア軍/45,000人、フランス軍/150,000人
死傷者等	オーストリア軍/死傷者10,000人、捕虜30,000人、フランス軍/死傷者1,500人
場所	ドイツ南部

英国、オーストリア、ロシア、スウェーデンが第3次対仏大同盟を結成した1805年までに、ナポレオンは総勢約20万人のみごとな大軍を作り上げ、これを7軍団に編成して各軍団に指揮官として元帥を置いた。オーストリアとロシアはイタリア北部を抜け、ドイツ南部を横断してフランスに入るという大がかりな攻撃を計画した。マック・フォン・レイベリヒ将軍はオーストリア軍を率い、9月ひと月をかけてドナウ川流域のウルムまで移動し、そこでミハイル・クトゥーゾフ司令官率いるロシア軍の合流を待った。大陸軍は敵軍の予想を超えた速さで移動し、大部分が9月24日までにドイツ南部の陣地に到着した。そこでナポレオンは、ウルムでしびれを切らしているマック軍の後方に、自軍の大半を大きな弧を描くように進軍させた。マック軍の中には全周包囲の突破を試みる部隊もいたが、大半は徒労に終わった。数度の激しい交戦の末、マックは10月20日に降伏した。ナポレオンが「これほど犠牲の少ない完全勝利は初めてである」と公言したのも、もっともであった。

フランス軍への降伏
ここに描かれているように、ウルムでオーストリア軍がナポレオンに降伏すると、オーストリア軍司令官マックは軍法会議にかけられ、投獄された。

フランス―革命から帝政へ

第3次対仏大同盟

アウステルリッツの戦い

日付	1805年12月2日
兵力	フランス軍/73,000人、連合軍/ロシア70,000人、オーストリア15,000人
死傷者等	フランス軍/死者1,300人、負傷者7,000人、連合軍/死傷者16,000人、捕虜11,500人

場所 現在のチェコ共和国のモラヴィア

用心深いロシア軍司令官クトゥーゾフ将軍が、ウルムでのオーストリア軍降伏（201ページ参照）を聞きつけて東へ撤退したため、ナポレオンはウィーンを占領できた。ロシア軍を追跡するナポレオン軍はますます不利な状況に陥った。冬が近づく中を進軍したが、行く先の土地は撤退中のロシア軍がすでに略奪を行った後で、何も残っていなかった。ナポレオンは、オーストリアの兵力が増強される前に、急いで敵を戦闘に駆り立てようと賭けに出た。アウステルリッツの町のそばで格好の戦場候補地を見つけたナポレオンは、占拠していたプラッツェン高地から引き揚げることにより、撤退準備をしているように見せかけた。さらに、右翼が手薄に見えるよう兵を配置したが、ゴールトバッハ川はそこで細くなっていた。クトゥーゾフはこの誘いに乗らなかったが、ともにアウステルリッツに来ていたオーストリアのフランツ皇帝とロシアのアレクサンドル皇帝は大胆な攻撃に出ようと意気込んだ。オーストリア軍の将軍はクトゥーゾフを無視し、フランス軍の手薄になった右翼を突破する大胆な策を考案した。12月2日の明け方、連合軍が攻撃を開始し、フランス軍の右翼めがけて主力を投入した。すぐにダヴー指揮下の援軍が送り込まれてこの攻撃を阻止したため、ロシア歩兵隊はゴールトバッハ周辺の沼地で動きが取れなくなった。ナポレオンの期待通り、敵軍はフランス軍右翼側を増援するため、中央から部隊を移動させた。午前9時ごろ、ナポレオンはスルトに命令し、軍団をプラッツェン高地に移動させた。渓谷を覆う霧の中から澄み

帝国の鷲
ナポレオンの連隊は意図的にローマ帝国をまねて、鷲の軍旗を携えていた。

騎兵隊の突撃
アウステルリッツの戦いのまっただ中、プラッツェン高地で、スルトのフランス歩兵隊を攻撃しているロシアの皇帝近衛軍騎兵隊。

帝国と革命

ナポレオンによる支配

> 「激しい散弾の銃火に絶え間なくさらされた。……午前7時から午後4時までひたすら戦い続けたが、多数の兵士の弾薬筒が底をついた。退却するしかなかった……」
>
> アウステルリッツについての公式報告書(1805)より、ロシア中将ブルジェブイシェフスキー

渡った高地に現れたスルトの部隊は、完璧な奇襲を成功させた。クトゥーゾフはロシアの皇帝近衛軍騎兵隊を投入して高地奪還を図ったが、ナポレオンは自身の親衛騎兵隊を送り込んで応戦し、ロシア軍を高地から追い払った。これによりスルトは、ゴールトバッハでまだ立ち往生していた敵軍の背後に兵を送ることができた。逃走した連合軍は凍結したザッチャン湖を渡ろうとしたが、体の重みで氷が割れ、湖に落ちる者もいた。左翼では、ロシアの指揮官バグラチオン皇太子による攻撃も功を奏さず、皇太子の部隊も総崩れで退却した。ナポレオンは最高の勝利を収めた。オーストリア軍はすぐに講和を望んだが、ロシア軍はポーランドに退却した。

1750年-1914年

フランスの覇権

強力なフランス軍にナポレオンの軍才が加わり、フランスはヨーロッパで驚くほど支配を広げた。1805年にフランスがウルムとアウステルリッツで勝利すると、1806-07年にはプロイセン軍とロシア軍を殲滅し、1809年にはオーストリアを再び打ち破った。ナポレオンは意のままにヨーロッパの国境や政界を再編した。支配を受けないのは英国のみであった。1805年の夏、ナポレオンは英国本土への侵略を計画したが、トラファルガーで英国海軍に敗れてからは、この計画が復活することはなかった。代わりにフランスは大陸封鎖令を敷いて経済封鎖を試み、ヨーロッパと英国間の貿易を禁止した。フランスがこの封鎖令をすべての国に適用しようとしたため、その後の戦争が起こった。

第3次対仏大同盟

トラファルガーの海戦

日付 1805年10月21日
兵力 英国軍／戦列艦27隻、フランス・スペイン連合軍／戦列艦33隻
死傷者等 英国軍／死者449人、負傷者1,214人、フランス・スペイン連合軍／死者4,408人、負傷者2,545人
場所 カディスの南、トラファルガー岬沖

フランスのヴィルヌーヴ提督はカディス沖でフランス・スペイン連合艦隊を指揮していたが、1805年10月地中海への出航命令を受ける。港外では、ホレイショー・ネルソン卿率いる英国艦隊が待ち構えていた。ネルソンは艦隊を2列縦隊に配置し、連合艦隊の列に対して垂直に航行して、敵艦列を

片舷一斉射撃の応酬

トラファルガーの海戦に参加した者が描写したのは、すさまじい轟音と、手足の切断や火傷などの壮絶な外傷であった。

中央から後方に向かって分断する作戦を立てた。敵軍が向きを変えて戦線に加わる前に、英国軍の高い船舶操縦術と砲術を使って大損害を与えようという戦法だ。ヴィルヌーヴはネルソンの艦隊を発見し、カディスに向かって引き返したが、戦闘回避できなかった。英艦隊の縦隊の一方を率いたのがヴィクトリー号に乗艦したネルソン、もう一方がロイヤル・ソヴリン号のコリンウッドであった。ヴィクトリー号はヴィルヌーヴの旗艦ビュサントール号の後方で敵の艦列を突破し、ぶどう弾でビュサントール号を掃射した。しかし、英艦艇は、敵艦の片舷斉射にあい、大損害を被る。昼過ぎにヴィクトリー号はフランス艦艇ルドゥタブル号に接舷。仏艦艇のマストから海兵が狙撃し、ヴィクトリー号の甲板ではネルソンを含む多数が射殺された。フランス艦艇アキル号が炎上、爆発して多数の死者を出すと、この海戦は終わりを告げた。フランス・スペイン連合艦隊でカディスに帰港できたのは11隻だった。

ネルソン卿 LORD NELSON
1758年-1805年

ホレイショー・ネルソンの名が世に知られたのは、1797年のサンヴィセンテ岬の戦い（199ページ参照）であった。ネルソンは何度も上官の命令を無視したが、1798年のナイルの戦いや1801年のコペンハーゲンの戦いでは、頑固なまでの大胆さが成功をもたらした。部下の艦長との間に見事な相互信頼関係を築き、部下は手本とするネルソンに触発され、自発性や勇敢さを示そうとした。ネルソンは常に最前線で指揮を執ったが、その代償として1794年に片目、1797年には片腕、そしてトラファルガーでは命を失った。

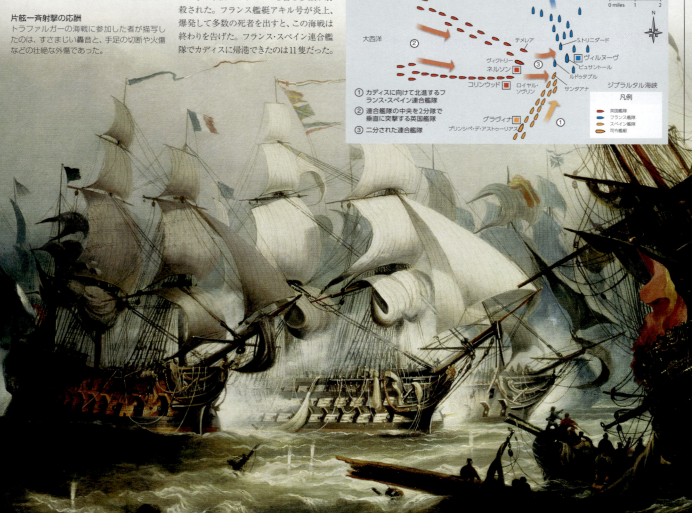

① カディスに向けて北進するフランス・スペイン連合艦隊
② 連合艦隊の中央を2分隊で垂直に突撃する英国艦隊
③ 二分された連合艦隊

凡例
- 英国艦隊
- フランス艦隊
- スペイン艦隊
- 司令艦船

帝国と革命

フランスの覇権　205

第3次対仏大同盟
イエナ・アウエルシュタットの戦い

日付	1806年10月14日
兵力	フランス軍/121,000人、プロイセン軍/117,000人
死傷者等	フランス軍/死傷者12,000人、プロイセン軍/死傷者、捕虜40,000人
場所	ドイツ、ワイマールの東

1806年の終わりごろ、ナポレオンは大陸軍のほぼすべてを集中させてプロイセン軍に対抗し、ベルリンから追い払った。10月13日、ランヌ率いる軍団はイエナでプロイセンの大軍に出くわした。ナポレオンはこれを主力軍と信じ、部隊の大半を送ってランヌの軍に合流させ、さらにベルナドットとダヴーには北に向かってプロイセン軍を側面包囲するように命じた。イエナにいたのはプロイセン軍の小部隊で、ホーエンローエが指揮を執っていた。ブラウンシュヴァイク公率いる主力軍はさらに北のアウエルシュタットにいた。イエナの戦いはフランス軍の攻撃で始まったが、そのときフランス部隊はまだ移動中で、ホーエンローエはすがる思いで援軍を待っていた。プロイセン軍は観兵式のような隊形で守勢に立っていたため、その多くが犠牲になった。数で勝れば、フランス軍が最終的に勝利するのは確実だったが、アウエルシュタットでは、ダヴーがプロイセンの主力軍と対峙しており、そのころベルナドットは2つの戦場の間をさまよっていた。ダヴーの守勢の戦いはみごとであった。ブラウンシュヴァイクは早くに戦死、プロイセン王ヴィルヘルム3世が指揮を執った。ダヴーが前進を始めると、王は退却を命じたが、その退却はすぐに敗走と化した。その後の数日間、プロイセン軍はフランス騎兵隊によって追い回され、10月26日、ベルリンが占領された。

イエナでの砲撃
プロイセン軍は隊形を組んでいたため、フランスが砲撃すると一度に大勢の兵を失った。

重騎兵
フランスの胸甲騎兵(重騎兵)は仰々しい装飾のついた鋼鉄製ヘルメットをかぶり、軍服の上に鋼鉄製の胸当てをつけていた。直線的な剣は敵を突き刺すためのものだった。

第3次対仏大同盟
アイラウの戦い

日付	1807年2月8日
兵力	フランス軍/71,000人、ロシア軍/76,000人
死傷者等	フランス軍/死傷者25,000人、ロシア軍/死傷者15,000人
場所	ポーランドのプロイシュ・アイラウ

イエナ・アウエルシュタットでプロイセンが敗北すると、ナポレオンは攻撃の矛先をロシア軍に向けた。フランス軍は、ロシア軍とプロイセン軍残党をポーランド内まで追跡した。2月、フランス軍とロシア軍は偶然にもアイラウで出会い、両軍とも援軍を要請しながら、戦闘を開始した。吹雪の中で戦い、フランス軍が敗北寸前になった。ロシア軍中央を正面攻撃したオージュローの軍団が、70門の砲列から砲撃を受け、大量の犠牲者を出して撃退されたからである。ミュラ率いる1万のフランス騎兵隊が大きな犠牲を払いながらも、ロシア歩兵隊を一掃、大砲を破壊して、土壇場で勝利をもたらした。ネーの援軍が到着すると、ロシア軍司令官ベニグセンは、まだ敗北が決定していない段階で撤退した。翌6月にフリートラントでフランス軍が勝利し、ロシア軍が壊滅すると、アレクサンドル皇帝は講和せざるを得なかった。

ドナウ遠征
ヴァグラムの戦い

日付	1809年7月5-6日
兵力	フランス軍/170,000人、オーストリア軍/146,000人
死傷者等	フランス軍/死傷者37,000人、オーストリア軍/死傷者40,000人
場所	ウィーンの東、ドイチュヴァグラム

1809年、オーストリアは無謀にもフランスとの戦争を再開した。4月9日、カール大公率いるオーストリア軍はバイエルンに侵攻。フランス軍が逆襲しウィーンを占領したとき、カール軍はドナウ川の対岸にいた。ナポレオンは対岸への兵の移動を開始したが、5月21-22日、オーストリア軍の猛反撃にあい、大損害を出して撃退された。ナポレオンは7月4日に再度攻撃態勢に入り、翌日に会戦となった。オーストリア軍はほとんど陣形を崩さず、夕暮れになっても勝敗がつかなかった。翌朝オーストリア軍の攻撃で戦闘再開、フランス軍の左翼が脅かされたが、マッセナの軍団が撃退。右翼では、ダヴーが要所の村マルクグラーフノイジードルを攻略。ナポレオンは、騎兵隊と砲兵隊が援護する中、マクドナルト率いる歩兵隊8000を送り込み、とどめを刺した。マクドナルトはオーストリア軍を撃退したが被害も大きく、部隊の約4分の3が死傷した。オーストリア軍は撤退したが、大きな混乱はなかった。3カ月後、オーストリアは、フランスに有利な平和条約に調印した。

城壁突破
ヴァグラム戦役が始まってから早い時期に、フランスのランヌ元帥が急襲によってバイエルンの町ラティスボン(レーゲンスブルク)を攻略した。その際、歩兵が攻城はしごで城壁を登り、それを砲兵隊が援護した。

1750年-1914年

戦列艦

英国軍艦ヴィクトリー号はトラファルガーの戦いでホレイショー・ネルソンの旗艦だったことから、当時、非常に有名になった。

英国軍艦ヴィクトリー号は1778年から1812年まで就役し、ナポレオン戦争時代の英国艦隊の中では最大級の艦艇だった。1765年にケント州チャタムの造船所で進水したが、対フランス戦でオーガスタス・ケッペル提督の旗艦として就役したのは13年後のことだった。1778年と1781年の2回、ヴィクトリー号はフランス北西、ブルターニュ海岸沖のウェサン島付近で先頭を切って戦ったが、いずれの戦いも決着がつかなかった。英国と革命期フランスの戦争のさなか、ヴィクトリー号は1793年に英国海軍の地中海における旗艦となり、ポルトガルのサンヴィセンテ岬沖では、当時フランスの同盟国だったスペインの艦隊殲滅の先頭に立った。この勝利の後、ヴィクトリー号は老朽化を理由に帰港し、囚人用の病院船になった。しかし、ヴィクトリー号の黄金期はこれからだった。1803年、ホレイショー・ネルソン提督の旗艦として再び就役した。2年後、スペインのカディス沖におけるトラファルガーの戦いでは、ネルソンによるフランス艦列突破作戦の最前線を張り、作戦は成功を収めたが、多くの乗組員がフランス軍狙撃兵の銃弾に倒れ、その中には操舵室で息絶えたネルソンも含まれていた。

典型的な軍艦

当時は三層甲板型の軍艦が最強かつ最高級の艦艇であり、ヴィクトリー号はその典型だった。船体の主材はオークで、建造にあたって約6000本の木が伐採されたのも、英国の造船所が世界最大級の産業企業だったからである。ヴィクトリー号は高価な軍用機材であり、建造費は現在貨幣価値に換算しておよそ5000万ポンド（約115億円）と推定される。舷側に搭載された約50門の大砲から実体弾を発射したが、熟練した乗組員ならば1、2分ごとに砲撃できたので、一度の交戦で何百樽もの火

攻撃の的 トラファルガーでのヴィクトリー号。連合国側艦艇の中で最悪の損害を被ったヴィクトリー号は、合計57人の乗組員を失った。

仕様

製造	英国	全長	57m	全幅	16m
進水	1765年	排水量	2,361t	乗員	850人
航海数	37回	兵装	大砲104門	砲列甲板	3層

薬を消費していたと思われる。ヴィクトリー号のような軍艦が海上戦の中心を担ったのは19世紀後半までで、そのころになると、旋回砲塔から炸裂弾を発射する蒸気駆動の装甲戦艦が登場し、海上戦に大変革をもたらした。

錨と大砲 ヴィクトリー号には錨7基（最も重い錨は4.5t）と大砲が104門ある。

砲列甲板 砲列甲板には大砲が取り付けられているだけでなく、大部分の乗組員がここで食事や睡眠を取った。砲撃中、甲板には硝煙が充満するので、乗組員はランタンの灯りを頼りにした。

復元された軍艦
英国軍艦ヴィクトリー号は現在、イギリス南部のポーツマスの乾ドックに入っている。トラファルガーの戦い以前の状態に復元されている。

船尾 ここには艦長、提督、その他士官の船室があった。ヴィクトリー号の船尾は、同号より前に建造された同型の艦艇に比べて装飾が質素であった。

消火バケツ 船尾楼甲板のへりに革のバケツが並んでぶら下がっていた。ヴィクトリー号は木造で、タールで上塗りした索具を使用しているため、火は最大の脅威だった。

医務室 上甲板の前方にあり、船底の方にある手術室と違って、照明や空調設備が整っていた。

船医室 船医室は、喫水線よりも低い最下甲板にあった。

大砲の引き金 引き金の綱を引くと火花が発生し、装薬に着火した。引き金は真鍮製、撃鉄や火皿は鋼鉄製。

角製火薬入れ 各砲手長は大砲に詰める火薬を牛の角に入れて携帯していた。角の先端にはバネ仕掛けの蓋がついていた。

舵輪 船尾甲板の後部にある舵輪を回すには、海が穏やかなときは4人で足りたが、荒波では最大8人必要だった。

船倉 写真の船倉はほとんど空で、底荷として砂利が敷かれ若干の樽があるだけだが、満載すれば、半年間航海できるだけの物資を保管できた。船倉は事務長が管理した。

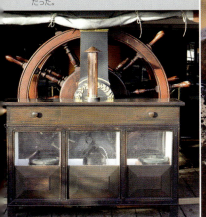
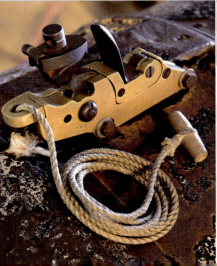

イベリア半島戦争

1807年、フランスとスペインの連合軍がポルトガルへ侵攻した。ナポレオンは英国と欧州諸国の通商を妨げようと大陸封鎖令を発令していたが、ポルトガルが協力しなかったからである。そして1808年5月、フランス皇帝は兄ジョゼフ・ボナパルトをスペイン王に据えた。2つの出来事をきっかけに戦争が勃発し、これが潰瘍のようにナポレオン支配下のフランスを徐々に弱らせることになる。フランス軍がマドリードで民衆暴動を容赦なく制圧すると、スペイン全土で起こった反乱が激しいゲリラ戦に発展し、双方とも容赦ない攻防を繰り広げた。一方、貿易上の利益を死守したい英国は、ポルトガルに軍隊を上陸させる。英国軍はアーサー・ウェルズリー（後のウェリントン公爵）の指揮のもと、フランス軍をイベリア半島から追放するのである。

ヴィメイロの戦い

日付 1808年8月21日
兵力 英国・ポルトガル軍/18,800人、フランス軍/13,000人
死傷者等 英国・ポルトガル軍/700人、フランス軍/2,000人
場所 ポルトガル、リスボンの北

フランス軍がバイレンでスペイン正規軍に降伏すると、2週間後の1808年8月初め、勢いを得た英国軍はアーサー・ウェルズリーに率いられ、コインブラに近いポルトガル海岸に上陸し南へ進軍した。ポルトガルでフランス軍司令官を務めるアンドシュ・ジュノーは、ヴィメイロから海岸へ続く尾根に陣取ったウェルズリー軍と交戦するため、兵を集めて北へ向かった。フランス軍の縦隊は英国軍戦線に沿って攻撃を繰り返したが、敵の集中砲火を浴び、何度も前進をはばまれた。ヴィメイロで撃退されたジュノーは陣地の維持が不可能なことを悟り、英国軍の上級士官と降伏条件を協議した結果、軍隊と装備は英国艦艇によってフランスへ送還されることになった。この合意について英国では激しい抗議が起こった。

スコットランド部隊
ヴィメイロでは軽歩兵隊が戦いに参加した。兵士たちはダチョウの羽がついた帽子を被り、山岳軽歩兵隊に属していた。

ラコルニャの戦い

日付 1809年1月16日
兵力 英国軍/15,000人、フランス軍/20,000人
死傷者等 英国軍/800人、フランス軍/死傷者1,000人
場所 スペイン北西部、ガリシア沿岸

ナポレオンはイベリア半島におけるフランス軍の敗北にいらだち、1808年10月、スペイン北部で自ら大軍の指揮を執る。このとき、ポルトガルの英国軍を指揮していたのはジョン・ムーア卿だった。ジュノーの送還に関する取り調べのため、ウェルズリーは召還されていたのである。ムーアはスペインに軍を進めたが、ナポレオンはスペイン軍を一蹴し、マドリードを占領してしまっていた。スペイン軍が壊滅すると、英国軍はフランス軍の度重なる攻撃を受け、ラコルニャへの撤退を余儀なくされた。厳しい冬の山岳地帯を進軍する中で、英国軍兵士の士気は低下した。しかし後衛は持久戦を巧みに戦い、ラコルニャに到着すると、エルヴィーニャから海岸まで防衛線を張った。1月16日、ニコラ・ジャン・ド・デュー・スルト公率い

ラコルニャへの撤退
1808年の真冬の山越えで、約4000人の英国兵が死亡した。

るフランス軍が英国軍戦線を正面から攻撃し、エルヴィーニャを2度占領したが、結局のところ2度とも英国軍に駆逐された。英国軍は銃弾不足のため2度目の反撃で銃剣を使い、ムーアが致命傷を負った。その晩、ムーアはラコルニャの城壁の上に埋葬された。翌日、英国軍は船で脱出した。

頸甲
頸甲は喉を保護する防具で、英国軍では士官の階級を表した。この頸甲は1800年ころのもの。

タラベラの戦い

日付 1809年7月28-29日
兵力 英国軍/24,000人、フランス軍/47,000人
死傷者等 英国・スペイン軍/死傷者6,500人、フランス軍/死傷者7,400人
場所 スペイン中部、マドリードの南西94km

1809年の初め、差し迫ったオーストリアとの戦い（205ページ「ヴァグラムの戦い」参照）に備え、ナポレオンは軍隊のかなりの部分を連れてスペインを離れた。4月、ウェルズリーは英国軍とハノーファー軍（英国王支配下のドイツ人）の兵約2万8000とともに再びポルトガルへ向かい、そこへ1万6000のポルトガル兵が加わった。フランス軍は2方向から迫った。指揮官スルトはポルトガル北部で軍を率い、ナポレオンの兄でスペイン王ホセ（ジョゼフ）はマドリードの東に向かって進軍したのである。5月にウェルズリーはポルトからスルトを駆逐した。2カ月後、3万のスペイン軍が合流すると、ウェルズリーはマドリード

> 「道中、兵士たちはひどく苦しんだ。……まもなく脳炎が発生し、部隊で深刻な被害が広がった。そして、多くの兵が道端に倒れ、死んだ」
> タラベラへの進軍中、第95ライフル銃隊軍曹エドワード・コステロ（1809）

に向けて退却するもう一方のフランス軍を追い、リスボンから東に兵を進めた。フランス軍は数では劣っていたが、タラベラで追い手との交戦に応じて思い切った攻撃を繰り返した。あと一歩で戦線を突破されかけた

刀と鞘
1800年ころの英国軽騎兵隊のサーベル。刃が重く、一振りで腕を切断したり、頭蓋骨を割ったりすることができた。

ウェルズリーは、本人曰く「ひどい窮地」を瀬戸際になって脱した。苛烈な戦いの後、両軍はともに撤退した。なお、この戦いで彼は「タラベラのウェリントン子爵」の称号を得る。フランス軍はマドリードまで退却し、英国軍はスルトが北から進軍していることを知ってリスボンへ向かった。その後2年以上にわたって英国軍はポルトガルで守勢に立ち、一方、フランス軍がスペインのゲリラから受ける被害は益々拡大した。

イベリア半島戦争　209

サラマンカの戦い

場所 スペイン西部、サラマンカの南

日付 1812年7月22日

兵力 英国・ポルトガル軍／52,000人、フランス軍／48,000人

死傷者等 英国・ポルトガル軍／死傷者4,800人、フランス軍／死傷者と捕虜14,000人

1812年初めより攻勢に出たウェリントン子爵は、ポルトガル・スペイン国境にあるシウダードロドリゴとバダホスを占拠し、スペイン攻撃の好位置についた。6月、英国軍はサラマンカを手中に収めたが、オーギュスト・フレデリック・ド・マルモン元帥率いるフランス軍はその付近から離れなかった。7月22日、ウェリントンは撤退を開始する。マルモンが英国軍を封じようと兵を側面につけたところ、隊列が英国軍前線を越えて細く延びてしまった。そこでウェリントンはエドワード・パケナム将軍を旗頭に攻撃を開始した。英国軍歩兵隊がフランス軍の方陣を破ると、次に騎兵隊が残ったフランス兵を蹴散らした。完全な決着はつかなかったが、英国軍の大砲やマスケット銃による攻撃でマルモンが重傷を負うなど、フランス軍は多くの死傷者を出し、ウェリントンはマドリード占領へ向かうことができた。

歩兵隊の衝突
英国軍第9歩兵連隊が、1814年にフランスのバイヨンヌでフランス軍と交戦する様子。同連隊はサラマンカの戦いで決定的な役割を果たした。

> 「砲撃は激しさを増し、その合間に……パケナム将軍がやって来て……こう言った。『諸君、敵はすぐそこにいるのだ。やつらに諸君の銃剣の威力を少し見せてやれ』」
>
> サラマンカにて、第5歩兵隊モーリー軍曹（1812）

バダホスの攻城戦

場所 スペイン・ポルトガル国境南部

日付 1812年3月16日～4月6日

兵力 フランス軍守備隊／5,000人、英国軍／40,000人

死傷者等 フランス軍／死傷者と捕虜5,000人、英国軍／死傷者5,000人

1812年3月、ウェリントンはフランスからバダホスを奪取することに決める。英国軍は雨とフランス軍の砲弾に悩まされながら、市外に塹壕を掘った。4月6日には城壁に3カ所の突破口が開かれ、夜襲が命じられた。

突破口へ
英国軍がバダホス突入を準備する。バダホスの陥落後、英国軍は大損害の復讐として略奪、強姦、殺人を行った。

最高の名誉
この従軍記章は、バダホスまたはシウダードロドリゴでの健闘を称え授与された。

フランス軍は地雷や尖った杭を道に配し、突破口を囲んで砲列線を張った。襲撃隊は煙と闇で混乱し、英国兵の誰ひとりとして城壁内に侵入できなかったが、そこへトーマス・ピクトン卿率いる部隊が攻城はしごを使って城壁を登り、バダホス城を攻撃した。まもなくバダホスは陥落した。

> 「皇帝は私が攻勢に立つことを望まれる……しかし陛下は、この辺りではほんの少し移動するにも大量の物資を消費し、特に馬の消耗が激しいことを理解しておられない……。相当に貧しい村でも徴発を行うには200人の分遣隊を送る必要があり、われわれは生き延びるために遠く離れ離れにならざるを得なかった。」

戦争の証人
オーギュスト・マルモン
AUGUST MARMONT

オーギュスト・マルモン元帥は、1812年の書簡でスペインにおける戦争の実態をナポレオンに知らせようとした。軍隊が根こそぎ奪ったために食糧は不足し、また徴発隊はゲリラの略奪を受けた。そのため徴発には200人の兵を要したのである。

ビットリアの戦い

場所 スペイン北部、ビルバオの南

日付 1813年6月21日

兵力 フランス軍／50,000人、英国・連合軍／70,000人

死傷者等 フランス軍／8,000人、大砲150門、英国・連合軍／5,000人

フランス軍はサラマンカで敗北したにもかかわらず、ウェリントンとの過酷な戦いは続いた。しかし1813年夏までに、ウェリントンは英国、スペイン、ポルトガルの大連合軍を指揮し、北スペインを通りフランス国境へ向けて進撃する準備を整えていた。スペイン王ホセは急遽ウェリントンの進路をふさごうとしたが、英国軍は指揮官の指示で4列縦隊をとって攻撃し、敵の両側に回って中心を突破した。ホセはやむなく撤退命令を出し、軍は総崩れとなった。フランス軍は物資や財宝といった積荷とともに大砲を置き去りにしたため、それにすっかり気を取られた英国軍は追跡をやめた。10月、ウェリントンの軍はフランスに侵攻した。

1750年～1914年

ナポレオン時代の武器

ナポレオン戦争（1803−15）で用いられた武器は、17世紀にヨーロッパの戦場で普及していたものとほぼ同じだった。フリントロック式マスケット銃に銃剣、剣に槍、少数のライフル銃、そして大砲である。英国のコングリーヴ・ロケットなど、新機軸はごく一部にとどまったが、武器の製造量は未曾有のものとなった。帝政フランスでは小型の武器400万点近くが生産され、1回の戦闘で50万発のマスケット弾が消費されることもあった。

拳銃とカービン銃

フリントロック式マスケット銃はナポレオン戦争で最もよく使われた武器だが、マスケット銃より小型で軽量な拳銃やカービン銃にも活躍の場はあった。「ワーテルローの戦い」（215ページ参照）で英国軍砲兵士官だったアレグザンダー・マーサー大尉は、フランス軍が「無数の散兵を」送り込む様子を書き残している。散兵は「英国軍前線から40m足らずの地点でカービン銃や拳銃を発射し、英国軍をひどく悩ませた」という。多くの騎兵が装塡済みの拳銃2丁を携えて戦闘に赴いたが、これは剣という主要な武器に対する非常用の補助兵器にすぎなかった。対照的に、竜騎兵（一般に戦闘時は下馬する乗馬歩兵）はカービン銃を主要な武器としていた。

ワーテルローにおけるナポレオン
ナポレオン時代の戦争では、ほぼ同じ兵器を用いる軍隊同士が戦った。

1810年ころの英国軍歩兵のピストル
- 止めねじ
- 製造元の標章

マスケット銃とライフル銃

ナポレオン戦争時、密集隊形を組む歩兵隊はフリントロック式マスケット銃で武装していた。進撃中、2、3列の横隊を組んで各列が交代で発砲することにより、最後の75mで攻撃縦隊を取る間に4回の一斉射撃が可能だった。ライフル銃という、16世紀考案の銃身に溝を彫った銃器を用いるのは、依然として狙撃兵からなる特殊連隊に限られていた。

竜騎兵の武器
ナポレオン時代のカービン銃は、初期のモデルより銃身が短かった。竜騎兵はカービン銃をベルトに挟み、右の太もも脇に下げていた。

- 引き金
- 歴戦を物語る台尻
- パッチボックスには布切れが入っており、銃身に弾丸を詰め込む際に使われた。

1805年ころの英国重竜騎兵のカービン銃

ライフル銃
ベーカーライフルは、1800年代初めに英国軍ライフル銃連隊によって使われていた。銃身に溝を彫ることで弾丸に回転が加わり、射程と精度が大幅に向上した。

1810年ころの英国製ベーカーライフル

銃剣はライフルに装着し、または単独でも使用し

銃剣

フリント(燧石)を取り付けた撃鉄

1810年ころのフリントロック式拳銃

剣を構えて
ワーテルローで、突撃中の英国軍騎兵隊がナポレオンの槍騎兵に側面から襲われ、前景ではナポレオンの胸甲騎兵(重騎兵)が敵を粉砕しようと反撃の準備をしている。

フランス製ホルスターピストル

火打ち金(当り金)。ここをフリントで擦り火花を起こす

弾丸を装塡するための込め矢

刀剣類

ナポレオン戦争は、大規模な戦争としては剣が活躍した最後の舞台だった。歩兵隊は剣を使用しなかったが、先に旗を付けた槍で武装する特殊軽騎兵連隊を除き、騎兵隊の攻撃用には相変わらず好まれていた。剣は、他の騎兵隊や、分散した、または集団の歩兵相手には非常に役立ったが、びっしりと銃剣で固められた歩兵隊の方陣に対しては何の脅威にもならなかった。

フリントロック式拳銃
こうした前込め式の滑腔銃は持ち運びは楽だが、一般に精度が低く信頼性に欠けた。

真鍮製の銃身

1810年ころの英国製フリントロック式ラッパ銃

接近戦
ラッパ銃は銃口の広がったフリントロック式の武器である。至近距離で銃弾が散乱するように考案された(しかし後の実験で、実際には散乱しないことが確かめられた)。主に軍艦で、乗り込もうとする敵を追い払うために使用された。

英国軽騎兵の剣と鞘

フランス騎兵の剣

英国騎兵の剣

籠状になった真鍮製の鍔で手を保護する。

弾丸は溝を彫った銃身を通り、最高275mまで飛ぶ

フランス胸甲騎兵の剣

銃剣用の留め金

剣
剣は、形(まっすぐ・弓なり)、用途(切りつける・突き刺す)、鍔の性質で区別される。

ナポレオンの敗北

1812年春、大陸封鎖令を破ったロシアに侵攻するため、ナポレオンは61万4000の兵を招集した。軍隊にはオーストリア、プロイセン、ポーランド、イタリア、スイス、デンマークの兵が加わり、フランス兵は少数だった。2万5000台という膨大な補給部隊に支えられた軍隊は、6月4日にロシアへ向けて出発し、隊列の長さは480kmに及んだ。連絡事項すべてを馬に乗って伝えようにも、この広大な範囲に一貫した命令を行き渡らせることは不可能だったうえ、ロシア軍がモスクワへ向けて退却したため、補給問題がいやおうなく深刻化した。「ボロディノの戦い」後、フランス軍はモスクワを占領したが、ロシアが降伏しようとしなかったため、ナポレオンは冬に悪夢のような撤退を強いられ、再び戻ることはなかった。

ロシア侵攻
ボロディノの戦い

日付 1812年9月7日
兵力 フランス軍/130,000人、ロシア軍/120,000人
死傷者等 フランス軍/死傷者30,000人、ロシア軍/死傷者44,000人
場所 モスクワの西120km

ロシア侵攻から3カ月で、ナポレオンは疲労と疾病から兵の3分の1を失い、実質的な交戦はスモレンスクでの1回にとどまった。9月初め、ロシア軍司令官ミハイル・イラリオーノヴィチ・クトゥーゾフはボロディノでの対戦を決め、川と森に挟まれた高台など、自然地形を利用した大規模な野戦築城を行い、防衛陣地を整備した。ナポレオンはなんとしても決定的な勝利を得たいと、ロシア軍戦線の正面から攻撃を繰り返した。ナポレオンの歩兵縦隊は集中砲火を浴びてはなはだしい犠牲者を出したが、対するロシア軍もフランス軍から同様に猛攻撃を受けている。フランス軍はロシア戦線の中央に築かれた「大堡塁(ラエフスキー角面堡)」という要塞を奪取し、ロシア軍粉砕の糸口をつかんだが、ナポレオンが3万の強力な予備軍を投入しなかったため、クトゥーゾフは残った兵を退却させることができた。

騎兵の攻撃
フランス竜騎兵隊がロシアの要塞「大堡塁」に突撃し、「ボロディノの戦い」を勝利に導く。

ロシア軍の薬莢

モスクワからの撤退
ベレジナ川の戦い

日付 1812年11月26-29日
兵力 フランス軍/85,000人、ロシア軍/65,000人
死傷者等 フランス軍/死者と捕虜50,000人、ロシア軍/死傷者10,000人
場所 ベラルーシ、ミンスクの東

1812年10月19日、ロシアが敗北を認めなかったため、ナポレオンは軍隊にモスクワからの撤退を命じた。食糧と飼料の不足から、何万という兵が野垂れ死にした。11月23日、フランス軍がベレジナ川に到達すると、対岸にはロシア軍が待ち構えていた。唯一の橋は破壊されてもう一方のロシア軍に迫られ、フランス軍は逃げ場を失った。フランス軍はとっさの工夫で、木製の橋2本を建設し始めた。

冷たい川を渡る
ナポレオンの軍がモスクワ撤退後にベレジナ川を渡る。まともな兵は1万足らずだった。

「見ていると、大勢の不運な者たちが橋を渡ろうとして川に落ち、大きな氷の間にのみ込まれていった」
ベレジナ川の渡河について、ナポレオンの近侍ルイ・コンスタン (1812)

約400人の工兵が氷の浮かぶ川に胸まで浸かって作業し、多くの者が寒さで命を落としたり、激流にのまれたりした。11月26日から29日にかけて約3万5000人の兵士が橋を渡り、その間、橋頭堡を守ろうと両岸で必死の戦闘が行われた。その後、フランス軍の工兵は橋を破壊した。

「道はガラスのようだった。馬は倒れても起き上がれなかった。兵士たちは疲弊し、腕にはもう力が入らなかった。マスケット銃の銃身は冷え、手に張りつくほどだった……。兵士たちが次々と道端に倒れ、凍死した……。自分の目で見なければ信じられない、恐ろしい光景だった。」

戦争の証人
J=R・コワニェ
J.-R COIGNET

フランス軍大尉ジャン=ロッシュ・コワニェは、気温が氷点下30℃まで下がった中で行われたモスクワからの撤退について記している。ナポレオンのロシア遠征では、50万人以上の兵士が死亡した。

ナポレオンの敗北

ナポレオン対同盟軍
ライプツィヒの戦い

日付	1813年10月16-19日
兵力	フランス軍/195,000人、同盟軍/365,000人
死傷者等	フランス軍/死傷者と捕虜70,000人、同盟軍/死傷者54,000人

場所 ドイツ、ザクセン州、ライプツィヒ近郊

ナポレオンのロシアでの大敗を受け、1813年にプロイセン、スウェーデン、オーストリアが同盟を結ぶ。フランスは新兵を徴集して軍隊を再編したが、数では絶対的に劣勢だった。ドイツでの戦争は決着がついていなかったため、ナポレオンは10月14日にライプツィヒ周辺の平原に陣地を構えた。10月16日、オーストリア軍がナポレオンに攻撃を仕掛け、10月18日までにはプロイセン、ロシア、スウェーデンの各軍も到着する。多数の犠牲者を出したナポレオンは、エルスター川に架かる唯一の橋を渡り、川向こうへの段階的撤退を開始。19日朝、対岸に1万5000人の部隊を残したまま、フランス軍の工兵が橋を爆破する。川を渡ろうとして溺れた者もあるが、大半は捕虜になった。

同盟軍の勝利

「ライプツィヒの戦い」は、「諸国民の戦い」とも呼ばれ、1914年以前ではヨーロッパ最大の戦闘だった。

ナポレオン対同盟軍
フランス防衛戦

日付	1814年1月29日-3月31日
兵力	フランス軍/110,000人、同盟軍/345,000人
死傷者等	フランス軍/30,000人、同盟軍/50,000人

場所 フランス東部

1814年には、フランスの敗色が濃厚となる。ナポレオンは過去の成功を再現しようと、「国民皆兵」を呼びかけたが、戦争に疲れ応じたのは11万のみで、その多くが16歳前後の若者だった。同盟軍は3方向からフランスに侵攻した。スウェーデン軍はベルギーから進軍し、司令官ゲプハルト・フォン・ブリュッヒャー率いるプロイセン軍はロレーヌへ進行、そしてオーストリアのシュヴァルツェンベルク公カール・フィリップを司令官とする最大の部隊はスイスからフランスへ入った。この絶体絶命の危機ほど、ナポレオンの才能がみごとに発揮された例はない。1月29日から2月18日の間、ナポレオンはブリュッヒャーとシュヴァルツェンベルク公を相手に、小規模な戦闘で勝利を重ねた。同盟軍は和平案を提示したが、ナポレオンは最後まで戦うと主張した。3月になると、同盟軍の数の多さが物を言い始める。9日にブリュッヒャーはランでナポレオンを破り、20日にはシュヴァルツェンベルク公がアルシシュローブで勝利をあげる。ナポレオンは最後の賭けとして、敵をパリから遠ざけようと同盟軍の東へ機動した。しかし同盟軍はこれをあっさり無視してフランスの首都へ侵攻し、パリは3月30日に陥落した。ナポレオンは戦闘続行を望んだが、部下の元帥たちは拒絶。4月6日に皇帝は退位し、地中海のエルバ島に退いた。フランスではルイ18世が即位し、王政復古がなされた。

戦闘の継続

1814年、ナポレオンがフランス防衛に際し、首脳陣を率いる。ナポレオンの敗北は、数で同盟軍に劣り、フランス国民が疲弊していたことが原因だった。

胸甲

フランス重騎兵（胸甲騎兵）の鉄製胸甲はマスケット弾の直撃を防ぐことができた。

1750年-1914年

ナポレオンの決定的敗北

1815年、ナポレオンはエルバ島を脱出してフランスに戻り、1100人からなる軍隊と大砲4門とともにカンヌへ上陸した。ナポレオンを妨害しようと国王ルイ18世が派遣した軍隊は、逆に王政復古に対する憤りからすべてがナポレオンに加担したため、ナポレオンは1発も発砲することなく3月20日にパリへ入城した。英国を筆頭とするオーストリア、プロイセン、ロシアの同盟軍は、前皇帝は法外者であるとして、1814年同様にフランスへの侵攻を準備した。ナポレオンは忠実な古参兵や若い志願兵を集めた軍隊を率い、オーストリア軍とロシア軍が到着する前に、ベルギーで英国軍とプロイセン軍を攻撃することに望みをかけた。ナポレオンが最後に権力欲を示した「百日天下」はあっけなく終焉を迎えたが、3日間で3度の戦いが行われた。

百日天下
リニーの戦い

日付 1815年6月16日
兵力 プロイセン軍/84,000人、フランス軍/70,000-80,000人
場所 ベルギー南部、シャルルロワの北東
死傷者等 プロイセン軍/死傷者16,000人、フランス軍/死傷者12,000人

ナポレオンは同盟軍に気づかれずにパリから軍を進め、6月15日にベルギー国境を越えてシャルルロワを占領した。ナポレオンの前には、ブリュッヒャー率いるプロイセン軍と、ウェリントン指揮下の英国、ドイツ、ベルギーおよびオランダの同盟軍という2つの軍がいた。両軍合わせた兵の数はフランス軍の2倍だったが、ナポレオンはひとつずつ対戦するつもりだった。6月16日、ナポレオンは主力部隊とともにブリュッヒャーの攻撃へ向かい、一方で敵の両軍の間に位置するカトルブラを占領するためネー元帥を送った。ブリュッヒャーはリニーの両側にある稜線沿いに兵を配備した。フランス軍は午後2時30分に攻撃をしかけた。ナポレオンはプロイセン軍を包囲しようとしていたが、この作戦を実行するにはデルロン伯の部隊が到着しなければならなかった。しかしネー(下記参照)から逆の指令を受けたデルロン伯は、手遅れになったころに予期せぬ方向からリニーに現れ、フランス兵はこれをプロイセンの援軍と思い込んでうろたえた。午後8時になってようやく、ナポレオンは疲弊したプロイセン軍の戦列を突破するため近衛軍を投入した。ブリュッヒャーは反撃のため騎兵隊を指揮する最中に落馬し、プロイセン軍は闇に紛れて撤退した。プロイセン軍は敗北したが、壊滅してはいなかった。この不手際が、2日後のワーテルローでナポレオンに跳ね返ってくるのである。

部隊の指揮
リニーでブリュッヒャーが落馬すると、参謀総長アウグスト・フォン・グナイゼナウ(中央)が作戦を引き継いだ。

百日天下
カトルブラの戦い

日付 1815年6月16日
兵力 英国・オランダ軍/32,000人、フランス軍/24,000人
死傷者等 英国・オランダ軍/死傷者5,400人、フランス軍/4,400人
場所 ベルギー、リニーの北西

1810年ころの英国製ベーカーライフル

銃剣

ナポレオンはカトルブラの十字路の占拠を決めた。ブリュッヒャーとウェリントンの軍隊が同地で合流すると見て、そこをフランスの支配下に置けば、英国率いる軍隊がプロイセンの援軍としてやって来るのを阻止できると考えた。しかし、ウェリントン軍の一部隊を指揮するオラニエ公も十字路の戦略的重要性に気づいていた。6月16日朝、ネー元帥が2万4000の兵を引き連れてカトルブラに迫ると、オラニエ公率いる8000のオランダ人部隊が同地を占拠していた。ナポレオンにとって不幸だったのは、ネーの攻撃が遅れたことだ。ネーは午後2時まで待って、ようやく襲撃を開始したが、その間にウェリントンが援軍とともに近くまで来ていた。ネーはデルロン伯率いる2万の援軍を期待していたが、ナポレオンはその代わりデルロンの部隊をリニーに呼んだ。怒り狂ったネーがその命令を撤回して部隊を呼び返した結果、デルロン公は戦場の間をさまようことになった。夕方までにウェリントンは3万超の兵をカトルブラに集結させ、逆上したネーの攻撃も徒労に終わった。夕方、十字路は英国の手中にとどまっていた。翌朝、敵軍が奇妙なほど静かだったため、ウェリントンは戦闘を休止し、ブリュッセルに向かって北へ引き揚げた。ブリュッヒャーも連合軍と連絡を取ろうと、北へ退却した。ナポレオンは大部分の軍とともにネーと合流してウェリントンを追跡し、一方、エマニュエル・ド・グルーシー元帥にはブリュッヒャーの後をつけ、ウェリントン軍との合流を阻止するよう命じた。

戦場の煙
カトルブラを含め、火薬時代の戦場は、発砲するやいなや周辺が煙に覆われた。

歩兵隊の武器
ベーカーライフルは、ナポレオン戦争中に英ライフル銃連隊が使用していた武器である。1815年のウェリントン軍の兵士や士官の多くが半島戦争の経験者だった。

ナポレオンの決定的敗北

百日天下

ワーテルローの戦い

日付 1815年6月18日

兵力 英国・オランダ軍/67,000人、プロイセン軍/53,000人、フランス軍/74,000人

場所 ブリュッセルの南、ワーテルロー周辺

死傷者等 英国・オランダ軍/15,000人、プロイセン軍/7,000人、フランス軍/25,000人

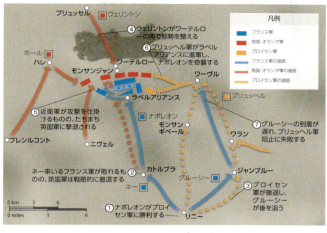

ナポレオンは英国・オランダ軍を追い、ワーテルローの町のすぐ南に位置するモンサンジャンに着いた。ウェリントンが戦いの場に選んだ地である。ウェリントンは稜線沿いに防衛陣地を築き、砲撃を避けるため軍の大部分を斜面の裏側に配した。さらに、右翼のウグモン館と中央のラエサント農場の2拠点に要員を配置した。暁にはフランス軍の攻撃態勢が整っていたが、前日に激しい雨が降ったため、地面が乾くのを待って戦闘を開始した。正午過ぎ、ナポレオン軍の重砲による砲撃が始まるが、ウェリントンの歩兵部隊は戦闘中ほぼずっと、砲弾を避けるために伏せていた。こうした集中砲火が1時間続いた後、フランス軍歩兵隊は4列縦隊でウェリントン軍の中心に向かい、激しい砲火の中を押し進んだが、マスケット銃の一斉射撃に阻まれ、結局は騎兵隊の攻撃に跳ね返された。そこへ、ナポレオンの戦闘開始が遅れたことに助けられ、プロイセン軍がフランス軍の右翼に現れた。ブリュッヒャーは後衛にド・グルーシー元帥の相手を

英国軍士官のいでたち

王立フュージリア連隊の士官がワーテルロー時代に着ていた軍服。

任せ、戦闘に加わるため部隊の大半を進軍させた。その間、ネー元帥は、フランス軍騎兵隊を率いて英国軍歩兵隊の方陣と一連の戦闘を交え、英国軍に大きな被害を与えてこれを撃退した。ラエサントの陥落によって戦局はフランス軍に傾きかけたが、ネーがこの機会を利用しようと予備軍を要請したところ、プロイセン軍と激しく交戦中だったナポレオンは、予備軍などないと答えている。午後7時ころ、最後の賭けに出たナポレ

1769年-1852年

ウェリントン公爵 DUKE OF WELLINGTON

アイルランド出身のアーサー・ウェルズリー・ウェリントンは老練で戦術にたけた人物で、半島戦争での手柄で英雄となった。成功の秘訣は「現場に立ち、自分自身で見たり行動したりする」ことだと考えていた。わけもなく危険を冒すことはなかったが、「ワーテルローの戦い」の間中、英国戦線では傑出した存在感を放っていた。

オンは近衛兵をウェリントンの歩兵隊に向かわせたが、近衛兵は次々とマスケット銃の一斉射撃を受け、動揺して隊列を乱した。その後、フランス軍は総崩れとなり、敗走する軍をブリュッヒャーの騎兵隊が追った。後にウェリントンが語ったように、「かつてない接戦」だった。

> 「砲撃のたびに、芝刈り機で草を刈るように兵士や馬がばたばたと倒れた」
>
> ワーテルロー遠征誌、アレグザンダー・マーサー大尉 (1815)

スコットランド部隊

ワーテルローでは、フランス軍を攻撃する騎兵隊に山岳歩兵隊が加わった。この戦闘で合計9個のスコットランド連隊が戦った。

1750年-1914年

南北アメリカにおける戦争

アメリカ独立戦争後の50年間で、カナダと西インド諸島を除く南北アメリカ大陸から植民地宗主国が一掃された。それ以後は、新興国内における権力闘争や近隣諸国との紛争が、南北アメリカ各地での国際戦争へと発展する。

アメリカの領土拡大
合衆国は1846-48年にメキシコ領のほぼ半分を獲得。西方への領土拡張は土地取引きとインディアン戦争によって達成した。

南北アメリカ対欧州

北米とフランスでの革命に刺激を受けた中南米の新興国は、スペインとポルトガルの軍事力の弱体化に乗じて独立を勝ち取った。1812年の対英戦争が終わると、合衆国は独立国家としての地位を確固たるものにし、ラテンアメリカ諸国への干渉をモンロー宣言で正当化した。そしてメキシコ領の半分を奪取し、キューバからスペインを駆逐し、生産性の高い土地からアメリカ・インディアンを排除して「北の超大国」となった。欧州列強は植民地の大半を失ってもなお南北アメリカ大陸に介入し続けた。しかし「新世界」の支配を「明白な天命」とした合衆国は欧州排除の姿勢をますます強めていった。

皮製の楯
平原インディアンの楯は非常に頑丈で、飛来する矢も防御できた。中央のシンボルは楯の持ち主の身を守るものされていた。

内戦と革命

1791年の奴隷の反乱ののちフランスを駆逐したハイチを除き、南北アメリカ大陸で起こった諸々の独立革命は、各国のエリート階級が勝利に導き、欧州列強は主要な植民地を失った。しかし、他よりはるかに大規模な内戦であった南北戦争でも明らかなように、それで国内における権力闘争が解決したわけではなかった。合衆国が国家として成立し権力を握る一方で、南のラテンアメリカは分裂し弱体のままであった。メキシコも同様で、ポルフィリオ・ディアス大統領の打倒(1911)以降、10年に及ぶ流血の革命が続いた。合衆国はこの紛争で主要な役割を担い、農村のゲリラを敵に回して戦う都市部の指導者を支援し、商人階級が再び勝利を収めた。

首都の焼き討ち
1814年、首都ワシントンがロス将軍率いる英国軍に攻略され、ホワイトハウスなど多数の建物に火が放たれた。

メキシコの革命家たち
給弾ベルトを巻きつけ、部下とポーズを取る北部ゲリラ隊司令官フランシスコ・「パンチョ」・ビリャ(中央)。

インディアン戦争
レッドリヴァーの戦い(1874-75)の戦場のひとつ、オクラホマ。現在はインディアンもバイソンもいない。

米英戦争

1812年、マディソン大統領は米国船に対する英国の高圧的な臨検活動に反発して宣戦布告し、カナダ併合をねらう米国の領土拡張論者がこれに同調した。当初は米国も多少の成果をあげたが、欧州でのナポレオン戦争終結で手が空いて駆けつけた英国の増援隊が、沿岸地帯を封鎖、首都ワシントンの公共建物を焼失させた。結局、英米どちらも決定的な勝利を収められず、1814年に締結された講和条約により、両国が占領した地域はすべて開戦前の状態に戻され、米国はカナダ併合の野心を捨て去ることになった。

エリー湖上の戦い

場所 エリー湖（オハイオ州とオンタリオ州の境界）
日付 1813年9月10日
兵力 合衆国軍／艦船9隻、英国軍／軍艦6隻
死傷者等 合衆国軍／死者27人、負傷者96人、英国軍／死者40人、負傷者94人

エリー湖の制水権の掌握は、米国が領有する北西部領地への補給線確保には必須であった。エリーの造船工は湖上戦用の米国艦艇を9カ月間で建造した。わずか500人という町の人口を考えると、驚異的な兵站業務である。指揮官オリヴァー・ペリー准将は乗組員を集め（その多くは駆け出しの水夫）、戦闘態勢をとらせた。まず、エリー湖のオハイオ州側の入江プットインベイ近くで、ロバート・バークレー中佐率いる英国艦隊と交戦した。しかし旗艦ローレンスが大破したため、ペリーはナイアガラに乗り移って英国の艦隊に突っ込み、舷側を砲撃した。この大胆な行動が決め手となり、バークレーは降伏に追い込まれた。ペリーが勝利を報告すべくハリソン将軍あてに書いた伝言には「われわれは敵と相見え、すべてを捕獲した」という有名な一節がある。この勝利により、合衆国はエリー湖の制水権を確保し、重要な補給路を開いた。英国にとっては大敗北であり、デトロイト砦からの撤退を強いられることになった。

旗艦を替える
戦いの最中、ナイアガラに乗り移るペリー。

ボルティモアの戦い

場所 メリーランド州ボルティモア
日付 1814年9月12-15日
兵力 合衆国軍／10,000人、英国軍／5,000人
死傷者等 不明（両軍とも犠牲は多くはなかった）

1814年秋には、両軍とも目立った戦果をあげられないまま手詰まり状態となった。米国内では、カナダを征服できずにいることで、厭戦の声が高まる。一方、英国の海上封鎖は奏功し、特にニューイングランドでは単独講和交渉が行われた。英国は決定打とすべく、主戦論の強いボルティモアを攻撃目標にした。9月12日、3000の英国軍がノースポイントに上陸し市内に進軍。翌日、軍艦がマクヘンリー砦を砲撃、しかしジョージ・アーミステッド少佐率いる砦の守備隊は抵抗を続けた。降伏に持ち込めなかった英国海軍はノースポイントに戻り、撤退してくる兵を収容した。その後膠着状態が続き、講和の機運が熟する。マクヘンリー砦の防衛に感銘を受けたフランシス・スコット・キーは、後年合衆国国歌に採用される「星の煌めく旗（The Star Spangled Banner）」という詩を書いた。その一節の「のろしの赤き炎」は英国軍が使用した新型のコングリーヴ・ロケットのことである。

ニューオーリンズの戦い

場所 ミシシッピ河口のニューオーリンズ
日付 1815年1月8日
兵力 英国軍／10,000人、合衆国軍／5,000-7,000人
死傷者等 英国軍／死者700人、負傷者1,400人、合衆国軍／死者8人、負傷者13人

ベルギーでガン条約が結ばれて米英戦争が正式に終結し、その知らせが大西洋を越えて届くまで数週間を要した。終戦を知らなかった英国軍のサー・コクラン提督はニューオーリンズ奪取をもくろみ、ジャマイカからの部隊輸送に備えて、50隻超の小型艦艇から成る小艦隊を艤装した。合衆国軍側は、これに先立つ1814年の晩秋、「頑固おやじ（オールド・ヒッコリー）」の愛称で部下に慕われたアンドルー・ジャクソン将軍がニューオーリンズ防衛に赴いていた。12月、英国軍の先遣部隊は、ニューオーリンズまであと行軍1日の地点で援軍を待った。ジャクソンはこの機に乗じてロドリゲス運河まで5km後退し、右手をミシシッピ川に、左手を通行不能な湿地に守られた場所に土塁を構築。1月第1週に英国軍の新規部隊がようやく到着し、サー・エドワード・パケナム将軍の下に集結した。パケナムには、一見したところ脆弱なジャクソンの防御線を突破する自信があった。早朝の霧を利用するため、攻撃開始を明け方と決定したが、西岸の部隊が遅れ、主力縦隊が掩蔽のない平原を前進するほかなかった。さらに悪いことに、土塁を登るはしごを忘れた（兵士の多くはどのみち土塁までたどりつけなかった）。格好の標的となった英国軍部隊は進撃中にばたばたと倒れ、30分もしないうちにパケナム自身も、その下の司令官2人も戦死。英国軍は急遽、撤退した。終戦後の勝利であり、戦局への影響はなかったものの、ジャクソンは英雄となり、のちに合衆国大統領に就任。米国国家の威信もこの勝利で回復した。

戦勝太鼓
1812年に使われた合衆国軍の太鼓。獅子と戦う鷲は英国軍を倒した合衆国軍の勝利を表している。

シャルメット古戦場跡
ニューオーリンズの古戦場跡で、英国軍兵士が次々に倒れていった場所を今なお狙う古い大砲。

名声と権力
ニューオーリンズの戦いで勝利を確信するアンドルー・ジャクソン（右）。この戦いで示した統率力により名声を獲得し、大統領となった。

アメリカ・インディアンとの戦い

18世紀末から19世紀前半にかけて、アメリカ先住民が合衆国東部から徹底的に追い払われた。しかし、平原インディアンに注目が集まり、数多くのハリウッド映画の題材となった戦いが始まるのは南北戦争後のことである。こうした戦いは基本的にはゲリラ戦で、馬に乗ったインディアンが、当初は弓矢を、のちにはライフル銃を用いて奇襲を行った。インディアンの征服において顕著であったのは、米国政府の約束破棄と、入植者が欲しない土地への集団強制移住である。インディアンは抵抗したが、特に1849年に本格的に始まったゴールドラッシュ以降は、西部に押し寄せる白人の波を押しとどめることができなかった。

インディアン戦争
ティペカヌーの戦い

日付 1811年11月7日
兵力 合衆国の遠征軍/1,000人、テカムセの同盟軍/1,000人
死傷者等 両軍それぞれ死者約200人
場所 現在のインディアナ州ラファイエット近郊

1811年、インディアナ準州の知事ウィリアム・ヘンリー・ハリソン少佐は、入植者のために大陸北西部のインディアンの土地に対する所有権の確保を決断。ショーニー族の族長テカムセが、インディアンの領土に侵入する白人への抵抗運動を組織しに出かけて不在であったため、ハリソンはウォバッシュ川をさかのぼり、ショーニー族の集落プロフェッツタウンの近くに野営した。テカムセの留守中、集落はテカムセの弟で預言者として知られるローレワシカの保護下にあった。軍事戦略には疎いローレワシカは軽率にもハリソンの野営地を攻撃させ、ハリソン軍は容易にこれを退けて進軍し、ショーニー族の集落を襲い焼き払った。ぼろをまとった霊媒師として名高いローレワシカはカナダに逃げ、ハリソンはさらに追跡した。1年後にショーニー族は逃亡先のカナダで英国側に付き合衆国と戦っている。ティペカヌーの戦いは実際には勝敗が決しなかったにもかかわらず、ハリソンは大勝利を収めたと主張した。30年後、ハリソンは第9代アメリカ合衆国大統領に就任した。

森での戦い
部下に発砲を命じるハリソン(左端)。実際には、もっと敵味方の入り乱れた戦闘であったと思われる。

インディアン戦争
第2次セミノール戦争

日付 1835年-1836年
兵力 セミノール族/投降時の残存兵4,000人、合衆国軍/不明
死傷者等 合衆国軍/2,000人、セミノール族/数千人
場所 フロリダ

合衆国政府は1830年成立のインディアン移住法を適用して、東部に残存していたインディアンのミシシッピ川以西への強制移動を試みる。合衆国は第1次セミノール戦争でスペインからフロリダを奪取していても、ここで抵抗を続けるセミノール族に立ち退く気はなく、したたかな戦士オセオラに率いられ、血なまぐさいゲリラ戦を開始した(これがインディアン戦争で最長の戦い)。結局、オセオラが和平交渉の席上で捕らえられると、西への退去を余儀なくされた。

インディアン戦争
フェッターマン大虐殺事件

日付 1866年12月21日
兵力 ラコタ族、北部シャイアン族、アラパホ族の連合軍/1,000人、合衆国軍騎兵隊/80騎
死傷者等 合衆国軍騎兵隊全滅
場所 ワイオミングのカーニー砦の外

1849年のゴールドラッシュ以後、ワイオミングを抜けてモンタナの金鉱地へ行く探鉱者の増加を受けて米国政府がボーズマン街道を建設。随所に砦で防御されたこの街道は、ビッグホーン山脈にあるスー族の先祖伝来の狩り場をまっすぐに横断していた。激怒したラコタ族の族長レッド・クラウドは平原インディアン諸部族の同盟を組織、各砦に対し奇襲攻撃を開始した。最大の戦果をあげたのは、包囲された幌馬車隊の救援に急派されたウィリアム・J・フェッターマン大尉率いる縦隊を、若き戦士クレージー・ホースなど1000人を超す戦士が待ち伏せ攻撃した時である。フェッターマンは命令に背いて、ロッジトレイルリッジを越えておとりを追ったが、そこでインディアンが待ち伏せしていた。正午ごろに始まった銃撃戦は30分で終わった。同日のうちに、皮を剥がれ四肢を切断された遺体が見つかった。レッド・クラウドは1868年には平和条約を締結し、合衆国政府がその条約を守ったのはちょうど6年間であった。

皆殺し
生き残った部下とともに、銃で武装したレッド・クラウドの戦士たちに取り巻かれ、死に直面するフェッターマン大尉。

1822年-1909年
レッド・クラウド RED CLOUD

スー族の族長マアピア・ルタ(「赤い雲」の意)は、合衆国に5、6回にもおよぶ大敗北をもたらした。ボーズマン街道に関する抵抗運動を組織以前に、ポーニー族とクロウ族との戦いで指導者としての地位を確立している。自身の息子も含めて、部族の者は白人との和解を拒否したが、彼は武器を捨て、平和協定を守った。自らの文化を守り続けはしたものの、後年キリスト教に入信、英語名も持っていた。

インディアン戦争
レッドリヴァーの戦い

日付 1874年-1875年
兵力 合衆国軍/3,000人、シャイアン、コマンチ、カイオワ、カタカの諸部族/数千人
死傷者等 両軍ともに数百人が死亡
場所 オクラホマ州とテキサス州

1870年代には白人ハンターが南部平原のバイソンを乱獲、激減させた。以前は平和的であったインディアンだが、居留地への乏しい配給に頼る暮らしが戦争へと駆り立て、1874年6月27日、コマンチ族の族長クアナ・パーカーが戦士300人を率いてアドビウォールズのハンターを攻撃する。攻撃は失敗に終わったが、合衆国軍は白人入植地域からインディアンを一掃する口実として利用、南北戦争で使用されたライフルを相当数装備したインディアンを相手に、20もの大激戦を繰り広げた。大きな転機は9月28日の、パロデュロキャニオンの5集落の壊滅である。1000頭超の馬が殺され、冬場の備えも蹴散らされた。1875年6月、餓死寸前のパーカーが降伏し、戦争は終結。ほどなくインディアンもバイソンも南部平原から姿を消した。

アメリカ・インディアンとの戦い

インディアン戦争
リトルビッグホーンの戦い

日付 1876年6月25日
兵力 合衆国軍騎兵隊/600騎、シャイアン族とダコタ（東スー）族の連合軍/600人
場所 モンタナ州リトルビッグホーン川
死傷者等 合衆国軍騎兵隊全滅

レッド・クラウドとの不可侵条約を無視し、一攫千金を狙う金の探鉱者がスー族の聖地ブラックヒルズに流入し続けた。激怒したスー族とシャイアン族はシッティング・ブルの下に連合軍を作って抵抗、インディアン居留地への帰還を拒否すると、合衆国が軍隊を派遣した。アルフレッド・テリー将軍が本隊を率いてイエローストーン川をさかのぼり、ジョージ・カスター中佐率いる第7騎兵隊は、さらにリトルビッグホーン川を渡って敵軍を包囲する作戦であった。スー族の野営地を発見したカスターは、待機命令に反して攻撃に出たが、起伏の多い地形に手こずる。リーノウ隊が攻撃するがほどなく退却。次いで、カスターの本隊がスー族の攻撃を受け、さらにクレージー・ホースの部隊からも急襲されると、カスターは最後の抵抗を試みるしかなかった。馬を射殺して死体を積み上げ防御しようとしたが役には立たず、1時間ももたずに全員戦死。もっとも、スー族の勝利はつかの間のものにすぎず、兵力を増強した合衆国軍が1881年にシッティング・ブルを降伏させた。

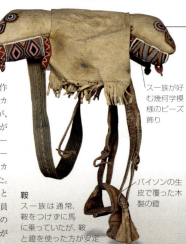

鞍
スー族は通常、鞍をつけずに馬に乗っていたが、鞍と鐙を使った方が安定感が増す。上のイラストは鹿の毛を詰めた「パッドサドル」である。

↑スー族が好む幾何学模様のビーズ飾り
↓バイソンの生皮で覆った木製の鐙

「敵は部隊を分け、一部隊が（スー族の）野営地めがけて突っ込んできた。スー族はそれを川向こうへ追いやってから、下にいるカスターの本隊を襲い、混乱に陥れた。多くの兵士が、愚かにも銃を投げ捨て両手をあげて言った。『後生だから殺さないで捕虜にしてくれ』」

戦争の証人
スー族（ラコタ派）の族長 レッド・ホース
LAKOTA CHIEF RED HORSE

リトルビッグホーンの戦いについて語ったレッド・ホースの言葉を1881年に記録した絵文字が残っている。合衆国軍の兵士を「愚か」と形容したことから、スー族の理想の戦士像が読み取れる。対照的に、カスターの勇猛さには心底感服していた。

渡河
リーノウ隊がリトルビッグホーン川を渡った場所。カスターの戦場はこの右手にある。

インディアン戦争
ネズパースの戦い

日付 1877年6月-12月
兵力 ネズパース族の戦士/250人、合衆国軍/5,000人
場所 アイダホ州、オレゴン州、モンタナ州
死傷者等 ネズパース族/239人（女性と子供も含む）、合衆国軍/266人

ネズパース族は当初、白人と平和裡に共存していた（「ネズパース」とは鼻ピアスの風習にちなみフランス語で「穴を開けた鼻」の意）。だが、先祖から引き継いだコロンビア高原の土地で金が発見されるや、状況が一変する。1863年には合衆国政府が採鉱を許可すべくネズパース族居留地の4分の3の返還を要請。白人とインディアンの間で相互の襲撃が激化したため、族長ジョーゼフは一族の未来をカナダに求め、1877年、部族の者を従えて、インディアン史上最長といわれる北への旅に出る。これをオリヴァー・O・ハワード将軍の部隊が追い、カナダまであと65kmのベアポー山脈で包囲。5日に及ぶ戦闘の末、膠着状態に陥ったが、疲れ果てたジョーゼフらは、合衆国政府軍に援軍が到着すると知って降伏。ジョーゼフ族長は入植者の敬意を集めたが、部族全体は父祖伝来の地から遠く離れたオクラホマ州に追放されてしまった。

←カエデ材の弓
矢筒の矢は20本前後
獣皮製の矢筒

少年用の弓
ネズパース族の男は幼少期からウサギなどの小動物を追いかけて弓矢の練習をした。

インディアン戦争
ウンデッドニーの虐殺

日付 1890年12月29日
兵力 スー族/数百人、合衆国軍騎兵隊/不明
場所 サウスダコタ州ウンデッドニークリーク
死傷者等 スー族/死者約150人、負傷者30人、合衆国軍騎兵隊/死者25人、負傷者30人

1880年代末にはスー族の居留地は大幅に縮小され、部族民は日々の食物にも事欠くほどだった。餓死寸前となったスー族は霊力に救いを求め、地上からの白人追放を意図した「ゴーストダンス」の儀式に頼った。こうした動きに脅威を感じた合衆国政府は軍隊を送り込んで指導者らを逮捕した。逮捕された一人、族長のシッティング・ブルが殺害されると、数百人のスー族が余命いくばくもない族長ビッグ・フットに率いられて居留地を去ることを決定。しかし12月28日、第7騎兵隊に無抵抗のまま投降。翌朝、武装解除をめぐって乱闘となり、騎兵1人の落馬をきっかけに軍隊が介入。棍棒とナイフしか持たないインディアンと、機関銃を装備した軍隊との「戦闘」となった。結局、女性と子供も含めたスー族の大虐殺となり、事実上、北米インディアンの征服が完遂された形になった。しかし1973年にも、「アメリカ・インディアン運動（AIM）」の運動員200人がウンデッドニーを占拠、3カ月間立てこもった後、降伏するという事件が起きた。

虐殺の慰霊碑
ウンデッドニーの虐殺の慰霊碑。「ウンデッドニーの虐殺」の名そのものが、アメリカ先住民に対する不当行為を表す代名詞となった。

1750年-1914年

南アメリカの戦争

19世紀初頭にはスペインが南米の大半を占領していたが、その後30年も経たないうちに続々と独立運動が起こり、新たに独立した国々がスペインを南米から完全に駆逐してしまった。残念ながら新興諸国はシモン・ボリバルの描いた南米統一の夢を裏切り、ほどなく領土と支配権をめぐって対立し、多くが流血の紛争へと発展した。

独立戦争

独立派反乱軍とスペイン王党派の戦い。この一連の独立戦争の英雄はベネズエラのシモン・ボリバルとアルゼンチンのホセ・デ・サン＝マルティン。1825年に独立した上ペルーは、ボリバルにちなみ国名に「ボリビア」を採用した。

チリ独立戦争
チャカブコの戦い

日付 1817年2月12日
兵力 反乱軍／3,000人、王党派軍／1,500人
死傷者等 反乱軍／死者12人、負傷者120人、王党派軍／死者500人、捕虜600人
場所 チリ、サンティアゴのすぐ北

1816年にアルゼンチンが独立を宣言すると、南米独立運動の指導者ホセ・デ・サン＝マルティンはチリ独立の支援に動き出した。1817年1月、サン＝マルティンはチリ独立運動の指導者ベルナルド・オイギンスとともに5000の軍隊を率いて20日にわたる壮絶なアンデス越えを敢行。道中、約2000人が寒さと高山病で倒れた。これだけの大損害を被りながらも、サン＝マルティンはラファエル・マロト将軍率いるスペイン王党派軍の不意を打つことができた。マロト将軍が急遽、召集した兵士はわずか1500人。そのマロト軍は2月11日の正午にはサンティアゴのすぐ北のチャカブコに集結したため、サン＝マルティンは翌日の明け方に攻撃を決定。開

勝利の平原
かつて流血の戦場となった平原を見下ろす、アンデス山脈のフィッツロイ山やトーレ山。

ホセ・デ・サン＝マルティン
果敢に攻撃を指揮するサン＝マルティン。高潔無私の軍人であった。

戦ののち、まずスペイン軍歩兵隊がオイギンス隊を撃退したが、サン＝マルティンがスペイン軍騎兵隊に擲弾攻撃をしかけ、その間にオイギンスは隊を立て直し、敵側面を攻撃。兵力劣勢の王党派軍は潰え、勝利した反乱軍は解放者としてサンティアゴに迎えられた。この勝利によりサン＝マルティンは英国海軍提督トマス・コクランの支援を得てチリの解放に着手。カンチャラヤダの大敗北など、反撃にも見舞われたが、最終的にはマイプーの戦いで勝利をあげ、チリの独立を実現、オイギンスはチリの初代元首に就任した。

ヌエバグラナダの独立
ボヤカの戦い

日付 1819年8月7日
兵力 反乱軍／3,000人、王党派軍／3,000人
死傷者等 王党派軍／死者100人、捕虜1,800人
場所 ボリビア、ボゴタ郊外

1819年7月、ヌエバグラナダ（現在のコロンビアとベネズエラ）における権力闘争が本格化した。反乱軍はボリバル将軍とデ・パウラ・サンタンデル将軍の指揮下、7月12日にガメサ、7月25日にバルガス川における

ボヤカでの降伏
ボヤカの戦いでボリバルの反乱軍に降伏する王党派軍。この戦いでは左下の橋が重要な目標地点となった。

前哨戦でスペイン軍を破り、8月5日にトゥンハを攻略。最終戦は2日後、ボゴタ市郊外で行われた。サンタンデル隊がボヤカ川にかかる橋付近でスペイン軍前進部隊を阻止、同時にそこから1km離れたところでボリバル隊がスペイン軍主力部隊を攻撃した。ボリバル隊がスペイン軍左翼を攻撃する一方、歴戦の英国人傭兵部隊が正面攻撃を行って騎兵隊を撃退。結局、反乱軍が決定的勝利をあげ、スペイン軍指揮官を含む約1800人を捕虜にした。3日後、ボリバルはボゴタに入城、ヌエバグラナダの解放者として迎えられた。そして暫定政府を樹立後、サン＝マルティン率いる南部の反乱軍と合流すべくエクアドルと中央アンデスに進軍した。

南アメリカの戦争

コロンビア共和国の建国
カラボボの戦い

日付 1821年6月24日
兵力 反乱軍/6,500人(英国とアイルランドの義勇軍を含む)、王党派軍/5,000人
死傷者等 不明(ただし両軍ともに被害は甚大)
場所 カラカス近郊の平原(現在のベネズエラ)

スペインで自由主義勢力が樹立した革命政府の指示により、パブロ・モリージョ将軍は1820年11月、ボリバル軍との間に休戦協定を結んだ。しかしボリバルは協定を破棄してマラカイボ湖にある王党派軍の要塞を攻撃し、両軍はカラボボの平原で交戦。ミゲル・デ・ラ・トーレ将軍の指揮する王党派軍は士気阻喪し、脱走により兵力も激減していた。ボリバルは縦隊を組んだジャネーロ(南米の平原に住むカウボーイ)と英国人義勇軍に側面攻撃を、騎兵隊に正面攻撃を命じた。反乱軍の将校多数も含めて、両軍ともに多大な損害を被ったが、デ・ラ・トーレ軍は壊滅。ボリバルはこの勝利によりコロンビア共和国が誕生したと宣言した。

1783年-1830年
シモン・ボリバル SIMÓN BOLÍVAR

「解放者」として知られるボリバルはカラカスの名家に生まれた。欧州で遊学中に啓蒙思想を研究し、ラテンアメリカ独立の必要性を確信。1807年に帰国すると革命の指導者となり、後年、コロンビアとペルーの大統領にも就任した。著作『ジャマイカ書簡』では、ラテンアメリカ統一構想の概要をまとめた。亡命中、47歳で客死。

ペルー独立戦争
アヤクチョの戦い

日付 1824年12月9日
兵力 反乱軍/6,000人、王党派軍/9,000人
死傷者等 王党派軍/死者2,000人
場所 ペルー、アヤクチョ近郊の高原

北ではヌエバグラナダが、南ではチリが反乱軍の支配下に入り、スペインにとってペルーが南米最後の飛び領土となった。ベネズエラにおけるボリバルの有能な部下アントニオ・ホセ・デ・スクレは南米全土から兵を徴集し指揮したが、兵力では敵が優勢で、反乱軍の10倍もの大砲を装備していた。劣勢にもかかわらず、スクレはアヤクチョ近郊の高原にいたスペイン軍を襲撃した。まず、コロンビア人ホセ・マリア・コルドバに大胆な騎兵攻撃を命じて開戦、短時間のうちに何千もの王党派軍兵士の命を奪った。副王も将軍たちも捕虜となり、降伏条件にペルーとチャルカス(現在はボリビア国内)からのスペイン全軍の撤退が盛り込まれた。1826年1月、スペイン軍最後の部隊がリマから出港すると、スペインの南米占領が終了して新共和国の独立が確固たるものとなった。

記念碑
ペルーのキヌア高原にそびえ立つアヤクチョの戦いの印象的な記念碑。

カセロスの戦い
カセロスの戦い

日付 1852年2月3日
兵力 ロサス軍/約25,000人、連合軍/25,000人
死傷者等 ロサス軍/死者1,400人、捕虜7,000人、連合軍/死者600人
場所 ブエノスアイレスの北西16km

1835年、ブエノスアイレス州出身の気性の荒い牧場主フアン・マヌエル・デ・ロサスがアルゼンチンの政権を握った。17年にわたるその統治時代は、自らの肖像画をあらゆる公共の場や教会に飾るなど、極端な自己崇拝が際立っていた。反対勢力は、スパイの組織網とラ・マソルカと呼ばれる秘密警察によって弾圧された。ロサスの独裁政治は強い反発を生み、1852年、かつてロサスの腹心の友であったフスト・ホセ・デ・ウルキサがブラジル、ウルグアイと同盟を結び、反旗を翻した。この結果、起こった戦いは、南北戦争以前ではラテンアメリカ史上最大の武力衝突となった。まずウルキサが自ら騎兵攻撃を先導し、右翼を撃破。その後、長い白兵戦が続いたが、勝敗はすでに明らかであった。ロサス軍の多数の部隊が戦闘開始前から降伏しており、残りの部隊も戦意をほとんど喪失していた。ロサス自身も騎兵の大半とともに逃走し、英国に亡命。ウルキサの勝利によって合衆国式の憲法が導入されたが、皮肉にも、ロサスが国家統一を成し遂げていなければ、これは不可能であった。

赤い軍隊
独特の赤い軍服を着たロサス軍の兵士。ロサスに敬意を表して、全員に赤い軍服の着用が義務付けられていた。

パラグアイ戦争
パラグアイ戦争

日付 1865年5月1日-1870年3月1日
兵力 パラグアイ軍/50,000人、アルゼンチン・ブラジル・ウルグアイの三国同盟軍/500,000人
死傷者等 パラグアイ軍/死者300,000人
場所 パラグアイ

ラテンアメリカ史上、最もむごたらしい武力衝突である。パラグアイの独裁者であり領土拡張主義者であったフランシスコ・ロペスが南米最大の軍を組織し、1865年、アルゼンチンとブラジルに侵攻した。これを受けて、アルゼンチンはブラジル、ウルグアイと同盟を結び、パラグアイに宣戦布告。パラグアイ軍は兵力10分の1と劣勢になり、ほどなく駆逐された。パラグアイが勝利した初期のクルパイティの戦いなど、一連の激しい交戦で両軍ともに甚大な損害を被り、戦争は長引いた。1868年、ブラジルのマルケス・デ・カシアスが最高司令官に就任し、パラグアイ軍の防御がついに崩れて首都アスンシオンが陥落。ロペス自身は1870年3月1日に戦死。人口150万人の小国家パラグアイにとって、この戦争は国家的な自殺行為であった。20万人が生き残ったとされているが、そのうち男性は3万にも達しなかった。さらに、国土の4分の1がアルゼンチンとブラジルに奪われた。

修羅場となったクルパイティ
クルパイティで攻勢に出るアルゼンチン軍。パラグアイ軍の土塁に突入するため、はしごを携えている。

1750年-1914年

メキシコの戦争

「ポルフィリオ期」と呼ばれている35年間の平和な統治時代を唯一の例外として、メキシコ独立後の100年は戦争が絶え間なく続いた。中央政府は弱体化し、国民はカトリック教会保守派と、教権に反対する自由派とに大きく分裂した。この分裂は内戦を招き、10年の長きにわたる革命へと発展する。メキシコの抱えていた問題は諸外国の相次ぐ介入により悪化した。たとえば合衆国との間で行われた破滅的な戦争では、北部諸州の割譲とフランスの侵略を招いた。独立戦争や、その1世紀後の革命でも使われた、メキシコの古典的な戦法は、騎馬隊によるゲリラ戦法であった。

テキサス独立戦争
アラモの戦い

日付	1836年2月23日-3月
兵力	メキシコ軍／2,000-6,000人、テキサス義勇軍／184人
場所	テキサス州サンアントニオ
死傷者等	メキシコ軍／死傷者1,000人、テキサス義勇軍／死者184人

1830年までに約3万の合衆国移民がメキシコ領テキサス州に入植した。主権を脅かされると感じたメキシコ政府は国境を閉鎖し、テキサスに対して制裁措置を取った。しかし1836年にそれまでのテキサス州の権利を剥奪した新憲法が制定されるや、テキサス軍は反乱を起こし共和国としての独立を宣言、テキサス独立戦争が始まった。テキサス志願兵部隊の先遣部隊は、サンアントニオからメキシコ軍を撃退し、サンアントニオデバレロの伝道所の廃墟を占拠した。かつ

> 「確かに私は熱烈な忠誠と偽りのない誠意をもって、わが身の解放に狂喜しましたが、間もなくそれが愚かな考えであったことを悟りました。今後100年、わが同胞は自由には値しない存在であり続けるでしょう」
>
> テキサス軍の捕虜となったのち、同胞に幻滅したアントニオ・ロペス・デ・サンタ・アナの言葉（1836）

突破
メキシコ軍がアラモ砦の防御を突破する劇的瞬間を描いた版画。

てここに駐屯していたスペイン軍騎兵隊は、伝道所を取り巻くハコヤナギの森にちなんで、ここをアラモ（スペイン語で「ハコヤナギ」の意）と名付けた。サム・ヒューストンを始めとするテキサス軍指揮官らは、無防備なこの伝道所からの撤退を促したが、志願兵はこれを拒否。大統領サンタ・アナ自らが率いるメキシコ軍はリオグランデ川を渡り、伝道所を包囲した。アラモの守備隊には伝説的な開拓者ジェームズ・ボウイとデイヴィー・クロケットもおり、13日間持ちこたえたが、ついにメキシコ軍が外壁を突破し、兵力で圧倒した。サンタ・アナは、男子はみな捕虜とはせず殺害するよう命じ、生き残ったのは少数の女性と子供だけであった。1カ月後、ヒューストンがサンジャシントでサンタ・アナを破り、今度はテキサス軍が勝利し、アメリカ人の移住者が独立を果たした。しかしメキシコ側は、1845年にテキサスが合衆国に併合されるまで独立を認めなかった。テキサスの住民にとって、アラモ砦とその守備隊は英雄的な抵抗運動の象徴となった。

1794年-1876年
サンタ・アナ SANTA ANNA

アントニオ・ロペス・デ・サンタ・アナは、独立を果たしたばかりのメキシコで野心的な将校として2人の大統領の軍事作戦に参加し頭角を現した。結局は寝返り、両大統領の退陣に一役買った。その後、大統領に選出されたもののテキサスでの敗北で失脚。2年後、ベラクルスでフランスと戦って左足を失うが、再び大統領に就任。1847年に米墨戦争で敗北し、亡命。1874年に帰国し、2年後に82歳で死去。

アラモを忘れるな
アラモ砦は修復され、史跡として保存されている。すぐ脇に掲揚されているのはテキサス州旗。

メキシコの戦争

米墨戦争

ベラクルス港の攻略作戦

日付	1847年3月-9月
場所	メキシコ東岸、ベラクルス港
兵力	合衆国軍/正規軍25,000人、志願兵70,000人、メキシコ軍/正規軍20,000人
死者数等	合衆国軍/6,000人、メキシコ軍/数万人

1845年、米連邦議会がテキサス併合法案を可決し、テキサス共和国政府も快諾した。領土拡張に積極的な時の米大統領ジェームズ・ポークは、争点となっていたメキシコ国境の取り決めと、メキシコ領であったニューメキシコとカリフォルニアの買収のため、メキシコシティーに交渉団を派遣した。これがメキシコに黙殺されると、ポークは問題の地域に軍隊を派遣、メキシコも反撃に出た。こうしてポークの狙いどおりに開戦となり、カリフォルニアとニューメキシコは容易に占領できたが、合衆国軍司令官ザカリー・テイラーはさらなる南進には消極的なようであった。戦況が膠着状態に陥ったため、ポークはウィンフィールド・スコット将軍に、海路、要衝港ベラクルスの攻略を指示。スコット隊はベラクルス港を難なく攻略し、セロゴルドとチャプルテペックでサンタ・アナ将軍配下のメキシコ軍を撃破、メキシコシティに進軍して1847年9月14日に攻め落とした。メキシコにとって敗北の代償は大きかった。サンタ・アナは国外追放となり、グアダルーペイダルゴ条約により、メキシコはテキサスからカリフォルニアに至るまで領土の約半分を失った。以来、この戦争はメキシコ史に残る汚点とされてきた。それを物語るのがこの戦争の呼称で、合衆国では中立的に「米墨戦争」と呼ぶのに対し、メキシコでは今なお「米国のメキシコ侵略戦争」と称している。

> 「われわれの明白な天命は、神がお与えくださったこの大陸でわが国が拡大することである」
> ジョン・L・オサリヴァン『USマガジン・アンド・デモクラティック・レヴュー』誌(1845)

コルト・リヴォルヴァー

開拓時代の米国西部を象徴する武器リヴォルヴァー(回転式連発拳銃)は、1835年にサミュエル・コルトが特許を取得し、翌年、テキサス革命で初めて使用された。「リヴォルヴァー」の名は、小型ピストルが1発か2発しか発射できないのに対し、5発から6発が発射できる回転式弾倉にちなむ。テキサス革命で戦果をあげたことを受け、米国政府は米墨戦争中、1000丁を発注。コルト・リヴォルヴァーは既存の銃では最高の人気を博した。写真は1860年代のモデル。

回転式弾倉 コルトの回転式弾倉は「古典」である。再装弾せずに6発まで発射できた。

撃鉄　装填口　6発弾倉　装填レヴァー
弾倉取り出しボタン
真鍮製のトリガーガード
クルミ材のグリップ　トリガー引き金　架杖

仕様

製造地	アメリカ合衆国	全長	34.3cm
銃身長	190mm	口径	44
製造初年	1836	重量	113g

フランスのメキシコ出兵

日付	1862年1月-1867年3月
場所	メキシコ東岸
兵力	プエブラの会戦 メキシコ軍/2,000-4,000人、フランス軍/6,000人
死傷者等	プエブラの会戦 フランス軍/死者1,000人、メキシコ軍/信頼できる推計なし

メキシコでは1860年には保守派と自由主義派が激突する内戦状態となっていた。国庫が事実上破綻し、自由主義派の大統領ベニート・フアレスが対外債務の支払いを延期すると、英国、スペイン、フランスが債務回収のため干渉に踏み切った。3国とも出兵し1862年1月までにベラクルスに上陸したが、英国とスペインはナポレオン3世のメキシコ全土征服の意図を知り撤兵。フランス軍は首都制圧をもくろみ進軍したものの、プエブラ要塞ではばまれ、5月5日、地元の軍勢と対峙。フランス軍は堅固な防禦陣地に正面攻撃を強行したが、イグナシオ・サラゴサ将軍率いるメキシコ軍に撃退された。このメキシコ軍の名高い勝利は、国民の祝日「プエブラ戦勝記念日」として今も祝われている。ところがプエブラは翌年3月、援軍3万を得たフランス軍に攻略され、ハプスブルク家の大公マクシミリアンがメキシコ皇帝として即位。しかしメキシコ軍のゲリラ作戦に押されてフランス軍が1867年3月に撤退すると、フアレスはメキシコシティーを奪還し、武運に恵まれなかったマクシミリアンは捕虜となり銃殺された。

メキシコ革命

日付	1910年-1920年
場所	メキシコ
兵力	政府軍、サパタの農民ゲリラ軍、ビリャの騎馬ゲリラ隊等
死傷者等	兵士、市民/戦死約1,000,000人

1910年、若き農園主フランシスコ・マデロが、長期独裁体制を敷いたポルフィリオ・ディアスに対抗して大統領選挙に立候補。ディアスは正式に勝利を収めたが、マデロが獄中から武装蜂起を呼びかける。1911年5月、反乱軍が米国境の要衝シウダー・フアレスを占領、ディアスは亡命した。マデロは大統領に就任したものの、反乱軍を統率できない。南部農民運動の指導者エミリアーノ・サパタは大統領にインディオへの土地の返還を要求したが拒否され、マデロもディアスと変わらないと独自に革命を宣言。心情的には民主主義者であったマデロは、動揺しているうちに、身内の軍最高司令官ヴィクトリアーノ・ウエルタの画策で殺害されてしまう。ウエルタは米国から暗黙の支持を得、政権確立を図る。対抗したのが、サパタの他、馬賊の頭目「パンチョ」・ビリャ率いる貧農軍、さらにはエリートの反体制派ベヌスティアーノ・カランサであった。1914年、こうした軍勢が米国の後ろ盾を得てウエルタを打倒。ところが革命軍の内部対立が激化し、カランサがサパタとビリャを攻撃。ビリャは進撃を続けたが、1915年、セラヤで、カランサの有能な指揮官アルバロ・オブレゴンに大敗北を喫する。カランサは正式に大統領に就任、1919年にサパタを殺害したが、1年後、オブレゴンが反乱を起こしてカランサを暗殺し、大統領に就任。この革命では商人階級が勝利者となった。ビリャは1923年に殺害された。

女兵士
メキシコ革命では女性もゲリラ軍の一員として戦った。中流の知識階級が大半で、自分の馬と銃を所持していた。

「やらせ」の戦闘
砲撃要員を配備した政府軍。両軍とも特にニュース映画のために砲撃を行った。

1750年-1914年

南北戦争

1860年、奴隷制の拡大に反対していたエイブラハム・リンカーンが大統領に当選すると、南部の11州が合衆国から脱退してアメリカ連合国（南部連合国）を結成した。1861年4月、南部の勢力圏中に孤立した北軍部隊が立てこもったサウスカロライナ州のサムター要塞が砲撃され、これを皮切りに流血の戦争が4年間続いて60万の命が失われた。

北部と南部

南部連合国の人口が900万人であったのに対し、北部の合衆国は2300万人であった。また、全米の鉄道と製造業の大半は合衆国側にあった。戦時中、北部でスプリングフィールド・ライフルが150万丁近く製造されたのに対して、南部では、軍事産業の創出や欧州からの武器の調達に力を注いだにもかかわらず、軍靴から火薬にいたるまで、あらゆるものが不足した。アメリカ合衆国陸軍の正規軍は1万6000人しかなかったため、南北ともに州民兵や志願兵を動員して新たに軍隊を組織しなければならなかった。最終的に動員した兵力は、南軍の110万人前後に対し、北軍は280万人であった。北軍は海上兵力でも圧倒的に優勢で、南軍の港を次々に封鎖し、海岸伝いに上陸作戦を実施した。その代表例として挙げられるのが、ニューオーリンズ陥落（1862）につながった上陸作戦である。兵力の格差を見せつけられた南部は、英国やフランスの介入を期待して海外に支援を求めた。しかし奴隷制の問題が障害となって、南部は諸外国の共感を得られなかった。

ブラッグの礼装
南部連合軍将軍ブラクストン・ブラッグの礼服と剣。礼服は毛羽立て加工の青灰色の毛織物を仕立てたもので、襟元には金の縁取りと金の階級記章がついている。礼装用の剣は、鉄の刃に酸によるエッチングが施されている。

南北戦争

脱退した南部諸州が合衆国に復帰したのは、4年にも及ぶ戦争の終結後であった。戦争資源の点で北部が優位であったが、南部の抵抗が予想外に長引き、犠牲が大きくなった。

1807年-1870年
ロバート・E・リー ROBERT E. LEE

南北戦争の開戦時、米国陸軍大佐であったリーは、合衆国陸軍の総司令官に就任を要請されたが、ヴァージニア州の上流階級の出身であったため南部連合軍に加わった。1862年夏の七日戦争では卓越した軍事的才能を見せた。兵力の優勢な敵に対する最良の防御法として、攻撃的な戦術を取り入れたことが特徴である。ゲティスバーグの戦いでは大敗したが、部下からは愛され、敵からは尊敬された。

装甲艦
合衆国軍(北軍)はミシシッピ川での軍事作戦のため、平底、外輪の砲艦を造った。装甲鋼板で守られたこうした砲艦は、川沿いに築かれた南部連合軍(南軍)の要塞を攻撃するのに使われた。

近代化の影響

南北戦争は、よく「最初の近代戦争」と言われるが、新旧移行時の戦争と言った方がよいだろう。「初めて」という点で特に注目に値するのは、1862年3月に起きた蒸気装甲艦モニター対ヴァージニア(メリマック)の海戦である。鉄道と電信は長距離戦には非常に重要な役割を果たしたが、切られやすく防御の難しい電線に依存しなければならないという弱点があった。歩兵戦は、ミニエー弾を使う前装式のライフルマスケット(素早い装填と正確な射撃が可能)という移行技術に頼っていた。後装連発式ライフルのような先進的な銃器は狙撃兵や騎兵が使用し、広く用いられることはなかった。大砲には実体弾または信管を装着した砲弾が使われたが、これはナポレオンの時代のものからわずかに進化したにすぎない。

戦時写真
合衆国軍将軍ジョーゼフ・フッカー。撮影は、戦場写真家の草分けの一人マシュー・ブレイディ。ブレイディは、戦争をロマン視していた大衆に戦場の現実を突きつけた。

1809年-1865年
エイブラハム・リンカーン ABRAHAM LINCOLN

リンカーンは実戦経験がなかったにもかかわらず、戦時大統領として並外れた手腕と決意をもって数々の問題に対処した。奴隷問題を巧みに扱ったおかげで、4つの重要な奴隷州が合衆国軍に残り、戦争に全力を傾注したおかげで、参戦に及び腰だった者の結束も保つことができた。グラントとシャーマンの2人が求めていた将軍だとわかると、完全勝利を目指して徹底支援した。戦争終結直後の暗殺は、米国にとって悲惨な出来事であった。

消耗戦

南北戦争での死者は戦闘より病気によるものが多かったが、戦場における死傷者数は衝撃的なレベルに達した。要塞や砲台に守られライフルマスケットで防衛する敵を相手に戦う歩兵隊が甚大な被害を被った。防衛が主となる戦場では騎兵は活躍しなかった(深部攻撃においては重要な役割を演じたが)。決定的な勝利をあげることが難しかったことから、合衆国軍は残忍ではあるが首尾一貫した消耗戦術を取った。その目的のひとつは、南部の一般市民の戦意喪失である。結局62万人の兵士(北軍36万人、南軍26万人)と無数の一般市民が犠牲となったが、これは現在までに米国が参加した戦争の中では最多である。

捕虜収容所
ジョージア州のアンダーソンヴィル捕虜収容所では、約1万3000人の合衆国軍兵士が放置され病いを得て死んでいった。所長のヘンリー・ワーズ大尉は戦犯として処刑された。

合衆国軍の記章
合衆国軍の歩兵用の、大砲を交差させた記章。兵帽につけ、この記章の上には、所属する歩兵連隊の番号をつけていた。

民兵
各州がそれぞれ独自の軍隊(州民兵)を動員し、開戦時にはそれが南北両軍の中核となった。写真はハーパーズフェリーのニューヨーク州第22б団。

南北戦争

果たせなかった早期決着

南北戦争の開戦直後、ウィンフィールド・スコット将軍が立案した「アナコンダ作戦」を賢明にも採用した北軍は、大西洋岸の海上封鎖で南軍の拠点港を押さえ、西部戦線で河川と鉄道による補給線を掌握することによって、南軍を経済封鎖できるはずであった。一方、南軍は守勢に回り、海外からの支援を求めた。ところが両軍ともに士気が上がり、戦闘を求める声が高まって、各所で攻撃が開始された。しかし目指す早期決着は双方ともつけられずに終わった。

1824年-1863年
トマス・J・ジャクソン将軍
GENERAL THOMAS J. JACKSON

第1次ブルランの戦いで強固な防衛線を張り「石の壁（ストーンウォール）」の異名をとった南軍のジャクソン将軍は、自分の行動を、神の導きによると信じていた。弱さを許さず、完全勝利のため「すばやく移動し激しく叩く」を信条とした。チャンセラーズヴィルの戦いで味方の誤射を受け、その傷が原因で死亡。南軍にとって大打撃となった。

南北戦争
第1次ブルランの戦い

日付 1861年7月21日
兵力 北軍/30,000人、南軍/25,000人
死傷者等 北軍/戦死者2,700人、南軍/戦死者2,000人
場所 首都ワシントンの南西40km

南部諸州から成るアメリカ連合国は、合衆国の首都ワシントンからわずか160kmしか離れていないヴァージニア州リッチモンドに首都を移した。世論の圧力に押された合衆国政府はアーヴィン・マクダウェル将軍にワシントンから南下してリッチモンドを攻略するよう命じた。マクダウェル隊は実戦経験のない者がほとんどであったが、その点では、鉄道の接続駅であるマナッサスを防衛する南軍のボーレガード隊も同様であった。北軍の動員と移動が遅れたため、南軍はシェナンドー渓谷の部隊を鉄道移送してマナッサスの部隊を増強することができたが、戦いは全部隊の到着を待たずに始まった。

> 「完全な恐慌状態に陥った
> われわれ兵士を振り向かせ、
> 戦わせることのできる力など、
> この世に存在し得なかった」
> 北軍兵士 エドウィン・S・バレット

北軍のマクダウェルは南軍左翼に奇襲をかけてヘンリー・ハウス・ヒルに退却させたが、そこには南軍のジャクソン部隊が「石壁のごとく」待ち構えており、戦局は一変。夕方近く、怖ろしい「反乱の雄叫び」をあげた南軍の反撃で、疲弊した北軍部隊は潰走。ワシントンへの道は開かれたものの、南軍も痛手が大きく、追撃できる状態ではなかった。この戦いは南部では「マナッサスの戦い」と呼ばれている。

大混乱の戦場
ジェブ・スチュアート大佐率いる南軍騎兵師団の攻撃。ただし、ブルランの戦いでは騎兵攻撃はほとんど行われなかった。

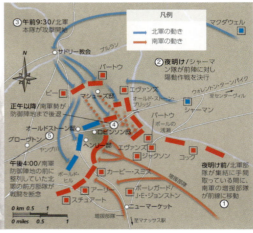

南北戦争
シャイローの戦い

日付 1862年4月6-7日
兵力 北軍/48,000人、南軍/45,000人
死傷者等 北軍/13,000人、南軍/11,000人
場所 テネシー州メンフィス東部のテネシー河岸

1862年2月、北軍のユリシーズ・S・グラント将軍はケンタッキー州のヘンリー要塞とドネルソン要塞を攻略し、南軍をナッシュヴィルから撤退させた。グラントは次いでテネシー川を遡行し、ピッツバーグランディングで上陸。そこからほど近いシャイロー教会で、ビュエル将軍率いるオハイオ軍と合流することになっていた。南軍のアルバート・S・ジョンストン将軍は、2軍が合流する前にグラント軍を攻撃しようと決定。塹壕も掘っていなかったグラント軍は、明け方に奇襲攻撃を受け、激しい白兵戦の末、ピッツバーグランディングへ後退。一方、ジョンストン将軍は弾丸を脚に受け動脈が破裂、出血多量で死亡した。その夜、ビュエル将軍のオハイオ軍が到着し、対岸から小舟で渡河。増援を得たグラントは早朝からすさまじい反撃を決行。前日の死傷者が累々と横たわる戦場での戦いとなった。夕方、南軍が撤退。この戦いでの敗北によって、西部における南軍の勢力は大きく削がれた。

北軍の剣
北軍将校の剣。この剣が血に染まった可能性は低い。19世紀半ばには、冒険の香りの高い刀剣を愛好する風潮は確たるものとなっていたが、もはや実戦で用いられることはなくなっていた。

果たせなかった早期決着

南北戦争
七日戦争

日付 1862年6月26日-7月2日
兵力 北軍/60,000人、南軍/100,000人
死傷者等 北軍/22,000人、南軍/15,000人
場所 ヴァージニア州リッチモンドの東

1862年6月にロバート・E・リーが南軍の北ヴァージニア軍司令官に任命されたとき、北軍はヴァージニア半島を北上して、リッチモンドまであと2、3キロという地点に来ていた。リーが、シェナンドア川の攻防戦で勝利をあげた「石の壁」ことジャクソン将軍の部隊を呼び戻し、手薄と思われた北軍右翼への側面攻撃と正面攻撃とを組み合わせて大胆な反撃に出たのは6月の最終週であった。北軍の方が兵力、装備ともに優勢で、その砲撃によりリーの歩兵隊に犠牲者が続出。特に7月1日のマルヴァンヒルの戦いにおける大虐殺はすさまじかった。しかし、この攻撃で北軍の慎重居士の司令官ジョージ・マクレランがすっかり怖じ気づき、海岸のハリソンズランディングの防衛陣地へ後退。そこからマクレラン軍は8月に撤退を命じられた。

> 「マグルーダー将軍から再三の指令を受けて、両旅団は湿地を急いだ。大げさではなく……あそこは本物の難所だった……最初に台地に到達したトゥームズ将軍が、敵の砲列に真っ向から突撃していった……。すさまじい砲火を浴びての突撃で、勇敢な部隊は一発も撃ち返せぬまま耐えるしかなかった」
>
> **戦争の証人**
> ### 南軍の将軍D・R・ジョーンズ CONFEDERATE GENERAL D.R.JONES
>
> 1862年7月1日のマルヴァンヒルにおける南軍の攻撃は、多数の犠牲者を伴う敗北に終わった。北軍の砲兵隊が、足並みのまったくそろわない南軍の歩兵部隊にキャニスター弾を浴びせかけ、大量に殺戮。愕然としたリーがジョン・マグルーダー将軍に、なぜこの攻撃の実行に固執したのかと尋ねると、こう言い返された。「貴方のご命令で。二度お命じになりました」

南北戦争
アンティータムの戦い

日付 1862年9月17日
兵力 北軍/80,000人、南軍/40,000人
死傷者等 北軍/12,000人、南軍/11,000人
場所 メリーランド州シャープスバーグ

南部では「シャープスバーグの戦い」と呼ばれるこの戦いは、1日の犠牲者では南北戦争最大のものである。南軍の総司令官リーは1862年8月30日に第2次ブルランの戦いでの勝利の後、北部への侵攻という勝負に出た。南軍の将軍命令191号を入手した

血染めの道
南軍の歩兵隊が勇ましく守っていたアンティータムの荷馬車道。やがて北軍の銃撃で「血染めの道」と化した。

北軍マクレランは、南軍粉砕の好機と見た。しかしマクレランは対応が遅れ、リーのアンティータム川対岸への兵力再編制を許してしまう。開戦時も北軍は圧倒的優位を維持していたが、慎重居士のマクレランは全兵力を注がなかった。南軍はトウモロコシ畑で猛攻撃に遭遇するが、かろうじて逃れ、一方、中央の南軍歩兵隊は荷馬車道の窪みで遅滞行動を取り、多大な犠牲を払った。また、北軍多数が銃火を浴びつつ川にかかる狭い橋を渡ろうとしたが、南軍は何時間も阻止し続けた。夕方、A・P・ヒルの師団がハーパーズフェリーから到着。北軍部隊の側面を攻撃。翌日北軍のマクレランは追撃もせずに南軍の撤退を許し、これがもとでポトマック軍司令官を解任された。戦略的に見れば勝利者は北軍で、これによりリーの北部侵攻に終止符が打たれた。

南北戦争
フレデリクスバーグの戦い

日付 1862年12月13日
兵力 北軍/120,000人、南軍/75,000人
死傷者等 北軍/12,000人、南軍/5,300人
場所 ラッパハノック川南岸に位置するフレデリクスバーグ

アンティータムの戦いののち、アンブローズ・バーンサイド将軍が北軍ポトマック軍の指揮官に任命され、ラッパハノック川を渡りリッチモンドの攻略を計画した。渡河用の舟橋は行軍縦隊の最後尾で架けるため時間を食うばかりか、狙撃兵の執拗な攻撃で架橋作業がなおさら手間取った。こうしてバーンサイド隊が渡河の画策をする間に、リー側は防備を固めてしまっていた。メアリー高地に集結した南軍の砲兵隊が戦場を支配、その砲火と、歩兵隊の石壁越しの銃撃とで、正面攻撃を繰り返す北軍歩兵隊をなぎ倒した。北軍による南軍右翼への側面攻撃では防衛線を突破できたものの、結局は南軍が猛反撃で阻んだ。この戦いでの勝利について、リーはこう語っている。「戦いがこれほど恐ろしいのはよいことだ。さもないとわれわれは味を占めてしまう」。翌日、北軍は対岸へ退却していった。

南軍兵士の遺体
メアリー高地のふもとに横たわる南軍兵士の遺体。再三の攻撃にもひるまず陣地を死守した。

南北戦争
チャンセラーズヴィルの戦い

日付 1863年4月30日-5月6日
兵力 北軍/120,000人、南軍/60,000人
死傷者等 北軍/17,000人、南軍/13,500人
場所 ヴァージニア州ラッパハノック川南岸

フレデリクスバーグでの敗北の後、北軍ポトマック軍の指揮を執ったのはジョーゼフ・フッカー将軍であった。フッカーは、一部軍勢にフレデリクスバーグでリーを釘付けにさせ、その間、主力軍にはウィルダネスの森を抜け南軍左翼目がけて進軍させ、さらに騎兵隊にはリーのリッチモンドへの後方連絡線を断たせるという計画を立てる。だが、フッカーは敵の大胆さを見くびっていた。リーはフレデリクスバーグに一部防守部隊を残してウィルダネスへ進軍、チャンセラーズヴィルでフッカーの行く手を阻んだ。一方、ジャクソン隊には5月2日午後、フッカー軍右翼に側面攻撃を行わせ、壊滅的打撃を与えた。南軍の砲撃に動揺したフッカーは防御陣地まで後退し、次いでラッパハノック川対岸へと撤退した。しかし南軍の勝利の味はジャクソン将軍の死によってほろ苦いものとなった。味方の誤射による傷がもとで5月10日に息を引き取ったのである。

戦況悪化の要因
チャンセラーズヴィルの戦いで死んだ馬。人命はもちろん、重要な補給物資の喪失でも、戦況が著しく悪化することがわかる。

南北戦争

ゲティスバーグの戦い

日付 1863年7月1〜3日
兵力 北軍/85,000人、南軍/75,000人
死傷者等 北軍/23,000人、南軍/28,000人
場所 ペンシルヴァニア州南部のゲティスバーグ

南軍のリー将軍は1863年5月にチャンセラーズヴィルで勝利をあげたのち、ヴィクスバーグに立てこもっている南軍(230ページ「ヴィクスバーグの包囲戦」を参照)の支援という案を退け、新たな北部侵攻を計画した。6月、北軍の北ヴァージニア軍がシェナンドー渓谷を抜けてペンシルヴァニアに侵攻。途中、ブランディ・ステーションでジェブ・スチュアート率いる南軍騎兵師団に対する奇襲があった以外は順調に進軍した。これに対して北軍のリンカーンはポトマック軍司令官のフッカー将軍を更迭し、新たにジョージ・ミード将軍を任命、リー軍を探し出して撃破するよう命じた。北軍の接近を知らされたリーは、散在していた部隊をゲティスバーグに集結させた。7月1日朝、最初に到着した南軍A・P・ヒルの1師団がゲティスバーグ入りを決定。南軍では靴のない兵士が非常に多く、ゲティスバーグには靴があると聞いたためである。ヒルの師団に、下馬した北軍騎兵隊が銃火を浴びせ、その銃声を聞きつけて両軍の歩兵隊が次々に駆けつけ、予想外の戦いが始まった。当初、南軍は向かうところ敵なしであったが、北軍の歩兵隊と砲兵隊が町の南の丘に防衛線を築くことに成功、新たに到着した部隊がこれを増強。7月2日、リーは、この南の丘の敵陣を側面攻撃する案をはねつけ、代わりにセメタリーリッジへの猛攻を指示。夕方、南軍は大激戦の末、桃園や小麦畑を抜けて北軍部隊を押し戻したが、眺望のきく丘の数々を占拠しそこなった。中でも、戦略上の重要拠点である丘、リトル・ラウンド・トップが北軍に占拠、確保されてしまったため、南軍は北軍全体を砲撃で威圧する適所を奪われた形となった。このため、戦いは翌日に持ち越された。翌7月3日午後1時前後、南軍砲兵隊が敵軍中央を崩そうと、長い砲撃を

反旗
アメリカ連合国の旗(レベルフラッグ)は、星条旗との混同を避けるために作られた。写真の第15ルイジアナ連隊の旗には、この連隊が軍功を立てた戦闘の名が入っているが、そのひとつが「ゲティスバーグ」である。

自由のための戦い
合衆国政府は1863年まで黒人部隊を認めていなかったが、終戦までに北軍に入隊したアフリカ系アメリカ人は18万人を超えた。

果たせなかった早期決着

行った。次いで午後3時前後、ジョージ・ピケット率いる師団も含めて約1万4000人の南軍歩兵隊が敵陣目がけて開けた平原に進み出た。これに対して北軍砲兵隊が砲撃を開始し、歩兵隊が接近してくると今度はキャニスター弾を浴びせかけた。南軍歩兵隊があと200mというところまで接近したとき北軍歩兵隊が戦闘に加わり、石壁、土塁越しにミニエー弾を発射し続けた。結局、30分で決着がついた。南軍の攻撃部隊のうち、北軍の防御線まで到達したのはわずか数百人であった。リー将軍は己を激しく責めながら兵を集め、宣言した。「この敗北の責任は私にある。諸君は最善を尽くして私を救ってくれ」。リーは、疲弊し士気阻喪した部隊を率いてヴァージニアへ撤退したが、北軍のミード将軍はその追撃に失敗した。

軍用太鼓
多くの場合、奏者は少年であった。音楽は士気を高めたほか、混乱をきわめる戦場で指令を伝える手段としても用いられることがあった。

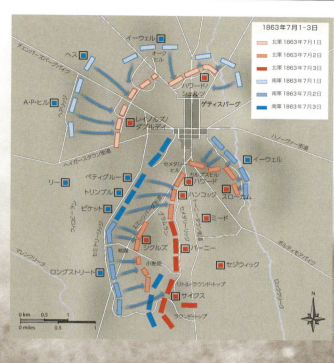

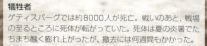

犠牲者
ゲティスバーグでは約8000人が死亡。戦いのあと、戦場の至るところに死体が転がっていた。死体は夏の炎暑でたちまち醜く膨れ上がったが、撤去には何週間もかかった。

1750年-1914年

消耗戦を勝ち抜く

1863年7月、北軍がゲティスバーグとヴィクスバーグで勝利をあげたことにより、南軍は防戦一方の状況に追い込まれた。南軍が北軍の疲弊を待って耐え抜き、敗北を回避するという最後の望みも、1864年にリンカーンが大統領に再選されたことで打ち砕かれた。リンカーン大統領は、いかなる代償を払ってでも勝利に導くという自分の公約を実現してくれる将軍として、ユリシーズ・S・グラントを起用。リンカーンとグラントは、あえて消耗戦を求めたわけではなく、むしろ南軍をすみやかに壊滅させたいところであったが、南部経済を麻痺させて住民を威圧するのも妥当な戦略だと考えた。南北戦争の終盤は、シャーマンの次のような格言を実証した形となった。「戦争は残虐な行為であり、改善しようとしたところで無益である。戦争は残虐であればあるほど早く終わる」

南北戦争
ヴィクスバーグの包囲戦

日付	1863年5月19日-7月4日
兵力	北軍/70,000人、南軍/32,000人
死傷者等	北軍/10,000人、南軍/9,000人
場所	ミシシッピ州ヴィクスバーグ

ミシシッピ川東岸に位置する南軍の要塞都市ヴィクスバーグは、ミシシッピ川通行の要所であった。湿地に囲まれ長年難攻不落を誇ってきたが、1862年4月、グラントの命令で派遣された装甲艦が要塞からの砲撃をかいくぐり、ヴィクスバーグの南の西岸から各軍勢を対岸へ輸送。グラントは現地調達で食いつなぎつつ、ジャクソンでジョン・ペンバートン将軍率いる南軍を撃破、ヴィクスバーグへ駆逐した。しかし要塞への正面攻撃に失敗すると、包囲戦に突入。対するペンバートンは食糧不足や攻城砲、川に浮かぶ小砲艦からの砲撃に悩まされ、7月4日に降伏。3万人の南軍兵士が捕虜となるも、まもなく釈放された。ミシシッピ川は今や「何事もなく海へと注ぐようになった」とリンカーンは宣言した。

1822年-1885年
ユリシーズ・S・グラント ULYSSES S.GRANT

米墨戦争に従軍後、1854年に米陸軍を退役。大酒飲みで、南北戦争がなければ無名のまま一生を終えた可能性も。テネシー戦線で一連の勝利をあげたことで、グラントこそ勝利をものにする男だとリンカーンが確信し、「あれこそ兵だ」と評する。1864年に北軍最高司令官となり、南軍を壊滅させる疲弊作戦を遂行し、「無条件降伏」という言葉を生み出した。

58口径ライフルマスケット
南北戦争の歩兵は銃身内に腔線(ライフリング)を施した先込め式のマスケット銃を使用していた。写真もそのひとつで、北軍のスプリングフィールド銃を南軍が模造したもの。弾薬は雷管で起爆する。

雷管
雷酸水銀の起爆薬

南北戦争
ウィルダネスの戦いとスポットシルヴェニアの戦い

日付	1864年5月5日-5月21日
兵力	北軍/120,000人、南軍/60,000人
死傷者等	北軍/32,000人、南軍/20,000人
場所	ヴァージニア州スポットシルヴェニア郡

1864年春、グラントはヴァージニア州リッチモンドに対する3方向からの攻撃と同時に、アトランタ州ジョージアへの攻撃を命じた。リッチモンド攻撃の主力はポトマック軍で、ラピダン川を渡り「ウィルダネス」と呼ばれる樹海に進軍。ここで5月5日にリー率いる北ヴァージニア軍に遭遇。地形のせいで小部隊ごとの遭遇戦となり、激しい混戦に至った。銃砲による煙と、乾き切った藪が炸裂する砲弾で燃え上がった煙とで視界がきかなくなった。2日間にわたる激戦で北軍はおびただしい犠牲者を出したが、グラントは頑として退却しなかった。それどころか敵の側面へ進軍させ、5月8日、スポットシルヴェニア・コートハウスでリーに2度目の戦いを挑んだ。V字形に造った防塁に身をひそめた南軍は、北軍の10日を超える一連の猛攻撃を撃退。攻略不可能と見たグラントは5月21日に戦闘中止を命じ、ピーターズバーグの側面攻撃を期して行軍を開始した。

甚大な被害を被った南軍
ウィルダネスの戦いとスポットシルヴェニアの戦いで、リーは2万人を超える手痛い犠牲を払った。

軍服と普段着
スポットシルヴェニアの敵陣を攻撃する北軍兵の軍服姿は、普段着の南軍兵とは対照的であった。

南北戦争
コールドハーバーの戦い

日付	1864年6月3日
兵力	北軍/109,000人、南軍/59,000人
死傷者等	北軍/7,000人、南軍/1,500人
場所	ヴァージニア州リッチモンドの北10km

1863年6月に入るまでに、グラントはリーの軍勢が飢えと疲労で極限状態に達したと確信していた。しかしグラント側も問題を抱えていた。スポットシルヴェニアの戦いで受けた甚大な損失に加えて、南北戦争の開戦時に3年の期限で北軍に入隊した志願兵の除隊が相次いでいたのである。こうしたことが圧力となって、グラントはコールドハーバーで南軍に決死の正面攻撃を断行したのかもしれない。しかし南軍の防備力を把握していなかったという偵察の不備により状況はさらに悪化。北軍兵士は死を覚悟し、軍服に名前と住所を書いた布をピンで留めるほどであった。北軍が最前線の塹壕に到達しても、南軍は2列目の塹壕に後退し、そこから敵を倒した。グラントは大量の犠牲者を出したことを認め、「今までに指揮した中で、この突撃が一番悔やまれる」と語っている。

消耗戦を勝ち抜く

南北戦争
海への進軍

日付	1864年11月15日–12月21日
兵力	北軍/68,000人、南軍/不明
死傷者等	北軍/ごく少数、南軍/信頼性の高い推定値なし
場所	ジョージア州アトランタからサヴァナまで

1864年5月初め、シャーマンは3部隊を率い、ジョージア州アトランタへ軍を進めた。南軍のテネシー軍は数では劣っていながら巧みな遅滞戦術を重ね、シャーマンの進軍を容易には許さなかったため、北軍がようやくアトランタに到達したのは7月後半だった。町を占領するまでにはさらに5週間かかっている。ジョン・B・フッド指揮下のテネシー軍は、シャーマンが北軍の補給路を守るために追ってくるものと考え、西へ撤退した。とこ

ケチャム式手榴弾
北軍は手榴弾を使用したが、南軍兵士は手榴弾を毛布で受け止め、投げ返した。

ろがシャーマンは、自軍から1部隊を派遣してフッドの相手を任せ、残りの部隊を率いて東へ向かった。シャーマンの軍はほとんど抵抗を受けずに戦線を広く保って進軍し、土地を蹂躙していった。物資を現地調達する必要と、同時に南部の戦闘能力を失わせるという意図からである。北軍の進路にあたった各種の施設は軍民を問わず破壊され、南軍の戦争継続能力は大打撃を受けた。シャーマンの軍は450kmを進撃し、12月21日にサヴァナ港を占領した。リンカーン大統領への「クリスマス・プレゼント」に間に合った形である。それまでにはフッド率いるテネシー軍も「ナッシュヴィルの戦い」(1864年12月15日–16日)で完敗していた。

土塁
マカリスター砦は、サヴァナ港近くに泥と砂で築かれた要塞である。北軍の装甲艦を幾度も撃退したものの、シャーマンの歩兵隊の襲撃を受けて陥落した。

1820年–1891年
ウィリアム・T・シャーマン WILLIAM T. SHERMAN

ウィリアム・テカムセ・シャーマンは、南北戦争勃発のころ、ルイジアナ州立士官学校の校長を務めた。鬱病気味で、戦時の軍隊指揮は苦痛だったが、政界での人脈が昇進に物を言った。シャーマンとグラントはともに「戦争には非情さが必要である」と考えており、2人は職務上の深い信頼関係を築いた。シャーマンはこの信念に基づき、断固として「海への進軍」を行ったのである。

南北戦争
ピーターズバーグ包囲戦

日付	1864年6月18日–1865年4月2日
兵力	北軍/96,000人(106,000人まで増加)、南軍/55,000人(47,000人まで減少)
場所	ヴァージニア州リッチモンドの南40km
死傷者等	北軍/42,000人、南軍/28,000人

「コールドハーバーの戦い」で一蹴された後、グラントはリッチモンドを南側から攻撃しようと、指揮下のポトマック軍をジェームズ川の対岸に送った。しかし6月半ば、グラントは防備の固い要衝ピーターズバーグの奪取に失敗する。リーが直ちに土塁を補強したため、グラント軍は自ら塹壕を掘り、腰を据えて長期の包囲戦に臨むほかなかった。南軍防備の突破の試みで名高いのは7月28日の攻撃で、小型の樽320個分の火薬を南軍戦線の下に掘った地下道で爆発させた。爆発で深さ10mの穴ができ、南軍の兵士数百名が死亡した。しかし、南軍戦線を突破しようとした北軍は、自らその穴にはまり、南軍の砲撃を浴びてしまう。9カ月間、砲撃と襲撃が繰り返されたが、戦局の膠着状態を打破するには至らなかった。北軍が定期的に増援と物資の補給を受けていたのに対し、南軍の兵糧は次第に不足し、兵士は戦意を喪失していった。

ピーターズバーグの塹壕
ピーターズバーグ郊外の塹壕が攻略された跡。先の尖った柵は、後代の戦争における有刺鉄線と同じ役割を果たした。

南北戦争
リーの降伏

日付	1865年3月28日–4月9日
兵力	北軍/120,000人、南軍/35,000人
死傷者等	北軍/6,500人、南軍/10,000人
場所	ヴァージニア州リッチモンド

1865年3月後半までに、リーはピーターズバーグの南軍陣地が持ちこたえられないことを悟り、リッチモンドの防衛を断念し、南へ撤退してジョセフ・E・ジョンストンの軍に合流しなければと考えた。そのころ、ジョンストンはノースカロライナを進撃中のシャーマンになお抵抗を続けていたのである。南軍はピーターズバーグの北軍戦線右手に位置するステッドマン砦を奇襲したが、リーが望んでいたような脱出の機会は得られなかった。3月29日、フィリップ・シェリダンがシェナンドー渓谷で南軍を壊滅させた後、北軍騎兵隊を率いてピーターズバーグに到着、すぐさま戦闘を開始し南軍戦線西側を猛攻撃した。4月2日、北軍歩兵隊がピーターズバーグの塹壕線を突破、南軍はどうにか隊列を整えて撤退したが、追撃を逃れられなかった。4月8日、シェリダンの騎兵隊がアポマトックス・コートハウスでリーの行く手を阻み、翌日、グラントの歩兵隊が大挙して到着。勝敗は決した。4月9日午後3時45分、リーは北ヴァージニア軍とともに降伏した。リンカーン暗殺の数日前であった。4月26日にはノースカロライナ州ダーラムで、シャーマンがジョンストンの降伏を受け入れた。リーとジョンストンの降伏をもって、南部連合国の命運は尽き、長期に及ぶ戦争は事実上終結したのである。

再統一
ヴァージニア州議事堂に合衆国旗が翻る。周りに見えるリッチモンドの町は、降伏の際に焼き払われ、廃墟と化した。

1750年–1914年

「分かれたる家、立つこと能わず」

1858年6月16日、イリノイ州スプリングフィールド、エイブラハム・リンカーンの「分かれたる家」の演説。新約聖書（マルコ3：25）より引用。

戦争の証人

アメリカ南北戦争

南北戦争が、「州の自由と個人の自由とはいかに両立しうるか」という、明らかに矛盾する見方の衝突から始まったとすれば、こうした対立する考えの骨格に自らの血と苦悩で肉付けしたのは、ほかならぬ両軍の個々人であった。南北戦争は一般に、工業化を背景にした最初の戦争とされるが、同時に、一般兵士たちの手紙や日記が大量に残された最初期の戦争にも数えられる。近代の科学技術と戦術により、戦場ではかつてなく大規模な殺戮が行われたが、こうした遺品はそこへ向けられた人間的な眼差しを伝えている。

「われわれはペンシルヴァニアへ赴き、しばらくとどまった後、ゲティスバーグ近郊で激しい戦闘を行った。……われわれは（7月）3日に出撃したが、師団のほぼ全員が死傷した。……私とジョンは無事に切り抜けた。……銃弾が袖を貫通したが、腕には当たらなかった。私とジョンはもう少しで捕らえられるところだった。……ほぼ完全に包囲されているとわかったので、走って逃げ出そうとジョンに言い、実際そうやって脱出した。しかし、中には北軍兵士に捕まった仲間もいた」

1863年7月11日、ジェームズ・ブッカーがメリーランド州ウィリアムズポートの陣営から、いとこのクロエ・ユニティ・ブレアに宛てた手紙。「ゲティスバーグの戦い」の様子が記されている。

北軍でも南軍でも、多くの兵士が戦争はすぐに終わるだろうと考えていた。実際に北軍では、大半の兵士が当初わずか90日間の予定で入隊していた。しかし、南北戦争の勝敗を決することになった「ゲティスバーグの戦い」までには、大多数の兵士にとってすでに2年が経過していた。それは進軍、後退、数知れぬ戦友の死という悪夢のような日々だった。ジェームズ・ブッカーは双子の兄弟ジョンとともに、1861年5月、第38ヴァージニア歩兵連隊に入隊した。同隊は南北戦争を通して戦い続け、シャープスバーグやゲティスバーグ（兵士の4割が死傷）でも戦闘に加わっていた。1865年4月にリーが降伏したときは、アポマトックスからわずか3kmの地点にいた。そこへ至る道のりは長く悲惨なものだった。ジョンは、ドルーリーの断崖で負った怪我がもとで1864年8月に亡くなった。

「敵軍は第2旅団の正面に結集し、夜明けとともに襲撃してきた。兵士たちを胸壁から引きはがすと、これを追いかけて多くを捕らえた。……辺りの空気は死神であふれているようだった。……ヤンキーは、かつてないほど捨て身で戦っていた」

ウィリアム・フランシス・ブランドがアマンダ・キャサリン・アーメントラウトに宛てた「スポットシルヴェニアの戦い」についての手紙（1864年5月16日付）

野営地
野営中のポトマック軍。南北戦争の東部戦線において北軍の主力部隊だった。

消耗戦を勝ち抜く　233

南北戦争では、容赦ない殺戮ばかりでなく、焦土作戦や包囲戦も展開された。会戦に比べて目立たないが、同様に戦局を左右しうる戦いである。ヴィクスバーグで海からの補給路を断たれ徐々に追い込まれたのに始まり、ピーターズバーグの塹壕で南軍最後の果敢な抵抗も空しく敗れるまで、兵士たちは日々、病気や飢え、寒さや敵の砲弾による死と隣り合わせだった。製粉業者だったウィリアム・フランシス・ブランドは、1861年4月に南軍へ入隊し、戦争の開始と終結を自らの目で見た。ブランドは、マナッサス、コールドハーバー、シーダーマウンテン、ゲティスバーグ、ウィルダネスの戦いにそれぞれ加わり、最後は1865年4月のピーターズバーグの包囲戦にも参加していた。3度負傷したが、92歳まで生きた。

第110ペンシルヴァニア歩兵連隊

H・R・ハバード大尉による『メンドンディスパッチ』誌掲載の記事（1904年ころ）。アンダーソンヴィル捕虜収容所での体験が語られる。

「そして焼けつくように暑い夏が訪れると、血管の中の血液は干上がり、ほとんど魂の抜けた肉体が関節をギシギシときしませ、骨をカタカタと鳴らしながら歩いていた。何百人もが精神に異常をきたし、またそうでない者の多くは狂気を恐れるあまり、自ら死線を越え、うずくまって射殺されるのを待つのだった」

戦場で命を落としたり、手足を失ったりしなかった者には、また別の生き地獄が待っていた。南北戦争が生んだ塹壕戦は、第1次世界大戦において多数の兵士が塹壕内で命を落とすという事態の予告となったが、この戦争はその他にも捕虜収容所を後世に遺した。北軍兵士が収容されたアンダーソンヴィルは特に悪名が高く、憎悪を買った所長のワーズ大尉は、1865年11月、戦争犯罪者としてワシントンで絞首刑に処せられた。

「戦争とはなんと惨いものか……
　われわれの心を隣人への愛で満たすかわり、
　憎しみでいっぱいにしてしまう」
南軍ロバート・E・リー将軍

帝国主義支配下の紛争

産業革命により、世界の勢力均衡において欧米の優位が決定的になった。かつてない巨大な富が生み出され、供給に関する多くの問題が克服された結果、列強は大掛かりな遠征を行い、遠隔地に軍事拠点を築くことが可能になった。経済成長と工業技術の発展を背景に、植民地主義が空前の規模で推進され、各国とも工業生産を維持し世界市場を支配するために、原料を求めるようになった。西欧列強による積極的な拡張政策は、米国、オーストラリア、アフリカ、インドなど世界各地で、当然の結果として先住民の抵抗を招いた。しかし、こうした反乱の多くは不首尾に終わった。列強側では産業革命のもうひとつの産物として、小火器の大量生産が可能だったからである。

愛国心とナショナリズム

「帝国主義支配下の戦争は、『野蛮人たち』に文明をもたらすという、本来は善意による行為の遺憾なる副作用であり、自国の利益のための権力行使ではない」。ヨーロッパの人々の多くはこう純粋に信じていた。帝国建設を支えた強力なナショナリズムはと言えば、フランス革命やアメリカ独立戦争、ナポレオン戦争を経て、自由と自決への新たな欲求が芽生えた結果生じている。ヨーロッパの人々は社会的・経済的状況に不満を抱きつつも、階級を問わず大半の人々が国家への忠誠に燃えていた。

英国など数カ国で1914年まで徴兵制度が不要だったのは、ひとつにはこの忠誠心があったからである。また、多くの新兵にとって軍隊は、将来性の乏しい他の職業に比べてましな、少数の選択肢だという理由もある。

機関銃
マキシム機関銃(下図)の登場により、英国軍は植民地戦争で大きく優位に立った。

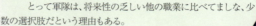

外国人兵の採用
ドイツ人部隊の記章。1800年代後半、ドイツ人部隊はカリブ海の英植民地防衛に従事した。

ゲリラ戦とゲリラ戦法

西欧列強は、技術面で圧倒的な優位に立っていたにもかかわらず、常に相手を容易に征服できるとは限らなかった。場合によっては、アフガニスタンでのように失敗に終わった。ときには、莫大な費用と多くの人命を犠牲にした上で、あるいは一度敗北した末にやっと勝利することもあった。非ヨーロッパの軍には、兵士の数にはほぼ関係なく会戦での勝ち目はなかった。しかし、軍民の別なく小規模な攻撃を繰り返すようなゲリラ戦法を用いれば、はるかに高い効果をあげることも多かった。ゲリラ戦の典型としては、フランスによるアルジェリア征服時(1830-47)のベルベル人、第2次ボーア戦争時(1899-1902)のボーア人などの例が知られる。

決死の手段
第2次ボーア戦争において、兵力50万の英国軍に対し、9万人だったボーア軍はゲリラ戦を展開した。

支配への抵抗
西欧列強による積極的な帝国建設は、とくに1880年から1920年にかけて、アフリカ、アジア、ヨーロッパの各地で武力抵抗を引き起こした。

帝国主義支配下の紛争

印象的な戦士たち
ズールー族の狩の踊り。南アフリカのナタールで、ズールー族が英国の領土拡張に抵抗したため、1879年にズールー戦争が勃発した。

1750年-1914年

ズールー族の戦士たち

ヨーロッパの帝国主義の到来を前に、当然ながら他の地域は穏やかではいられなかった。ヨーロッパと同様、南北アメリカ、アジア、アフリカの各国も、戦争という手段を用いて自国の権益を主張し、自らの生き方を押し通そうとした。たとえばアフリカ南部では、ズールー族の族長シャカが部族民を軍人に仕立て、「帝国」を築いた。シャカは残忍な暴行にも及んだが、優れた戦術と戦法を導入していた。水牛の頭の形になぞらえて兵力を配置し、3方向から攻撃する戦術（牛の角戦術）や、伝統的な盾を攻撃用の武器に転用して敵を動揺させる戦法、先の丸い棍棒やアセガイ（細身の投げ槍）を用いた方法などを取り入れたのである。ズールー族は、火器を使用した英国軍に結局は敗れるものの、その戦闘能力の高さは敵方からも賞賛された。

1854年-1934年
リヨテ元帥　MARSHAL LYAUTEY

政治家であり軍人でもあったルイ・ユベール・ゴンザルヴ・リヨテは、フランスの傑出した植民地行政官であった。フランスがマダガスカルを植民地化した際（1896-98）に中心的な役割を果たし、後にアルジェリアで司令官を務めた。1912年から中断を挟んで1925年まで、フランス保護領モロッコ総督として、領土の拡大とリーフ族の暴動の鎮圧に当たった。また、現地の財界と協力し、パリから独立した植民地政府体制を創設することに尽力した。

先住民の兵士

ヨーロッパの人々と先住民は、互いに相手の戦闘能力を高く評価していた。ヨーロッパの軍隊は、昔から戦いに長けた民族をたびたび自国軍の先頭に配し、一方、相当数の先住民が必要に迫られてヨーロッパの軍へ入隊した。英国がインドの植民地化を進める過程では、「セポイ」というインド人傭兵の部隊が大きく貢献した。セポイが効果をあげたのは、英国式訓練の導入によるところが大きかった。大部分がヒンドゥー教徒からなる兵士たちは、訓練を経て優秀な歩兵となったのである。北米では、土地に詳しい先住民に近代兵器を持たせたところ、森林地帯で優れた戦闘能力を発揮した。19世紀の植民地部隊としては、ズワーヴ兵が特に有名である。アルジェリアとモロッコのズワーワ族から成る部隊で、フランスがアルジェリアほか北アフリカの諸地域を征服する際、戦力となった。

将校の兜
1800年代中ごろの英国軍将校の標準的な兜。頂についた球が特徴で、その上には羽飾りの差込口がある。

フランスのために戦う
ズワーヴ兵は、フランス軍で軽歩兵として戦った。膨らんだズボンに組紐飾りのついた上着、トルコ帽を着用していた。ズワーヴの名とその制服は、後にフランス人部隊に採用されている。

英領インド

英国によるインド統治の起源は英国東インド会社にある。同社は貿易商人の組合が発展した形で創設された。インド北部を支配していたイスラム王朝のムガル帝国が1700年代半ばに衰退し相次いで動乱が起こると、同社はインド人傭兵を雇って拠点に配置せざるを得なくなった。このように始まった護衛隊は、同社がインドの権力闘争やフランスとの利権争いに引きずり込まれると、私設軍になる。1757年、英国はプラッシーでフランス・ベンガル太守連合軍を破り、インド支配本格化への道が開かれた。しかし英国の支配を、まずはヒンドゥー教徒のマラータ封建諸侯の連合体であるマラータ同盟が、次いでインド大反乱(セポイの反乱=1857-59)ではセポイ自身が脅かした。

第2次マラータ戦争
アサイエの戦い

- **日付** 1803年9月23日
- **兵力** 英国・インド軍/13,500人、マラータ軍/40,000人
- **死傷者等** 英国・インド軍/1,500人、マラータ軍/6,000人
- **場所** インド中央部のマハラシュトラ州

3次にわたったマラータ戦争は英国がマラータ同盟を支配しようとした結果起こった。第1次(1775-82)は、英国側が戦果のすべてを開戦前の状態に復したことで終結。第2次(1803-05)は、失脚したペーシュワー(マラータ宰相)をインド総督リチャード・ウェルズリーが復位させ、他のマラータ諸侯の怒りを買って開戦。マラータの有力な支族シンディア家とベラール家の皇子が率いる、フランス人によって訓練された軍隊に対抗して、ウェルズリーは弟のアーサー(後のウェリントン公)の軍を派遣。ウェルズリー軍はカイトナ川対岸に宿営していた敵と遭遇すると、ウェルズリーは英国兵とインド人傭兵から成る自軍が数の上で1対3と劣勢でも、即時攻撃を決断、浅瀬を渡河し敵の左翼をついた。激しく反撃するマラータ軍から、ウェルズリー軍はアサイエ村の大砲と防御陣地を奪取した。後年、ウェリントン公はこれを自己最高の軍功と評した。

大砲の奪取
アサイエでマラータ軍の大砲を奪取する英国軍。指揮官ウェリントン公爵は「私が参加した中で最多の犠牲者を出した戦い」と評した。

第1次アフガン戦争
カブール撤退

- **日付** 1842年1月6日-13日
- **兵力** アフガニスタン軍/不明、英国・インド軍/4,000人
- **死傷者等** 英国・インド軍/3,800人
- **場所** アフガニスタンのカブールとジャララバードの間

苦い結末
カブールからの撤退では英国・インド軍とともに何千人もの男女、子供が命を落とした。

第1次アフガン戦争へと発展。1841年には、アフガニスタンにおける英国・インド軍の立場は危うくなっていた。アフガニスタンの首都カブールで撤退に反対した英国代表ウィリアム・マクノートン卿が12月に殺害されると、英国・インド軍は撤退を決断。1842年1月6日、酷寒の中出発すると、アフガニスタンの不正規軍に繰り返し攻撃され、わずか数名を除く全員が虐殺された。カブール撤退は英国側に悲痛な記憶を残し、それは第2次、第3次アフガン戦争でもほとんど払拭できなかった。

アフガニスタンを勢力下に収めたいと望み、帝政ロシアの南下政策を警戒してもいた英国は、アフガニスタン国王に同盟を求めた。1839年、最初の試みに失敗すると、英国は不人気なシュジャー・シャーのアフガニスタン王復位を断行。抵抗運動が国中で起こり、

第1次・第2次シーク戦争
シーク戦争

- **日付** 1845-46年、1848-49年
- **兵力** シーク軍/66,000人(イスラム教徒とヒンドゥー教徒も含む)、英国・インド軍/30,000人
- **死傷者等** シーク軍/13,000人、英国・インド軍/6,000人
- **場所** インド北西部のパンジャブ地方

総勢にして歩兵5万人、砲手1万人、騎兵6000人に及んだシーク軍は、インドでは英国(東インド会社)軍の最強の敵であった。1845年、シーク軍がサトレジ川を渡って英領に侵入して第1次シーク戦争が勃発。ヒュー・ゴフ卿率いる英国軍は、ムドゥキと、さらにフィルツシャーにおいて、激闘を繰り広げたものの決着はつかなかった。しかしソブラーオンの戦いでは多大な犠牲を払ったものの勝利をあげた。1848年、シーク軍による別の反乱が起こり、第2次シーク戦争に発展。主な戦闘はチリアンワラの戦い(1849年1月13日)で、鬱蒼たる森林で行われ、砲力で優勢であった英国軍が勝利をあげた。シーク軍は同年3月に降伏、英国はパンジャブを併合した。

危険な敵
戦象を使うシーク軍。シーク戦争以後、シーク軍は英国軍勢の強力な部隊となった。

インド大反乱

デリー包囲戦

日付	1857年7月-9月
兵力	英国人将校とセポイの東インド会社軍/不明、セポイらほか反乱軍/不明
死傷者等	信頼できる推計なし
場所	インド中北部のデリー

インド大反乱の直接のきっかけは、1857年に英国東インド会社のインド人傭兵の間で広まった噂である。東インド会社軍が新たに導入したエンフィールド・ライフル銃の薬莢に、豚と牛の脂が塗ってあるとささやかれ、当時は弾丸を装塡する前に弾薬の端を食いちぎっていたため、牛を神聖視するヒンドゥー教徒も、豚を不浄とみなすイスラム教徒も、一様に感情を害されたのである。しかしこうしたセポイの反発の背景には、英国による近代化とキリスト教支配に対する、より幅広い反感があった。5月9日、インド北部の町メーラトでベンガル軽騎兵隊の反乱分子が拘束されると、同志がその解放を決意。収拾のつかない事態に発展し、英人将校とその妻子が大虐殺されるに至った。暴動は急速に広がったが、デリーは特に激しく、メーラトのセポイはデリーへ赴き、老帝を擁立してムガール帝国の復活を宣言。次いでデリーの駐屯部隊と手を組み、2カ月間デリーを占拠した。最終的には英国軍が駐屯部隊を奪回、猛烈な報復を行い、反逆者をはじめ屈強な男達を多数殺害した。皇帝の3人の息子も英国軍将校の手で容赦なく殺害され、遺体は生ごみの山に投げ捨てられた。また、英国軍は町の主要なモスクに大砲を設置し、様々な文化遺産を持つ富裕な家など近隣の建物を破壊した。

英国の報復

デリーを奪回した英国軍は、反逆者とされる2人を絞首刑にした。インド大反乱ののち、インドの統治権は東インド会社から英国本国の政府へ移管された。

エンフィールド・ライフル銃

1849年にミニエー弾が発明された結果、より性能の高いライフルが開発されるようになった。ミニエー弾は鉛の玉とは異なり長円錐形で、底部にへこみがあるため、発射されると弾丸の「スカート部」が拡張して腔線(銃身内に施された螺旋状の浅い溝)に食い込むため、命中率が大いに向上した。イギリスはミドルセックスにある陸軍小火器廠(エンフィールド兵器工廠)ですぐさまこの新技術を利用して1851年に.702口径ミニエー・ライフルを製造し、これを英国軍がクリミア戦争(1854-56)で使用して高い殺傷効果を得た。1853年、同工廠はこのライフルの、より口径の小さなタイプを製造(下写真)。これは英米両国の兵士が広く使用した。南北戦争(1861-65)では南北両軍がエンフィールド銃を持っていたわけである。

仕様

製造地	英国	射程	914m
銃長	140cm	口径	.577
製造開始	1853年	重量	2.6kg

- **銃床** クルミ材またはブナ材
- **銃身バンド** 銃身を銃床に固定
- **前装式** 施条マスケット銃で、弾丸を銃口から突き入れる
- **着剣** 断面が三角形の銃剣を先端に装備できる

インド大反乱

ラクナウ包囲戦

日付	1857年6月-11月
兵力	東インド会社軍の英国人将校とセポイ/1,712人、セポイらから成る反乱軍/6,000人
死傷者等	東インド会社軍の英国人将校とセポイ/1,050人、セポイらから成る反乱軍/不明
場所	インド中北部のウッタルプラデシュ州

アワド地方の主要都市であり英国総督代理ヘンリー・ローレンス卿の公邸があったラクナウは、インド大反乱勃発と同時に包囲された。そこから80kmも離れていない辺境の駐屯地カウンポールの英国人居住者の命運もローレンス卿の肩に重くのしかかっていた。カウンポールもたちまち包囲された。英国人は数週間砲撃に耐えたが、イラーハーバード市への通行の約束を取り付けて降伏。しかし撤退の段階でセポイが英国人多数を虐殺、最初は男を、のちに女性と子供を殺した。ラクナウの部隊は欧州人の1大隊と多数のセポイで構成されていた。反乱軍に兵器庫を奪われるという犠牲は避けられないものの、保護すべき女性と子供が大勢いたため、ローレンスは進軍中の援軍が取ると思われるルートに近い病院の建物を基地にすることを決定。包囲中の反乱軍に愚かな反撃をしかけた結果、英国人の犠牲者を出し前哨地をいくつか失うという手痛い打撃を被った。ローレンス自身も7月4日に致命傷を負った。9月25日、ようやく援軍が到着して守備範囲を拡大。次いで11月4日には英国軍の総司令官コリン・キャンベル卿がラクナウに到着。キャンベル隊は10対1と兵員数では劣勢であったが英国人を退避させ、インド大反乱で最も有名なこの戦いに決着をつけた。英国軍はラクナウの外れに駐屯し、翌年5月にラクナウを奪回した。

戦闘の名残

戦闘の傷跡の残るラクナウの邸宅を写した古い写真。包囲戦の間、屋上に翻った旗は、1947年まで掲げられていた。

第2次アフガン戦争

カンダハル包囲戦

日付	1880年9月1日
兵力	アフガニスタン軍/13,000人、英国・インド軍/10,000人
死傷者等	信頼できる推計なし
場所	アフガニスタン中南部

第2次アフガン戦争(1878-80)中、英国はアフガニスタン第2の都市カンダハルを占領し、ヘラート太守でアフガン王を名乗ったアユブカーンがこれを包囲。当時の英国軍の傑出した将軍フレデリック・ロバーツ卿はカブールで指揮を執っていたが、1880年8月9日から31日までの間に約480km進軍。アユブカーンはロバーツの到着前に包囲を解いて少し西へ後退し、そこで、予備の大砲をカンダハルで集めてきたロバーツと戦火を交え敗北を喫した。

インドの星勲章

植民地政府に仕えたインド人の功績をたたえて英国が授与した勲章。

ガトリング砲

南北戦争で初めて使用されたガトリング砲は、新型機関砲の先駆けであった。

19世紀後半には、工業技術の進歩により信頼性の高い連射型武器の製造が可能になった。1861年にリチャード・ガトリングが特許を取得したガトリング砲は、初期の機関砲の例に漏れず多重銃身を用いていた。また、新しい真鍮製の弾薬筒も使用していた。それ以前の紙製の弾薬筒は暴発しがちで危険であった。当初は6本で後に10本となった銃身は、円筒形の銃軸の周囲に配置されていた。クランクを手回しして銃身を回転させ、銃身のひとつが回ってきたところで弾薬筒が所定の位置に落下する。次いで撃針に銃弾を打たせて発射する。銃身が回転し、以上の動作が繰り返される。銃身が下がる時に薬莢が排出される。口径は0.65-1インチだった。

影響力の大きな設計

ガトリング砲は南北戦争でごく限定的に使用されたのち、1866年、米陸軍に採用された。実地で1分間に約400発連射できるこの機関砲は、米国軍であれば平原インディアン、英国であればズールー人といった敵に対し圧倒的な効果を有した。また、海軍兵器としても盛んに使用された。だがガトリング砲も含めて回転式多銃身型機関砲は15年間の全盛期ののち、1880年代以降はクランクではなく銃身の反動や燃焼ガスを利用して連射するマキシム砲などの単銃身機関砲に座を奪われた。しかし20世紀末には軍用機や軍艦に搭載する兵器システムにガトリング型の大砲が再登場した。口径20mmの銃身6本からなる回転クラスタを使用する米国軍のMk15ファランクスなどである。

リチャード・ガトリング
リチャード・ジョーダン・ガトリング(1818-1903)は平和を愛する人物で、この発明に戦争抑止力があると信じ込んでいた。

ズールー戦争
ズールー戦争(1879)で配置につく英国軍のガトリング砲手。この機関砲により植民地戦争における欧州諸国の優位性が増した。

クランク 真鍮製のクランクのハンドルを回すと、シリンダ内の銃身が回転する。そして1回転する間に各銃身に弾薬が1発ずつこめられて発射される。

飾り板 このガトリング砲は、リヴォルヴァーで知られるサミュエル・コルトが米国コネチカット州ハートフォードに開いた兵器工場で製造された。この工場では南北戦争中、北軍向けに何十万丁もの銃器を作った。

弾倉スロット 上/弾倉に詰まった弾を除去する溝。下/40連発弾倉の自動装塡装置。

銃身高の調節装置 銃身を上下させるのに使用したハンドル。

大砲の側面に収納された梃子棒 敵に使用されないよう、銃身を破損させて大砲を無効にするためのもの。

車輪のハブ コッタードクランク(くさび型の締め具)で固定した牽引用フックのついた車輪ハブ。このフックにより運搬が容易になった。

照星　回転機構の旋回軸　弾倉。収納された弾薬筒を、必要に応じて銃身に装塡する

銃身

俯仰機

架尾により大砲が安定し、牽引が可能になる

大砲の左右の向きを調整する梃子棒を通す輪

難所で大砲を移動するためにロープを結び付ける掛け金

口径1インチのガトリング砲
ガトリング砲の初期のモデルは通常の野砲同様、架砲に搭載された。ガトリング砲の真の可能性は、三脚に搭載可能な軽量モデルが登場してから発揮されたのである。

仕様
製造地	米国	口径	25mm	1分間の連射数	600発
製造年	1865年	銃身数	10	重量	最高1t
製造者	コルト	弾薬筒	銅製薬莢	銃長	3.25m

銃身　各銃身の1分間の連射数は100発で、10本ある銃身が過熱の危険性を抑える。

回転防止の歯止めと、撃針を収めた砲尾蓋　それぞれの撃針に、砲身を捉える小さなカムヘッドがつく。

照星と主軸の前部軸受け　照星により、標的に対して大砲を調整できる。

アフリカの征服

1880年時点では、アフリカにおける欧州諸国の支配は南アフリカと2、3の小規模な沿岸地域に限られていた。それから20年もしないうちに、大陸のほぼ全体が欧州諸国の支配下に入ってしまう。こうしたアフリカ植民地争奪の主因は、欧州諸国の対立関係と、野心的な現地当局者の行動によって生じた出来事(ズールー戦争など)である。占領の速度は当初から加速した。ベルギー王レオポルドは1870年代にコンゴを広大な私有地として獲得。英仏はオスマン帝国の衰退に乗じて、1882年には北アフリカの大半を占領。ドイツは1884年、数カ所のアフリカ植民地を次々に建設。最終的に1885年のベルリン会議で、英仏および他の欧州列強間のアフリカ分割が認可、加速された。

アブド・アルカーディルの武装抵抗

日付	1832年-1847年
兵力	アルジェリア軍/約10,000人、フランス軍/100,000人以下
死傷者等	信頼できる推計なし
場所	アルジェリア

1830年、フランスはアルジェリアへ侵攻してオスマン帝国の支配に終止符を打ち、君主を退陣させた。フランスは、同国の海賊問題の解決と、オスマン人からのアルジェリアの解放が目的だと主張したが、貿易と威信という動機の方が強かった。フランスの締め付けは厳しく、広範な抵抗運動が起こる。アルジェリア西部で指揮を執ったのがアブド・アルカーディル(1808-83)で、地元諸部族をとりまとめ、1832年に(西アルジェリアの)マスカラの首長であると宣言。アブド・アルカーディルは明敏ながらさほどの成功は収めなかったゲリラ指導者で、1837年にフランスは条件付きで首長として承認(タフナ協定)。ところが、この協定に反しフランスが全面的な征服を決意したことを察知、聖戦を布告。フランス側は残虐な軍事作戦を展開して作物を燃やし畜牛を押収、兵器庫を破壊した。モロッコ国王が介入したが、1844年にフランスに撃破される。1847年、アブド・アルカーディルはついに降伏し、フランスで短期間収監された。敬虔なイスラム教徒であった彼は、食糧不足を理由に捕虜の解放も行った。後年、レジオンドヌール勲章を授与された。1860年、ダマスカスで狂信的なイスラム教徒の群衆がキリスト教地区を襲った大虐殺で、1万2000人のキリスト教徒を救ったのである。

戦う外国人部隊

フランスの外国人部隊はアルジェリア征服のため1831年に創設された。右の絵はベルベル人と戦う外国人部隊。

第2次アシャンティ戦争

日付	1873年6月-1874年2月13日
兵力	英・西アフリカ同盟軍/4,000人、アシャンティ軍/20,000人
死傷者等	英・西アフリカ同盟軍/1,700人、アシャンティ軍/不明
場所	アフリカ西部のガーナ

1870年代までアシャンティ帝国が黄金海岸(現ガーナ)を支配していたが、英国が海岸線の砦を掌握する。アシャンティ族の王コフィ・カリカリが沿岸地域の覇権回復を狙って戦争が勃発。1873年11月、ガーネット・ウルズリー卿率いるイギリスの遠征隊がアシャンティ族の前進を阻止し、1月に7ポンド砲とロケット弾発射砲を伴って内地へ進軍。敵は大砲を持たず、病気も蔓延した。1月31日、英国はアモアフの戦いで勝利を収めたのち、首都クマシを焼き払い、2月13日、講和条件に同意。帝国は分割され、1901年には英国の保護国となった。

新兵採用の場

アシャンティ戦争に向けて地元新兵の装備を確認する英国人将校。英国は兵士だけでなく内陸へ進撃するために6000人の運搬人も雇った。

テルエルケビールの戦い

日付	1882年9月13日
兵力	英国軍/歩兵11,000人、騎兵/2,000人、エジプト軍/31,000人
死傷者等	英国軍/460人、エジプト軍/3,000人以下
場所	エジプト、カイロ北東約100km

財政難のエジプト政府に対する英仏の干渉に抗議して、エジプト軍人アラービー・パシャが反乱を起こした。アレクサンドリアの暴動で複数の英国人市民が死亡、1882年7月11日、英国の小砲艦が報復にアレクサンドリア港を砲撃。ウルズリー卿率いる英国軍が30分間のテルエルケビールの戦いでエジプト軍を撃破。
その後、英国はエジプトを占領した。

エジプトの星勲章

1882年から1885年のエジプト軍事作戦に参加した英国兵全員に授与された青銅星章。

アドワの戦い

日付	1896年3月1日
兵力	イタリア軍/17,000人、エチオピア軍/100,000人
死傷者等	イタリア軍/7,300人、エチオピア軍/10,000人
場所	エチオピア北部

1890年代、すでにエリトリアとソマリアを占領していたイタリアは、イタリア領東アフリカにエチオピアを加えようと試みた。エチオピア皇帝メネリク2世の軍隊は兵員数では圧倒的に優勢であったが、装備が槍のみという部隊もあった。オレステ・バリティエッリ将軍率いるイタリア軍はティグライ州へ進軍したが、1895年12月にアンバアラギでメネリク軍に惨敗し、アドワへ後退。両軍ともに兵糧不足に陥り、1896年2月29日、バリティエッリが夜襲を命令。しかし、その計画はエチオピアのスパイによって密告されていたうえ、イタリア軍は小部隊に分割されており、暗闇と複雑な地形により相互の連絡にも支障をきたした。その夜、援軍を得たメネリクは、イタリア軍の分遣隊を個々に破り、アフリカ軍がヨーロッパ軍に与えた中では最大の勝利を収めた。

アフリカの征服

マフディー信徒の反乱
ハルトゥームの包囲戦

日付	1884年3月13日-1885年1月26日
兵力	大英帝国支配下のエジプト軍/2,000人、マフディー軍/約100,000人
場所	スーダン
死傷者等	大英帝国支配下のエジプト軍/2,000人、マフディー軍/不明

> 「ハルトゥームは無事だ。何年でも持ちこたえられる。
> 12月29日 C・G・ゴードン」
> 1885年1月21日にハルトゥームが陥落する5日前、救援隊の汽船に届いたチャールズ・ジョージ・ゴードンの手紙の一節

1881年、スーダンのイスラム教指導者ムハンマド・アフマドは、自身が「救世主」であると宣言、エジプト支配に抵抗する聖戦を開始し、スーダンにおけるイスラム教の純粋化を求める多数の信奉者を集めた。1883年、アフマド軍は英国軍将校ウィリアム・ヒックス大佐率いる1万人のエジプト軍を殲滅。英国内で、ハルトゥームを脅かすマフディー信徒を掃討せよとの世論が高まった。英国の首相グラッドストンは不本意ながらチャールズ・ジョージ・ゴードン将軍をハルトゥームへ派遣することに同意。ゴードンは1863年から64年にかけては中国における太平天国の乱の鎮圧で戦功を立て、その後エジプト総督の招きを受けてスーダン総督としてハルトゥームに駐在した経歴の持ち主であった。だが今回のハルトゥームにおけるゴードンの任務の内容はあいまいであった。グラッドストンはハルトゥームから一般市民を避難させるべきと考え、ゴードンはこれを即座に実行した。一方、エジプト総督はナイル川流域にいるエジプト軍守備隊を全員撤退させるべきと考えた。ところが、マフディー軍が進軍してゴードンをハルトゥームで包囲。こうして3月に包囲戦が始まった。ゴードンには参謀がおらず、エジプト軍守備隊は脆弱であったがなんとか持ちこたえ、やがて1月が来てナイル川の水位が低下し防御が弱まると、マフディー軍は防御前線を突破、守備隊を殲滅し、ゴードンを惨殺した。ガーネット・ウルズリー卿率いる救援隊がようやく到着したのは、それから3日後であった。

ゴードン最後の抵抗
迫り来るマフディー軍に立ち向かうゴードンを描いたハルトゥーム陥落の想像図。守備隊は全滅、ゴードンの最期を公平に語り伝えることのできる者は一人も残らなかった。

スーダンの盾
竹細工を綿布で覆った盾。銃弾を遮る防具としての効果はなかったものと思われる。

マフディー信徒の反乱
オムドゥルマンの戦い

日付	1898年9月2日
兵力	英国・エジプト軍/26,000人、マフディー軍/50,000人
場所	スーダンのオムドゥルマン北約8km
死傷者等	英国・エジプト軍/430人、マフディー軍/20,000人

マフディー軍の突撃
突撃してくるマフディーの大軍に一斉射撃を行う最前線の英国軍。マフディー軍は大損害を被り、マフディー信徒の大義は永久に失われてしまった。

ゴードン惨殺（上記参照）に対する報復は13年間行われなかったが、1898年、ホレイシオ・ハーバート・キッチナー将軍率いる英国・エジプト軍がスーダンに侵攻。キッチナーはエジプト軍総司令官でゴードンを崇拝し、性格的にも共通点が多かった。「マフディー」ことムハンマド・アフマドは1885年に亡くなっており、その運動はハリーファ・アル＝ターシに受け継がれて発展していた。キッチナーは歩兵を弧状に配置し、両翼に騎兵隊を置き、ナイル川には小砲艦を待機させた。第21槍騎兵隊が先頭に立って進軍。機関銃と大砲を装備した英国・エジプト軍にマフディー軍が槍と古いマスケット銃で立ち向かうという展開では、ほとんど戦闘らしい戦いにならず、英国・エジプト軍が一方的な勝利をあげた。まず午前6時に約1万6000人のマフディー信徒が敵の中央目がけて前進。英国軍の大砲が火を噴き、破壊的なマキシム機関銃の射程圏内に入る前から、すでに多数のアンサールが命を落として、英国軍の塹壕まで45m以内に近づけた者はひとりもなかった。キッチナーは第21槍騎兵隊とともにオムドゥルマン目がけて進軍。この槍騎兵隊の隊長と『モーニングポスト』紙の従軍記者を兼務し、英国軍最後の突撃の一つで先頭を切ったのがウィンストン・チャーチルで、涸れ谷に潜むとりわけ凶暴なマフディーの大軍に遭遇して交戦、殊勲のあった英国軍人が受ける最高の勲章であるヴィクトリア十字勲章を3つ勝ち取った。これ以外に接近戦はほとんどなく、戦いは正午前に終結。キッチナーはマフディー信徒の首都オムドゥルマンを占領。ハリーファは逃亡したが、翌年殺害された。

騎兵隊の突撃
第21槍騎兵隊の突撃。最後の抵抗を試みるマフディー軍を一掃。ウィンストン・チャーチルは著書『河畔の戦争』で、マフディー軍の闘魂を賞賛した。

1750年-1914年

ズールー族の戦争

南アフリカにおける欧州勢力の拡大を促進したのは、政治的分裂と、欧州勢力の行く先々で発生していたアフリカ人部族間の紛争であった。指導者が一人しかいない小部族は頻繁に近隣の部族と戦っていたが、英国やアフリカーナ(南アフリカ生まれの欧州系白人で別称「ボーア人」)の組織化された軍隊に抵抗することはできなかった。シャカの下、ングニ語を話す一族が強大な戦闘民族として蜂起し、欧州勢力に最大の脅威をもたらした。

ズールー族の戦争
シャカの下でズールー族が北進、その南側の領土にアフリカーナ勢力拡大の好機が訪れた。

シャカの征服

日付 1818年-1828年
兵力 ズールー族/150,000人、その他/不明
死傷者等 不明(数万人規模)
場所 南アフリカ、ナタール

「アフリカのアッティラ大王」と呼ばれることもあるが、「シャカ」という名は腸に寄生する虫に由来する。シャカは、ズールー族の大首長ディンギスワヨの弟子として名声を得た。優れた身体能力と軍才を兼ね備えたシャカは、ディンギスワヨが1816年に殺害された後、ディンギスワヨを暗殺したズワイデとの権力争いを経て、権力の座に着いた。シャカは当初、スパイを巧みに利用し、「焦土」して退却する方針をとっていたため、勝利したと言うより敗北を免れただけであった。1819年、シャカの若い戦士らは、疲労困憊して飢餓状態になったズワイデ側兵士の裏をかき、ムラッゼ渓谷で打ち負かした。ズウィデは逃亡したが、他の生存者はシャカの軍勢に組み込まれた。シャカは1821年からナタール全域の侵略を始め、その過程でナタールの人口が激減した。シャカに負けた敵対勢力がさらに奥深いアフリカ中部に社会的混乱をもたらすにつれ、波紋が広がった。当初2000人だったシャカの支配は、1824年には約50万人にも及び、指揮する大部隊(連隊)の数も15に達していた。母の死に憤慨したシャカは、1827年に何千もの人々を虐殺した。欧州列強への接触を試みたが妨害され、欧州定住者への攻撃を検討していた1828年、2人の異母兄弟に殺害された。そのうちのひとりディンガーンがシャカの後を継いだ。

ズールー族の戦士
戦闘服を身につけたシャカの兵士3人。独特の短い突き槍と大きな盾を持っている。

ブラッドリヴァーの戦い

日付 1838年12月16日
兵力 ズールー軍/約10,000人、フォールトレッカー/470人
死傷者等 ズールー軍/約3,000人、フォールトレッカー/負傷者3人
場所 南アフリカ、ナタール

17世紀に喜望峰に建設されたオランダの植民地では、建設から150年も経たないうちに、欧州とはほとんど無関係で、もはやオランダ語とは呼べない言語を話す新しい民族「アフリカーナ」が生まれていた。英国は1793年に喜望峰を占領し、1820年以降、英国人移住者が急増した。アフリカーナは、英国による法的規制と黒人およびアフリカ人に対するより寛大な姿勢に憤慨した。1835年、英国の支配から自由を取り戻すことを決意し、成人男女、子供、使用人を含む約1万2000人のフォールトレッカーと呼ばれる人々が、英国支配を避けて後背地に移動(グレートトレック)を開始した。高台の草原地帯とナタールはシャカが侵略したために人口がまばらになっており、この両地域が白人の定住に適しているように思えた。しかし、草原地帯で攻撃を受けたため、フォールトレッカーはナタールへと進んでいった。1838年2月、ピート・レティーフ率いる一行約100人が、領土の割譲についてシャカの後継者ディンガーンと話し合うために向かったが、結局、残忍にも皆殺しにされた。この惨事の報復としてブラッドリヴァーの戦いが起こった。偵察隊がズールー軍の接近を伝えると、アンドリース・プレトリウス率いるフォールトレッカーは、ブラッドリヴァー(当時のンコメ川)近辺で最適な場所を選び、荷馬車を円陣に配して防壁とした野営所(防御の円陣)を作った。フォールトレッカーは人数で大幅に劣っていたが、強靱さを持ち、決意を秘め、欧州製のライフル銃も拳銃も所持していた。ダンブーザとヌヘラ率いるズールー族は連続攻撃を行ったが、結果として多数の死傷者を出した。その後プレトリウスは騎馬隊を使って攻撃を行い、自身は負傷したが、フォールトレッカー全体の負傷者は少なかった。敗北という罰を受けたズールー族は撤退した。

> 「人々は死ぬが、賞賛は残る。賞賛によって亡き人々は生き続け、さびれた村落の中で追悼され続ける」
> マゴルウェイン・カ・マクハティーニによるディンガーン王に対するイジボンゴ(賞賛の詩)

フォールトレッカーの記念物
ブラッドリヴァーの戦いを記念して、荷馬車を防壁としたフォールトレッカーの野営所が復元されている。ズールー族はこの防壁を突き破れなかった。

ズールー族の戦争

英国対ズールー戦争
イサンドルワナの戦い

日付	1879年1月22日
兵力	英国軍/正規兵1,700人、アフリカ人500人、ズールー族/22,000人
死傷者等	英国軍/1,640人、ズールー族/約6,000人
場所	南アフリカのナタール

1870年代の終わりごろ、英国は南アフリカの全所有地を一つの連邦に統一しようと決定した。この計画はケープタウンの高等弁務官バートル・フリア卿によって進められた。フリア卿がズールー族の王ケテワヨに最後通牒を出し、これが引き金となって戦争が起こった。チェルムズフォード卿が大武装隊を率いてズールーランドへ遠征した。その後、チェルムズフォード卿は部隊を分割し、第24連隊の歴戦の精鋭部隊である第1大隊を、防御が何もないイサンドルワナの前進野営地に残した。ズールー族の中にはライフル銃を持っていた者もいるなど、英国軍偵察部隊は敵の兵力を把握できていなかった。族長のンチンガヨとマヴメンガナ率いるズールー族が英国軍を攻撃し、圧倒した。捕虜はおらず、第1大隊はほとんど全員が虐殺された。援軍を率いたチェルムズフォード卿が惨事の現場へ到着したのはその夕方で、時すでに遅し。ズールー族は若い兵士の大部分を失ったため、ズールーにとっても完全勝利とはいかなかった。

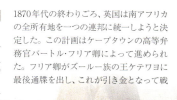

イサンドルワナ
ズールー族が制圧した英国の野営地は丘のふもとにあった。北側の尾根を除き、この地域には遮蔽物がない。

勇猛果敢な少数部隊
白兵戦をしようと英国軍に迫るズールー族。このイサンドルワナの光景を描いた画家は、丘を第24連隊の記章に似せて描いている。

英国対ズールー戦争
ロ−ク浅瀬の防衛戦

日付	1879年1月22-23日
兵力	英国軍/139人、ズールー軍/4,000人
死傷者等	英国軍/32人、ズールー軍/550人
場所	ナタールのイサンドルワナ西部、バッファロー川の渡河地点

渡河地点にあたるロ−ク浅瀬に守備140人を残して、チェルムズフォード卿がイサンドルワナ（上記参照）に到着すると、ロ−ク浅瀬のある西の方角から銃声が聞こえ、赤い光が見えた。140人の中には部隊の病人や、ナタールに住むカフィール族の役立たずの兵士数名（敵を見るとすぐに逃げた）、ひと握りの欧州民間人も含まれていた。第24連隊のブロムヘッド中尉や英国陸軍工兵隊のチャード中尉を含む約100人がこの駐屯地を守った。年長者のチャード中尉が、ダブラマンジ王子率いるズールー族大軍隊の攻撃に立ち向かうために指揮を執った。この

燃えあがる病院
ロ−ク浅瀬にある病院の避難の様子。ズールー族の攻撃を阻止した2人の兵卒に、ヴィクトリア十字勲章が授与された。

ズールー軍には、同日起こったイサンドルワナの戦いに参加したばかりの兵士もいた。撤退する時間もなかった英国軍は、穀物袋と荷馬車で高さ1.25mの塁壁を急造した。攻撃に次ぐ攻撃により、英国軍はライフル銃で敵を多数倒したが、防衛線は円周約150mにまで着実に縮小していった。長い銃剣で槍に向かう白兵戦が数時間続いた。英国軍は高地で防衛を続け、やがて疲労し始めた。しかし、10時間の戦いの末、1月23日未明にズールー族が撤収した。ロ−ク浅瀬のすさまじい防衛戦で死亡した英国人はわずか10名であった。

ヴィクトリア十字勲章
ロ−ク浅瀬を防衛したものにヴィクトリア十字勲章11個が授与された。1度の交戦で与えられた十字勲章の数としては最高である。

1750年-1914年

第2次ボーア戦争

ケープ植民地からやって来たアフリカーナ（「農夫」を意味し、ボーア人とも呼ぶ）は、1850年代にオレンジ自由国とトランスヴァール共和国を設立した。英国は当初これを認めていたが、金とダイヤモンドが発見されると、両者の間にいがみ合いが生じた。1877年に英国がトランスヴァールを併合すると、第1次ボーア戦争（トランスヴァール戦争）が起こった。1881年、トランスヴァールが独立を取り戻しても、欧州諸国によるアフリカ植民地の奪い合いは英国をさらなる領土併合に駆り立て、トランスヴァールを孤立させた。トランスヴァールのクリューガー大統領が好景気の同国に群がる外国人に投票権を与えなかったため、ケープ植民地のセシル・ローズ首相はジェームソン奇襲攻撃を計画（ジェームソン事件）、外国人による暴動を起こそうとして失敗。この後、1899年10月に第2次ボーア戦争（南アフリカ戦争）が勃発した。

ボーア人の攻勢

日付	1899年10月-1900年1月
兵力	軍事行動を通じて変化
死傷者等	英国側に多い
場所	アフリカ南部のナタールおよびケープ植民地

1899年、ケープ植民地で広がるボーア人の反乱鎮圧に、英国は1万人の軍隊を派遣した。ボーア騎馬隊は、反乱拡大と話し合いによる解決を目的に、英国の援軍到着前に先制攻撃を開始。ボーア人には軍隊はなく、あるのは「コマンドー」と呼ばれる騎馬隊だけだったが、選ばれた将校の下で訓練を積み、統制もとれて、優れたライフル銃（多くはドイツによる供給）や最新式の大砲も保持していた。ボーア人がナタールに侵攻すると、数で劣った英国軍はレディースミスへ撤退するが、ここも封鎖され、キンバリーと

ボーアの砲兵
1899年、レディースミスの郊外で榴弾砲を扱うアフリカーナ部隊。レディースミスは大砲22門の砲撃にさらされた。4カ月の包囲の後、解放された。

マフェキングも包囲された。レッドヴァース・ブラー卿は60歳を超え、植民地戦争で豊富な経験を持ち、部下の評判も良かったため、南アフリカ隊の指揮官となったが、1899年12月の「暗黒の1週間」で失墜した。十分な騎馬兵がいなかったにもかかわらず、包囲された3つの町を各隊に解放させようと部隊を3分割し、全隊が敗北を喫してしまう。ブラー卿は後に最高司令官の任を解かれた。ケープ植民地のボーア人多数が武器を取って英国と戦い、戦争は内戦の様相を呈したが、ボーア人は分散しており、1900年初頭にはその攻撃力が衰えた。

コレンソの戦い

日付	1899年12月15日
兵力	英国軍/20,000人、ボーア軍/6,500人
死傷者等	英国軍/500人、ボーア軍/50人
場所	アフリカ南部のナタールおよびケープ植民地

ブラー卿の3部隊（上記参照）のうちマフェキングに向かった1隊はストームベルグで、キンバリー付近の2隊目はマゲルスフォンテーンで敗れた。ナタールで卿自身が率いた3隊目も、同じ週のうちにコレンソでルイス・ボタに敗北。ボタは兵の数では劣っていたが、地の利を生かし、防御も十分固めていた。ブラー卿の部隊は多数の死傷者を出したばかりか、大砲も奪われた。

勲章
クイーンズ・サウスアフリカ章は、ボーア戦争で戦ったすべての英国軍人に授与された。

スピウンコップの戦い

日付	1900年1月24日
兵力	英国軍/30,000人、ボーア軍/5,000人
死傷者等	英国軍/2,000人、ボーア軍/200人
場所	ナタール、レディースミスの西約30km

ケープにいた英国軍指令官ブラー卿は、1月に再度レディースミスの解放を試みた。ブラー卿は大部隊を二分し、1隊はチャールズ・ウォレン将軍が指揮した。迅速さが肝要なところ、将軍はトゥゲラ川渡河に2日を費やしたうえ、さらに2日間躊躇した。その間にボーアのボタ将軍は増兵した。ウォレン将軍は高台のスピウンコップに向けて進軍し、その夜、兵2000人が静かに丘をよじ登る。登ってから、塹壕も掘れず土嚢もなく作戦には不向きの丘であり、最悪なことに

固定式の箱型弾倉

取外し可能な木製銃床

モーゼル銃とホルスター
モーゼルC-96はドイツ製で、ボーア人に大量供給された。眼鏡照準具つきで射程は1,000mを超える。

ボーアの大砲に見下ろされていることに気づく。英国軍は集中砲火を浴びても応戦せず、ウォレンは通信がお粗末で戦況を把握できなかった。増援隊のおかげで丘の占領を続けたが、犠牲は大きかった。接近戦をすべく丘を登ったボーア軍も、かなりの犠牲を出す。午後4時半ころには両軍とも消耗し、敗北を確信、丘から撤退したが、ボタが再編した隊がその後、山頂を奪回。しかし、現場に残ったのは死体と将来のインドの指導者、マハトマ・ガンジー以下、インド人の担架担ぎのみであった。ボーア軍はブラー卿の退却には手を出さず、2月28日、卿はついにレディースミスを解放した。

丘での死
スピウンコップで山積みにされた英国人の死体。ボーアの狙撃に何百人も命を落とした。

第2次ボーア戦争

パールデバーグの戦い

日付	1900年2月18-27日
兵力	英国・カナダ軍/6,000人、ボーア軍/5,000人
死傷者等	英国・カナダ軍/1,100人、ボーア軍/1,000人
場所	オレンジ自由国キンバリーの南東37km

1899年12月、カンダハルのロバーツ卿が南アフリカの英国軍総司令官の任に就き、キッチナーが参謀長となった。ロバーツはキンバリー解放（2月15日）後、ボーアの首都を攻撃する。キッチナーがモダー川の湾曲部に追い込んだ5000人のボーア人は、パールデバーグの丘で防御体制を固めた。ここで遮蔽物が少ないにもかかわらず、キッチナーはボーア前線への直接攻撃を命じた。近距離からボーア軍に射撃され、1000人を超える死傷者を出し撤退を強いられた。その後指揮を執ったロバーツは、ボーア軍に8日間の大砲集中砲火を浴びせて降参させる。長距離移動や飼い葉不足、2000人の犠牲者を出した腸チフスの発生にもひるまなかった。3月13日のブルームフォンテーンから、3月31日にはヨハネスブルグに、6月5日にはプレトリアに行き着いた。9月25日にコマチプルトで勝利を収めたロバーツは、キッチナーを事後処理に残し、英国へ帰った。

草原の横断
パールデバーグ近くのモダー川を渡る英国軍と援助物資。その兵站指揮は批判を受けても、ロバーツ卿は非常に有能な指揮官であった。

マフェキングの解放

日付	1900年5月17日
兵力	英国軍/2,000人、ボーア軍/2,000人
死傷者等	不明
場所	南アフリカのノーザン・ケープ

1900年2月にキンバリーを解放したロバーツ卿は、開戦以来、包囲が続くマフェキングの解放に着手するため、部隊を分遣した。この隊は途中でローデシアとカナダの騎兵隊に合流する予定だった。マフェキング内では、ベーデン・パウエル大佐が防衛組織を構築し、その体制を後年、ボーイスカウト活動で生かすこととなる。マフェキングの状況は深刻さを増していた。大変な食糧不足で、配給量が欧州人よりも少なかったアフリカ人は、死んだ馬を掘り起こして食べていた。ベーデン・パウエルは給食施設を設置し、奇妙なことに利益を上げていたが、特派員は次のように恐ろしい光景を描写した。「男女を問わず、あらゆる年代の骨と皮だけになった人々が……列に並び、各自が古びて黒くなった缶を持ち……、順番を待って、給食施設まで苦しげに這っていく……」。英国

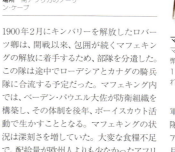

マフェキングの貨幣
マフェキング包囲中に発行された1ポンド紙幣。描かれている銃は排水管から急造した11.5cmの榴弾砲で「ザ・ウルフ」の愛称で呼ばれた。

軍解放部隊は接近すると、ボタが送った部隊を撃退した。その間に町を包囲するボーア兵の数は減少していった。ボーア軍は5月11日に町へ最終攻撃を仕掛けたが失敗し、5月17日にマフェキングは解放された。朗報が届いた英国では狂乱の祝賀ムードとなり、「お祭り騒ぎ（をする）」という言葉が生まれた。ベーデン・パウエルは英雄として帰国し、英国軍最年少の少将となった。

> 「217日間、ボーア軍はマフェキングを降伏させようと試みたが、マフェキングを防衛する者は気高く、ボーア軍の戦略に効果はなかった」
> マフェキングの解放（ウィリアム・マゴナガル）

ボーア人のゲリラ戦

日付	1900年11月-1902年5月
兵力	軍事行動を通じて変化
死傷者等	不明（ボーア民間人多数）
場所	南アフリカ

通常戦で敗れたボーアのコマンドーは1900年半ばにはゲリラ戦に転じ、至るところで英国人を攻撃。鉄道通信は絶えず妨害行為を受け、孤立した辺境の居留地は占領され、小規模の分遣隊は待ち伏せされた。フレデリックスタッドで1旅団を包囲したデ・ヴェットに加え、ボタ、ド・ラ・レイ、ベイヤーズ、若いヤン・スマッツなどのボーア人指導者が、大手を振って軍事作戦を実行。暴動を一部にとどめられなかった英国は、より厳しい戦術を採用した。ロバーツの後継者キッチナーは、民間人を強制収容所へ移動させ、悪名をとどろかせた。鉄道などの目標物は、小型要塞を連ねてうまく守った。ゲリラ指導者は追跡を逃れても資源は底をついていった。デ・ヴェットは2月にキッチナーと条件を話し合ったが決裂。戦争はボーア人の抵抗がなくなり、1902年5月31日にフェレーニヒングで講和条約が締結されるまで続いた。

ボーア人コマンドー
1900年からボーア人はゲリラ兵として戦い続けた。英国軍はゲリラの財産を没収し、家族を収容所に入れた。収容所では2万8000人が死亡した。

ボーア戦争で使われたライフル銃

トランスヴァール共和国のクリューガー大統領は、大英帝国との戦争が避けられないこと、共和国にはその準備ができていないことを自覚していた。法律でライフル銃の所有が定められていても、多数のボーア人が持っておらず、所有していても最新式ではなかった。クリューガーはライフル銃3万7000丁と弾薬筒1000万個をドイツの兵器製造会社クルップに注文した。ライフル銃はドイツの最新式モーゼル型式95であった。ペーター・パウル・モーゼル（1838-1914）は才気あふれる発明家で、ピストルと連発ライフル銃の他にも、ニードル銃（1863）、後装式ライフル銃（1871）を兄ヴィルヘルムとともに発明した。モーゼルの弾倉式ライフル銃は1897年に初めて世に出た。ドイツが最初に採用したモーゼル銃は、間違いなく当時一番支持されたライフル銃であった。南アフリカ向けの型式95は遠距離射撃でもきわめて正確で、英国製リー・メトフォードより優れていることを証明した。その他、ノルウェーの兵器工場で設計されたクラグ・ヨルゲンセン・ライフル銃も、ボーア人に大量供給された。

ボーア人のライフル銃
オレンジ自由国向けにレーベ社が製造したモーゼル型式1895ライフル銃（左）。ボーア共和国への輸出用に製造されたクラグヨルゲンセン型式1894ライフル銃（右）

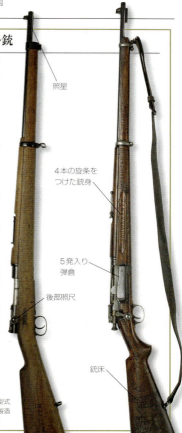

1750年-1914年

帝国拡大戦争

19世紀、英国とフランスはアジア、アフリカ、オーストララシア(オーストラリア、ニュージーランドよびその付近の南洋諸島)における一連の植民地戦争に勝利して、世界中に勢力を広げた。19世紀末になると両帝国は最大の拡大を見せた。一方でアメリカ合衆国は、自身の所有地と見なす地域の支配権を主張した。合衆国は欧州式の「帝国」を追求してはいなかったものの、20世紀初頭までにはフィリピン、プエルトリコ、キューバ、パナマのすべてが合衆国の支配下に入った。三大国はみな「文明」を世界中に広げる使命にあるという信念を共有していたが、その「文明」の解釈は国によって異なっていた。

帝国の戦争
第1次ビルマ戦争

- **日付** 1823年-1826年
- **兵力** 英国・インド軍/50,000人、ビルマ軍/60,000人
- **死傷者等** 英国・インド軍/20,000人、ビルマ軍/10,000人
- **場所** ミャンマーおよびインドのアッサム

機動部隊
1824年5月11日、英国の大軍がラングーンに上陸しているところ。

1823年、ビルマ軍は英国支配下にあるインドの国境を越えアッサムを占領した。ビルマ軍は、ビルマが占有する旧アラカン王国から亡命した反逆者を追跡していた。これを受けて英国は、1824年2月24日、ビルマに宣戦布告した。英国はすぐにアッサムを奪回し、アーチボルド・キャンベル将軍の指揮の下、英印軍1万1000人を蒸気船に乗せて(蒸気船初の戦争使用)海上輸送し、ビルマの首都ラングーンを攻撃した。ラングーンを占領されたビルマ軍はジャングルに逃げ込んだ。指揮官マハ・バンドゥラはジャングルから首都奪還を準備し、12月1日、兵6万を伴って首都に向かったが、2週間後に敗北し撤退を余儀なくされた。追撃されたバンドゥラは1825年4月に殺害され、翌月キャンベル将軍は下ビルマの首都プロームを占領した。翌年2月、ビルマは講和を求め、英国東インド会社にアラカンを明け渡した。この戦争は3度にわたる戦争の初戦であるが、英国は3回の交戦後に、ベンガル湾全域の主導的支配権を掌握した。

ドラゴン砲
王家が所有していたビルマの青銅製カノン砲。装飾的であるが実射も可能であったと思われる。

- 華美なドラゴンの頭
- 色付きの青銅製銃身
- 火砲運搬車は交換済み

フランスのヴェトナム占領
コーチシナの戦い

- **日付** 1858年-1862年
- **兵力** フランス・スペイン軍/不明、ベトナム軍/不明
- **死傷者等** 信頼できる推計なし
- **場所** 南ヴェトナム

ヴェトナム人ならば単にナム・キ(南の地方)と呼ぶコーチシナは、1858年にフランス皇帝ナポレオン3世が侵略した。フランス人宣教師が殺害されたことが侵略の口実となったが、ナポレオンの計画は自身の帝国建設であり、コーチシナは通商上、戦略的に重要であった。フランス軍はトゥーラン(現在のダナン)港に上陸した後、サイゴンに向けて進軍し、1年後にサイゴンを占領した。侵略軍に対する抵抗はその後3年間続いたが、ヴェトナム人指導者は、厳格な儒教の固守と近代化の間で長期にわたって板ばさみになっていたため、結果として国は弱体化し、近代兵器が不足していた。ヴェトナムの単純な兵器は西洋の兵器に遠く及ばず、降伏以外に選択肢はなかった。1862年、トゥー・ドック皇帝はナム・キをフランスに譲渡する署名をし、1867年にフランスがナム・キからコーチシナへと改称した。1882年にはフランスがヴェトナム全土を支配するようになり、ヴェトナムはラオス、カンボジアに加え、フランス領インドシナの一部となった。

フィリピン・アメリカ戦争
アメリカ合衆国のフィリピン占領

- **日付** 1898年-1902年
- **兵力** 米国軍/不明、フィリピン反乱軍/不明
- **死傷者等** 米国軍/死者4,234人、負傷者2,818人、フィリピン反乱軍/死者約20,000人
- **場所** フィリピン諸島

1898年の米西戦争中、米国の海軍小艦隊が5月1日の朝、マニラ湾に入り、停泊していたスペイン艦隊に完勝した。8月までに米軍はマニラを占領し、12月のパリ協定により戦争は終結、米国はスペインからフィリピン諸島を2000万米ドルで購入した。かつてはスペインと戦い、独立を約束されたと信じていたフィリピン人逆徒は、パリ協定の1カ月後、新しい支配者の米国に対して反乱を始めた。エミリオ・アギナルド率いるフィリピン人逆徒は、軍事作戦を繰り広げて戦ったが容赦なく討伐され、捕らえられたアギナルドが米国の支配を受け入れるようフィリピン人民に懇願し、軍事作戦は2年で終了した。1902年、ローズヴェルト大統領が反乱終結を宣言したが、散発的な戦闘は4年続いた。

マニラ湾の戦い
米国艦隊が蒸気をあげながらマニラ湾に入っていく劇的な場面をとらえた絵。油断していたスペイン軍に向かって大砲が赤々と火を噴いている。

> 「臆病なスペインのために今日死のう!
> この文句は尊厳の欠如を暗示しているだけではない。
> 勇敢なフィリピン人の頭越しに、脅えたスペイン人による統治権をまとめ上げようというはなはだしい愚かさを暗示している」
>
> スペインに味方することにより米国に敵対しようと議論した人々を、エミリオ・アギナルドが批判した言葉(1898)

帝国拡大戦争

英国対マオリ族戦争
マオリ戦争

日付	1860年-72年
兵力(ゲート・パ)	英国軍/1,700人、マオリ族/約300人
死傷者等(ゲート・パ)	英国軍/120人、マオリ族/12人未満
場所	ニュージーランドのノースアイランド

英国支配に対するマオリ族の最初の戦争（1845-47）は、ジョージ・グレイ知事によって鎮圧され、その後13年間平和が続いた。

ゲート・パの戦い
マオリ族は人数も武器も劣っていたが、巧みな戦略で英国軍をだまして間違った判断を下すように仕向け、勝利を収めた。

1860年時点ではノースアイランドの大部分がまだマオリ族に所有されていたが、マオリ族の指導者テ・テイラが、タラナキにある自分の土地をマオリの同意なしに売却した結果、戦争が勃発。この戦争は、マオリの複数のパ（要塞のような村）に対する包囲攻撃であり、マオリが降伏したが、ワイカトで再び交戦となった。英国軍は1864年4月27日、史上最強の要塞、ゲート・パの包囲攻撃を開始。マオリ族のラウィリ・プヒラケ将軍が兵士達に散発的な発砲を命じたため、英国軍はマオリ族の防御は崩壊したと思い込む。だが突入した英国軍は、マオリ族戦士に圧倒されるばかりであった。マオリ族の大勝利となり、英国は講和を模索する結果となったが、マオリ族の広大な土地が没収される1872年まで、ゲリラ戦は続いた。

米西戦争
キューバにおける米国の勝利

日付	1898年2-8月
兵力	米国軍/不明、スペイン・キューバ軍/不明
死傷者等	米国軍/死者610人、スペイン軍/不明
場所	カリブ海のキューバ島

3年間続いたキューバ内戦に、米国が干渉した戦争。キューバにとって2度目の独立戦争であり、先頭に立ったのはカリスマ的詩人ホセ・マルティだったが、スペインが一般市民を強制収容所に入れたことでも悪評が高かった。1890年代に、米国はキューバの最重要貿易相手国となり、熱狂的なマスコミ報道のせいでマッキンリー大統領は、不本意ながらも干渉を余儀なくされた。侵略の口実は、1898年2月15日にハバナ港の米国軍艦メーンが沈没したこと。原因は定かではなかったが、連邦議会は即座にスペインに宣戦布告した。きわめて一方的な戦いで、中でも7月のサンティアゴの戦いは群を抜いていた。陸上部隊がケトルヒルを占領、その後、サンファンヒルを占領した。同部隊には、ローズヴェルトの第1義勇騎兵隊（通称「荒馬乗り」という冒険家と「バッファロー・ソルジャー」と呼ばれるアフリカ系アメリカ人連隊の混成隊）も入っていた。スペインの海軍大将パスクアル・セルベラは包囲された艦隊をサンティアゴ港外へ移動させたが、すべてのスペイン船が米国海軍小艦隊により撃沈された。5カ月後、キューバは正式に独立。しかし実際は、マルティが懸念した最悪の事態が現実となり、キューバ島は事実上、強大な隣国である米国の保護国となった。

1858年-1919年
セオドア・ローズヴェルト THEODORE ROOSEVELT

ニューイングランド地方の名家の生まれで喘息持ちのテディ・ローズヴェルトは、勇敢な軍人で博識な博物学者でもあった。キューバにおける戦いで名声を手に入れ、その後1900年の大統領選では、ウィリアム・マッキンリーの副大統領候補となった。翌年マッキンリーが暗殺されると、大統領に就任。世界の「文明化」が米国の義務であるという彼自身の主義を忠実に守り、ローズヴェルト政権は海外での強引な介入を特徴とした。「穏やかに話し、実力行使に訴える」という棍棒外交であった。

キューバで荒馬乗り
サーベルを抜き、「荒馬乗り」分遣隊の突撃の先頭に立つセオドア・ローズヴェルト。

1750年-1914年

中国、日本、ヨーロッパ

19世紀の新たな産業発展とともに、軍事力が次第に技術力に左右されるようになった。工業化を遂げた国々は優位に立ち、そうでない国々は支配される側に回った。これが日本と中国の運命を分けた鍵である。中国はヨーロッパの優れた兵器に屈したが、日本はヨーロッパに比肩しうる国となった。

中国

軍備で勝るヨーロッパに対し清帝国が敗北を重ねると、中国軍に自国を防衛する能力のないことが明らかになり、すでに弱体化していた中央政権は崩壊し始めた。帝国の辺境では外国に、国内では反乱に屈した政権は、西洋から得た知識に基づき、また一方では中国の価値観を尊重しつつ、産業再編成の運動に着手した。この「洋務運動」は、中国の優れた「体」（制度や文化）に対し、西洋の知識を「用」として扱う「中体西用論」に基づいていた。しかし義和団の乱で露呈したように（251ページ参照）、中国の「体」はしばしば外国人に対する嫌悪という形で現れた。清は産業化に失敗し、西洋の列強に支配される結果となった。しかしこの屈辱は、日本の台頭によって影が薄くなった。中国が、自国より劣ると見なしていた小さな隣国の影に隠れるなど、多くの中国人には到底我慢できなかった。ほどなく各地の軍事指導者は、無能な政権が残した権力の空白状態に置かれた。

義和団による殺戮
北京で、ドイツ公使ケテラーが排外的な義和団によって暗殺される様子。

日本

日本は3世紀近くの間、徳川家の幕府に支配されていたが、ヨーロッパや米国から不法侵入が増加すると、西洋の軍艦に感銘を受けた多くの人々から、日本の近代化を求める声が上がった。1868年に明治天皇が即位すると、幕府に敵対する薩摩と長州には幕府打倒の詔書が下されたが、これは徳川時代の終焉を意味していた。明治天皇は政権を握り、驚くほど急速な欧米化が始まった。日本の産業化は軍事力増強を目指して推進され、30年足らずのうちに中国、次いでロシアに勝利したことによって、それを信じられないヨーロッパ各国には気の毒だが、日本は東アジアの強国となったのである。

旧体制
1876年に行われた実質的な武士階級の解体と廃刀令の直前に侍を撮影したもの。

領土の縮小
清王朝が外国の侵略を阻んだ土地でさえ、イスラム教徒やキリスト教を信奉する「太平天国」といった反乱軍のため、政府は国内でも事実上、無力だった。

日本の通商開始
1853年、マシュー・ペリー提督が浦賀に到着し、大規模な海軍の後援を受けて米国との通商条約を日本に迫った。

中国の混乱

19世紀を通して、清王朝は崩壊に至る衰退の一途をたどった。ヨーロッパ諸国による侵略を受けた清国は、自国の経済政策を管理することもままならず、ヴェトナムをフランスに、香港を英国に奪われる結果となる。何百万という農民が餓死し、政府が国民に対する支配力を失うと、反乱が起こった。最大の屈辱は、日本に対する敗北と、朝鮮および台湾への影響力の喪失だった。世紀末までに、すべての主要港と貿易路は外国の支配下に置かれた。清国ではなく日本が東アジアにおける経済・軍事大国となり、清帝国の行く末はだれの目にも明らかだった。

第1次アヘン戦争

アヘン戦争

日付	1839年9月-1842年8月
兵力	清国軍/1,000,000人、英国・インド軍/10,000人
死傷者等	清国軍/30,000人、英国・インド軍/10,000人
場所	中国沿岸の各地

18世紀までに、ヨーロッパでは中国の茶や絹、陶磁器に対する需要が大幅に増大したが、ヨーロッパが輸出できる製品は、中国では特に需要がなかった。英国東インド会社はその結果生じた貿易不均衡を、ベンガル産アヘンを中国へ密売することで解決した。中国に輸入されるアヘンの量は、1729年の200箱から1838年には4万箱に跳ね上がった。中毒者の増加に危機感を募らせた清政府は、特命大臣林則徐を広州へ派遣し、英国商人が倉庫に保管しているアヘンをすべて没収させた。数日後、酔った英国の水兵が中国の村人を殺害し、英国政府が清国当局に対し容疑者の引き渡しを拒否するに及んで戦争が勃発する。1840年6月には英国艦隊が急派され、清国の旧式な兵器は英国の小型砲艦に太刀打ちできなかった。一連

> 「失礼ながら、陛下の良心はどこにあるのでしょうか?」
> ― 英国のヴィクトリア女王に宛てた林則徐の手紙(1839)

不道徳な取引
アヘンを積んだ英国船が清国伶仃港に入港する。英国の方針は利益第一で道徳には目もくれなかった。

の屈辱的な敗北を喫した後、清国は南京条約に同意するほかなかった。同条約によって香港は英国の支配下に置かれることとなり、この屈辱は1997年に香港島が中国へ返還されるまで続いた。加えて、在留英国人は中国本土で犯した罪についても、中国の法律ではなく英国の法律をもって裁かれることになった。一方、林は不評を買って新疆に左遷された。英国の商業活動に対する制約がすべて解除されたため、その後30年間でアヘンの取引額は2倍以上になった。

厦門の襲撃
英国軍が中国沿岸を進軍する際、第18歩兵連隊が厦門港を占領する。

第2次アヘン戦争

アロー戦争

日付	1856年10月-1860年8月
兵力	清国軍/2,000,000人、英仏連合軍/50,000人
死傷者等	清国軍/6,000人、英仏連合軍/4,000人
場所	中国東部

第1次アヘン戦争後に取引制限が撤廃されたとはいえ、アヘンは依然として違法であり、1856年10月8日、清国の役人は英国旗を掲げるアロー号に乗り込んで麻薬密輸の疑いをかけた。この事件が、侵略へ乗り出す口実を英国に与えることになった。フランス人宣教師の殺害を口実に、フランス軍も広東を占領するため、海軍大将マイケル・シーモア卿率いる英国軍に加わった。第2次アヘン戦争の始まりである。連合軍は北に向かい、シーモアは天津近くの砦に攻撃を加えた。またしても清国は優れた技術を有するヨーロッパにかなわず、戦争の第1段階は1858年の天津条約をもって終了した。1年後、清国は北京への公使受入れを拒否して停戦協定を破り、英仏軍による北京市への襲撃を招いた。咸豊帝は避難し、英国の指揮官エルギン卿の命令により円明園は放火された。咸豊帝は北京条約に署名し、さらに統治権を放棄するほかなかった。この北京条約は天津条約の各条項を批准し、英国とフランスに莫大な賠償金を払い、アヘン貿易を合法化し、キリスト教宣教師の安全を保障するものだった。

死体に埋め尽くされた戦場
1860年8月22日の英仏連合軍による占領の翌日、中国兵の死体が天津近郊の大沽砲台周辺に散らばる。

1750年-1914年

中国、日本、ヨーロッパ

太平天国の乱

太平天国の乱

日付	1850年-1864年
兵力	太平天国軍/1,000,000人以上、清朝政府軍/不明
死傷者等	太平天国、政府および一般市民の死者合計/約20,000,000人
場所	中国東部の17省

19世紀半ばの中国農村部は、「外国人」である満州族(清)政権からの救済を説く宗教組織にとって格好の場であった。広東近郊の貧しい農民の息子、洪秀全はこうした不満に目を向ける。南部バプティスト派の牧師について学んだ後、洪秀全は自分が「地球から悪魔を駆逐するために神が送ったキリストの弟である」と公言した。まもなく洪秀全は広西の貧しい農民の間で「拝上帝会」を設立し、新しい王朝「太平天国」の建国を宣言した。清政府打倒を約する太平天国の勢力は、数千人から、よく訓練された狂信的な兵士100万人以上で構成される軍隊へとすぐに膨れ上がった。太平天国軍は長江流域を北上し、大都市南京を占領した。そこで洪秀全は、賭博、薬物および売春を禁止し、男女平等を宣言した。しかし集団の中には異議を唱える者もおり、いまや「天王」と呼ばれる洪秀全は、権威を揺るがされかねない試練にたびたび直面した。太平天国の幹部、楊秀清はクーデターを企てたため、その配下の者数千人とともに殺害された。もう一人の将軍、石達開は身の危険を感じ、数万の兵を引連れて逃走した。1860年、統一と権力の回復を企てた太平天国は上海攻略を仕掛けるが、西洋式の訓練を受け、米国人フレデリック・ウォードを指揮官とする「常勝軍」の中国人たちに撃退された。ウォードが命を落とすと、北京当局は代わりに英国人チャールズ・ゴードンに司令官を務めるよう要請し、1864年、政府軍はゴードンの指揮のもと南京を包囲した。10万人以上の太平天国軍兵士が捕虜となるよりも死を選び、洪秀全自身は服毒自殺を遂げた。反乱はついに鎮圧されたが、清政権の支配力は大半の地域ですっかり弱まっていた。20世紀の中国共産党と中国国民党は、ともにその起源を太平天国に求めている。

国家的英雄
北京にある記念碑には、太平天国の乱と林則徐のアヘン処分の情景が描かれている。前景では共産党少年先鋒隊が英雄に敬意を表している。

1835年-1885年
チャールズ・ゴードン陸将
GENERAL CHARLES GORDON

チャールズ・ゴードンは、クリミア戦争に従軍した後、中国に赴任した。ゴードンは太平天国の乱を鎮圧するべく政府軍を率い、南京奪回の後、皇帝から最高官職を受け、本名をもじった「チャイニーズ・ゴードン」という名を得た。その後は、大英帝国各地でさまざまな任務に就いている。1885年にスーダンで、マフディーに対するハルトゥーム防衛の際に戦死した(241ページ参照)。

帝国と革命

慈渓の戦い
フレスコ画には、1862年8月の慈渓の戦いで常勝軍が太平天国軍を撃退する場面が描かれている。この戦いで清は上海を防衛した。

中国の混乱

清仏戦争

日付	1883年8月－1885年6月
兵力（福州海戦）	フランス軍／巡洋艦6隻、清国軍／巡洋艦6隻
死傷者等	清国軍／巡洋艦6隻沈没、死傷者多数
場所	ヴェトナム北部

フランスはすでにヴェトナム南部のコーチシナを支配下に置いていたが、1880年代、清国支配下の北部へ向けて侵略を開始した。これに対し中国は、ヴェトナム北部トンキンの中心をなすソンコイ・デルタに軍を派遣した。両陣営とも相手の侵略を非難し、フランス軍は指揮官アンリ・ローラン・リヴィエールをトンキンの行政中心地へ派遣して、同市を占拠する清国の非正規軍「黒旗軍」を立ち退かせようとした。リヴィエールは中国軍を駆逐したが、反撃を受けて戦死した。フランスの援軍が到着し、まもなく一連の戦闘に勝利すると、フランスは清国総督に同地域を清仏の共同保護領とする協定に同意させた。この協定がパリで退けられると、清国は新式の軍備を整えた軍隊が敵を撃退できるものと考え、宣戦布告した。張之洞率いる陸上部隊は中国南部へ侵略したフランスを撃退したが、1884年8月の福州海戦では清国の近代化における厳しい現実が露呈した。巡洋艦で構成される清国の新艦隊は、30分のうちにフランス海軍の射撃力と魚雷艇によって全滅。清国はトンキンおよびさらに南のアンナンを放棄し、フランスに譲る以外に選択肢はなかった。

巡洋艦を使った戦闘
機関銃を装備したフランス軍の攻撃艇リヴォルヴェール号が、ヴェトナムのトゥエンクアン省で清国巡洋艦を爆破。

日清戦争

日付	1894年8月－1895年4月
兵力	日本軍／8,000人、清国軍／不明だが日本軍より多勢
死傷者等	信頼できる推計なし
場所	朝鮮と満州

近代化を開始してわずか20年後、日本では軍事力を示す準備が整った。清国の影響下にある朝鮮に日本は長年関心を抱いており、1894年に朝鮮で親日派によるクーデターが失敗すると、軍隊を派遣した。日本は清国に宣戦布告し、日本の近代的な軍隊はかなり多勢な清国軍を相手に陸と海で圧倒的な勝利を収めた。最大の海戦となった1894年9月の鴨緑江の戦い（黄海海戦）は、その代表である。中国軍は準備不足で、軍需品は古く、整備も行き届いていなかった。清国軍の艦艇のうち2隻は、過剰な塗装とニスが原因で炎上した。日本軍の優れた戦術に加え、清国軍の全体的な不手際によって、清国艦隊の運命は定まった。日本の勝利は新しい軍事大国の登場を告げ、やがて朝鮮、台湾、満州北部が同国によって占領されることになった。

日本の標準的な軍隊
新しい西洋式の軍服をまとった日本兵が、満州の清国軍陣地を攻撃する。丘の上には清の国旗が翻っている。

義和団の乱

日付	1899年11月－1900年8月
兵力	連合軍／18,000人、義和団軍／不明
死傷者等	外国人／死者229人、義和団／信頼できる推計なし
場所	北京とその周辺

義和団とは、その一派が銃弾に対して不死身になるという拳法「義和拳」を使っていたことから名づけられた秘密結社である。義和団は外国人、特に宣教師を標的とし、中国北部に外国勢の侵略が増加するとともにその勢力を拡大した。義和団の主張はまもなく北京へ届く。1898年、新政府は義和団を促し、外国の影響を排して清朝を保護させることにした。1899年には義和団が北京周辺を横行し、西太后の暗黙の後ろ楯を受けてキリスト教徒を攻撃し、教会を焼き討ちにした。1900年6月、反乱を鎮圧するために連合軍が派遣される。連合軍は西太后軍によって撃退され、西太后はすべての外国人を殺害するよう命じた。とりわけドイツ人公使と日本人外交官が殺害されたことが知られている。最終的には、さらに規模を拡大した連合軍が8月に北京を占領し、市内のカトリックの大聖堂に籠城した外国人と中国人キリスト教徒を救出した。西太后は都落ちし、残った王子たちが厳しい内容の和解交渉に当たった。あらゆる排外主義的な行動が禁止され、以後、外国軍が北京と上海間の各要所に駐屯することになった。清帝国にとってはこのうえない屈辱だった。

外国の侵略
北京の紫禁城を米国軍が行進し、清国の威信をいたく傷つけた。

捕虜となった義和団
拘置された義和団の一群が運命に思いをめぐらせている。北京近くで米国軍第6騎兵隊に捕らえられたのだ。

銃弾に刀で対抗する
この凝った装飾を施した中国の刀は、義和団の乱の時代のものである。悲しいかな、刀も信念も義和団を銃弾に対して不死身とすることはできなかった。

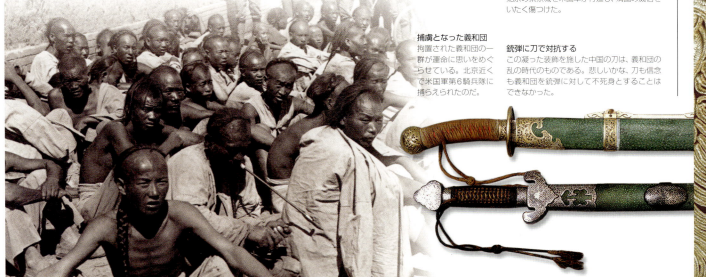

1750年－1914年

日本の勢力の台頭

日本では、数世紀続いた徳川幕府による支配の後、1868年に天皇の親政が復活すると、強力な中央集権体制の構築を目指す改革が行われた。帯刀という武士の特権の廃止やヨーロッパ式軍隊の創設を始めとするこうした変化によって、討幕派の間にさえ反乱が起こった。新体制への抵抗は容赦なく抑えられた。国家統一が済むと、新たに徴集された軍隊は、鉱物資源の豊富な隣国、朝鮮と清国の満州を最初の標的に定めた。日本はまず清国、次いでロシアを破ってこの土地を手に入れた。こうして日本は、閉鎖的な封建社会から産業化に成功した大国へと変貌を遂げたのである。

明治維新後の戦争
西南戦争

日付 1877年1-9月
兵力 官軍／34,000人のほか海兵隊と警察隊、薩摩軍／20,000-40,000人
死傷者等 薩摩軍／武士400人を残して全員死亡
場所 九州南部

薩摩藩は明治維新（下記参照）で中心的な役割を果たしたが、ヨーロッパ式常備軍を創設するという計画には反対した。1877年初頭、中心人物である西郷隆盛は征韓論を却下されたことに立腹し、九州南部にある政府軍の拠点、熊本城に軍を進めた。それに対し政府は直ちに一部隊を派遣し、反乱軍を武装解除させようとしたが、反乱軍が引き下がらなかったため、鎮圧のために本格的な軍隊が出動した。9月の城山の戦いで幕を閉じるまで、闘争は6カ月に及んだ。大部分が徴集兵からなる官軍は、十分に装備され、組織されていた。西郷軍は、識別のために武器へ白布を結びつけただけで、刀を使って戦った。薩摩軍はエンフィールド銃も持っていたが、近代的な重火器にはかなわず、完敗した。古くから続いた武士階級の終焉である。

鹿児島（薩摩）の兵士たち
官軍に追い詰められた薩摩軍は女性兵を募り、女性たちは伝統的な刀「薙刀」で戦った。

明治維新後の戦争
戊辰戦争

日付 1868年1月-1869年5月
兵力 幕府軍／15,000人、薩長軍／5,000人
死傷者等 信頼できる推計なし
場所 本州と北海道

徳川幕府勢力と天皇親政の復活を求める討幕派の間では、散発的な闘争が何年も続いた。1867年9月までに、幕府（徳川政権の中枢）軍は討幕派の軍に追い詰められた。土佐藩は内戦を避けるため、「徳川慶喜が政権を返上する代わり、天皇が主導権を握る新しい朝廷で特権を保持する」という妥協案を提示した。事実上の支配権を保持しつつ、戦争を回避できる機会と考えた慶喜は、直ちに大政奉還を行った。徳川家による新朝廷の支配を懸念した討幕派の中心人物、薩摩の西郷隆盛と長州の木戸孝允は、尾張、越前、土佐、広島の4藩に京都御所を奪取する意向を告げた。1868年1月3日（和暦1867年12月9日）、西郷軍が御所を押さえ、王政復古の大号令を発し政権は直ちに明治天皇のもとへ移った。慶喜は京都を攻撃するが、薩長軍より多勢で、かつフランス人軍事顧問の手を借りたにもかかわらず、

乃木希典
新設の日本軍は、旅順で戦った乃木などの将校を擁していた。

幕府軍は緒戦となった鳥羽・伏見の戦いで大敗し、江戸へ逃れた。その後の数週間でさらに数を増した新政府軍は東へと進み、進軍の過程で各地の大名から忠誠の誓約を得た。こうした抵抗を受け、慶喜は砲撃の前に降伏した。政府は江戸（現在の東京）に移され、明治時代が幕を開けた。しかし会津藩はなお抵抗を続けた。官軍の西洋製の軍備は会津藩の日本刀など相手ではなかったが、鎮圧には1カ月を要し、会津藩の精鋭兵士たちの自刃とともに終了した。最後の反抗を試みたのは、かつての幕臣が北海道（箱館の五稜郭）で抵抗した政権だが、1869年5月、明治政府軍に鎮圧された。

満州の行進
1894-95年、日清戦争中の日本軍。同戦争で旅順は一時的に日本の支配下に入ったが、後にロシアの租借地となった。

日露戦争
旅順攻囲戦

日付 1904年8月-1905年1月
兵力 日本軍／90,000人、ロシア軍／40,000人
死傷者等 日本軍／60,000人、ロシア軍／40,000人
場所 満州、遼東半島の旅順

義和団の乱（251ページ参照）の終了時、ロシアは旅順を含む遼東半島を占領下に置いていた。1903年、ロシアが同地域から撤退するという約束に背くと、ロシアのさらなる侵略に危機感を抱き、同時に軍事力に対する自信を深めていた日本は開戦を決めた。1941年に真珠湾で繰り返されることになる戦略を用い、日本は旅順のロシア太平洋艦隊に魚雷攻撃を仕掛け、日露戦争が始まった。陸軍大将乃木希典が率いる地上部隊は、ロシアの陣地を包囲し、長期にわたる攻囲戦が始まった。港は、幾重もの堡壘、鉄条網、マキシム機関銃に守られた22のロシアの要塞に囲まれていた。日本軍はここで初めてサーチライトと手榴弾、毒ガスを使用した。両軍とも、この新しい機械化された戦争形式に不慣れなためにまごついたが、ついに乃木は港を見渡す丘の奪取が鍵になると気づく。急な丘を上る際、日本兵は次々に機銃掃射を受けて大量殺戮され、最終的に2万人近くが犠牲となった。1カ月後の1905年1月、ついにロシアの守備隊が降伏した。

日本の勢力の台頭

日露戦争
奉天の会戦

日付 1905年2月20日-3月10日

兵力 日本軍/270,000人、ロシア軍/330,000人

死傷者等 日本軍/71,000人、ロシア軍/89,000人

場所 中国、満州南部、現在の瀋陽

旅順の攻囲戦が長引く間、日本軍の地上部隊はすばやく朝鮮を制圧し、満州へ向けて北進した。ロシアは1904年秋に遼陽と沙河で敗れ、満州の中心、奉天まで後退せざるを得なかったが、同地にはシベリア鉄道を通じて援軍が送られた。翌年3月、旅順占拠後に日本の援軍が到着すると、奉天の決戦が始まる。日本の第5軍(鴨緑江軍)の精鋭部隊は、市の西側の山を越え、ロシア軍の左翼を攻撃した。数日後にロシア戦線の中心へ向けた総攻撃が始まり、日本の第4軍がロシアの右翼に現れた。戦闘は19日間続き、その間、大量の日本兵がロシアの機銃掃射によって撃退された。この戦闘を含め日露戦争における戦闘の際立った特徴は、前方を偵察し、射手に電話で連絡する者を用いたことで、このために射手は視界を超えた目標に向けて発砲することができた。もはや敵を目視してから撃つ必要はなかったのである。側面から来る敵に反撃することができず、ロシアの防衛線は後退した。ロシアの指揮官、陸軍大将クロパトキンは、完全包囲を回避しようと、北への全面的な退却を命じた。ロシア軍が奉天から撤退したため、地上戦の膠着状態は打開された。この時点で、事実上、日本の勝利となった。

冬の戦い
奉天の会戦における橋上での襲撃。冬の満州の凍てつくような寒さで多くの人命が奪われた。

モシン・ナガンM1891
1891年採用の小銃。日露戦争では広範囲で使用され、1960年代にもなお使われていた。

日露戦争
日本海海戦

日付 1905年5月27-28日

兵力 日本軍/戦艦4隻、巡洋艦27隻、ロシア軍/戦艦11隻、その他艦艇20隻以上

死傷者等 日本軍/死者117人、ロシア軍/死者4,380人、沈没21隻

場所 朝鮮と日本の間に位置する対馬海峡

ロシア政府は、絶対的な優勢で日本海軍を圧倒しようと、1904年10月にバルチック艦隊の大部分を極東へ派遣した。満州がヨーロッパにつながる西ロシアから非常に遠いという点は以前から問題視されており、戦争準備中も常にロシアにとって悩みの種だった。この問題が再浮上したのである。石炭を燃料とする軍艦は長距離航海向けに設計されてはおらず、2万9000kmの航海に7カ月を要した。この間に旅順が陥落し、その時点でロシアが保持する港はウラジオストクだけになった。石炭を使い果たす前に到着しようと、ロシア艦隊の指揮官ロジェストヴェンスキー中将は、日本の支配下にある対馬海峡の通過を決めた。艦隊は照明を落として海峡の奥まで進んだが、国際法に従って明かりを点けていた病院船オリョール号が、日本の巡視船に発見された。日本艦隊を指揮する東郷大将は、沖ノ島で敵を迎え撃つために出航した。ロシア艦隊のお粗末な操艦術では艦隊を1列に整えることができず、両艦隊の交戦で東郷は容易に相手の裏をかくことができた。日本艦隊は敵よりも高速で装備も整っており、ロシア艦隊の3分の2が沈没した。ロシア政府は海軍の崩壊と国内の政情不安に直面し、講和を求めるほかなかった。ロシアは満州から撤退し、日本は朝鮮における支配権を奪還した。

凡例
- 清国
- 1897年ロシアへ
- 1905年日本へ
- 1895年 日本の租借地
- 1904-05年 日本の進軍
- バルチック艦隊のルート
- × 日本の勝利および日付

海軍の壊滅
ロシアの軍艦が沈没する様子。日本軍は対馬でロシアの艦艇を20隻以上沈め、艦隊の戦力を奪った。

1750年-1914年

ナショナリズムと近代化

1815年から1914年までの欧州では、大国同士がほぼ絶え間なく戦うという状況は発生しなかった(それ以前は、そうした状況が顕著な時代が何世紀も続いていた)。1848年から1871年まで、ドイツとイタリアにおける国民国家の誕生に伴い、短期で終結する激しい戦争が多発したことを除けば、武力衝突はオスマン帝国の国内と周辺という欧州縁辺に集中して発生した。とはいえ、このように平和が長く続いても、欧州列強の非武装化にはつながらなかった。

武装平和

1871年から1914年まで、欧州諸国は植民地争奪戦を繰り広げると同時に、欧州諸国間の戦闘にも備えて武装と教練を進めた。英国は圧倒的な制海権を誇る海軍をもっていたため小規模な職業軍で事足りたが、他の欧州諸国では一般成人男子に兵役が課されるようになった。1815年に2億人前後であった欧州の人口が1914年に5億人近くに達すると、徴兵により軍隊がかつてない規模に膨れ上がった。鉄道の発達により、こうした大規模軍の戦場移送が迅速に行えるようになり、また国の官僚制度が近代化されたことで軍備が整った。19世紀末までには大半の欧州諸国が好戦的な愛国心に支配されるようになっており、これを煽ったのが最初のマスメディアである大衆新聞であった。国軍が国家威信の中心的存在となり、軍事演習は君主と政治指導者が列席する華々しい年中行事となった。

欧州 1815-52年
ナポレオン戦争終結後に開催されたウィーン会議で、欧州の秩序再建と領土分割が図られた。その結果、30年にわたる反動政治が続き、民族主義者や共和主義者が現状打破に挑んだ。

凡例
- ドイツ諸邦国
- 1851年のルイ=ナポレオンのクーデターに反抗した地域
- ドイツ連邦
- 反乱や蜂起の発生場所と発生年
- 1815年の国境

皇帝陛下のお褒め
オーストリア=ハンガリー帝国の徴兵軍を前に叙勲兵士を讃えるオーストリア帝国皇帝フランツ・ヨーゼフ1世。

1780年-1831年
カール・フォン・クラウゼヴィッツ KARL VON CLAUSEWITZ

カール・フォン・クラウゼヴィッツはプロイセンの陸軍将校として、イエナの戦いやワーテルローの戦いなど、ナポレオン戦争の多くの主要な戦闘に参加した。1818年にベルリン陸軍大学校校長になったため、歴史的、理論的な軍事研究を行う余裕ができた。著作は『戦争論』として死後に整理、出版されたが、その主旨は、戦争とは理想的には「他の手段をもってする政治の継続」、つまり、政治目的を達成するための実行手段であって、方法と目的を制限すべきである、というものであった。もっとも、クラウゼヴィッツはその緻密で難解な論述の中で、戦争の理不尽な暴力性と、武力衝突に伴う大混乱と偶然性の大半を認めてもいる。

軍事学者
クラウゼヴィッツは一度だけ部隊の指揮を執ったことがある。それは1806年、イェナ・アウエルシュタットの戦いでのことであった。

近代化

プロイセンは、大規模戦争の立案と実行を専門に担当する参謀を養成することで、軍の近代化をいち早く推し進めた。他の欧州諸国の軍隊も必然的にこの例に従うようになった。欧州の軍事指導者の大半は進取の気性に富み、戦場で優位に立つための新技術を模索した。たとえば20世紀初頭に行われた飛行船や固定翼機の開発は、主として軍事目的で進められた。また、フランスのシュナイダー社やドイツのクルップ社といった大規模な兵器製造企業は、大砲やライフル銃、機関銃を続々と大量生産して、威力や殺傷能力の限界を次々に押し広げていった。さらに、実体弾と黒色火薬に代わって無煙火薬の充填された榴弾が使用されるようになった。海軍では、大砲を搭載した木造帆船に代わって、旋回砲塔に大砲を搭載し蒸気機関を備えた装甲艦を使うようになった。

1820年-1910年
フローレンス・ナイティンゲール
FLORENCE NIGHTINGALE

看護の世界に改革をもたらした英国人、フローレンス・ナイティンゲールは、クリミア戦争中、スクタリの兵舎病院の衛生状態を改善し、「ランプを持った貴婦人」の呼び名で有名になった。また、インド駐留陸軍に特別な関心を払い、駐屯地の衛生改革を敢然と訴え続けた。その影響力は英国外にまで及び、1864年に創設された国際赤十字社では、看護に功労のあった看護師等に贈る表彰記章にその名を冠した。ナイティンゲールの功績により、20世紀に入ってから初めて病死者の数が戦死者の数を下回った。

初期のツェッペリン
試験飛行を行う初期のツェッペリン型飛行船。軍事力としての利用価値が直ちに認められた。

プロイセンのライフル銃
プロイセン軍は1841年に後装のドライゼ銃を採用した。

限りなき目的

1848年から1871年までに欧州で起こった戦争は、ある意味で誤解を呼びがちなところがあった。1866年の普墺戦争、1870-71年の普仏戦争でプロイセン軍が圧勝したことにより、現代的な見地から見て、限られた政治目的で、限られた範囲と期間の戦争を行う場合には、近代的な軍隊が有効な手段となり得たかのように思える。しかし、ソルフェリーノの戦いとクリミア戦争では、正反対の側面が浮き彫りになった。つまり、銃器や大砲が改良されたため、歩兵隊や騎兵隊による防御陣地の攻撃がすでに多大な犠牲を生むものとなりつつあること、また、戦闘規模の拡大により、決定的な機動作戦が遂行しにくくなり、効果的な指揮がほとんど不可能になりかねないということである。むしろ、1871年以降の欧州主要国の政策からは、圧倒的な兵力（およびそのための徴兵軍の拡充）と、それを支える産業力を重視していることがうかがえた。

兵器工場
ドイツ、エッセンのクルップ兵器工場。鋼鉄製大砲製造のパイオニアであった。

戦争突入

1914年まで、欧州ではハーグ平和会議が実施され、ノーベル平和賞が創設されるなどして、平和維持と戦争破壊力の規制が盛んに議論されていたが、欧州諸国は臨戦態勢を徹底的に強化した。この時期の転換点は1870-71年の普仏戦争である。この戦争でプロイセンの軍事力を計画的に利用して強大なドイツ帝国が誕生し、フランスは報復を切望しながらも、無力さを思い知ることとなった。フランスがロシアと、ドイツがオーストリアと同盟を結ぶと、全面戦争への道が開け、多くの欧州首脳が、もはや戦争は必至と悟った。

平和会議の全権代表
1899年にハーグで開催された平和会議に出席した26カ国の代表者。議題は毒ガス使用と空爆の禁止など。

1750年-1914年

ナショナリズムと近代化

イタリアの統一

19世紀初頭のイタリアは、北西部のサルデーニャ王国や、オーストリア皇帝の支配下にあったロンバルド＝ヴェネト王国など、複数の小国から成り立っていた。その後、1848年から1870年にかけての一連の戦争を経て、サルデーニャ王国の国王のもとにイタリア王国として統一された。

新しいイタリア
イタリア統一戦争では、1859-60年の戦いで最大の戦果があがった。1年後の1861年にイタリア王国が成立し、1870年にはローマとヴェネツィアも併合した。

イタリア統一戦争
第1次クストツァの戦い

日付 1848年7月24-25日
兵力 オーストリア軍/33,000人、サルデーニャ軍/22,000人
場所 北イタリアのヴェローナ近郊
死傷者等 信頼できる推計なし

1848年3月、ミラノで占領国に対する反乱が起こり、サルデーニャ国王カルロ・アルベルトがオーストリアに宣戦布告した。ヴェネツィアもオーストリアからの独立を宣言。オーストリア軍のヨーゼフ・ラデツキー将軍はミラノからは軍を撤退させたものの、ヴェローナ、マントヴァ、ペスキエーラ、レニャーノの要塞で四方を囲んだ防衛陣地を築いた。サルデーニャ軍はペスキエーラを包囲し占拠したが、ラデツキーは相当規模の援軍を獲得。7月、カルロ・アルベルトは兵を率いてミンチオ川を渡り、丘上の町クストツァ占拠を試みるも、兵力で圧倒的に上回るラデツキーが応戦。2日間の戦いでサルデーニャ軍を撃破し、クストツァを奪取した。ラデツキーは再びミラノを占拠、サルデーニャ軍をロンバルディアから駆逐した。休戦後の1849年3月に再び戦火が上がり、ノヴァラでまたもやラデツキーに敗れたカルロ・アルベルトは、息子のヴィットリオ・エマヌエーレに譲位した。1849年8月、ヴェネツィアもオーストリア軍に包囲されて陥落し、オーストリアはイタリアにおける全占領地の権限を回復した。オーストリア国民はラデツキーの手腕に深い感銘を受け、ヨハン・シュトラウス1世はその栄誉を讃えて、かの有名な『ラデツキー行進曲』を作った。

戦闘
第1次クストツァの戦いで発砲するサルデーニャ軍野砲隊。

イタリア統一戦争
マジェンタの戦い

日付 1859年6月4日
兵力 フランス軍およびサルデーニャ軍/59,000人、オーストリア軍/58,000人
場所 ロンバルディア（北イタリア）
死傷者等 フランス軍およびサルデーニャ軍/4,600人（死傷者・行方不明者）、オーストリア軍/58,000人

フランス皇帝ナポレオン3世は、サルデーニャ国王ヴィットリオ・エマヌエーレ2世との間に、対オーストリア戦で援軍を送ると密約を交わした。1859年4月、オーストリア軍がサルデーニャ領ピエモンテに侵攻、これを口実にフランス軍が軍事介入した。ナポレオン3世は発達したフランスの鉄道を利用して13万の兵士と軍馬を戦地に送ることができた。史上初の、鉄道による軍隊の集団移送である。ナポレオン3世は軍隊の経験が皆無であったにもかかわらず自ら指揮を執ったが、その手腕はオーストリア軍指揮官フランツ・フォン・ギュライ伯爵に比べても遜色がなかった。両軍はマジェンタ村で期せずして遭遇した。フランス軍の小隊が運河を越えて西から攻め込む間に、同じくフランス軍のマクマオン将軍がより大規模な部隊を率いて北から進撃。しかしマクマオン隊がもたついたため、小隊が橋の上でほぼ丸一日、圧倒的に優勢なオーストリア軍を阻止すべく奮闘するはめになった。小隊の兵士たちは指揮の混乱にもめげず猛進し、マクマオンの軍勢もその日遅くにマジェンタに突入、オーストリア軍を片端から撃退していった。この勝利ののち、フランス軍はミラノを攻略した。

> 「マジェンタの戦いでフランス軍が上げた勝利は、栄えある戦果のひとつとして歴史に残ることでしょう」
> ― マクマオン将軍がナポレオン3世に述べた言葉（1859年6月5日）

イタリア統一戦争
ローマ包囲戦

日付 1849年2月9日-7月3日
兵力 ローマ共和国軍/20,000人、フランス軍/8,000人
場所 ローマ（イタリア中部）
死傷者等 信頼できる推計なし

1848年革命に端を発する政情不安の中で教皇ピウス9世がローマを脱出した翌年2月、イタリア人急進派が「ローマ共和国」の樹立を宣言。これに対してナポリ王とフランス大統領ルイ＝ナポレオン（のちの皇帝ナポレオン3世）は、教皇復位のため軍を派遣。ローマ共和国では防衛態勢を整えるべく、名高い民族主義者ジュゼッペ・マッツィーニらが三頭政治を始めた。4月27日、マスケット銃、槍、短剣で武装したジュゼッペ・ガリバルディの義勇軍が加わる。将軍ニコラ・ウディノー率いるフランス軍からローマを守るべく準備を進めていた兵士たちは、ガリバルディの堂々たる威厳に奮い立った。4月29日、ローマ軍はフランス軍の歩兵隊を駆逐し、ナポリ軍も同様に撃退した。やむなくその後1カ月包囲を続けたフランス軍は、6月3日に戦闘を再開。6月29日から30日に最後の夜間攻撃でローマの防衛を突破。ガリバルディは義勇兵4000人とともにローマを逃れ、7月3日、フランス軍が入城した。

フランス軍の進攻
戦闘の塵煙も収まらないうちに、マジェンタの広場に突入するフランス軍部隊。

イタリア統一戦争
ソルフェリーノの戦い

場所	北イタリア
日付	1859年6月24日
兵力	フランス軍およびサルデーニャ軍/160,000人、オーストリア軍/160,000人
死傷者等	フランス軍およびサルデーニャ軍/17,300人（うち死者2,500人）、オーストリア軍/22,000人（うち死者3,000人）

マジェンタで敗北を喫したオーストリア軍は、フランス軍とサルデーニャ軍の追撃を遅らせようと橋を破壊し、東へ退却した。オーストリア皇帝フランツ・ヨーゼフ1世が、ギュライ伯爵に代わって軍の正式な司令官に就任。6月24日早朝、フランス軍は、ミンチオ川の向こうにいるものと思っていたオーストリア軍を思いがけずソルフェリーノ村近辺で発見。混乱のうちに始まった戦いは拡大していった。戦闘全体の計画もなく、統一した指揮もないほど混沌とした戦いで、フランス軍の外国人部隊とズアーヴ兵が突出した働きを見せた。ソルフェリーノの村ではオーストリア軍が共同墓地の分厚い塀の陰に陣取り、フランス・サルデーニャ連合軍が多数の犠牲者を出しながら攻撃を繰り返し、ようやく駆逐した。両軍が使用したミニエー銃は恐ろしい効果を発揮。フランス軍は、オーストリア軍の滑腔砲よりはるかに命中率の高い施条砲を約400門配備していた。倒れた負傷兵が多数殺されたと伝えられる残忍な戦いは9時間に及び、フランツ・ヨーゼフの命令で、オーストリア軍はミンチオ川対岸へ首尾よく退却した。この戦場に居合わせたスイスの実業家アンリ・デュナンは、放置された死傷者を目撃し恐怖におののいた。これをきっかけに、後年、国際赤十字社を設立する。ナポレオン3世は、残虐な殺し合いに辟易したこともあり、翌月、フランツ・ヨーゼフと和約を締結。サルデーニャ王国はロンバルディアの大半を併合したが、フランスが受諾した講和の内容にイタリアの民族主義者は憤慨し、オーストリアからの独立運動を継続した。

戦うズアーヴ兵
銃剣を携えて突撃するフランス軍のズアーヴ兵。異国風の軍服を着用しているため、一目でそれとわかるズアーヴ兵は、フランスの軍隊では選り抜きの軽歩兵であった。

フランツ・ヨーゼフ1世
ソルフェリーノの戦いの際、オーストリアの若き皇帝であったフランツ・ヨーゼフ1世は、第1次世界大戦の際も依然、皇帝の座にあった。

1807年-1882年
ジュゼッペ・ガリバルディ　GIUSEPPE GARIBALDI

船乗りの息子として生まれたジュゼッペ・ガリバルディは、1834年にサルデーニャの共和制を求めるジェノヴァでの反乱に参加したものの、反乱が失敗し亡命。続く14年間は南米で過ごし、ゲリラ戦の経験を積んだ。1848年、イタリア民族主義者の革命運動参加のため帰還。1849年のローマ共和国の防衛で果たした役割、そして何より1860年の両シチリア王国への侵攻で果たした役割はつとに有名である。生涯最後の戦いは1870-71年の普仏戦争。フランス第三共和政の支援隊としてイタリア義勇軍を率いた。

イタリア統一戦争
ガリバルディの赤シャツ隊

場所	シチリア島および南イタリア
日付	1860年5月11日-1861年2月13日
兵力	ガリバルディ軍/5,000人、ナポリ軍/25,000人
死傷者等	信頼できる推計なし

シチリア島と南イタリアはナポリ・ブルボン家のフランチェスコ2世が統治していた。1860年5月、ガリバルディが約1000人の義勇兵（「赤シャツ隊」）を率いてジェノヴァを出港、シチリア島のマルサラに上陸。現地の義勇兵を加えながら進軍しカラタフィーミでブルボン軍を撃退、パレルモを占拠した。赤シャツ隊は8月、英国海軍の援助でイタリア本土に帰還しナポリに無血入城、10月26日、ヴォルトゥルノで再びブルボン軍を撃破。その後、サルデーニャ軍に加わって南進、要塞ガエタでフランチェスコ2世の残存軍を包囲し、翌年2月に陥落させた。3月、ヴィットリオ・エマヌエーレ2世の下、統一イタリア王国が誕生。ローマ教皇領とヴェネツィアは依然、イタリア領ではなかった。

市街戦
1860年5月27日、ガリバルディは赤シャツ隊を率いてパレルモの町に突入し、ブルボンの守備隊を打ち破った。

イタリア統一戦争
第2次クストツァの戦い

場所	ヴェネツィア（北イタリア）
日付	1866年6月24日
兵力	イタリア軍/125,000人、オーストリア軍/75,000人
死傷者等	イタリア軍/8,000人（死傷者・行方不明者）、オーストリア軍/5,600人（死傷者・行方不明者）

1866年8月、イタリアは普墺戦争に乗じてヴェネツィアを奪回すべくオーストリアに宣戦布告した。イタリア軍はガリバルディ率いる分遣隊を含む混成部隊であった。国王ヴィットリオ・エマヌエーレ2世と将軍アルフォンソ・ラ・マルモラの指揮下にあったイタリア王国正規軍はミンチオ川を渡り、ヴェネツィアへ侵攻。大公アルベルト率いるオーストリア軍は、イタリア軍を背面から分断しようと、ヴェローナから西方に旋回するも失敗、混戦となった。オーストリア軍の施条砲はイタリア軍の滑腔銃より高性能で、オーストリア軍の槍騎兵による一時しのぎの無計画な攻撃は、多大な痛手をこうむりながらも、イタリア軍の戦意を削ぐ効果をあげた。オーストリア軍はこの戦いもリッサ海戦も勝利したが、プロイセン軍に敗北し、結局ヴェネツィアを割譲しなければならなかった。

1750年-1914年

ドイツ帝国の誕生

プロイセン王国の宰相オットー・フォン・ビスマルクは1864年から1871年にかけて以下のとおり3つの戦争を行い、プロイセン国王の下にドイツ統一を成し遂げた。まず、対デンマークの一方的な戦いでシュレスヴィヒ公国とホルシュタイン公国を統治下に置く。続いて1866年に、イタリア等と同盟を結んでオーストリアと七週間(普墺)戦争を行い、ドイツ連邦諸国を支配下に置く。最後はフランスとの戦いで勝利を収めた結果、アルザス・ロレーヌ地方を獲得、ドイツ帝国が成立した。プロイセンの勝利に大きく貢献したのは軍隊で、それを率いたのは鉄道網を利用した兵力移送を熟知し、決め手となる攻撃戦に注力した参謀将校であった。

七週間(普墺)戦争
サドヴァの戦い

- 日付 1866年7月3日
- 兵力 オーストリア軍および同盟国軍/240,000人、プロイセン軍/245,000人
- 死傷者等 オーストリア軍および同盟国軍/38,000人、プロイセン軍/9,500人
- 場所 ケーニヒグレーツとサドヴァの中間地点(ボヘミア地方)

1866年6月、オーストリアがプロイセンに宣戦布告すると、プロイセンの陸軍参謀総長ヘルムート・フォン・モルトケは大胆な攻勢に出た。鉄道を最大限に活用し、20万超の兵を国境地帯へ急送。「分散合撃」の戦術により野戦軍をエルベ軍、第1軍、第2軍に3分した。ルートヴィヒ・ベネデク率いるオーストリア軍が移動に手間取っている間に、プロイセン軍は南へ急進した。後装式ライフル銃を装備し小部隊で戦うプロイセン軍は、密集した縦列隊形で攻撃するオーストリア軍に大打撃を与えた。プロイセンの3軍は、ケーニヒグレーツ要塞近くの高地に配置されたオーストリア軍を目がけて集結しつつあった。モルトケは、エルベ軍と第1軍がオーストリア軍を抑えている間に、第2軍が右翼を壊滅させるという作戦をとった。決戦当日は土砂降りで、プロイセン軍にとっては思いがけない災難となった。また、通信の断絶により第2軍に攻撃命令が伝わらなかった。エルベ軍と第1軍は夜明けに攻撃を開始したが、敵軍は兵力ではるかに勝っていた。エルベ軍と第1軍は勢いを削がれ午前11時には退却したが、徹底した反撃をし損ねたベネデクの愚鈍さと、高性能の新式ライフル銃と大砲に助けられ持ちこたえた。昼過ぎ、第2軍にようやく攻撃命令が伝わる。第2軍の側面からの猛攻にベネデクは撤退せざるを得なかった。3週間後、オーストリア皇帝フランツ・ヨーゼフは休戦を求めた。

速射力のあるライフル銃
ドライゼのニードル銃を使い、シュフィプの森でオーストリア軍歩兵隊をなぎ倒すプロイセン軍左翼部隊。

> 「ドイツ統一は演説や多数決ではなく、鉄(武器)と血(兵士)によってのみ達成される」
> プロイセン宰相オットー・フォン・ビスマルク(1886)

普仏戦争
メス攻囲戦

- 日付 1870年8月16-18日
- 兵力 プロイセン軍および同盟国軍/188,000人、フランス軍/113,000人
- 死傷者等 プロイセン軍および同盟国軍/21,000人、フランス軍/13,000人
- 場所 メスの西(フランス東部)

1870年7月、ビスマルクが画策を巡らして首尾よくフランス皇帝ナポレオン3世に対プロイセンの宣戦布告を行わせると、プロイセンとその同盟国はたちまち軍隊を動員し、7月末までには30万人の兵で組織した3部隊をフランス国境地帯に配置してしまった。この脅威に対抗するため急遽動員されたフランス軍は有効射程1500mのシャスポー銃(ドイツのドライゼ銃の有効射程は600m)と、初期の機関砲ミトライユーズを装備していた。しかし、プロイセン軍の後装砲はフランス軍の前装砲よりはるかに勝っていた。緒戦ではプロイセン軍はかなりの死傷者を出しながらフランス軍の側面に回って撃退した。ロレーヌでフランス軍左翼を指揮していたバゼーヌ元帥は、勇猛果敢な将校ではあったが、この戦いでは窮地に立たされる。8月中旬、メスの西にいたバゼーヌ軍は、包囲を避けるためヴェルダンへ向けて退いた。西に向かうバゼーヌ軍と、プロイセンの第2軍の一部隊が、マルス・ラ・トゥールで遭遇。人数では圧倒的に優勢なバゼーヌ軍に不意を突かれたプロイセン軍は、攻撃されれば殲滅する覚悟を決めた。フォン・ブレドウ率いる騎兵隊が決死の突撃でフランス軍砲兵隊を混乱に陥れ、大々的な攻撃の開始を妨げているうちに、ようやくプロイセン軍本隊が到着する。プロイセン軍はヴェルダンへの退路を遮断、バゼーヌ軍は部隊をメス目指して東方へ撤収、南はグラヴェレットから北はサンプリヴァに至る強固な防御陣地にこもった。8月18日、プロイセン軍は大挙して攻撃し、甚大な損害を被りながら、敵軍歩兵隊の発砲する開豁地を前進した。しかしバゼーヌ元帥は、プロイセン軍の窮地に際しても反撃ができなかった。ついには、ザクセン軍にサンプリヴァを占拠され、右翼側包囲の危機にも瀕したため、バゼーヌ軍はメス要塞に退却。フランス軍は、死傷者数から見れば防御戦に勝利したとも言えるが、戦略的には決定的な敗北を被った。メス要塞で包囲されたバゼーヌ軍は事実上戦闘に参加できず、1870年10月に降伏した。

決死の騎馬戦

1870年8月16日、フォン・ブレドウ指揮の下、マルス・ラ・トゥールでフランス軍砲兵隊を襲うプロイセンの騎兵隊。800名のうち半数が帰らぬ人となった。

角付き兜
プロイセン軍は1842年に「ピッケルハウベ」という兜を採用した。角は装飾である。第1次世界大戦まで使用された。

帝国と革命
ナショナリズムと近代化

ドイツ帝国の誕生

普仏戦争
スダンの戦い

日付	1870年9月1-2日
兵力	プロイセン軍/200,000人、フランス軍/120,000人
場所	フランス北部スダン（ムーズ川沿いの都市）
死傷者等	プロイセン軍/9,000人、フランス軍/（死傷者および捕虜）200,000人

シャロンで編制されたフランス軍はパトリス・マクマオン元帥の指揮下、ナポレオン3世を最高司令官に戴き、メスのバゼーヌ軍救援に向かったが、スダンでモルトケにムーズ川の湾曲部に追い込まれ包囲された。9月1日、スダンを見渡す丘に設置されたプロイセン軍の大砲により容赦なく砲撃を浴びせられたが、その丘はフランス軍の大砲の射程外であった。負傷したマクマオンに代わって、まずオーギュスト・デュクロ将軍が、次にエマニュエル・ド・ヴァムファン将軍が指揮を執ったが、いずれも包囲網の強行突破に失敗。フランス軍の騎兵師団が、フロアン村付近でプロイセン軍の戦列に突撃したものの、プロイセン歩兵隊の集中射撃の前には無駄なあがきとなった。この騎兵師団殲滅には、「わずか一度の一斉射撃で、あれほど完膚なきまでに粉砕する」のを見たのは初めてだ、という目撃談がある。仮借ない砲撃で甚大な損害を被ったナポレオン3世は戦いを終わらせるべく降伏を決意する。翌日、ビスマルクと会談して降伏の条件をめぐる交渉を行い、フランス全軍とともに捕虜となった。

> 「新聞の売店を取り囲む人々、どのガス灯の下でも三重もの列を作って新聞にかじりつく人々……その驚愕の表情を、だれが言葉に表せるというのか。やがて茫然自失が怒りへ変わり、恐ろしいどよめきが起こった。そして大群衆が大通りを進みながら『打倒、帝政!』と叫んだ」

戦争の証人
エドモン・ド・ゴンクール EDMOND DE GONCOURT

著名な作家エドモン・ド・ゴンクールは、スダンの戦いの敗北の知らせが流れた際のパリ市民の反応を書き記している。スダンでの降伏ののち、9月4日にパリでナポレオン3世の第二帝政の廃止と共和制への移行が宣言された。

銃剣

シャスポー銃

シャスポー銃
手動式遊底を備えたフランス軍のシャスポー銃は、プロイセン軍のドライゼ銃よりも優れていた。

国旗を護る
負け戦で勇敢に戦う兵士を讃えたフランスの版画。上官の命令に従い命を落とした兵士たちである。

普仏戦争
パリ攻囲戦

日付	1870年9月19日－1871年1月28日
兵力	フランス軍/420,000人、プロイセン軍および同盟国軍/700,000人
場所	パリ
死傷者等	フランス軍/戦死者4,000人、負傷者24,000人

プロイセン軍はスダンで勝利を収めたのち、パリに進軍した。首都パリでは将軍ルイ・トロシュの指揮下、防衛準備を進めた。トロシュの軍勢は少なかったが、パリ周囲の要塞は堅固であった。10月初旬、政治家レオン・ガンベッタが気球に乗ってパリを脱出し、地方で国防軍を組織した。この国防軍に対しプロイセン軍がやむなく反撃している間に、後方連絡線がゲリラ（フランス軍遊撃隊）に攻撃され、プロイセン軍はパリ市民に報復を開始した。トロシュはパリ要塞から出撃を繰り返し、すべて撃退された。1月5日、プロイセン軍が重攻城砲によるパリ砲撃を開始すると、市民はかえって戦意を燃え上がらせた。しかし食糧が不足し始めたため1月18日に最後の大規模な強行突破を行ったが、多大な損害を出し失敗に終わった。地方の国防軍も2、3度目覚しい勝利を上げたが、結局は潰走した。1月28日に休戦協定が署名され、ヴェルサイユ宮殿で国家樹立を宣言したドイツ帝国が、その後締結した講和条約により、ロレーヌ地方の大半とアルザス地方を併合し、多額の賠償金の支払いを要求した。

攻城砲
クルップ砲によるパリ砲撃で、パリの周囲の要塞は破壊されたものの、攻囲攻撃の勝敗を決するほどの役目は果たさなかった。

1815年-1898年
オットー・フォン・ビスマルク
OTTO VON BISMARCK

「鉄血宰相」の異名をとるビスマルクは、1862年にプロイセン王ヴィルヘルム1世によって宰相に任命されるまでは外交官を務めていた。宰相就任後は巧みな外交戦術を駆使し、無情なまでの周到さで軍事力を行使することにより、プロイセン主導でドイツ統一を成し遂げた。1871年から1890年まではドイツ帝国宰相として平和を維持し、他の列強諸国を互いに対立させることでドイツの安全を確保した。ビスマルクがヴィルヘルム2世に解任されると、ドイツは第1次世界大戦へと突き進んでいく。

1750年-1914年

クリミア戦争とアジアに対するロシアの南下政策

19世紀には、ロシア帝国の南下政策によって、衰退しつつあったオスマン帝国との間に、また、シベリアではロシアの軍事力に対抗できる装備を持たない辺境イスラム民族との間に、対立が生じた。ロシアがオスマン帝国のようにさらなる領土拡張を図るおそれがあると列強諸国が懸念した地域では、ロシアの野望に対抗することができた。こうして勃発したクリミア戦争により、ロシアはバルカン半島でオスマンに残された領土を奪取する野望をくじかれた。しかしカフカスと中央アジアでは、ロシアと英領インドが直接国境を接するのを避けるため英国がアフガニスタンを保護国にしたのをよそに、イスラムの諸民族が長期にわたってロシア支配に激しく抵抗したものの、最終的にはロシアに併合された。

クリミア戦争
アルマの戦い

日付 1854年9月20日
兵力 同盟軍・英国軍/26,000人、フランス軍/37,000人、オスマン帝国軍/7,000人、ロシア軍/35,000人
場所 クリミア半島(ウクライナ)のアルマ川
死傷者等 英国軍/2,000人、フランス軍/1,000人、ロシア軍/6,000人

アルマ河畔での白兵戦
テレグラフヒルに設置された、ロシア軍の大砲の煙が背後に見える。

1853年、オスマン帝国領内にあった東方正教会の保護権をめぐるロシアとオスマン帝国の対立が戦争に発展。ロシアはオスマン帝国の2つの属国を占領し、シノップの海戦でオスマン艦隊を破った。1854年3月、オスマン帝国の壊滅を防ごうと英国とフランスが参戦。ラグラン卿とサンタルノー将軍の指揮下、同盟軍はセヴァストポリの北50kmの地点に上陸し、アルマ河畔の塹壕にロシア軍を発見。英国軍はロシア軍のこの主要陣地に向かい川を渡ったが、多数の死傷者を出し、退却せざるを得なかった。しかしロシア軍も指揮の不備と性能の劣るマスケット銃が災いして撤退に追い込まれた。

クリミア戦争
インケルマンの戦い

日付 1854年11月5日
兵力 同盟軍・英国軍/8,500人、フランス軍/7,000人、ロシア軍/6,000人
死傷者等 英国軍/2,357人、フランス軍/1,700人、ロシア軍/11,800人
場所 クリミア半島北東部のインケルマン近郊

アルマの戦いののち内陸へ進んだ同盟軍は、ロシア軍の撤退後、無防備だったセヴァストポリへの進入路を見下ろす尾根を占拠した。ロシア軍は砲撃を交えた波状攻撃をかけたが同盟軍を駆逐できなかった。また4分の1以上が死傷し退却寸前の英国軍は、ボスケ将軍率いるフランス軍が折よく到着して救われた。

> 「多くの勇者が雄叫びをあげて砲煙の中へ突撃したが、視界から消え去らないうちに死体となって平原を埋め尽くした」

戦争の証人

ウィリアム・ハワード・ラッセル
WILLIAM HOWARD RUSSEL

ラッセルは、クリミア戦争取材のため1854年に『タイムズ』紙から派遣された初の従軍記者。上は軽騎兵旅団の突撃の模様を報じる記事。

クリミア戦争
バラクラヴァの戦い

日付 1854年10月25日
兵力 同盟軍/15,000人、ロシア軍/25,000人
死傷者等 英国軍/軽騎兵旅団673騎のうち247騎
場所 クリミア半島西岸(セヴァストポリの南)

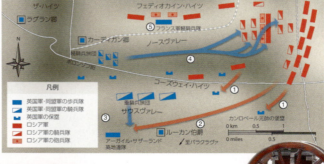

① ロシア軍、カンロベール元帥の堡塁および他の堡塁を攻略
② ロシア軍騎兵隊、アーガイル・サザーランド高地連隊を攻撃
③ 重騎兵旅団、ロシア軍騎兵隊を撃退
④ 軽騎兵旅団、ロシア軍砲台を攻撃、大損害を被り退却
⑤ フランス軍軽騎兵隊、軽騎兵旅団の突撃を援護しフェディオカイン・ハイツを攻撃

10月、ロシア軍はバラクラヴァにある同盟軍陣地を攻撃した。その際、特筆すべき出来事が三つあったが、それ以外の点では全体的戦況への影響が少ない交戦であった。一つは第93高地連隊がロシア軍騎兵に全員一列になって迎撃したこと。二つ目は、圧倒的に不利な中での、英国重騎兵旅団の防戦成功。最後はカーディガン卿率いる英国軽騎兵旅団のロシア軍砲台への突撃で、指揮系統の無能により英国旅団は猛撃に遭い、大損害を被った。結局、バラクラヴァの戦いは決着がつかず、英国軍はセヴァストポリへ戻り、ロシア軍は砲台を維持した。

大砲
クリミア戦争ではこのような前装式野戦砲が包囲戦でも野戦でも重要な役割を果たした。

砲身から不発薬を除去するための掃除棒
砲弾の発射角度を変える俯仰ハンドル
野戦砲

運命の突撃
突撃する軽騎兵旅団を痛撃するロシア軍砲兵隊。前景の丘上の砲兵隊はフランス軍軽騎兵隊が沈黙させた。

クリミア戦争とアジアに対するロシアの南下政策

クリミア戦争
セヴァストポリの攻囲戦

日付 1854年10月17日-1855年9月9日

兵力 同盟軍/40,000人（うちサルデーニャ軍15,000人）、ロシア軍/40,000人

場所 クリミア半島（ウクライナ）西岸

死傷者等 信頼できる推計なし

クリミア戦争の最終局面は、長期にわたるセヴァストポリ攻囲戦を軸に展開した。ロシア軍の指揮官メンシコフ中将はセヴァストポリの解放に尽力したが、成果はさほどあがらなかった。都市の防衛にあたった者の多くは水兵であり、防衛の「天才」として工兵大佐のトートレーベンがいた（右の記事参照）。同盟軍は越冬準備が万全でないながら一冬を凌いだのち艦隊からの砲撃を開始し、クリミア半島東のアゾフ海に進軍。6月に外塁を攻撃されたロシア軍は、シンプソン将軍率いる英国軍を大レダン砲台で撃退した。しかし、ロシアの野戦軍がセヴァストポリ要塞の解放に失敗し、英国軍が損害を被りながらも再び大レダン砲台を攻撃したのち、フランス軍司令官ペリシエ元帥が要塞の拠点であるマラコフ砲台を落とし、ロシア軍の降伏は不可避となった。

クリミア従軍記章
ライフル旅団に授与されたこの英国の記章には、SEBASTOPOLの名入りの帯金がついている。

塹壕掘り
包囲したセヴァストポリの外側に塹壕を造る英国軍の近衛兵。

1818年-1884年
フランツ・トートレーベン大佐
COLONEL FRANZ TODLEBEN

ドイツ系ロシア人。サンクトペテルブルグの工兵学校で技能を修得後、1836年に陸軍入隊。シャミーリのゲリラと戦うカフカスのロシア軍部隊で軍務に服し、のちにメンシコフ支援のためクリミア半島に派遣される。任務は、海上からの攻撃には強いが陸上からの攻撃には弱いセヴァストポリの防御施設の管理と改造。その防御強化のおかげでセヴァストポリは長期にわたる抵抗が可能になった。この1853年の時点では一介の大佐の身で防御の指導者となったが、最終的にはロシア全軍の最高司令官の地位にまで上りつめた。

1750年-1914年

カフカス戦争
シャミーリの抵抗戦争

日付 1817年-1859年

兵力 ロシア軍/個々の戦闘で異なる、イスラム教徒のゲリラ軍/個々の戦闘で異なる

場所 北カフカス

死傷者等 信頼できる推計なし

クリミア戦争のさなか、ロシア帝国はイスラム教徒（中心はチェチェン人）の反乱制圧のためカフカス山脈へ遠征し、士気を挫くゲリラ闘争にも対処していた。ロシアは1828年にペルシアからダゲスタンの宗主権を奪い、1829年にオスマン帝国からカフカスの黒海沿岸地域を奪ってカフカスへの影響力を強化した。ロシアに対する抵抗運動を指揮したガージ・ムッラーが1817年に戦死すると、弟子のイマム・シャミーリが跡を継いだ。シャミーリは南ダゲスタンに生まれ、学究的なイスラム神秘主義スーフィー教団に参加。1828年にメッカへ巡礼し、そこで出会ったアルジェリアの民族主義者アブド・アルカーディル（240ページ参照）からゲリラ戦について多くを学んだと思われる。そうした戦術を駆使してロシアに対抗するとともに、御しにくさで知られるカフカス諸民族をまとめ上げ、数々のロシア戦で勝利をあげた。ロシア軍は兵力50万と伝えられている強大な軍を用いて抵抗を鎮圧。シャミーリは1859年8月に拘束され、その後、モスクワ近郊のカルガに幽閉されたが、後年、皇帝に謁見し、メッカとメディナへの巡礼を許可された。

抵抗運動の指導者
イマム・シャミーリ。1859年に投降したのちもロシア支配に対する抵抗運動の精神的支柱となり、21世紀のチェチェンの民族主義者もシャミーリを模範に仰いでいる。

中央アジアにおけるロシア帝国の南下政策
ブハラ・ハン国の征服

日付 1868年5月20日

兵力 ロシア軍/不明、ブハラ軍/不明

場所 ウズベキスタン（サマルカンドの西150km）

死傷者等 信頼できる推計なし

中央アジアの遊牧民は、はるか昔には偉大な征服者を生んだが、統制のとれた19世紀の正規軍には太刀打ちできなかった。ロシアの総督はイスラム教徒のゲリラ攻撃を契機に、中央アジアのヒヴァ・ハン国、ブハラ・ハン国の制圧に率先して取り組んだ。ブハラ・ハン国はロシアと英国の使者を傲岸不遜な態度であしらい、1842年には英国人将校2人を拘束し殺害。1860年代初頭にはロシアの南下をなんとか食い止めたものの、1866年5月に敗北。ロシア軍はシルダリヤ（ヤハルテス）川流域にトルキスタン総督府を設置。1868年に再び戦火が上がり、ロシアの属国となる。ヒヴァ・ハン国は1920年代にソヴィエト連邦に正式に併合された。

中央アジアにおけるロシア帝国の南下政策
ヒヴァ・ハン国の征服

日付 1873年

兵力 ロシア軍/10,000人、ヒヴァ軍/不明

場所 ウズベキスタン（アムダリヤ川の西37km）

死傷者等 信頼できる推計なし

ロシアの南下政策に対する反乱、あるいは別の見方をすればイスラム狂信者によるロシア駐屯地への度重なる襲撃となるが、それに対処すべく、ロシア軍はブハラ、ヒヴァ、コーカンドの3ハン国への一連の遠征を行った。1839年、プレヴォスキー将軍率いる大遠征隊が、アラル海の南に位置するヒヴァ・ハン国を攻撃したものの、それまで同様に大敗を喫した。しかし1847年にはロシア軍はシルダリヤ川河口に要塞を築き、ヒヴァ領の一部を占拠。1865年、一帯の商業中心地であるタシケントをロシアが奪取するに至って、ヒヴァ・ハン国の命運は定まった。カウフマン将軍率いる大遠征隊は3方面から進軍し、ほとんど交戦しないまま1873年にヒヴァ・ハン国を占領。統治者は追放され、ヒヴァ・ハン国はロシアの保護国となった。

オスマン帝国の衰退とバルカン諸国

1700年ころからオスマン帝国の弱体化がいよいよ顕著になった。スルタンはもはや有能な新兵を補充できなくなり、激しいインフレで経済に悪影響が及び、社会不安が高まった。おそらく最も深刻だったのは技術的進歩の点でヨーロッパに遅れをとったことであろう。1798年にはナポレオンがオスマン帝国領のエジプトを征服し、1828-29年の露土戦争ではロシアがモルダヴィアとワラキアの自治をオスマン帝国に認めさせた。マフムト2世（在位1808-39）は軍事改革を進め、かつてオスマン軍の精鋭でありながら堕落してしまった常備歩兵軍団イェニチェリを撃滅したが、1829年にはギリシアを、1839年にはセルビアを失った。19世紀末までには、オスマン帝国解体の過程で、帝国領の分配を巡る外交問題（「東方問題」）が欧州諸国間に発生した。

露土戦争
イズマイル要塞の攻防戦

日付　1790年12月22日
兵力　ロシア軍/不明、オスマン軍/35,000人
死傷者等　ロシア軍/不明、オスマン軍/26,000人
場所　ドナウ河畔（オデッサの南西70km）

ドナウ河畔にあるオスマン軍の要塞で、イスタンブールへの経由地であったイズマイルは、18世紀末の露土戦争中、5度にわたるロシア軍の攻撃を受けた。1790年の攻囲でついに陥落し、守備隊と多数のオスマン市民が虐殺された。勝利に導いたのはロシアの歴

要塞の陥落
町が炎上しているため、ボートでイズマイル要塞に近づくロシア軍。オスマン軍の守備隊は死ぬまで戦った。

代将軍中、最も偉大とされる軍事的天才アレクサンドル・スヴォーロフ。パーヴェル1世とは折り合いが悪く、数年間冷遇の憂き目を見たが、長い在任期間中、常勝不敗を誇った。スヴォーロフの革新的進攻作戦のひとつが、長く迅速な行軍ののちの速攻である。スヴォーロフは苦難をともにした部下に尊敬されたが、強靭な体力づくりを旨とする複雑多岐な教練を要求した。また、「弾丸は嘘をつく。銃剣は正直だ」と述べて銃剣突撃を重視し、長期的攻囲より全面攻撃のほうが損害は少ないと主張した。

ロシアの将軍
ミハイル・クトゥーゾフ。イズマイル要塞攻防戦で軍功をあげ、1812年にはモスクワからナポレオン軍を駆逐した。

ギリシア独立戦争
ミソロンギの攻防戦

日付　1825年5月7日-1826年4月22日
兵力　オスマン軍/4,000人（エジプト軍5,000人を含む）、ギリシア軍/5,000人
死傷者等　信頼できる推計なし。ただしギリシア軍の死傷者数は多数
場所　パトラス湾北岸（ギリシア）

> 「戦死するのでなければ、この泥沼の中で瘧にやられて死ぬことになりそうだ……泥沼に沈むよりは戦死した方がましだ」
> バイロン卿がミソロンギからチャールズ・フランクリンに宛てた手紙（1824年2月5日付け）

るオスマン軍がすでにギリシアの要塞ミソロンギを包囲していたが、同年、そのレシト隊にイブラヒーム隊が合流。ギリシア軍は艦船内の反乱で制海権を失い、ミソロンギへの物資供給が不可能となった。町の情勢は急速に悪化。外郭の要塞が徐々

1821年、ギリシア人をオスマン帝国からの独立運動へと駆り立てたのは、アメリカとフランスの革命から生じた期待、1807年のアルバニア人蜂起の成功、ギリシア正教会が強く促した、自国の歴史・文化に対する意識の高まりであった。民族主義勢力は間もなくペロポネソス半島を支配下に置き、ギリシア共和国樹立を宣言。1822年に内戦が勃発したが、オスマン軍の反撃をかわした。1825年、スルタンの要請で、イブラヒーム・パシャ率いるエジプト軍が介入。レシト・パシャ率い

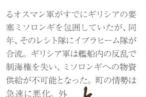

詩人の宣誓
ギリシア民族運動の指導者ボツァリスの墓前で宣誓する英国の詩人バイロン卿。ギリシア側について戦ったが、1824年にミソロンギで熱病のため死亡。

ドラクロワの『キオス島の虐殺』
1822年、オスマン帝国からの独立を要求する反乱に参加したキオス島民。報復に遭い、2万人も殺害された。

に攻略され、人々は飢えに苦しみ、病気が蔓延した。1826年4月、ミソロンギの守備隊は最後の捨て身の出撃に賭けるも、空しい試みに終わる。指令に関する誤解で大混乱が生じ、オスマン軍が町になだれ込み、絶望的な状況に陥った。ジュゴス山の森に逃れた者も、そこで大半が殺された。こうしたギリシア軍の戦いは欧州全土で同情を呼び、詩人バイロンなどの義勇兵がギリシアへ赴いた。

ギリシア独立戦争
ナヴァリノの海戦

日付	1827年10月20日
兵力	オスマン軍／戦艦3隻、フリゲート17隻、英国軍／戦艦7隻、フリゲート10隻
死傷者等	オスマン軍／10,000人、英国軍／660人
場所	ギリシア、ペロポネソス半島の南西沖

1827年、英仏露3国がギリシア独立戦争の即時停戦を要求することで合意し、ロンドン条約を締結。英国軍の地中海艦隊司令官コドリントン提督は、フランス艦隊の司令官とともにギリシアに停戦を勧告し、ギリシアもこれを受諾した。ナヴァリノ湾に停泊中のオスマン・エジプト艦隊を率いるイブラヒーム・パシャは停戦を拒否したが、オスマン政府から命令がない限りは攻撃しないと口頭で合意した。その後コドリントンはイブラヒーム・パシャの艦隊が出港準備をしているとの情報を得る。どうやらイブラヒームは、自分の口約束は「海上攻撃はしない」という意味で、ギリシアの町の攻撃を禁ずるものではないと考えている様子であった。オスマン軍が同盟国側の最後通告を拒否すると、コドリントンはナヴァリノ湾外に艦隊を整列させて力を誇示した。オスマン・エジプト艦隊は馬蹄陣形をとったが、コドリントンは戦艦を2列に分け、敵軍に並行して停泊させた。そして、交戦せず威嚇するよう指令を出していたが、英国軍のフリゲートの艦長が砲撃を受けたため、全面戦争となった。3国連合艦隊は巧みに連携し、海軍史上、一、二を争う一方的な圧勝を収めた。イブラヒーム・パシャの艦隊が全体の4分の3（戦艦3隻、フリゲート17隻、コルベット艦42隻および補助艦艇）を失ったのに対し、連合艦隊は1隻の損失も出さなかったのである。「ナヴァリノの海戦」は木造戦艦のみで行われた最後の大海戦で、これによりギリシアの独立が事実上保証された。

燃え上がる海
ナヴァリノ湾で炎上するオスマン軍の戦艦。この海戦における敗北で、オスマン艦隊は無力となり、地上部隊が孤立した。

オスマン帝国軍のライフル銃
真珠層をはめ込んで飾り立てたライフル銃。戦闘に用いられたが、むしろ式典にふさわしい。

> 「オスマンの水兵は船の扱いが下手で、しかも怯えていた……しかし、その水夫たちが何よりも恐れていたのはギリシアの焼き打ち船で、近づいてくる船はどれも焼き打ち船だと思い込んだ」
> ― サミュエル・グリドリー・ハウ（1828）

エジプト・トルコ戦争
コニヤの戦い

日付	1832年12月21日
兵力	オスマン軍／不明、エジプト軍／不明
死傷者等	信頼できる推計なし
場所	トルコ、アンカラの南200km

ムハンマド・アリーは1769年ころアルバニアで生まれたとされる。1798年、ナポレオンのフランス軍遠征隊に対抗すべくオスマン帝国軍とエジプトへ赴き、アルバニア人部隊の司令官として高い名声を得る。フランス軍撤退後の権力闘争に乗じ、1805年、カイロ市民の要請を受けて総督職に就任。エジプト総督（ヘディーヴ）は形式上はオスマン帝国の臣下であったが、帝国の弱体化により、独立したも同然であった。アリーは「単なるスルタンの代表」を自称しつつ、旧支配階級マムルークを虐殺、一掃し、アラビア半島まで支配を広げてメッカ、メディナを占領、スーダンも征服した。ギリシア独立戦争ではオスマン帝国を支援して派兵、民族主義勢力に対抗した。エジプト国内では軍隊を西洋式に変革し、陸軍・海軍学校を設立、有望な学生を欧州へ留学させ、産業の活性化に努めた。1832年にシリアとアナトリアへ侵攻した際には指揮官として才能を発揮、コニヤの戦いでレシト・パシャのオスマン軍に圧勝。1839年、オスマン帝国とエジプトの間に紛争が再発、再度ムハンマド・アリーがオスマン軍を破った。オスマン帝国の崩壊を危惧した英国が介入し、アリーはシリア放棄を強いられたが、独立したエジプト国王として承認された。

露土戦争
プレヴナの戦い

日付	1877年7-12月
兵力	オスマン軍／400,000人、ロシア軍および同盟軍／100,000人
死傷者等	オスマン軍／7,000人、ロシア軍／30,000人
場所	プレヴナ（ルーマニアのブカレスト南西120km）

1877年、200年間で12回目の露土戦争が勃発した。オスマン帝国軍の司令官オスマン・パシャは、ロシア軍に包囲された自軍の支援にニコポリスへ向かう途中、7月17日に降伏したと聞き、プレヴナに転じた。そこにはオスマン軍の少数の守備隊が駐屯するのみで防衛設備はなかった。オスマン・パシャはロシア軍のスパイに察知されずに、要塞と、最新式のクルップ砲を備えた砲床とを建設し、周辺の詳細な地図を作成した。シュルドナー将軍率いるロシア軍はプレヴナ攻略の命令を受けたが遅すぎた。結果、計10万人超のロシア軍と同盟軍による長期の包囲戦となったが、数々の攻撃は指揮の不首尾もあっていずれも失敗に終わり、甚大な損害を被る。ロシア軍はさらなる増援を図り、セヴァストポリ包囲戦の英雄トートレーベン将軍（261ページ参照）も到着して、兵力優勢となる。オスマン軍は12月10日に降伏した。とはいえ、5カ月にも及んだオスマン・パシャの防衛により、ロシア軍の戦術が破綻をきたした戦いであった。

戦場からの帰還
くたびれた軍服にやつれた表情の、露土戦争のロシア帰還兵。

戦闘を見守るロシア皇帝
ロシア軍の最高司令官としてプレヴナで最後の戦闘を見守るロマノフ朝ロシア皇帝アレクサンドル2世。この戦闘でオスマン・パシャが降伏する。

バルカン戦争
エディルネ（アドリアノープル）の戦い

日付	1913年7月22日
兵力	オスマン軍／不明、ブルガリア軍およびセルビア軍／不明
死傷者等	信頼できる推計なし
場所	エディルネ（イスタンブールの北西225km）

1912-13年のバルカン戦争では、セルビア、モンテネグロ、ギリシア、ルーマニアの同盟軍が、欧州に残されたオスマン帝国領の大部分を征服し、その後、国境をめぐって争った。第1次バルカン戦争では、ブルガリアとセルビアが、世界初の空爆を行ったオスマン軍包囲戦ののちエディルネを奪取。欧州列強が介入して戦争終結を試みたものの、1913年1月にオスマン帝国でクーデターが起こり、戦火が再燃（第2次バルカン戦争）。オスマン帝国はセルビアおよびルーマニアと同盟してブルガリアと戦い、エディルネを奪還し、再び正式な領土とした。

クーデター
エンヴェル・パシャは1913年にクーデターを起こし、青年トルコ党が政府の実権を握った。

世界大戦の時代
ERA OF WORLD WARS

1914年 – 現在

世界戦争

1980年代後半まで続いた世界の支配権を握ろうとする闘争は、1914年に欧州列強間に勃発した戦争に端を発した。技術の発達と大量生産という両方の点から見て莫大な資源が武器に充てられ、恐るべき規模の潜在的破壊力が新たに生み出された。1945年以降、現代の戦争の持つ破壊力が逆に列強間の全面戦争を思いとどまらせる結果となったが、小規模な紛争は急増した。

20世紀史の中核を成す二大世界紛争である第1次世界大戦（1914-1918）と第2次世界大戦（1939-1945）には、多くの点で共通点がある。欧州においては、両大戦はともに、英国、フランス、ロシアがドイツ支配に抵抗した単一の戦いであり、米国が関与しなければ勝つことのできなかった戦いであったという見方ができよう。しかし、第2次世界大戦には、日本対米国、英国、中国の戦争というアジア太平洋の局面が加わった。第1次世界大戦が少なくとも開戦当初は国家間の直接的紛争であったのに対し、第2次世界大戦時には、極端な国家主義体制、自由民主主義、共産主義という三つどもえのイデオロギー的な戦いにより、列強間の闘争は複雑化していた。世界大戦の規模は途方もなく大きく、両大戦の死亡者は7000万人以上にのぼった。「総力戦」の時代となり、勝利を追い求めて近代国家の全資源が動員された。一国の経済と民間人が戦争努力に総動員されれば、必然的に工場や民間人が軍事行動の正当な標的となる。第2次世界大戦では、民間人の死亡者数が軍人死亡者数よりもはるかに多かった。

世界大戦の技術

1914年から1945年の間に発達した軍事技術は、一般の科学技術の進歩から派生したものがほとんどである。速射ライフル、機関銃、榴弾砲、潜水艦、機雷など、世界大戦を特徴づける武器の多くは1914年以前に登場していた。航空機の出現は、自動車やラジオと同様に特に軍事目的を意図したものではなかったが、世界大戦期に生まれたおそらく唯一の新機軸だ。空軍力のみで戦争に勝利できると熱烈に主張する者も現われ、さすがにそれは実現しなかったものの、空軍力は陸海戦両方で劇的効果を発揮し、敵地住民や工業中心地への戦略爆撃にも大変有効であった。

冷戦と熱い戦争

1945年以降の時代を形成した二つの要因は、1945年8月に日本の都市広島と長崎に投下され、破壊力が実証された核兵器の導入と、共産主義が世界中に広まるのを阻止しようと米国が精力を傾けた結果の米ソ対立である。1950年代までに両

迫り来る嵐
1933年、ドイツのニュルンベルクで行われたナチ集会でのアドルフ・ヒトラー。

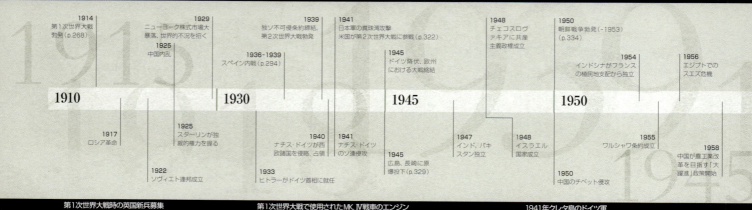

- 1914 第1次世界大戦勃発 (p.268)
- 1925 中国内乱
- 1929 ニューヨーク株式市場大暴落、世界的不況を招く
- 1936-1939 スペイン内戦 (p.294)
- 1939 独ソ不可侵条約締結、第2次世界大戦勃発
- 1941 日本軍の真珠湾攻撃 米国が第2次世界大戦に参戦 (p.322)
- 1945 ドイツ降伏、欧州における大戦終結
- 1948 チェコスロヴァキアに共産主義政権成立
- 1950 朝鮮戦争勃発 (-1953) (p.334)
- 1954 インドシナがフランスの植民地支配から独立
- 1956 エジプトでのスエズ危機

- 1917 ロシア革命
- 1922 ソヴィエト連邦成立
- 1925 スターリンが独裁的権力を握る
- 1933 ヒトラーがドイツ首相に就任
- 1940 ナチス・ドイツが西欧諸国を侵略、占領
- 1941 ナチス・ドイツのソ連侵攻
- 1945 広島、長崎に原爆投下 (p.329)
- 1947 インド、パキスタン独立
- 1948 イスラエル国家成立
- 1950 中国のチベット侵攻
- 1955 ワルシャワ条約成立
- 1958 中国が農工業改革を目指す「大躍進」政策開始

第1次世界大戦時の英国新兵募集

第1次世界大戦で使用されたMK.IV戦車のエンジン

1941年クレタ島のドイツ軍

「超大国」は核兵器を保有し、強力な弾頭および効果的な運搬システムの製造を競うようになった。まもなく両国の核兵器の破壊力はあまりに強大になり、分別ある指導者の下で、全面戦争回避を合意せざるを得なくなった。しかし冷戦が行きづまると、超大国は、1950年代の朝鮮から、1960年代のヴェトナムや1980年代のアフガニスタンまで、局地的な「熱い戦争」に関与の場を多く見いだした。大筋として、新技術の多くは戦争を個人とは関わりのない遠い世界の出来事に変えた。目に見えぬ標的に爆弾を投下したり、ボタンを押すことで何千kmも離れた都市にミサイルを発射する、といったように。しかし、アフガンの山々やヴェトナムのジャングルでの戦いの多くは、これまで通りに歩兵隊の直接対決であった。

新しい世界秩序

1991年のソ連解体により、米国は議論の余地のない世界の超大国となった。拮抗する力を持つ主要敵国がいなくなった米国とその同盟国は、大虐殺の防止、侵略に対する懲罰、政権交代達成を名目に、是非はともかく、地域紛争や内戦に介入するようになった。このような動きは、西欧諸国の大衆が自国民から多数の犠牲者が出ることに対して次第に抵抗を示すようになり、戦力を発揮する手段として、精密誘導兵器を搭載した航空機や遠隔操作可能な無人航空機への依存度が高まった。軍需産業が高度に発達し、世界には大量生産された自動兵器があふれ、慢性的戦争状態を助長された地域もある。1945年以降紛争が続いている代表的な地域のひとつがアフリカであり、まるで中世の欧州のように、戦争なのか暴力なのか、見極めが困難な状況が頻発している。21世紀に入り、イスラムのテロに対する西欧の反応を見ると、世界規模での戦争が永久に続く可能性があり、しかもその戦闘では列強が自国のハイテク兵器を配備する対象である敵の居場所を突き止めることができないのである。核兵器を使用した第3次世界大戦の可能性は、少なくとも当座は、消えうせた。しかし、これまでの経過から予想して、いまだに世界平和の見通しはまったく立っていない。

攻撃準備完了
1970年代の英国製レイピア地対空ミサイル発射・追跡機。現在では時代遅れとなったが、冷戦時代の最先端技術を代表する装置であった。

1957年、米国ネヴァダ州での核実験 　　アパッチヘリコプターの操縦室 　　米空軍AC-130「スペクター」ガンシップ

第1次世界大戦

フランツ・フェルディナント大公がセルビア人過激主義者に暗殺されたことを理由に、1914年7月28日、オーストリア＝ハンガリー帝国がセルビアに宣戦布告、1週間のうちに欧州列強が参戦した。ロシアがセルビアを支持して軍を動員すると、オーストリア＝ハンガリー帝国の同盟国であるドイツが、ロシアとその同盟国フランスに対して軍を動員、それに対して英国がフランスとベルギーを支援するために参戦した。4年後の戦争終結時までに推定で1500万人の犠牲者が出た。

大規模戦争

第1次世界大戦の原因については延々と議論が続いているが、当時の欧州列強のように、諸国が敵対する同盟関係に分かれて軍備競争に精を出せば、戦争が起こる可能性は高かったと言えば十分であろう。戦争の規模は冒頭から巨大で、最初の週にドイツだけでも350万人が動員された。兵士は国境地帯まで鉄道で迅速に運ばれて攻撃に投入された。迫撃砲、機関銃、速射ライフルといったそれまでにない射撃能力を持つ武器がこれらの大部隊に供給され、1914年末に膠着状態に陥る以前からすでに恐ろしい数の死傷者を生み出した。その後の長引く戦いの中で、近代工業国は、砲弾その他の軍需品の大量生産を通じて産み出された非常に大きな殺傷力を誇示することができた。ほどなく戦火は拡大し、オスマン帝国がドイツ側で参戦し、イタリアは英国とフランス側で参戦した。しかし、戦いが「世界戦争」の体をなしたのは、ドイツの潜水艦作戦を受けて1917年4月にアメリカが参戦したことによるものである。

暗殺の犠牲者
1914年6月28日、オーストリア＝ハンガリー帝国皇位継承者のフランツ・フェルディナント大公と妻のゾフィーがボスニアのセルビア人ガヴリロ・プリンツィプに射殺されたことが、第1次世界大戦の引き金となった。

機関銃射手
浅い塹壕で休憩する英国軍。ヴィッカーズ機関銃は毎分450発の発砲が可能だった。

行きづまり
パリ占領を狙ったドイツのシュリーフェン計画はほどなく行きづまった。その後4年間、戦略上の変更はほとんどなかった。

プロパガンダ
キッチナー英国陸軍元帥が英国軍への志願兵を募集する有名なポスター。一般商品の販売促進用に開発された新しい広告技術が戦争宣伝に利用された。

技術革新

第1次大戦では新旧技術が混在していた。塹壕戦が主流となって騎兵隊には効果的な役割が見出せなくなったとはいえ、馬は補給品や迫撃砲の運搬に不可欠であった。線路から離れた場所では、進軍速度は人間の足で進める速さに制限された。戦争の終盤に近づくと、かなりの規模で戦車が連合国軍側に登場し始める。毒ガスや火炎放射器など、その他の新しい陸上兵器の登場で戦いは陰惨さを増したが、新兵器の効果は限定的であった。航空機が騎兵隊に代わって偵察の役目を担い、砲撃の方向を決める着弾観測機となった。何百機もの戦闘機が西部戦線上空の制空権を求めて戦い、ドイツの飛行船がロンドンとパリに爆弾を投下した。1918年までに航空機が軍の援護に使用される機会が増加し、一方、潜水艦と機雷は海戦で真価を発揮、派手に宣伝されたドレッドノート型戦艦をしのぐ人気を得た。

ドレッドノート型戦艦とツェッペリン型飛行船
飛行船は当時の最新軍事技術であった。ドイツのツェッペリン型飛行船の役目のひとつが海上偵察だった。

戦時中の女性
男たちが戦地に赴いて生じた労働力不足を補充するため、女性が砲弾製造などの危険な仕事に徴集された。

ドイツ戦闘機
フォッカー D.7 は戦争後期の単座戦闘機であり、最高速度は187km/時だった。

厚みのある半片持ち翼
合板・布張りの胴体
非引き込み式着陸装置

塹壕戦

西部戦線の歴代司令官は莫大な数の死傷者を出しながらほとんど得るもののない攻撃を行ったことに対し、これまで非難の的となってきた。有刺鉄線、機関銃、速射ライフルの組み合わせは防衛側に有利に働いた。歩兵による攻撃の進路を確保するための大規模な砲撃を行っても、軍隊が深い塹壕に潜り込んでしまえば、ほとんど効果がないことが判明した。もっとも移動弾幕射撃を行うなどの戦術改善は役立った。交信には主に固定電話が使用されたが、これほど大規模な軍隊に適切な指令を出して統制するにはまったく不十分であった。両軍とも突破口を開いてもそれを生かすことが難しかった。しかし、戦術の発達により1918年には戦況は再び流動的になった。

ガスマスク
円筒型空気浄化装置とゴーグル、フードのついたドイツ製ガスマスク。

凡例
- 1918年 カイザー戦
- 1918年3月-7月 ドイツ軍攻撃
- 1918年 連合国軍反撃
- 1918年11月11日 休戦時の前線
- 主要な戦い 1917年 / 1918年

戦争終結
1918年、ドイツ軍の最終攻撃と連合国の反撃の後、ドイツ領に連合国軍が侵攻することなく戦争は終結した。

戦争による損害

戦争が長引いて非常に多くの死傷者が出ると、戦線においても銃後においても士気を保つことが重大な要素となった。国民の忠誠が望めなくなった国々は、総力戦の重圧の下で最終的に崩壊した。まずロシア帝国が1917年の2度の革命により崩壊した。オーストリア=ハンガリー帝国は、戦争の最終段階で解体して諸民族の独立国家が成立した。ドイツでは、英国による海上封鎖でほとんど飢餓状態に陥ったうえ、1918年秋には戦場での敗北が明らかになり、皇帝ヴィルヘルム2世が退位に追い込まれ、政治的混乱の中で共和国が成立した。最後にオスマン帝国が戦争終結直後に崩壊した。第1次世界大戦の戦場での大虐殺は前代未聞であり、戦闘死だけでも総計850万人から1000万人とされている。各国の戦闘による死者の概数は、ドイツ軍200万人、ロシア軍180万人、フランス軍140万人、オーストリア=ハンガリー軍100万人、英国軍90万人、米国軍5万人である。戦争の結果もたらされたのは平和と安定ではなく、さらなる紛争であった。

休戦記念日
1918年11月11日、ドイツに対する勝利を祝う米国人兵士とフランス市民。

1914年-現在

1914年

ドイツは長期にわたって、対ロシア、対フランスの二正面戦争の戦略を練っていた。ロシア軍の動員には時間を要すると想定し、フランスに電撃的に勝利した後、兵力を東部戦線に移動させようと考えた。シュリーフェン計画は、独仏国境で持久戦を繰り広げ、その間にドイツ軍主力が中立国ベルギーを通過してフランスに進軍するという構想であった。ドイツ軍はフランスに6週間で勝利し、その後、兵力を東部戦線に移動させるはずだった。しかし、ベルギー侵攻が英国の参戦を招き、英仏軍はドイツ軍をマルヌ川から後退させた。一方、東部戦線では小規模なドイツ軍部隊が予想外の勝利を収めた。

西部戦線

ドイツのベルギー侵攻

日付 1914年8月4-25日
兵力 ベルギー軍/117,000人、ドイツ軍/750,000人
死傷者等 ベルギー軍/30,000人、ドイツ軍/2,000人
場所 欧州北西部、ベルギー

8月4日、ドイツ軍6個旅団の前衛部隊がベルギー国境を越えてリエージュを攻撃した。まもなくリエージュ市自体は陥落したが、市を取り囲む諸要塞は持ちこたえ、ドイツ軍の厳しい日程を脅かした。口径42cmの巨大攻城砲2門を始めとする重榴弾砲の砲撃を受けて諸要塞は8月16日には降伏した。ドイツによる本格的な侵攻は予定より2日遅れてその翌日から始まった。ビューロー率いる第2、第3軍がムーズ川沿いに前進しナミュールを陥落させ、アレクサンダー・クルック将軍率いる第1軍は8月20日にブリュッセルを占領した。しかし、国王とベルギー政府はアントワープに後退し、そこでベルギー軍小部隊は10月まで持ちこたえた。ベルギー軍のしぶとい抵抗に激怒したドイツ軍は、事前に計画された、住民を恐怖によって支配する「恐怖」政策を採用した。ドイツ軍がベルギー人による破壊工作だったと判決を下すたびに民間人の人質が集団で処刑された。ディナンでは、612人の民間人が検挙されて町の広場で射殺された。ベルギーの有名な文化都市ルーヴァンは略奪され、中世の時代のように焼かれた。連合国側がプロパガンダを使って誇張するまでもなく、これらの行為に国際世論は激怒した。

榴弾砲の砲弾
42cm榴弾砲にベルギーの装甲要塞はひとたまりもなかった。

ビッグバーサ
発砲準備を完了した42cmモーゼル榴弾砲「ビッグバーサ」。リエージュで使用された初期の型。

西部戦線

フロンティアの戦い

日付 1914年8月7-25日
兵力 フランス軍/1,000,000人、ドイツ軍/725,000人
死傷者等 フランス軍/200,000人、ドイツ軍/同様に多数
場所 アルデンヌからロレーヌに至るフランス東部

フランスの計画では、東部国境を越えて総攻撃を行い、失ったアルザス・ロレーヌ地方を奪回する必要があった。フランス軍諸将は部隊の攻撃的精神こそが勝利をもたらすと信じていた。当初ドイツ軍は後退したが、それはフランス軍を前進させ、包囲捕捉を容易にするという計画の一部だった。その後ドイツ軍の機関銃射撃と砲撃により、フランスの歩兵隊と騎兵隊は莫大な数の死傷者を出した。フランス軍大尉シャルル・ド・ゴールは「世界中の勇気を集めてもその砲火に抵抗できないことが明白になった」と書いている。フランス軍は多数の死者を出したが、フランス軍がナンシーとヴェルダンの前方に戦線を敷くと、ドイツ軍指揮官ルプレヒト皇太子は攻撃を思いとどまることができず、やはり多くの犠牲を出すこととなった。

退却
モンスからの退却の途上、目覚めてはまた1日進軍する、疲労困憊した英国軍兵士。

英国4.5インチ榴弾砲
この英国軽量榴弾砲が、野砲に代わって塹壕戦での主要武器となった。高い弾道を描いて重い砲弾を発射し、歩兵の援護に非常に役立った。

従来の野砲に比べ、はるかに短い砲身

西部戦線

モンスとルカトーの戦い

日付 1914年8月23-26日
兵力 英国軍/150,000人、ドイツ軍/320,000人
死傷者等 英国軍/10,000人、ドイツ軍/8,000人
場所 ベルギー西部とフランス北東部

英国遠征軍（BEF）が、フランスに協力するという戦前の計画に従ってイギリス海峡を越えて送り込まれ、フランス軍戦線の右手に陣取った。ベルギー内へ進軍した英国遠征軍は、クルック率いる第1軍の行軍進路上にいた。両軍はモンス前方で遭遇し、英国軍は短時間の持久戦で速射ライフルの威力を見せつけた。退却に当たり、スミスドリアン率いる英国遠征軍第2軍はルカトーでより本格的な後衛戦を丸一日繰り広げた。多くの死傷者の出たこの戦いのため、英国軍は比較的妨害を受けずに後退を続けることができた。暑さの中、英国軍はフランス軍の右手を日に30-40km南に進軍し、9月初めにはパリ東部に到着した。

東部戦線

タンネンベルクの戦い

日付 1914年8月22-29日
兵力 ロシア軍/150,000人、ドイツ軍/210,000人
死傷者等 ロシア軍/140,000人、ドイツ軍/20,000人
場所 欧州北東部の東プロイセン

ロシア軍は、敵軍の予想よりはるかに迅速かつ効率的に軍を動員した。しかし、ドイツ軍と対戦する兵力とオーストリア=ハンガリー軍と対戦する兵力とに二分されていた。ロシアの第1軍、第2軍は東プロセインに侵入したが、東プロセインではシュリーフェン計画に従ったドイツ軍が守勢にまわった。ドイツの第8軍司令官プリットヴィッツは、8月20日にグンビンネンで第1軍を押しとどめることに失敗し、南方で第2軍に包囲されることを恐れて、東プロセイン明け渡しを提案した。プリットヴィッツは即刻解任されてヒンデンブルクが後任となり、ルーデンドルフがベルギーから転任して参謀長となった。ドイツ軍は航空偵察とロシアの無線傍受により、ロシア軍の動きについて十分な情報を得ていた。東プロセインの優れた鉄道網を利用して、ドイツ第8軍のほぼ全軍がロシア第2軍と対戦するために南に移動し、第1軍の前方には選抜部隊を残すのみとなった。ロシア第2軍の司令官アレクサンドル・サムソノフ将軍は、ドイツ軍がはるか北方に位置すると信じ、包囲しようとして前進し、敵の罠に一直線に飛び込んだ。彼は8月27日に両翼に攻撃を受けた時でさえ、ドイツ軍の中央を突破できると思い、前進を続けた。その結果、完全に包囲され、ほどなくまったくの混乱状態に陥り、ドイツ軍の砲撃に粉砕された。周囲に張られた哨兵線から脱出した者は軍の1割にも満たず、サムソノフは銃で自害した。

毛皮帽
この冬用の帽子にはロマノフ王家の色の花形帽章がつけられていた。

小刀
上着

ロシア軍服
カーキ色が採用されたのは早くも1907年である。射手は小刀を携帯し、接近戦の際に銃剣の代わりに使用した。

1847年-1934年
パウル・フォン・ヒンデンブルク
PAUL VON HINDENBURG

退役していたヒンデンブルクは、1914年にドイツ第8軍の司令官に任じられた。参謀長エーリヒ・フォン・ルーデンドルフと協力してタンネンベルクで勝利を収め、国民的英雄となる。1916年にはドイツ軍参謀総長に就任したが、実権はルーデンドルフが掌握した。1925年から1934年までドイツ大統領を務め、1930年代にヒトラーが政権を取ることを是認した。

凡例
- ドイツ軍
- ドイツ軍防衛陣地
- ロシア軍/第1回攻撃
- ロシア軍/第2回攻撃
- 線路

ロシア人捕虜
タンネンベルクで捕虜になったロシア兵は推定9万5000-12万5000人にのぼる。ロシア軍の大砲も300-500門が没収された。

第1次世界大戦

西部戦線
第1次マルヌの戦い

日付	1914年9月6-9日
兵力	フランス軍/1,000,000人、英国軍/125,000人、ドイツ軍/1,275,000人
場所	フランス北東部のパリ東方
死傷者等	最大100,000人

1カ月の間ベルギーとフランスで強行軍を続けてきたドイツ軍は、9月初旬には疲労困憊し、指揮系統と補給線が拡大しすぎていた。クルック率いる第1軍は、パリ西方を包囲する計画を変更し、パリ東方を通過すべく方向転換した。パリ守備隊を指揮していたジョゼフ・ガリエニ将軍はこの情報を航空偵察で確認し、クルック軍の無防備となった側面を攻撃する許可を、フランス軍最高司令官ジョフルに求めた。すでにジョフルはマルヌ川南方でドイツ軍を迎え撃つ準備を精力的に進めていた。9月6日、フランス第6軍は側面攻撃を実行し、不意を食らったクルックは、猛攻撃に対決するほかなかった。これによりクルックの部隊と他のドイツ軍との間に距離が開いてしまった。英国司令官ジョン・フレンチは、血気盛んなフランス軍とともに、しぶしぶこの隙間に前進することになった。ある時点でフランス第6軍にパリから増援軍が陸送され、戦いは互角であった。しかし、ドイツ軍参謀総長ヘルムート・フォン・モルトケは戦況を把握しておらず、死傷者の数に衝撃を受け、戦闘の指揮をとる意欲を失った。9月9日、参謀将校の一人が総退却を命じた。

> 「前進不可能となった兵士は、すでに確保した陣地をどんな犠牲を払っても守らねばならない。退却するくらいなら、その場で殺されるべきだ」
> ジョゼフ・ジョフル、マルヌ川の戦い前夜の言葉（1914）

砲火を浴びて
1914年9月8日、フランスのマルヌ川に到着し、砲火を浴びる第1ミドルセックス連隊の英国兵士。

戦闘死
1914年末までに50万人以上の兵士が西部戦線で死亡した。

西部戦線
第1次エーヌの戦い

日付	1914年9月13-18日
兵力	不明
場所	フランスのパリ北東部
死傷者等	不明

マルヌ川から退却したドイツ軍右翼は、シュマンデダムの尾根が天然の要塞となっているエーヌ川北岸に沿って塹壕を掘った。追跡する英仏軍は砲火を浴びながら渡河し、正面攻撃で尾根を奪取しようと試みるがドイツ軍の反撃に合う。砲兵隊に援護されている塹壕内の部隊に正面攻撃をしかけても、犠牲が大きいうえに効果がないことを示したむごたらしい実例であり、全戦線で得られた教訓だった。しかし、エーヌ川とイギリス海峡の間は依然として開けた土地であった。秋の間中、この地域で連合国軍とドイツ軍は互いに敵の側面に回り込もうと何度も試み、「海への競争」の中で海岸へとますます近づいていった。

西部戦線
第1次イープルの戦い

日付	1914年10月19日-11月22日
兵力	不明
場所	フランス北東部とベルギーにまたがるフランドル地方
死傷者等	ドイツ軍/135,000人、英国軍/55,000人、フランス軍/20,000人

「海への競争」は、フランス軍の支援を受けて英国遠征軍が占領していたイープル市街の前の突出部での大虐殺で終わった。ドイツ軍は一連の攻撃で、突破の脅威を繰り返し英国軍に与えたが、8週間の訓練しか受けていない志願兵がほとんどであったドイツ部隊は、熟練した英国兵士の速射ライフルに大きな損失を負った。2万5000人の学生志願兵が死んだ戦いには、ドイツ語でキンダーモルト（聖書の「幼児虐殺」）の名が与えられた。英国軍の死傷者も恐ろしい数となり、戦前の職業軍隊は事実上、全滅した。冬になり、両軍は塹壕を掘った。塹壕はその後3年間、そこに存在した。

塹壕戦

塹壕が掘られて間もないころ、着発式手榴弾には、確実に頭から落下して地面に当たると同時に爆発するように、吹き流しやパラシュート、プロペラが取り付けられることが多かった。外観が中世風の棍棒は、多くは手製で夜襲やパトロールに役立った。

フランス製P2手榴弾
英国製MK3着発式手榴弾
英国製釘付き棍棒
ドイツ製金属棒
イタリア製塹壕用棍棒

西部戦線――1915年

1915年、交戦国は戦争の長期化に対応して資源の結集を開始した。産業界が軍需品大量生産の準備を整えるのを待つ間に、両軍ともに砲弾が不足した。英仏軍は前線の軍隊を補強するために自国から予備軍の増援を受けた。両陣営とも、消極的防御や消耗戦に専心していたわけではなかった。特に連合国軍側は、フランス、ベルギー内のドイツ軍占領地域の奪回を熱望した。しかし、イギリス海峡からスイス国境まで延びた塹壕線に側面攻撃作戦を行う余地はなく、前面に有刺鉄線が張られ、機関銃で防御された塹壕の前に、正面攻撃は繰り返し失敗に終わった。

西部戦線
第2次イープルの戦い

日付	1915年4月22日-5月25日
兵力	連合国軍/不明、ドイツ軍/不明
死傷者等	連合国軍/69,000人、ドイツ軍/38,000人
場所	フランス北東部とベルギーにまたがるフランドル地方

ドイツ軍が1915年にただ一度行った大規模攻撃は、第4軍のイープル突出部に対する攻撃であり、ドイツ軍の新兵器である塩素ガスの利用が計画された。激しい砲撃の後、4月22日午後に約6000本のボンベからガスが放出され、東風に乗って連合国軍陣地へと運ばれていった。陣地を守っていたフランス植民地軍には何の防衛策もなく、窒息寸前でパニック状態に陥り、よろめくように後退した。ドイツ歩兵隊は無人となった塹壕を前進したが、突破を有効に生かすに十分な予備兵力はなかった。その間隙の隣を、2月から西部戦線での戦いに加わったカナダ海外派遣軍が守っていた。4月24日に塩素ガスの攻撃を受けるころには、カナダ海外派遣軍は水か尿に浸した布で口を覆う防衛法を考案していた。戦いは、莫大な犠牲を出しながら攻撃と反撃が繰り返され、その中でカナダ軍が目覚ましい役割を果たした。連合国軍は最終的にイープルにより近い陣地に撤退した。

援軍
線路に乗せられた台車で、ドイツ兵士がイープル前線へと輸送される。

化学戦争

1915年4月以降の戦いでは、両陣営とも塩素ガス、ホスゲンガス、青酸ガス、マスタードガスなどの毒ガスを大々的に使用した。毒ガスは恐怖と憎悪の対象で、特にマスタードガスは一時的失明状態、皮膚の水泡、肺への悪影響を招くとして恐れられた。それでも毒ガスによる死傷者は全体の5％未満、死亡した兵士は約9万1000人であった。

ガス警報器具

ゴーグル

綿を詰めたマスク

1915年、初期のフランス製毒ガス用ゴーグルとマスク

ドイツ製ガス砲弾

ガス砲弾
敵の戦列ヘガスを送り込むには、風まかせより砲弾を利用するほうがはるかに効果的であった。砲弾内の液体ガスが衝撃で気化する。

ドイツ製76mmミーネンヴェルファー迫撃砲
3サイズあり、この76mm砲が最も小さい。

- 砲身。着弾距離を伸ばし速度を上げるために旋条溝が刻まれている
- 反動利用式薬室
- 射角測定器
- 引き綱を引いて発射
- 取り外し可能な運搬用車輪

西部戦線
アルトワとローの戦い

日付	1915年9月25日-11月4日
兵力	不明
死傷者等	英国軍/50,000人、ドイツ軍/25,000人
場所	パリ北方135kmのアルトワ

フランス軍司令官ジョフルは、フランドル南方に位置する、ドイツ軍に占領された仏領の広大な突出部に対する大規模攻撃を計画した。50万の兵が突出部南側のシャンパーニュを攻撃し、一方、第10軍が北側のヴィミーを攻撃した。英司令官ジョン・フレンチは、隣接するロー周辺を攻撃してヴィミーでの軍事行動の援護にしぶしぶ同意した。歩兵隊が塩素ガス雲の背後を前進したが、ガスが英戦列まで漂って来るため有効とは言い切れなかった。初日にはかなりの成果をあげたが、予備軍が迅速に前線に送られず、優位を十分に生かせなかった。2日目に到着した英予備軍は、独軍が機関銃を発砲する中を進撃、何千もの兵士が倒された。この攻撃もまた、多大な犠牲にもかかわらず、得るところが少なく、フレンチは司令官を解任され、後任にダグラス・ヘイグが就任した。

ガス攻撃
塩素ガス雲の背後を前進する英国部隊。ガスは、進行方向が目に見えるように煙とともに排出された。

「フランドルの野で、ケシは風に吹かれる……」

ジョン・マクレー、『フランドルの野で』より（1915）

戦争の証人

塹壕にて

　ソンム川が英国軍にとって、キリストが処刑の地まで歩いた「悲しみの道」だとすれば、パッシャンデールはキリスト処刑の地ゴルゴダの丘ということになるだろう。最高司令官ヘイグは希望的観測により、ドイツ軍がついに限界に達したと信じ、敵の戦意を打ち砕くものと考えて攻撃を命令した。もはや1914年に思い描いた理想的な展開は、何十万もの兵士とともに両陣営で消え去った。苦しみに慣らされていたとしても、パッシャンデールで戦った部隊はまったく新しい恐怖の舞台へと案内されることになった。

「地面のどんなくぼみでも頭を突っ込めるものがあれば突っ込んだ。砲弾の炸裂孔があるかもしれないし、ないかもしれないが、移動弾幕射撃が来れば地面にぴったりはりつかなければならなかった。これは恐ろしかった。切り抜けられる気がしない。弾幕射撃があると、砲弾がすぐ側を飛んでいく音が恐ろしい。その砲弾が当たったら自分が真っ二つになってしまう。想像もできないだろう。毎晩、毎晩だ」

兵卒W・G・ベル、第9大隊自転車部隊（1917）

　1917年7月、攻撃が開始された。ほとんど訓練を受けておらず、爆撃音に半ば気が狂ったようになり、途方に暮れた両軍兵士は、人間性を失った抜け殻と化してしまうことも多々あり、周囲の状況をほとんど理解できず、ましてや戦闘部隊として有効に行動することなどできなかった。塹壕を出て突撃に入り、自軍の移動弾幕射撃による砲弾の雨の後ろを前進した歩兵隊は、様々な死に直面した。砲弾の破片、坑道の爆発、機関銃射撃、刃物による切り傷、ガスで窒息する苦痛などだ。戦いの最初の数日で、メシーヌの尾根のわずかな突出部を占領した。この細長い小さな土地は、ドイツ防衛軍にとって一層効率的な殺戮の場となっただけだった。

「暗闇が真昼のような光と交互にやってくる。大地がゼリーのように震える。いまだ前線にいる兵士に何時間も夜ごと聞こえてくるのは、連続集中砲撃、負傷した仲間のうめき声、倒れる馬のいななき、そして荒々しく高鳴る自分の心臓の音ばかりである。短時間許された小休止の間ですら、兵士たちの疲れ果てた頭は不気味な静けさの中、限りない苦痛の記憶に付きまとわれる。逃げ道はなく、おぞましい記憶とあきらめの予感以外何も残されていない。戦場とはまさに、一つの巨大墓地以外の何ものでもないのだ」

ブレスラウ出身の元神学生のドイツ軍兵士ゲルハルト・ギュルトラーが1917年8月14日に死亡する4日前に書いた手紙

塹壕から攻撃に転じて塹壕から出動するカナダ軍部隊。生きてドイツ軍陣地にたどり着ける可能性はわずかであった。

西部戦線──1915年

英国縦隊は、メニン街道を破滅に向かって進軍した。破壊的な準備砲撃の嵐によりドイツ軍は抵抗意欲を失ったが、砲撃の結果、用水路が交差した地帯は、穴だらけになり、かき回された泥の状態へと変わってしまった。このぬかるんだ土地に季節はずれの雨が降り、連合国軍の猛攻撃は絶望的な苦境に陥った。踏み板を使わなければ誰一人前線に移動することはできず、こうして送られた兵士たちは、ドイツ軍の砲弾と狙撃兵の格好の標的となった。踏み板から足を踏み外した者には悲惨な最期が待ち受けていた。肺に汚物が詰まって、泥の中で溺死した。救助はほぼ不可能だった。

塹壕内で待機
兵卒R.ルブラン、第4カナダ師団（1917）

「腹から内臓が飛び出していて、男は体を支えながらその恐ろしい代物を中に押し戻そうとしていた。男は私を見ると、『俺を殺してくれ。撃ってくれ。さあ。頼む。やってくれ！』と言った。男は銃を持っていなかったのだ。私が何もしないでいると、男はののしりだした」

「仲間の歩兵の一人が着ているチュニックを開け、片肘で体を支えて地面に座っていた。私は危うく吐きそうになった。

血まみれの3カ月が過ぎ、当初の目的であったパッシェンデール村はほぼ連合国軍の手中に入った。10月26日、カナダ師団が先鋒となって新たに攻撃が行われた。わずか1日で1万2000人の死傷者が出、一人が倒れるたびに数cmずつ進めるかのごとくであった。ヘイグの大きな賭けはドイツ軍の戦列をほとんど弱体化させてはおらず、両軍の苦悩が終わるまでにさらに1年近くの月日を要し、一連の「最終攻撃」が行われた。戦場に倒れた者たちの姿を証言するものは、白い十字架の列、血のような赤色に染まった風に揺れるケシの野辺、数多くの日記や手紙、詩だけである。

「揺れるたび、泡で汚染された肺から血がガラガラと音を立てて吐き出される、癌のように腹立たしく、食い戻しのようにつらいその音を、もし君が聞くことができたなら」

ウィルフレッド・オーエン、『甘美で名誉あること』より（1918）

1916年－1917年

1916年には、ヴェルダンとソンムでの大規模な戦いで、何十万もの兵士が命を落とした。その間、司令官たちは突破口を開いて生かすことのできる戦術的アプローチを見出そうと苦闘したが失敗に終わった。1917年半ばには、ドイツ軍は西部戦線で守勢に立ち、フランス軍は慎重になり、英国軍は引き続き増員して野心的な攻撃を試みた。その同じ時期に、ドイツ軍は英国艦隊による海上封鎖に苦しみ、1917年2月にドイツ最高司令部は無制限潜水艦作戦を行うという重大な決定を下した。これによって翌年4月にアメリカの参戦を招いたが、すでにその前年には米国軍は戦場に影響を及ぼしていた。

西部戦線
ヴェルダンの戦い

日付 1916年2月21日-12月18日
兵力 ドイツ軍/1,000,000人、フランス軍/200,000人
場所 パリの東195km
死傷者等 ドイツ軍/355,000人、フランス軍/400,000人

モルトケの後任としてドイツ軍参謀総長となったエーリヒ・フォン・ファルケンハイン将軍は、「蒼白になるまでフランス軍に血を流させる」(後年の著述より)ために、フランスの要塞都市ヴェルダンへの攻撃を計画した。ファルケンハインは、迫撃砲によってフランス歩兵隊を大虐殺して、ヴェルダンを殺戮の地にするつもりであった。21時間で100万個の砲弾を発射した冒頭の砲撃後、ドイツ軍は2列に並んだ塹壕を通り抜けて迅速に前進、ヴェルダンを防御する数多くの要塞のうちの一つであるドゥオモン要塞を占領した。ジョフルはペタンを指揮官に任命し、どんな犠牲を払ってもヴェルダンを死守するよう命令した。ヴェルダンへと向かう全部隊と物資は1本しかない道をドイツ軍の砲撃を浴びながら前進しなければならなかった(この道は、まもなく「聖なる道」と呼ばれるようになった)。戦場上空では戦闘機部隊が制空権を求めて戦った。戦闘機は砲撃を行うための着弾観測機としての役割を担ったため、制空権の確保は重大だった。地上ではヴォー要塞守備隊が勇敢に抵抗したが、6月7日にドイツ軍に占領された。ドイツ軍は7月に最後の奮闘を見せた後、守勢にまわった。フランス軍は10月にドゥオモン要塞を奪回し、12月には戦線はほぼ開戦時の位置まで戻った。そのころまでにファルケンハインは解任されていた。

ドゥオモン
ドゥオモン要塞の出入り口と掩蔽壕。この要塞はヴェルダンの要塞の中でも最も重装備である。

ヴェルダンの大虐殺
1916年、ヴェルダンで50万人もの兵士が死亡した。ドイツ軍は、自軍も同様の損害を出すことなしにフランス人に多大な死傷者を出させることは不可能であることを証明したのであった。

1856年-1951年
ペタン将軍 GENERAL PÉTAIN

アンリ・フィリップ・ペタンは、ヴェルダンで演じた役割で国民的英雄となった。1917年春にフランス軍最高司令官に任命され、譲歩と処罰を思慮深く織り交ぜて兵士の反抗を抑えることに成功した。慎重で、順序だてて事を進める司令官であり、「砲撃で陣地を征服した後、歩兵隊で占領する」という信念を持っていた。1940年のフランス軍敗北の後、敵国協力者ヴィシー政権の首相を務め、第2次世界大戦終戦後、死刑宣告を受けた。その後死刑執行猶予を与えられ、獄中で亡くなった。

北海

ユトランド沖海戦

日付	1916年5月31日
兵力	英国軍・ドイツ軍/総艦船274隻、70,000人
死傷者等	英国軍/沈没艦船14隻、死者6,784人、ドイツ軍/沈没艦船11隻、死者3,039人
場所	北海、デンマーク西方沖120km

戦前の戦艦建造競争にもかかわらず、実戦で英国大艦隊とドイツ大洋艦隊が対決した主な戦いはユトランド沖海戦だけだった。巡洋戦艦部隊は、英国はデイヴィッド・ビーティー司令官、ドイツはフランツ・フォン・ヒッパー司令官に率いられ、ジョン・ジェリコー英司令長官、ラインハルト・シェア独司令長官に率いられた主力艦隊に先んじて、北海に向け出発した。両軍の巡洋艦が接触すると、ヒッパーは英国艦隊をドイツ大洋艦隊の位置する南へと引き込んだ。痛手を受けたビーティーは方向転換してドイツ艦隊を実力では上の英国大艦隊の位置する北方に引き込もうとし、全速力で前進した。両軍の主力艦隊は2度交戦したが、ドイツ艦隊は何とか安全な地域へ退却した。第2のトラファルガー海戦になるとの期待を裏切られた英国民の多くは、ジェリコーの慎重さに激怒した。しかし、損失はドイツ軍の方が少なかったが、英海軍の優勢が裏づけられた。

ドイツ軍潜水艦、Uボート
ユトランド沖海戦後、ドイツ軍は無制限潜水艦作戦に転じた。

英国海軍（ロイヤル・ネイヴィー）
ユトランド沖海戦時の英国戦艦ライオン、プリンセス・ロイヤルとクイーン・メアリー。クイーン・メアリーはまもなく沈没した。

大きな犠牲を出した失策
フランス軍がエーヌ川沿いの広範な戦線を前進する。

西部戦線

ニヴェルの攻勢

日付	1917年4月16日-5月9日
兵力	フランス軍/1,200,000人、ドイツ軍/不明
死傷者等	フランス軍/187,000人、ドイツ軍/167,000人
場所	フランス東部のランスとスワソンの間

1916年12月にロベール・ニヴェル将軍がジョフルに代わってフランス軍最高司令官となった。ニヴェルは、軍隊を一つの集中攻撃に集結させ新たな作戦を採用することで、「48時間で戦争に勝利する」ことができると主張した。敵陣を「電撃的に」砲撃した後、戦車の援護を受けながら、歩兵隊が移動弾幕射撃の後を追って広範な前線を前進する作戦だった。ニヴェルの計画はまず、予想外にもドイツ軍が堅固なヒンデンブルク・ライン要塞に後退したことでまず頓挫した。その後の攻撃は悪天候のため何度も延期された。4月16日に攻撃が開始された時にはドイツ軍は完全に応戦準備ができていた。フランス軍の戦車は砲撃に狙い撃ちされ、移動弾幕射撃は歩兵隊のはるか前方で行われたため、歩兵は機関銃と砲弾に倒れた。

第1次世界大戦時のライフル銃

第1次世界大戦に参戦した欧州各国の軍隊は、弾倉に込められた弾丸をばね仕掛けで連続発射できるボルト・アクション・ライフルで武装した。概して戦時中には急激な革新を試みようという動きはなく、それよりも大量生産に全力が注がれた。ライフル銃は通例最大900mまで狂いがなく、熟練歩兵なら毎分15発の発砲が可能である。フランス製8mmルベル・ライフルは、英国製の0.303エンフィールドやドイツ製7.92mm「ゲヴェール」ほど正確ではなく、1916年以降は代わりにベルティエが用いられるようになった。

英国製0.303リー・エンフィールド銃
ワイヤーカッター
遊底

フランス製8mmルベル（1893年モデル）
弾丸を8発込められる弾倉
照星

ドイツ製7.92mmモーゼル社「ゲヴェール」（1898年モデル）
挿弾子
照門
銃剣取り付け金具

世界大戦の時代

弾幕射撃
英国軍兵士はソンムの戦いで8インチ榴弾砲を使用した。英国軍は重砲をほとんど所持せず、しかも不発の砲弾があまりにも多かった。

西部戦線

ソンムの戦い

日付 1916年7月1日-11月18日

兵力 連合国軍/750,000人（開戦初日）

死傷者等 英国軍/420,000人、フランス軍/200,000人、ドイツ軍/500,000人

場所 フランス東部のアルベールとペロンヌの間

1915年、フランス軍最高司令官ジョフル将軍は翌年の大規模な攻撃を計画した。英仏両軍の接点となっているソンムでの英仏共同作戦となるはずであったが、1916年2月のドイツ軍のヴェルダン攻撃により戦略的状況が変わった。そこでジョフルはヴェルダンの負担を軽減するために英国軍にソンム攻撃を強く要請し、フランス軍の攻撃参加人員を大きく削減した。1915年12月以降フランスでの英国軍司令官を務めていたダグラス・ヘイグ将軍は、準備砲撃によってドイツ軍の防御を破壊することを計画した。その後で歩兵隊が移動弾幕射撃の背後を前進し、ほとんど抵抗を受けずに敵陣を占領する予定であった。ソンム戦の戦術指示書には、「攻撃部隊は一続きの列になって着実なペースで突き進むこと」とあった。6月24日に準備砲撃が開始され、英国軍は約30kmの戦線に沿って100万発以上の砲弾を発射し、多数の坑道がドイツ軍拠点の地下で爆発した。しかしこれらの攻撃も、堅固に造られたドイツ軍の塹壕に重大な影響を与えることはなかった。7月1日朝、重い荷を背負った何万人もの英国軍兵士が中間地帯を重い足取りで前進、移動弾幕射撃が兵士前方で解除されると、ドイツ軍が掩蔽壕から現れて機関銃ポストにつく。ドイツ軍塹壕前の鉄条網は破壊されていなかったのである。多くが「新軍」の志願兵であった歩兵は、草刈跡のようになぎ倒された。英国軍は1日で5万7470人の死傷者を出し、そのうち2万1392人が死亡あるいは行方不明だった。ヘイグの参謀の一人は兵士たち

1852年-1931年
ジョゼフ・ジョフル JOSEPH JOFFRE

技術将校ジョゼフ・ジョフルは、1911年にフランス軍参謀総長となった。ジョフルは「攻撃精神」主義に傾倒し、フランス開戦時に、後に悲惨な結果を生んだ全面攻撃計画を採用した。1915年から1916年にかけて多くの犠牲を出して不成功に終わった攻撃は、ソンムの戦いで頂点に達し、ジョフルは政治的支援を失い、1916年12月にニヴェルにその座を譲ることになった。元帥に昇格したが、その後の戦いにおいては名目だけの指導者であった。

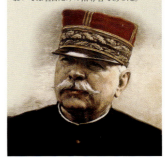

の武勇を称え、猛攻が失敗したのは「ただ、死んだ兵士はそれ以上前進できないからだ」と述べた。攻撃の南翼ではフランス軍が英国軍よりは健闘していた。その数カ月後、戦果があがった。ソンムの戦いはドイツ軍の迫撃砲と軍隊をヴェルダンから引き離すという目的を達成した。この戦いにより、英国軍は戦闘の中で残酷だが有効な教訓を得た。ドイツ軍もまた重い代償を払った。ドイツ軍自身の攻撃も連合国軍の攻撃と同様の運命をたどった。しかしソンムの戦いは消耗戦として意図されたものではなく、決定的な軍事的優位を得るはずだった。とはいえ、11月13日のソンム作戦最終攻勢では、ヘイグの初日の目的の一つだったボーモンハーメル村の占領が成し遂げられた。

西部戦線
ヴィミーの尾根の戦い

日付 1917年4月9日
兵力 英国軍、カナダ軍、ドイツ軍/不明
死傷者等 カナダ軍/死者3,598人、ドイツ軍/捕虜10,000人
場所 アラス北東12km

1917年4月、英国軍はニヴェルの攻勢に貢献すべくアラス前方で攻撃を開始した。英国軍は作戦行動初日に特筆すべき成功を収め、特にジュリアン・ビング司令官指揮のカナダ軍部隊の活躍が目覚ましかった。カナダ軍の標的は、ヴィミーの尾根に位置するドイツ軍の手強い防衛システムであった。まず攻撃に先駆けて砲撃が5日間行われたが、ドイツ軍陣地に近づくために掘っていた坑道からカナダ部隊が現れ、防衛側は不意打ちをくらった。雪の中を前進したカナダ軍は、ドイツ軍が応戦する前に目前に迫っていた。多数のドイツ兵が掩蔽壕内で捕虜となった。冒頭の成功を有効に生かすことはできなかったものの、ヴィミーの尾根の獲得は重要な勝利であった。

防空
第1次世界大戦では高射砲が初めて使用された。最初は特別仕様の機関銃であった。

西部戦線
メシーヌの戦い

日付 1917年6月7日-14日
兵力 大英帝国軍/9個師団（ほかに3個予備師団）、ドイツ軍/5個師団（ほかに4個予備師団）
場所 イープル南東15km
死傷者等 ドイツ軍/25,000人、連合国軍/17,000人

ハーバート・プルーマー将軍指揮下の英国第2軍は、坑道を有効に利用してメシーヌの尾根でドイツ軍突出部の攻撃に成功した。1917年1月に掘り始めて、8000m以上の坑道をドイツ軍陣地の下に掘ったのだ。ドイツ軍工兵も対敵坑道を掘って英国坑道の一つを破壊することに成功したものの、他の19の坑道の準備がすでに整い、6月7日の朝に火薬が詰め込まれた。午前3時10分に一斉に爆発した音はロンドンでもはっきりと聞こえた。およそ1万人ものドイツ兵士が死亡し、連合国軍歩兵は前進して午後には主要目的地をすべて占領することができた。続く数日間、ドイツ軍は一連の反撃に出たが、撃退され、多くの犠牲を出した。6月14日までには、メシーヌ突出部全体が連合国軍の手中に落ちた。

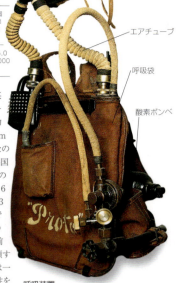

呼吸装置
地下作業には特別な呼吸器が必要だった。この英国製装置一式の中の袋には圧縮酸素が収納されており、エアチューブから酸素が放出されるようになっている。

（ラベル：頭蓋帽／マウスピース固定用の紐／エアチューブ／呼吸袋／酸素ボンベ）

西部戦線
パッシャンデールの戦い

日付 1917年7月31日-11月10日
兵力 連合国軍/不明、ドイツ軍/不明
死傷者等 連合国軍/250,000人（死者70,000人）、ドイツ軍/同様
場所 フランドル地方のイープル突出部

パッシャンデールの戦いとして広く知られる第3次イープルの戦いは、ヘイグ将軍立案の英国軍主導による連合国軍の攻撃である。ヘイグは、フランドルで決定的突破口を開くことが可能だとずっと信じていた。ヘイグは懐疑的であった英国首相デイヴィッド・ロイド・ジョージからしぶしぶながら作戦行動の許可を得た。この作戦がフランドル沿岸部のブランケンベルグとオーステンデにあるドイツ軍潜水艦基地の占拠につながる可能性があると主張したことも許可の一因だった。メシーヌでの成功によって、ヘイグはドイツ軍が限界間近であるという自身の考えが立証されたと考えた。15日間の準備砲撃で400発以上の砲弾を放った後、7月31日早朝に18kmにわたる前線に沿って攻撃を開始し、ヒューバート・ゴーフ将軍率いる英国第2軍の側面に英仏支援部隊が配置

> 「重傷を負った兵士たちが……安全を求めて這って砲撃で新しくできた穴に入った。そこへ周囲が増水し、動く力もない兵士たちはゆっくりとおぼれていった」
> エドウィン・ヴォーガン、第8ウォーリックシャー連隊

された。ドイツ軍はルプレヒト皇太子の命令により深度のある防衛隊形を取り、前線は比較的軽めにして強力な反撃用の師団を後ろに控えさせた。連合国軍は冒頭にわずかに進軍したが、その後は砲撃と豪雨のために実質的に通行不可能となった低地の中で身動きが取れなくなった。9月から10月初旬には新たにハーバート・プルーマーが英国軍の指揮を執り、歩兵隊が小規模な前進を行い、砲撃で援護されている範囲を決して超えないという「バイト・アンド・ホールド（食らいついて離さない）」作戦で限定的とはいえ現実的な成功を続けて収めた。10月4日までにポリゴンの森とブルードサインデを占領した。しかし、この機会に勝利宣言して攻撃を停止することなく、ヘイグはパッシャンデールの尾根への攻撃を続け、士官に「敵はひるんでいる。うまい決定的な一撃で決定的な結果が出せるかもしれない」と話した。だが、配下の兵士たちにはそうは思えなかった。ほとんどがアンザック軍（オーストリア・ニュージーランド軍団）とカナダ軍であった彼らは、最終段階の攻撃を実行し、天候悪化の中を泥に四苦八苦し、大量のマスタードガスを支給された到着したばかりのドイツ予備軍と対決した。11月6日、ついにカナダ軍がパッシャンデール村の残りの地域を占拠し、その後に停戦となった。戦闘による損失は当時から今日に至るまで論争の的だ。連合国軍が多くの死傷者を出し、こういう状況での戦闘に士気を喪失したとしても、明らかにドイツ軍も同様だった。だが、著名な英国軍事史家ジョン・キーガンは「パッシャンデールの核心は、……解説しがたい」と記している。

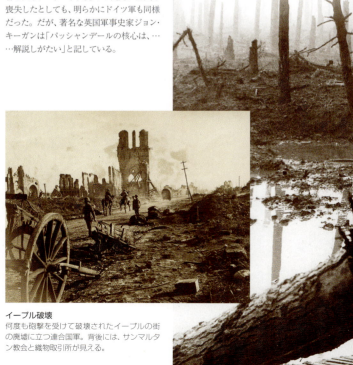

イープル破壊
何度も砲撃を受けて破壊されたイープルの街の廃墟に立つ連合国軍。背後には、サンマルタン教会と織物取引所が見える。

イタリア戦線
カポレットの戦い

日付	1917年10月27日-11月12日
兵力	イタリア軍/41個師団、オーストリア軍/29個師団、ドイツ軍/7個師団
場所	イタリアアルプスのイゾンツォ川
死傷者等	イタリア軍/40,000人、ドイツ・オーストリア軍/20,000人

イタリアは、1915年にオーストリア=ハンガリーに宣戦布告して参戦した。アルプス国境付近での一連の交戦の後、1917年8月についにイタリア軍は突破口を開いた。対ロシア東部戦線での戦いで莫大な損失を受け、著しく衰弱したオーストリア=ハンガリー軍は、ドイツに軍事支援を求めた。フーチェル率いるリガの第8軍から7個師団がイタリア戦線に派遣され、オーストリア師団とともに、ドイツ軍司令官オットー・フォン・ベロウの下で新たな軍が形成された。イタリア軍司令官ルイージ・カドルナ将軍はこの動きを察知し、数で優る自軍を守勢に立たせた。しかし、ベロウは攻撃地点に兵力を集中させて局地的に数の上で優位に立ち、イタリア軍を撤退させた。イタリア軍が完敗を免れたのは、おそらくオーストリア・ドイツ軍には騎兵隊とモーター車両が欠如していたおかげであった。英仏軍が到着してイタリア軍と合流した時には、防衛線はピアーヴェ川沿いで安定していた。

山砲

アルプスの山々は、戦闘には困難な地域であった。カポレットでのオーストリア・ドイツ軍の勝利で、戦争は平野に場所を移した。

フーチェル戦術

ドイツ軍司令官オスカー・フォン・フーチェルが先駆者となったフーチェル戦術は、短時間の「ハリケーンのような」弾幕射撃の後に、小規模な精鋭突撃隊を敵の拠点の間に潜入させるというものだ。迫撃砲、火炎放射器、機関銃で重装備した突撃隊は、できるだけ敵陣深く侵入することを狙いとし、一般の歩兵隊に背後の敵軍掃討を任せた。カポレットの戦いで用いられたフーチェル戦術は、その後、1918年春の戦闘でドイツ軍が西部戦線における機動戦を再形成するのに役立った。

西部戦線
カンブレーの戦い

日付	1917年11月20日-12月7日
兵力	英国軍/8個師団、戦車476両、ドイツ軍/20個師団
場所	フランス北東部のアラス南東
死傷者等	英国軍/45,000人、ドイツ軍/50,000人

カンブレーの戦いは、戦車が大規模に利用された初の戦闘である。英国戦車軍団参謀長ジョン・フラー大佐は、戦車を先頭に、歩兵隊が後に続く攻撃の指揮を任された。防衛するドイツ軍に警戒態勢を取らせてしまう準備砲撃は行われず、夜明けの光の中を戦車がドイツ戦線に向かって重々しく前進すると同時に1000丁の機関銃が火を噴いた。それぞれ6ポンド砲と機関銃を装備した装甲戦車が2台一組となって行動し、有刺鉄線を越えて進み、歩兵隊のための突破口を開いた。多くのドイツ兵が降伏し、179両の戦車を失ったとはいえ、英国軍は戦線の大部分で目標に到達し、所々では8kmも前進した。英国では大勝利を祝う教会の鐘が鳴り響いたが、成功は続かなかった。新しく考案されたフーチェル浸透戦術を用いたドイツ軍は非常に効果的な反撃を見せ、結局、戦況は五分五分となった。

1861年-1928年
ダグラス・ヘイグ DOUGLAS HAIG

英国軍事史上最も論争の的となる人物の一人であるダグラス・ヘイグは、1915年12月に英国軍最高司令官となった。ヘイグの揺るぎない自信は宗教的信念に基づくものだった。「自分は神の力の手中にある駒だということを、よく承知している」とヘイグは言っている。1916年から1917年まで大きな損失を出す攻撃に固執した点では頑固なまでに想像力が欠如していたが、1918年の野戦では戦況を把握して勝利の立役者となった。

爆撃地
パッシャンデールで踏み板を渡るオーストラリア兵。重い荷を背負った兵士は、踏み板から足を踏み外して泥の中で溺死することも多々あった。

第1次世界大戦におけるオスマン帝国

1913年、オスマン帝国ではエンヴェル・パシャ率いるトルコ民族主義派の将官が政権を確立した。パシャの先導で1914年10月、ドイツの同盟国として第1次世界大戦に参戦した。1915年のダーダネルス海峡防衛では国家の威信が高まったが、カフカス山脈、メソポタミア、パレスティナにおける軍事作戦は帝国の資源にとって負担となった。トルコ民族主義の高まりは多民族国家のオスマン帝国に問題をもたらし、特にアルメニア人とアラブ人の問題が顕著であった。1918年の敗戦後、帝国は崩壊した。

ダーダネルス海峡
ガリポリの戦い

日付	1915年2月19日-1916年1月9日
兵力	連合国軍/480,000人、トルコ軍/不明
死傷者等	英国連邦軍/205,000人、フランス植民地軍/47,000人、トルコ軍/300,000人
場所	トルコのダーダネルス海峡

ガリポリ上陸作戦は、連合国の海軍作戦として始まった。作戦の目的は、ダーダネルス海峡を突破してマルマラ海に入り、コンスタンティノープルを占領してトルコを戦争から撤退させること、黒海にあるロシア南部の港へ海路を開くことであった。1915年2月19日に始まった海軍作戦は英国海軍大臣ウィンストン・チャーチルの着想によるところが大きかったが、予想どおり失敗に終わった。英仏の戦艦はトルコの機雷を一掃しない限り前進できなかったが、トルコ軍の海岸砲台が脅威となり、作業ができなかった。3月18日、戦艦16隻で最後の海峡突破を試みたが、4隻が沈没するか岸に乗り上げ、2隻が大破して、突破は断念させられた。そのころすでに、ガリポリ半島に部隊を上陸させ、海峡を威圧しているトルコ要塞を占拠するという代替計画が進行中だった。英将軍のイアン・ハミルトン卿がオーストラリア・ニュージーランド軍団、英国軍第29師団、フランス植民地部隊からなる兵士7万5000人の上陸軍を任された。4月25日の上陸はほぼ成功した。英部隊が海岸到着時にトルコ軍による機関銃攻撃を受けたが、上陸軍の大部分は無事に上陸した。しかし、トルコ軍の反撃を受けた連合国軍は、上陸後の混乱と躊躇が災いして奥行きの狭い海岸堡から前進できなくなってしまった。ドイツ軍の

ガリポリ・スター
ガリポリの戦いに参加したトルコ軍人に授与された勲章。オスマン帝国が数十年にわたって衰退を続けていたため、ガリポリの戦いは国民の国に対する誇りを掻き立てた。

オーストラリア兵の気概
負傷した仲間を運ぶオーストラリア兵。戦争に参加したオーストラリア兵32万2000人のうち、28万人が死傷した。

リーマン・フォン・ザンデルス将軍の全体指揮の下、トルコ防衛軍は確固たる決断力と確かな腕前で任務を遂行し、ムスタファ・ケマル・パシャが牽引役として大きな役割を果たした。暑さと赤痢に悩まされた連合国軍は、援軍が編成される間、真夏まで足掛かりを死守し、8月初旬には新たな攻撃が開始された。8月6、7日にはオーストラリア・ニュージーランド軍団、英国軍、グルカ兵がサリバイール高地を強襲し、さらに北のスーヴラ湾には新たに英国部隊が上陸した。高地攻撃ではチャナックバイールの山頂占拠にあと一歩で失敗し、ケマルが指揮した反撃を受け、後退を強いられた。スーヴラ湾の部隊は迅速さに欠け、そのためトルコ軍が守備陣地を固め、8月21日に英国軍への反撃に成功した。秋になると、どうやって連合国軍を撤退させるかだけが問題になった。連合国軍は1カ月という時間をかけて撤退したが、トルコ軍は撤退を知るよしもなく、死傷者もまったく出なかった。

アンザック入江
ガバテペのオーストラリア・ニュージーランド連合国軍団。1915年4月25日に上陸したが、山岳地帯をほとんど前進できなかった。

第1次世界大戦におけるオスマン帝国

1881年-1938年
ムスタファ・ケマル（アタテュルク）
MUSTAFA KEMAL (ATATÜRK)

アタテュルク（国民の父）として知られるムスタファ・ケマル・パシャは、近代トルコ建国の父である。ガリポリの戦いですばらしい働きをしたケマルは国民的英雄となり、その後、パレスティナやカフカスで戦いを続けた。オスマン帝国が敗北すると、1919年5月に革命政府を樹立した。トルコ分割に反対する運動を指導し、1921年から1923年のギリシアとの戦いに勝利すると、1924年にトルコ共和国を創設した。

中東
クートの包囲戦

日付	1915年12月7日-1916年4月30日
兵力	英印軍/12,000人（クート内）、30,000人（交替兵）、トルコ軍/30,000人
場所	バグダードとバスラの間
死傷者等	英印軍/全員死亡あるいは捕虜（クート内）、トルコ軍/10,000人

オスマン帝国が参戦すると、当時オスマン帝国支配下にあったメソポタミア南部（イラク）に侵攻すべく、イギリス領インド軍（英印軍）が派遣された。バスラ占領後の1915年9月、派遣軍指揮官はクート占領を目的に、将軍チャールズ・タウンゼンド卿率いる師団程度の軍勢を北へ派遣した。その後タウンゼンドは、バグダード占領のためさらに北進するように命じられた。部隊は、バグダードまでおよそ32kmの地点でトルコ軍の猛反撃にあった。兵站線が延びすぎていると感じたタウンゼンドはクートまで後退したが、12月にはトルコ軍に包囲された。クートの強襲奪取に失敗したトルコ軍は、タウンゼンドの兵を閉じ込め、援軍を締め出すための強固な塹壕を掘った。1916年1月から4月まで、英国軍はバスラから北へ軍隊を派遣してトルコ軍防御線を突破しようと4度試みたが、そのたびに撃退された。飢えと病気で惨憺たる状況に陥ったクート内の部隊は、4月30日に降伏した。捕虜となった兵士の3分の1以上が、トルコの強制収容所で死亡した。

パレスティナ
メギドの戦い

日付	1918年9月19-26日
兵力	英国連邦軍/69,000人、トルコ・ドイツ軍/32,000人
場所	パレスティナ
死傷者等	英国連邦軍/853人、トルコ軍/不明

英国司令官アレンビー将軍は、エルサレム北部のトルコ軍に対して初秋に大規模攻撃を開始した。不意を突いた英国軍は、リーマン・フォン・サンデルス率いるトルコ・ドイツ軍がパレスティナの海岸平野に掘った塹壕の突破に成功した。敗走するトルコ軍から何千人もの兵が投降した。

中東
アラブの反乱

日付	1916年6月5日-1918年10月
兵力	変動
場所	アラビア、パレスティナ、シリア
死傷者等	信頼できる推計なし

コンスタンティノープルのオスマン帝国政府は民族主義色を強め、アラブ系臣下の多数を疎外した。メッカ太守フサイン・イブン・アリは英国の働きかけにより、1916年6月、オスマン帝国支配に対するアラブの反乱を表明。反乱への援助は未確定だったが、1916年12月にフサインの息子ファイサルが英国顧問のT・E・ロレンス大尉と英国軍艦の支援を受け、トルコ軍からイエンボ港を守った。ファイサルは1917年7月にアカバを占領し、同地は北のパレスティナへの作戦拠点となった。アラブ・ゲリラはエドモンド・アレンビー将軍が指揮する英国正規軍を支援して活動し、正規軍は1917年秋にトルコのベエールシェヴァ・ガザ防御線を突破してパレスティナに入り、12月にエルサレムを占領。アラブ・ゲリラはトルコ軍の道路や鉄道による補給線を奇襲し、多数のトルコ部隊を釘付けにした。1918年には装甲車やラクダ、馬を用い、英国正規軍と共同作戦を遂行した。英国・アラブ騎兵隊は1918年10月にダマスカスを占領。トルコの要塞の中には、1919年になっても抵抗を続けるものがあった。中東での戦後処理については、多数のアラブ人が裏切られたと感じた。シリアとパレスティナがアラブの支配下に入る代わりに、シリアはフランス、パレスティナは英国に支配されるようになったためである（国際連盟の委任統治指定）。

1888年-1935年
アラビアのロレンス LAWRENCE OF ARABIA

考古学者であったT・E・ロレンスは、第1次世界大戦勃発で情報将校となった。ファイサル・イブン・フサインを助けて英国からの支援を取り付け、1916年のイエンボ防衛から1918年のダマスカス占領までの軍事行動ではフサインとともに戦った。その後ロレンスは、戦後の和平調停でアラブ人はだまされたと確信するようになった。自身の経験について何冊か書いているが、『知恵の七柱』が最も有名である。

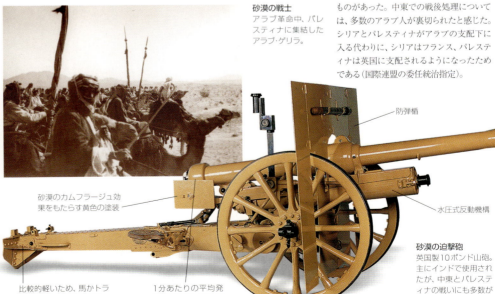

砂漠の戦士
アラブ革命中、パレスティナに集結したアラブ・ゲリラ。

防弾楯

水圧式反動機構

砂漠の迫撃砲
英国製10ポンド山砲。主にインドで使用されたが、中東とパレスティナの戦いにも多数が投入された。

砂漠のカムフラージュ効果をもたらす黄色の塗装

比較的軽いため、馬かトラクターによる牽引が可能

1分あたりの平均発砲数は6発から10発

1914年-現在

東部戦線

東部戦線の戦いは、西部戦線のような膠着状態には陥らなかった。しかし、補給、組織、指揮の問題を抱えていたロシア軍に、ドイツ軍は繰り返し勝利したものの、そこから決定的な結果をもたらすこともできなかった。セルビアとルーマニアはドイツに簡単に負けたが、ロシア軍は1917年春になっても健闘を続けた。一方、ドイツ同盟国のオーストリア＝ハンガリー帝国は、戦争による窮迫が原因で国家単位に分裂する恐れが生じ、マイナス要因となっていった。ロシア帝国の政治的崩壊によりロシア兵の戦意が徐々に衰え、1918年3月のブレスト＝リトフスク条約で、ロシアはドイツに厳しい和平を強いられることになった。

東部戦線
ゴルリツェ・タルヌフ突破戦

日付	1915年5月2日-6月22日
兵力	ドイツ軍/120,000人、オーストリア＝ハンガリー軍/120,000人、ロシア軍/56,000人
場所	ポーランドのガリツィア地方
死傷者等	ドイツ軍、オーストリア＝ハンガリー軍/90,000人、ロシア軍/被害甚大

オーストリア＝ハンガリー軍の勢力が弱いため、1915年春、ドイツ軍はかなりの軍隊をガリツィア戦線に移動させた。アウグスト・フォン・マッケンゼン陸軍元帥の命令により、新たに組織されたドイツ第11軍はゴルリツェ・タルヌフ防衛区域で大規模攻撃を開始した。50kmの戦線に4時間にわたって準備砲撃を加え、防御区域前方の浅い塹壕に詰め込まれ、装備も不足していたロシア部隊に壊滅的な打撃を与えた。ロシア軍は最初の2日間で25km敗走し、援軍到着後に反撃を試みたものの、その後も後退を続けた。7週間後、ロシア軍はガリツィアから排撃され、6月22日にリヴィフが陥落した。

シュワルツローゼ重機関銃
オーストリア＝ハンガリー軍の制式武器のシュワルツローゼ8mm重機関銃。銃身にはフラッシュハイダーがついている。

東部戦線
セルビアの戦い

日付	1915年10月6日-1915年11月23日
兵力	ドイツ、オーストリア、ブルガリア軍/300,000人、セルビア軍/200,000人
場所	セルビア
死傷者等	セルビア軍/50,000人

セルビアは1914年にオーストリア＝ハンガリー軍の攻撃を3度撃退したが、1915年秋にはドイツ第11軍、オーストリア＝ハンガリー軍、ブルガリア軍からなる連合国軍の攻撃を受けた。弾薬と火砲が不足し、チフスで衰弱したセルビア軍は南方へ退却した。11月にフランス軍がセルビア南部に入ったが、セルビア軍はすでにコソヴォで孤立していた。極寒の冬空の下、何十万人ものセルビア兵と民間人が山を越えアルバニア沿岸方面へ撤退したが、飢えや寒さ、病気のために多数が死亡した。

冬季の軍事作戦
セルビアの山道を進軍するオーストリア＝ハンガリー軍。降雪のため、軍事行動は11月で終わった。

東部戦線
ブルーシロフの攻勢

日付	1916年6月4日-9月20日
兵力	ロシア軍/573,000人、オーストリア＝ハンガリー軍/448,000人
場所	プリピャチ湿地から南のチェルニフツィ一帯
死傷者等	両軍/死傷者および捕虜500,000-1,000,000人

1916年夏、ロシアの南西方面軍司令官のアレクセイ・ブルーシロフ将軍が新たな攻撃戦術を提唱した。長時間の準備砲撃を施すと、敵は来るべき突破攻撃に備えて予備軍を適所に配置してしまい、味方はその後に幅の狭い戦線を攻撃することになってしまう。ブルーシロフはこの方法ではなく、各軍が短い攻撃準備射撃を行った後に、幅広い戦線を組織的に攻撃することを主張した。ロシア最高司令部は、不承不承に6月4日の戦術実行を承認した。ブルーシロフ率いる4個軍団は、深い塹壕にしっかり身を隠したオーストリア＝ハンガリー軍に相対した。ロシア軍は長さ550kmの戦線の様々な地点を攻撃し、完全な奇襲に成功した。初期砲撃が非常に正確で、多数のオーストリア兵は捕虜になった時点でも依然として深い塹壕で縮こまっていた。ロシア軍は6月末までにガリツィア内で100km前進し、北方でもかなり前進した。オーストリア＝ハンガリー第7軍は、事実上崩壊した。しかし、ロシア軍は夏の間中、長く延びた補給線に悩まされ、不意打ちもできなくなった。8月にはドイツの大規模援軍が西部戦線から到着し、ドイツ軍最高司令部がオーストリア＝ハンガリー軍を統制して効果をもたらした。多大な犠牲を払っても、最終的にはわずかな前進しかもたらさない攻勢は中止となった。ロシア帝国とオーストリア＝ハンガリー帝国は甚大な損害を被り、兵士の士気は著しく低下した。

> 「電報が何百通も届いた。そのすべてが、偉大なる国家の心臓がわが戦勝軍の愛すべき兵士に共感して鼓動している、と伝えるものであった」
>
> 攻勢を支持するアレクセイ・ブルーシロフ将軍の言葉（1916）

東部戦線

ケレンスキーの攻勢

日付	1917年7月1日-8月3日
兵力	不明
死傷者等	ロシア軍/数十万人（死傷あるいは捕虜）
場所	ウクライナ西部およびポーランド南東部

ペトログラード（現サンクトペテルブルグ）で集団デモが起こったため、1917年3月、ニコライ2世は退位した。政権を握った臨時政府は、愛国的防衛手段として戦争を続けることを約束した。5月、穏健派の社会革命党員アレクサンドル・ケレンスキーが陸相に就任。ケレンスキーはブルーシロフ将軍を総司令官に任命し、夏季に大規模攻勢を開始するよう命じた。ケレンスキーは、攻撃が成功すれば軍の士気が回復し、国民は愛国心から団結して臨時政府を支持するようになると信じた。ケレンスキーは軍の規律低下をあまりにも甘く考えていた。軍では兵士の評議会（ソヴィエト）が将校の権威を疑い、農民兵は家に戻って大地主から土地を奪い取りたいと切望していた。2日間の準備砲火射撃に続き、7月1日に開始した攻撃は当初、特に南方のオーストリア軍に対して成功を収めたが、ドイツ予備部隊が投入されると間もなく勢いを失った。7月後半にドイツ軍が反撃をしかけると、ロシア軍は崩壊した。

在位中のニコライ2世
ニコライ2世の前にひざまずくロシア兵。ニコライ2世は国軍の指揮を執る決意をしたことで、自らが軍事的失敗の責任を負うことになった。

「絶対に成功するという自信がなくとも、攻勢に出なくてはならない。兵士を戦闘に出すのが早いほど、政治熱も早く冷めるはずだ」
ロシア軍ミハイル・アレクセーエフ将軍の攻勢前の言葉（1917年3月30日）

東部戦線

ボリシェヴィキ革命

日付	1917年11月-1918年3月
兵力	ボリシェヴィキ、帝政支持者/信頼できる推計なし
死傷者等	信頼できる推計なし
場所	ロシア

1917年3月にニコライ2世が退位した当初は、極端な革命論者ですら「ドイツ軍国主義」から革命を守るために戦争継続の必要性を認めた。しかし4月になると、ボリシェヴィキ指導者、ウラジーミル・イリイチ・レーニンがドイツの助けを借りて亡命先から帰国し、党に即時和平政策を付託した。ケレンスキーの攻勢（上記参照）の失敗後、ロシアには自国を防衛できる軍隊が存在しなかった。9月初めにリガ港を占領したドイツ軍はバルト海に沿って進軍し、ペトログラードを直接脅かした。ブルーシロフに代わって総司令官となったラーヴル・コルニーロフ将軍は、国の防衛態勢を回復させる手始めとして軍に規律を取り戻し、兵士の評議会（ソ

すぐ近くの敵
1917年のロシアのポスター。ペトログラードの労働者に革命に参加して皇帝軍と戦おうと呼びかけている。

ヴィエト）を廃止しようともくろんだが、9月中旬にペトログラードを支配下に置こうとするも失敗した。これに対し、レーニンの赤衛隊（武装労働者、政治に関心の高い兵士や水兵）の方が成功を収めた。赤衛隊は11月7-8日に首都を占拠し、レーニンが革命政府の首席として権力を手に入れた。レーニンは直ちにロシアの平和を布告したが、それは「資本主義支配者に対抗して立ち上がり、戦争を終結させよう」と各国の兵士に広く訴えるものであった。実際には、ボリシェヴィキ政府がドイツに休戦を要請し、12月16日に合意となった。続いてブレスト・リトフスクにあるドイツ陸軍本部で、和平交渉に入った。ドイツは、ロシアの弱みに最大限つけ入ろうとしていた。レフ・トロツキーの「戦争でも講和でもない」方針に従ったボリシェヴィキが交渉で行き詰まると、ドイツは1918年2月半ばに攻撃を開始し、ほとんど反撃も受けず東に何百kmも前進した。3月3日、ボリシェヴィキは苦渋の決断で、戦前の人口のおよそ30%を失う平和条約に調印した。

1870年-1924年
ウラジーミル・レーニン VLADIMIR LENIN

第1次大戦勃発時、ロシアの革命政治家ウラジーミル・レーニンはスイスに亡命中で、戦争は「帝国主義者」の企てだと非難した。皇帝が退位すると、ドイツの提供した「封印列車」でロシアへ帰国。世界革命への一途な情熱から1918年3月にブレスト=リトフスクの和平に応じたが、一方ではその情熱により、ロシア内戦やロシア・ポーランド戦争で無慈悲な戦いを遂行した。

武装行進
1917年のメーデーにペトログラードを行進する武装労働者。ロシアの首都は、元は非常にドイツ色の濃い「サンクトペテルブルグ」という名称だったが、戦争初期に愛国心から変更された。

1914年-現在

1918年

大戦の最終年、塹壕の膠着状態からついに抜け出た西部戦線は巨大な戦いの場となった。ドイツが無制限潜水艦作戦という賭けに出たことでアメリカ合衆国が参戦したが、米国の大軍勢が到着する前に戦争に勝利できる可能性がまだあるとドイツ軍は信じていた。1918年3月に開始した大攻勢でドイツ軍は大きく前進したが、完全に相手をたたきのめすには及ばず、7月からは連合国軍が反撃に出た。ドイツは軍事的敗北と政治的崩壊に直面し、11月には休戦協定を受け入れざるを得なかった。

最終攻勢
春季攻勢

日付	1918年3月21日-6月3日
兵力	ドイツ軍/74個師団、英国軍/30個師団
死傷者等	連合国軍/500,000人、ドイツ軍/400,000人
場所	フランドルからマルヌ川までの西部戦線

ルーデンドルフは「米国援軍が実戦投入される前に英国軍を全滅させる一撃を食らわす」ための計画を立てた。カイザー戦（ミヒャエル作戦）は1918年3月21日の午前4時40分に開始され、約6600門の火砲（多数が毒ガス弾を発射）と3500門の迫撃砲を使ってソンムの英国軍塹壕に大攻撃を加えた。英国軍は激しい砲撃に動転し、濃い霧の中、英国軍陣地に潜入してきたドイツ歩兵隊が側面や背後から攻撃してきても、反撃できる状態になかった。最後の一人まで戦った英国軍部隊もあったが、多数は混乱の中、降伏あるいは退却した。ドイツ軍は初日に2万1000人の捕虜を取り、3月27日までには連合国軍前線に幅80kmにわたる穴をあけ、65km前進した。しかしその後、攻勢は勢いを失った。腹を空かせたドイツ部隊が前進を止めて食料品店を略奪している間に、フランス軍が英国軍に合流し抵抗を強めた。4月9日、ルーデンドルフはフランドルで新たな攻勢を開始した。その区域を

> 「どの陣地も最後の一人になるまで守るのだ。追い詰められても、われわれ一人一人が最後まで戦い続けねばならない」
> ヘイグ元帥の通達（1918年4月11日）

歩兵の前進
カイザー戦で前進するドイツ軍。多数の兵士が手榴弾、火炎放射器、機関銃を携帯した。

防御していたのはポルトガル軍と、休息をとるためにソンムから移動してきた疲労困憊した英国部隊であったが、ドイツ軍は初日の攻撃で5kmの前進を遂げた。緊急事態に対応するために、フェルディナン・フォッシュ陸軍元帥が連合国軍総司令官に任命され、防衛作戦の調整にあたった。ドイツ軍の攻勢は再度勢いを失い、4月29日になるころには両軍とも行き詰まった。5月後半にエーヌ川でさらに攻勢に出たドイツ軍は、パリまで90kmという地点まで達した。こうして複数の攻勢をかけたことにより、ドイツ軍は疲れ切って士気が低下し、かけがえのない人的資源を使い果たしたが、それでも決め手となるような目標は何一つ達成できなかった。

突撃隊員の徽章
精鋭の突撃隊員がカイザー戦の先頭に立ち、敵陣深く押し進んだ。

最終攻勢
ベローウッドの戦い

日付	1918年6月6-26日
兵力	不明
死傷者等	米国軍/9,777人、ドイツ軍/死者数不明、捕虜1,600人
場所	パリ東部、エーヌ川とマルヌ川の間

1918年5月までに約50万人の米国軍兵がフランスに到着し、6月6日、米国第2師団はベローウッド奪還の任務を与えられた。開けた野原を横切る形で攻撃を仕掛けた海兵隊第4旅団は、ドイツ軍の機関銃掃射を浴び、多数の死傷者を出した。海兵隊と第3歩兵旅団がベローウッド奪取に成功するが、その後、ドイツ軍が奪還する。最終的にドイツ軍が駆逐されたのは6月26日であった。この戦いでは米国軍に戦闘の資質があることが証明されたが、その後に多大な犠牲を出すことになる経験不足も露呈した。

1860年-1948年
ジョン・パーシング JOHN PERSHING

フィリピン戦とメキシコ戦に参戦した経験を持つジョン・パーシング将軍は米国派遣軍指揮官に選任され、100万人単位の軍隊が必要であると米国の政治家を説得した。ヨーロッパ到着後は大部分の米国軍部隊を自らの指揮下にまとめ、最終攻勢では大きな犠牲を払いながら、戦争の戦い方を習得する米国軍の先頭に立った。
パーシングは、ドイツとの休戦は誤りで、ドイツ軍を完全に叩きのめすべきであったと考えていた。

パリの砲弾被害
春季攻勢でパリから90km以内に到達したドイツ軍の砲撃を受け、パリは300発以上被弾した。

最終攻勢
第2次マルヌの戦い

日付	1918年7月15日-8月3日
兵力	不明
死傷者等	フランス軍/95,000人、英国軍/13,000人、米国軍/12,000人、ドイツ軍/168,000人
場所	パリ東部のマルヌ川

1918年、戦争の流れは4年前と同様にマルヌ川で変わった。7月15日、ドイツ軍は3月21日に開始した一連の最終攻勢の最後の攻撃を開始し、マルヌ川からランスに至る前線を攻撃した。ところが、連合国軍司令官フォッシュは、さらに西方で自軍の攻撃準備を終えていた。ドイツ軍の攻撃は当初、マルヌ川を渡り、橋頭堡を構築してうまくいっていたが、7月18日夜明けに連合国軍の反撃が開始されたときには、すでに行きづまりの状態にあった。連合国軍の反撃はフランス軍の攻撃的なシャルル・マンジャン将軍が指揮を執り、主にフランス軍による作戦であったが、米国師団がすばらしい役割を果たした。500両を超える戦車と1000機以上の航空機を投入した連合国軍は戦いながら進路を切り開き、最初の2日間で10kmの前進を遂げた。ドイツ軍は2週間にわたって全体撤退を強いられ、春季攻勢を始める前に守っていたエーヌ川後方の陣地まで後退した。

最終攻勢

連合国軍の最終攻勢

日付 1918年8月8日-11月11日

兵力 連合国軍、ドイツ軍/信頼できる推計なし

死傷者等 信頼できる推計なし

場所 フランス東部

1918年8月8日の夜明け、アミアン前方のドイツ陣地に対し、英国、カナダ、オーストラリア歩兵隊は400両を超える戦車に続いて前進した。800機ほどの航空機が歩兵隊の支援として対地攻撃を行い、また、前進する部隊に弾薬を補給した。連合国軍は午後までに大きく突破を果たして約12km前進し、ルーデンドルフはこの日を「ドイツ軍にとって最悪の一日」と呼んだ。アミアンの戦いはほどなく行き詰まり状態になったが、この戦いは来るべき事態の前兆であった。ドイツ軍の勢力が衰えていく中、連合国軍は米国軍の到着でその数を増やしていった。英国軍の海上封鎖によりドイツ民間人は計り知れない困難を受け、ドイツ軍部の補給問題もますます深刻になった。ドイツ軍は航空機数で絶望的なほど連合国軍を下回り、ほんの少数しかない戦車も扱いにくかった。9月12日、米国軍の有効性が証明された。米国第1軍がサンミエル突出部を攻撃し、1日で1万3000人の捕虜をとったのである。9月最終週には連合国軍が強固なヒンデンブルク線の防衛施設を突破し、ルーデンドルフは上官に休戦の必要性を進言した。多数のドイツ部隊で士気が低下し、死ぬまで戦う気構えができていなかった。終戦間際の4カ月間で34万人のドイツ兵が降伏したが、政治的・外交的な駆け引きが行われた数週間は、厳しい戦いが続いた。10月30日、ドイツ大洋艦隊の船員がキールで暴動を起こしたのをきっかけに、多数のドイツ都市で反乱が起こった。11月9日、ドイツは共和国となり、その2日後に休戦の合意に達し、11月11日午前11時、発効した。

銃側員

砲弾で破壊された木々の中を押し進む米国歩兵隊。兵士2人が、37mm機関銃を操作している。

運河渡河

1918年9月下旬、ヒンデンブルク線の一部をなすサンカンタン運河渡河後に旅団長の演説を聞く英国部隊。

1865年-1937年
エーリヒ・ルーデンドルフ ERICH LUDENDORFF

リエージュとタンネンベルクであげた勝利により、それまで目立たない存在だった参謀将校エーリヒ・ルーデンドルフは国民的英雄になった。ルーデンドルフは1916年8月よりドイツ軍の戦争行動を立案指導し、中央管理された戦争経済を作り上げ、完全勝利を冷酷に追求した。戦後になると、ドイツ軍は社会主義者とユダヤ人に「だまし討ちにあった」という作り話を広め、初期のナチス運動で中心的役割を果たした。

Mk. IV戦車

戦車が初めて使われたのは1916年9月15日のソンムの戦いで、英国軍が使用した。初期の型式は動作が遅く信頼性に欠けたが、戦車の持つ絶大な可能性を示した。

英国は1915年、車台のベースにアメリカンホルト社製の無限軌道式トラクターを使用した、新たな車両を極秘に設計し始めた。1917年に登場したMk. IV戦車には、前年に公開されたMk. I戦車に比べて分厚い装甲板が施された。ほかのすべての初期型式同様、Mk. IV戦車も可動性を犠牲にして装甲を重視した重戦車であった。中間地帯の横断時に歩兵隊を先導するのに使用され、有刺鉄線や塹壕をものともせずに突進した。

長所と短所

機関銃にびくともしなかった重戦車も、依然として砲撃にはもろかった。ぬかるんだ地面に砲弾破裂痕の穴が開いていると、ぬかるみにはまるか、故障するかが常であった。1917年のカンブレーの戦いでは、英国の重戦車324両が固い地盤の上で大規模攻撃を実行する許可を受け、適切に使用された場合の戦車の威力を実証した。英国製戦車ウィペットや回転式砲塔を取り入れたフランス製ルノーFT-17など、より軽量で俊敏性の高い戦車は、大戦後期に野戦でその価値を証明した。

無限軌道上の地獄
1000両以上製造されたMk. IV戦車は、当時の他の型式を製造数で上回った。Mk. IVは、構想から設計の成功までの道のりを第1次世界大戦中にたどった。

仕様

製造国	英国	最高速度	時速6.4km
就役年	1917年	馬力	105
乗員	6名	重量	28t

溝にはまった戦車
Mk. IV戦車は、西部戦線の戦場のぬかるみや塹壕、巨大な砲弾穴にうまく対処できないことが多かった。

Mk. IV内部 戦車の乗員は、視界が悪く煙が充満した暑い戦車内で作業を強いられた。歩兵が装甲をコツコツたたいて信号通信を送らない限り、外界との通信もなかった。

操縦手席 戦車長と戦車操縦手は、Mk. IV前部に並んで座った。戦車の向きを変えるためには戦車を停止させなくてはならず、格好の攻撃目標となった。

レヴァー 戦車のルーフにある出入り用ハッチを、このレヴァーで内側からしっかり閉める。

火砲 戦車搭載の6ポンド速射砲の操作には1門につき2名の乗員があたった。

トラック板 連結板を環状につなげたものがローラーの周りを囲み、それが回ることで戦車が動いた。凹凸のある地面では、車輪よりはるかに優れていた。

鋼板 ドイツ軍の徹甲銃弾に耐えられるように、Mk. IIIとMk. IVには旧式に比べて厚い装甲が施された。それでも、外側に被弾するとその衝撃で戦車内に破片が飛び散ったため、乗員は防護服を着用する必要があった。

視認用覗き窓 敵軍は間もなく、戦車の視認用覗き窓を狙って銃撃するようになったため、戦車乗員は顔面防護用具をつけるようになった。

エンジン Mk. IV戦車は、ダイムラー社製の105馬力エンジンで動いた。エンジンがむき出しになっていたため、油を差して潤滑状態を保てたが、欠点はひどい騒音と煙で、また、エンジンの可動部に触れないようにしなければならなかった。初期の戦車はあまりにも重かったせいで、エンジンのオーバーヒートがたびたび起こり、摩耗も早かった。

砲弾 取り出しやすいように側面砲塔横の棚に砲弾を収納した。使用済みのものもある。

両大戦間期

1918年には、第1次世界大戦はすべての戦争を終わらせるための戦争だったことがわかるだろうという非現実的な希望が語られた。大戦直後には、平和を維持し、武装解除を促進するための国際機関として、国際連盟が設立された。こうした潮流はその後10年間続き、1928年8月には、英国、ドイツ、フランス、米国、日本など15カ国がケロッグ・ブリアン条約に調印し、戦争は非合法であると厳粛に宣言した。しかし合意から5年も経たないうちに、ドイツでは再軍備と侵略的拡張主義を唱えるナチス政府が誕生し、日本は第2次世界大戦へとつながっていく軍事的冒険の第一歩をすでに踏み出していた。

ソヴィエトの彫像
ヴェーラ・ムーヒナ作の労働者と農婦の像は、1937年のパリ万博でソヴィエト館のために製作された。ソヴィエトの共産主義は世界中の数百万の人々を鼓舞するものと思われた。

第1次世界大戦後

ドイツは敗戦の屈辱をけっして忘れず、講和条約によって課せられた経済的負担を受け容れることもなかった。1923年、賠償金の支払いが滞ると、フランス・ベルギー軍はルール工業地帯を占領した。ドイツ経済はすでに多額の債務を抱え、極度のインフレ状態にあった。他方、ソヴィエト連邦で初めて共産主義政府が成立したことからイデオロギーの対立が生まれ、国家間の力関係が複雑化した。世論の大勢は、1920年代後半の反戦文学の隆盛に見られるように、戦争賛美を否定する方向に移行していたが、第1次世界大戦に従軍して軍国主義や民族主義を信奉するようになった復員軍人も現われた。1922年にイタリアで政権を取ったファシストたちや、1923年にクーデターを企てたドイツのナチ党がその好例である。

とんでもない紙幣
ドイツの超インフレがピークに達した1923年には、10億マルク紙幣でもコーヒー1杯すら飲めなかった。

反戦文学
エーリヒ・レマルクの1929年の小説『西部戦線異状なし』は、第1次世界大戦は「無益な殺戮」だったというイメージを定着させた作品の一つである。

内戦と植民地独立戦争

1918年から1923年にかけて起きた主要な武力紛争の本質は、第1次世界大戦で積み残した問題に決着をつけることであった。ロシアでは、錯綜し、国土を大いに荒廃させた内戦の結果、ボリシェヴィキが旧帝政ロシア領の大部分を支配下に収めたが、その間ポーランドと短期間の激戦を繰り広げ、ロシアの西側国境が確定した。トルコの民族主義者たちは、旧オスマン帝国に押し付けられた講和条約で課せられたアナトリアの分割を認めず、ギリシアとの戦争に勝利してトルコ国家を建設した。植民地宗主国は第1次世界大戦時に発達した空軍力の一部を「植民地警備」作戦に投入した。リビアの反乱を鎮圧しようとしたイタリア、モロッコのアブド・アルカリーム率いる軍と戦ったフランス・スペイン、イラクのクルド人・シーア派を抑えようとした英国がその例である。部族民を恐れさせるために行う空爆（時に毒ガスを併用）は、権威を維持するための安価な手段と見なされた。

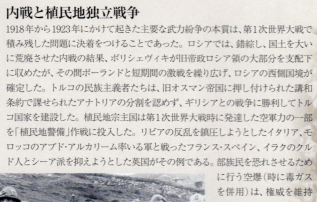

イタリアからの侵略者
1935年のエチオピア侵攻時のイタリア兵士と地元住民。欧州の民主主義はイタリアによる侵略に対抗できなかった。

両大戦間期

ナチスの指導者
アドルフ・ヒトラーのナチスの制服に、第1次世界大戦で授かった鉄十字勲章が見える。若いころの戦争体験から、強者生存という生命に関する非人間的な世界観が彼の中に形成された。

戦争への動き

1930年代は、戦争が拡大し、ついに第2次世界大戦に突入した10年間である。不況の影響を受けてドイツの民主主義は崩壊し、1933年にアドルフ・ヒトラー率いるナチ党が権力を握るのを許した。ヒトラーの使命は第1次世界大戦で下された評決を覆すことであった。彼はオーストリアと、チェコスロヴァキアのズデーテン地方を併合してドイツの国力を強大化した。一方、日本では軍国主義者が政府の実権を握ってアジアにおける拡張主義政策をとり、1931年に満州を奪取、1937年には中国全面侵略に乗り出した。1935-36年にはエチオピアが国際連盟加盟国であるにもかかわらずイタリアに征服され、「集団安全保障」は死んだという弱腰の反応が生まれた。1936年にスペイン内戦が勃発すると、イタリア・ファシスト政権とドイツ・ナチス政権は国民戦線側に味方して戦い、ソヴィエト連邦は共和国政府を支援した。

1883年-1945年

ベニート・ムッソリーニ　BENITO MUSSOLINI

熱弁を振るうイタリアの独裁者ムッソリーニ。1922年、ファシスト党の武装行動隊「黒シャツ隊」をローマに進軍させ政権を奪取。1935-36年のエチオピア侵攻に英仏が反対したため、ヒトラーと同盟を結んだ。イタリア軍はスペイン内戦に参加したが、ムッソリーニは1940年6月まで第2次大戦への参戦を躊躇。連合国軍がイタリアへ侵攻した1943年に権力の座を追われ、ドイツ軍に救出され、北イタリアの傀儡政権の首班に仕立て上げられたが、大戦末期にイタリアのパルチザンに処刑された。

ダヴィデの星
ヒトラーは、第1次世界大戦でのドイツ敗戦の責任をユダヤ人に負わせた。1939年以降、欧州のドイツ占領地内のユダヤ人はこの黄色い星印を身に着けることを強制された。

戦時の日本
1937年の中国進攻を祝う南京付近の日本軍。日中戦争の始まりが第2次世界大戦の本当の意味での開始と見なされることもある。

戦闘機
ドイツのメッサーシュミットBf109は、1930年代に投入された高性能単葉機の一つである。

航空戦争

1930年代の戦争が第1次世界大戦時と異なる主な点は、空軍力の役割の増大である。日本軍の中国南京空爆や、ドイツ空軍によるスペインのゲルニカ空爆で多大な死傷者が出たことで、大国間の戦争は都市への即時空爆で開始される可能性があることが示された。1930年代後半に再軍備が進められた際、航空機に最重点が置かれた。ドイツだけは航空機を戦車や他の陸上戦力と連係させた戦術を考案した。

再び戦争へ
1939年11月、砲弾を積み上げる英国の軍需労働者。同年、欧州は再び大規模な戦争に突入した。

1914年-現在

ロシアと中国の戦争

20世紀前半、バルト海から太平洋にまで及ぶ広大なユーラシア大陸は、動乱と戦争の地であった。旧ロシア帝国領では、広範囲に及んだ戦闘により反革命勢力が打ち破られた後、ソヴィエト連邦が成立し、国境線が新たに確定された。中国では、国民党政府が全国統治を確立しようと奮闘していたが、軍閥や共産党の抵抗を受けていた。中国の弱体化につけ込んだ日本軍は、1931年から1933年にかけての一連の軍事行動を通じて中国北部に侵入し、満州を占領、北京より北の全中国軍を撤退させた。しかし1937年の中国全土への侵略では、主要都市を攻略したものの、速やかに勝利を得ることはできなかった。

ロシアの内戦

ロシアの内戦

日付 1918年5月-1920年11月

兵力 ボリシェヴィキ軍/800,000人(1920年10月)、白軍/約300,000人(1918年末)、外国軍/180,000人(1918年末)

場所 旧ロシア帝国領

死傷者等 総計10,000,000人

赤軍騎兵隊
ボリシェヴィキ第1騎兵隊の分遣隊がロシア領を進軍。セミョーン・ブジョーンヌイ率いる赤軍騎兵隊は、ロシア内戦とポーランド・ソヴィエト戦争の両方で主要な役割を担った。

1918年中ごろ、ロシアのボリシェヴィキ政府は様々な国の軍隊の脅威に曝されていた。チェコ人の元戦争捕虜がシベリア鉄道を支配下に収め、英仏、日米の各軍が主要港周辺を占領。ウクライナなど異民族地域には民族主義者集団があり、帝政ロシア時代の将校(傑出していたのがアントーン・デニーキン将軍とアレクサンドル・コルチャーク海軍司令長官)の率いる「白」軍は革命阻止を望んでいた。ボリシェヴィキの指導者レフ・トロツキーは、一から赤軍を作りあげた。赤軍は白軍同様、帝政時代の将校が指揮をとったが、最も有能な指揮官だったのがミハイル・トゥハチェフスキーである。トロツキーは装甲列車に乗り、前線間を移動しながら采配を振るった。広大な地域に比較的小編成の部隊が展開して戦う襲撃戦では、騎兵隊が本領を発揮した。白軍、赤軍ともに暴虐性を示し、農民を脅して徴兵および糧食調達を行った。白軍は統率がとれず、内部分裂によって機能しなくなり、一般の支持を得られなかった。コルチャークはボリシェヴィキ軍に捕らえられ、1920年2月に処刑された。デニーキン部隊の大半は、翌月に黒海の諸港から撤退した。白軍のピョートル・ウランゲリ将軍は、6月、ポーランド・ソヴィエト戦争と時を同じくしてクリミア半島から最後の攻撃を試みたが、11月にはやはり撤退を余儀なくされた。

ポーランド・ソヴィエト戦争

ワルシャワの戦い

日付 1920年5月7日-10月12日

兵力 ロシア軍/200,000人、ポーランド軍/200,000人

場所 ワルシャワ郊外

死傷者等 ロシア軍/死傷者約80,000人、捕虜60,000人、ポーランド軍/死傷者50,000人

1920年5月、シモン・ペトリューラ率いるウクライナ民族主義者の支援を得て、ユゼフ・ピウスツキ指揮下のポーランド軍はウクライナに侵攻し、キエフを掌握した。ピウスツキの目的は、独立したばかりのポーランドの国境を可能な限り東方に拡大することであった。ロシア赤軍は大軍を投入して反撃し、6月12日にキエフを奪還。ボリシェヴィキ軍はポーランドに勝利して革命を起こさせることを期待して、なおも攻勢を続けた。フランスのマクシム・ヴェイガン将軍を団長とする軍事顧問団が西欧列強からワルシャワに派遣された。ボリシェヴィキ軍がポーランドを攻略すれば、さらにドイツに侵攻してくるのではないかと怖れたためである。8月13日までにトゥハチェフスキー指揮下の赤軍西方面軍がワルシャワの北側と南側を包囲し、南西方面軍はリヴィフ戦線に回った。8月16日、ピウスツキは、ポーランド諜報部が突き止めたボリシェヴィキ軍の間の手薄になっている場所へ、約2万の兵力を自ら率いて奇襲反攻をかけた。同時にトゥハチェフスキー軍の北側側面へも攻撃が加えられ、同軍は挟撃作戦に遭う危機に陥った。ロシア赤軍は体勢を崩したまま東へ退却せざるを得ず、ネムナス川を越えて、白ロシア(ベラルーシ)とウクライナへ入ったが、そこでもポーランド軍が勝利した。西欧列強から強い圧力を受けながら、10月12日に停戦合意が交わされた。ボリシェヴィキも欧州列強も、「ワルシャワの戦い」(「ヴィスワ川の奇跡」としても知られる)まではポーランドの敗戦は目前だと見ていたが、予想外のポーランドの勝利にボリシェヴィキ軍は混乱した。1921年3月18日に調印されたリガ平和条約により、独立を揺るぎないものにしたポーランドは、西ウクライナと白ロシアを割譲され、その後18年間領有した。

1867年-1935年
ユゼフ・ピウスツキ元帥 MARSHAL JOZEF PILSUDSKI

第1次世界大戦前、ピウスツキはポーランドのロシア支配からの解放運動に参加した。大戦中はオーストリア＝ハンガリー帝国軍側につき、ポーランド軍団を率いてロシアと戦った。1918年からポーランドの国家元首となり、ポーランド・ソヴィエト戦争を開始し、その結果、西ウクライナと白ロシアを支配下に収めた。1923年に引退したが、1926年に復帰して独裁の地位に就いた。

長征

中国の「囲剿（いそう）」（共産党包囲討伐）

日付 1934年10月16日-1935年10月20日
兵力 共産党/80,000人（江西省から出立時）
死傷者等 不明（呉起鎮に9,000人到着）
場所 瑞金から呉起鎮までの10,000km

1927年まで中国共産党は、蔣介石率いる中国国民党が国民党政府の下での中国統一を進めることを支援した。しかし国民党はその後、共産党に攻撃の矛先を向け、多数の共産党員を虐殺し、生き残った者は主要都市から逃れざるを得なかった。1930年代前半、蔣介石は一連の戦闘で共産党の残る拠点を破壊した。共産党の支配下にあった江西省は政府軍に包囲封鎖された。毛沢東ら共産党指導者たちは包囲を突破して南西へ向かうことを決断した。物資の不足（行軍の先鋒を務める3部隊のうち、ライフル銃を持っていたのは1部隊のみ）にもかかわらず、共産党軍は包囲網を突破し、安全な拠点を求めて西に向かい、その後、北進した。断続的に行われた小規模な戦闘により人員は減少し続けたが、高山や道なき湿原を行軍する苦難と病気による減少が大部分を占めた。

ゲリラ指導者
毛沢東は長征の過程で共産党指導者として頭角を現した。農民改革戦争を唱導した。

日本軍の中国侵攻

日本の中国侵攻

日付 1937年7月-1938年1月
兵力 中国軍/2,150,000人、日本・満州国軍/450,000人
死傷者等 中国人/死者約200,000人（上海）、死者約250,000人（南京）
場所 中国

1937年7月7日、北京の盧溝橋で日本軍と中国軍が衝突し、中国国民党と中国共産党が同盟して日本と戦う全面戦争に突入した。最激戦地となった上海では、日本陸軍が海軍の強力な援護を受けて8月10日から上陸作戦を敢行した。9月12日までに日本軍は上海市内に入ったが、中国軍は市街戦で激しい抵抗を続けた。11月前半、中国軍は戦闘を続けながら撤退した。上海を手中にした日本軍は南京に進軍したが、ここでは中国軍は数の上で優勢だったにもかかわらず実質的な抵抗はできなかった。日本は南京を空爆した後、6週間にわたって残虐行為を行い、民間人も戦争捕虜も区別なく虐殺した。20万人から30万人と見られる人々が殺されたと言われるが、多くは殺される前に暴行されたり拷問を受けていたとされる。

万里の長城にあふれる日本兵
北京近郊の万里の長城へ行軍する日本軍連隊。1937年11月。

ノモンハンの戦い

ノモンハン事件

日付 1939年5月12日-9月16日
兵力 ソヴィエト・モンゴル軍/65,000人、日本軍/28,000人
死傷者等 ソヴィエト軍/24,000人、日本軍/18,000人
場所 満州と外モンゴルの国境付近

日本軍は満州を出発してハルハ川を越えたソヴィエトとの係争地域に進軍した。この侵攻を阻止するため、ソヴィエトからゲオルギー・ジューコフ将軍が装備の整った、数の上でも優勢な軍隊とともに送り込まれた。8月20日、小村のノモンハン近くで、彼は機甲旅団と機械化歩兵による攻撃を開始した。日本軍の残存兵は満州に撤退し、その後、休戦協定が成立した。この勝利によってソヴィエトは1941年にドイツの侵略を受けた際に2戦線で戦う恐れがなくなった。

ソヴィエトの戦車部隊
赤軍の戦闘準備。西欧で第2次世界大戦が勃発したため、ノモンハン事件はあまり世界の注目を集めなかった。

1914年-現在

スペイン内戦

1936年7月、陸軍将校たちがスペインの左派人民戦線政府の転覆を企てたが、クーデター計画は労働者から成る市民軍によって阻止された。その結果起こった内戦は3年間続き、少なくとも60万人の犠牲者が出た。約4万人の義勇兵が国際旅団として政府側、すなわち共和国軍側について戦い、政府軍はさらにソ連から武器、航空機の供給を受けた。反乱軍であるフランシスコ・フランコ将軍率いる国民戦線軍には、イタリア・ファシスト政権から送られた6万人超の軍隊と、ドイツのコンドル軍団が加勢した。英国とフランスは厳正中立を守り、それがフランコ軍の勝利につながった。

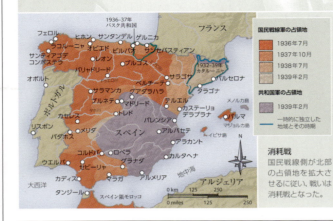

消耗戦
国民戦線側が北部の占領地を拡大させるに従い、戦いは消耗戦となった。

アフリカからの進撃

日付	1936年8-9月
兵力	アフリカ部隊/34,000人
死傷者等	信頼できる推計なし
場所	スペイン領モロッコ、バダホス、トレド

1936年7月18日に始まったスペイン軍の反乱は当初失敗するかに見えた。反乱軍で最も経験豊富な部隊はスペイン領モロッコの外人部隊とモロッコ人部隊であった。海軍が政府支持に回ったため、反乱軍部隊はスペイン本国へ渡れなかった。アフリカ部隊を率いたフランコ将軍は、イタリア・ファシスト政権とナチス・ドイツに支援を求めた。7月末、ドイツのユンカースJu52輸送機が到着し、フランコは1万5000人の軍隊を10日でセビーリャへ輸送することができた。史上初の兵員空輸である。他の部隊はイタリアのサヴォイア・マルケッティ社の爆撃機に空中援護を受けて海峡をボートで渡った。アフリカ部隊はバダホスまで北進、次いでトレドまで東進、道中、市民軍兵士や共和国支持者と疑われる者数千人を殺戮した。9月28日にはトレドで、10週間も包囲されていた国民戦線軍のアルカサル要塞守備隊を救助した。次の標的はマドリードであった。

メッサーシュミットBf109
メッサーシュミットBf109戦闘機は、スペイン内戦時にドイツ・コンドル軍団に投入されたのが初の実戦であった。

マドリード防衛

日付	1936年11月6-23日
兵力	国民戦線軍/約50,000人、共和国軍/不明
死傷者等	信頼できる推計なし
場所	スペイン、マドリード

1936年10月、マドリードには、南にはアフリカ部隊、北にはエミリオ・モラ将軍の軍が迫っていた。ソヴィエトからの軍事物資が初めて届き、続いて11月8日に国際旅団の最初の部隊が到着した。それまでに国民戦線軍はすでに郊外に達し、共和国政府はホセ・ミアハ将軍に指揮を任せ、バレンシアに避難していた。マドリードは砲撃と空爆に曝されたが、見事に持ちこたえた。第11国際旅団、アナーキストや共産主義者や女性部隊を含む多様な急造市民軍、共和国政府軍部隊、少数のソヴィエト製戦車および航空機がアフリカ部隊と戦い、戦況は膠着状態となった。マドリードは終戦まで包囲が続いた。

即席の防御体制
スペイン人民戦線軍が、米袋で築いたバリケードの後ろに機関銃座を作り、国民戦線軍のマドリード突入に備えている。

グアダラハラの戦い

日付	1937年3月8-16日
兵力	共和国軍/20,000人、イタリア軍・国民戦線軍/45,000人
死傷者等	共和国軍/7,000人、イタリア軍・国民戦線軍/5,000人
場所	スペイン、マドリードの北東65km

1937年2月、国際旅団がマドリード東方のハラマ川でフランコの国民戦線軍と激闘を展開。イタリア軍のマリオ・ロアッタ将軍は、フランコ軍と合流すべくグアダラハラ方面への攻撃を決意。砲兵隊の援護を受け100両超の軽戦車を先鋒とする3月8日の最初の進撃で、共和国政府軍の手薄な前線を突破したが、雪やみぞれに対する備えが不足していたイタリア軍は行く手を阻まれ、フランコ軍が積極的に動かなかったため、政府軍がハラマ戦線から兵力を回すことを許してしまう。この中には反ファシストのイタリア人が主体のガリバルディ大隊があり、スペインの地でイタリア内戦を戦うこととなった。3月12日、共和国軍が反撃を開始。イタリア軍の戦車より高性能のソヴィエト製T-26戦車を配置したのである。共和国軍戦闘機は地上攻撃で壊滅的な戦果をあげ、イタリア軍は潰走。グアダラハラ防衛は小規模な勝利ではあったが、共和国側の士気を高め、イタリア・ファシスト政権の威信を傷つけた。

戦争のポスター
勝利のために団結を求める共和国軍のポスター。共和国軍陣営の各党派が抱いた希望は実らなかった。

「この戦いは、凶暴な侵略者からスペイン国民を守るためだけのものではない。やがては……すべての民主主義国家の国民を押しつぶそうとするものを滅ぼすための戦いなのだ」
イギリス国際旅団隊員　ビル・ペインター（1937年5月）

スペイン内戦

ゲルニカの空爆

日付	1937年4月26日
兵力	ドイツ軍/戦闘機43機、バスク国軍/なし
死傷者	ドイツ軍/なし、バスクの民間人/約300人
場所	スペイン北部、バスク国

スペイン北部のバスク地方は、バスクに地方自治を認めた共和国政府を支持していた。1937年春、モラ将軍はバスク国に対して軍事行動を開始し、「即時降伏しないならば」徹底的に破壊すると脅した。バスク人は果敢に戦ったが、4月後半、「バスク文化の揺り籠」として象徴的な重要性を持つ市場町ゲルニカに撤退した。ヴォルフラム・フォン・リヒトホーフェン指揮下のドイツ・コンドル軍団は、国民戦線軍の攻撃を支援する空襲を行うことにした。公式には軍事目標に対してだが、はっきりと「民間人を考慮することなく」である。4月26日の午後、コンドル軍団はゲルニカを攻撃した。バスク人の士気に一撃を加えるためであったのか、バスク軍の撤退を阻止するために橋の破壊を狙ったのかもしれない。いずれにせよ、結果は徹底的な破壊であった。ハインケルHe51による攻撃を皮切りに、爆撃任務用に簡易改造されたユンカース輸送機による爆撃が続いた。波状的な「シャトル」攻撃をしかけ、焼夷弾と250kg爆弾を投下し、ゲルニカの建物の3分の2を破壊した。バスク国の報道官、アルベルト・オナインダイア神父は、攻撃機と時を同じくしてゲルニカに到着し、He51戦闘機が民間人に機銃掃射した際の目撃談を伝えている。「機団が低空飛行をして、機関銃で森や道路を破壊しました。その側溝にはお年寄りや女性や子供たちが身を寄せ合っていたのです」。数百人の民間人が殺され、攻撃の主目標とされていた橋は残った。惨状を目にした外国人記者たちの報道により、ゲルニカが民間人無差別爆撃と同義語になるのは確実となった。

スペインの勲功章

ピカソの『ゲルニカ』

ピカソが1937年のパリ万博に出展した絵画により、ゲルニカは非人道的な空爆の象徴として定着した。

テルエルの戦い

日付	1937年12月15日-1938年2月20日
兵力	不明
死傷者等	共和国軍/60,000人、国民戦線軍/50,000人（ともに死傷者、捕虜を含む）
場所	スペイン東部、アラゴン州南部

1937年の冬にはすでに国民戦線軍はバスク国を制圧し、マドリードに決定的な攻撃をしかける準備を進めていた。それを阻止すべくビセンテ・ロホ将軍は、国民戦線軍の占領下にあった都市テルエル攻撃を開始した。この攻撃は完全に敵の不意を突き、国民戦線の駐屯軍はテルエル内に閉じ込められた。フランコは、共和国軍が期待していた通りにアラゴン戦線へ兵を回した。戦闘は、記録的な寒さとなった冬の間、荒涼とした岩場で行われた。両軍とも多数の兵士が凍死した。1月8日、市街戦の後、テルエルは共和国軍の手に落ちたが、国民戦線の主力軍が到着し始めると、共和国軍自身が包囲される危険にさらされた。共和国軍は、内部では政治勢力間の非難合戦に終始する中、空襲と砲撃を受け、戦闘を続けながら撤退し、物資および兵力面でますます優勢となった国民戦線軍に再び敗れた。

エブロ川の戦い

日付	1938年7月24日-11月16日
兵力	共和国軍/攻撃開始時80,000人
死傷者等	共和国軍/70,000人、国民戦線軍/36,500人
場所	スペイン、南カタルーニャ

1938年の夏、敗色の濃くなった共和国軍は、エブロ川を渡り総攻撃を開始した。戦闘能力があることを示せば、西欧民主主義国家が援軍を送ってくれるかもしれないと思ったのである。フアン・モデスト将軍の指揮下、7月23日から24日にかけての深夜に数部隊がボートで渡河し、残りの軍は翌日、舟橋で渡った。8月1日までに40km前進したが、国民戦線はガンデサに強固な陣地を有していた。両軍ともに塹壕陣地への正面攻撃で多大な犠牲を出した。国民戦線軍の砲撃とドイツの急降下爆撃機Ju87シュトゥーカによる空襲で、人民戦線軍は疲弊し、残存部隊は11月中旬までに出発点まで押し戻された。この戦争における国民戦線軍の勝利はすでに事実上確定し、1939年4月1日までに名実ともに達成された。

国民戦線軍の勝利

1939年1月、スペイン国民戦線軍はイタリア製小型戦車に乗りバルセロナへ入った。市内の共和国支持者はフランスに脱出した。

ヒトラーの戦争

第2次世界大戦は、事実上二つのまったく異なる戦争であり、一つは欧州と北アフリカを戦場とし、もう一つは太平洋とアジアで戦われた。死者は両方合わせて5000万人を超えたと見られる。欧州における戦争は、ヒトラーが一人で創り出し、計画し、そして遂行したのも大方はヒトラーであった。

ナチスの躍進

1939年9月1日、ドイツがポーランドに侵攻し、それに対し英仏が宣戦布告したためヨーロッパの戦争が始まった。ヒトラーは侵攻数日前にソ連と条約を結んでいたため、ポーランドを破った後、西部戦線に専念することができた。ドイツは戦車数で連合国軍を下回っていたが、航空戦力と装甲部隊を連携させる「電撃戦」という戦術を編み出し、機動戦で迅速に勝利をあげた。1939年から1941年にかけての一連の電撃戦で、ヒトラーは欧州の大半を支配下に置き、攻略を免れたのは英国のみであった。1941年6月にドイツがソ連に侵攻すると、この戦争はかつてない規模と残虐性を呈するようになった。同年12月の日本による真珠湾攻撃後、すでに英国に相当な支援を行っていた米国に対し、ヒトラーは宣戦布告した。

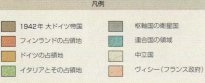

大ドイツ帝国
ヒトラーの軍隊は1941年までに欧州の大部分を征服していた。同年ドイツはソ連に侵攻したが、この侵攻がヒトラーの最終的な敗北の原因となった。

ナチス親衛隊の記章
親衛隊（SS）はナチスの精鋭部隊で優れた戦闘能力を持っていたが、多数の残虐行為の責めを負う。死の収容所ではユダヤ人他、数百万人が殺害されたが、親衛隊員は特に収容所ほか運営で中心的役割を演じた。

ヒトラーの戦争

1889年-1945年
アドルフ・ヒトラー ADOLF HITLER

オーストリア人として生まれたアドルフ・ヒトラーは、ドイツ軍の一員として第1次世界大戦に参戦し、勇敢な働きをして勲章を受けた。1918年のドイツ敗戦後、右翼の国家主義集団に参加し、1923年、ナチス党の党首としてミュンヘンでクーデター（ミュンヘン一揆）を起こすが失敗する。世界恐慌を受け、ナチス党はドイツ最大の単独政党となった。ドイツ保守派の支持を得たヒトラーは1933年に首相に就任し、その後、独裁体制を敷く。ヒトラーの目的は、ドイツによる欧州支配、ユダヤ人の絶滅、スラヴ人を隷属させることであった。戦争初期こそ電撃戦術を支持したが、ドイツ軍の戦争行動をヒトラー個人が指揮していたことが破滅を招いた。1944年の暗殺計画は免れたが、翌年、ベルリンの廃墟の中で自殺した。

ドイツ製ジェット機
実戦投入された世界初のジェット戦闘機、メッサーシュミットMe262。1944年7月からドイツの防衛に使用された。

Jumo 004ターボジェットエンジン

形勢逆転

1941年12月以降、ドイツが戦争に勝利するには、ソ連軍を粉砕し、さらに潜水艦による海路封鎖を行って英国を降伏に追い込む必要があったが、それはまた、米国が強襲できない「ヨーロッパ要塞」を築くことを意味した。しかし、1942年末以降、スターリングラードでのドイツ敗北を契機に東部戦線の戦局が変わり、1943年にはUボートの脅威も弱まった。北アフリカで勝利した連合国軍は1943年に南ヨーロッパに上陸し、ドイツの主要同盟国イタリアを攻略、降伏させた。ヒトラーは、戦局を一変させる可能性のある秘密兵器に後戻りせざるを得なくなった。ドイツは史上初の実戦配備ジェット機、巡航ミサイル（V1）、弾道ミサイル（V2）を開発したものの、遅きに失し、戦争の結果には決定的な影響はなかった。

ドイツ兵
技術は進歩しても、戦争の大半をこのドイツ歩兵のような兵士が戦った。第1次世界大戦時と大差のないライフル、機関銃、その他の兵器という装備だった。

連合国の勝利

米国とソ連は、人的資源と工業がもつ底力を徐々に発揮した。工業地域の大部分をドイツに占領されていたソ連にとっては、特筆すべきことである。連合国製の兵器は必ずしもドイツ製兵器ほど高性能ではなかったが、その代わりに丈夫であり、大量に生産された。ドイツ空軍（ルフトヴァッフェ）は、ドイツの都市を廃墟に変えた英米の戦略爆撃によって疲弊した。1944年6月のDデイ上陸作戦のころになると、効果的な航空支援ができなくなっていたドイツ空軍に対し、連合国空軍の地上攻撃能力は目覚ましい発達を遂げていた。戦争の重圧を受けても、主な交戦国はいずれも離脱することはなかった。ドイツ国民は、ドイツ軍将軍による反乱にもかかわらず、最後までヒトラーについて戦った。合衆国大統領フランクリン・D・ローズヴェルト、英国首相ウィンストン・チャーチル、ソ連の独裁者ヨシフ・スターリン率いる連合国も、あくまで「無条件降伏」を求めた。戦争は西側連合国とソ連がドイツを占領して、1945年に終結した。

ナチス指導者
ジークフリート線を訪問中のナチス最高指導層と上級将校。この防衛線はドイツの西側国境を守るために築かれた。写真にはヒトラー（右端）と親衛隊長官ハインリヒ・ヒムラー（中央、眼鏡着用）も写っている。

1879年-1953年
ヨシフ・スターリン JOSEF STALIN

グルジア生まれのスターリンは1917年のロシア革命の指導者の一人。1920年代を通して共産党内で権力を拡大し、独裁体制を確立。1930年代には政敵となり得る人物を粛清したが、その中には赤軍将校の大半もいた。1939年にヒトラーと結んだ協定により、第2次大戦への道を進むことになった。迫り来るドイツという現実から目をそむけたが、1941年に侵略されるや、ソヴィエト人の愛国心に訴えて国民をまとめた。スターリンの戦争指揮は決然としていたが、膨大な数の兵士を無駄死にさせた。

赤軍の勝利
1945年5月、ベルリン中心部を前進するソ連兵。ベルリンはこのころになると、市街戦と空爆によって大部分が瓦礫と化していた。

1914年-現在

電撃戦

ヨーロッパで第2次世界大戦が始まったとき、両陣営の姿勢は対照的であった。英仏両国は戦争を望んでおらず、攻撃行動に消極的であった。1930年代、フランスは軍事予算の大半をマジノ線に投入した。マジノ線はドイツとの国境に位置する一連の防御設備で、静的な防衛戦を意図したものだった。一方、ナチス・ドイツは容赦なく攻撃を仕掛けようと気迫に満ちていた。ドイツの電撃戦術の基本はスピードと果断であり、敵の最も弱い部分を激しく攻撃し、こじ開けた突破口を最大限の機動性をもって利用した。ドイツがこの「電撃」戦争で勝利するための重要兵器は、戦車と航空機であった。

ポーランド侵攻
ポーランドの敗北

日付 1939年9月1日-10月5日
兵力 ドイツ軍/1,250,000人、ポーランド軍/800,000人
死傷者等 ドイツ軍/死者14,000人、負傷30,000人、ポーランド軍/死者66,000人、負傷20,000人
場所 ポーランド

1939年9月1日夜明け、ドイツ軍は宣戦布告せずにポーランドへ侵攻した。ポーランドは、北は東プロイセン、南はスロヴァキア（ドイツの傀儡政権）、加えて西側の長い国境から攻撃を受けた。装備不足のポーランド軍は細長く展開しており、爆撃機の支援を受けたドイツの先鋒装甲部隊に分断されてしまった。ポーランド空軍機の大半は離陸前に破壊され、同空軍は早期に壊滅した。この侵略を受け、9月3日に英仏が宣戦布告したが、積極性は見られず、ポーランドを圧迫から解放するための策は何も講じなかった。ポーランド軍はヴィスワ川まで撤退し、ワルシャワ周辺に集結した。9月15日までに首都は包囲され、2日後、ドイツの誘いに応じてソ連軍がポーランド東部を占領した。10日間の空爆後の9月27日、ワルシャワは陥落、小規模な抵抗が10月5日まで続いた。何万人ものポーランド人が脱出し、亡命軍として戦争を継続した。

ポーランドの騎兵
1939年当時、40あったポーランド軍騎兵連隊は、何ら戦功をあげなかった。ドイツ軍の輸送は、まだかなり馬に頼っていた。

1888年-1954年
ハインツ・グデーリアン HEINZ GUDERIAN

1918年に参謀将校であったグデーリアンは、装甲部隊戦闘の専門家となり、1930年代中ごろ、ドイツ軍（「国防軍」）上層部を説得して、最初の装甲師団（戦車部隊）を編成した。電撃戦の理論を展開、応用し、ポーランド侵攻やフランス侵攻で戦車部隊を指揮した。ロシア侵攻が行きづまった1941年12月に解任され、1943年に復帰し、1944年にヒトラーの参謀総長となった。

冬戦争
冬戦争

日付 1939年11月30日-1940年3月12日
兵力 フィンランド軍/175,000人、ソ連軍/1,000,000人
死傷者等 フィンランド軍/死者25,000人、ソ連軍/死者127,000人
場所 フィンランドとソ連の国境

1939年11月、スターリンはフィンランドに、カレリア地峡の一部をソ連に割譲するよう要求した。フィンランドが拒絶したため、ソ連は慌ただしく攻撃を開始し、形だけの軍事行動で片がつくと楽観していた。しかし、老練なカルル・マンネルハイム元帥率いるフィンランド軍はレニングラード北方の防衛線を維持し、ソ連側にはおびただしい死傷者が出た。雪と極寒に見舞われたソ連の部隊は、間もなく身動きできなくなり、機動性に優れたフィンランドのスキー兵に寸断された。2月、適切な攻撃準備を整えたソ連は、圧倒的な兵力をもってマンネルハイム線をたたいた。翌月、フィンランドは講和を求め、ソ連は当初要求した地域を手に入れた。

照星　頬あて
安定させるための合板製そり
対戦車ライフル
フィンランドのライフル、ラハティL-39は射撃後に大きな反動があるため「象撃ち銃」の異名をとる。重量48kg（銃弾無装填）。

ノルウェー侵攻
ノルウェー侵攻

日付 1940年4月8日-6月9日
兵力 ドイツ軍/10,000人、連合国軍/24,000人（うちノルウェー軍/12,000人）
死傷者等 ドイツ軍/5,500人、連合国軍/7,300人（うちノルウェー軍/1,800人）
場所 ノルウェー

中立のスカンディナヴィア諸国はドイツにとって鉄鉱石の重要な供給源であった。英仏がノルウェー侵攻を計画していたが、ドイツはさらに果断に行動した。4月8日、ノルウェー領海に機雷を敷設していた英国艦船が、ノルウェーの港へ向けて部隊を輸送中のドイツ護送船団と遭遇。翌日、ドイツは無抵抗のデンマークを占領し、落下傘部隊がオスロを占拠。連合国軍はドイツの侵略に対抗すべく4月14日に上陸を開始するが、ドイツ占領下のトロンヘイム攻略に失敗、5月3日までに撤退。ナルヴィク港では英国海軍がドイツ艦船に大損害を与えながら、5月27日までドイツ軍を港から駆逐できなかった。そのころ、フランスがドイツに降伏し、連合国軍はノルウェーから全面撤退した。

スキー部隊
スキーを装備し、白の冬用迷彩服に身を包んだフィンランド部隊は、ソ連部隊に完勝した。大部分のソ連兵には冬季装備がなく、何千人も凍死した。

フランス侵攻

日付	1940年5月10日-6月25日
兵力	ドイツ軍/3,300,000人、戦車2,600両、連合軍/2,800,000人、戦車3,600両
場所	オランダ、ベルギー、フランス
死傷者等	ドイツ軍/111,000人、フランス軍/290,000人、英国軍/68,000人

ドイツの爆撃機
2人乗りの「ユンカースJu 87シュトゥーカ」急降下爆撃機は、戦車を援護する「航空砲」として働き、ポーランドとフランスにおけるドイツの勝利に大きく貢献した。

1940年5月10日、ドイツは満を持して西部で進撃を開始した。空爆と空挺部隊を大胆に展開し、中立国オランダを4日で降伏させ、ベルギーを痛撃した。ドイツの主力軍がベルギーへ向かうと決め込んだフランス軍の大半と英国海外派遣軍は、ベルギーへ進軍し、ドイツ軍に立ち向かう計画であった。しかし、ヒトラーと首脳部は長い議論の末、エーリヒ・フォン・マンシュタインの作戦案を採用した。はるか南方の通過困難とされていたアルデンヌの森を、強力な装甲部隊に突破させることにしたのである。3個梯団の戦車と車両化歩兵部隊がアルデンヌの森から姿を現し、5月13日にムーズ川を渡った。シュトゥーカ急降下爆撃機の航空支援のもと、フランスの防衛線を鮮やかに突破すると、ベルギー内の連合国軍の孤立を狙って北へ転じ、イギリス海峡沿岸へ向かった。ランでド・ゴールの第4機甲師団、アラスでは英国戦車部隊の反撃を受けたが撃退し、ドイツ軍は5月22日にイギリス海峡に到達した。海峡沿いの港の大部分を失った連合国軍は、ダンケルクに退却した。ヒトラーが装甲部隊の進撃を2日間止めなければ、ダンケルクも陥落していたかもしれないが、その2日間で連合国軍は防御陣地を整備できた。連合国海軍は、小型の民間船舶も駆り出すほどの必死の作戦を即席で組織し、絶え間ない空襲下、部隊を撤退させた。6月4日のダンケルク陥落までに、33万8000名もの兵員(うち3分の2が英国軍)が救出された。残ったフランス軍は、6月10日に参戦したムッソリーニのイタリア軍には力強く抵抗し、ドイツ軍には士気が低下して総崩れとなるのが常であった。6月14日にパリ陥落、6月21日に降伏文書調印となったが、調印場所は1918年の休戦協定の署名にも使われた鉄道車両であった。フランスの3分の2がドイツの占領下に入り、残りはフィリップ・ペタン元帥の親独的な政府が首都ヴィシーから統治した。

ヴィシー・フランスの国章
ペタンを首班としたヴィシー政府は従来の象徴多数を刷新した。この斧頭が2つある斧もその一つである。

勝利の行進
戦勝者のドイツ軍が1940年6月14日、パリの中心を行進。戦うことなくドイツに屈したパリは、1944年8月25日までの4年以上にわたってドイツに占領された。

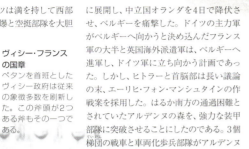

戦闘帽

SS装甲部隊の上着

SSの刻印入りベルト

SS装甲部隊の制服
1940年、フランスに勝利したドイツ陸軍には10個の装甲師団があった。ダンケルクでSS部隊は第1装甲師団の一翼を担って戦闘に参加したが、その後の大戦中になると、SS装甲師団は精鋭部隊と見なされた。装甲部隊は戦車の効力に革新をもたらし、グデーリアンやロンメルといった指揮官は装甲部隊の潜在的な機動性を十分に引き出した。

レジスタンスの切手
フランスのレジスタンスが使用した偽切手。目の周辺のデザインが本物と違うため識別でき、手紙の中身は信用できると受取人に知らせた。

ヒトラーの戦争

英国本土航空決戦とロンドン大空襲

日付 1940年7月-10月（英国本土戦）、1940年9月-1941年5月（大空襲）

兵力 ドイツ空軍/戦闘機1,464機、爆撃機1380機、英国空軍/戦闘機900機

場所 大ブリテン島南部と中央部

死傷者等 ドイツ空軍/1,887機、英国空軍/1,023機（英国本土戦）、英国民間人/43,000人（大空襲）

スーパーマリン・スピットファイア
全金属製のスピットファイアは英国空軍で唯一、「メッサーシュミットBf 109」とわたり合い、撃退することができた。写真のMk.V型機はカナダ人パイロットが改造したもの。

- 積層材製プロペラ
- クリアビュー積層加工コックピット
- 水冷V-12ロールスロイス・エンジン
- 飛行中隊シンボルマーク
- 楕円翼の一部分に機関銃を収納
- 軽合金製の胴体
- 尾輪

フランスに勝利したヒトラーは、英国が講和を求めてくると期待していたが、ウィンストン・チャーチル首相の指導下、英国は抗戦の方針をとった。ヒトラーはイギリス海峡を横断する侵攻を準備するよう指令し、空軍には「使える限りの手段をすべて使って英国空軍を撃破」するよう指示した。英国戦闘機軍団はドイツの航空攻撃に対して準備万端であった。レーダー基地のネットワークを張りめぐらせて敵機接近の警戒情報を作戦司令室に伝え、司令室では戦闘状況を監視することができた。戦闘機の基地では、パイロットが常時出撃体制をとっていた。1940年7月に海峡上空で起こった前哨戦に続き、8月中旬からドイツ空軍は本格的な作戦を開始した。天気さえ許せばいつでも、護衛戦闘機を従えた爆撃機隊がフランスの飛行場から日中に飛来した。英国南部上空の戦闘では、英国空軍のスピットファイアがドイツ護衛機を引き受け、ハリケーン戦闘機が爆撃機を攻撃した。戦闘機軍団の司令官ヒュー・ダウディングには、「戦闘機部隊が活動し続けられるようにすること」という明確な目的があった。航空機の損失は英国航空産業が穴埋めできたが、熟練パイロットは自国だけではまかなえず、戦闘機中隊には英国、カナダ、ニュージーランド、オーストラリア、南アフリカ、チェコスロヴァキア、ポーランド、その他の欧州国など、様々な国籍のパイロットがいた。英国にとって最大の脅威は戦闘機飛行場を攻撃されることであったが、ドイツが必要十分な攻撃態勢を敷いて攻撃してくることはほとんどなかった。概して、ドイツは空中戦闘で優勢であったものの、明確な目的を欠いていた。9月7日には十分な根拠もないまま、爆撃の重点が飛行場からロンドン大空襲へと移行した。10月末になると、侵攻計画は完全に放棄された。これ以降の航空作戦は、夜間爆撃が中心となった。ドイツは、ロンドンや他の英国都市を徹底的に破壊したが、実用可能な重爆撃機を開発できなかったため、一晩の爆弾投下量が500tを超えることはなく、攻撃の威力は限定されていた。「大空襲」によって英国人の抵抗しようとする決意がくじかれることはなかった。ロシア侵攻のために航空機が引き上げられたため、1941年5月末ごろには空襲のピークは過ぎた。

> 「それゆえ、われわれはこの責務を全うしよう。そして、大英帝国と英連邦が千年続くならば、人々に言わしめようではないか。『これこそが彼らの最も輝けるときであった』と」
> ウィンストン・チャーチル（1940年6月18日）

炎上するロンドン
大空襲期間中の1940年12月、空襲後のロンドンで煙と炎の中に立つセントポール大聖堂。大空襲では、民間人4万人が死亡し、5万人が負傷した。

世界大戦の時代

1874年-1965年
ウィンストン・チャーチル WINSTON CHURCHILL

英国戦時の指導者ウィンストン・チャーチルは、1898年にオムドゥルマン（スーダン）で対マフディーの戦闘に加わったこともあり、政治家である前に軍人であった。第1次世界大戦時、海軍大臣だったチャーチルはガリポリの作戦を推進し、判断力に欠けた直情的な冒険家と評された。1930年代には、保守党下院議員の異端児として、ヒトラーに対する宥和政策を先頭に立って批判し、迅速な再軍備を訴えた。1939年、海軍大臣に返り咲いたため、1940年のノルウェーにおける敗走（298ページ参照）はチャーチルの責任に負うところが大きいにもかかわらず、ドイツのフランス侵攻開始とほぼ同時期に、連立政権の首班として首相に就任した。チャーチルの不敵な演説により、戦時の最も苦しい時期、英国民は「降伏はしない」という方針のもとに団結した。欧州で勝利してからわずか数カ月後の1945年7月、選挙で敗れ、首相の座から降ろされた。

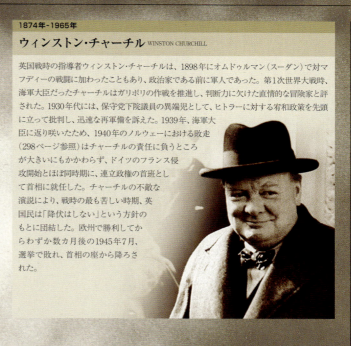

地中海における戦い

1940年6月のイタリア参戦によって、地中海は戦場と化した。イタリアの敗戦（北アフリカでは英国に、アルバニアではギリシアに敗北）を受け、ドイツ軍が地中海地域に入った。ドイツは最終的に北アフリカの砂漠の戦争で高い代償を払ったが、連合国軍のイタリア侵攻に際して、イタリアはチャーチルが期待していたような「欧州の急所」にはならなかった。1943年にイタリアが降伏しても、ドイツはイタリア半島で激しい抵抗を続けたのである。

北アフリカ戦線
ガザラの戦い

日付	1942年5月26日-6月21日
兵力	枢軸国軍/110,000人、戦車560両、連合国軍/125,000人、戦車850両
死傷者等	枢軸国軍/60,000人、連合国軍/88,000人
場所	リビア、リビア砂漠

エルヴィン・ロンメル将軍のドイツ・アフリカ軍団と同盟国イタリア軍は、北アフリカの支配をかけてリビア砂漠で一進一退の攻防を繰り広げた。1942年春、英国はトブルク付近のガザラから南に延びる防衛線を維持していた。ロンメルは戦車部隊を率いて防衛線の南端を回りこみ、沿岸まで進軍し、英国第8軍を背後から孤立させることにした。当初、この大胆な機動作戦はまったくうまく運ばず、ロンメルの装甲部隊は英国軍の新式グラント戦車から大損害を被った。ドイツ軍の戦車隊は英国の防衛線の東側で、背後には英国の地雷原、正面には戦車という状況に陥り、身動きが取れなくなった。しかし、ドイツは88mm対戦車砲で前衛を固め、とどめを刺しに向かってくる英国機甲部隊をしのいだ。ロンメルは実に見事な采配で局面打開のうえ、形勢を逆転し、英国軍をエジプトへ退却させた。ドイツ軍は要港トゥブルクまで進軍して1日で占領し、3万3000人を捕虜にした。

クレタ島の戦い
クレタ島の戦い

日付	1941年5月20日-6月1日
兵力	連合国軍/42,500人、枢軸国軍/22,000人、Ju52輸送機600機、グライダー80機
死傷者等	連合国軍/死者2,000人、捕虜12,000人、枢軸国軍/死者4,000人
場所	東地中海のクレタ島

1941年4月、ドイツ軍がユーゴスラヴィアとギリシアを侵略、連合国軍（大半はオーストラリア軍とニュージーランド軍）はクレタ島に撤退した。ドイツのクルト・シュトゥデント将軍がクレタ島奪取のため立案した空挺作戦は、エニグマ暗号解読機（305ページ参照）を奪った連合国軍に詳細がもれ、5月20日の第7落下傘師団の降下では50%超の犠牲を出した。しかし連合国軍は装備不足で上空援護もなく、手違いでドイツ軍にマレメの小飛行場を制圧され、重装備の精鋭山岳部隊の降下を許した。英国海軍はスファキア港から連合国軍の約半数を撤退させた。

降下前

クレタ島へ向かう機中のドイツ落下傘兵。落下傘部隊とグライダー部隊の死亡率があまりにも高かったため、ヒトラーは以降の戦争で大規模な空挺作戦を禁止した。

北アフリカ戦線
エルアラメインの戦い

日付	1942年10月23日-11月4日
兵力	枢軸国軍/104,000人、戦車489両、連合国軍/195,000人、戦車1,029両
死傷者等	枢軸国軍/25,000人、捕虜30,000人、連合国軍/14,400人
場所	エジプトのアレクサンドリアから100km西

1942年7月までにロンメルのアフリカ装甲軍は、英国第8軍をエジプトの奥深くまで追い込み、アレクサンドリアの海軍基地とスエズ運河に迫っていた。装甲軍の進撃は、エルアラメインと南方にある通行不可能なカッターラ低地を結ぶ防衛線で止まった。防衛線を維持していながら英国第8軍指揮官の任を解かれたクロード・オーキンレック将軍に代わり、バーナード・モントゴメリー将軍が着任した。新指揮官モントゴメリーは、大規模攻勢に出るための軍の編成に着手した。英国、オーストラリア、ニュージーランド、インド、南アフリカ、自由フランス軍で構成された第8軍は、歩兵部隊と対戦車砲で防御を固めた広い地雷原、その後ろには装甲師団という手強い敵陣地に立ち向かった。一方のドイツ軍は深刻な補給問題を抱えており、ロンメル自身も病気だった。モントゴメリーは電撃戦ではなく、第1次世界大戦の戦い方に近い正面攻撃の計画を練った。弾幕砲火を張って歩兵部隊が前進できる通路を地雷原に開き、その後ろに戦車が続く。ロンメルの得意とした「攻撃してすぐ逃げる」機動的な戦闘ではなく、決着がつくまで戦う「デスマッチ」が狙いであった。戦果を急ぐチャーチルの圧力に耐えて、モントゴメリーは攻撃を10月23日夜と決定した。午後9時40分、600門もの大砲が1918年以来最大規模の攻撃準備砲撃を開始し、銃剣を装着した歩兵部隊が地雷原を前進し始めると、攻撃は移動弾幕射撃へと移行した。工兵が対戦車地雷を取り除き、後続の装甲部隊のために通路にテープの目印をつけた。戦いは凄惨かつ混沌としたものとなり、勝敗がつかなかった。攻撃が行きづまるとモントゴメリーは、未処理の地雷原を前進するよう戦車部隊の指揮官を説得した。10月27日にロンメルが戦場復帰すると、ドイツ軍は

ジョージ十字勲章
戦闘時以外の勇敢な行為に対して与えられる英国最高の勲章。エルアラメインの戦い後、Uボートから重要な暗号を回収した勲功で2人の水兵が受勲した。

1891年-1944年
エルヴィン・ロンメル ERWIN ROMMEL

ロンメルはフランス侵攻の1940年5月に初めて戦車部隊を指揮した。その任務で優れた才能を示し、翌年、ドイツ・アフリカ軍団の指揮官に任命された。砂漠で連戦連勝し、伝説的人物となった。チャーチルはロンメルを「大胆で練達の敵将」と賞賛した。Dデイにノルマンディーで任務中、乗っていた車両が英国空軍戦闘機の機銃掃射を受け、重傷を負った。1944年10月、ヒトラー暗殺計画に関する裁判を忌避し、自殺を遂げた。

砂漠の投降
ドイツ軍戦車兵が投降する印象的な映像。エルアラメインの戦いの直後、戦闘場面を撮影用に再現して製作されたもので、連合国のプロパガンダに効果的に利用された。

地中海における戦い

イタリア戦線
シチリア島進攻

日付 1943年7月10日-8月17日
兵力 連合国軍/180,000人、枢軸国軍/260,000人
死傷者等 連合国軍/16,000人、枢軸国軍/160,000人（捕虜を含む）
場所 イタリアのシチリア島

北アフリカにいた枢軸国の残存軍が1943年5月に降伏すると、連合国軍はシチリア島上陸に狙いを定め、シチリアを足がかりにイタリア本土進攻を計画。この「ハスキー作戦」のために約3000隻の船が集められ、ジョージ・パットン将軍率いる米国第7軍が島の西部を、モントゴメリーの英国第8軍が東部を占領することになった。上陸当日は強風に荒波の悪天候で、空挺部隊の降下は不首尾に終わり、グライダーに乗った兵士多数も溺死したが、陸海共同上陸作戦全体は成功し、島の防備を担当していたアルブレヒト・ケッセルリンク元帥が10万の枢軸軍とともにメッシーナからイタリア本土へ脱出。連合国軍の指揮官は見苦しくもメッシーナへの一番乗り競争に現を抜かしたが、パットンが先着した。

陸海共同上陸作戦
連合国軍の海上輸送作戦能力を明らかにしたシチリア島上陸。海上輸送作戦能力はノルマンディー進攻に不可欠であった。

イタリア戦線
モンテカッシーノの戦い

日付 1944年1月17日-5月18日
兵力 連合国軍/670,000人、枢軸国軍/360,000人
死傷者等 連合国軍/105,000人、枢軸国軍/80,000人
場所 イタリア、ローマの南120km

1943年9月にイタリア本土に進攻した連合国軍はイタリア半島を北上中に各所でドイツ軍の抵抗にあい、激闘を続けた（イタリア自体はすでに降伏していた）。ドイツ軍最強の防衛陣地は要塞線「グスタフ線」で、尾根に沿ったその西端には、モンテカッシーノという岩山に古代の修道院が立っていた。連合国軍は1944年1月、グスタフ線背後のアンツィオに上陸したが要塞線は持ちこたえていた。1944年2月15日、連合国軍は爆撃機で修道院を攻撃、破壊し、ニュージーランド軍がその後、数日を費やして尾根の攻略を試みたが失敗。結局、同年5月にアンデルス将軍指揮下のポーランド軍が大損害を出しながらこの地を奪取した。

破壊された修道院
1944年5月、戦場が他へ移ったあとのモンテカッシーノ修道院跡。修道院爆撃の決定は論争を呼んだ。

1887年-1976年
バーナード・ロー・モントゴメリー
BERNARD LAW MONTGOMERY

英国第8軍司令官の第1候補に上っていたゴートが飛行機事故で死亡したため、1942年8月、モントゴメリーが同軍司令官に任命された。モントゴメリーは巧みに士気を回復させる一方で、攻勢をかける前に大増援を主張し、後の大成功につなげた。連合国軍地上部隊を指揮したノルマンディー上陸作戦でも、同様の秩序整然とした部隊運用を見せた。しかし、アイゼンハワーを始めとした米国将軍とは良好な関係を築けなかった。ルール地方を攻撃すれば戦争に勝てると確信し、1944年秋にアルンヘムで危険な空挺作戦を行ったが、惨憺たる結果に終わった。

装甲部隊による反攻に出たが、英国軍の砲撃と航空支援に阻止され、多大な損害を出す失敗に終わった。11月1日-2日の夜間、ニュージーランド軍が地雷を除去し戦車用の通路開通に成功したのを受け、モントゴメリーは新たな攻勢を開始した。砲火の中を突撃した英国機甲師団にドイツ装甲部隊が反撃し、壮絶な戦闘が続いた。英国軍による「猛烈な攻撃を受けて徐々に防御陣地から押し出されている」と戦況を悟ったロンメルは、11月4日に全面撤退を命じた。英国第8軍は誤判断と不運が重なり追撃に失敗し、ロンメル軍の大部分を取り逃がしてしまった。しかしその後、連合国軍がフランス領北アフリカに上陸したことも重なり、ドイツの北アフリカにおける軍事行動は事実上、エルアラメインで終わった。

1914年-現在

海戦

欧州戦域では、連合国の戦争行動に制海権が不可欠であった。制海権なくしては、大西洋上の英国への補給線が断たれ、ダンケルクからの撤退やノルマンディー上陸といった重要な作戦も成し得なかったであろう。ドイツ軍水上艦艇にも見事な作戦は見られたが、連合国軍の制海権をより効果的に脅かしたのは機雷と潜水艦であり、第1次世界大戦時と同様に、連合国軍の戦争行動が危うく封じ込められるところであった。陸上基地発進のドイツ空軍航空機に十分長い航続距離がある場合には、英国海軍も対応が難しい脅威となった。英国空母艦載機は攻撃には優れていても、艦隊の防空には効果がなかったからである。

海戦
ラプラタ沖海戦

日付 1939年12月13日

兵力 枢軸国軍/ポケット戦艦グラーフ・シュペー、連合国軍/重巡洋艦1隻、軽巡洋艦2隻

場所 ウルグアイとアルゼンチンの間のラプラタ川河口沖

死傷者等 枢軸国軍/グラーフ・シュペー自沈、連合国軍/航行不能1隻、大破2隻

開戦当初の数カ月間、ドイツのポケット戦艦グラーフ・シュペーはハンス・ラングスドルフ艦長の指揮の下、南大西洋をあてもなく航海し、連合国商船を襲撃、略奪していた。英海軍のヘンリー・ハーウッド大将率いる巡洋艦隊が、この襲撃戦艦の位置を突き止めた。重巡洋艦エクゼターと軽巡洋艦エイジャックス、アキリーズは、グラーフ・シュペーの11インチ砲に匹敵する兵器を装備していなかったが、戦闘を挑んだ。80分間の戦闘で、エクゼターは炎上、戦闘不能となり、エイジャックスとアキリーズも大きな損傷を負った。しかし、グラーフ・シュペーも砲撃を受けたため、ラングスドルフは中立国ウルグアイのモンテビデオ港に避難させた。4日後、戦力優勢な英艦隊に囲まれ、港からの脱出不可能と誤認したラングスドルフは、グラーフ・シュペーを港の入り口まで動かし、爆薬で自沈させた。

自沈船
12月17日、モンテビデオ港の入り口で自沈したグラーフ・シュペー。ハンス・ラングスドルフ艦長は3日後に自害した。

海戦
戦艦ビスマルクの撃沈

日付 1941年5月18日-28日

兵力 枢軸国軍/重巡洋艦1隻、戦艦1隻、連合国軍/空母2隻、他の艦船55隻

場所 北海と北大西洋

死傷者等 枢軸国軍/死者2,100人(ビスマルク乗員)、連合国軍/死者1,500人

当時世界最強といわれたドイツの軍艦、戦艦ビスマルクは1941年5月、重巡洋艦プリンツオイゲンを伴い、ポーランドのグディニアを出港した。その任務は連合国商船の破壊であった。英国の偵察機が両艦をノルウェーのフィヨルドで発見し、アイスランドとグリーンランドの間の海域まで追跡した後、戦艦プリンスオヴウェールズと巡洋戦艦フッドがその海域で行く手を阻んだ。ビスマルクの高精度15インチ砲はその破壊力を証明した。甲板を破った一弾がフッドを爆破し、生存者はわずか3名であった。プリンスオヴウェールズも甚大な損害を負った。ビスマルクはプリンツオイゲンと別れ、占領下のフランスの港へ向かった。英海軍は利用可能な戦力をすべて結集して追跡した。ビスマルクはソードフィッシュ複葉雷撃機の攻撃を2度受けた。2度目の攻撃は、5月26日に空母アークロイヤルから発進したソードフィッシュによるもので、魚雷が命中して操舵装置を損傷した。すでに追撃を振り切れなくなったビスマルクは、戦艦ロドネイおよびキングジョージ5世の砲火を浴びて炎上、巡洋艦ドーセットシャーの魚雷2発を受け、ついに撃沈した。

戦艦ビスマルクの生存者
撃沈したビスマルクの生存者110名には英国巡洋艦ドーセットシャーに救助された者もいる。

海戦
タラントの空襲

日付 1940年11月11日

兵力 英国軍/航空機21機、イタリア軍/戦艦6隻、巡洋艦9隻、駆逐艦8隻

場所 南イタリア

死傷者等 英国軍/航空機2機、イタリア軍/戦艦2隻、巡洋艦1隻

英国によるタラント奇襲は、空対海に限定された史上初の戦闘であった。空母イラストリアスから21機のソードフィッシュ複葉機が出撃し、停泊中のイタリア艦隊に夜襲をかけた。第1波の12機は午後11時ごろにタラントに到着し、第2波は1時間後に北西から攻撃した。標的を照らすためにソードフィッシュが投下した照明弾は、イタリア軍砲撃手にも有利に働いたが、撃墜されたのは低速飛行のソードフィッシュ2機だけであった。低高度で投下した魚雷がイタリア戦艦3隻に命中し、巡洋艦1隻が爆弾で被害を受けた。日本軍は真珠湾攻撃前にタラントの奇襲を入念に研究した。

海戦

大西洋の戦い

日付 1940年8月-1943年5月（ピーク時）

兵力 ドイツ軍/Uボート27隻（1940年8月）、同400隻超（1943年）

場所 北大西洋

死傷者等 連合国軍/商船3,500隻、軍艦175隻、ドイツ軍/全体783隻

大西洋の戦いはドイツによる大規模な企てで、英国を封鎖して戦争行動を阻害することを目的としていた。フランス陥落後の1940年夏に戦闘が本格化した。カール・デーニッツ提督率いるドイツのUボート艦隊は、フランス占領を境に同国の大西洋沿岸から作戦を展開できるようになったのである。これに対し英国は、商船団を軍艦で護衛する護送船団を組んで対応した。護衛艦はソナーで探知した潜水艦を爆雷攻撃で沈め、商船輸送の損害を抑えることに成功した。1941年12月の米国参戦以降、連合国の損害は急増した。Uボートは米国沿岸付近で作戦し、ひと月に15万t以上の輸送船を沈めた。そのころになると海上給油が可能になっていたため、Uボートの行動範囲は無制限と言ってよかった。ヒトラーがデーニッツの潜水艦戦を支持するようになってからは、Uボートの艦数も増加した。Uボートの活躍がピークに達したのは1943年3月で、連合国の船舶26万tを沈めた。その後、驚くべき速さで状況が一変した。4、5月にはUボートの損失が甚大になり北大西洋から撤退した。この形勢逆転の要因としては、連合国軍の長距離爆撃機B24リベレーターやサンダーランド飛行艇による洋上哨戒、上空援護を備えた護衛空母の投入、海面浮上中の潜水艦を探知するレーダーの性能向上が挙げられる。だが最も重要なのは、無線通信の暗号解読によって、集結したUボート（『群狼』）を駆逐艦隊が攻撃できるようになったことである。このためUボートによる被害は、連合国の戦争行動に深刻な影響を及ぼさない程度にまで減少した。

ドイツのUボート戦術

1940年9月ごろから、輸送船団に対する最大の戦果を狙い、ドイツのUボートは15隻から20隻の艦隊を組んで攻撃するようになった。Uボート艦隊は大西洋中部の航路帯に散開しており、輸送船団を発見したUボートは本部に無線連絡をとりながら、偵察を続けた。本部は自動誘導信号を送信して他のUボートを攻撃対象へ誘導した。艦隊が集結すると、昼間は輸送船団を追跡し夜間に攻撃をしかけたが、護衛部隊を海上突破して商船を襲撃することも多かった。発見された場合には、潜水して回避行動をとった。

窮屈な艦内
Uボートは一度出港すると数週間は戻らず、乗組員は約50名いた。そのため艦内が非常に窮屈になることもあった。

エニグマ暗号機
第2次世界大戦中の主な通信手段は無線であったため、盗聴を防ぐのに暗号が不可欠であった。奪取したドイツのエニグマ暗号機を利用した連合国軍は、ドイツ海軍の通信を解読し、大西洋における対潜水艦の戦いに決定的な違いをもたらした。

潜水艦による攻撃
ドイツの魚雷が英国の商船に命中した様子（1941）。戦時中、商船の乗組員は最も人気のない部類の職業であった。攻撃されても反撃すらできなかった。

「爆雷攻撃に備えろ。右舷側を沈降中。操舵室に響く轟音で、鼓膜が破れるほどだ」
— U-977艦長ハインツ・シェッファー（66日間潜行）

1914年-現在

ドイツのソ連侵攻

1941年6月のヒトラーによるソヴィエト連邦侵攻から始まったこの戦争は、ナチスのイデオロギーで劣等人種と見なされていたスラヴ人に対しドイツが起こした人種戦争であるとともに、ヨーロッパ最強の独裁2政権間の死闘でもあった。戦闘行為はこれまでにない残虐性を呈した。ヒトラーは共産主義者とユダヤ人の「撲滅戦争」を遂行するようドイツ軍に命じ、これに対してソ連は非情な決意で応じ、兵士の命を容赦なく犠牲にした。ヒトラーは究極の電撃戦による短期決戦を想定していたが、ソ連は敗戦色が濃くなっても降伏を拒んだ。長期戦になると、ソ連はドイツよりも優れた軍需品調達体制を整え、有能な指揮官を採用して反撃し、相次いで勝利を収めた。

バルバロッサ作戦

日付	1941年6月22日-9月
兵力	枢軸国軍/4,000,000人、戦車3,600両、ソ連軍/2,300,000人、戦車10,000両
場所	ソヴィエト連邦西部(現ウクライナ、ベラルーシ、ロシア)
死傷者等	枢軸国軍/400,000人、ソ連軍/1,000,000人(ほかに捕虜3,000,000人)

ドイツのソ連侵攻(バルバロッサ作戦)は、歴史上最大級の軍事作戦であった。ヒトラーが招集した超大型軍隊のうち装甲部隊はわずか5分の1で、戦車3600両に加え、馬70万頭が侵攻に使われた。侵攻部隊は、レニングラードに向けて攻撃する北方軍集団、スモレンスクとモスクワへ進軍する中央軍集団、ウクライナのキエフに向かう南方軍集団の3つに分けられた。ソ連の独裁者ヨシフ・スターリンは諜報筋から侵攻の警告を確かに受けていたが、無視した。ソ連軍の前進陣地での配備は悪く、国境に沿って散開していた。6月22日早朝、ドイツ軍はソ連の飛行場に対して大規模な砲撃と空爆をしかけ、猛攻撃を開始した。ドイツの装甲部隊と機甲歩兵部隊が前線陣地のソ連軍を速やかに包囲し、数十万の兵を脱出不可能な孤立地帯へと追い込んだ。ドイツ軍はソ連領奥深くへ進軍しながらこうした挟み撃ち

ヒトラーの同盟軍
東部戦線で戦うルーマニア軍。バルバロッサ作戦には25万人のイタリア軍、その他のドイツの同盟軍とともに、約30万のルーマニア軍が参加した。

作戦を続け、7月半ばには約30万のソ連軍をスモレンスク地域に、また9月には60万を超える兵をキエフに孤立させた。しかし、こうした軍事的大惨事にもかかわらず、ソ連は依然として激しく抵抗した。ヒトラーは3カ月以内の完全勝利を思い描いていたが、バルバロッサ作戦はその予定からはるかに遅れていた。

モスクワの戦い

日付	1941年10月2日-1942年1月7日
兵力	枢軸国軍/約1,500,000人、ソ連軍/1,500,000人
場所	モスクワ周辺
死傷者等	枢軸国軍/250,000人、ソ連軍/700,000人

1941年10月初め、ドイツ軍はモスクワ攻略を目指して遅ればせながら進撃を開始した。首都モスクワは一時期明け渡されるかに見えたが、ソ連指導部は落ち着きを取り戻し、抵抗を強めた。ドイツ軍は進撃を続け、ヴィジマ・ブリャンスク地域のソ連軍制圧に10月の大半を費やした。秋雨で未舗装道路がぬかるむと、ドイツ軍は文字どおり泥沼にはまり込んだ。11月半ばの冬の到来で泥が凍結し、ドイツ軍の進軍は勢いを取り戻したが、そのころまでにはソ連のゲオルギー・ジューコフ将軍がモスクワの手前で防衛線を敷いていた。11月30日、ドイツの先発部隊がモスクワ郊外に到着したが、被服や装備の冬支度をしていないこの部隊は、状態が悪かった。その間、ジューコフは反攻の準備をしていた。12月5日、モスクワの南北で、ソ連の潑剌とした予備部隊が疲弊したドイツ軍を攻撃し、それと同時に、空挺部隊やパルチザンがドイツ前線の後方で戦った。1月の初めごろには、ドイツ軍はスモレンスクとの中間点まで撃退された。

冬季戦
1941年の12月だけでも、約13万3000人のドイツ兵が凍傷になった。10月までにソ連を打ち負かすと想定していたため、冬の装備の支給がなかったのである。

ドイツのソ連侵攻

レニングラード包囲戦

日付 1941年9月8日-1944年1月27日

兵力 枢軸国軍/不明、ソ連軍/200,000人、民間人3,000,000人

場所 ロシア西部のレニングラード

死傷者等 枢軸国軍/不明、ソ連軍/死者約800,000人

レニングラードは、バルバロッサ作戦におけるドイツ北方集団の最重要目標であった。レニングラードから見ると、南から進軍してきたドイツ軍のみならず、カレリア地峡

包囲戦の町
レニングラードの通りを巡回するソ連軍の戦車。ドイツ軍の砲火を避けるには道のどちら側を歩けばよいかを歩行者に示す道路標識があった。

に住むフィンランド人も脅威であった。レニングラード市民は対戦車防衛施設建設のために大車輪で働き、8月には戦意高揚のためにジューコフ将軍がレニングラードに派遣された。それでも、ヒトラーが封鎖による兵糧攻めを選ばなかったら、レニングラードは陥落していただろう。レニングラードは絶え間ない砲撃と空爆にさらされ、食料と燃料の備蓄が不足したまま、9月半ばまでには包囲された。11月下旬にレニングラードの東にあるラドガ湖が氷結すると、湖上を通り森や沼地を抜ける「氷の道」が急造され、少なくとも最低限の物資が町に届けられた。こうした果敢な取り組みにもかかわらず、包囲後の最初の冬には何十万もの人々が飢えと寒さで死亡した。1942年になると物資輸送は改善され、夏季はボートを使って湖を渡った。1943年1月には、レニングラード内外からソ連軍が協同で攻撃し、道路や鉄道による陸路輸送が可能になった。ドイツ軍はレニングラードの南端にさらに1年とどまったが、ソ連軍の全面的な西進に伴い退却した。

対戦車用機関砲
ソ連軍の76mm対戦車砲。射程距離は1万3000m。
- 砲手を保護する遮蔽版
- ダブルバッフル型マズルブレーキ

クルスクの戦い

日付 1943年7月5日-15日

兵力 枢軸国軍/900,000人、戦車2,700両、ソ連軍/1,300,000人、戦車3,500両

場所 ウクライナのクルスク周辺

死傷者等 枢軸国軍/210,000人、ソ連軍/178,000人

1943年の夏までに、スターリングラードの戦い(308ページ参照)をきっかけにソ連軍が迅速に進軍し、その後、ドイツ軍が反撃したため、クルスク周辺のドイツ領域にソ連側の戦線が大きく突出した形になった。ドイツ軍は戦線突出部のソ連軍を全滅させようと、挟撃を目論んで東部戦線の全機甲部隊と航空機のそれぞれ3分の2を集結させ

戦争の勝者
クルスクで砲火の中を進むソ連軍T-34戦車。重装備で信頼性が高く、簡単に製造できるT-34は、戦争勝利に大きく貢献した。

た。北部区域の攻撃はヴァルター・モデルの第9軍が受け持ち、南からの攻撃はエーリヒ・フォン・マンシュタインが指揮した。一方、ソ連の指導者たちは、スイスのスパイ組織(暗号名ルーシー)からドイツ軍の攻撃について十分な情報を得ていた。ジューコフ将軍の防衛準備に抜かりはなく、地雷原、塹壕、対戦車砲を準備し、その後方に戦車の大編隊を置いて援護するという体制を敷いた。ドイツ軍捕虜から攻撃時期の情報を得ていたソ連軍は、7月5日早朝、集合途中のドイツ軍を爆撃し、戦闘を開始した。ソ連空軍も、ドイツ空軍(ルフトヴァッフェ)の飛行場に対して先制攻撃をしかけ、それが何千機もの航空機を巻き込む空中戦の引き金となった。挟撃の北側を担ったドイツ軍はソ連軍防衛陣地に進軍したが、対戦車砲や対戦車攻撃用航空機の攻撃にあって進撃

凡例
- 1943年7月4日の最前線
- ドイツ軍
- ソ連軍
- 1943年7月5-6日までのドイツ軍最前線
- ソ連軍防衛線

が行き詰まり、1週間後には完全に止まってしまった。南側では、ホートの第4装甲軍が善戦し、ソ連の防衛陣地の内側30kmにあるプロホロフカまで進撃した。しかし、ソ連の予備軍、第5親衛戦車軍が急遽前線へ送り出され、両軍は7月12日に衝突した。ソ連軍のT-34戦車を遠距離から狙い撃ちしようとしていた、T-34より大型のドイツ軍のティーガー戦車やパンター戦車、フェルディナント自走砲に対し、約800両のT-34は距離を詰めようと前進を続けた。その日のうちに、ソ連軍は約300両の戦車、ドイツ軍は100両弱を失ったが、それでもソ連軍の方がまだ余裕があった。ヒトラーは攻撃を中止し、7月15日にはソ連軍がハリコフに向けて進軍していた。戦場には燃え尽きた戦車と黒焦げの死体が散乱していた。

ソ連の勲章
祖国を防衛した勇気をたたえて1930年に設けられた赤星勲章。中央の像は銃剣を持つ兵士。

スターリングラードの戦い

ドイツのソ連侵攻

日付 1942年9月-1943年2月2日

兵力 枢軸国軍/500,000人(市内290,000人)、ソ連軍/1,000,000人以上

場所 ロシア、ヴォルガ河畔のスターリングラード(現ヴォルゴグラード)

死傷者等 枢軸国軍/500,000人、ソ連軍/750,000人

1942年6月下旬、ドイツの南方軍集団は、ソ連に不可欠なバクー油田を攻略して戦争機械類を無力化しようと、カフカスで攻撃を開始した。ヴォルガ川沿岸の主要工業中心地、スターリングラードも攻撃したが、これはヒトラーが強硬に攻撃を主張したからである。A軍集団がカフカスに進軍する一方、フリードリヒ・パウルスの第6軍とヘルマン・ホートの第4装甲軍で構成するB軍集団は、スターリングラードへ向かった。スターリングラードの防衛は、戦時指揮の経験がない若い将校、ワシーリー・チュイコフ中将率いる第62軍に任された。9月13日からドイツ軍はスターリングラード周辺地域を猛攻撃し、ソ連軍をヴォルガ川西岸沿いの不規則な細長い形をした地帯まで撃退した。しかし、ソ連軍はその場を引かず、建物一棟一棟をめぐって戦った。毎夜ドイツ軍の砲撃をかいくぐり、物資や増援部隊がヴォルガ川を渡ってフェリーで運ばれた。半壊したアパートや、ジェルジンスキー・

照準
スターリングラードで目標を狙うドイツ兵。両軍とも、おびただしい数の将校が狙撃兵に殺害されたため、次々と後任を送らざるを得なかった。

トラクター工場、「赤い十月工場」などの工場建物が要塞のごとく防衛された。ドイツ兵が建物内に入ってくると、一部屋ごと、一フロアごとの戦いが続いた。ヒトラーは、ドイツ軍が決してスターリングラードから退却しないと公式に宣言し、スターリンは、いかなる犠牲を払っても同市を死守するよう命じた。ドイツ軍は10月に入って2度目の攻撃で、ヴォルガ川まで200mもない地点まで近づき、11月には土手に到達した。しかし、ソ連軍は依然として局地的に抵抗し続け、チュイコフの言葉によると両軍は「命がけの局面でお互いをつかみ合って」いた。一方でソ連のジューコフ将軍は、スターリングラード奪取を試みるドイツ軍の並外れた奮闘を、ドイツ軍を包囲する好機ととらえた。ジューコフは11月19日に開始した天王星作戦で、スターリングラードの南北から大軍で攻撃し、ドイツ軍側面のイタリア軍、ルーマニア軍、ハンガリー軍を撃破した。このソ連軍の南北からの挟撃により、11月23日、パウルス率いるドイツ第6軍の背後で包囲網が完成した。ヒトラーはスターリングラード包囲網内のドイツ兵を脱出させず、空輸による物資補給を決めたが、補給任務は完全にドイツ空軍ルフトヴァッフェの手に余った。必要物資の10%も届かなかったため、包囲網

荒廃した都市
「パブロフの家」を増強するためにスターリングラードの廃墟の中を進むソ連兵。第42親衛連隊の軍曹ヤコブ・パブロフと一握りの兵士が、パブロフの家を防衛した。

ドイツのソ連侵攻

狙撃用ライフル銃
ソ連軍の狙撃兵は、眼鏡照準具付きの口径7.62mmモシン・ナガン歩兵用ライフル銃を使用した。狙撃の名手ヴァシーリー・ザイツェフは、スターリングラードで149人のドイツ兵を殺害したといわれている。

望遠照準具

内のドイツ兵は次第に飢え始めた。ジューコフの軍はドイツの救援部隊による攻撃を避けながら12月を通して前進し、厳冬の季節に入ると包囲網を強化した。ドイツA軍集団からの支援はなかった。A軍集団はソ連軍に押されてカフカスからの脱出を余儀なくされ、西へ約250km退却していたからである。ドイツ軍は凍傷と栄養失調に苦しみ、1943年1月中にスターリングラードの中心まで追い詰められ、絶望的な弾薬不足にもかかわらず戦い続けた。1月30日、ヒトラーはパウルスを陸軍元帥に昇進させた。同日、スターリングラードのドイツ軍司令部は制圧され、パウルスは降伏した。2月2日にはすべての抵抗が止んだ。

> 「われわれは1軒の家をめぐって15日間戦っている。3日目にはすでにドイツ兵54人の死体が、地下室や階段、踊り場に転がっていた」
>
> 第24装甲師団将校の言葉（1942年10月）

1914年–現在

ドイツ爆撃

連合国参謀本部によると、ヨーロッパにおける英米国軍の爆撃は「ドイツの軍事、産業、経済システムの破壊と混乱、ドイツ人の士気の低下」を目的としていた。1942年から1945年までの昼間爆撃で、米国陸軍航空軍(USAAF)の第8空軍は2万6000人の乗員を失い、英国空軍(RAF)爆撃機軍団は夜間爆撃の作戦に参加した全乗員の半数にあたる5万6000人を失った。しかし、ドイツも火砲の3分の1やドイツ空軍ルフトヴァッフェの精鋭たちなど、膨大な資源を本国防衛に投入せざるを得なかった。ドイツ軍では不可欠な物資が不足し、特に燃料が欠乏した。爆撃された町では数十万人のドイツ民間人が死亡した。

ドイツ爆撃
ハンブルクの空襲

日付 1943年7月24日-8月3日
兵力 英国軍/爆撃機791機、米国軍/爆撃機127機
死傷者等 ドイツ軍/死者50,000人(民間人)、連合軍/爆撃機108機
場所 ドイツ北部のハンブルク

英国空軍(RAF)の航空機は昼間に出撃してもドイツ上空で撃ち落とされる可能性が高かったため、夜間爆撃を行った。目標を正確に攻撃できなかったため、徹底した大規模破壊が決定打となることを期待して、大型爆撃機の飛行隊を使って都市への大規模爆撃を開始した。対照的に、米国陸軍航空軍(USAAF)は産業施設や軍事施設への精密爆撃を担当した。1943年夏、港湾都市ハンブルクを英米が連合攻撃し、RAFは夜間爆撃、米国軍はB-17による昼間爆撃を行った。ドイツ軍は夜間爆撃に対する高性能防衛システムを開発済みで、地上のレーダー操作員が爆撃機を追跡し、夜間戦闘機を目標爆撃機へ誘導した。対空砲もレーダーによって誘導した。ハンブルク上空では、RAFが「ウィンドウ」とも「チャフ」とも呼ばれる新たな対抗措置を展開した。爆撃機がアルミ箔片をまき散らしてドイツ軍のレーダーを攪乱し、敵の夜間戦闘機や高射砲の目をくらました。7月27日から翌日にかけての夜間、英国軍爆撃機735機はわずか1時間あまりの間に2326tの爆薬と焼夷弾を投下した。気象条件も手伝い、この集中爆撃により火事嵐が発生して町を焼き尽くし、推定4万6000人が死亡した。

> 「ハンブルクで起こった事態はともかく、爆撃は比較的人道的な手段だった。一つには、1914年から1918年の戦争(第1次世界大戦)であったような軍による無差別の大量殺戮から、この国(英国)や連合国軍の若者たちを守ったからだ」

戦争の証人

空軍中将
アーサー・ハリス卿
AIR MARSHAL SIR ARTHUR HARRIS

1942年からヨーロッパ戦線の戦争終結まで、RAF爆撃機軍団を指揮したハリスは、敵国都市の爆撃を断固として支持した。極端に大規模な爆撃を行えるだけの物資を供給されていたら、爆撃機軍団の働きで即座に戦争を終結できていたはずと信じていた。

昼間爆撃機
ドイツ上空で爆弾を投下するUSAAFのB-17フライングフォートレス。米国軍は精密爆撃の任務を負っていたが、視界が悪いと精度に影響した。

ドイツ爆撃
ダム破壊作戦

日付 1943年5月16日-17日
兵力 英国軍/ランカスター爆撃機19機、乗員133人
死傷者等 英国軍/爆撃機8機、死者53人、捕虜3人、ドイツ軍/溺死者1,200人
場所 ドイツ北部ルール地方

英国の科学者バーンズ・ウォーリス博士が、ドイツの工業中心地ルールにあるダムを破壊する方法を考案した。博士は、水面で跳ねて対魚雷防護壁を飛び越し、ダムに衝突した後すぐに沈み、コンクリート壁を背にして水面下で爆発するという「反跳爆弾」を開発した。この特殊な爆弾を胴体下部に搭載できるようにランカスター爆撃機を改造した。英国空軍(RAF)は特にこの任務のために、精鋭部隊の第617中隊を編成した。爆撃機は、凄まじい対空砲火の中を飛行しながら、ダム手前の的確な距離から、的確な高度で爆弾を投下する必要があった。空軍

破壊されたダム
ランカスターによる爆撃後、大きく穴が開いたメーネ・ダム。ドイツの公式報告書には、この被害の様子が「破壊の悲惨な光景」と記述されている。

中佐ガイ・ギブソンが率いた中隊は夜間攻撃を行い、メーネ・ダム、エーデル・ダムを決壊させ、その他2つのダムに損害を与えた。

ドイツ爆撃
シュヴァインフルト爆撃

日付 1943年8月17日
兵力 米国軍/爆撃機376機、ドイツ軍/戦闘機250機
死傷者等 米国軍/爆撃機167機、死者482人、ドイツ軍/航空機27機
場所 ドイツ南部バイエルン州

ドイツ軍需産業の攻撃に専念していた米国陸軍航空軍(USAAF)は、シュヴァインフルトのボールベアリング工場とレーゲンスブルクの飛行機工場の爆撃を決定した。これらの作戦によって、ドイツ軍の防空力を拡散させることを期待した。目標はドイツの内陸で、米国の護衛戦闘機の航続距離をはるかに超えていた。レーゲンスブルクへの爆撃機は予備の燃料タンクを備え、爆撃後に北アフリカへ行く予定で、シュヴァインフルトの爆撃機は、英国東部の基地へ戻らねばならなかった。B-17爆撃機隊がドイツ領空に入るや、メッサーシュミット109とフォッケウルフ190が攻撃してきた。爆撃機は目標に達する前に多大な損傷を受けても、対空砲火の中を安定航行し、正確に爆撃することを求められた。当然、爆撃機多数が大幅に航路を外れ、開けた田園地方を爆撃する機さえあった。目標のシュヴァインフルトは煙幕で隠され、ほぼ無傷だった。撃墜を免れた爆撃機がようやく北アフリカや東アングリアに着くころには、隊の4分の1以上を失っていた。

灯火管制
爆撃機が上空から急襲する様子を描き、「敵にはお宅の明かりが見える」と市民に呼びかけるドイツのポスター。

ドイツ爆撃

ベルリンと ビッグウィーク爆撃

日付 1943年11月18日-1944年3月25日
兵力 英国空軍(RAF)/爆撃機900機(ベルリン)、米国陸軍航空軍(USAAF)/爆撃機1,000機(ビッグウィーク)
場所 ドイツ
死傷者等 信頼できる推計なし

首都ベルリンを破壊すればドイツが降伏するであろうと信じ、1943年から1944年にかけての冬、UAFはベルリンに対し16回の大規模夜間爆撃と、並行して他都市への陽動攻撃を実施した。将軍カール・スパーツはUSAAFの爆撃機をベルリン攻撃に投入することを拒否し、代わりに、ドイツ軍需産業の特定分野への攻撃を準備し、それが結果的に大規模昼間爆撃「ビッグウィーク」となった。英米国軍ともに悪天候に邪魔されたが、それを除けば米国軍の爆撃機の方が成功を収めた。英国軍の爆撃の精度は、デ・ハヴィランド・モスキートを「照明弾投下飛行機」として使用することで向上したが、そのころ米国軍には護衛戦闘機マスタングがつくようになった。マスタングは爆撃機の任務遂行を可能にしただけでなく、ドイツの昼間戦闘機を多数撃墜した。

> 「米国陸軍航空軍が爆撃に参加すれば、ベルリンを隅々まで破壊することができます。味方の犠牲は航空機400-500機ですが、ドイツは敗戦という代償を払うことになります」
> アーサー・ハリス卿がチャーチル首相に宛てた手紙から(1943年11月)

マスタング戦闘機
高性能の長距離戦闘機、ノースアメリカン製P-51マスタング。ドイツ領内奥深くを攻撃する連合国爆撃機の護衛役を初めて果たした。

プロイエシュティ爆撃

日付 1944年4月-8月
兵力 米国陸軍航空軍(USAAF)/爆撃機1,000機以上
死傷者等 USAAF/爆撃機305機、死者3,000人
場所 ルーマニアのプロイエシュティ

1944年の夏、連合国空軍はドイツの石油供給を崩壊させるために、共同作戦を遂行した。最大の目標は、ドイツの唯一最大の油田、プロイエシュティであった。5カ月以上にわたり、USAAF第15空軍のB-24リベレーターがイタリアの基地から出撃し、プロイエシュティへ24回の爆撃を行った。油田は強固に防御されており爆撃機の損失も大きかったが、夏の間中、プロイエシュティは広範囲にわたって燃え続け、8月半ばには石油生産が止まった。

ドレスデンの空襲

日付 1945年2月13日-14日
兵力 英国空軍(RAF)/ランカスター796機、モスキート9機、米国陸軍航空軍(USAAF)/B17爆撃機311機
場所 ドイツ南東部ザクセン州
死傷者等 英国空軍(RAF)/ランカスター9機、ドイツ民間人/30,000-60,000人

1945年初めごろになると、空中戦における戦闘機損失や燃料不足で、ドイツの防空力が徐々に損なわれた。多くの火砲が、対空砲からドイツ国境の防衛に転用された。

1945年1月末、連合国はドイツ東部にある交通の中枢を攻撃目標に決定。ソ連軍の進撃に押されてドイツ軍が撤退していた場所であった。英国軍のメモには「激しい空爆によって東からの撤退を混乱させられるだけでなく、西からの〔ドイツ軍の〕作戦行動も妨害できる」として都市のリストが記されていたが、その中にドレスデンが入っていた。1945年2月にはドレスデンは過密都市となっており、戦前は65万人だった人口が、避難民、ドイツ兵、連合国軍捕虜、外国人強制労働者の流入によって100万人以上に膨れ上がっていた。過去にはUSAAFによる比較的小規模の空爆を2度受けただけであった。2月13日から14日にかけての夜間、RAFは2度にわたる爆撃を行い、まず午後10時15分ごろに爆撃機244機が低空から空爆し、午前1時半には主力軍の爆撃機529機が続いた。焼夷弾と高性能爆薬により、ハンブルクで発生したような大規模な火事嵐が起き、町の大部分が焼失、火事嵐の進路にいた人々もみな焼死または窒息死した。USAAFは続いて14日の日中に爆撃したが、そのころになると廃墟に爆弾を落としているようなものだった。

廃墟と化した都市
ドレスデン爆撃の決定は大いに批判された。この都市は軍事目標でもなく、また、連合国側が事実上、すでに戦争に勝っていたからである。

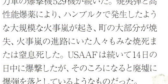

ノルデン爆撃照準器
USAAFの高性能ノルデン爆撃照準器を使えば、視界がよく、敵から猛烈な対空砲火を浴びない限り、ベテランの爆撃手が正確に爆撃できた。

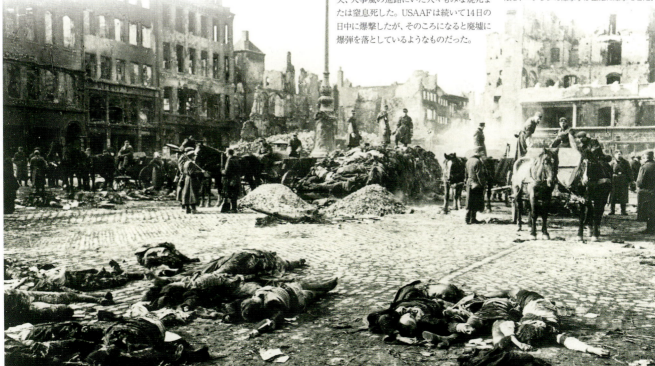

ボーイングB-17爆撃機フライングフォートレス

エンジンを4基備えた流線型の爆撃機ボーイングB-17は、第2次世界大戦中にヨーロッパの空爆作戦で米国陸軍航空軍（USAAF）が使用した主要航空機であった。

複雑な兵器B-17の操縦には、各1名ずつの操縦士、副操縦士、航法士、無線通信士、爆撃手、航空機関士と、射撃手4名の計10名の乗員が必要であった。銃を多数搭載し（あだ名は空飛ぶ要塞「フライングフォートレス」）、高高度の飛行が可能で、時速500km近くの最高速度を出せた。このような特徴から、戦闘機の護衛をつけずに昼間爆撃が可能であると期待された。B-17は、味方への誤射を避けながら敵の戦闘機に対して互いに援護射撃するように計算された密集編隊で飛行した。それでも実際には、護衛機の付かない任務では、ドイツ軍戦闘機の攻撃を受け常に大損害を被った。対空砲火による被害も大きかった。爆撃航程の最終段階になると、B-17搭載のノルデン爆撃照準器による操縦制御に移行したため、視界が良好であれば正確に爆弾投下できる可能性が高かったが、敵の攻撃を回避することはできなかった。B-17の高高度飛行は、快適なものではなかった。与圧されていないB-17の機内は、凍えるような寒さだった。後部銃座には四つん這いにならないと行き着けなかったが、最も窮屈な姿勢を強いられたのは回転銃座の射撃手で、機体下部の球形銃座の中で胸につくほど膝を曲げて座らなければならなかった。それでもB-17は乗員の支持が高く、損傷がひどくても無事に帰還できる丈夫で信頼性の高い航空機として、敬意を払われていた。B-17は搭載爆弾に加えて、ブローニング機関銃13丁も備えていた。

爆撃航程 戦闘中、上方にいる別のB-17が投下した爆弾が命中するという危険もあった。

方向舵

尾部機銃座

プロペラ 直径は3.5mのプロペラを使って高度9000mの飛行が可能。プロペラは1200馬力の星形エンジン4基に取り付けられていた。

ターボエンジン 排気タービン過給機システムにより、高度6000-9000mでもエンジンを全出力駆動できた。

爆弾 B-17は、最大2724kgの爆弾を約3200km運んだ。爆弾の両端に入った黄の縞模様は、これがTNT爆弾である印。

ドイツ爆撃

仕様	
製造国 米国	全幅 31.6m
最高速度 486km/h	全長 22.7m
就航年 1941年	重量 16.391t

主要各部名称: 手動式胴体機銃／アンテナ／無線室／上部機銃座／航法士用天窓／旋回銃所定位置／尾輪／ブローニング二連装機銃／スペリー球形銃座／アンテナフェアリング／機首下部機銃座

コックピット 操縦士と副操縦士のコックピットからの視界は、前方、側方とも非常に良好。両操縦士が使用する最も重要な飛行計器類は、操縦桿2本の間に配置されていた。

予備酸素 高度で飛行するために、18本ほどの酸素タンクが備えられていた。タンク1本あれば人間一人が高度9000mで5時間生きられた。

昇降舵制御ケーブル コックピットから尾部と翼にケーブルが走り、方向舵と翼のフラップを操作した。

胴体機銃 航空機の胴体中央部を守っていた2丁の手動式機関銃。銃座は窮屈で射撃手は立っているのがやっとだった。

尾部の機銃 尾部の機銃は膝をついた姿勢で操作した。強力な防御となり、また、射撃手には後方の編隊が非常によく見えた。

弾薬 飛行前の準備では、弾径0.50の弾薬を木箱で10箱、後部ドアから積み込んだ。機関銃の最大射程は1060mで、1分間に750発を発射できた。各弾倉には365発装填した。

ヒトラーの戦争

オーヴァーロード作戦

Dデイ

日付 1944年6月6日

兵力 連合国軍／154,000人、船舶6,500隻、航空機13,000機、ドイツ軍／不明

死傷者等 連合国軍／死者4,500人(米兵2,500人)、ドイツ軍／不明

場所 フランス北部ノルマンディーの海岸

連合国は、1944年5月に北ヨーロッパへ進攻するオーヴァーロード作戦を計画した。上陸地点としてノルマンディーの海岸5カ所を選ぶ一方、さらに東のパドカレ（ドーヴァー海峡）のカレー港が上陸場所とドイツ軍に思わせるために、入念な偽装作戦を開始した。アイゼンハワーが連合国軍最高司令官に、モントゴメリーが地上軍総指揮官に任命された。モントゴメリーが、この作戦に参加する部隊と上陸用舟艇の増加を主張したため、作戦を6月5日に延期せざるを得なかった。当日に向けてすべての準備は整ったが、唯一天候が悪く強風が吹き始めたために、やむなくその日の進攻作戦は中止となった。翌日の天気予報には確信が持てなかったが、アイゼンハワーは天候にかかわらず決行という勇気ある決断を下した。真夜中に上陸用舟艇の大艦隊が海峡越えに出発する一方、それに先立ち英米国軍空挺部隊の落下傘とグライダーが、進攻予定海岸の内陸部に降下、着陸したが、すべて成功とはいかなかった。ノルマンディーの海岸にあるドイツ軍防御施設は一部しか完成しておらず、

ドイツ爆撃

> 「海岸には、漂着物、燃え上がる戦車、毛布や雑嚢、死体、遺体の断片などが散らばっていた。私の近くにいた者などは、砲弾で体が半分吹き飛ばされた……」
> 英国軍砲手チャールズ・ウィルソンのゴールドビーチでの言葉（1944年6月6日）

配置部隊もほとんどが予備役であった。連合国軍の軍艦が沿岸の要塞に攻撃開始すると、ドイツの防御部隊は完全に不意をつかれた。進攻には12カ国の部隊が参加したが、米国軍、英国軍、カナダ軍が大半を占めた。荒天による潮位の上昇は想定外で、上陸用舟艇を降りた重装備の兵士多数が、何の痕跡も残さず、溺死してしまったのである。それでも、ユタビーチに上陸した米国軍、ソード、ジュノー、ゴールドの各ビーチに上陸した英国・カナダ軍は、多かれ少なかれ計画通りに作戦を進めた。しかし、オマハビーチに上陸した米国軍は苦戦した。大部分の戦車や火砲が岸に着く前に沈んでしまったため、崖上のコンクリート製掩蔽壕から攻撃された米国軽装歩兵は、海岸で身動きが取れなかった。長い一日が暮れる前には、米国軍はやっとのことで海岸を抜け出したが、それには多大な犠牲を伴った。

オーヴァーロード作戦

連合国軍のフランス進攻は史上最大の舟艇機動進攻作戦で、8個師団が艦艇6500隻、航空機1万2000機の支援を受けた。また、人工埠頭「マルベリー」を海に浮かべて海峡を渡した。

1890年-1969年
ドワイト・D・アイゼンハワー DWIGHT D. EISENHOWER

1942年、アイゼンハワーは、自分より年長の将校を数百人飛び越して米国軍のヨーロッパ司令官に任命された。1942年から1943年の北アフリカ、シチリア島、イタリア本土の連合国軍進攻において立派に職務を果たし、ノルマンディー進攻の最高司令官任命は正しい選択と証明してみせた。駆け引きにも優れていたが、広大な戦線を敷いてドイツに進軍するという決定をめぐっては、モントゴメリーと激しい論争を繰り広げた。アイゼンハワーは自らの決定に関して決して責任逃れをせず、当然ながら、ドイツに戦勝したときの賞賛はほとんどアイゼンハワーに向けられた。戦後は、NATO軍初の最高司令官となり、1953年から1961年までは米国大統領を務めた。

西部戦線におけるドイツの敗北

Dデイの上陸後に起きたヒトラー暗殺が未遂に終わったため、この戦争は最後の最後まで戦わなければならないことが確実になった。ノルマンディーを突破した連合国軍は、すぐにフランスとベルギーの大半を解放し、クリスマス前の勝利が期待された。しかし、連合国軍の補給線は限界まで延びきり、ドイツ軍の抵抗も再び強くなった。アントワープを補給港として使用する計画に遅れが生じ、モントゴメリーのアルンヘム突破作戦は失敗した。ヒトラーによる冬のアルデンヌ反抗作戦は連合国にとって不快な打撃ではあったが、両軍の戦力には差があり、ドイツ軍が1945年内の敗戦を回避できる公算は事実上、皆無であった。少なくとも西部戦線においては、戦争終結が近かった。

連合国軍のフランス進攻
ノルマンディー進攻

日付	1944年6月6日-7月25日
兵力	連合国軍/2,000,000人、ドイツ軍/1,000,000人
場所	北フランスのノルマンディー
死傷者等	連合国軍/死者40,000人、負傷者170,000人、ドイツ軍/死傷者240,000人

戦闘は連合国軍優位に傾き、その傾向は動かしがたかった。海に浮かぶマルベリー人工埠頭では、英国から絶え間なく到着する兵や物資が供給処理された。対照的にドイツ軍は、連合国軍による間断ない空爆の中、爆弾で損傷した輸送網を使って兵や戦車部隊を前線に送り込まねばならず、極めて困難な状況にあった。モントゴメリーは、6月最後の週にカーンの西からの側面包囲に失敗すると、7月18日のグッドウッド作戦でカーンの西に機甲師団3個を投入し、同時にカーンを重爆撃機で攻撃した。グッドウッド作戦は大きな犠牲を出し、突破にも失敗したが、かなりのドイツ部隊を釘付けにできたため、米国軍による7月最終週のアヴランシュへ向けた突破・進撃に役立った。

Dデイの上陸後、ノルマンディー海岸の上陸地点から抜け出すための厳しい戦いが続いた。英国軍とカナダ軍はカーンの手前で身動きがとれなくなり、米国軍はシェルブールをめざしてコタンタン半島を苦戦しながら北上した。連合国軍の方が陣地補強に優れていたため、

避難
ノルマンディーにおける戦いは大変な苦闘で、わずかな前進のために多くの犠牲を払った。この地域は樹木が多く、防御に役立った。

連合国軍のフランス進攻
ファレーズの戦い

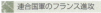

日付	1944年7月25日-8月20日
兵力	ドイツ軍/250,000人、連合国軍/不明
場所	南ノルマンディー
死傷者等	ドイツ軍/100,000人、連合国軍/40,000人

7月25日、米国第12軍集団がサンロー西方で攻撃を開始し、結果としてこれが待望のノルマンディーからの突破口となった。パットンの米国第3軍は、開けた地帯に出た後に東へ向かい、カーンから進撃していた英国・カナダ軍と合流してからドイツ軍をファレーズ南方の孤立地帯へ追い込もうと目論んだ。ヒトラーはドイツ軍にセーヌ川までの撤退を認めず、8月7日に反撃を命じた。しかしこの命令により、さらに多数の戦車が包囲網のいっそう奥にはまり込んでしまいました。連合国軍は数日間空爆を続け、ドイツ軍の装甲車やトラックを粉々にした。ドイツ兵10万人が逃げ延びたが、ドイツ軍の損失は深刻であった。

マーケット・ガーデン作戦
アルンヘムの戦い

日付	1944年9月17日-26日
兵力	連合国軍/空挺部隊30,000人
場所	オランダ南東部
死傷者等	英国軍/6,800人、米国軍/4,000人、ポーランド軍/400人、ドイツ軍/3,300人

モントゴメリーは、自分の指揮でルールを集中攻撃すれば戦争に勝てると確信していた。最大限の戦力を要求したが、「広正面」攻撃法にこだわるアイゼンハワーに認められなかったため、マーケット・ガーデン作戦を考案。空挺作戦部隊がドイツ占領下のオランダにある複数の橋を奪取して、英国第30軍団が通る道を開き、北ドイツへ迅速に前進する計画であった。9月17日、3個空挺師団が落下傘とグライダーで降下、着陸。米国第101空挺師団がアイントホーフェンで運河橋を確保したが、米国第82空挺師団はナイメーヘン橋の確保に当初は失敗し、翌日の激戦後に奪取できた。英国第1空挺師団はアルンヘム郊外に降下したが、ライン川にかかる最後の重要な橋の確保に失敗し、SS装甲師団の反撃を受けた。9月25日から26日にかけての夜間、空挺部隊約2700名がライン川を越えてアルンヘムから撤退。残りの兵士は降伏した。結局、あの有名な言葉どおり、アルンヘムの橋は手の届かない「遠すぎた橋」であった。

ブレンガン（空冷式軽機関銃）
重さわずか10kgの英国製軽機関銃。空挺部隊での使用も可能であった。
30発装塡の弾倉

英国落下傘部隊
ステンガンを手に、アルンヘム郊外のオースターベークを前進する英国第1空挺師団の兵士。7000人以上の兵士が死亡または捕虜となった。

アルデンヌ反攻
バルジの戦い

日付	1944年12月16日 - 1945年1月15日
兵力	連合国軍/80,000人、ドイツ軍/200,000人
死傷者等	連合国軍/80,000人（捕虜を含む）、ドイツ軍/70,000-100,000人（捕虜を含む）
場所	ベルギー南部のアルデンヌ

1944年冬、ヒトラーは戦局を逆転させようと最後に必死の反攻に出た。1940年のドイツ大勝利の再現を狙ったもので、アルデンヌから突然現れた戦車が、連合国軍戦線の弱点を突き、穴を開けるという計画であった。12月16日に開始された反攻は、完全に不意をついた。悪天候のため、連合国軍は航空機を使えなかったが、米国第1軍が果敢に戦い、ドイツ軍の進撃を鈍らせた。ゼップ・ディートリヒのSS装甲師団はまもなく力尽きたが、さらに南部にいたハッソ・フォン・マントイフェルの第5装甲軍がムーズ川に向けてバストーニュ周辺を一掃した。晴天となった12月22日、連合国軍の航空機が既に燃料切れになり始めていたドイツ軍を攻撃した。パットンの第3軍が12月26日にバストーニュに到着し、年越しの激戦となった。このドイツ軍の反攻は失敗に終わり、両軍とも多大な損害を被ったが、連合国軍には余裕があり、ドイツ軍にはなかった。

ドイツ兵の降伏
1944年12月、ベルギーのマルメディで捕虜のドイツ兵を監視する米国兵。マルメディは、同月中のこれより前に、ドイツ軍による連合国軍捕虜虐殺事件が起きた場所である。

連合国軍のドイツ進攻
ラインラントの戦い

日付	1945年2月8日 - 3月28日
兵力	連合国軍/1,250,000人、ドイツ軍/150,000人
死傷者等	連合国軍/22,000人、ドイツ軍/死傷者60,000人、捕虜250,000人
場所	ドイツ西部

1945年の春、連合国軍はライン川へ向かう道を戦いながら進み、ラインを渡り、ドイツの中心部に進軍しなければならなかった。北部では、モントゴメリー指揮下の英国軍、カナダ軍、米国軍が、2月のひどい天候の中、進撃に苦労していた。ドイツ軍はシュヴァムメンナウエル・ダムの水を放水し、同区域南端における連合国軍の進軍を2週間にわたって全面阻止した。さらに南方にいた米国軍部隊は、モントゴメリー軍よりも優れていることを示そうと、士気が高かった。パットは自らの指揮下にある米国第3軍の機甲先鋒部隊を送り込み、アイフェル地方を突破し、3月7日にライン川に到達。同日、米国第9機甲師団の兵士がレマーゲンでライン川に架かる無傷の橋を発見し、爆破される前にひるまず確保した。さらに北のヴェーゼルでは、モントゴメリーが大規模なライン渡河拠点を入念に準備していたため、手に入れたレマーゲンの橋頭堡を、不本意ながら活用することとなった。3月22日、パットンは航空・砲撃の支援を受けずに水陸両方から大胆にライン川を渡河し、モントゴメリーを出し抜いた。翌日、モントゴメリーが一大攻勢に出た。ライン川東岸に橋頭堡が次々と築かれ、3月末にドイツ軍は防御不可能に陥った。

> 「数千の白い落下傘が猛烈な対空砲火の中を降下し、輸送機ダコータは炎上しながら墜落した……」
>
> ライン川の空挺攻撃に参加した米国軍操縦士ピエール・クロスタマンの言葉（1945年3月24日）

ライン川の渡河
ダルムシュタットでライン川の舟橋を渡る、米国第2機甲部隊の戦車。長さ320mの橋が5時間55分で架けられた。

1885年-1945年
ジョージ・S・パットン GEORGE S. PATTON

カリスマ的で頑固なパットン将軍は、機動的な戦車戦の積極果敢な精神を体現していた。1943年にシチリアで米国第7軍の指揮官を務めていた際、戦争神経症の兵士を殴打したため任を解かれたが、ノルマンディー地方の敵陣突破では米国第3軍の指揮官として復帰した。モントゴメリーとは常に意見が衝突し、戦争の最終段階では自分の流儀を貫き、最後はチェコスロヴァキア奥深くに行き着いた。1945年、ドイツで自動車事故により死亡した。

1914年-現在

東部戦線におけるドイツの敗北

戦争の最終段階に来て、拡大を続けるソ連軍需産業と米国からの補給のお陰で、ソ連軍はますます強くなっていった。1944年6月からドイツ軍は資源を東部戦線と西部戦線に振り分けねばならず、加えてイタリアでも戦い、また国内都市を空襲から守らなければならなかった。西側連合国とソ連はお互い疑念を抱いていても、ドイツに付け込まれるような大きな亀裂が生じるようなことはなかった。ソ連軍と米国軍は何年もの間、敵味方の間柄であったが、1945年4月25日にドイツ中央のエルベ川で出会ったときには、友軍となっていた。ソ連の報復を恐れたドイツ軍は、最後までヒトラーのために戦った。

東部戦線
バグラチオン作戦

日付 1944年6月23日-7月28日
兵力 ソ連軍/1,700,000人、戦車2,700両、ドイツ軍/800,000人、戦車450両
場所 白ロシア(ベラルーシ)
死傷者等 ソ連軍/178,000人、ドイツ軍/350,000人

1944年の夏まで、ドイツ軍とその同盟軍は、3年間にわたる東部戦線の戦いで約500万人の死傷者を出していた。そのころになると、ソ連の赤軍はドイツ軍をソ連領土から追い出す準備ができていた。3軍集団(3方面軍)が、ドイツの中央軍集団をプリピャチ湿地の南北から挟み撃ちしようとしていた。その後、ドイツ軍を白ロシア(ベラルーシ)から掃討し、ポーランドに進撃する計画であった。この攻撃では1000kmの戦線に沿って6カ所を同時に叩き、兵力不足のドイツ部隊を殲滅した。ヒトラーの「撤退するな」という命令によりその場にとどまり必死に防御するドイツ軍を、ソ連軍は最大のスピードをもって攻撃し、繰り返し孤立させ、全滅させた。後方では、ソ連パルチザン約25万人がドイツ軍残党を掃討し、補給線を遮断した。北方から第3白ロシア方面軍と南方から第1白ロシア方面軍が、7月3日、首都ミンスクで合流、ドイツ第4軍と第9軍の大部分を東部に追い込んだ。第1白ロシア方面軍は7月中ずっと進撃し続け、月末にはヴィスワ川に達した。ドイツ軍は破滅的な敗北を喫した。

スターリンのオルガン

外観と発射音から「スターリンのオルガン」と呼ばれた、カチューシャ多連装ロケット・ランチャー。4tの火薬を一斉発射できたこの兵器を、ドイツ軍は従来の迫撃砲よりも恐れていた。

東部戦線
ワルシャワ蜂起

日付 1944年8月1日-10月2日
兵力 ポーランド国内軍/20,000-40,000人、ドイツ守備隊/10,000人(ワルシャワ)
場所 ポーランドの首都ワルシャワ
死傷者等 ポーランド国内軍/50,000人、民間人/220,000人

1944年8月1日、ソ連の第1白ロシア方面軍がワルシャワに近づいてきていたため、ポーランド国内軍はドイツ占領軍に対して武装蜂起した。タデウシュ・ボル・コモロフスキ将軍に率いら

ポーランドの十字章
戦闘で他の模範となるような勇気を示した兵士に授与された十字章。

れ、ポーランド軍はほどなく町の半分以上を掌握した。8月2日、ソ連軍は進軍を停止した(理由については諸説あり)。大急ぎで前進したソ連軍に再編の必要があったのは確かだが、自らの共産党主導によるポーランド政府樹立を目論んでいたスターリンに、反ソ連のポーランド国内軍を助ける意志がなかったのも事実であった。ソ連軍が停止したため、ドイツ軍は迷うことなく、恐るべき残忍さと冷酷さをもって蜂起鎮圧にあたった。10月2日、ポーランド国内軍の最後の残党が降伏した。

レジスタンス戦士
即席の陣地を守るポーランド国内軍の兵士。レジスタンスの戦士は軽装備だったが、不屈の精神を持っていた。

東部戦線
ブダペストの包囲

日付 1944年12月26日-1945年2月14日
兵力 不明
死傷者等 ソ連軍/死者80,000人、負傷者240,000人、ドイツ軍およびハンガリー軍/死者40,000人、負傷者62,000人
場所 ハンガリーの首都ブダペスト

1944年8月から10月にかけて、ソ連軍はルーマニアとブルガリアを一掃した。さらに、11月下旬にベオグラードから北へドナウ川を越えて進撃し、クリスマスにはブダペストを包囲した。ヒトラーは、どんなことをしてもブダペストを守るよう命令し、ポーランドから南へ装甲師団を送ったが、包囲突破に失敗した。市内の2月11日に脱出を試みたが、虐殺された。史上まれに見る激しい戦闘の末、2月14日、ブダペストはソ連軍の手に落ちた。

東部戦線におけるドイツの敗北

東部戦線
ベルリンの戦い

日付 1945年4月16日-5月2日
兵力 ソ連軍/2,000,000人、ドイツ軍/750,000人
場所 ドイツの首都ベルリン
死傷者等 ソ連軍/305,000人、ドイツ軍/不明

1945年3月下旬、アイゼンハワーはスターリンに、どちらが先にベルリンに到達するか競争する意志はないと伝えた。ソ連軍はナチス・ドイツの首都奪取という栄誉を手に入れることができた（それには死傷者も伴った）。スターリンは西側連合国軍と競争する代わりに、イヴァン・コーニェフ元帥率いる第1ウクライナ方面軍とジューコフ率いる第1白ロシア方面軍に、ベルリン攻略を競わせた。ジューコフはチュイコフ率いる第8親衛軍によって4月16日に攻撃を開始したが、ゼーロウ高地でドイツ軍の攻撃に遭い、交通渋滞を起こして立ち往生するという大失敗となった。一方、コーニェフの軍は順調に前進し、両方面軍とも4月21日までにベルリン郊外に達した。ところが、競争の収拾がつかなくなり、ジューコフとコーニェフの軍が戦闘を始めると、スターリンはジューコフに中央を任せる栄誉を与えた。ドイツ軍の残党は粘り強く戦い、携帯式対戦車無反動砲パンツァーファウストを使ってソ連の戦車に大損害を与えた。砲弾が降り注いだベルリン中心部では、ヒトラーが総統官邸の地下壕で敗北の準備をしていた。4月30日、第8親衛軍の狙撃師団が国会議事堂に侵入、戦いながら屋根まで上り、ソ連国旗の赤旗を掲げた。同日、ヒトラーが自殺。ドイツ側は無益な小細工をしていたが、5月2日、ベルリンのドイツ軍司令官が降伏した。

1896年-1974年
ゲオルギー・ジューコフ GEORGI ZHUKOV

ジューコフ元帥は低い身分の出身で、ロシア革命を経て将校となった。1930年代に戦車の専門家として知られるようになり、1939年のノモンハン事件では、巧みな戦術を計画、指導し、日本軍に勝利した。1941年1月に参謀総長に、1942年8月には副国防人民委員に任命され、モスクワの防衛やスターリングラード攻防戦、クルスクの戦い、バグラチオン作戦、ベルリンの戦いといった、ソ連軍の主な戦いすべてに関与した。ジューコフの最も貴重な資質はスターリンに臆せず進言できたことで、これにより政策決定の場で軍事的な専門知識を発言できるようになった。

穴の開いた鷲
ナチス・ドイツ帝国のシンボル、ブロンズの鷲。ベルリンの市街戦で受けた銃弾の穴が残っている。

国旗掲揚
国会議事堂にソ連国旗の赤旗を掲げるソ連兵。4月30日夜の出来事を昼間に再現し、航空機から写真家エフゲニー・ハルデイが撮影した有名な写真。

1914年-現在

太平洋戦争

太平洋戦争の発端は、アジアにおける日本の拡張政策だった。米国は日本の中国侵略と仏領インドシナへの日本軍進駐に反対し、1941年には米国主導で日本への石油輸出制限が開始された。そのため日本は、大日本帝国の威信をかけた野望を断念するか、勝つ見込みのない戦争を行うか、という厳しい選択を迫られることになった。

日本の賭け

日本にとって戦争の目的は、中国を征服し、東南アジアにおけるヨーロッパの植民地支配を打倒することにより、日本主導の下に「大東亜共栄圏」を建設することだった。ナチス・ドイツと交戦中の、あるいはすでに征服されてしまったヨーロッパ各国は、植民地を守る用意などまったく整っていなかった。しかし日本の指導部の多くも、米国との対戦は非現実的だと考えていた。連合艦隊司令長官である海軍大将山本五十六は次のように言っていた。「是非やれと言われれば、初めの半年や1年は存分に暴れてご覧にいれます。しかし2年、3年となっては、まったく確信は持てません」。しかし、軍部の指導者で1941年には内閣総理大臣に就任した陸軍大将東条英機の主張は、開戦早々に勝利を収めれば、日本は列強に仲間入りし、米国も協調せざるを得ない、というものだった。「米国も初めは憤慨するだろうが、やがてわかるようになる」という見方である。

太平洋の戦域
戦争の絶頂期、日本の戦線は全長3万5000kmを超えていた。

軍艦旗
日本海軍では旭日旗（きょくじつき）が用いられた。同海軍は主に英国海軍をモデルとしている。

戦艦「山城」
日本海軍の将官たちは戦艦を重視していたが、空母を用いる現実の海戦ではあまり出番がなかった。

凡例	
───	1941-42年の日本軍の攻撃
───	1942年6月 日本軍の防衛線
·····	1943年 連合国軍の攻撃
-----	1944年 連合国軍の攻撃
───	1945年 連合国軍の攻撃
⚔	日本軍の勝利
✗	日本軍の敗北
◉	1942年以降の日本軍の拠点
◉	1942年の連合国軍の拠点
✸	連合国軍による爆撃の主な標的
⚜	原子爆弾の標的

いがみ合い

1941–42年、質の高い海軍機とジャングルでの軍事活動を得意とする歩兵を備えた日本軍は、計画通り早々と成功を収めた。しかし、フランクリン・D・ローズヴェルト大統領にとってドイツ打倒が米国の最優先課題であったとしても、真珠湾攻撃で衝撃を受けた米国が大日本帝国と相容れる見込みはなかった。日本軍による戦争捕虜の虐待は、相互の人種的侮蔑に満ちた闘争を激化させる一因となった。日本人はなかなか降伏しないことで知られていたが、米国兵はその機会をほとんど与えなかった。戦争の発端において重要な位置を占めていた中国は、数百万人が日本の占領に反対する戦いで命を落としたとはいえ、結局は決定的な戦線とはなっていない。その代わり、主に太平洋上の空母同士の戦闘と島々での過酷な戦いによって、戦争の決着はつけられた。

自爆攻撃
1945年5月、米国海軍の空母バンカーヒル号に日本軍の特攻機が突入し、600名以上の死傷者を出した。

無敵の連合国軍
このポスターは英国、米国、中国およびソ連の提携を讃えるものである。ソ連は終戦の1週間前に参戦した。

原爆投下機
B-29爆撃機エノラゲイ号。広島に原子爆弾を投下した後、ティニアン島へ帰還する。

核戦争

1930年代末、科学者たちは各国政府に核分裂の恐ろしい破壊力を知らしめた。日本とドイツの核兵器開発計画はほとんど進んでいなかったのに対し、米国は200億ドルを投じてマンハッタン計画を極秘に進めた。この計画には、最終的に全米から約12万人が動員された。1945年8月に広島と長崎に投下された原子爆弾は、米国の優れた技術力の勝利を示し、戦争における危険な新時代の幕を開けた。

日本の降伏

圧倒的な軍需生産を誇る米国に対し、長期戦で日本が勝つ見込みは皆無だった。1944年、米国の工場で製造された航空機は10万機近く、艦船は計1600万t以上にのぼった。太平洋とヨーロッパで同時に行われている戦争に、十分対処できる量である。このような際立った経済力によって、米国の軍事力は向上し続けた。1944年になると、米国はきわめて優秀な航空機と操縦士を有するに至り、日本は特攻隊を使った作戦でなければ敵軍に深刻な打撃を与えられなくなっていた。武士らしい自己犠牲の精神で圧倒的に優勢な敵に立ち向かうのは、敗北を覚悟することだった。しかし1945年8月、日本が徹底的に破壊される事態に直面しても、軍指導部の多くは降伏に抵抗を示した。

降伏
1945年9月2日、東京湾に停泊する米国海軍の軍艦ミズーリ号で、梅津美治郎参謀総長が降伏文書に調印。

日本の絶頂期

1941年、日本の戦争計画は、東南アジアと太平洋諸島の一部に侵攻し、同時に米国太平洋艦隊の拠点、ハワイの真珠湾を攻撃するというものだった。日本側の考えでは、この攻撃で米国は衝撃を受けるため、日本は征服を確固たるものにし、アラスカ沖のアリューシャン列島からビルマ（現ミャンマー）に至る防衛線を確立する時間が稼げる。これは当初の目的を達成するにはかなり危うい計画だった。日本側の暗号を解読した連合国軍は、敵の全体的な意図を知ってはいたが、日本軍による猛襲のスピードと衝撃には動揺した。海軍中将南雲忠一の言葉を借りれば、日本は「眠れる巨人を起こし、恐ろしい決意をさせてしまった」のである。

日本の攻勢
真珠湾攻撃

日付 1941年12月8日
兵力 日本軍/航空機355機、米国軍/艦艇90隻、航空機400機
死傷者等 日本軍/航空機29機、130人、米国軍と民間人/2,403人、艦艇18隻、航空機347機
場所 アメリカ、ハワイ州オアフ島

1941年11月26日、空母6隻を含め31隻からなる艦隊が、南雲忠一中将の指揮のもと日本を出航した。米国の諜報部は日本の軍備を監視していたが、厳密な無電封止を行っていた同艦隊を見逃してしまった。12月7日未明（現地時間）、ハワイの北400kmの空母から日本軍の第1次攻撃隊が発進する。対日戦争の脅威にもかかわらず、米国軍航空基地では平和な日曜日の日常が繰り広げられていた。低空飛行してきた中島製の雷撃機と、上空から突っ込んできた愛知製の急降下爆撃機に対して、完全に無防備だったのである。この2種機に続き、急降下爆撃機が対空射撃を通り抜けて間断なく飛来しては、すでに燃え上がっている艦艇を攻撃し、ゼロ戦（零式艦上戦闘機）が飛行場の米国軍航空機を機銃掃射した。地上では大混乱に陥り、組織立った反撃は行われなかった。真珠湾攻撃は米国軍に甚大な被害を与えたが、ある意味では失敗だった。米国軍の空母艦隊は港を離れており、無事だったからである。

燃え上がる軍艦
真珠湾で救命ボートが米国軍艦艇に残る生存者を探す。日本は入念に攻撃を準備し、特別な徹甲爆弾を開発していた。

三菱A6M零式艦上戦闘機（ゼロ戦）

破壊的な戦闘機
日本のゼロ戦は爆撃機を真珠湾まで護衛した。開発時、最高時速530km/h超を誇る機動性に優れた同機は、当時の米国の航空機を凌いでいた。

> 「私は、海へ飛び込んで船から吹き飛ばされた水兵を救出するよう言われた。意識不明の者や、死亡した者がいた……何人引き上げたかわからない」
>
> 真珠湾の米国兵ジョン・ガルシア（1941）

日本の攻勢
香港の攻略

日付	1941年12月8-25日
兵力	日本軍/40,000人、英国軍・英連邦軍/15,000人
場所	中国南部、香港
死傷者等	日本軍/3,000人、英国軍・英連邦軍/死者および捕虜15,000人

よく用いられた拳銃
日本人将校の多くは口径8mmの南部14年式拳銃を持っていた。この拳銃は引き金部分が大きく、手袋をはめたまま発砲することができた。

1940年、英国は軍事的肩入れを見直し、香港の植民地は守りきれないという結論に達した。日本軍が香港の南北に位置する中国本土を占領したからである。しかし手放すにはあまりに惜しく、実際1941年10月にはカナダの2大隊によって守備が補強された。12月8日、日本軍は中国との国境を越えると、砲兵隊と航空支援部隊による軍事活動を展開し、英国軍を香港島へ後退させた。日本軍は海峡を越えようとして一度撃退されたが、12月18-19日の晩に橋頭堡を築く。島中に猛攻撃が加えられ、防衛軍は二分された。半分はクリスマス前日に、残り半分はクリスマス当日に降伏した。

占領
英国の守備隊が降伏した後、日本軍は香港に乗り込み、終戦まで占領した。

日本の攻勢
シンガポールの戦い

日付	1941年12月8日-1942年2月15日
兵力	日本軍/55,000人、英国軍と英連邦/140,000人
場所	マレーシアとシンガポール
死傷者等	日本軍/3,500人、英国軍・英連邦軍/死者9,000人、捕虜130,000人

1941年12月8日、日本軍はタイとマレー半島に上陸した。2日後、英国の軍艦プリンスオヴウェールズ号とレパルス号が上陸を妨げようとシンガポールを発ったが、2隻とも日本軍の航空機に撃沈され、800人以上の死者を出した。その間、日本軍は半島の両側を南下していった。数では英国・英連邦軍の方が上回っていたが、日本軍は迅速な行動と航空部隊の優秀さで圧倒的な強さを見せつけた。英国軍の指揮官アーサー・パーシヴァル中将は、死力を尽くしてシンガポールを防衛しようと、島と本土を結ぶ幹線道路を爆破した。しかし2月9日、日本は島への上陸に成功する。パーシヴァルは敵の方がはるかに優勢だと考え、2月15日に降伏した。英国の首相ウィンストン・チャーチルはこれを「英国軍の歴史で……最悪の惨事」と評した。

英国の降伏
日本軍が英国軍をシンガポールから退去させる。この後、多くの英国兵が虐待、栄養失調、病気で亡くなる。

日本の攻勢
フィリピンの戦い

日付	1941年12月8日-1942年5月7日
兵力	日本軍/55,000人、米国軍・フィリピン軍/130,000人
場所	フィリピン
死傷者等	日本軍/12,000人、米国軍・フィリピン軍/捕虜100,000人

フィリピンの防衛には、ダグラス・マッカーサー少将率いる米国軍とフィリピン軍が当たった。約200機の航空機が守備の中心となるはずだったが、開戦初日に台湾を飛び立った日本軍の爆撃機と戦闘機が、ルソン島のクラーク飛行場に駐機していた米国軍航空機の大半を撃破した。日本軍が制空権を握ったため、米国海軍は撤退し、残ったB-17爆撃機は退避させられた。本間雅晴中将率いる日本軍は次々に上陸し、米国軍はなす術もなかった。マッカーサーは兵力を首都マニラに集中させ、12月下旬にはバターン半島の防衛線まで巧みに戦いつつ

渡河
フィリピンで米国軍が敗北した後、川を渡る日本軍兵士。馬と戦車（89式中戦車）の入り交じる光景が特徴的だった。

後退した。米比軍の約8万3000の兵は、ジャングルに囲まれたナティブ山の両側に陣取った。この土地は通行不能だと思われていたが、日本軍は防衛部隊の脇を通ってジャングルに侵入し、1月後半には米比軍をさらに第2線まで撤退させた。いまやマッカーサーの軍は、2万5000人の避難民とともに限られた土地で身動きもとれず、食糧不足や空爆、砲兵隊の攻撃に悩まされながら、戦線の背後で水陸両側から上陸しようとする日本軍を撃退していた。米国大統領ローズヴェルトは、救援を送ることはできないと明言した。マッカーサーは脱出を命じられ、3月12日に「私は必ず戻ってくる」と約束して去った。栄養失調と熱帯の病に苦しめられたバターン部隊は、4月9日に降伏した。そのうち約1万8000人から2万5000人は、日本軍によって捕虜収容所へ移送される間に死亡した。悪名高い「バターン死の行進」である。

国家への功労
この勲章は、8階級ある旭日章の7番目。日本の民間人や兵士に贈られた。

1880年-1964年
マッカーサー将軍 GENERAL MACARTHUR

フィリピンでの敗北は、ダグラス・マッカーサー将軍の際立った経歴の汚点となった。1942年2月以降、西南太平洋連合国軍総司令官として、マッカーサーは「飛び石」作戦を巧みに操り、日本軍の拠点を避けつつ島から島へと日本へ向かって進む。この戦略の一環で、マッカーサーは1944年10月にフィリピンへ戻った。連合国軍の勝利後、マッカーサーは総司令官として日本占領に当たった。

1914年-現在

世界大戦の時代

爆撃の被害
日本の「最上(もがみ)」級重巡洋艦「三隈」が、米国軍の急降下爆撃機の攻撃を受けて激しく傾いている。ミッドウェー海戦を境に、太平洋における空母戦力のバランスは米国優位へと転じた。

日本の絶頂期

日本の攻勢

ミッドウェー海戦

日付 1942年6月4日

兵力 日本軍/艦艇20隻、航空機275機、米国軍/艦艇26隻、航空機321機

死傷者等 日本軍/2,500人、艦艇5隻、米国軍/307人、艦艇2隻

場所 太平洋、ミッドウェー島

1942年春、海軍大将山本五十六は日本軍の海軍機と操縦士は米国軍より優れていると考え、太平洋における日本の防衛線を前進させようと、米国太平洋艦隊に戦闘を挑んだ。山本は、北太平洋のアリューシャン列島とミッドウェー島の米国軍基地を合わせて攻撃する計画を立て、ミッドウェー島には空母4隻の他、軍艦16隻を派遣した。米国の諜報部は暗号解読に成功し、太平洋艦隊司令官チェスター・ニミッツ大将に日本軍の計画を詳細に報告する。ニミッツはアリューシャン列島への攻撃は無視し、戦力をミッドウェーに集中させた。ニミッツはエンタープライズ号、ホーネット号、ヨークタウン号という3隻の空母を用い、二つの戦闘部隊をミッドウェーに派遣した。6月4日朝、日本の海軍機がミッドウェー基地を激しく襲撃したが、第2次攻撃の準備中、米国海軍機の攻撃にさらされる。まずホーネット号からの雷撃機が日本の空母を発見したが、15機すべてがゼロ戦によって撃墜された。ヨークタウン号からの雷撃機群も同様に攻撃されたが、米国軍のワイルドキャット（F4F）戦闘機はゼロ戦の注意を引きつけておくことに成功する。低空飛行の雷撃機に気を取られていた日本軍の戦闘機は、ヨークタウン号とエンタープライズ号からのドーントレス（SBD）爆撃機の飛来に気づかなかったのである。爆撃機は日本の空母に向かって急降下し、5分のうちに日本軍の空母3隻が炎上した。4隻目はヨークタウン号へ反撃を加えたものの、エンタープライズ号からの急降下爆撃機によって大破した。米国の圧倒的な勝利だった。

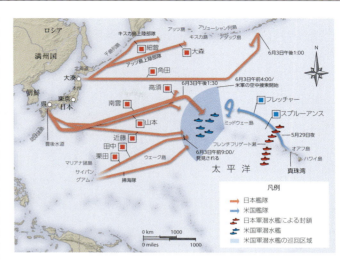

「閃光が太陽の中に見え、まるで美しい銀色の滝だと思ったところ、それは突っ込んでくる急降下爆撃機だった。あれほど見事な攻め方は見たことがなかった」

ミッドウェー海戦を回想する米国軍操縦士ジミー・ザッチ（1942）

1914年－現在

連合国軍の反撃

1942年、日本海軍は当初の計画通りに守勢に立つことをせず、太平洋で攻撃を続けていた。この方針がミッドウェー海戦での大敗を招き、それが太平洋戦争の転換点となった。それ以降、米国は重空母を使った海戦で圧倒的な優位に立ち、米国海軍の陸空海に展開する戦争経験を生かして、島から島へと日本に向かって進んだ。この「飛び石作戦」によって、ついに日本は米国軍爆撃機の航続距離圏内に入り、多くの都市が焼け野原となった。遅ればせながらソ連が対日戦争へ加わり、同時に原子爆弾が投下されたため、日本は1945年8月に降伏し、多大な犠牲を伴う本土進攻は行われなかった。

太平洋戦争

珊瑚海海戦

日付 1942年5月4-8日
兵力 米国軍/空母2隻、その他軍艦21隻、日本軍/空母3隻、その他軍艦13隻
死傷者等 米国軍/空母1隻、航空機74機、日本軍/空母1隻、航空機80機
場所 太平洋、ソロモン諸島の南

1942年4月、米国軍諜報部はニミッツ大将に、日本軍によるソロモン諸島のトゥラギ島とニューギニア島のポートモレスビー占領計画を知らせる。米国海軍からは、空母ヨークタウン号とレキシントン号を含め、フランク・フレッチャー少将が指揮する部隊が、日本軍の上陸を阻止するために派遣された。日本海軍は高木武雄を指揮官とし、空母「瑞鶴」と「翔鶴」、軽空母「祥鳳」を伴っていた。海軍機と軍艦の小競り合いは5月4日に始まったが、主力部隊は当初、お互いを誤認している。5月7日、米国軍航空機が祥鳳を撃沈したため、日本軍はポートモレスビー上陸を断念した。5月8日には空母部隊の間で長い戦闘が繰り広げられた。米国軍のドーントレス(SBD)爆撃機が翔鶴に3発の爆弾を命中させ、同艦はかろうじて浮いている状態だったが、一方、レキシントン号は2発の空中投下型魚雷を受け、ヨークタウン号の発着甲板には爆弾1発が命中した。ヨークタウン号は運航可能だったが、レキシントン号は救いようがなかった。火災で2度の大爆発が起こり、日没を待たずに沈没した。これは視界を超えた距離で戦われた最初の海戦である。

先陣を切る
1944年、艦船エセックスを先頭にフィリピン海での任務に向かう米国海軍の航空母艦群。

航海用の六分儀
この六分儀は、日本海軍の将校が太平洋で緯度を測るために使ったもの。帆船時代の航海計器と同じ原理で働く。

目盛は「赤道から何度か」を示す
接眼レンズは調節可能

お守りの旗
日本の軍人は皆、日の丸をかたどったお守りの旗を戦場に携えていた。白地の部分に親族や友人が名前や祝いの言葉を寄せ書きした。

太平洋戦争

ガダルカナル島の戦い

日付 1942年8月7日-1943年2月8日
兵力 米国軍/19,000-50,000人、日本軍/3,000-25,000人
死傷者等 米国軍/6,100人、日本軍/25,000人
場所 太平洋、ソロモン諸島

ミッドウェー海戦(325ページ参照)で勝利した後、太平洋で米国軍を率いる指揮官たちは攻勢をかけようと意気込んでいた。日本軍がガダルカナル島に飛行場(後のヘンダーソン飛行場)を建設中だと察知した米国は、同島を標的に定めた。1942年8月7日、空と海から爆撃を仕掛けた後、米国海兵隊は抵抗も受けずに上陸し、翌日には防備の手薄な飛行場を占領した。しかし海上では手こずった。8月8日の夜から9日にかけて、日本海軍が米国巡洋艦4隻をサヴォ島沖で撃沈したため、米国の軍艦は撤退を余儀なくされ、米国海軍は補給と海空からの支援を絶たれる。海軍機が飛行場へ到着しても、米国海軍の状況はわずかに好転しただけだった。しかし日本は、米国海軍が大挙して戻る前に十分な数の部隊を上陸させるという好機を逃してしまった。続く戦闘は陸でも海でも長引いた。日本の戦艦は毎夜、「スロット」と呼ばれる細い水路を一列に並んで南下し、増援部隊をガダルカナルに送り込み、ヘンダーソン飛行場を砲撃していたことから、この作戦を「東京エクスプレス」と呼んでいた。米国海軍は、戦死をも恐れない勇敢な日本の歩兵隊相手に苦戦したが、危険で厳しい環境のジャングルに囲まれた飛行場一帯を死守した。一連の海戦で両陣営は甚大な損害を被ったが、いまや米国軍は決定的に優位に立っていた。11月半ば以降、米国軍はガダルカナルへ援軍と補給物資を送るようになったのである。1943年2月初頭から、日本は残った部隊の大半を撤退させることに成功した。駆逐艦1隻を失っただけで、約1万3000人を退却させたのである。

迫撃砲分隊
米国海兵隊がガダルカナルで日本軍の陣地を爆撃する。米国軍は部隊に武器を補給できたからこそ、最終的に勝利を収められた。

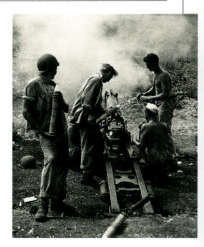

太平洋戦争
ビルマの戦い

日付	1942年1月-1945年8月
兵力	英国軍·英国連邦軍/30,000人、日本軍/30,000人
死傷者等	英国軍/13,000人、日本軍/4,000人（最初の侵攻）
場所	ミャンマー

日本は1942年1月、昆明へ通じる中国国民党軍の補給線遮断を主目的として、英国統治下のビルマに侵攻した。米国のスティルウェル中将が組織する中国軍の介入も甲斐なく、スリム中将率いる英国·インド·アフリカ部隊は日本軍の占領を阻止することができなかった。そこは、日本軍の歩兵隊がジャングルでの戦闘能力を示すのにまたとない土地だった。もっとも、准将オード·ウィンゲート率いる「チンディット」部隊や、フランク·メリル准将率いる「マローダーズ」部隊が、後に米英国軍もジャングルで戦えることを示している。1944年3月、日本軍は進軍を再開しインドとの国境を越えたが、英国が率いる部隊は決意も新たにこれをインパールとコヒマで撃退した。同年12月、スリムは大規模な攻撃を開始した。スリムの第14軍は南方へ進軍し、日本軍はマンダレーを死守しようとしたが、1945年3月に敗れた。同年5月、ビルマの首都ラングーンは海と空から上陸した英国軍の手に落ちた。

ウィンゲートのチンディット部隊
英国のウィンゲート准将は「チンディット」部隊による長距離挺進作戦を計画し、日本戦線の背後で軍事活動を展開した。部隊はジャングルが開けた地点に航空機で下ろされることもあった。

太平洋戦争
マリアナ沖海戦

日付	1944年6月15-20日
兵力	米国軍/20,000人、空母15隻、日本軍/32,000人、空母9隻
死傷者等	米国軍/16,500人、航空機129機、日本軍/死者31,000人
場所	太平洋、マリアナ諸島

1944年6月、米国は日本本土が米国軍爆撃機の航続距離圏内に入るよう、マリアナ諸島に侵攻した。上陸を支援するため、米国海軍は空母15隻と戦艦15隻を含む強力な艦隊を派遣した。指揮官はレイモンド·スプルーアンス大将である。4日間の爆撃の後、6月15日に米国の海兵隊はサイパンに上陸した。初日には約2万人が上陸したが、日本軍が堅固な防衛陣地から激しい反撃を開始したため、海岸付近からは進めなかった。海上でも、日本軍の闘争心はくじけていなかった。日本海軍はフィリピン海に勇んで向かい、空母積載の航空機と島を拠点とする航空機による攻撃を合わせて米国海軍に打撃を与えようとした。もっとも、島から飛び立つはずの航空機は、ほとんどがすでに米国の海軍機に一掃されていた。ティニアン島の西方に陣取ったスプルーアンスの艦隊は、6月19日の朝、空からの攻撃を受ける。日本の艦上攻撃隊はレーダーで探知されたため、艦上の戦闘管制員が仕向けた米国海軍の戦闘機数百機に攻撃された。残った航空機の大半は、米国の軍艦の対空射撃に撃墜されたか、または島の飛行場に着陸を試みたところを撃ち落とされた。日本軍は1日で約300機の航空機を失い、「マリアナの射的遊び」と揶揄された。また日本の空母2隻も米国軍の潜水艇によって撃沈された。翌日午後、任務部隊司令官マーク·ミッチャー中将は最大航続距離にいる日本艦隊を攻撃するため、200機以上の航空機を派遣した。米国軍側はほとんど犠牲なしに日本の空母1隻を沈め、他の軍艦にも被害を与えたが、夜間に帰還する際、多くの航空機が燃料不足で不時着した。ミッチャーは艦隊に照明をつけるよう命じた。付近に敵の潜水艇がいる中できわめて危険な策だが、そのために操縦士たちは無事帰還することができた。航空機80機が失われたが、乗組員の大半は救助された。一方、サイパンでは熾烈な戦いが7月まで続き、最後には日本軍兵士と民間人が集団自殺を遂げた。

湾内の巡洋艦
日本の重巡洋艦が、マニラ湾で米国軍の艦載爆撃機の攻撃を受ける。必死の回避行動にもかかわらず沈没した。

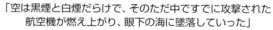

F4Uコルセア
ヴォートが開発した戦闘機コルセア。1944年に空母へ搭載されると、米国海軍の操縦士は日本のゼロ戦に勝てる戦闘機を手にした。同機の最高時速は710km/hに達する。

- 機首が長く、着陸時に視界が不十分
- スライド式の天蓋
- プロペラ·ブレードが長い
- 着陸装置を後方に収納
- 逆ガル翼が特徴的

「空は黒煙と白煙だらけで、そのただ中ですでに攻撃された航空機が燃え上がり、眼下の海に墜落していった」
ドン·ルイス大尉による米国海軍爆撃機の攻撃報告（1944年6月20日）

1914年-現在

太平洋戦争

レイテ沖海戦

日付 1944年10月23-26日

兵力 連合国軍/空母35隻、その他艦艇177隻、日本軍/空母4隻、その他艦艇62隻

場所 フィリピン周辺

死傷者等 連合国軍/空母3隻、その他艦艇4隻、日本軍/空母4隻、その他艦艇21隻

1944年10月の米国によるフィリピン進攻は、主にマッカーサー大将の都合で決められた。1942年のあの「戻ってくる」という約束のためである。マッカーサーは最初の上陸地に、比較的小さなレイテ島を選んだ。日本海軍は、マリアナ沖海戦の敗北で海軍機を失っていたにもかかわらず、進攻に対抗する決定を下す。日本軍の立てた計画は込み入っていた。おとり部隊が米国軍の空母を引き離し、日本の戦艦と巡洋艦が残った連合国軍艦隊に集中する、というものである。フィリピンの飛行場を飛び立った航空機も航空支援を行う予定だった。しかし日本には、この野心的な計画を効果的に遂行する十分な資材がなかった。栗田中将の中央部隊より空母2隻がブルネイを出港し北へ向かったが、10月23日に米国軍潜水艇に撃沈され、翌日にはシブヤン海で大型戦艦「武蔵」が米国海軍機の攻撃で沈んだ。日本軍のおとり部隊は、ウィリアム・ハルゼー大将率いる米国軍第3艦隊のかなりの部分を引き離したが、10月25日、トマス・キンケイド中将の第7艦隊が日本艦隊をスリガオ海峡で壊滅させた。残る日本軍中央部隊の戦艦と巡洋艦は、米国軍が上陸予定の海岸を防備している護衛空母と駆逐艦の攻撃に向かった。連合国軍は空母2隻と駆逐艦3隻を失ったが、栗田の巡洋艦2隻も沈没していたため、残る戦艦を救うために撤退した。

レイテ島上陸
米国兵13万人のうち一部がレイテ島に上陸し、砂浜に陣取る。島の征服には2カ月を要した。

硫黄島の攻略戦

日付 1945年2月19日-3月24日

兵力 米国軍/70,000人、日本軍/22,000人

場所 東京の南1,000km、小笠原諸島

死傷者等 米国軍/28,700人、日本軍/死者20,000人、捕虜1,000人

米国は、日本攻略の足がかりとして、また将来的には護衛戦闘機の拠点として、小さな火山島である硫黄島に狙いを定めた。日本は米国の意図を推し量り、1944-45年の冬に島の防衛を強化した。栗林忠道中将は、トーチカ、掩蔽壕、坑道、塹壕、防備を固めた洞窟を構築して硫黄島を要塞化し、大規模な砲兵隊を防衛に充てた。栗林は自滅的攻撃を禁じ、兵士たちに可能な限り長く粘り、持ちこたえるよう指示していた。米国軍の司令官たちは、硫黄島の防備の固さを踏まえ、戦艦から毒ガス砲弾を発射して日本軍を追い出す計画をたてたが、ローズヴェルト大統領は頑としてこの計画に反対した。そこで上陸に先立つ数週間、島へは従来通りの爆撃が行われたが、それは長引く激しいものになったうえ、効果もほとんどなかった。海兵隊の第1波は2月19日午前8時30分に海岸へ接近し、最初の揚陸艇がロケット弾とカノン砲で地上掃射すると同時に、空と海からの支援部隊が日本軍の陣地に猛攻撃を加えた。しかし、海岸へ到着した水陸両用車は、急勾配の火山砂の中で身動きがとれなくなった。次第に人数を増す海兵隊は海岸から動けず、高台となっている摺鉢山の砲兵隊による攻撃と、すぐ内陸に位置するトーチカの機関銃からの攻撃にさらされた。海兵隊は、焼け焦げた車両の残骸に囲まれた浅いたこつぼ壕に身を隠したものの、初日に約2500人の死傷者を出した。それでも3万人の兵が上陸に成功した。米兵は2月23日朝までには摺鉢山へ到達し、そこへ2度、旗を掲げた。その2度目は写真に収められている。坑道や洞窟の抵抗勢力をついに制圧したのは、3月末になってからである。降伏した日本兵はわずか1000人だったが、その大半は自決できないほど重傷を負った者たちだった。

栄光の旗
米国軍の海兵隊が、米国が勝利したという印象を与えようと、硫黄島の摺鉢山に星条旗を掲げる。

沖縄戦

太平洋戦争

日付 1945年4月1日-6月23日

兵力 日本軍/130,000人、米国軍/250,000人、連合国軍艦隊/1,300隻

場所 沖縄および琉球諸島

死傷者等 米国軍/38,400人(地上部隊)、日本軍/死者188,000人(民間人を含む)

硫黄島に続いて沖縄島を占領することは、日本進攻へ向けた当然のステップだった。島の守備部隊を指揮する牛島満中将は、島南部の山がちな土地に硫黄島と同じような要塞を築いた。台湾と日本南部を拠点とする日本軍の航空機が連合国軍艦隊を攻撃する間、できる限り持ちこたえるつもりだった。1945年4月1日に米国第10軍が上陸した折、サイモン・ボリヴァー・バックナー中将率いる陸海軍部隊は抵抗を受けなかった。米国軍はすばやく島中心部を占領し、北部の抵抗勢力を制圧するのにもさほど時間はかからなかった。しかし南部の山岳地帯を占める牛島部隊に、米国軍は手こずった。一方で4月6日、日本は沖縄沖の連合国軍艦隊へ大規模な空襲を仕掛ける。1日に700機もの航空機を使った襲撃に、連合国軍艦隊の防空部隊は圧倒された。多くの日本軍操縦士が「神風特攻隊」として出撃しており、航空機自体を爆弾として米国戦艦の甲板に激突させた。艦艇と空軍基地の間でレーダーによる監視を担った駆逐艦に甚大な被害が出るなど、米国側の損害は大きかった。しかし、この攻撃で日本軍は約1900人の操縦士の命を失った。地上では米国兵が激しい戦闘を繰り広げ、トーチカや洞窟、坑道を一掃した。防衛拠点を完全に破壊するため、火炎放射器や手榴弾を用い、多くの場合、民間人も含めて内部にいた人々を皆殺しにしたのである。バックナー中将は、7月まで続いた大量殺戮の最中に命を落とした。牛島中将や日本軍の上級指揮官らは、抵抗を停止する前に自決した。

見張り
戦艦ウェストヴァージニア号の水兵たちが、沖縄の沖で日本軍の航空機を監視する。同艦は神風特攻隊に攻撃され、4名が死亡した。

神風特攻隊

「特別攻撃隊(特攻隊)」が最初に組織されたのは、1944年10月のレイテ沖海戦でのことだった。戦力の差が歴然とした空中戦で、生え抜きの操縦士たちは、少なくとも無駄死にとならないよう航空機を敵の艦艇に激突させた。のちに自爆戦略は、若い操縦士を「有効に使い捨てる」方法となった。日本には、実戦に派遣する前に新兵を十分訓練するだけの燃料がなかったのである。残り少なくなった熟練操縦士は、戦闘機の護衛を務めた。

死の雲
長崎上空に立ち上るきのこ雲。原爆投下により即死した人数は、最低でも広島で14万人、長崎で8万人と推定される。

日本本土への爆撃

太平洋戦争

日付 1944年6月-1945年8月

兵力 米国軍/1回の空襲に最大500機の爆撃機

死傷者等 米国軍/航空機512機以下、日本軍・民間人/死者約500,000人

場所 日本本土

1944年6月、B-17爆撃機の2倍の航続距離をもつB-29が導入され、米国は中国の航空基地から日本を空襲することが可能になった。当初は機械の故障で相当な損害を被り、空襲は順調に進まなかった。1944年11月後半から、B-29はマリアナ基地から発進するようになったが、高空を飛行する日中の空襲はあまり成果が上がらなかった。1945年3月、カーティス・ルメイ少将の発案で新たな戦法が採用される。B-29は最大限の焼夷弾を搭載し、夜間に低高度で飛行するようになったのである。日本の都市は大半が木造住宅の密集地であるため、焼夷弾を使った空襲はきわめて効果的だった。3月9日の夜半から10日にかけて334機のB-29が行った東京大空襲では、大規模な火災で東京の市街の4分の1が焼失し、約10万人が死亡した。各都市が次々にこうした空襲の標的となり、人々が田舎へ疎開すると工業生産は落ち込んだ。8月6日と9日、ティニアン島を発ったB-29は、広島と長崎に原子爆弾を投下し、両都市を破壊して多くの人命を奪う。日本は8月15日に降伏した。

ファットマン
長崎に投下された爆弾は「ファットマン」というあだ名をつけられていた。周囲の山が爆風と熱線を遮ったため、被害は広島よりわずかながら軽減された。

> 「吾等ハ日本国政府ガ直ニ全日本国軍隊ノ無条件降伏ヲ宣言シ……右以外ノ日本国ノ選択ハ迅速且完全ナル壊滅アルノミトス」
> — 連合国首脳が発表したポツダム宣言(1945年7月26日)

1945年以降の紛争

第2次世界大戦終結後、大国間の全面戦争が繰り返されることはなかったが、地球上で戦闘が行われない日も一日としてなかった。また大量破壊や精巧な兵器システムの開発も進んだ。その集大成ともいえる核兵器は1945年以来、使用されていない。

冷戦

1940年代後半から1980年代後半にかけて、米国とソヴィエト連邦（ソ連）の2超大国は、実際には起こることのなかった第3次世界大戦に向けて常に準備していた。1950年代以降、両国は競って核兵器を開発し、その結果1960年代には「相互確証破壊（MAD）」という戦略的膠着状態の時代に入り、もし核戦争が勃発すれば両国ともに容認しがたい壊滅的被害を受けるという確信によって、核戦争が未然に防がれていた。この「恐怖の均衡」によって世界戦争が回避される一方で、米国主導による共産主義拡大に対抗する戦いは、一連の局地戦争の形をとった。20世紀前半の戦争は、いわば必然的に「総力戦」へと発展し、交戦国はかき集められる限りの破壊力を最大限に利用したのに対し、1950-53年の朝鮮戦争は「限定戦争」の見本となった。米国軍は朝鮮半島で中国軍と戦うが中国自体は攻撃しないという地域の限定と、米国は原子爆弾を保有しながら使用しないという兵器の限定である。限定戦争といっても、ヴェトナム戦争など核の時代の多数の紛争では大量に死者が出た。理由の一つに、戦争行為の限定により、迅速かつ決定的な成果をあげられなかったことが挙げられる。

冷戦時代の同盟
ソ連と米国は対立激化に伴い、同盟関係を張りめぐらせて安全保障を追求した。核紛争の危機は両国が直接対立しない地域での戦争拡大を招いた。

スプートニク
宇宙計画を讃えるソ連のポスター。宇宙計画は軍事ミサイル開発と密接に関係していた。

冷戦
1990年代まで毎年メーデーにモスクワで行われたパレードは、ソ連の軍事兵器を誇示する恒例行事であった。

1945年以降の紛争

ミサイル・サイロ

硬化サイロに格納された大陸間弾道弾（ICBM）。ICBMは1960年代以降、米国の核兵器の中核をなした。

核実験

ネヴァダ砂漠で行われた核実験を至近距離で見届ける米国兵。1951-62年の間に、こうした実験が100回近くネヴァダで実施された。

兵器開発

冷戦時代には、軍事予算のほとんどが核兵器開発にまわされた。19世紀までは、見えない敵を倒すことなど不可能であった。第2次世界大戦のドイツ製V2ロケットをもとに弾道ミサイルが開発され、このミサイルが核弾頭と結合した時点で、離れた大陸でボタンひとつ押せば、核ミサイルは地球上のどこへでも飛んで行けるようになってしまった。通常兵器には目覚ましい進化はなかった。1960年代と1970年代に起きたイスラエルと近隣アラブ諸国との戦争では、ジェット機がプロペラ駆動の飛行機に取って代わり、また火砲に加えてミサイルが使用されたものの、第2次世界大戦の戦闘と根本的には変わらなかった。革命的な発達を見せたのは、コンピュータによる指令・制御を行う「スマート爆弾」誘導装置や電子妨害の分野だった。1980年代になると、戦車、航空機、ミサイルを大量保有するよりも、電子戦場で優位を確立する方が、戦争での勝利に近づけた。

ゲリラ戦

ゲリラ戦術は、技術的に優位な大国に対抗する手段として常に効果的であった。1930年代と1940年代の中国における毛沢東の共産党軍と、第2次世界大戦下のヨーロッパにおける反ナチス・パルチザンの理論と実践から発展したゲリラ戦闘は、主に1970年代まで、植民地主義や帝国主義との戦いで実践された革命戦争の形態であった。ゲリラは自分達のやり方ではない戦闘は避け、敵の持つ優れた火力装備の標的にならないようにする一方、ヒットエンドラン戦法の攻撃によって相手に損失を与え続けた。ゲリラに対抗するには、ゲリラが得意とする戦法を使って撃退を試みるやり方から、ヘリコプターの機動力活用やB-52戦略爆撃機によるジャングルや山中への地域爆撃などのハイテク駆使など、多種多様な手段が用いられた。

ヴェトナム戦争

1967年5月にヴェトナムの村に入る米国兵。ヴェトナムにおいて米国の戦争の大半を戦ったのは徒歩の歩兵隊であり、敵のゲリラ兵より科学技術的に有利な点などほとんど見られなかった。

原子力空母

米国軍艦エンタープライズは、1961年に就役した世界初の原子力航空母艦である。空母は戦力投射のきわめて重要な手段となり、空軍力を迅速に紛争地帯へ輸送している。

新世界秩序

1980年代後半に冷戦が終結し、核による大量殺戮の差し迫った脅威はなくなったが、「新世界秩序」はとらえどころのないものであった。新時代の特徴は米国と同盟国による介入戦争であり、ソ連が応戦する恐れはもはや抑止力として働かなくなった。旧ソ連圏とユーゴスラヴィアでは国家が崩壊する戦争も起こった。世界各地にはコンゴやスーダンなどのように、長期にわたって戦争状態にある国も存在した。2001年9月11日にテロ攻撃を受けた米国が「テロとの戦い」を宣言し、戦時と平時の区別があいまいになったようである。世界には自動小銃があふれており、まだ子供にすぎない「不正規軍」の手に渡ることも多い。巨大勢力同士の大戦の不安が解消する一方、終わりのない小規模戦争の可能性が増大したように思われる。

1914年-現在

中国国共内戦

1945-49年の中国国共内戦は、皇帝が支配する清朝が崩壊し、中華民国が共和国宣言した1912年に始まった、国家統一を目指す長い戦いの最終段階であった。国内が大混乱に陥った1920年代に、2大政党が権力を争った。蔣介石率いる国民政府の中国国民党と、毛沢東率いる中国共産党および人民解放軍である。1937年以降、日本軍の中国侵攻を抑える必要に迫られ、第2次世界大戦中は、2大政党は不安定ながらも国共合作によりともに戦ったが、1945年8月に日本が連合国軍に敗北すると、すぐに内戦が再開された。

国共内戦の開戦

日付 1945年8月-1946年1月10日
兵力 共産党軍/100,000人、国民党軍/110,000人
死傷者等 共産党軍/約45,000人、国民党軍/不明
場所 中国東部と東北部

東海岸の大部分と人口が密集する内陸の河川流域、そして北部の満州を日本軍が支配していたため、日本の敗戦によって中国各地で権力の空洞化が起こった。国民党軍が沿岸都市を奪還すると、共産党は60万人の兵士に十分な武器を送り、満州を占領した。兵器は大戦の終結間際にこの地方へ侵攻したソ連軍が、日本軍から奪ったものであった。1945年10月に両者の和平交渉が決裂すると、国民党軍は満州に入り、共産党軍を北方へ追いやった。米国主導の交渉によって1946年1月10日の停戦が合意され、共産党軍は敗北を免れた。

満州攻撃

日付 1946年4月14日-1948年11月
兵力 共産党軍/約1,000,000人、国民党軍/約1,000,000人
死傷者等 不明
場所 中国北東部の満州

満州で停戦したことにより、両軍には組織を立て直す時間ができた。間もなく国民党軍は中国北部を横切る戦線に500万人の軍隊を配置し、中国本土から満州を孤立させ、西と南にある共産党の拠点を攻撃した。1946年末までに、国民党軍は共産党支配下にあった165の町を攻略し、1947年

カービン銃
ソ連が製造し供給したモシン・ナガンM1944カービン銃は、共産党軍の標準ライフル銃であった。

3月には首都延安を占領した。しかし国民党軍が大規模攻撃に勝利していた間、共産党軍は小規模の衝突に勝ち、1947年の1年間に40万人の国民党兵士を殺害または捕虜とし、その過程で喉から手が出るほど欲しかった重砲を手に入れていた。1947年12月、共産党軍は林彪の指揮の下、総勢60万人の第4野戦軍を満州攻撃に送り込んだ。国民党軍の各方面軍を孤立させた共産党軍は、1948年11月に満州征服を完了した。

瀋陽
1948年11月1日、共産党第4野戦軍が戦略上重要な都市瀋陽を占領し、国民党軍は大敗した。

徐州占領

日付 1948年9月-1949年1月10日
兵力 共産党軍/500,000人、国民党軍/500,000人
死傷者等 共産党軍/不明、国民党軍/200,000人
場所 中国東部の山東省

中国東部の軍事作戦の天王山であり、国共内戦における最大の正規戦は、1948-1949年の冬に起こった。9月、陳毅の指揮下にあった共産党第3野戦軍は、陝西省から東へ進軍し、北京の南の山東省へ攻め込んだ。杜聿明将軍率いる国民党第7軍隊は圧倒され、部隊は南方の淮河方面へ後退した。杜聿明は徐州にある重要な鉄道合流地点で後退をやめ、そこに50万人を超える兵を配置

1893年-1976年
毛沢東 MAO ZEDONG

毛沢東は湖南省韶山の小自作農家の息子として生まれた。地元で教育を受け、1918年に湖南省を離れ、北京にある国立大学の図書館で働いた。そこでマルクス主義を知り、1921年に中国共産党創立メンバーとなった。毛の共産党戦略への最大の貢献は、地方の小作人階級から支持を得るには、草の根の政治活動が不可欠であるという信念であった。これにより共産党は、経験も装備もない間に長期的な地方ゲリラ作戦を遂行し、1947年末になって大規模正規軍を編成することができた。

した。しかし、前線の中央部にいた4つの部隊が共産党側に寝返ると、杜聿明の陣営は即座に崩れた。国民党は軍隊の指揮と支援に失敗したため、国共内戦中に共産党軍に投降した兵士は80万人にのぼった。11月から12月にかけて、両翼が無防備になった国民党軍に対し、共産党軍は2度の激しい攻撃をしかけ、国民党軍の補給路を遮断し、包囲のうえで砲撃して降伏に追い込み、最終的に1月10日に徐州を占領した。この戦闘の間、制空権を完全掌握していたのは国民党軍の空軍であったが、大量の兵器が共産党軍の手に渡るという事態に直面した蔣介石は、空軍に対し、自軍の部隊を爆撃するよう命じ、多数の自軍兵士を犠牲にした。

捕虜
捕虜となった共産党軍の兵士とその武器。戦争もこの段階にくると、捕虜の大半は国民党軍の兵士であったため、写真の兵士らは不運といえる。

中国国共内戦

パレードで
毛沢東の写真とスローガンの入った横断幕がパレードに使われ、共産党当局に対する熱意を沸き立てた。

天津・北京の占領

日付 1949年1月15日、22日
兵力 共産党軍/約500,000人、国民党軍/不明
死傷者等 信頼できる推計なし
場所 中国東北部

徐州での勝利の結果、共産党軍は国民党軍との膠着状態を打開した。このころから、共産党軍の勢いは圧倒的なものとなった。今や計り知れない火力を有し、軍隊の機動力は国民党軍をはるかに上回り、人数でも優勢、そして一番重要な兵の士気と政治的傾倒も絶対的であった。国民党軍はますます弱体化し、分裂し、疲弊していった。共産党軍はこのとき、孤立した天津と北京を除く中国北部と東部全域を支配していた。林彪率いる第4野戦軍は、1月15日に天津を占拠し、その7日後に無抵抗の北京を占領した。革命の文句を繰り返し大音量で流し続ける街宣車を伴って行進する共産党軍について、ある西欧人が目撃し、日記に次のように書いている。共産党軍が町に入るときは「意気揚々としていた。行進の列が通りを上って行くと、歩道に並んだ群衆が(中略)大歓声を上げた」。長年にわたる日本軍の占領と国共内戦に疲れ果てた市民は、共産党を戦争終結と国家統一を成し遂げた一大勢力と見なし、国の至るところで歓迎した。北京を占領した共産党軍は、上海と国民政府の首都南京へ向けて南下がいよいよ可能となった。

「歓迎！人民軍の北京到着！ 祝、北京市民の解放！」
北京入りした部隊による共産党のスローガン放送 (1949年1月22日)

揚子江事件

日付 1949年4月20日
兵力 英国軍/不明、中国軍/不明
死傷者等 英国軍/117人死傷
場所 中国東部、揚子江の上流224km

内戦中、最も不可解な事件の一つが揚子江で起こった。英国海軍フリゲート艦アメジストが、南京の英国人居住区に物資を供給するため上海から揚子江を上っていたところ、1949年4月20日、共産党軍が同艦に向けて発砲し、兵士17人が死亡、30人が負傷した。他の英国海軍船3隻が同艦の救援を試みたが失敗し、さらに70人の死傷者を出した。アメジストは川の中洲の外れに3カ月あまり抑留され、乗組員は極めて過酷な夏の気候に苦しんだ。そして7月30日の夜から翌朝にかけ、J・S・ケランズ少佐が抑留を解き、5カ所の沿岸要塞からの砲撃を避けるため、22ノット(約40km/h)を超える速度で224km先の河口まで航行した。共産党が英国軍艦を攻撃・抑留した理由は、同艦が国民党軍への兵器を運搬しているという疑いをもった以外には明らかではない。しかしこの事件により、それまでは国際水路と見なされていた場所を含めた中国全土について、共産党が強引に主権を主張することを、国際社会は認識したのである。

南方侵攻

日付 1949年4月-1950年4月
兵力 共産党軍/不明、国民党軍/不明
死傷者等 信頼できる推計なし
場所 中国南部

北部と東部における成功に続いて、共産党軍は4月に南へ移動した。国民政府の首都南京が4月24日に、また5月には上海が戦わずして陥落した。国民党軍は7月16日に最高会議を開き、国の正貨準備金と美術品コレクションを携えて台湾へ避難することを決定した。南方にある国民政府最後の主要都市、広州に共産党軍が入る準備をしていると、1949年10月1日、毛沢東は天安門の上に立ち、中華人民共和国の建国を宣言した。敗北と占領を目の当たりにした蔣介石は、12月10日に台湾へ逃げ、1950年4月には台湾と小さな島々を除くすべての支配権を、勝者である共産党に譲った。

勝利
1949年以降の革命宣伝用ポスターには、中華人民共和国の新しい共産党指導者毛沢東に喝采を送る、歓喜に酔いしれる民衆が描かれている。

上海
外灘に沿って行進する上海の国民党軍は、1948年11月12日、上海に戒厳令を敷き、共産党軍の攻撃に備えて防衛した。だが翌年5月、共産党軍は簡単に上海を占領した。

朝鮮戦争

1945年以降、朝鮮半島はソ連が支援する北と米国が支援する南に分断された。1950年夏、北朝鮮が韓国に侵攻したため、米国主導によるその他15カ国が参加した国連軍の介入へと発展した。一方で中国軍も、国連軍が北朝鮮との戦いを始めた後に参戦した。1953年の戦争終結までに、3万9000人を超える米国兵および国連軍の兵士、約100万人の中国兵、そして300万人から400万人の朝鮮・韓国人が死亡した。

朝鮮戦争
1950年6月の北朝鮮軍の韓国侵攻は、全世界における米国の信頼性への試金石と見なされた。前線は戦争中に半島を激しく移動したが、3年間の苛酷な戦いの末、開戦当初とほぼ同じ位置に落ち着いた。

朝鮮戦争
仁川上陸作戦

日付 1950年9月15-27日
兵力 北朝鮮/20,000人、国連軍と韓国軍/40,000人
死傷者等 北朝鮮/14,000人、国連軍・韓国軍/死者671人、負傷者2,758人
場所 韓国の仁川とソウル

マッカーサーは、釜山橋頭堡から北へ320kmの仁川に陸海共同の上陸作戦を発案し、ソウル奪還と敵の通信遮断を目指した。エドワード・アーモンド将軍を司令官とする第10軍団に託されたこの作戦は、地図にない岩や暗礁が点在するため航行が非常に難しい海路を進んで仁川に接近するという、危険に満ちたものであった。空軍と海軍による準備砲撃の後、9月15日午前6時15分に米国海兵隊が急襲を開始し、真夜中までに港湾防衛を固め、街の一部を確保した。上陸時の死傷者は少なかったが、それに続くソウル奪還では、兵、武器ともに劣勢の北朝鮮軍が死ぬまで戦ったため、多くの犠牲者が出た。9月26日、釜山橋頭堡から北上した国連軍と韓国軍が、第10軍団に合流した。北朝鮮兵は捕虜となるか、丘へ姿を消すか、あるいは大慌てで北へ退却した。

上陸の潮時
米国軍上陸に続いて国連軍が仁川に入った。仁川では干満の差が非常に大きく、この作戦上で最大の障害であった。

朝鮮戦争
釜山の橋頭堡

日付 1950年8月1日-9月15日
兵力 北朝鮮軍/98,000人、国連軍・韓国軍/180,000人（8月）
死傷者等 米国軍/3,600人死亡
場所 朝鮮半島南東部

1950年6月25日、北朝鮮軍は韓国へ侵攻し、首都ソウルを占領した。米国は、この侵略に対する軍事介入を承認する国連安全保障理事会の決議をとりつけた（ソ連がボイコットしたため実現した）。ダグラス・マッカーサー元帥が朝鮮における国連軍総司令官に任命された。7月1日に韓国へ急行した米国軍第1陣は、北朝鮮軍に追い込まれ、大急ぎで退却する羽目になった。北朝鮮軍には中国国共内戦を戦った兵士もいた。8月初旬、ウォルトン・ウォーカー中将が指揮する米国軍と韓国軍は、釜山港周辺に築いた橋頭堡の安定化に成功した。橋頭堡全体に人員配置するにはウォーカーの部隊では人員不足だったが、諜報員が北朝鮮軍の攻撃場所を警告したため、重要地点に人員を集中させることができた。北朝鮮軍の指導者金日成は金策将軍に対し、何としても9月1日までに釜山を占領するよう命じたが、国連軍には8月下旬の英国軍の第一陣をはじめ、続々と増援隊が到着していた。その一方、北朝鮮の長く延びた補給線は、空爆と艦砲射撃を受けて壊滅していた。マッカーサーは9月初めになると、釜山の安全を確信し、攻撃に転じられると自信を深めた。

北朝鮮兵
ソ連製の弾薬を扱う北朝鮮人民軍兵士。北朝鮮軍は、T-34戦車など第2次世界大戦に使われた年代物のソ連製兵器を使って戦った。

迫撃砲隊
北朝鮮軍の陣地に向けて重迫撃砲を発射する米国軍（左）。釜山に築いた橋頭堡は南北にわずか130kmしかなかった。

朝鮮戦争

北進

日付 1950年10月9日-12月24日
兵力 中国·北朝鮮軍/300,000-400,000人、国連軍/250,000人
場所 北朝鮮
死傷者等 中国人/死者40,000人、米国人/11,700人（うち死者718人）

1950年10月には、北朝鮮軍は韓国領から撤退していた。マッカーサーは防衛戦から一転し、北へ攻め入る許可を求めた。米国大統領ハリー・トルーマンは、中国の介入を誘発しかねないと懸念したが、中国との国境である鴨緑江までは前進しないという条件付きで承認した。米国陸軍第8軍は朝鮮半島の西岸を進み、10月12日に北朝鮮の首都平壌を占領すると、ほとんど反撃を受けずに北上を続けた。一方、第10軍団は北朝鮮の東岸に進路を変え、元山に上陸した。この作戦が一筋縄では行かぬことを第10軍団の行動が示しており、同軍団は10月26日まで上陸しなかった。この時にはすでに、北朝鮮に潜入した中国兵との衝突の第一報が届いていた。マッカーサーは多少躊躇したが、中国の脅威を深刻視しないことにし、11月24日には鴨緑江への最終進撃を命じ、この攻撃によって戦争が終結すると確信していた。前進開始から2日のうちに、第8軍団は山に潜んでいた何十万人もの中国人歩兵に攻撃された。11月28日、第8軍団は撤退命令を受けたが、退路は中国軍に押さえられていた。国連軍は待ち伏せ攻撃や道路防塞に遭いながらも戦い、南へ向けて進路を切り開いたが、兵と装備に甚大な損失を被った。東部では、米国海兵隊が長津貯水湖に向かって山間部を前進していた。中国軍と北朝鮮軍から攻撃を受けた海兵隊は、興南の海岸に続く細い道

ジェット機の戦闘
F-86セイバーは、朝鮮戦争当時の米国軍の最新ジェット戦闘機である。セイバーは鴨緑江上空でソ連のMiG（ミグ）と戦ったが、これがジェット機同士の初の空中戦であった。

ターボ・ジェットエンジンの空気取り入れ口
35°の後退翼
翼下燃料タンク

ソ連製MiG-15
ソ連はMiG-15ジェット戦闘機と操縦士を提供し、北朝鮮の中国軍を支援した。米国の推定によると、朝鮮戦争中に792機のミグが撃墜された。

凍てつく気候
共産軍との戦闘の後、疲れ果てた米国の機関銃射撃隊。朝鮮の冬は厳しく、両陣営ともに凍傷と寒さに苦しんだ。

を戻りながら、敵の攻撃と寒さの二重苦の中で戦った。オリヴァー・スミス海軍総帥は報道陣に対して平静を装い、兵士は退却しているのではなく「新たな進路へ攻撃している」と伝えた。しかし国連軍はゆゆしき敗北を喫した。第10軍団は海路釜山へ避難せざるを得ず、一方、第8軍も韓国に退却した。

リッジウェイの「挽肉器」

日付 1951年1月25日-4月21日
兵力 中国軍/542,000人、北朝鮮軍/197,000人、国連軍/270,000人（1951年春）
場所 韓国、ソウル市の南と北
死傷者等 信頼できる推計なし

1951年1月、共産軍の再攻撃により、国連軍はソウルの南まで押し戻された。米国は軍隊を朝鮮から撤退させるか、原子爆弾を落として中国軍の攻勢を止めるかを検討した。しかし、ウォルトン・ウォーカーの死後、野戦司令官を引き継いだマシュー・リッジウェイ中将が敗走を止めた。リッジウェイは国連軍の戦線を半島を横断するように引き、歩兵攻撃は行わず、空爆と砲撃で敵陣を破壊して北上を開始。リッジウェイの「挽肉器」と称された攻撃に対し、中国軍は犠牲の大きい「人海戦術」で応戦し、人数で火力を圧倒しようとした。3カ月の大量殺戮で、リッ

戦没者慰霊
朝鮮戦争は米国では長い間「忘れられた戦争」であった。ワシントンD.C.の朝鮮戦争戦没者慰霊碑は、1995年にようやく作られた。

ジウェイは前線を南北境界まで押し戻した。中国攻撃を主張して解任されたマッカーサーの後任として、リッジウェイは4月に国連軍総司令官に昇進した。1951年夏、戦争は行き詰まり、2年におよぶ和平交渉の間も膠着状態が続いた。

夜間砲撃
米国軍155mm榴弾砲による夜間砲撃。リッジウェイが中国人歩兵を「挽肉」にするために使用したのは、こうした兵器であった。

1914年-現在

原子力潜水艦

ノーチラスは原子力を動力源とした世界初の潜水艦である。冷戦時代初期に原子力潜水艦が登場したことにより、海戦は革命的な新段階へと進んだ。

仕様		
製造地 米国	進水年 1954年	乗員 116名
排水量 4092t	全長 67m	最大速力 23ノット
潜航最大深度 213m	武装 53cm魚雷発射管6基	

ハイマン・G・リッコーヴァー率いる米国海軍チームが考案したノーチラスは、1954年に就役した。ノーチラスの原子炉搭載は、給油も浮上もせずに長期間潜行できることを意味した。1955年1月、ノーチラスは90時間で2222kmを潜航するという大記録を打ち立て、その長所を実証した。1958年には何度かの失敗後、潜水艦として初めて氷冠を潜り抜けて北極点に到達した。しかしノーチラスは、技術的な通過点でしかなかった。水中を特に高速で進むわけではなく、装備していた兵器も通常の魚雷であった。原子炉以外の目新しい点としては、甲板上に銃砲が装備されていないこと、そして初期の潜水艦に見られたように交代制で寝台を使うのではなく、乗員一人一人の寝台が備えられたことが挙げられる。だが1959年には、船体設計の改良と新素材の使用によって、より高速で潜航し、はるかに深く潜れる潜水艦がノーチラスの座を奪った。ノーチラスが初期の潜水艦と同様の役割（海上船舶の攻撃）を目的に設計されたのに対し、ノーチラス直後の後継潜水艦は、主に米国の戦略的核戦力の一翼を担う目的で建造された。ポラリス・ミサイルを装備した原子力潜水艦の役割は核抑止力を実現化することであり、追跡と攻撃が困難な機動的な核ミサイル発射台となった。通常戦争において、原子力潜水艦は海上船舶へのミサイル攻撃や、敵の潜水艦追跡など、新たな役割を見出した。ノーチラスは1980年に引退し、現在はコネチカット州に保存されている。

進水 1954年1月の処女航海の日、旗や垂れ布で飾られたノーチラスはコネチカット州グロトンのテムズ川に進水した。

魚雷 魚雷はノーチラスの主要兵器であった。これは予備の魚雷で、1発発射した直後に装填できた。

外側 ノーチラスの外側には平らな場所があり、船体上に船員が立つこともできた。

対抗手段 艦の追跡を阻止するために使われた電子機器。

水平舵制御 潜水艦の左舷にあり、艦首方向を向いて乗組員3人が操作した水平舵制御は、方向と深度の主要制御装置である。計器には深度、浮上能力、針路が表示される。

水密 水圧がかかっても水漏れすることなく密閉できるこうしたドアは、作戦中や緊急時には閉められた。

操舵室 潜水艦の中枢部にある潜望鏡。

水量計 潜水艦のバラスト・タンク内の水量を表示した計器。

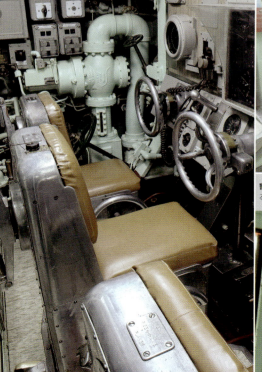

警報機 色分けされた警報器は潜水艦が潜水開始するとき、または他の水中障害物と衝突する危険があるときに鳴り響き、船員に水密ドアを閉めるよう警告した。

植民地独立戦争

第2次世界大戦後、多くの国で経済が弱体化し、また植民地の民族自決を求める国際的な圧力が高まったため、1945年以降、欧州諸国の植民地支配は徐々に崩壊していった。大部分の植民地は自治権強化や交渉によって独立を果たしたが、ポルトガルと、そこまで強硬ではなかったフランスの両国は支配を継続しようとした。中でもインドシナ、アルジェリア、アンゴラで起こった解放戦争により、多くの犠牲を払う結果となった。ポルトガルから独立したアンゴラと、ベルギーから独立したコンゴは急速に非植民地化したため、独立に向けた準備不足がたたり、長期にわたって内戦が続いた。一方、植民地境界線の不備が原因で、特にナイジェリアやインド亜大陸で独立後に数多くの問題が発生した。

第1次インドシナ戦争
ディエンビエンフーの戦い

日付 1954年3月13日-5月7日
兵力 フランス軍/16,000人、ヴェトミン軍/80,000人
場所 ハノイの西160km
死傷者等 フランス軍/死者8,500人、捕虜10,000人、ヴェトミン軍/23,000人

支配国フランスからヴェトナムの独立を勝ち取る戦いは1946年に始まり、ディエンビエンフーの包囲攻撃によって山場を迎えた。戦局の行き詰まりを打破しようと試みたフランス軍最高司令官アンリ・ナヴァールは、大半が農民で構成されたヴェトミンのゲリラ兵を戦闘に誘い出し、火力によって壊滅しようとした。この計画は、ヴェトミン司令官ザップ将軍の手腕と機略を過小評価していた。フランス空挺部隊は、ヴェトミン領内の戦略上重要なディエンビエンフー村を占拠したが、逆にヴェトミンに包囲された。ヴェトミンは村の周囲の丘に重砲を配備して防備を固め、フランス軍の空からの補給を絶った。2カ月弱の激しい砲撃の末、フランス軍守備隊は降伏、この包囲攻撃と続く捕虜生活を生き延びたフランス兵はわずか3300人であった。この敗北から2カ月以内に休戦となり、ヴェトナムとインドシナの他の地域におけるフランスの植民地支配は終わりを告げ、フランスの威信は失墜した。

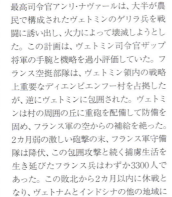

1912年-
ヴォー・グエン・ザップ将軍
GENERAL VO NGUYEN GIAP

ザップは1933年に共産党に入党、フランス植民地政府が1939年に共産党を禁止したため中国へ逃れた。中国でヴェトナムの共産党指導者ホー・チ・ミンの側近となり、日本の占領に対する抵抗勢力ヴェトミンを組織するホー・チ・ミンを1942年から45年にかけて補佐した。1954年、ザップはヴェトミンの指揮を執ってフランスとの戦いに勝利すると、その後1965年以降の米国との戦いにも勝ち、技術的に優勢な両国の軍隊をゲリラ戦術の駆使により追い払うことに成功した。

戦勝祝賀
ディエンビエンフーでの戦勝50周年に、フランス軍に勝利したことを祝って行進するヴェトナム兵。この戦勝は独立戦争中の重要な節目であった。

コンゴ動乱
コンゴ動乱

日付 1960年6月30日-1965年11月25日
兵力 コンゴ軍・傭兵/不明、国連平和維持軍/19,828人
場所 主にコンゴ南部のカタンガ州
死傷者等 コンゴ軍/不明、国連平和維持軍/250人

ベルギー政府がコンゴ独立の承認を性急に決定したため、数々の危機が発生した。独立後数日のうちに、カタンガ州が分離独立を宣言し、傭兵に援助を求めたため、国連は平和維持軍の派遣を余儀なくされた。国連軍は1963年1月に監督権を回復したが、1964年に国の北部と東部が分離する結果となった。最終的には1965年のモブツ将軍によるクーデターによって平和が戻り、モブツの腐敗した政府が1997年まで政権を握り続けた。

傭兵
カタンガ反乱軍は、以前に植民地政府に雇用されていたベルギー人傭兵を雇った。

アルジェリア戦争
アルジェの戦い

日付 1956年9月30日-1957年9月
兵力 フランス軍/40,000人、民族解放戦線(FLN)/36,000人
場所 アルジェリアの首都アルジェ
死傷者等 フランス軍/83,000人、FLN/153,000人、民間人/80,000人(全て1954-62年の最小値)

フランス政府がアルジェリアの独立を承認しなかったため、1954年に民族主義者によってゲリラ部隊「民族解放戦線」(FLN)が結成された。当初、戦士800人のFLNは

「マシューを告訴せよ！」
自由の戦士から見ると、拷問と誘拐を行ったジャック・マシュー将軍は戦争犯罪人であった。

総勢2万人のフランス軍に比べてはるかに劣勢で、農村地域での単発のテロ攻撃に専念した。テロに対するフランス軍の報復はすさまじかったが、テロによってFLNは勢力を拡大し、アルジェリアのアラブ人とベルベル人を団結させた。1956年に、FLNは作戦の場を広々として遮蔽物のない地方からアルジェに移した。通りや路地がたくさんあるアルジェの方が防備に適していると見込んだのである。9月30日、FLNはエールフランス航空の事務所など3カ所に爆弾を仕掛けた。その後、戦闘を開始し、爆弾テロと狙撃は1カ月に8000回を超え、12月には白昼堂々とアルジェ市長を暗殺、1957年にはゼネストも起こした。

「アルジェリアを失ったらフランスはフランスでなくなる」
フランス首相ピエール・マンデス・フランス(1954)

暴力が激化したため、フランス第10落下傘師団の司令官マシュー将軍は、1957年の初めに警察権を掌握した。マシューは容赦なく成果をあげ、FLN容疑者を情報収集の目的で拷問、また、誘拐・殺害して人々を威圧した。マシューは9月までに、アルジェ市内のFLNを壊滅させた。だがこの成功にもかかわらず、フランス軍は自国政府の転覆を企て、1962年7月、フランスは国際圧力に屈し、アルジェリアの独立を承認した。

植民地独立戦争

ナイジェリア内戦
ビアフラ戦争

日付	1967年5月30日-1970年1月15日
兵力	ナイジェリア軍/250,000人、ビアフラ軍/150,000人
場所	ナイジェリア南東部
死傷者等	ナイジェリア軍/100,000人、ビアフラ軍/100,000人、民間人/1,000,000人

人道的危機
ビアフラ戦争の主な犠牲者は民間人で、戦闘に巻き込まれ、栄養失調や病気で死亡した。

ナイジェリア南東部のイボ族は1960年の独立以来、中央政府と軍を支配していたが、1966年の政権強化の提案が北部で反イボ派による大虐殺を招き、危機が迫った。事態収拾の試みが失敗に終わると南東地域のイボ族知事、オドゥメグ・オジュク中佐がビアフラ共和国の独立を宣言。フランスとローデシアがビアフラ共和国を、ソ連がナイジェリアを支援した。集団虐殺への恐れからビアフラ人は戦い続けたが、ソ連製の優れた兵器や海上封鎖、飢餓によりビアフラは1970年、無条件降伏した。

アンゴラ内戦
アンゴラ内戦

日付	1975年11月10日-1976年2月17日
兵力	MPLA/40,000人、UNITA/30,000人、FNLA/20,000人、キューバ軍/20,000人
場所	アフリカ中西部
死傷者等	不明

西欧諸国では唯一ポルトガルがアフリカでの支配権を維持すべく強硬に戦い、1974年4月にポルトガルで軍事クーデターが起こったため、ようやく5つの植民地の独立を承認した。1961年以降、ポルトガルはアンゴラで、左翼のアンゴラ解放人民運動（MPLA）、アンゴラ民族解放戦線（FNLA）、アンゴラ全面独立民族同盟（UNITA）の3つの独立運動組織と戦った。1975年11月のアンゴラ独立の際、MPLAはソ連製戦車で武装したキューバ軍の支援を受けて支配権を掌握し、他の2組織を攻撃した。MPLA軍はすぐさまFNLAを倒し、1976年2月までに国のほぼ全域の支配を確立し、正当な政府として広く国際的に認められた。ところが、この戦争にキューバが介入したことで、米国と南アフリカがUNITAの支援強化にまわり、その結果、激しい紛争が起こった。紛争はUNITAの指導者ジョナス・サヴィンビが暗殺され、停戦が合意された2002年4月まで続き、現在もなお不安定な状態のままである。

印パ戦争
印パ戦争

日付	1971年12月3-16日
兵力	バングラデシュ勢/100,000人、パキスタン軍/80,000人（ベンガル駐留）
場所	東西パキスタン、インド、カシミール
死傷者等	インド人/7,000人、パキスタン人/死傷者不明、捕虜93,000人

1947年の英領インド分離独立でイスラム教徒多数の西パキスタンと東パキスタンが誕生したが、ヒンドゥー教のインドによって分断され、1760km離れていた。インド・パキスタン間では、1947-48年と1965年に武力衝突が起こった。3度目の戦争は、東パキスタンのベンガル州での政治危機後に勃発。ベンガル人はイスラム教徒だが、西パキスタン人とは共通点がなかった。1970年12月、政治と経済に対するベンガル人の不満が頂点に達し、ベンガル自治を目指すシェイク・ムジブル・ラーマン率いるアワミ連盟が総選挙に圧勝。だがパキスタン軍は選挙の結果を覆してラーマンを逮捕、アワミ連盟はゼネストを呼びかけ、1971年3月26日にバングラデシュとしてベンガル独立を宣言した。その後の戦闘で、600万人超のベンガル人がインドへ避難、中にはパキスタン軍に国境を越えて追跡された者もいた。インドが防衛準備を進める間、パキスタン軍は12月3日、インド空軍に対し先制空爆を行った。それに対しインドはベンガルに侵攻。それぞれ自国に好都合な国境線を引き直そうとしたため、西側国境では戦車戦も始まった。パキスタンは敵国インドをまたぐ自国2地域間通信網を維持できず、抵抗は長続きしなかった。パキスタン軍は13日間の戦闘の末、インドに無条件降伏。バングラデシュは独立を果たした。

前線の戦闘
東パキスタン（現バングラデシュ）の戦線の脅威となっているインド軍に、バズーカ砲を向けるパキスタン兵。

戦車戦
短期に終結した印パ戦争の激戦の一つに、1971年12月6日にカシミール南部で起こった戦車同士の大規模交戦がある。

1914年-現在

ヴェトナム戦争

1960年代に米国は、共産主義勢力主導のゲリラ部隊と北ヴェトナム正規軍を支援する国々とに対抗し、南ヴェトナム政府の擁護に力を入れ始める。1969年までに、50万人を超える米国軍人がヴェトナムに派遣された。この戦争で米国民の払う犠牲があまりに大きくなったことから1973年初めに米国軍が撤退すると、2年後に北ヴェトナムが勝利を収めた。この紛争で米国人5万8336人とヴェトナム人100万人以上が命を落とした。

ヴェトナム戦争

ヴェトナムは第2次世界大戦の終結時に独立を宣言したが、フランス軍と、入れ替わりにやって来た米国軍がヴェトナムから退去するまで、血なまぐさい争いに30年の歳月を費やした。この戦争は隣接するカンボジアやラオスにも波及し、両国は共産主義革命に成功した。

シーダーフォール作戦

日付 1967年1月8-26日

兵力 米国軍・ヴェトコン軍/ともに信頼できる推計なし

死傷者等 米国軍/409人、南ヴェトナム軍/19人、ヴェトコン軍/死者750人、捕虜280人

場所 ヴェトナム、サイゴン（現ホーチミン）の北西60km

シーダーフォール作戦は、共産主義勢力をサイゴン郊外にある難攻不落の本拠地「鉄の三角地帯」から駆逐しようとするものだった。妨害部隊が「鉄床」として配置され、ヘリコプターと地上からの襲撃が敵を打ち砕く「ハンマー」の役割を果たした。1月8日、作戦は大々的に開始され、ヘリコプター60機の大部隊が飛来してベンスック村を包囲。米国軍部隊はその後数週間かけて包囲した区域を捜索し、ゲリラが使用していたトンネル状の地下要塞を破壊した。しかし敵の大半は米国軍の哨兵線をすり抜けていたため、交戦した相手は比較的少なかった。19日間に及んだ作戦は、ベンスック村の破壊と村民の強制退去をもって終了した。

哨戒中の兵士たち
米国海兵隊がジャングル用の迷彩服を着用し、戦闘偵察のため巡回する。こうした任務には無線通信が不可欠だった。

ローリングサンダー作戦

日付 1965年3月2日-1968年10月31日

兵力 米国軍/出撃延べ30万6,380回、投下爆弾643,000t

死傷者等 米国軍/航空機938機、死傷者1,084人、北ヴェトナム軍/航空機118機、死者52,000人

場所 ヴェトナム北部

米国は戦争初期に「報復としての爆撃」を繰り返した後、1965年3月から北ヴェトナムに対する組織的な空爆作戦を開始する。このローリングサンダー作戦は3年以上続いた。米国海軍と海兵隊の航空機が、トンキン湾内の空母と南ヴェトナムにある海軍航空基地から爆撃を実施。また米国空軍はタイの基地から出動し、さらに米国戦略空軍のB-52爆撃機が沖縄とグアムから飛来した。だが米国軍の航空部隊は敵の手強い防空に遭う。北ヴェトナムはソ連から提供されたSA-2地対空ミサイル（SAM）と対空砲に加え、MiG-17とMiG-21戦闘機を保有していた。中国国境沿いと主要都市周辺は攻撃を禁止されていたため、ミグ機はその安全な聖域を拠点に軍事行動をとっていた。米国軍はまもなく、低空飛行での爆撃は対空砲による被害が大きいと気づき、レーダーの電波を撹乱する電子妨害手段と、SAMを破壊するシュライク・ミサイルを頼りに、飛行高度を上げた。攻撃機を護衛するミサイル搭載のF-4ファントム戦闘機は当初、機関砲を備えておらず、空中戦でになく要撃任務の訓練を受けた飛行士が操縦した。攻撃機が搭載していたのは、従来の自由落下型爆弾や、操縦桿で目標への誘導が必要な、つまり戦闘中に容易にできない操作を要する空対地誘導ミサイル「ブルパップ」だったため、目標へ正確に命中させることは困難だった。北爆の狙いは、北ヴェトナムに大きな被害を与え、南ヴェトナムにおける戦争助長を阻止することだったが、明らかに失敗だった。

B-52爆撃機ストラトフォートレス
ボーイング社のB-52戦闘機は戦略核爆撃機として設計されたが、ヴェトナムでは高高度飛行の従来型爆撃機として活躍した。

対空砲
こうした北ヴェトナムの対空砲は、低空飛行の攻撃機に対してきわめて効果的だった。

ヴェトナム戦争
テト攻勢

日付	1968年1月31日-3月2日
場所	南ヴェトナム
兵力	ヴェトコン・北ヴェトナム軍/84,000人、米国軍/500,000人、南ヴェトナム軍/350,000人
死傷者等	ヴェトコン・北ヴェトナム軍/45,000人、米国軍/9,000人、南ヴェトナム軍/11,000人

1968年初め、北ヴェトナム国防相ヴォー・グエン・ザップ将軍は、この戦争に勝利するつもりで攻撃を開始した。ヴェトコンのゲリラと北ヴェトナム軍（NVA）が南ヴェトナム全土を一斉に攻撃することで、民衆の蜂起を促し、南ヴェトナムにおける米国軍の立場を軍事的にも政治的にも弱めるつもりだった。1月21日、NVAは大攻勢の前哨戦として、南北ヴェトナムを隔てる非武装地帯に近いケサンの米国軍海兵隊基地を包囲し、ディエンビエンフーの戦い（338ページ参照）同様に米国軍を脅かした。続いて1月31日には大攻勢が行われたが、おりしもテト（旧正月）の祝日に当たり、慣例で南ヴェトナム軍兵士の多くは休暇をとっていた。共産主義勢力は、首都サイゴンとかつてグエン王朝の都があったフエを含め、100以上の主要都市と町を占拠した。サイゴンではヴェトコンの1小隊が米国大使館の敷地内にまで踏み込んだが、建物に侵入する前に全滅した。南ヴェトナム軍は目覚ましい献身ぶりと意気込みで戦い、都市部の大半は同軍と米国軍によって数日のうちに奪還された。サイゴンでは散発的な戦闘が3月初旬まで続いたが、最も長く激しい戦闘が行われたのはフエである。王宮の城郭は1月31日にNVAに占領され、その後の南ヴェトナムの反撃にも持ちこたえた。2月には町を奪い返そうと、海軍による砲撃支援を得ながら戸別の掃討作戦が始まった。3月2日のフエ奪還までに市の建物の半数が全半壊し、米国軍は1500人の死傷者を出していた。ケサンの包囲も4月8日まで続いたが、北ヴェトナム軍の敗北で終わった。総じてこの攻勢は、共産主義勢力にとって軍事的大惨事であった。潜伏していたヴェトコンのゲリラ部隊は、野戦の場に姿を現した結果、大虐殺に遭った。ヴェトコンの後押しによる民衆の蜂起も起こらず、南ヴェトナム軍の守りは固かった。しかし政治的に見て、米国大統領選挙の年に起きた同攻勢は、米国民と政治家にこの戦争には勝ち目がないことを悟らせ、米国の軍事介入に致命的打撃を与えた。3月31日、ジョンソン大統領は北ヴェトナムとの和平交渉を検討中だと発表した。

バズーカ砲
ヴェトコンはテト攻勢にバズーカ砲を使用したが、米国軍はヴェトナム戦争にはもはや使っていない。

航空騎兵
偵察任務遂行中、米国軍第1騎兵師団がベル社製UH-1へリコプターから飛び降りる。

パープル・ハート（名誉負傷章）
戦傷を負った米国軍人に贈られる勲章。ヴェトナム戦争中、約20万人が受勲した。

ヴェトナム戦争
イースター攻勢

日付	1972年3月30日-7月11日
場所	南ヴェトナム
兵力	北ヴェトナム軍/200,000人、南ヴェトナム軍/500,000人
死傷者等	北ヴェトナム軍/100,000人、南ヴェトナム軍/50,000人

1972年までに米国軍地上部隊は戦闘活動を停止し、ヴェトナムから撤退し始めていた。南ヴェトナム軍は、なお米空軍と海軍の支援を得ながらだったが、戦闘を引き継いだ。ゲリラ戦術から野戦に切り替えた北ヴェトナム軍は、3月31日、ソ連製のT-54戦車と130mm砲を使って本格的に南ヴェトナムへの侵入を開始した。攻勢は北のクアンチとフエ、中央高地のコントゥム、そして南のアンロクという3方面で開始された。これに対し、リチャード・ニクソン大統領は北爆を再開した。米国軍はラインバッカー作戦で新型のスマート爆弾を使用し、北ヴェトナム軍の補給経路を壊滅させた。B-52などの米国軍機も、南へ攻め込む部隊に大きな損失を与えた。最初の1カ月、北ヴェトナム軍は順調に前進した。アンロクとコントゥムは包囲され、5月1日にはクアンチが北ヴェトナム軍の戦車部隊の手に落ちた。南ヴェトナム軍の兵士と民間人は南へ逃げたが、防衛線はフエの手前で保たれた。流れが変わるのは5月下旬以降である。7月11日にアンロクの包囲は解除され、クアンチは9月になってようやく奪還された。侵攻は失敗に終わったが、南ヴェトナム領内に北ヴェトナム軍の部隊が残留し、1973年1月の米国との和平協定後もそのまま駐留した。1975年にサイゴンを陥落させたのもこの部隊だった。

韓国軍の支援
ヴェトナム人女性のそばで膝を曲げて休む韓国兵。米国軍側に付いてヴェトナムで戦った韓国兵は約4400人が戦死した。

1914年-現在

AH-64攻撃ヘリコプター

対戦車用に設計されたAH-64攻撃ヘリコプターには、現代の戦場で広く用いられる高度な攻撃・防御技術がふんだんに盛り込まれている。

米国初の攻撃ヘリコプター、AH-1コブラは、ヴェトナム戦争中に部隊を敵地へ上陸させる強襲ヘリコプターの火力支援用として米国陸軍に採用された。1984年にAH-64アパッチが導入されるころには、攻撃ヘリコプターは戦車の破壊という新たな役割を担うようになっていた。マクドネル・ダグラス社(現ボーイング社)が開発したAH-64は、1991年の「砂漠の嵐」作戦において成果を上げて以来、2001年の米国によるアフガニスタン侵攻や、2003年の英米国軍によるイラク戦争に使用されてきた。ここではAH-64Dアパッチ・ロングボウを紹介する。

攻撃と防御

AH-64は2人乗りの双発ヘリコプターである。射手兼副操縦席は前方、操縦席はその後部上方にある。チェーンガン(自動式機関砲)やハイドラ70mmロケット弾などでも武装されているが、主要装備は最大16発のヘルファイア対戦車用ミサイルである。ヘリコプターに備わる高度な目標捕捉・発射制御システムを使うため、乗組員は目標を選んで発射するだけでよい。ミサイル自体が目標を捉え、後はすべて行う。この「撃ち放し」能力(ミサイル自体が目標を追尾する能力)によって、ヘリコプターは発射と同時に回避行動へ移ることができる。かつて、動きの遅いヘリコプターは戦場で攻撃を受けやすいと懸念されたが、AH-64Dには赤外線誘導式ミサイルの攻撃に対処するため、位置を突き止められるのを防ぐ赤外線放射抑止装置や、対抗措置をとるための侵入ミサイル警告など、様々な防衛装置が備わっている。赤外線画像を使用するアパッチは、天候や昼夜を問わず稼動可能で、敵のレーダーに探知されないよう地形に沿って飛行することができる。

全関節型メインローターブレード

赤外線スキャナーのタレット

自動防衛システムのセンサー

スタブウィング ロケット弾とミサイルがヘリコプターのスタブウィング下に搭載されている。

チェーンガンと装填装置 30mmチェーンガンは銃弾を毎分625発で、最大1200発発射できる。

HIDAS ロングボウは、危険を自動感知し必要な対抗措置を実行する「ヘリコプター総合防御支援装置(HIDAS)」を採用している。

ワイヤーカッター ヘリコプターの機体の要所にはカッターが設置され、機体の墜落を招く送電線や電話線などあらゆるワイヤーを切断する。

フレア・コンテナ フレア(火炎弾)はヘリコプターの後尾付近に設置されたコンテナに搭載され、機体の自動防衛システムによって発射される。

メインロータードライブ 全関節型のメインローターブレードは、ラミネートスチール製のストラップを重ねたものでハブに固定されている。航空機や船で輸送する際、簡単に折りたたみや取り外しができる。

ロケット弾ポッドの前部と後部 ロングボウにはロケット弾ポッドが2カ所あり、それぞれ19発のロケット弾を発射できる。

ミサイル アパッチは4つのレール式ランチャーに最大16発の空対地ヘルファイア・ミサイルを装備できる。

テールローター 小さなテールローターの2枚のブレード部分は、騒音を軽減するため55度で交差する。

AH-64Dアパッチ・ロングボウ
米国軍が英陸軍のために製作した攻撃ヘリコプター。

レーダードームがメインローターマストに装着されている

ターボエンジンは装甲で保護されている

テールロータードライブ

仕様	
製造地 米国	製造年 2004年
胴体長 15.5m	メインローター直径 14.6m
全高 4.95m	巡航速度 時速約259km

チェーンガンと弾薬装塡装置

固定脚

ロケット弾とミサイルのランチャー

フレアコンテナ

尾輪はロック可能

操縦席 ヘリコプターのすべてのシステムは、それぞれ機長と副操縦士の操縦席にある2つの画面に表示される。操縦士は各画面の周りにあるボタンを操作してシステムを管理する。

操縦装置 副操縦士はヘリコプターに搭載された火器の発射を担当するが、機長はその操作を解除し自分で火器を発射することができる。

安全ベルト 座席とアパッチ本体には数々の優れた安全装置が組み込まれているため、秒速12.8mで急降下し地面に激突しても、乗組員は95％の確率で助かる。

キャノピーの放出 機長と副操縦士を覆う装甲されたキャノピー（天蓋）は、緊急時には放出される。

操縦士の単眼鏡 夜間は単眼鏡によって得られる赤外線画像を用いる。

中東戦争

1948年、それまで英国の委任統治領だったパレスチナに、ユダヤ人の独立国家イスラエルを建設するという決定が下され、この地に5回の大規模な戦争と、祖国を求めて戦うパレスチナ人による長期の「インティファーダ」(民衆蜂起)が引き起こされた。ユダヤ人とアラブ人の間の敵意は根強く、同地域は半世紀以上も不安定な状態に置かれ、近い将来に争いが沈静化する兆しもない。

戦争中のイスラエル
イスラエルは独立後に4回、隣国への侵入・占領を繰り返したが、現在はヨルダン川西岸地区、ガザ地区、ゴラン高原のみを保持している。

第1次中東戦争

日付 1948年5月15日-1949年7月20日

兵力 アラブ軍/22,500-25,500人、イスラエル軍/約30,000人

場所 パレスチナの旧英国委任統治領

死傷者等 アラブ軍/8,000-15,000人、イスラエル軍/4,000人、パレスチナ難民/700,000人

英国軍がパレスチナから撤退した1948年5月14日、イスラエルは独立を宣言。翌日、エジプト、トランスヨルダン、シリア、レバノン、イラクからなるアラブ軍が侵攻。数的に劣るイスラエル軍は訓練と軍備でアラブ軍を上回り、指揮系統や補給路でも有利であった。何より、イスラエル軍は自国存続のために戦ったが、アラブ軍には共通の戦略がなかった。アラブ軍の攻撃は6月まで続いたが、その後、形勢は逆転、最終的にイスラエル軍はヨルダン川西岸地区とガザ地区を除く英国委任統治領全域を占領した。1949年7月の停戦協定で紛争はようやく終結した。

第2次中東戦争

日付 1956年10月29日-11月7日

兵力 イスラエル軍対エジプト軍、英仏軍、国連平和維持軍が介入

場所 イスラエル・エジプト間に位置するシナイ半島

死傷者等 信頼できる推計なし

ガザ地区でイスラエルに対するテロ攻撃が続き、1955年以降、エジプト・イスラエル間の緊張が高まった。エジプトの新大統領ガマール・アブドゥン=ナセルはアカバ湾を封鎖し、イスラエル唯一の紅海に面した港エーラトを封じた。1956年7月には、主に英国政府とフランスの投資家が株主のスエズ運河会社を国有化。アラブ人の攻撃を恐れたイスラエルは先制攻撃を仕掛け、シナイ半島に侵攻。この侵攻については、あらかじめ英仏が秘密裏に合意しており、英仏が

ポートサイード
1956年11月、ポートサイードの廃墟。幼い少年が英国軍戦車に乗った兵士の前で呆然と立ち尽くす。

後から停戦を求める最後通告をすることになっていた。双方が通告を拒否すると、英仏軍の海軍機がエジプト軍の拠点を攻撃し、10月31日には運河を奪取するため、空挺部隊がポートサイードに上陸。国連と米国からの圧力で11月7日には停戦となり、英仏軍は撤退を余儀なくされた。エーラト港の封鎖が解除され、ガザ地区における攻撃の脅威が和らぐと、イスラエル軍は1957年3月にシナイ半島から撤退した。国連平和維持軍はその後、イスラエルとエジプトを引き離すために駐留した。

第3次中東戦争

日付 1967年6月5-10日

兵力 イスラエル軍/264,000人、エジプト・ヨルダン・イラク・シリア軍/410,000人

場所 ヨルダン川西岸地区、ゴラン高原、シナイ半島

死傷者等 信頼できる推計なし、パレスチナ難民/300,000人

第2次中東戦争後、シナイ半島には国連平和維持軍が駐留していたが、同軍がエジプトの圧力を受けて1967年5月に撤退すると、エジプトはすばやくエーラトの海上封鎖を再開し、エジプト・ヨルダン・イラク・シリアの部隊がイスラエル国境沿いに集結した。しかし、またもやイスラエルが主導権を握る。イスラエル空軍はエジプト空軍に対する大規模な空襲を繰り返し、基地にあった航空機の8割を破壊して制空権を握った。イスラエル軍はヨルダンとシリアに対しても同様の攻撃を行い、その後シナイ半島に侵攻すると6月8日にはスエズ運河に到達した。同時に、イスラエル軍の戦車部隊と空挺部隊がヨルダンの保持する東エルサレムに侵攻し、ヨルダン川西岸全域を占領した。ま

たゴラン高原を占領し、さらにシリア領内へ48km侵攻することで、シリア軍の20年に及ぶ爆撃に対し報復を行った。6月10日の停戦時までにイスラエルは領土を2倍に広げ、国境線を縮め、都市を敵の射程圏から遠ざけた。しかし同時に60万人のパレスチナ人が支配下に加わり、将来さらなる報復行動が起きる可能性をも抱え込んだ。

接近戦
第3次中東戦争中、紛争中のゴラン高原で、塹壕からシリア戦線へ手榴弾を投げようとするイスラエル兵。

中東戦争

ファントム
第4次中東戦争当時、イスラエル空軍はF-4（ファントム）、MiG（ミグ）、ミラージュの各戦闘機を保有していた。

SA-6ゲインフル地対空ミサイル
第4次中東戦争中、エジプトの地対空ミサイル（SAM）はイスラエル軍機にとってかなりの脅威だった。イスラエル軍の操縦士は自軍の発するレーダーが敵に探知されていることに気づかなかったため、ソ連製のSA-6ミサイルランチャーによって、戦争初期には100機以上のイスラエル機が撃墜された。ひとたびレーダー警報受信機が改良されると、ミサイルの脅威は大幅に減少した。

- **弾頭** 弾頭の重さは56kg
- **モーターケース** ミサイルは固体燃料ロケットモーターで推進される

仕様
製造地	ソ連
製造年	1973年
重量	600kg
最高速度	マッハ2.8
最大射高	12,000m

第4次中東戦争

- **日付** 1973年10月6-24日
- **兵力** イスラエル軍/不明、アラブ軍/不明
- **場所** シナイ半島、ゴラン高原
- **死傷者等** イスラエル軍/死者2,688人、捕虜314人、アラブ軍/死者19,000人、捕虜8,783人

第3次中東戦争で、イスラエルは軍事的には勝利を収めたものの、敗戦したアラブ諸国が領土と引き換えに和解する姿勢をまったく見せなかったため、政治的に見て成功とは言えなかった。特にエジプトは、イスラエルに軍事力で劣り、シナイ半島を占領されたことで面目を失ったため、スエズ運河の対岸に向けて砲爆撃を展開した。この「消耗戦争」と呼ばれる砲撃戦は3年間続き、1970年8月にようやく終結した。エジプトはアンワル・サダト新大統領の下にシリアと連携し、ユダヤ暦で特に重要な祭日、贖罪日（ヨム・キプール）の1973年10月6日にイスラエルへ奇襲攻撃を仕掛ける計画を立てた。イスラエル軍の不意を突いたエジプト軍は、スエズ運河を越えてシナイ半島へ進出した。同軍は地対空ミサイル砲台を用いてイスラエル空軍の攻撃を封じ、携帯式対戦車ミサイルで戦車隊を壊滅させた。イスラエルのメイア首相は米国に援助を求めたが、米国が渋るうちにソ連がエジプトとシリアに兵器を補給し、そこでようやくニクソン米国大統領はイスラエルに兵器の緊急供給を行った。エジプト軍は開戦当初こそ成功を収めたものの、10月9日には防御網を越えたため行き詰まった。イスラエルはその後10月16日に形勢を逆転させた。ヘリコプターによる猛攻撃でエジプト軍の防空能力を奪うと、アリエル・シャロン将軍はエジプト陸軍の2軍を撃破してスエズ運河の西岸へ渡ることに成功し、エジプト第3軍を包囲した。北方ではシリア軍がゴラン高原を攻撃したが、数では劣るイスラエル国防軍がシリア軍の戦車900台近くを破壊し、シリアの首都ダマスカスまで40kmの地点に迫った。10月24日、国連の停戦決議によってこの紛争は終結した。

出陣
1973年10月1日、エジプトの戦車部隊がユダヤの祭日「ヨム・キプール」の最中に行われるイスラエル侵攻へ備える。

レバノン戦争

- **日付** 1982年6月6日-1985年6月10日
- **兵力** イスラエルのキリスト教系ファランヘ党/不明、PLO・シリア・レバノンのイスラム教徒/不明
- **場所** レバノン南部
- **死傷者等** イスラエル軍/675人、アラブ人と民間人/17,825人

1948年のイスラエル建国後、11万人超のパレスチナ難民が北のレバノンへ逃れた。パレスチナ解放機構（PLO）は1970年に本部をレバノンへ移し、1980年代には難民30万人超の対イスラエル闘争における中心組織となった。こうしたパレスチナ人の存在によってレバノン情勢は不安定になり、1975年には内戦が勃発。キリスト教とイスラム教の勢力が覇権をめぐって戦い、1976年にはイスラム勢力を支援するシリア軍が介入。PLOは1968年以来、レバノンを拠点にイスラエル北部へロケット攻撃を行っていた。そのためイスラエルは1982年にレバノンへ侵攻し、自国とパレスチナ人居住区との間に緩衝地帯を設け、同時にレバノンにおけるシリアの影響力抑制を図った。イスラエル軍の戦車部隊は首都へ進軍し、西ベイルートの拠点を包囲した。パレスチナ人の多くは8月下旬に友好国へ避難したが、イスラエル軍と結託したキリスト教武装組織は9月18日に西ベイルートのサブラとシャティーラにある難民キャンプ2カ所を攻撃し、800人を殺害。国際的非難と自国内での激しい抗議を受けたイスラエル軍は、9月末までに西ベイルートから撤退した。長期にわたる外交交渉の末、イスラエルは残留部隊と同国が支援する武装組織を狭い緩衝地帯に残し、1985年6月に部隊の大半をレバノンから撤収。完全撤退の実現は2000年だった。

ヤセル・アラファト
ヤセル・アラファトは1969年から2004年に没するまでPLOの議長を務めた。1983年にはイスラエル軍の侵攻によってレバノンを追われた。

爆撃の余波
1982年の2カ月半に及ぶ包囲の間、西ベイルートは陸海空からの爆撃に絶えずさらされ、多くの生命が奪われた。

1914年-現在

現代の兵器

1944年にドイツの突撃銃「シュトルムゲヴェーア」が導入されると、新時代の方向性が示され、第2次世界大戦の終盤まで普及していたボルトアクション・ライフル（遊底を手動で操作し装填する小銃）は、より軽量な半自動小銃や自動小銃に取って代わられた。携行型地対空ミサイルやロケット推進擲弾（RPG）などの兵器は、歩兵がヘリコプターや戦車に持ち込めるようになった。現代の小型兵器は大量生産され、世界中の正規軍はもとより、ゲリラ兵やテロリストも十分に武装できるようになった。

ゲリラの兵器
アンゴラ政府と対立するアンゴラ全面独立民族同盟（UNITA）のゲリラ部隊が、カラシニコフ突撃銃AK-47の使い方を訓練。AK系統の小銃は4000万丁以上製造されたと考えられる。

カラシニコフ突撃銃AK-47
- 銃床は木製（銃床が金属製のAK-47もある）
- 長いボックスマガジンには30発装弾できる

突撃銃
突撃銃は軽量で携行しやすく、単射と連射の切り替えが可能で、高度な射撃力を発揮する。広く普及している突撃銃には、ソ連時代のAK-47や米国のM16、そしてベルギーのファブリックナショナル（FN）社のFALシリーズなどがある。

FN社の突撃銃FAL パラトルーパー
- 照星
- 一体型折りたたみ式二脚
- 台尻は折りたたみ式のスケルトン構造

ヘッケラー＆コッホ社製短機関銃MP5
- 銃床部品の固定ピン
- 安全装置・発砲の切り替えレバー

弾頭

イラク製ロケット・ランチャー
アル・ナシリアRPGはソ連製RPG-7のイラク版である。この兵器は安価で操作が簡単なうえ、装甲車を破壊することができる。

ソ連製ロケット推進擲弾
このRPG-7シリーズはソ連空挺部隊のために作られた。「成形炸薬」を使用した弾頭は、戦車に穴を開けることができる。

短機関銃
短機関銃は、機関銃の連射機構と拳銃弾を組み合わせたものである。第2次世界大戦中には、英国製ステン短機関銃や米国製M3短機関銃のようなモデルが広く使用されていた。1950年代にはステンに代わってスターリングが使われ始めたが、米陸軍では短機関銃の使用をほぼ中止した。ドイツ製MP5などいくつかのモデルは、特に小型モデルを必要とする特殊部隊で引き続き用いられている。

スターリングL2A3短機関銃
- 用心金
- 銃床の先は銃身の下に折りたたまれる

英国軍で支給される汎用機関銃

弾薬筒

通常は手持ちではなく二脚を装着して射撃を行う

機関銃の挿弾子

用途の広い銃
ほとんどの軍に汎用機関銃が配備され、二脚や三脚を装着して、または車両やヘリコプターに搭載して使用されている。

M60機関銃

ピストル・グリップ

重機関銃

突撃銃も発射速度は速いが、軍隊はなお保弾帯を使った重い機関銃を必要としている。重機関銃は口径が大きく、射程距離が長く、発射量が多い点に特徴がある。保弾帯を使用することから操作には2人必要で、重量があるため分解して兵士数人で運ばなければならない。

標準仕様
M60機関銃は、ヴェトナム戦争中に米陸軍分隊へ配備された標準的な機関銃である。実戦に導入されて30年以上経つが、人気の高い武器ではない。

小銃擲弾（ライフル・グレネード）
この米国製突撃銃M16には、M203擲弾発射器（グレネード・ランチャー）が装着されている。このようなランチャーの射程は限られているが、対人兵器としては効果を発揮する。

キャリング・ハンドル

樹脂製の銃床

グレネード・ランチャーの銃身

M16A1突撃銃

ロケット・ランチャー「アル・ナシリア」

ロケット排気口

覆面の戦士
炎上する米国軍車両の前でイラクの反乱軍兵士がRPGを振りかざす。左の男は再装塡用の擲弾を持っている。

ソ連製PG-7ロケット推進擲弾

折りたたみ式の安定フィン

擲弾発射器（グレネード・ランチャー）

小銃擲弾は通常の小銃、または散弾銃型のグレネード・ランチャーから発射される。最もよく知られたグレネード・ランチャーはソ連で開発されたRPG-7で、ゲリラ戦とテロ活動で頻繁に使用されるようになった。弾頭は液状金属の噴出を推進力として目標に向かい、ほとんどの戦車の装甲を貫通することができる。

ゲリラとテロリスト

中国の国共内戦、ヴェトナム戦争、カストロのキューバ革命などの出来事を通して、共産主義勢力や反植民地主義勢力に特有の革命活動としてゲリラ戦が定着した。もっとも、1980年代に米国が支援したニカラグアの「コントラ」や、アフガニスタンの「ムジャーヒディーン」は、これがどんな政治運動にも利用できる戦略であることを示している。暗殺や破壊行為などのテロ行為はゲリラ活動に付随するものだったが、1960年代初頭にテロ行為は武力衝突そのものの形を取るようになった。テロリストの集団には、限られた地域で運動して限定的な目的を追求するものや、マルクス主義やイスラム原理主義の視点からほかならぬ国際資本主義経済の破綻を目論むものまで様々である。

カストロとキューバ
キューバ革命

日付	1956年11月25日–1959年1月1日
兵力	ゲリラ勢/300人、キューバ政府軍/30,000人(1958年5月)
場所	キューバ
死傷者等	信頼できる推計なし

フィデル・カストロは1953年、キューバの独裁者フルヘンシオ・バティスタに対する反乱に関与し、逮捕された。2年後に釈放されるとメキシコへ渡り、同地で武装集団を結成した。1956年12月、カストロは81人のメンバーとともにキューバに上陸したが、この脆弱な軍団はキューバ軍に一蹴されてしまう。カストロは軍医エルネスト・チェ・ゲバラを含む数人の生存者とともにマエストラ山脈へ逃げ込んだ。キューバ各地からの反バティスタ分子によって補強された革命軍は、キューバ軍の前哨部隊に奇襲攻撃を仕掛け始めた。1958年夏、バティスタはゲリラ勢力を山脈から一掃するために大規模な軍事作戦を開始したが、まとまりのない政府軍は再三打ち負かされ、隊伍を乱して退却した。そのころバティスタは米国からの支援を失い、都市部におけるストライキ、暴動、破壊行為に直面していた。カストロの軍団は大した抵抗にも遭わず町々を占領し始めた。バティスタは1959年1月1日に国外へ逃亡し、カストロは権力者の地位に就いた。

反政府集団
1957年6月、フィデル・カストロ(中央)とチェ・ゲバラ(前列左から2番目)を含むゲリラ軍団。

> 「2つ、3つ、そして数多くのヴェトナムが世界中に現れ、それぞれのヴェトナムが死と限りない悲劇をはらみながらも日々勇敢に戦い、帝国主義に繰り返し痛撃を与えるなら、明るい未来はなんと近いことか」
>
> **戦争の証人**
> **エルネスト・チェ・ゲバラ**
> ERNESTO "CHE" GUEVARA

1966年1月の三大陸人民連帯会議へあてたこのメッセージの中で、反政府指導者ゲバラは、世界中で起こるゲリラ戦争が「米国の帝国主義者」の対応能力を超えるだろうと予測した。

ピッグス湾事件
ピッグス湾事件

日付	1961年4月17–19日
兵力	亡命キューバ人部隊/1,300人、カストロ軍/不明
場所	キューバ南岸のプラヤ・ヒロン
死傷者等	亡命キューバ人部隊/死者120人、捕虜1,180人、カストロ軍/3,000人

米国は直ちに、カストロ政権転覆の決断を下す。CIAは亡命キューバ人部隊を組織し、B-26爆撃機の飛行訓練を実施。米国の直接介入をなんとか避けようとしたジョン・F・ケネディが大統領に就任したころ、その準備はかなり進んでいた。キューバ空軍の壊滅を狙ったB-26による最初の攻撃は、規模を縮小され失敗に終わる。続いて侵入軍は航空支援なしにピッグス湾に上陸した。亡命キューバ人部隊は空から散発攻撃され、数的に優位なカストロ軍に打ち負かされたが、米国の海軍と空軍は介入しなかった。

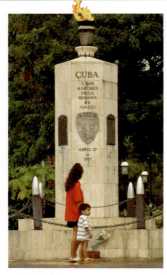

亡命者の記念碑
フロリダ州マイアミに亡命キューバ人が建てた記念碑は、ピッグス湾事件の犠牲者をまつる。

ボリビア
ボリビアのゲリラ戦

日付	1966年11月3日–1967年10月9日
兵力	ゲバラ率いるゲリラ勢/50人、ボリビア軍レンジャー部隊/600人
場所	ボリビア
死傷者等	ゲリラ勢/全員が死亡、捕虜、または離散

1966年11月、フィデル・カストロが特に信任する仲間の一人、アルゼンチン出身のエルネスト・チェ・ゲバラが変装してボリビアに潜入し、少人数の仲間を集めてゲリラ・キャンプを設営した。この集団はボリビア人だけでなく、半分はキューバ人だったため、現地での支持を得られなかった。1967年3月にキャンプが政府軍に制圧されると、それ以降ゲバラたちはゲリラ活動を繰り返した。小規模な交戦ではボリビア軍に勝つこともあったが、食糧やその他の基本的な物資が不足していた。米国式の訓練を受けたボリビア軍のレンジャー部隊が7月下旬に配備されると、ゲバラの部隊には多くの死傷者が出た。10月8日、生き残ったゲリラ兵がレンジャー部隊に包囲され、2時間の銃撃戦の末、大半が死亡、または捕えられた。ゲバラも負傷して捕えられ、翌日射殺された。

戦に倒れた英雄
1967年10月9日の処刑後、ボリビア軍がゲバラの遺体を世界中のメディアに誇らしげに公開する。

PFLP旅客機同時ハイジャック事件

PFLP旅客機同時ハイジャック事件

日付	1970年9月6-12日
兵力	テロリスト/不明、人質/313人
死傷者等	テロリスト/死者1名
場所	ヨルダンの砂漠地帯

1970年9月6日、パレスチナ解放人民戦線（PFLP）はニューヨーク行きの旅客機3機をハイジャックした。4機目の乗っ取りは阻止された。2機はヨルダン国内にあるがパレスチナの支配下に置かれた空港、「ドーソン基地」へ向かった。3機目はカイロに向かい、そこで爆破された。数日後、さらにもう1機がハイジャックされ、ドーソン基地へ向かった。乗客と乗員を人質にとったPFLPは、拘束されているテロリストの解放を要求した。ヨルダン政府が軍事対決の姿勢を見せたため、緊張が高まった。9月12日、航空機はすべて爆破されたが、交渉を通じ、囚人の解放と引き換えに人質は解放されていた。

砂漠で炎上する機体

ドーソン基地で、パレスチナ人テロリストが爆破した旅客機から巨大な煙が立ち上る。テロリストは航空機すべてを破壊したが、人質は全員無事だった。

エンテベ空港奇襲作戦

エンテベ空港奇襲作戦

日付	1976年6月27日-7月4日
兵力	テロリスト/6-10人、イスラエル軍/100人以上
死傷者等	テロリスト/死者6-10人、ウガンダ軍/死者45人、イスラエル軍/死者1人、人質/死者3人
場所	ウガンダの首都カンパラの近郊

1976年6月27日、イスラエルからフランスへ飛行中の旅客機が、パレスチナ解放人民戦線とドイツのテロリスト集団バーダー・マインホフ（ドイツ赤軍）のメンバーにハイジャックされた。ウガンダの独裁者イディ・アミン・ダダがPFLPを支援していたため、旅客機は同国のエンテベに着陸させられた。非ユダヤ系の乗客は解放されたが、イスラエル人は人質として空港の旧ターミナルビルに拘束され、ハイジャック犯は監禁されているテロリストの釈放を要求。イスラエル政府は人質救出のための大胆な作戦を承認。7月3日の深夜11時、イスラエル空軍のC-130輸送機ハーキュリーズ4機が、定期便の貨物輸送機に続いてエンテベ空港に着陸し、突撃部隊と車両を降ろした。完全な奇襲に成功したイスラエル軍は、テロリストと空港ビルを警護していたウガンダ兵多数を殺害し、作戦は2時間で完了した。

無事帰国

テルアヴィヴのロッド空港で、解放された人質とその救出に当たった兵士の帰還をイスラエルの人々が歓喜して迎える。

米国同時多発テロ事件

米国同時多発テロ事件

日付	2001年9月11日
兵力	テロリスト/19人
死傷者等	テロリスト/死者19人、民間人他/死者2,973人
場所	ニューヨーク市とワシントンD.C.

2001年9月11日の朝、ボストン発の2機、ニューヨークとワシントンD.C.発の各1機、計4機の旅客機が、ナイフで武装したイスラム教徒のテロリストにハイジャックされた。いずれのハイジャック犯もパイロットから操縦桿を奪った。可燃性の航空燃料を大量に搭載した航空機は、米国の金融・軍事・政治力を象徴する建物を狙った自爆テロにおいて、空飛ぶ焼夷弾として使われることになった。午前8時46分、ボーイング767型機がニューヨークの世界貿易センタービル北棟に激突。15分後、2機目のボーイング767型機が南棟を襲った。次にワシントンD.C.の米国防総省本庁舎（ペンタゴン）が攻撃された。午前9時40分、ボーイング757型機が米国の軍司令部に激突した。4機目のハイジャックは、乗客が勇敢にテロリストに立ち向かったため失敗に終わった。だが激闘中に機体は制御不能となり、ペンシルヴァニア州ピッツバーグ郊外に墜落した。10時30分までに、世界貿易センタービルのツインタワーは2棟とも崩落。ジョージ・W・ブッシュ大統領はこの攻撃に対し、「対テロ戦争」を宣言。オサマ・ビンラディンを指導者とするテロ組織アルカイダは、同作戦の影の首謀者と名指しされ、ビンラディンは米国によって国際的に指名手配された。

2度目の攻撃

2機目の旅客機が世界貿易センタービル南棟に激突し爆発する。テロリストの手で航空機は人間誘導ミサイルとなった。

> 「航空機がビルに突入し、炎が燃えさかり、巨大な建造物が崩壊した光景に、われわれの心は不信感と（中略）無言のどうにもならない怒りでいっぱいになった」
>
> ジョージ・W・ブッシュ大統領（2001年9月11日）

1957年-2011年
オサマ・ビンラディン OSAMA BIN LADEN

サウジアラビアの富豪の御曹司オサマ・ビンラディンは、1980年代のソ連のアフガニスタン侵攻では、米国が支援するイスラム教ゲリラ組織の兵の募集と資金援助を行い、有名になった。1990年代には世界中のイスラム過激派に資金を援助する金融ネットワークを確立、同時にスーダンと当時タリバン支配下にあったアフガニスタンで、自ら訓練キャンプを運営。ビンラディンのテロ組織アルカイダは、米国同時多発テロのほか、1998年のケニアとタンザニアの米国大使館爆破事件、サウジアラビアとイエメンの米国軍襲撃事件にも関与したと見られている。

1914年-現在

1980年以降の戦争

冷戦末期となる1980年代には、アフガニスタンやニカラグアを始め、各地の紛争で米ソ間の緊張が高まった。この状況が変化するのは1985年、ミハイル・ゴルバチョフがソ連の最高指導者になり、画一的な体制の改革に着手したときである。ソ連が東欧諸国への支配力を弱め、また自らも1991年に完全に崩壊したため、冷戦は終結した。代わってチェチェンやユーゴスラヴィアでは、長く埋もれていた民族紛争が表面化し、またイラクの独裁者サダム・フセインがもたらす脅威から、中東で3度の大規模な戦争が起こった。2001年以降は、イスラム原理主義によるテロ組織が世界の平穏を揺るがす主な要因となっている。

ソ連のアフガニスタン侵攻

場所 アフガニスタン

日付 1979年12月25日-1989年2月

兵力 ソ連軍/175,000人、ムジャーヒディーン勢/不明

死傷者等 ソ連軍/97,000人、アフガニスタン軍/180,000人、民間人/死者1,500,000人、難民6,000,000人

1980年代の大方を通して続いたアフガニスタン紛争は、1973年7月に端を発する。このとき君主制が転覆され、ムハンマド・ダーウードの下に共和国が成立。近代化を進めるダーウード政府に反対するイスラム教指導者たちは隣国パキスタンに逃れ、ダーウード政権を倒すため1975年に同地で「ムジャーヒディーン」(聖戦の戦士)を組織した。1978年4月、革命評議会によってダーウードが殺害され、共産党主導の政権へ交代すると、同年7月に米国はムジャーヒディーンを支援することになった。ソ連は、同国南部の国境が米国の支援を受けた武装組織によって不安定になることを警戒し、アフガン政府を支援するため1979年12月に8万5000人の軍隊を派遣した。アフガニスタン軍は兵士の脱走によってたちまち崩壊したため、ソ連軍は山岳地帯に詳しく地元住民にも広く支持されたムジャーヒディーンと戦うことになった。結果的にソ連軍は主要都市しか占拠できなかったが、空爆と包囲作戦によって地方を制圧しようとしたため、何百万人もが難民となってパキスタンや近隣諸国へ逃れた。1985年ころには各地でゲリラ戦となり、ミハイル・ゴルバチョフのソ連新政府はアフガニスタンから手を引くことに決めた。ソ連軍の段階的な撤退は1988年5月に始まり、翌年2月に完了。その後3年でムジャーヒディーンが支配権を握り、イスラム共和国が成立したが、1992年12月に敵対するグループ同士の内戦が勃発し、1996年9月に過激派のタリバンが政権を掌握した。

スティンガーの威力
米国が支援したスティンガー地対空ミサイルがソ連の武装ヘリコプターと輸送機を撃墜し、その効力を実証した。

ニカラグアのサンディニスタ革命

場所 ニカラグア

日付 1984年1月-1990年2月25日

兵力 コントラ/15,000人、ニカラグア軍/不明

死傷者等 信頼できる推計なし

サンディニスタ民族解放戦線は、1979年に独裁者アナスタシオ・ソモサを打倒。米国のレーガン政権は、中米の左翼政権誕生に危機感を募らせ、新政府に対立するニカラグア民主戦線、通称「コントラ」を軍事的に支援。1984年11月の大統領選挙でサンディニスタ党のダニエル・オルテガが勝利したが、米国は連邦議会が財政支援を打ち切った後もコントラを支援した。イランへの武器売却で得た利益によりコントラを支援するという米国の秘密計画は、1986年11月に疑獄へと発展したが、サンディニスタ党が1990年の選挙で敗北するまで支援は続いた。

哨戒中の兵士
反政府ゲリラ集団コントラの兵士がニカラグアの川を哨戒する。

イラン・イラク戦争

場所 イランとイラクの国境

日付 1980年9月22日-1988年8月20日

兵力 イラク軍/不明、イラン軍/不明

死傷者等 イラク軍/不明、イラン軍/1,500,000人(毒ガスで殺害/イラン人とクルド人100,000人)

1979年7月、サダム・フセインはイラク大統領に就任し、権力を掌握した。クルド人やシーア派などはフセインのスンニ派政権と対立し、隣国イランは革命で国王を倒したばかりの混乱状態にあった。イラン革命の余波が国内にも及ぶのではないかと懸念したフセインは、両国間を流れる要所シャッタル・アラブ川の領有権争いを名目にイランを攻撃し、これを自国統一の機会として利用した。フセインは、敵は統率がとれておらず容易に勝利できると考え、1980年9月に攻撃を仕掛けたが、イラン軍は猛烈に反撃し、戦争は両国に多数の犠牲者を出して膠着状態に陥った。1988年、不安定ながら和平が回復し、戦争が終結した。

地平線上に見える戦闘
戦争中の1981年、イラン南西部ホラムシャハルで、イラク兵が遠方に上がる煙を見つめる。

フォークランド紛争

フォークランド紛争

日付 1982年3月19日-6月14日

兵力 英国軍/28,000人、アルゼンチン軍/不明

死傷者等 英国軍/死傷者982人、アルゼンチン軍/死傷者と捕虜13,113人

場所 南大西洋、フォークランド諸島

アルゼンチンは長い間、英国が遠隔の南大西洋に保持する領土、フォークランド諸島の領有を主張していた。1982年、同諸島の将来をめぐる交渉に英国が意欲を見せた(結果、同地域の英国海軍力が縮小)ことに乗じてアルゼンチンが侵攻。1982年3月19日、くず鉄業者に扮したアルゼンチンの民間人グループが英領サウスジョージア島に上陸し、アルゼンチンの領有を宣言。英国がグループの強制退去を図ったため、アルゼンチン軍はフォークランド諸島に侵攻した。英国は同諸島奪還を目的に機動部隊を派遣、4月25日にサウスジョージア島を取り戻し、その後フォークランド諸島のアルゼンチン陣地を攻撃。海戦で優位に立ったアルゼンチン軍は、空対艦ミサイル「エクゾセ」を用いて英国艦を6隻沈めたが、空では英国軍が優勢であった。5月21日、東フォークランド島に上陸した英国軍は、首都ポートスタンレーを占拠し、6月14日に同諸島を解放した。

シーハリアー
卓越した操縦性と射撃力を持つ英国製戦闘機シーハリアーは、紛争中にアルゼンチン軍の航空機26機を撃墜し、同国機が相手にならないことを示した。

上陸
この地域には軍がほとんど駐留していなかったため、英国機動部隊が大西洋を1万3000kmも南に下ったフォークランド諸島に派遣されることになった。

湾岸戦争

湾岸戦争

日付 1990年8月2日-1991年3月3日

兵力 多国籍軍/680,000人、イラク軍/不明

死傷者等 多国籍軍/1,378人、イラク軍/22,000人、民間人/2,300人

場所 クウェートとイラク

1988年のイラン・イラク戦争終結後、イラクは貧困に陥った。最大債権国は隣国クウェートだったが、同国の石油生産量が多いためにイラクの石油輸出価格は下落し、債務返済が困難になっていた。イラクは長年クウェートのことを自国の19番目の州と主張していたが、サダム・フセインは1990年8月、そのクウェートに侵攻、占領し、巨大な石油産業を支配した。世界の石油備蓄量の2割が非情な独裁者の手に落ちると、国際社会はイラクの次なる行動を不安視した。国連はクウェートから強制退去させようと制裁を加え、米国はサウジアラビアやペルシア湾岸諸国など29カ国からなる多国籍軍を結成してイラクに対抗。約1カ月半の空爆の後、1991年2月24日に地上からイラク軍を攻撃した。地上戦開始から4日後、多国籍軍はクウェートを解放し、戦争は3月3日に正式に終結。目標にほぼ間違いなく命中する高性能な巡航ミサイルや、レーダー探知を回避できるステルス性を備えた米国のF-117攻撃機などのハイテク兵器によって、多国籍軍はたちまち勝利を収めたが、対するイラク軍は新兵主体で、装備も訓練も行き届いた多国籍軍に歯が立たなかった。この戦争は環境作戦が実行された点にも特徴がある。イラクはクウェートの油田の4分の3に火をつけ、ペルシア湾岸一帯に甚大な環境破壊をもたらした。

煙幕
米軍兵士が、遠くで炎上するクウェートの油田を見つめる。火災によって、夜空のように黒い煙幕が広がった。

1934年-

ノーマン・シュワルツコフ
NORMAN SCHWARZKOPF

ノーマン・シュワルツコフ大将はヴェトナム戦争で2度の戦闘に参加し、その後は出世街道を歩んで米国中央軍最高司令官となり、クウェートを解放するための「砂漠の嵐」作戦の指揮官を務めた。「嵐のノーマン」の異名をとるシュワルツコフは、機転の利く指導者であり、多国籍軍はシュワルツコフ指揮の下、すばやくクウェートを奪還し、犠牲者は最少限にとどめた。シュワルツコフは1992年に大将の階級をもって退役した。

1914年-現在

チェチェン紛争

チェチェン紛争

日付 1994年12月11日-1996年8月29日、1999年9月23日-

兵力 チェチェン軍とロシア軍/不明

死傷者等 チェチェン軍/死者200,000人、難民400,000人、ロシア軍/死者10,000人

場所 ロシア南部のチェチェン共和国

1991年にソ連が崩壊すると、新しく成立したロシア連邦内では、それまで抑えられていた民族主義に基づく対立が表面化した。1991年11月、北カフカスに位置するチェチェン共和国は独立を宣言したが、ロシアは無視し、交渉によって事態を沈静化させようとした。1994年12月、首都グロズヌイで独立賛成派と反対派の間に戦闘が勃発する

と、ロシア軍はチェチェンに侵攻する。多数の死者を出し、チェチェンの指導者が死亡した後、1996年8月に双方は紛争の終結に合意した。この時、ロシアは軍を撤退させたが、チェチェンの将来的な立場についての合意は見送られた。1999年、ロシアの諸都市で一連の爆破事件が起こった。ロシア政府はチェチェン分離独立派を非難したが、ウラジーミル・プーチンが確実にロシア大統領に選出されることを狙ったロシア連邦保安局の仕業と見る向きが多い。1999年9月、ロシア軍は再びチェチェンに侵攻。紛争は今日も続き、多くの犠牲者を出している。

ロシアの武力
紛争で荒廃したチェチェンの首都グロズヌイ郊外で、ロシア製多連装ロケット・ランチャー「グラート」から反政府軍に向けてミサイルが発射される。

ユーゴスラヴィア紛争

ボスニア・ヘルツェゴヴィナ紛争

日付 1992年3月2日-1995年11月21日

兵力 ユーゴスラヴィア軍/不明、NATO主導の平和維持軍/60,000人

死傷者等 ボスニア人/死者100,000人、難民1,300,000人、セルビア人とクロアチア人/50,000人

場所 ボスニア

1980年にユーゴスラヴィア共産党の指導者ヨシプ・ブローズ・チトーが死去すると、国を構成していた共和国が離脱し始めた。1987年のセルビア大統領選挙では、ユーゴスラヴィアの全セルビア人統一を目指すスロボダン・ミロシェヴィッチが選出され、緊張が高まる。1991年6月、セルビアによるユーゴスラヴィア支配を懸念したスロヴェニアとクロアチアが独立を宣言し、マケドニアも追従。セルビア人中心のユーゴスラヴィア軍

「交戦国は、一部の住民の追放や絶滅をねらって、あるいは軍事的降伏を早めるために、民間人を標的にする」

民族浄化の起源について述べるコフィ・アナン国連事務総長（1999年）

機関銃
このカラシニコフAK-47はボスニア紛争で使用された。

は、スロヴェニア、クロアチアと短期間戦い、1992年1月に平和が戻った。多民族国家のボスニアは、自国がクロアチアとセルビアに分割されることを恐れ、3月に独立を宣言。ボスニア最大の単一民族グループのイスラム勢力（ボシュニャク人）が、クロアチア勢とセルビア勢に対抗し、三つ

戦争犯罪
ボシュニャク人が、1995年7月11日にスレブレニツァの「国連安全地域」でセルビア軍に虐殺された8000人のイスラム教徒を埋葬する。

どもえの戦いが起きた。1993年夏にはセルビア人が国土の7割を支配し、「民族浄化」という新方針の下、非セルビア人全員を殺害または追放した。国連はセルビアを制裁し、6カ所にイスラム勢力の「安全地帯」を設置した。しかし安全地帯の防衛は不十分で、1995年にセルビア軍に制圧され、スレブレニツァではイスラム教徒8000人が虐殺された。NATOがセルビア陣営を空爆し、和平調停を強要した結果、1995年11月にセルビア、クロアチア、ボスニアは、ボスニア内にセルビア人のスルプスカ共和国とクロアチア・ボシュニャク人のボスニア・ヘルツェゴヴィナ連邦の2国家が並立することで合意した。

ユーゴスラヴィア紛争

コソヴォ紛争

日付 1998年3月1日-1999年6月10日

兵力 セルビア軍とクロアチア軍/不明、NATO軍/不明

死傷者等 難民/940,000人

場所 セルビア共和国南部、コソヴォ自治州

1989年3月、セルビア大統領スロボダン・ミロシェヴィッチは、主にアルバニア人が居住するコソヴォ州から自治権を剥奪し、反対勢力を抑圧した。アルバニア人はコソヴォ解放軍（KLA）を組織し、1998年1月に初めてセルビア軍と対戦。3月、好戦的な勢力を一掃するため、数千人規模のセルビア

軍が村々を攻撃して住民を虐殺した。パリで行われた和平交渉では、コソヴォの完全自治を認め、3年から5年後の独立も視野に入れた提案がされた。セルビアがこの案を拒否すると、NATOが軍事介入し、2カ月あまりの空爆を実施。これに対しセルビアは新たな民族浄化策を進め、コソヴォ住民64万人が祖国を追われた。1999年6月にミロシェヴィッチがついに降伏し、セルビア軍が撤退すると、コソヴォはNATO平和維持軍に委ねられた。コソヴォの最終的な地位はいまだ決定していない。

丘陵地帯への避難
紛争中、何千人ものアルバニア系住民がアルバニアやマケドニアの高原地帯に避難した。

1980年以降の戦争　353

対テロ戦争
アフガニスタン侵攻

日付	2001年10月7日-12月6日
兵力	多国籍軍/不明、タリバン軍/不明
死傷者等	多国籍軍/219人、タリバン軍/不明、アフガニスタン民間人/1,300人
場所	アフガニスタン

2001年9月11日にニューヨークとワシントンD.C.で起きたアルカイダによるテロ攻撃の後、米国政府は、アフガニスタンのタリバン政権がアルカイダとその指導者オサマ・ビンラディンを保護しているとして糾弾した。タリバンがビンラディンの米国への引き渡しを拒否したため、米英の軍隊がアフガニスタンに侵攻し、他の国々も軍隊や兵器を提供した。パキスタン、ウズベキスタン、タジキスタンが連合国軍に対し航空基地の使用を認めたため、米国軍機はそこを拠点にアフガニスタンへ空爆を行い、一方で地上特殊任務部隊は、1996年以降にタリバンに対抗するアフガン北部同盟と協同した。タリバン軍はまもなく北部で崩壊したため、南部でも敗退し、これが反タリバン勢力の勝利につながった。首都カブールは11月18日に、そしてタリバン勢力の拠点カンダハールは12月6日に陥落した。こうした成功にもかかわらず、ビンラディンやタリバンの幹部は誰も捕らえられていないほか、同国中央部の山間部やパキスタンとの国境付近では抵抗が今も続いている。

武力
2001年12月16日、戦後に発足したカンダハールの暫定行政機構に従う、反タリバンのパシュトゥーン人兵が市内を巡回する。

> 「無法者や罪のない人々を殺す者を支持する政府があれば、その政府自身も無法者であり殺人者である。そしてその政府は自らの責任で孤独な道を歩むことになる」
> ジョージ・W・ブッシュ米大統領の国民に向けた演説（2001年10月7日）

空からの偵察
米国軍はタリバンとの戦争中、監視と偵察に無人偵察機プレデターを利用した。

対テロ戦争
イラク戦争

日付	2003年3月20日-4月14日
兵力	多国籍軍/345,000人、イラク軍/350,000人
死傷者等	多国籍軍/13,543人、イラク軍/約21,000人
場所	イラク

アルカイダによる2001年9月11日の攻撃後、米国主導の「対テロ戦争」が開始されたが、ジョージ・W・ブッシュ米大統領はその一環として、イラクのサダム・フセインが国際テロ組織を支援し、化学兵器、生物兵器、核兵器などの大量破壊兵器を開発していると非難し、フセインに対する国際的な圧力を強化した。国連武器査察団は、イラク政府に対し「協力しなければ重大な結果を招く」と警告する国連の委任状を後ろ盾に、2002年11月に同国を訪れた。2003年3月7日にハンス・ブリックス査察団長は、「イラクは調査に応じているが、査察の完了にはさらに時間がかかる」と国連に報告した。米英はこの報告を受け入れず、イラクを国連決議に従わせるため、3月20日に空爆を開始した。その後、米国主導の多国籍軍がハイテクを駆使した「衝撃と畏怖」作戦をもってイラクに侵攻し、4月9日に首都バグダードを、そして4月14日にはフセインの故郷で最後の主要目標であったティクリートを占領した。米国主導の暫定政府は、新議会の自由選挙が行われ、政府が発足する2005年1月まで権力を握った。サダム・フセインは2003年12月13日に捕らえられ、戦争犯罪を理由に、2006年12月に処刑された。後に行われた武器査察で、イラクには大量破壊兵器のないことが明らかにされた。侵攻の主な理由はイラクから独裁者を追放することとだったのである。この侵攻で特に米英に対する国際的な非難の口火が切られ、またイラク国内でも多国籍軍の占領に対する大規模な暴動が起き、侵攻中より多数の米英兵士が犠牲になった。

横倒しにされるフセイン
イラク全土の独裁者サダム・フセイン像は台座から横倒しにされ、また肖像は公共の建物や広告版から完全に消えた。

衝撃と畏怖
2003年3月の多国籍軍によるイラク戦争中、レーザー誘導ミサイルやスマート爆弾などのハイテク兵器が、バグダードを始めイラクの諸都市を炎で包んだ。

1914年-現在

索引 *斜体数字は図版説明頁を示す。

【ア】

アイゴスポタモイの戦い 25
アイゼンハワー, ドワイト・D 303, 314, 315, *315, 316, 319*
アイユーブ朝 84
アイラウの戦い 205
アイルランドにおけるヴァイキングの定住 70
アインジャヘールトの戦い 93
アヴァール人 63, 67
アウエルシュタットの戦い 205
アウグストゥス（ローマ帝国皇帝）42, 47, *47, 48*
アウステルリッツの戦い 205
アウラングゼーブ（ムガール帝国皇帝）136, 137
アエティウス 51
アエミリウス・パウルス, ルキウス 40
アエミリウス・パウルス・マケドニクス, ルキウス 31
アギナルド, エミリオ（フィリピン人逆襲の指導者）246
アキリーズ（英国軽巡洋艦）304
アクアエ・セクスティアエの戦い 43
アクティウムの海戦 47
アクバル（ムガル帝国皇帝）128, 136, 137
アグラブ王国 75
アグリコラ, グナエウス・ユリウス（ローマ帝国のブリタニア総督）49
アグリッパ 47
アークロイヤル（英国空母）304
明智光秀 174
アサイルの戦い 205
アシャンティ戦争 240
アシュラフ・カーリル 87
アショーカ王（マウリヤ朝）53
アシンドンの戦い 70
アスカロン包囲 81
アスクルムの戦い 36
アステカ 164, 166, 168-169
アストン卿, アーサー 155
アタテュルク →ムスタファ・ケマル・パシャ
新しい世界秩序 267
アタワルパ（インカ帝国皇帝）167
アッシュール 18
アッカ
  アッカの包囲 200
  十字軍による攻略 86
  ムスリム軍による奪還 87
アッカド 12, 13
アッシリア 11, 12, 13, 16, 17-18, *18*
アッタロス（ペルガモン王）31
アッティラ（フン族）51, *51*
アッバース朝 72, 73, 76, 96
アッピウス・ポストゥミウス 36
アッリア川の戦い 36
アテネ 20
  ギリシア・ペルシア戦争
  ペロポネソス戦争 24-25
アデマール司教（ルピュイの）80
アドリアノープルの戦い 51
アドワの戦い 250
アナトリア →トルコ
アーノルド, ベネディクト（大陸軍少将）193, *193*
アハブ（イスラエル王）17
アフォンソ・エンリケス（ポルトガル王）89
アフガニスタン
  ソ連の侵攻 267, 350
  第1次アフガン戦争 236, 237
  チャンドラグプタの統治 56, 142
  米国と連合軍の侵攻 342, 353
アブキール湾の海戦 200
アブド・アルカーディルの武装抵抗 240, 261
アフマド・アルカリーム 290
アブドゥル・マリク（モロッコ王）140
アブドゥル・ラフマーン（イベリアの知事）66
アブー・バクル（初代カリフ）72
アフマド・アル・マンスール（モロッコの統治者）141
アフマド・グラーン（アダル地域のスルタン）140
アフマド・シャー・アブダーリーのインド侵攻 137
アフリカ
  アフリカの帝国 140-141
  1945年以降の紛争 267, 339
  奴隷戦争 141
  ヨーロッパの帝国主義 240-245
アフリカーナ
  フォールトレッカー 242
  ボーア戦争 *234*, 244-245

安倍貞任 101
アヘン戦争 249
アームステッド, ジョージ（少佐）217
アメジスト（英国フリゲート艦）333
アミン・ダダ, イディ 260
アメリカ・インディアンとの戦い 216, 218-219
アメリカ合衆国
  アメリカ独立戦争 182, 190-195
  ヴェトナム戦争 267, 330, *331*, 340-341
  第1次世界大戦 268, 276, 286, 287
  第2次世界大戦 296, 297, 303, 305, 310-317
  中国国共内戦 332
  朝鮮戦争 334-335
  テロとの戦い 331, 349, 353
  南北戦争 183, 216, 224-233
  ニカラグアの「コントラ」支援 350
  日本との通商 *248*
  日本の拡張政策 320
  フィリピン占領 246
  米英戦争 216, 217
  米墨戦争 216, 223
  UNITAの支援 339
  冷戦 367, 330
  湾岸戦争 351
アメリカ大陸 11, 216-233
  先コロンブス期 164→北アメリカ, 南アメリカ
  ヨーロッパの影響 165-169
アメリカ独立戦争 182, 190-196
アメリカ陸軍
  「荒馬乗り」*247, 247*
  「バッファロー・ソルジャー」247
  「マローダーズ」部隊 327
アメリカ陸軍航空軍 →米国陸軍航空軍
アーモンド, エドワード（将軍）334
アヤクチョの戦い 221
アユブカーン（ヘラート太子）237
アラウカン人 165
アラウシオでのローマの敗戦 43
アラゴンとフランスの戦争 109
アラービー・パシャ 240
アラファト, ヤセル 345, *345*
アラブ民族
  アラブ民族の進出 60, 63, 72, 74-75
  オスマン帝国に対する反乱 283
アラメイン →エルアラメイン
アラモの戦い 223
アラリック（西ゴート族の指揮官）51
アラリック2世 66
アラン人 51
アリー（ムハンマドの娘婿）75
アリウス派 75
アルヴィンツィ, ヨーゼフ（将軍）199
アルカイダ（テロ組織）349, 353
アルカサルケヴィルの戦い 140
アルキメデス 41, *41*
アルゴバスト 51
アルコレの戦い 199
アルジェリア独立運動（FLN）338
アルジェリアとフランス 240, 338
アルシャーストラ（軍事解説書）56
アルスフの戦い 81
アルゼンチン 220, 221
  フォークランド紛争 351
  ロサスに対する反乱 221
アルデンヌにおけるバルジの戦い 317
アルトワとローの戦い 273
アルバ 146
アルバジンの攻防戦 179
アル・バラードゥリ 74
アルビジョワ派 110
アルブ・アルスラーン 73, 77
アルフォンソ1世（アラゴン王）88
アルフォンソ6世（カスティーリャおよびレオン王）88
アルフォンソ8世（カスティーリャ王）89
アル・フリード, ハーリド（ムスリムの将軍）74
アルフレッド大王（ウェセックス王）69
アルベルト（オーストリア大公）257
アルベルト公（ザクセン・テシェン）198
アルマグロ, ディエゴ・デ 167
アルマ 260
アルミニウス 48
アルンヘム 303, 316
アレクサンドル・ネフスキー 120
アレクサンドル2世（ロシア皇帝）*263*
アレクサンドロス大王 *11*, 15, 21, 26-29, *28, 56*
アレクシウス1世（ビザンチン帝国皇帝）82
アレクシウス3世（ビザンチン帝国皇帝）86
アレクシウス4世（ビザンチン帝国皇帝）86
アレクシウス5世（ビザンチン帝国皇帝）86
アレシア *33, 45, 46*
アレッポ 81, 95

アレマン部族同盟 50
アレンビー, エドモンド（将軍）283
アロー戦争（清国）249
栗原原の戦い 102
アンカラの戦い 95
アングロ・サクソン 69, 70, 71
アンゴラ解放人民運動（MPLA）とアンゴラ内戦 339
アンゴラ全面独立民族同盟（UNITA）339
アンゴラ独立運動（FNLA）339
アンゴラ内戦 339
アンコールの破壊 100
暗殺 93
アンサール（マフディー教徒）241
アンジューとフランドルの戦争 109
アンティオコス1世 *30*
アンティオコス3世 30, 31, 39, 41
アンティゴノス 30
アンティータムの戦い 227
アントニウス, マルクス 47
アンドリュー・マリー 111
アンドレア・ドリア（ジェノヴァの艦隊司令官）147
アンドロニコス3世（ビザンチン帝国皇帝）122
アントワープ 68
  アントワープの包囲 147
安南と唐の戦い 100
アンニウス・マルケリヌス 51
アンリ（ナヴァル公）147, *147*, 149
アンリ（ロアン公）149
アンリ3世（フランス王）147

【イ】

イーヴシャムの戦い 111
イエナの戦い 205
イェニチェリ 123, 128, 129
イェミンゲンの戦い 146
硫黄島の攻略戦 328
イギリス →英国
イギリス軍 →英国軍
イギリス領インド 236-237
  中東とパレスチナ 283
イケニ族のローマに対する反乱 42, 49
イサベル1世（カスティーリャとスペインの女王）89
イサンドルワナの戦い 243
李舜臣（朝鮮の提督）176-177, *176*
イースター攻勢（ヴェトナム戦争）341
イスファハーンの破壊 94
イスマイル1世（サファヴィー朝）129
イスラエル
  イスラエルの戦争 344-345
  エンテベ空港奇襲作戦 349
  古代の戦争 15, 17
イスラム
  アラブ勢力の拡大 60, 63, 74-75
  イスラム帝国 128-129
  イスラムの影響 76-77
  イスラム兵士 72-73
  カルバラーの戦い 75
  スンニ派とシーア派 72, 75
李成桂（朝鮮の将軍）97
イタリア
  アドワの戦い 240
  イタリア統一の戦争 256-257
  植民地独立運動 290
  スペイン内戦 291, 294
  第1次世界大戦 268, 279
  第2次世界大戦 297, 299, 302-304, *306*, 308
  ノルマン人 71
  ファシスト党 290, 291, 294
  フランス革命とナポレオン戦争 199, 200
  フランスによるイタリア戦争 144-145
  ロンバルディアの戦争 108
一の谷の戦い 102
イッソスの戦い 28-29
イデオロギーと地球規模の戦争 266, 267
イプソスの戦い 30
イブラヒーム・パシャ 262, 263
イブン・アビ・ワッカース, サアド 74, 75
イブン・ザブル 129
イブン・ジェハーフ（バレンシアの支配者）88
イベリア半島戦争 197, 208-209
イラク
  イスラエルへの攻撃 344
  イラク侵攻 342, 353
  イランとの戦争 350
  湾岸戦争 342, 351
イラン・イラク戦争 350
イロコイ戦争 170
殷王朝 52
インカ帝国 164, 165, 167
イングランド内戦 154-155
イングランド王（スコットランド軍大将）111, *111*
  軍艦 127
  スコットランドとの戦争 111

スペイン無敵艦隊 148
ノルマン人の侵略 63
バイキングの侵略と定住 68, 69, 70
インケルマンの戦い 260
インダス川流域の戦争 11
仁川上陸作戦 334
インディアン（北米）
  合衆国のインディアン戦争 216, 218-219
  植民者との戦い 170-171
  ポンティアック戦争 185
インド
  アレクサンドロス大王の征服 27
  イスラムへのラージプート王国の抵抗 73
  英領インド 236-237
  火薬技術 *126*
  古代の戦争 11, 52, 53, 56-57
  七年戦争 187
  ティムールの侵攻 94
  武器と甲冑（ムガール帝国時代）*136, 138-139*
  仏教の平和主義 236-237
  ムスリムの侵略 73, 76
インド大反乱 237
インド・パキスタン戦争 339
インノケンティウス3世（ローマ教皇）86, 89, 110
印パ戦争 339

【ウ】

ヴァイキング 62, 63, *63*, 68-70
ヴァグラムの戦い 205
ヴァンファン, エマニュエル・ド（将軍）259
ウァルス, プブリウス・クィンクティリウス 48
ヴァルナの聖戦 121
ウァレリアヌス帝（ローマ皇帝）*50*
ヴァルミーの戦い 198
ウァレンス（東ローマ皇帝）51
ヴァレンシュタイン, アルブレヒト・フォン 150, 151, 152
ウァレンティニアヌス2世（西ローマ皇帝）51
ウァロ, ガイウス・テレンティウス〔コンスル〕40
ヴァンダル族 51, 64
ヴァンドーム公（仏軍指揮官）160
ヴェネの戦い 66
ヴィクトリ（英国軍艦）206
ヴィエンヌの尾根の戦い 280
ヴィエイロの戦い 208
ヴィジャヤナガル王国 73, 136
ヴィットリオ・エマヌエーレ2世（サルデーニャ国王）256, 257
ウイティギス 64
ヴィトルト, リトアニア大公 121
ヴィーヌの尾根の戦い 280
ヴィネイロの戦い 208
ウィリアム, カンバーランド公 161
ウィリアム1世（イングランド王）71
ウィリアム3世（オレンジ公ウィリアム／オラニエ公ウィレム）158, *158*
ヴィルヌーヴ, ピエール・シャルル（提督）204
ヴィルヘルム2世（オーストリア＝ハンガリー帝国皇帝）269
ヴィルヘルム2世（プロイセン王）259
ヴィルヘルム3世（プロイセン王）205
ウィレム, オラニエ公（ネーデルラント王）146
ウィーン会議 254
ウィンゲート, オード（英国准将）327
ウィーン占領（ナポレオン）202
ウィーンの包囲攻撃 133
ウェストファリア条約 153
ウェスパシアヌス（ローマ皇帝）48
ウェズリー, リチャード（インド総督）236
ヴェトコンのゲリラ 341
ヴェトナム
  清仏戦争（トンキン事件）251
  独立戦争 338
  フランスの占領 246
  ラムソンの反乱 100
  ヴェトナム戦争 267, 330, *331*, 340-341
ヴェネト 333
ウェリントン, アーサー・ウェルズリー（公爵）208-209, 214-215, *215*, 236
ウェルカンゲトロス 33, 44, 46, *46*
ヴェルサイユ講和条約 290
ウエルタ, ヴィクトリアーノ 223
ヴェルダンの戦い 276, 281
ウォーカー, ウォルトン（米軍中将）334
ウォーカー卿, エドワード（英国軍）327
ウォード, アーティマス（大陸軍少将）192
ウォード, フレデリック（米国指揮官）250
ヴォーバン, セバスティアン *58, 158*
ウォーリス, バーンズ（英国科学者）310
ウォレス, ウィリアム（スコットランド軍大将）111, *111*
ウォレン, チャールズ（英国将軍）244
宇治川の合戦 101

牛島満（中将）329
ウースターの戦い 155
ウディノー, ニコラ（将軍）256
ウナル（ダマスカスの領主）81
ウマイヤ朝 72, 75
海の民（ウマイヤ朝の将軍）75
海の民の襲撃 15
梅津美治郎（参謀総長）*321*
ウラディーミルの反乱 122
ヴラド・ドラキュラ, ワラキア公 122
ウランゲリ, ピョートル（白軍将軍）292
ウルキサ, フスト・ホセ・デ 221
蔚山城の戦い 177
ウルズリー卿, ガーネット 240
ウルのスタンダード（旗章）*12*
ウルバヌス2世（ローマ教皇）80, 82
ウルバヌス4世（ローマ教皇）109
ウルバヌス5世（ローマ教皇）122
ウルフ, ジェームズ（陸軍少将）185
ウルムの戦い 201
ウルリヒ・フォン・ユンギンゲン（チュートン騎士団）121
ウワディスワフ2世（ポーランド王）122
ウンデッドニーの虐殺 219

【エ】

英国
  アフリカにおける帝国主義 240-245
  英国本土防衛決戦 300
  クリミア戦争 260-261, *260-261*
  七年戦争 184, 185, 187
  ジャコバイトの反乱 161
  スエズ動乱 344
  ズールー戦争 *235, 238*
  第1次世界大戦 268
  第2次世界大戦 296-305, 310-311, 314-317
  朝鮮戦争 334
  ビルマ戦争 246
  フォークランド紛争 351
  フランス革命戦争／ナポレオン戦争 143, 182, *183*, 197-201, 204, 206, *206-207*, 208-209, 214-215
  ボーア戦争 *234*, 244-245
  マオリ戦争 247
  ローマ帝国 42, 49
  ロンドン大空襲 300-301
英国海軍
  第2次世界大戦 304-305
  ナポレオン時代 204, 206, *206-207*
  ユトランド沖海戦 277
英国空軍（第1次世界大戦）
  ガリポリの戦い 282
  西部戦線 *268*, 270, 272-275, 278, 279-281
英国空軍（第2次世界大戦）300, 310-311
英国義勇軍 221
エイジャックス（英国軽巡洋艦）304
英領インド →イギリス領インド
エウゲニウス（西ローマ帝国皇帝）51
エウゲニウス3世（ローマ教皇）81
エウフェミウス 75
エクセター（英国重巡艦）304
エクムスの戦い 38
エジプト
  アッシリアとの同盟 18
  アラービー・パシャの反乱 240
  アレクサンドロス大王による征服 27
  イスラエルとの戦争 344-345
  エジプトとオスマン帝国の戦争 263
  オスマン帝国の支配 129
  十字軍 86, 87
  ファーティマ朝 72
  フランスの侵攻 200
  モンゴル軍の敗退 93
エセックス（米国艦船）*326*
エーゼルの戦い 163
エゼルレッド2世（イングランド王）70
エチオピア 140, 240, *290*, 291
エディルネの戦い 263
エディントンの戦い 69
エデッサ 50, 81
エドマンド・アイアンサイド（イングランド王）70
エトルリア人 34, 37
エドワード1世（イングランド王）111
エドワード2世（イングランド王）118
エドワード3世（イングランド王）112, 113

エドワード黒太子 112, *112*, 113, 114
エニグマ暗号解読機 305
エーヌ
　第1次エーヌの戦い 272
エノラゲイ 321
エパメイノンダス 25, 26
エフィンガム, ハワード 148
エブロ川の戦い 295
エラムへのアッシリアの侵攻 18
エリー湖上の戦い 217
エリザベス1世 (イングランド女王) 147
エルアザル・ベン・ヤイル 48
エルアラメインの戦い 302-303
エルギン卿 249
エルサレム
　アッシリア軍による攻囲 17
　岩のドーム 73
　サラーフ・アッディーンによる占領 86
　十字軍による攻略 79, 80, 83
　十字軍による奪還 86
　第1次世界大戦 283
　ティトゥスによる包囲 48
　バビロニアによる占領 18
　ムスリムによる占領 74, 82
エル・シド 88, *88*
エンヴェル・パシャ 263
エンタープライズ (米国空母) 325, *330-331*
エンテベ空港奇襲作戦 349

【オ】
オイギンス, ベルナルド 220
オイゲン公 (サヴォイ) 133, *133*
オーヴァーロード作戦 314-315
王通 (明の将軍) 100
大坂夏の陣 →天王寺の戦い
沖縄 329
オーキンレック, クロード (将軍) 302
オクタウィアヌス (後のアウグストゥス皇帝) 47, *47*
桶狭間の戦い 174
オゴタイ (大ハン) 91, *92*
オジュク, オドゥメグ (中佐) 339
オーストラリア軍 (第1次世界大戦) 282
オーストリア
　オスマン帝国との戦争 133
　七年戦争 184, 186
　ピエモンテとフランスとの戦争 256
　フランスとの戦争 198, 201, 202-203, 205, 213
　プロイセンとの戦争 255, 257, 258
オーストリア継承戦争 158
オーストリア=ハンガリー軍 (第1次世界大戦) 284
オーストリア=ハンガリー帝国とセルビアの戦争 268
オスマン1世 (オスマン帝国スルタン) 73, 122, *122*
オスマン帝国 126, 128-135
　アラブの反乱 283
　エジプトとの戦争 263
　オスマン帝国の衰退 262-263
　フランスとの戦争 200
　オスマン・トルコ 72, 79
　オスマン・パシャ 263
オーセベルク船 69
織田信長 167, 172, 174, *174*
オットー1世 (神聖ローマ帝国皇帝) 62, 66, 67
オットー4世 (神聖ローマ帝国皇帝) 109
オトランドの戦い 166
オド伯爵 (パリの防衛) 69
斧 10, 11, 14, 32, 70, 139
斧槍 119
オムドゥルマンの戦い 241
オーラフ, トリグバソン 70
オランダ
　スペインに対する反乱 146, 147, 149
　戦争 127, *143*
　ドイツによる占領 299
オルテガ, ダニエル (コントラの指導者) 350
オルレアンの攻囲戦 115

【カ】
カイザー戦 286
海軍
　アメリカ独立戦争 191, 194
　アラブ軍対ビザンチン帝国軍 74
　アルバジンの攻防戦 179
　英西戦争 147, 148
　英蘭戦争 143
　エーゼルの戦い・グレンガムの戦い 163, *163*
　オランダとスペインの戦い 146, 149
　海上封鎖 (第1次世界大戦) 269, 276, 287
　火薬技術 126, 127
　ガリポリの戦い 282

カンボジアとヴェトナムの戦争 100
ギリシア 23, 31
ギリシアの火 64, 74
護衛艦 (第2次世界大戦) 305
古代エジプト 15
七年戦争 187
清仏戦争 251
装甲蒸気戦艦 183
大同盟戦争 158
第2次世界大戦 304-305
太平洋戦争 (第2次世界大戦) 322, 324-329
ダンケルク 299
中国 96, 97, 98, 99
中世 109, 112
中世の日本 102, *102*, 173, 176-177
Dデイ 314
テノチティトラン湖 166
南北戦争 224, 225
ナヴァリノの海戦 263
日清戦争 251
日露戦争 252, 253
フォークランド紛争 351
フランス革命とナポレオン戦争 197, *198*, 199, 200, 201, 204
米西戦争 246, 247
ユトランド沖海戦 277
レパントの海戦 134
ローマ軍 38, 47
開封 98
カイロネイアの戦い 26
ガウィウス・ポンティウス 36
ガウガメラの戦い 27
カウディウム山道の戦い 36
カウペンスの戦い 195
カエサル, ガイウス・ユリウス 44-45, 46, 47, *47*
化学戦争 273
核兵器 267, 330
　核兵器の開発 331
　原子爆弾 267, 321, 329
核抑止力 336
ガザラの戦い (トゥブルクの戦い) 302
カジミエシュ3世 (ポーランド王) 121
ガージ・ムッラー 261
カスター, ジョージ (中佐) 219
カストロ, フィデル 348
ガストン・ド・ベアルン 88
ガズナ朝 73, 76
ガスマスク 269, 273
カセロスの戦い 221
カタラウヌムの戦い 51
ガダルカナル島の戦い 326
カタンガ 338
甲冑
　アステカ 165
　イングランド内戦 *155*
　ヴァイキングの兜 63, 68, 70
　オスマンの宝石で飾られた兜 *132*
　兜 (16, 17世紀) 144, 150, 155
　兜 (19世紀) 235, 238
　胸甲 (フランス重騎兵) *213*
　ギリシア 15, 20, *20*, 23, 27
　鎖帷子 70, 72, 84, 116, *116*
　頭甲 208
　ケルト族の兜 33, 36
　十字軍 81, 84
　シュメールの兜 13
　青銅 11, 15, 17, 20, 27, 33, 35, 38
　装甲馬 55, 143, *143*
　中国 52
　中世の騎士 106, *106*, 112, 115, 116, *116-117*
　中世の歩兵 *107*
　朝鮮の冑 (16世紀) *177*
　鉄製の武器 43
　ドイツのゴシック式甲冑 *61*, 116, *116-117*
　武士の兜 *97*, 103, *103*, 105, 173
　フランク王国 67
　フランス (16世紀) *147*
　プロイセン軍の兜 (19世紀) *258*
　マケドニアの甲冑 27
　ミケーネの甲冑 15
　ムガル 139
　ムスリム兵士の甲冑 72
　モンゴル 90
　鎧 55, 116, *116-117*
　ローマ軍団兵の兜 11, 35, 38, 43
カーディガン卿 260
カーディシーヤの戦い 50
ガトリング, リチャード 238
ガトリング砲 238, *238-239*
カドルナ, ルイージ (将軍) 214
カトブラナの戦い 214
ガーナ

アシャンティ戦争 240
「悲しき夜」の戦い 166
カナダ 170, 185
カナダ軍
　第1次世界大戦 273, 275, 278
カバヌマルの戦い 167
カフカス
　シャミールの台頭 261
カポレットの戦い 281
火薬兵器 126-127
　アフリカ (16世紀) 140-141
　インド 126, 138
　オスマン帝国 126, 132
　中国 96, 98, *99*
　日本 126
　ヒンドゥーの火薬入れ *138*
カラボボの戦い 221
カーラ・ムスタファ 133
ガリア 44-45
ガリア人 34, 37
　ハンニバルの軍隊におけるガリア人 39
　ローマに対する反乱 46
ガリエニ, ジョゼフ (将軍) 272
カリカリ, コフィ 240
カリニクス
　ギリシアの火 74
ガリバルディ, ジュゼッペ 256, 257, *257*
ガリポリの戦い 282, 301
カリングの戦い 57
カール12世 (スウェーデン王) 162, *162*, 163
カルウォルス・ティトゥス・ウェトゥリウス 36
カルカ川の戦い 92
カルガクス 49
カルカッタの小獄房 187
カルカルの戦い 17
ガルシア (トレド) 133
カール大帝 60, 62, 66, 67
カルタゴ 37, 38-41, 64
ガルダン (モンゴルの指導者) 179
カルドナ, レイモン・ド 144
カルノー, ラザール 198
カルパーラーの戦い 75
カール・マルテル 66, 67
カルラエの戦い 43
カルロ, アルベルト (サルデーニャ国王) 256
カレドニア軍とローマ軍の戦い 49
カレーの包囲戦 61, 113
カロデンの戦い 161
カロリング朝 (フランク王国) 62, 66-67
河崎棚の合戦 101
漢王朝 52, 53, 55
カーン・クルム (ブルガリア王) 65
ガンジー, マハトマ 244
ガン条約 217
カンダハル包囲戦 237
関帝 (軍神) 54
カンナエの戦い 40
カンブレーの戦い 281
ガンベッタ, レオン 259
咸豊帝 (清の皇帝) 98
カンボジア 56, 100
カンポ・フォルミオ和約 199

【キ】
キオス島の戦い 31
機関銃 266
　ヴィッカーズ機関銃 268
　M72軽機関銃 268
　ガトリング砲 238, *238-239*
　機関砲ミトライユーズ 258
　現代の兵器 346-347
　シュワルツローゼ8mm重機関銃 284
　ブレンガン 316
　マキシム機関銃 234, 238
騎士
　騎士の戦い方 62, 106, 109, 113
　騎士の統制 79, 86, 87, 129
　フランク族 62, 67
記章と勲章
　イベリア半島戦争従軍記章 323
　インドの星勲章 237
　ヴィクトリア十字勲章 241
　ウォータールー記章 196
　ガリポリ・スター 282
　旭日章 323
　クイーンズ・サウスアフリカ章 244
　クリミア従軍記章 261
　古代エジプト 14
　ジョージ十字勲章 302
　スペインの勲功章 295
　ソ連の勲章 307
　パープル・ハート 341
　ポーランドの十字章 318
ギーズ公 146
徽宗 (宋の皇帝) 98

北アフリカ (第2次世界大戦) 297, 302
北アメリカ
　フレンチ・インディアン戦争 185
　ヨーロッパ人対インディアン 170-171
北大西洋条約機構 (NATO) 315, 352
キッチナー, ホレイシオ・ハーバート (将軍) 241, 245, *268*
ギー・ド・リュジニャン (エルサレム王) 84, 86
ギブソン, ガイ (空軍中佐) 310
キプロン湾の海戦 187
ギベリン党 126-127
ギボン, エドワード 64
金日成 334
金策 (北朝鮮の将軍) 334
キャメロン (将軍) 246
キャンベル, アーチボルト (将軍) 246
臼砲と榴弾砲 156, *161*, 191, *191*
　臼砲の弾丸 195
　第1次世界大戦 270, 280
　第2次世界大戦 326
　朝鮮戦争 334, 335
　ボーア戦争 244
　ミーネンヴェルファー追撃砲 272
キュノスケファライの戦い 31
キューバ 348
　キューバとアンゴラ 339
　ピッグズ湾 348
　米国の勝利 247
ギュライ, フランツ・フォン (伯爵) 256, 257
キュロス大王 (ペルシア帝国) 19, *19*
共産主義
　ヴェトナム 338, 340-341
　カンボジアとラオス 340
　スペイン 294-295
　ソヴィエト 267, 285, 290, 292
　中国 293, 332-333
　反共産主義 330
強制収容所 (ボーア戦争) 245
匈奴の侵入 55
ギリシアの独立戦争 262, 263
キリスト教とコンスタンティヌス帝 50
ギルボア山の戦い 15
義和団の乱 248, 251
キングジョージ5世 (英国戦艦) 304
キングズマウンテンの戦い 194
キンケイド, トマス (中将) 328

【ク】
クアウテモック (アステカ皇帝) 166
グアダラハラの戦い 294
クィントゥス・ファビウス・マクシムス・ルリアヌス 37
クウェートへのイラクの侵攻
空襲 (空中戦) 183
　エディルネ (アドリアノープル) の戦い 263
　気球による偵察 199
　空軍力 266-267, 291
　真珠湾攻撃 322
　スペイン内戦 291, 294, 295
　第1次世界大戦 276, 286, 287
　第2次世界大戦 297, 300-301, 304, 307, 321, 322
　特攻隊 321, 329
　日本の降伏 321
　ノルデン爆撃照準器 311, 312
　ミッドウェー海戦 325
　連合国軍の爆撃 310-313
　ローリングサンダー作戦 (ヴェトナム戦争) 340
クシャトリヤ族 (インド) 57
グスタフ・アドルフ (スウェーデン王) 143, *143*, 150, 151, *151*
クストファの戦い 256
グスルム (デーン人の王) 69
グッドウッド作戦 316
クテシフォンの戦い 50
グデーリアン, ハインツ 298, 299
クーテル, シャルル 197
クトゥズ, サイフ・アッディーン (エジプトのスルタン) 93
クトゥーゾフ, ミハイル・イラリオーノヴィチ 212, 262
クトナーホラの戦い 119
クートの包囲戦 283
クートラの戦い 147
グナイゼナウ, アウグスト・フォン (参謀総長) 214
クヌート (イングランド王) 69
クノドマール (アレマン部族同盟の王) 50
グプタ朝 53, 57
クマン人 92
クメール人 100
クライヴ, ロバート 187, *187*
クラウゼヴィッツ, カール・フォン 254

クラウディウス (ローマ帝国皇帝) 49, *49*
クラウディウス・ネロ, ガイウス 41
クラウディウス・プルケル, プブリウス 38
グラウピウス山麓の戦い 49
グラナダの陥落 89
グラニコス川の戦い 26
グラーフ・シュペー (ドイツ軍) 304
グラモン元帥 161
グラント, ユリシーズ・S (将軍) 226, 231
クリオヴィの戦い 121
クリスチャン (アンハルト侯) 150
クリスチャン4世 (デンマーク国王) 150
クリストバン・ダ・ガマ 140
クリディオン峠の戦い 65
栗林忠道 328
グリボーヴァル, ジャン・バティスト・ド 196, 198
クリミア戦争 237, 254, 260-261
クリューガー (トランスヴァール共和国大統領) 244, 245
グリーン, ナサニエル (少将) 195
グリンドゥール, オワイン 111
クリントン, ヘンリー (英国軍総司令官) 193, 195
グルカ兵 282
グルーシー, エマニュエル・ド (元帥) 214
クルスクの戦い 307
クルチ・アルスラーン1世 (ルーム・セルジューク朝君主) 84
クルック, アレクサンダー (将軍) 270, 272
クルップ兵器工場 255, 259
クルトレーの戦い 118
クレオパトラ 47
クレシーの戦い 62, 107, 112
クレージー・ホース 218, 219
グレネード・ランチャー 231
　ケチャム式手榴弾 231
　ロケット推進擲弾 (RPG) 346-347
グレンガムの戦い 163
クロアチアの独立 352
クローヴィス (フランク族サリ部族の王) 66
クロムウェル, オリヴァー 154, 155, *155*
クロンターフの戦い 70
　ヴァイキング (オーセベルク船) 63, 68, 69, *69*
軍艦
　海の民 15
　英国 (第1次世界大戦) 277
　英国軍ヴィクトリー号 206, *206-207*
　ガレオン船 (スペイン) 149
　亀甲船 (朝鮮) 176, *177*
　ギリシア 11, 20, 23, 25
　空母 325-328
　原子力艦 330-331, 336-337
　三段櫂船 31, *31*
　ジャンク船 (中国) *173*
　戦艦 320
　戦闘用コグ船 (中世) *112*
　装甲艦 254
　装甲艦 (米国北軍) *254*
　装甲蒸気戦艦 183
　大砲 146, *148*
　朝鮮 127
　骨でできた船 199
　ローマ 47
軍需工場 255, 291
訓練 127, 153

【ケ】
ゲイジ, トマス (中佐) 185, 192
ゲイツ, ホレイショ (少将) 193, 194
桂陵の戦い 54
ケサンの包囲 341
ケッセルリンク, アルベルト 303
ゲティスバーグの戦い 228-229
ケテワヨ (ズール族の王) 243
ゲート・パの戦い 246
ケネディ, ジョン・F (米大統領) 348
ゲバラ, エルネスト・チェ 348
ケビート族 51
ケベックシティの戦い 185
ケランス, J・S (少佐) 333
ゲリラ
　アフガニスタン 350
　ヴェトナム戦争 340, 341
　カフカス (19世紀) 261
　ガリバルディ 257
　キューバ 348
　スペイン (イベリア半島戦争) 208
　第2次世界大戦以降 331, 348-349
　反共和国主義者 234, 240
　普仏戦争 259

356　索引

ボーア戦争　234, 245
ボリビア　348
マオリの戦い　247
メキシコ　223
ケルト　32-33, 36
ゲルニカの空襲　295
ゲルハルト・フォン・マールベルク　120
ゲルフ党　108
ケルボガ　80
ゲルマン民族
　ローマとの戦争　48
ケレルマン、フランソワ・クリストフ　198
ケレンスキー、アレクサンドル　285
ケロッグ・ブリアン条約　290
剣
　アメリカ（19世紀）　226
　インド（ムガル帝国時代）　136, 138-139, 138-139
　ヴァイキング　70
　エジプト　14
　オスマン帝国　131, 131
　騎兵（18, 19世紀）　184, 208
　ケルト人　32
　コサック　163
　十字軍　81
　中国（19世紀）　251
　突き刺し用の剣（中世）　115
　ナポレオンの時代　211, 211
　武士　101, 104, 104-105
　フランク人　67
　ヨーロッパ（17世紀）　142, 151
　両手で使う剣（中世）　115
元（中国のモンゴル帝国）　91, 98, 99
源氏　97, 101-102, 103
原子爆弾　267, 322, 330
源平合戦　101-102, 103

【コ】
洪熙帝（明の皇帝）　99
康熙帝（清の皇帝）　179
航空機
　愛知製急降下爆撃機　322
　ヴォートF4Uコルセア戦闘機　327
　AH-1コブラ・ヘリコプター　342
　AH-64アパッチ・攻撃ヘリコプター　342-343
　F-4ファントム　340
　F-117ステルス攻撃機　351
　サヴォイア・マルケッティ　294
　Ju87シュトゥーカ　295, 299
　シーハリアー　351
　初期の航空機の開発　254, 269
　スーパーマリン・スピットファイア　300
　ゼロ戦　322, 325
　ソードフィッシュ複葉雷撃機　304
　デ・ハヴィランド・モスキート　311
　ドーントレス爆撃機　325, 326
　中島製艦爆機　322
　ハリケーン戦闘機　300
　ハインケルHe51戦闘機　295
　B-17フライングフォートレス　310, 312-313
　B-24リベレーター爆撃機　311
　B-29　321, 329
　B-52ストラトフォートレス　340
　P-51マスタング　311
　フォッカーD.7　269
　フォッケウルフ190　310
　ヘリコプター（ヴェトナム戦争）　340, 341, 342
　ベル社製UH-1ヘリコプター　341
　MiG-15戦闘機　335
　MiG-17戦闘機　340
　MiG-21戦闘機　340
　無人偵察機プレデター　353
　メッサーシュミットMe262、297
　メッサーシュミットBf109　291, 294, 300, 310
　ユンカースJu52輸送機　294
　ランカスター爆撃機　310
　ワイルドキャット戦闘機　325
高祖（漢の皇帝）　55
ゴ・クエン（呉権／安南の将軍）　100
国際連合
　国連平和維持軍　344
　コンゴ動乱　338
　朝鮮戦争　334-335
国際連盟　290, 291
黒死病　113
国姓爺の台湾占拠　178, 178
コクラン（提督）　217
コサック　163, 183
呉三桂（明の将軍）　179
ゴゼリン司教
　パリの防御　69
コソヴォ

オスマン帝国対セルビアの戦い　122, 131
コソヴォ解放軍（KLA）対セルビア軍　352
古代エジプト　10, 12, 14, 18, 19, 30
古代ギリシア　10, 11, 20, 21
　甲冑　15, 20, 20, 23, 27
　騎兵（マケドニア）　21, 26, 27
　戦艦　11, 20, 23, 25
　テーベ戦争　260
　都市国家の戦争　20, 24-25
　トロイ戦争　15
　ペルシアとの戦争　22-23, 26-29
　ペロポネソス戦争　24-25
　傭兵　16, 26, 29
　ローマとの戦争　31
後醍醐天皇　103
コーチシナのフランスによる支配　246
「黒旗軍」　251
ゴート族　51
ゴドフロワ・ド・ブイヨン　80
コドリントン（提督）　263
ゴードン、チャールズ・ジョージ（将軍）　241, 241, 250, 250
コーニェフ、イヴァン（元帥）　319
コニャの戦い　263
ゴスネスドロプ村　32
コパドンガの戦い　75
コペンハーゲンの戦い　201
コマンド（ボーア人）　245
コモロフスキ、タデウシュ・ボル（将軍）　318
コリニー、ガスパール・ド（提督）　146
コリント　31
コルチャーク、アレクサンドル　292
コルテス、エルナン　165, 166, 166, 168-169
コルト、サミュエル　223
コルドバ、ホセ　199
コルドバ、ホセ・マリア　199
コルニーロフ、ラーヴル　285
ゴルバチョフ、ミハイル　350
ゴルリツェ・タルヌフ突破戦　284
コレンゾの戦い　244
コロンビア　199
コーンウォリス（中将）　192, 194, 195
ゴンクール、エドモン・ド　259
コンゴ動乱　331, 338
コンコードの戦い　190, 192
コンスタンティノーブル
　アラブ軍による包囲　74
　ヴァイキングによる襲撃　74
　オスマン帝国による支配　123
　十字軍による攻撃　86
コンスタンティヌス1世（ローマ帝国皇帝）　50, 50
コンスタンティヌス2世（ローマ帝国皇帝）　50
コンスタンティヌス6世（ビザンチン帝国皇帝）　123
コンタデ侯　187
コンデ公ルイ1世　146
コントラ（ニカラグア）　350
コンドル軍団（スペイン）　294, 295
コンフラン（提督）　187
コンラート3世（ドイツ王）　81

【サ】
西郷隆盛　252
サヴァナの戦い　194
サヴィンビ、ジョナス（アンゴラ全面独立民族同盟の指導者）　339
サウル（イスラエル王）　15
ザウレの戦い　120
サクソン族　42, 67, 68
サグントゥムの包囲　39
ササン朝ペルシア　50, 57, 74
ザップ、ヴォー・グエン（将軍）　338, 338, 341
サドヴァの戦い　259
「砂漠の嵐」作戦　342, 351
サパタ、エミリアーノ（メキシコ南部農民運動指導者）　223
サビニ人　34
サファヴィー朝とオスマン帝国の戦争　128, 129
ザマの戦い　41
サマランカの戦い　209
サムソノフ、アレクサンドル（将軍）　271
サムドラグプタ（グプタ朝皇帝）　57
サムニウム人とローマの戦争と同盟　34, 36-37
サラゴサ、イグナシオ（メキシコの将軍）　223
サラゴサの包囲　88
サラセン人　62
サラディスの戦い　19
サラトガの戦い　193
サラーフ・アッディーン（サラディン）　78, 78, 79, 84, 84, 86
サラミスの海戦　23
サルゴン（アッカド王）　19

サンヴィセンテ岬の海戦　199
ザンギー（アターベク〔領主〕のムスリム）　81
聖戦　231, 233, 261, 268, 269, 272, 274-275
珊瑚海海戦　326
三十年戦争　142, 143, 150-153
サンタ・アナ　222, 222, 223
サンタノフ（将軍）　260
サンディニスタ民族解放戦線　350
ザンデルス、リーマン・フォン　282, 283
サン・バルテルミの虐殺　142
サン＝マルティン、ホセ・デ　220, 220

【シ】
シヴァージー・マハラジの戦役　137, 137
シェア、ラインハルト　277
ジェノヴァの傭兵　112, 120
ジェームズ2世（イングランド王）　158
ジェームズン奇襲攻撃　244
ジェリコー、ジョン　277
シェリダン、フィリップ　231
士官学校　127, 163
ジギスムント（神聖ローマ帝国皇帝／ハンガリー王）　119, 122
ジョージ2世（英国王）　161
シーク教徒　137, 138
シーク戦争　236
始皇帝　54
女真族　96, 97, 98
ジシュカ、ヤン（ボヘミアの将軍）　119, 119
賤ヶ岳の戦い　175
シーダーフォール作戦（ヴェトナム戦争）　340
七年戦争　186-187
シチリア島
　イスラム教徒の侵攻　75
　ノルマン人による征服　63, 75
　連合国軍の進攻　303
　ローマ対カルタゴ　38
　シチリアの晩鐘戦争　109
シッティング・ブル（スー族の族長）　219
シナイ半島の戦争　344
柴田勝家　175
シーモア卿、マイケル　249
シモン・ド・モンフォール　111
シモン・ド・モンフォール4世（将軍）　111
シャー・アッバース（大王）　128
シャイローの戦い　226
ジャーヴィス、ジョン　199
ジャクソン、アンドルー（将軍）　226, 227
ジャクソン、トマス（将軍）　226, 226, 227
ジャーダ・アラーフ1世（アグラブ王）　75
シャティヨンの戦い　115
シャープール2世（ペルシア王）　50
シャミーリ、イマム　261, 261
ジャーメイン卿、ジョージ　193
ジャヤーヴァルマン7世（クメール人の王）　60, 60
シャルマネゼル3世（アッシリア王）　17
シャルル（アンジュー伯）　109, 109
シャルル2世（西フランク王国）　69
シャルル3世（フランク王国）　69
シャルル5世（フランス王）　114
シャルル8世（フランス王）　144
シャルル突進公（ブルゴーニュ）　119
シャロン、アリエル（将軍）　345
ジャン2世（フランス王）　113, 113
ジャンヌ・ダルク　115, 115
上海　333
銃　116, 119
　アメリカ製ピストル（18世紀）　193
　カービン銃（ナポレオン時代）　210, 210-211
　騎兵のカービン銃（17世紀）　152
　拳銃（ナポレオン時代）210, 210-211
　コルト・リヴォルヴァー　223, 223
　銃器の発達　188-189
　小火器（オスマン帝国）　130, 130
　小火器（ヨーロッパ）　142
　南部14年式拳銃　323
　日本の銃（16世紀）　173
　火縄銃　127, 173, 174, 188
　フリントロック式拳銃とホイールロック式拳銃　127, 188-189, 196
　ホイールロック式銃　127
　マスケット銃　142, 146, 146, 173, 183, 186, 188-189
　マスケット銃（ナポレオン時代）　210, 210-211
　マッチロック式銃　127, 146
　ラッパ銃　211
ロシア軍の薬莢　212
シュヴァインフルト爆撃　310
シュヴァルツェンベルク公　213
宗教戦争
　カトリックとプロテスタント　126, 142, 146-153

キリスト教とイスラム教　60
銃剣　127, 150, 188, 214
十三年戦争　→ホイニーツェの戦い
十字軍　78-87, 122
十字軍国家　73, 84
周瑜（孫権の総司令官）　55
朱元璋（紅巾の乱の指導者）　99
ジューコフ、ゲオルギー（ソ連将軍）　306, 307, 308-309, 319, 319
シュジャー・ウッダウラ（ベンガル太守）　187
シュツボルスキー、ベルナルド　121
シュナイダー社　255
シュリーフェン計画　268, 270, 271
シュルドナー（将軍）　263
シュワルコフ、ノーマン　351, 351
春季攻勢　286
蒋介石　293, 332, 333
襄陽の攻囲戦　98
徐州占領　332
嘗臣（晋の将軍）　54
ジョージ2世（英国王）　161
ジョスラン2世（エデッサ）　81
ジョゼフ・ボナパルト（スペイン王）　208, 209
ジョフル、ジョゼフ　272, 273, 279, 281
ジョン（イングランド王）　109
ジョン・オヴ・ゴーント（ランカスター公爵）　114, 114
ジョーンズ、ジョン・ポール　191, 194, 194
ジョンストン、アルバート　226
ジョンストン、ジョセフ　231
ジョンソン、リンドン（米大統領）　341
ジョーンモド（の戦い）　179
地雷原　302-303
シラクサ　24, 37, 41
シリアとイスラエルの戦争　344-345
城
　ヴァン城（アナトリア）　72
　丘と城壁　62
　十字軍　73, 82-83, 87
　中世　61, 62, 106, 107, 111
　日本　172
　ノルマン人　63
秦王朝　54
清王朝　178-179, 248, 250, 251
シンガポールの日本軍による占領　323
真珠湾攻撃　296, 321, 322
神聖同盟
　フランス軍との戦い（16世紀）　144
　レバント　134
神聖ローマ帝国
　教皇との戦争　108-109
シンプソン卿、ジェームズ（将軍）　261
清仏戦争　251

【ス】
瑞鶴（空母）　326
スイス人傭兵　62, 89, 144, 145, 146
スウェイン（デンマーク王）　70
スウェーデン
　三十年戦争　150-153
　ナポレオンに対する抵抗　213
　ロシアとの戦争　120, 162-163
崇禎（明の皇帝）　178
スエトニウス、パウリヌス　49
スカンダグプタ（グプタ朝皇帝）　57
スキタイ人　16, 27, 53, 57
スキピオ・アエミリアヌス　41
スキピオ・アフリカヌス（ププリウス・コルネリウス）　31, 41
スキピオ、ルキウス・コルネリウス　39
スクレ、アントニオ・ホセ・デ　221
スコット、ウィンフィールド（将軍）　223
スコットランド
　イングランド王党派との同盟　155
　イングランドとの戦争　111, 118
　ジャコバイトの反乱　161
スタニスワフ（ポーランド王）　162
スターリン、ヨシフ　297, 306, 308, 319
スターリングブリッジの戦い　111
スターリングラード　297, 308-309
スーダン　241, 331
スーダンの戦い　259
スタンフォード・ブリッジの戦い　71
スチュアート、ジェブ（大佐）　226, 228
スティリコ　51, 51
スティルウェル、ジョゼフ・W（中将）　327
ストックホルム条約　163
ストラスブール付近でのローマ軍とゲルマン民族の戦い　50

キリスト教とイスラム教　60
スパイオンコップの戦い　244
スパーツ、カール　311
スパルタ　20, 23, 24-25
スパルタクス　43
スピノラ、アンブロジオ　149
スブタイ　98
スプリウス・ポストゥミウス　36
スプルーアンス、レイモンド（大将）　327
スペイン
　アメリカ植民地独立　216, 220-221
　アメリカでのスペイン　126, 165, 166-169, 171
　アメリカとの戦争　246
　イスラム国家　63, 73
　イベリア半島戦争　197, 209-209
　オランダ独立戦争　146, 147
　三十年戦争　152, 153
　スペイン内戦　291, 294-295
　　ファシスト　291, 294-295
　フランスとの同盟　199, 204
　ムーア人の侵略　75
　レコンキスタ　73, 75, 88-89
スペイン継承戦争　158, 159-160
スペイン領アメリカ　294
スペイン無敵艦隊（アルマダ）　126, 148
スマッツ、ヤン　245
スミス、オリヴァー　335
スミストリアン　270
スリム、ウィリアム（中将）　327
ズール一族　235, 242-243
スレイマン1世（壮麗者）　129, 132, 133
スロイスの海戦　112
スロヴェニアの独立　352
ズワーヴ兵　235, 257

【セ】
西南戦争　252
聖ヤコブ（コンポステーラ）　88
聖ヨハネ騎士団　129, 133, 133
セヴァストポリの攻囲戦　261
赤十字　255, 257
赤壁の戦い　55
ゼデキヤ（ユダ王国国王）　18
セノネス族（ケルト人）　36
セバスティアヌス（将軍）　140
セルジューク・トルコ　72, 73, 76-77, 80, 82
セルビア
　オーストリ=ハンガリー帝国とドイツとの戦争　268, 284
　オスマン帝国との戦争　122
　コソヴォ解放軍対セルビア　352
　バルカン戦争　263
セルベラ、パスクアル（海軍大将）　247
セレウコス　30, 56
戦艦ビスマルクの撃沈　304
舟艇　98, 317
戦車
　印パ戦争　339
　Mk IV戦車（英国軍）　288, 288-289
　北アフリカ戦線　302-303
　小型戦車（イタリア軍）　295
　スペイン内戦　294, 295
　第1次世界大戦　279, 286, 288, 288-289
　対戦車砲　298, 302, 307, 319, 341
　対戦車用ヘリコプター　342-343
　T-54戦車（北ヴェトナム軍）　341
　T-34戦車（ソ連軍）　307
　ティガー戦車（独軍）　307
　バルバロッサ作戦　306-307
　パンター戦車（独軍）　307
禅宗　104
潜水艦　266, 268
　原子力潜水艦　336-337
　Uボート　305
ゼンタの戦い　179
センティヌムの戦い　37
センナケリブ（アッシリア王）　17, 18

【ソ】
象　21, 25, 30, 31, 37, 39, 41, 56, 76, 94, 100
ソヴィエト空軍　307
ソヴィエト連邦
　アフガニスタンでのソ連　350
　宇宙計画　330
　スペイン内戦とソ連　291, 294
　第2次世界大戦　297, 298, 300, 306-309
　ドイツの侵攻（バルバロッサ作戦）　300, 306-307
　ノモンハンの戦い　293
　東ポーランド侵攻　300
　フィンランドとの戦争　298, 307
　冷戦　267, 330
宋王朝　61, 96, 98
ソヴォーロフ（将軍）　200, 262
相互確認破壊（MAD）　330

曹操(後漢の将軍) 55
『雑兵物語』 174
ソビエスキー、ヤン(ポーランド王) 133
ソフロニオス(総主教) 82
ソモサ、アナスタシオ 350
ソルフェリーノの戦い 257
ソンガイ帝国 141
『孫子』(兵法書) 54
ソンムの戦い 274, 276, 281

【タ】
第1次イープルの戦い 272
第2次イープルの戦い 273
第3次イープルの戦い →パッシェンデールの戦い
第1次世界大戦 266, 268-289
　オスマン帝国 268, 269, 282-283
　西部戦線 270, 272-281, 286-287
　損害・死傷者 269, 272
　東部戦線 284-285
　毒ガス兵器 273
第2次世界大戦 266, 296-329
　英国本土航空戦 300
　海戦 304-305
　ソ連の侵攻 300, 306-309
　太平洋戦争 320-329
　地中海における戦い 302-303
　Dデイからライン渡河 314-317
　ドイツ爆撃 310-313
　バグラチオン作戦とベルリンの戦い 318-319
　フランス侵攻 299
第1次中東戦争 344
第2次中東戦争 344
第3次中東戦争 344
第4次中東戦争(ヨム・キプール戦争) 345
大カトー(ローマ元老院議員) 41
大西洋の戦い 305
太宗(李世民[唐の皇帝]) 96
大同盟戦争 158-159
太平天国の乱 250
太平洋戦争 320-329
大砲 156, 156-157
　インド 126
　コンスタンティノープル陥落 123
　大砲の改良 62
　手持ち大砲(朝鮮) 176
　ナポレオン戦争 197
　百年戦争 115
　ファルコネット砲 155
　マイソール軍 127
平敦盛 102
平維盛 102
平宗盛 102
大量破壊兵器 353
台湾 178, 179, 251, 333
ダヴー 205
ダーウード、ムハンマド 350
ダウンズの戦い 149
タウンゼント卿、チャールズ(将軍) 283
ダウニング、ヒュー 300
高木武雄 326
ダキア戦争 49
武田勝頼 174
タジーナの戦い 64
楯
　インドのヒンドゥー教徒とイスラム教徒 139
　エチオピア人 140
　ケルト人 33
　ズールー族 242
　先コロンブス期の南北アメリカ 164
　北米インディアン 171, 216
　マフディー軍 241
　ローマ人 43
ダマスカス 72, 74, 81, 95
ダム破壊作戦 310
タラーインの戦い 76
タラス河畔の戦い 76
タラスコ族 165
ダラの戦い 64
タラベラの戦い 208
タラントの空襲 304
ターリコータの戦い 136
タリバン(アフガニスタン) 350, 353
ダルタヴィラ、ロベルト 71
タールトン、バナスター(大佐) 195
タルボット、ジョン、シュルーズベリー伯 115
ダレイオス1世(ペルシア帝国の王) 16, 22
ダレイオス3世(ペルシアの王) 27-29
タレントゥム 37
ダンケルク 299
ダンガナカンの戦い 76
ダンダロ、エンリコ(ヴェネツィア元首) 86
タンネンベルクの戦い 271
壇ノ浦の戦い 102

ダンバーの戦い 155

【チ】
チヴィターテの戦い 71
チェチェン紛争 352
チェリニョーラの戦い 144
チェルムズフォード卿 243
地中海地域 10-11
チッペンハム 69
チトー、ヨシプ・ブローズ 352
チャカブコの戦い 220
チャーチル、ウィンストン 241, 241, 282, 297, 300, 301, 301
チャールズ1世(イングランド王) 149, 154
チャールズ5世(神聖ローマ帝国皇帝) 133, 144, 145, 161
チャールズ・エドワード・ステュアート(王子) 161
チャルディラーンの戦い 129
長津貯水池(米国海兵隊) 335
チャンセラーズヴィルの戦い 227
チャンドラグプタ(マウリヤ朝皇帝) 56
チャンドラグプタ1世(グプタ朝皇帝) 57
チャンドラグプタ2世 56
チャンパとクメールの戦争 100
チュイコフ、ワシリー(中将) 308, 319
中国 183, 256, 268
　アヘン戦争 249
　安南との戦い 100
　イスラムの拡大と中国 76, 96
　ヴェトナム侵攻 100
　火薬兵器 96, 98, 99
　漢 52
　紅巾の乱 99
　国共内戦 332-333
　国民党軍 332-333
　三藩の乱 178
　19世紀の紛争 248, 249-251
　春秋時代 52, 54
　ステップ遊牧民の脅威 53, 55, 60, 91, 96, 98
　長征 293
　日本との戦い 177, 251
　日本の侵攻 293
　万里の長城 52-53, 53, 54, 99
　ビルマとの戦い 100
　満州族の征服 172, 173, 178-179
　モンゴルの脅威と支配 91, 96-99
　李自成の反乱 178
中世の戦い 60-91
中都の陥落 98
チュートン騎士団 92, 120, 121
チュニスのオスマン帝国による占拠 133
忠州の戦い 176
張之洞(清の将軍) 251
朝鮮
　戦争 127
　日本による支配 251
　日本による侵略(16世紀) 172
　モンゴルの脅威 176-177
朝鮮戦争 267, 330, 334-335
長平の戦い 54
諜報活動
　エニグマ暗号解読機 305
　真珠湾攻撃 322
　望遠鏡 191
　ミッドウェー海戦 325
　ルーシー(スイスのスパイ組織) 307
全州の戦い 176
チリ 165, 220
陳毅(中国共産党軍の将軍) 332
チンギス・ハン 73, 90, 91, 91, 98
晋州城の攻防戦 176

【ツ】
ツェッペリン型飛行船 255
ツシマスルハウゼンの戦い 153
ツタンカーメン(ファラオ) 12

【テ】
ディアス、ベルナル 168, 169
ディアス、ポルフィリオ 216, 223
ディアス、ロドリゴ →エル・シド
ディエンビエンフーの戦い 338
ディオクレティアヌス(ローマ帝国皇帝) 50
帝国主義支配下の戦争 234-247
　植民地独立戦争 338-339
ティトゥス(ローマ皇帝) 48
ティトゥス・アエブティウス 36
ディートリヒ、ゼップ 317
ティムールの征服 94-95, 95, 122
ティヤーラ川の戦い 76
テイラー、ザカリー(合衆国軍司令官) 223
ディラキウムの戦い 47
ティリー、ヨハネス 150, 151

鄭和(明の宦官) 99

【ト】
ドイツ
　極度のインフレ 290
　ドイツ帝国の誕生 258-259
　東部戦線での敗北 318-319
　スペイン内戦 291, 294, 295
　西部戦線での敗北 316-317
　第1次世界大戦 268-289
　第2次世界大戦 296-319
　ナチス 287, 290, 291, 294, 295-296
　東への勢力拡大(中世) 120
ドイツ海軍
　反乱 287
　ユトランド沖海戦 277
ドイツ空軍(ルフトヴァッフェ) 297, 300-301, 308
ドイツ軍
　装甲部隊 298, 299, 302-303, 306, 307, 308, 316, 317
　第1次世界大戦 268-289
　第2次世界大戦 298-319
　ドイツ・アフリカ軍団 302-303
トイトブルクの森の戦い 48
唐王朝 61, 96
トゥキュディデス(ギリシアの歴史家) 24, 25
トゥグリル・ベグ 73, 76
東郷平八郎(海軍大将) 253
同時ハイジャック事件(PFLP旅客機) 349
東条英機(首相) 320
トゥパク・アマル(インカ帝国皇帝) 167
トゥハチェフスキー、ミハイル 292
トゥブルクの戦い →ガザラの戦い
トゥーマン・ベイ(マムルークのスルタン) 129
トゥルヴィル伯 158
トゥールーズの戦い 110
トゥーロンの戦い 198
ド・カルブ、ヨハン 194, 194
毒ガス兵器 269, 273
徳川家康(将軍) 127, 172, 172, 173, 174, 175, 175
トクタミシュ(キプチャクハン国指揮者) 94
ド・グラス(提督) 195
ド・ゴール、シャルル 270, 299
突撃隊員 279, 286
トトメス3世(ファラオ) 12
トートレーベン、フランツ(大佐) 261
飛び道具(発射機)
　カチューシャ・ロケット「スターリンのオルガン」 318
　騎馬弩兵隊 184
　携帯式対戦車無反動砲パンツァーファウスト 319
　コングリーヴ・ロケット 210, 217
　投石機 41, 42, 47, 69, 98, 107, 108
　トレビュシェット 61, 107, 107, 115
　バーニーバットが用いたロケット弾 94
　フェルディナント自走砲 307
　フランスの大砲(ナポレオン時代) 196, 198
　野戦砲 182, 260
　榴散弾 254, 266, 270
　榴弾砲 254, 266, 270
ドミトリー大公 121
豊臣秀吉 172, 174-175, 176
豊臣秀頼 175
トラシメヌス湖畔の戦い 39
トラスタマラ家のエンリケ 114
トラファルガーの海戦 204
トラーマウナ(白フン族) 57
トラヤヌス(ローマ帝国皇帝) 49
トラヤヌス記念柱 42, 49, 49
トリカマルカンの戦い 64
トリアノスの戦い 80, 81
ドリュラエウムの戦い 80, 81
トリントン伯、アドミラル 158
トルカトゥス・ティトゥス・マンリウス 36
トルコ 72, 73
トルコ人のイスラム戦士 72, 73
トルシュテンソン、レンナート 152, 152, 153
ドルーの戦い 146
トルーマン、ハリー(米大統領) 335
トーレ、ミゲル・デ・ラ 221
ドレイク、フランシス 147, 147, 148
奴隷制度 43
奴隷戦争(西アフリカ) 141
ドレスデンの空襲 311
ドレパヌム沖海戦 38
トレビア川の戦い 39
トレミュユ、ルイ・ド・ラ 126, 144, 145
トレドの包囲 88
トレントの戦いとプリンストンの戦い 192
トロイ戦争 15
ドロガダの包囲戦 155
トロシュ、ルイ(将軍) 259
トロツキー、レフ 285, 292
トロンプ、マールテン(オランダ提督) 149
ドン・フアン・デ・アウストリア 134, 134

第2次世界大戦(太平洋戦争) 320-329
　中国侵略 293
　中世の戦い 101-103
　朝鮮出兵 174, 176-177
　日清戦争 251, 252
　日露戦争 252, 253
　武士 97, 101-103, 101-105, 104, 248, 252, 321
　封建時代の戦争 174-175
　明治維新 248, 252
日本海海戦 253
ニミッツ、チェスター(大将) 325, 326
ニューオーリンズの戦い 217
ニュージーランド(第1次世界大戦) 278, 282
ニュージーランドのマオリ戦争 247
二輪戦車
　エジプト 12, 19
　ケルト族 32, 33
　古代 11, 12-15
　セレウコス朝 31
　中国 53, 54
　中東とパレスティナ 13-14, 15, 16, 16, 17, 18, 19
　ペルシア 27, 28
　マウリヤ朝 53
　マハーバーラタ戦争 56

【ヌ】
ヌエバグラナダ 220
ヌミディア 39, 41

【ネ】
ネー、ミシェル(元帥) 197, 205, 214, 215
ネヴァ川の戦い 120
ネズパースの戦い 219
ネーズビーの戦い 154
ネールヴィンデンの戦い 143, 159
ネルソン卿、ホレイショー 199, 200, 201, 204, 204, 206
ネルチンスク条約 179
ネルトリンゲンの戦い 152

【ノ】
ノヴァラの戦い 144
ノヴゴロド 120
乃木希典 252, 252
ノーチラス(米国潜水艦) 336-337
ノモンハンの戦い 293, 319
ノルウェー(ドイツの侵攻と連合国軍の対応) 298, 301
ノルマン人 63, 68, 71, 75
ノルマンディー(Dデイ以後) 297, 302, 303, 314-316

【ハ】
バイジュ(モンゴルの将軍) 93
バイバルス(将軍) 78, 87, 90, 93
バイトノース(エセックス伯爵) 70
バイユー・タペストリー 71
ハイレディン(バルバロッサ) 133
バイロン、ジョージ 262, 262
ハイン、ピート 149
ハインリヒ3世(神聖ローマ帝国皇帝) 71
ハウ、ウィリアム(少将) 192, 193
パヴィアの戦い 145
パーヴェル1世(ロシア皇帝) 262
ハーウッド、ヘンリー 304
バウラ、サンタンデル・デ(将軍) 220
パウルス、フリードリヒ 308-309
パウルス・マケドニクス、ルキウス・アエミリウス 31
白山の戦い 150
バグダード(アッバース朝) 72, 93→イラク
バグネン川の戦い 100
白フン族の侵入 53, 57, 142
ハーグ平和会議 183, 255
爆薬 183
　ケチャム式手榴弾 231
バグラチオン
　バグラチオン皇太子 203
　バグラチオン作戦 318
パケナム、エドワード(将軍) 209, 217
バーゴイン、ジョン(少将、紳士のジョニー) 192, 193
パーシヴァル、アーサー(中将) 323
バシレイオス2世(ビザンチン帝国皇帝) 65, 65
パーシング、ジョン(将軍) 286, 286
バスク人(ロンセスバリェスの) 67
ハズルバッハ 41
バゼーヌ(フランス軍元帥) 258
旗
　赤旗(ソ連) 319
　アメリカ連合国の旗 228
　硫黄島の星条旗 328
　ウルのスタンダード(旗章) 12

お守りの旗（日本）326
旭日旗 320
鷲の軍旗（フランス）202
バダホスの攻城戦 100
バーダー・マインホフ（ドイツ赤軍）349
バックナー、サイモン・ボリヴァー（中将）329
パッシェンデールの戦い 274-275, 278
ハッティンの戦い 83, 84, 84-85
パットン、ジョージ（将軍）303, 316, 317
パッペンハイム、ゴットフリート 150, 151
バトゥ（モンゴル帝国司令官）92
ハドリアヌスの長城 42
バーニーパット
　アフマド・シャーがマラータ軍を破る 137
　バーニーパットの戦い 94
　ムガル帝国の勝利 136
ハノーファー 163
バノックバーンの戦い 118
バビロニア 12, 13, 18, 19
バーブル（ムガル帝国皇帝）136, 138
ハミルカル・バルカ 39
ハミルトン、イアン 282
ハミルトン公 155
バヤジト1世（オスマン朝）95, 95, 122
バヤン（モンゴル軍将軍）92
パラグアイとアルゼンチンの戦争 221
バラクラヴァの戦い 260
薔薇戦争 111
ハーラル3世（ノルウェー王）71
ハランの戦い 81
パリ 68, 69, 259, 286
ハリス、アーサー（空軍中将）310
ハリソン、ウィリアム 217
パリティエッリ、オレステ（将軍）240
ハリドン・ヒルの戦い 118
ハリーファ・アル＝ターシ 241
ハルゼー、ウィリアム（大将）328
バルティア軍 43, 53, 57
ハルディガーティの戦い 137
バールデバーグの戦い 245
ハルトゥームの包囲戦 241
バルバロ、ニコロ 123
バルバロッサ（ハイレディン）133
バルバロッサ作戦 306-307
バルビ、フランシスコ 133
ハルビヤーの戦い 87
パルマ公 263
パレスティナ解放運動 345, 349
パレスティナ人テロリストによるハイジャック事件 349
パレルモ包囲戦 75
バレンシアの包囲 88
ハロルド2世（イングランド王）71
バロン戦争（第2次）111
ハワード、オリヴァー・O（将軍）219
バンカーヒルの戦い 192
ハンガリー 63, 122
　ソヴィエト軍の進攻 318
バングラデシュ 339
バーンサイド、アンブローズ（将軍）227
関山島の海戦 176
班超（後漢の将軍）52
ハンニバル 38, 39-41
ハンブルクの空襲 310
ハンムラビ 13, 13

【ヒ】
ビアフラ戦争 339
ヒヴァ・ハン国の征服 261
ピウス5世（ローマ教皇）134
ピウス9世（ローマ教皇）256
ピウスツキ、ユゼフ（元帥）292, 292
PFLP旅客機同時ハイジャック事件 →同時ハイジャック事件（PFLP）
ピエモンテ 256
東インド会社（英国）127, 236, 237, 246, 249
東ゴート軍 51, 64
ビークォット城 170
ピクトン卿、トマス 209
飛行船
　ツェッペリン型飛行船 255
ピサロ、フランシスコ 165
ビザンチン帝国の侵攻 74, 77
　イスラム教徒の侵攻 74, 77
　イスラム教徒のシチリア島侵略 75
　オスマン朝との戦争 122
　侵略者の脅威 69
　第4回十字軍 86
　バラング近衛隊 69
　ビザンチン帝国軍 42, 62, 64
　ビザンチン帝国の存続 62, 64-65
　ブルガリア帝国との戦争 65
　ペルシアとの戦争 65
ビスマルク、オットー・フォン（ドイツ帝国宰相）258-259
ピーターズバーグ包囲戦 231
ピーチヘッド海戦 158
ピッグス湾事件（キューバ）348
ヒッタイト 12, 14, 15
ビットリアの戦い 209
ヒッパー、フランツ・フォン 277
ビーティー、デイヴィッド（英国軍司令官）277
ヒトラー、アドルフ 266, 271, 291, 297, 297, 307, 308, 309, 316, 319
ピピン（カロリング朝の王）67
ヒポクラテス 24
百年戦争 106, 112-115
ヒューストン、サム 222
ヒュダスペス川の戦い 27
ビュドナの戦い 24
ビューロー、ベルンハルト・フルスト・フォン 270, 281
ビューロー兄弟（ジャンとガスパール）115
ビュロス（エペイロス王）37
ビョートル1世（ロシア皇帝）127, 162, 163, 163
ピラミッドの戦い 200
ビリャ、フランチェスコ「パンチョ」216, 223
ビルマ
　英領インドとの戦争 246
　元との戦争 100
　日本の侵攻と撤退 327
広島 267, 321, 329
ヒンデンブルク、パウル・フォン 271, 271
ヒンデンブルク・ライン 277, 287
ビンドゥサーラ（マウリヤ朝王）56
ビンラディン、オサマ 349, 349, 353

【フ】
ファイサル、イブン・フサイン
　アラブの反乱 283
ファーガソン、パトリック（少佐）194
ファクル・アッディーン 87
ファシスト
　イタリア 290, 291
　スペイン 291, 294-295
ファストルフ、ジョン 115
ファビウス、マクシムス 31
ファレス、ベニト（メキシコ大統領）223
ファレーズの孤立地帯 316
フィリッピの戦い 47
フィリップ（アンジュー公）159, 160
フィリップ2世（フランス王）79, 86, 109
フィリップ6世（フランス王）112, 113
フィリップ王戦争 136
フィリッポス2世（マケドニア王）21, 26
フィリッポス5世（マケドニア王）31
フィリピン 276, 323
フィンランドとソ連の戦争 298, 307
ブーヴィーヌの戦い 109
フエ 341
フェアファックス、トーマス 154, 154
フェイディピデス 22
プエブロ族の反乱 242
フェリペ2世（スペイン王）140, 146, 146, 147, 148, 148
フェルサルスの戦い 47
フェルディナント2世（神聖ローマ帝国皇帝）150, 151, 153
フェルディナント伯（フランドル）109
フェルナンド2世（アラゴンとスペインの王）89
フェルビースト、フェルディナント（イエズス会宣教師）179
フォア、ガストンド 144, 144
フォークインシェンク（リヴォニア長官）120
フォークランド紛争 351
フォッシュ、フェルディナン（陸軍元帥）286
フォーブズ、ジョン（第1次ブライテンフェルトの戦い）151
フォントノワの戦い 161
武器
　アステカ 165, 165, 166
　アメリカ・インディアン 171, 185
　ヴァイキング 68, 70, 70
　エジプト 14, 14
　オスマン朝 130-131, 130-131
　ケルト族の青銅器・鉄製武器 32-33
　現代 346-347
　鋼鉄棍棒 145
　古代ギリシア 20, 21, 24
　骨でできた弓 11, 12
　コンピュータによる指令・制御のスマート爆弾 331, 341, 351, 353
　中国 52, 52, 54, 55, 179
　投石機 11, 42
　日本（16世紀）173
　日本（武士）97, 101, 104, 104-105
　フランク王国 67, 67
　モンゴル海戦 90, 91
　モンゴル帝国 136, 138-139, 138-139
　ローマ帝国 42, 43
苻堅（チベットの指導者）55
フサイン（アリーの次男）75
フサイン・イブン・アリの反乱 283
釜山 334
ブジョンヌイ、セミョーン（赤軍騎兵隊長）292
フス戦争 119
フセイン、サダム 350, 353
ブダペストへのソ連の侵攻 318
プーチン、ウラジミル 352
フッカー、ジョーゼフ（将軍）227
仏教
　アショーカ王の改宗 53, 56
　ダーメーク塔 56
ブッシュ、ジョージ・W（米大統領）349, 353
フッド（英国巡洋戦艦）304
フッド、ジョン・B 231
フニャディ・ヤーノシュ 122, 122
ブハラ
　ロシア帝国による征服 261
フビライ・ハン 91, 96-98, 100, 103
普仏戦争 →フランスとプロイセンの戦争
フマーユーン（ムガル帝国の皇帝）136
苻堅（苻堅軍の野戦指揮官）55
ブライアン・ボルー（アイルランド上王）70
ブライテンフェルトの戦い 151, 152
プトレマイオス1世（趙）52
プトレマイオス4世 30
フニャディ包囲戦 149
ブラウンシュヴァイク（公爵）198, 205
ブラウンシュヴァイク公フェルディナント 187
ブラー卿、レッドヴァース 244
ブラジルとパラグアイの戦争 221
プラタイアイの戦い 23
ブラターブ・シング（メーワル）137, 137
ブラッグ、ブラクストン（南部連合軍将軍）224
ブラッシーの戦い 187, 236
ブラッドリヴァーの戦い 242
ブラッドック、エドワード（英国軍少将）185
プラハ窓外投擲事件 142
フラミニヌス、ティトゥス・クィンクティウス 31
プラン（ケルト人の族長）36
フランク 42, 51, 62
　フランク族の帝国 66-67
フランコ、フランシスコ（将軍）294, 295
フランス
　アメリカ独立戦争 191, 193, 195
　アルジェリアでのテロ 240, 338
　イタリア戦争 144-145
　ヴァイキングの侵攻 68
　ヴィシー政府 299
　オーストリアとの戦争 256, 257
　北アメリカでの戦い 170
　クリミア戦争 260
　国防軍 259
　三十年戦争 152, 153
　宗教戦争（ユグノー）146, 147, 149
　植民地独立戦争 338
　税と戦争 143
　西部戦線 270
　第1次世界大戦 268, 270
　第2次世界大戦 299
　大同盟戦争 158-159
　中国との戦争 249, 251
　帝国拡大戦争 235, 246
　ドイツの侵攻と占領 299
　ナポレオン対連合軍 213
　フランス革命とナポレオン戦争 143, 182, 183, 196-215
　フランス対フランドル戦争（14世紀）118
　メキシコ出兵 223
　レジスタンス 299
フランス軍
　第1次世界大戦 270, 272, 273, 276, 277, 278, 281, 282
　フランス革命とナポレオン時代 196, 197, 198, 201, 214, 215
　フランスとプロイセンの戦争 255, 257-259
　フランスの外国人部隊 240, 257
フランソワ1世（フランス）145
フランツ・フェルディナント大公の射殺 268
フランツ・ヨーゼフ1世（オーストリア皇帝）257, 258
フランドルとフランスの戦争（14世紀）118
フリア卿、バートル 243
フリジドゥスの戦い 51
プリスカの攻略 65
ブリックス、ハンス（国連武器査察団長）353
ブリットヴィッツ、マックス・フォン 271
ブリトビラージャ3世（ラージプート族の指導者）76
フリードラントの戦い 205
フリードリヒ2世（プロイセン王）161, 184, 184, 186
ブリュイ（提督）200
ブリュッヘル、ゲブハルト・フォン（スウェーデン軍司令官）213
プリールの戦い 146
プリンスオヴウェールズ（英国戦艦）304, 323
プリンストンの戦い 192
プリンツィプ、ガヴリロ 268
プリンツオイゲン（ドイツ重巡洋艦）304
ブルガリア 63, 65, 74
ブルゴーニュ軍 115, 119
ブルシーロフ、アレクセイ 284
ブルシーロフの攻勢 284
ブルランの戦い（第1次）226
フルリュースの戦い 199
ブレヴィスキー（将軍）261
ブレザーの戦い 199
ブレスト＝リトフスクでの和平交渉 285
プレストンの戦い 155
ブレダ包囲戦 149
フレッチャー、フランク（少将）326
フレデリクスバーグの戦い 227
プレドロ、フォン（大佐）258
プレトリウス、アンドリース（アフリカーナの指導者）242
フレンチ、ジョン（英国司令官）272, 273
ブレンハイムの戦い 159
プロエシュティ爆撃 311
ブロイド（公爵）187
プロイセン 163
　オーストリアとフランスとの戦争 255, 257, 258
　七年戦争 184, 186
　フランスとの戦争 198, 205, 213, 214-215
プロコピウス 57
プロパガンダ 199, 201, 268
フロワサール 112
文公（晋）54
フン族 11, 51, 64

【ヘ】
兵器工場 255, 291
ヘイグ、ダグラス 273, 274, 275, 278, 279, 281
米国戦略空軍 340
米国同時多発テロのフランス 331, 349
米国陸軍航空軍（USAAF）310-311
兵馬俑 →テラコッタの兵俑
ベイブス湖の戦い 120
ベイヤーズ（ボーア人指導者）245
北京 98, 178, 333 →中都
ベシャワールの戦い 76
ベスカラ侯 145
ヘースティングズの戦い 71
ペタン、アンリ・フィリップ（将軍）276, 276, 299
ベーデン・バウエル 245
ペトリューラ、シモン 292
ペドロ（スペイン王）114
ペドロ2世（アラゴン王）110
ペトログラードのボリシェヴィキによる包囲 285
ベニグセン（ロシア軍司令官）205
ベネヴェントゥムの戦い 37
ベネヴェントの戦い 109
ベネズエラ 220
ベネデク、ルートヴィヒ 258
ベラクルス港の攻略作戦 223
ヘラクレアの戦い 37
ヘラクレイオス（ビザンチン帝国皇帝）65, 74
ベラヨ（レコンキスタの英雄）75
ベリー、オリヴァー（准将）217, 217
ペリー、マシュー（提督）248
ペリクレス（アテネの政治家）25
ベリサリウス 62, 64, 64
ペリシェ、ジャン・ジャック（元帥）261
ペリシテ人 15
ベルガモン 31
ベルギー
　コンゴ動乱 338
　第1次世界大戦 268, 270
　第2次世界大戦 299
ペルシア 16, 19, 22-23, 26-29, 50, 74, 128
ペルセウス（マケドニアの王）31
ベルセポリス 27
ペルー独立戦争 128
ベルナドット 205
ベルベル人 73, 240
ベルリン 205, 297, 311, 319
ベルンハルト（ワイマール公）151
ベレジナ川の戦い 212
ベローウッドの戦い 286
ヘロデ大王（ユダヤの王）48
ヘロドトス 22
ペロポネソス戦争 24-25
ベンガルの英国による支配権掌握 187
ヘンリー3世（イングランド王）111
ヘンリー4世（イングランド王）111
ヘンリー5世（イングランド王）115
ヘンリー6世（イングランド王）111

【ホ】
ボーア戦争 234, 244-245
ボイオティア 24, 25
ホイニーツェの戦い 121
ボイン川の戦い 127, 158
包囲戦
　アッシリアとバビロン 13, 15, 17-18
　火薬技術と包囲戦 126
　十字軍 78, 79, 80-83, 86-87
　スペインのレコンキスタ 88-89
　中世 62
　中世中の国 98
　ローマ 41, 48
包囲戦の武器
　中世 98
　中世のヨーロッパ 78, 107, 107
　メソポタミア 11, 15, 17
　ローマ 41, 48
龐徳（魏の将軍）54
奉天の会戦 253
ボエモン公（アンティオキア）80, 81
ホーク、エドワード（海軍提督）187
ポーク、ジェームズ（米大統領）223
冒頓単于（匈奴の指導者）55
戊辰戦争 252
ボストン（マサチューセッツ）190, 192
ボスニア紛争 352
ボスニア・ヘルツェゴヴィナ紛争 352
ホスロエス2世（ペルシア）65
ボスワース・フィールドの戦い 111
ボタ、ルイス（ボーア軍の将軍）244, 245
ホー・チ・ミン 341
ホート、ヘルマン 307, 308
ボードアン（エデッサの）81
ボードアン3世（エルサレム国王）81
ホーネット（米国空母）325
ボノムリシャール号（英国軍艦セラピスとの交戦）191, 194
ホノリウス（西ローマ帝国皇帝）51
ポーハタン族のヴァージニアへの攻撃 170
歩兵
　軍服姿 143
　ケルト人 32
　古代 11, 13, 19
　銃剣 127, 150, 188, 214
　シルトロン 118
　スイス槍兵隊 144, 145, 146
　装甲歩兵 26, 27
　盾 21
　中世ヨーロッパ 62, 107, 118-119
　テルシオ 126-127, 142, 144, 144, 151, 151, 153
　フランクス 21, 34, 36, 144
ボヘミア
　三十年戦争 150
　ホメロスの『イリアス』15
ボヤカの戦い 248, 251
ポーランド
　チュートン騎士団との戦争 121
　ドイツによる侵攻と敗北 296, 298
　ボリシェヴィキとの戦争 292
　ワルシャワ蜂起 318
ボリバル、シモン（ベネズエラの将軍）220, 221, 221
ボリビアの革命運動 348
ポリュビオス 4, 30, 33, 38
捕虜
　ドイツ（第2次世界大戦）317
　南北戦争 225, 233
　バターン死の行進 323
　骨でできた船 299
　ロシア（第1次世界大戦）271
ポルタヴァの戦い 126, 162, 163
ボルティモアの戦い 217
ポルトガル 89, 216, 339
ボロディノの戦い 197, 212

ポワティエ 66
　ポワティエの戦い 113
香港 249,323
ポンペイウス 47
本間雅晴(中将) 323

【マ】
マウリッツ(ナッサウ伯) 142,149
マウリヤ朝 53,56
マオリ戦争 247
マオリ族 10
マーク、ミッチャー(中将) 327
マクシミリアン(メキシコ皇帝) 223
マクセンティウス(ローマ帝国皇帝) 50
マクデブルクの戦い 133
マクドナルド、ジャック 205
マクナマラ、ロバート(米国防長官) 335
マグネシアの戦い 31,41
マクノートン、ウィリアム 236
マクマホン、パトリス・ド(将軍) 256,259
マグルーダー、ジョン(将軍) 227
マクレラン、ジョージ 227
マーケット・ガーデン作戦 316
マケドニア王国のギリシャ人 20,21
　ローマ対ギリシアの戦争 31
マケドニア(ユーゴスラヴィア)の独立 352
マーサー、アレグザンダー(大尉) 210,215
マジェンタの戦い 56
マジャール人 62,63,67
マシュー、ジャック(将軍) 338
マスウード(ガズナ朝) 76
マーストンムーアの戦い 154
マセナ 205
マッカーサー、ダグラス(米国将軍) 323,323, 328,334,335
マッキンリー、ウィリアム(米大統領) 247
マッケンゼン、アウグスト・フォン(陸軍元帥) 284
マッセナ 205
マッツィーニ、ジュゼッペ 256
マデロ、フランシスコ 223
マドリード防衛 294
マハーバーラタ戦争 56
マハ・バンドゥラ(ビルマの指揮官) 246
マフェキングの包囲と解放 245
マフムード(ガズナ朝) 76,76
マフディー教徒の反乱 241
ママイ(モンゴルの将軍) 121
マミリウス、オクタウィウス 36
マムルーク 73,78,87,90,93,95,129,200, 263
マラータ同盟 137,137,236
マラトンの戦い 22
マリー、アンドリュー 111
マリア・テレジア(オーストリア女帝) 186
マリアナ沖海戦 327
マリウス、ガイウス 35,43
マリ帝国 141
マリニャーノの戦い 126,145
マルケッルス、マルクス・クラウディウス 41
マルコ・ポーロ 100
マルス・ラ・トゥールの戦い 258
マルタの包囲攻撃 133
マルティ、ホセ(キューバの反乱の指導者) 247
マルドニオス 23
マルヌの戦い 272,286
マールバラ公 159-160,160
マルプラケの戦い 160
マルベリー人工埠頭 253
マルモラ、アルフォンソ・ラ 257
マルモン、オーギュスト(元帥) 209
マレンゴの戦い 196,201
マローダーズ部隊 327
マルト、ラファエル(将軍) 220
マンコ・カパック(インカ帝国の皇帝) 167
マンジケルトの戦い 77,82
マンジャン、シャルル(将軍) 286
満州 251,332
満州族による中国の征服 178-179
マンシュタイン、エーリヒ・フォン 299,307
マンスフェルト、エルンスト・フォン 150
マンスーラの戦い 87
マンティネイアの戦い 25
マントイフェル、ハッソ・フォン 317
マンネルハイム、カール(元帥) 298
マンハッタン計画 321
マンフレーディ(シチリア王) 109

【ミ】
ミハイ、ホセ(将軍) 294
ミケーネ 15
ミサイル 267
　AH-64攻撃ヘリコプター 342-343
　V1 297

V2 297,331
エクゾセ 351
グラート(ロシア) 352
巡航ミサイル 351
スティンガー 350
大陸間弾道弾(ICBM) 331
ポラリス 336
レイピア地対空ミサイル発射・追跡機 267
ミズーリ(米国軍艦) 321
ミソロンギの攻防戦 262
ミッドウェー海戦 327
ミード、ジョージ(将軍) 228,229
湊川の戦い 103
南アフリカ共和国のアンゴラ全面独立民族同盟への支援 339
南アメリカ 164,165,167,220-221
ミヒャエル作戦 286
ミヒラクラ(白フン族の王) 57
ミュラエの戦い 38
ミュレの戦い 110
鳴梁海戦 177
ミルヴィウス橋の戦い 50
ミール・ジャーファル(ベンガル太守) 187, 187
ミルディアスの戦い 22
ミロシェヴィッチ、スロボダン 352
明王朝 97,99,100,172,178,178
ミンデンの戦い 187

【ム】
ムーウィヤ(ウマイヤ朝カリフ) 75
ムーア卿、ジョン 208
ムガル帝国 128,136-139
ムーサイブン・ヌサール 75
武蔵(戦艦) 328
ムジャーヒディーン(アフガニスタン) 350
ムスタアスイム(アッバース朝カリフ) 93
ムスタファ2世(オスマン帝国スルタン) 133
ムスタファ・ケマル・パシャ(アタテュルク) 282,283,283
ムスタファ・パシャ(アブキール湾の戦い) 200
ムスタファ・パシャ(マルタの包囲攻撃) 133
ムッソリーニ、ベニート 291,291,299
ムハンマド(ゴール朝) 76
ムハンマド(予言者) 72
ムハンマド・アフマド 241
ムハンマド・アリー(エジプトの支配者) 263
ムハンマド・アル・ムタワッキル 140
ムハンマド・バフティヤール 76
ムラト1世(オスマン帝国スルタン) 122,131
ムラト2世(オスマン帝国スルタン) 122
ムラービト朝 73,88
ムルテンの戦い 119
ムワタリ(ヒッタイト王) 14
ムワッヒド朝 73,89

【メ】
メイア(イスラエル首相) 345
メイル・モルダ(ランスター王) 70
メキシコ
　革命 216,223
　フランスの侵略 223
メギドの戦い 14,19,283
メス攻囲戦 258
メソポタミア 10-13
メタウルスの戦い 41
メディア 16,18,19
メディナ・シドニャ公 148
メーネ・ダムとエーデル・ダムの決壊 310
メネリク2世(エチオピア皇帝) 240
メフメト2世(オスマン帝国皇帝) 123
メフメト4世(オスマン帝国皇帝) 133
メラス、ミヒャエル(男爵) 201
メランダー(陸軍元帥) 153
メリル、フランク(准将) 327
メロ、ドン・フランシスコ 153
メロヴィング朝 62

【モ】
毛沢東 54,293,331,332,333
モーガン、ダニエル(大佐) 193,195
モスクワ
　ドイツ軍による包囲 306
　ナポレオンの敗北 212
モーゼル(ピーターとヴィルヘルム) 245
モデスト、フアン(将軍) 295
モデル、ヴァルター 307
モハーチの戦い 132-133
　ナチス・ドイツへの協力 308
モブツ、セセ・ココ 333
モラ、エミリオ(将軍) 294,295
モリージョ、パブロ 221
モルガルテンの戦い 118
モルティマー伯、エドマンド 111
モルトケ、ヘルムート・フォン 272

モールドンの戦い 70
モロッコ 140,141,290
モンカルム侯 185
モンゴルと中国の戦争 179
モンスの戦い 270
モンテヌッシーノの戦い 303
モンテヌッコリ(将軍) 153
モントゴメリー、バーナード 302-303,303, 314,316,317

【ヤ】
ヤギ・シヤーン(オスマンのアンティオキア支配者) 80
ヤジド(ウマイヤ朝カリフ) 75
矢と鏃 11,14,71,115
　クロスボウ 107
　ティムール軍の弓矢 94
　日本の弓矢 173
　ネズパース族の弓矢 219
山崎の戦い 174
山城(戦艦) 320
山本五十六(海軍大将) 320,325
ヤムルークの戦い 74
槍 11,63,67,109,109
ヤンカウの戦い 153

【ユ】
ユグノー戦争 146,147,149
ユスティニアヌス(ビザンチン帝国皇帝)の征服 64
ユダ王国の戦争 17-19
ユダヤ人
　ナチスとユダヤ人 291,297
　ローマに対する反乱 48
ユード(アキテーヌの君主) 66
ユトランド沖海戦 277
弓
　アメリカ・インディアンの弓 171,219
　クロスボウ 52,54,62,100,107,109,116
　長弓 62,107,107,112,113,114,114
　複合弓 12,13,14,16,43,73
ユリアヌス(ローマ帝国皇帝) 50
ユリウス2世(法王) 144

【ヨ】
要塞 62,158
揚州の包囲 178
揚子江軍事 333
揚子江の戦い 96,99
傭兵
　ギリシア 16,26,29
　コンゴ動乱 338
　ジェノヴァ 112,120
　スイス 62,89,144,145,146
　百年戦争 106,112
　ヘッセン兵 191
ヨークタウン(米国空母) 325,326
ヨークタウンの包囲 195
ヨシヤ(ユダ王国国王) 19
ヨハン・ゲオルク(ザクセン) 151,153
ヨルダン
　イスラエルとの6日間の戦争 344
　PFLP旅客機同時ハイジャック事件 349
ヨーロッパ
　イスラムの拡大 75
　ヴァイキングの侵略 60
　王家の戦争(17、18世紀) 158-161
　騎士、弓の射手 106-109
　国力の増加 142,143
　三十年戦争 142,143,150-153
　侵略者 60,62-63
　ナショナリズムと近代化 254-255
　モンゴル軍の侵略 91

【ラ】
ライダニヤの戦い 129
ライフル
　AK-47突撃銃 346
　エンフィールド 303,277
　オスマン帝国 263
　クラグ・ヨルゲンセン・ライフル 245,245
　現代の突撃銃 346-347
　シャスポー銃(フランス) 258,259
　第1次世界大戦 277
　ドライゼ銃(ドイツ) 258
　7.92mmモーゼル社「ゲヴェール」 277
　7.62mmモシン・ナガン 309
　ナポレオン時代 210,210-211
　8mmルベル 277
　プロイセン 255
　ベーカーライフル 210,214
　ボーア戦争で使われたライフル
　ミニエー弾 183,225,237,257
　モシン・ナガン(日露戦争) 253
　モシン・ナガンM1944カービン銃 332

モーゼル 244,245,245
　ラハティL-39対戦車ライフル 298
　0.303エンフィールド 277
ラインバッカー作戦 341
ラインラントの戦い 317
ラヴェンナの戦い 144
ラエウィヌス、ププリウス・ウァレリウス 37
ラガシュとウンマの抗争 13
ラキヌスの攻囲 17
ラクナウ包囲戦 237
ラグナウ卿 260
ラコニャの戦い 208
ラシード・アッディーン(『集史』) 93
ラジプート族 53,73,76,137
ラストバスデトロサの戦い 89
ラゼツキー、ヨーゼフ(将軍) 256
ラッセル、ウィリアム・ハワード(従軍記者) 260
ラテン戦争 37
ラーマラージャ 136
ラーマン、シェイク・ムジブ 339
ラミーユの戦い 160
ラムセス2世(ファラオ) 14,14
ラムセス3世(ファラオ) 15
ラソンの反乱 100
ラ・ロシェル包囲戦 149
ラングスドルフ、ハンス 304
ランゴバルド族 42,62
欒枝(晋の将軍) 153
ランス(元帥) 205,205

【リ】
リー、ロバート・E 224,224,227,228-229, 231
リヴィエール、アンリ・ローラン 251
李自成の反乱 178
リシュリュー(公爵) 149
リスボンの包囲 89
リチャード1世(イングランド王) 79,79,83, 86
リチャード3世(イングランド王) 111
リッコーヴァー、ハイマン・G 336
リッジウェイ、マシュー(中将) 335
リトアニアの中世の戦争 120,121
リトルビッグホーンの戦い 219
リーニーの戦い 214
リートホーフェン、ヴォルフラム・フォン 295
劉洪操(唐の将軍) 100
リュクサンブール公 159,159
リュサンドロス(スパルタの提督) 25
リュッツェンの戦い 151
呂文煥(南宋の将軍) 98
リョチョ、ルイ・ユーベル・ゴンザルブ(元帥) 323,323,328,334,335
リンカーン、エイブラハム 225,225,231
リンカーン、ベンジャミン 194
リンディスファーンの略奪 68
林彪(中国共産党軍の将軍) 332,333

【ル】
ルイ(ナッサウ伯) 146
ルイ7世(フランス王) 81
ルイ9世(フランス王) 78,87,87
ルイ13世(フランス王) 149
ルイ14世(フランス王) 158,160
ルイス(ハンガリー王) 132
ルイ・ナポレオン(フランス大統領) 256
ルカトーの戦い 160
ルーデンドルフ、エーリヒ・フォン 271,286, 287,287
ルパート(カンバーランド公) 154
ルメイ、カーティス(少将) 329

【レ】
冷戦 267,330
レイテ沖海戦 328
レウクトラの戦い 25
レオ1世(ローマ教皇) 51
レオ3世(ローマ教皇) 67
レオ9世(ローマ教皇) 71
レオポルト1世(オーストリア公) 118
レオポルト5世(オーストリア公) 79
レーガン、ロナルド(米大統領) 350
レキシントン(米国空母) 327
レキシントン・コンコードの戦い 190,192
レギルス湖畔の戦い 36
レグルス、マルクス・アティリウス 38
レシト・パシャ 262,263
レスリー、デヴィッド 155
レッド・クラウド(スー族の族長) 218
レッド・ホース(スー族の族長) 219
レッドリヴァーの戦い 218
レディースミスの包囲 244
レーニャノの戦い 108
レーニン、ウラディーミル 285,285

レニングラード包囲戦 307
レバノン 344,345
レパルス(英国軍艦) 323
レバントの海戦 134,134-135
レヒフェルトの戦い 67
レマルク、エーリヒ(『西部戦線異状なし』) 290
レーモン3世(トリポリ伯) 84
レーモン4世(トゥールーズ伯) 80
レーモン6世(トゥールーズ伯) 110
レーモン・ド・アギリェ 82
レ・ロイ(黎利)の反乱 100

【ロ】
ロアッタ、マリオ(将軍) 294
ロイテンの戦い 186
ローク浅瀬の防衛戦 243
ロクロワの戦い 142,143,153
ロサス、フアン・マヌエル・デ 221
ロシア
　カフカスと中央アジアの紛争 261,352
　クリミア戦争 237
　軍隊の維持にかかる費用 127
　13世紀の戦争 120
　第1次世界大戦 268,269,271,284-285
　大北方戦争 162-163
　チェチェンとロシア 352
　中国との戦争 179
　ナポレオン戦争 197,202,205,212
　ピョートル大帝の艦隊 163
　ボリシェヴィキの内戦 285
　モンゴルの侵略 91,92,121
ロジェストヴェンスキー(中将) 253
ローズヴェルト、セオドア(米大統領) 246, 247,247
ローズヴェルト、フランクリン・D(米大統領) 321,323
ロスバッハの戦い 186
ロードス島
　オスマン帝国による包囲 129
　古代の戦争 31
露土戦争 262,263
ロドリゴ(スペイン王) 75
ロバーツ卿、フレデリック 237,245
ロバート1世(スコットランド王) 118,118
ロペス、フランシスコ 221
ロヘル・デ・ラウリア(アラゴン軍の提督) 109
ロホ、ビセンテ(将軍) 295
ローマ 11
　共和制 34-37
　内戦 35,42,47
　東ゴート族による包囲戦 64
　武器 42,43
　ポエニ戦争 38-41
　マケドニアとの戦争 31
　ローマ軍 11,34-35,42,43
　ローマ軍団(レギオン) 34-34,42,43
　ローマの衰退 42-51
　ローマの衰退と滅亡 50-51
　ローマ包囲戦 256
　ローマ教皇と神聖ローマ帝国 108-109
ロマノス4世(ビザンチン帝国皇帝) 77
ローラン伯(ロンセスバリェス) 67
ローリングサンダー作戦 341
ロレンス、T・E(アラビアのロレンス) 283, 283
ローレンス、ヘンリー 237
ロンギヌス、ガイウス・カッシウス 47
ロンセスバリェスの戦い 67
ロンバルディア同盟の戦い 108
ロンメル、エルヴィン 299,302

【ワ】
ワイナ・カパック(インカ帝国皇帝) 167
ワシントン、ジョージ(米国大統領) 185, 191191,192,193,195,195
ワーズ、ヘンリー(大尉) 225,233
ワーテルローの戦い 197,210,211,215
ワルシャワの戦い 292
ワルシャワ蜂起 318
ワールシュタットの戦い 92
湾岸戦争 351

【ン】
ンガサウンジャンの戦い 100

謝辞

Dorling Kindersley would like to thank Peter Smithurst, Philip Abbott, and Rod Joyce at the Royal Armouries, Leeds; Eleanor Holmes at The Imperial War Museum; Natalie Finnigan at Duxford; Les Smith, Mark Sheriff, and Matthew Buck at Firepower, the Royal Artillery Museum; Major Tim David of the MOD; Staff Sargent Carl Bird at RAF Dishforth.

図版出典(省略記号)/a=上, b=下, c=中, l=左, r=右, t=上段, f=端, s=ページ小口

akg-images: 13acl, 15cl, 15bc, 17cr, 19tr, 19acr, 21cr, 30c, 37bl, 38bl, 39tc, 41tc, 48br, 48bcl, 55br, 57c, 66tr, 67cr, 79b, 80bl, 86b, 86t, 87tl, 87tr, 88bl, 92b, 94tr, 96b, 108bl, 108br, 109cfl, 110c, 110bl, 114bl, 118br, 119tr, 119cr, 119bl, 134, 143bl, 143br, 144bl, 144ac, 150bl, 151cfl, 158bl, 163b, 165b, 184bl, 186br, 186acr, 191br, 198br, 202b, 258tr, 258b, 258bcr, 263c, 285bl, 290ac, 292tr, 297crb, 305b, 311b, 321br, 326c.

Alamy Images: 19tl, 39b, 49ac, 68b, 72t, 111cfr, 121bl, 147br, 170t, 182br, 199acr, 201tr, 219br, 222b, 227cl, 243tr. **Archivi Alinari:** 25tr.

Altitude: 158br. **Ancient Art & Architecture Collection:** 34acl, 51bl, 51bl, 51acl, 62tr, 64tr, 64c, 67b, 72bl, 73tr, 81t, 92cl, 92c, 94b, 95c, 95t, 103r, 132bl. **Associated press:** 333b. **Artothek:**152t.

Aviation Picture Library: 335cr. **Bibliothèque Nationale De France, Paris:** 85. **Bildarchiv Preußischer Kulturbesitz, Berlin:** 77tr. **www.bridgeman.co.uk:** 11bc, 33tl, 35tr, 36cr, 47ac, 57ttr, 60tl, 60bc, 60br, 64b, 69br, 72br, 78b, 79tl, 80t, 82tr, 91tr, 91cl, 95b, 97b, 98t, 100c, 101br, 107cra, 120br, 133br, 136br, 137tr, 138c, 143tl, 150br, 151br, 153b, 155cra, 155cbr, 158crb, 158cfl, 159tr, 159b, 160bl, 160br, 160t, 161tr, 161cla, 163tc, 173cb, 173crb, 174cfl, 179bl, 187tr, 196br and bl p197, 199bcr, 201b, 208cl, 222tc, 234cl, 237bl, 262tr; /MARCEL ANDRE Baschet © ADAGP, Paris and DACS, London, 2005 235c. **British Library, London:** 75tr. **© The British Museum:** 28tr, 37tc. **Corbis:** 4b, 6bc, 7tl, 7bc, 10bl, 11br, 16bl, 16br, 18br, 19br, 23acl, 25b, 27tc, 27c, 32cr, 34Across 34-5, 39bcr, 40tc, 41bl, 42bl, 45b, 47br, 48tr, 48acr, 50bl, 52r, 53bcl, 54bl, 55tr, 56cl, 56br, 60bl, 63tr, 66, 71cr, 73b, 74br, 75br, 76c, 76b, 77b, 79tr, 87cr, 89b, 89t, 90tl, 90bl, 97t, 99b, 100b, 100t, 102c, 113tr, 115tl, 116bl, 122br, 123b, 127bl, 127br, 129b, 134bl, 137ca, 140bl, 141tc, 141b, 142br, 148bl, 154cb, 158cra, 163tr, 167b, 168b, 171br, 172b, 175cra, 178tr, 178br, 178tcr, 179cal, 185bl, 187br, 190cl, 190b, 191cl, 193tc, 193b, 198t, 204b, 210acl, 211tr, 215b, 216bcr, 217br, 217bcr, 217t, 218br, 218t, 220acr, 221tr, 222cr, 24b/p225 b, 224bcr, 225tl, 225acr, 225bcfl, 226tr, 226cl, 227bl, 227br, 230tr, 230bl, 231tr, 231bl, 232tr, 233b, 235t, 238acl, 240bl, 242tr, 242br, 248tr, 248bcr, 249br, 250tc, 251bl, 251bcr, 254br, 255bl, 257tl, 259br, 261acr, 267bl, 267br, 268tl, 269br, 271cr, 272acl, 273acl, 274tr, 275b, 276acl, 278br, 279tc, 279br, 282b, 283tr, 285br, 286cr, 287tr, 288b, 290tr, 290bl, 290br, 291tl, 291tr, 291bc, 293tr, 293bl, 297tl, 297tr, 297br, 298cra, 302bl, 302t, 303tl, 303br, 312tl, 314tr, 3 14b, 316t, 317cr, 319cl, 320tr, 320c, 321tl, 321bl, 321b, 321cbl, 322tr, 324, 327br, 328c, 328br, 329tr, 329cb, 329bl, 330cl, 330bl, 330b, 331tl, 331cr, 331tl, 332bl, 333tl, 334cr, 334bl, 335tr, 335cl, 335br, 335bcl, 336cl, 337t, 338cl, 338b, 339cr, 339al, 339b, 340cr, 341tr, 341b, 342tl, 344tr, 344br, 344ar, 345cl, 345bl, 345cbr, 347b, 348tl, 348bl, 348br, 349tl, 349tr, 349bl, 349br, 350bl, 350br, 351br, 352cl, 352t, 353c, 353, 353b. **Defence Picture Library:** 7br, 351bl. **DK Images:** Dave King (c) Dorling Kindersley, Courtesy of Warwick Castle, Warwick 211bfr; / 61tr, 62CR; //Courtesy the Wallace Collection London 139cr; /Alistair Duncan 78tl, 82b, 87b; / American Museum of Natural History 170tr, 170tr, 170cr, 170cr; /Andy Crawford 90cr, 197c; /Andy Crawford/Imperial War Museum 319cr; /Ashmolean museum 69bl; /British Museum 8, 10br, 14tr, 14cr, 14bc, 14br, 14frbc, 17tc, 18acl, 19bl, 20bl, 25frbc, 42br, 52bl, 52bl, 54cl, 55tc, 55bl, 67br, 90br, 114br; /Capitoline Museums, Rome 50tr; /Collection of Jean-Pierre Verney 271cal, 272br, 273ac, 273acr, 277bc, 277b, 284tl; /Collection of the University Museum of Newcastle 11bl; / Conacultinah-mex 164bl; /Confederate Memorial Hall 224cl, 230cfr; /Courtesy Michael Butler Collection 296cl; /Courtesy od the National Museum, Delhi 128br; /Courtesy of 95th Rifles and Re-enactments, Living History Unit 146bl; /Courtesy of Churchill College Archive, Cambridge University 94tl; / Courtesy of David Edge 205ac, 205t, 208cr; / Courtesy of H. Keith Melks Collection 299br; /Courtesy of the Board of the Trustees of the Royal Armouries 109tr; /Courtesy of the Board of Trustees of the Armouries 104tr, 104clb, 104car, 105tr, 105bcr, 105cfr, 115bc, 142bl, 152cr, 176car, 184br, 184bfr, 186c, 188ac, 188t, 189bc, 189b, 196tr, 200c, 208b, 210bc, 210acr, 210b, 211bl, 211br, 211bfl, 213c, 214c, 241tr, 244bcr, 245br, 245bfr, 253c, 259cr, 346bl, 346ac, 346tbc, 346x, 347tl; /Courtesy of the Ministry of Defence Pattern Room Nottingham 347c; /Courtesy of the Ministry of Defence Pattern Room, Nottingham 298cb, 347b; /Courtesy of the National Army Museum, London 202t; /Courtesy of the National Museum, New Delhi 136bl; / Courtesy of the Order of the Black Prince 107bl, 119br; /Courtesy of the Pitt Rivers Museum Oxford 104c, 105tr; /Courtesy of the Pitt Rivers Museum, University of Oxford 138tr, 138bc, 139tl, 139br; /Courtesy of the Powell-Cotton Museum, Kent 140cr; / Courtesy of The Royal Green Jackets Museum, Winchester 209c, 244bl; /Courtesy of the University Museum of Newcastle 34cl; / Courtesy of the University of Newcastle 35flac; /Courtesy of the Wallace Collection London 122cr; /Courtesy of Warwick Castle 154ct; / Courtesy of Warwick Castle, Warwick 188c; / Courtesy of the Wallace Collection London 138cr, 138bvl, 139tr; /Courtesy the Wallace Collection, London 138b; /Courtesy Warwick Castle, Warwick 145bcr, 146bc; /Courtesy of Robin Wigginton, Arbour Antiques Ltd, Stratford upon Avon 189tr, 189cr; /Coutesy of Robin Wigington, Arbour Antiques Ltd, Stratford upon Avon 146cbl; /Danish National Museum 63cr, 70tl, 70tr, 70tcr; /Dave King 144br; /Dave King, Confederate Memorial Hall, New Orleans 183bl; /Dave King, courtesy of Gettysburg National Military Park 198bl; / Dave King/Confederate Memorial Hall, New Orleans 228tr; /Dave Kingle 219bl; /English Heritage 42acr; /Ermine Street Guard 38br, 43c, 43bl, 43bcl, 43bfl, 43flac, 43flac, 43flbc; / Firepower 156, 180, 191cr, 238bl, 238br, 238bcfr, 238bfl, 238bfr, 270bc, 273br, 307tr; / Gary Ombler 182bl, 182br, 206bl, 206br, 206cbl, 207bc, 207br, 207bcfl, 207cbfr, 207cbr, 207cbr, 207t, 300tl; /Geoff Dann 61br, 63b, 115cr, 215c; /Geoff Dann / Dorling Kindersley / Scottish United Services Museum, Edinburgh Castle (c) National Museums of Scotland 161cbr; /Geoff Dunn, courtesy of the Royal Green Jackets 240br; /Geoff Dunn/National Museums of Scotland 260bcr; /Gettysburg National Military Park 230ac, 231tc; /Imperial War Museum 299cla; /Imperial War Museum 163c, 288tr, 289tl, 289tr, 289bc, 289br, 289acfr, 289acr, 289bcfl, 289bcfr, 289bcl, 289bcr, 302cb, 305cfl; /Imperial War Museum, London 311cr; /IWM 266bl, 270tl, 273acr, 273frac, 278tr, 291ac, 311tc, 311br, 323tl; /Joe Cornish 23tr, 118bl; /John Heseltine 47bl; /John Spaull, courtesy of Civil War Museum, Bardstown, Kentucky 182cl; /Judith Miller/Cooper Owen 43bc; /Judith Miller/Wallis and Wallis 196cl, 235bl; /Kate Clow 78c; /Kim Sayer 81b; / Lynton Garceiner, Courtesy of the Natural History Museum 216t; /Max Alexander 46bl, 75bl, 88cr; /Museum of London 32tr, 32cl, 32bc, 32acl, 32acr, 32b, 32btc, 33c, 33bcl, 70tcr, 71tl; /Museum of Mankind 219t; /National Maritime Museum 69tr, 69ar, 99tr; /Nick Sayer 88tr; /Nigel Hicks 20tl; /Paul Kenwood 115cfl; /Peter Chadwick/Museum of Artillery 246tr; / Pitt Rivers Museum Oxford 101c, 102t; /Rob Reichenfeld 112br; /Robin Wigginton, Arbour Antiques Ltd, Stratford upon Avon 138tl; / Royal Armouries 173tr, 173tr, 173tr, 173tr, 173tr, 173ac, 178tc; /Scottish United Services Museum, Edinburgh © National Museums of Scotland 323cr; /Scottish United Services Museum, Edinburgh Castle, © National Museums of Scotland 1c; /Simon James 47tr; / The Wallace Collection 112c; /The Wallace Collection, London 188bcr, 189bcl; /Tony Souter 123t cr; /Trustees of the National Museums of Scotland 153cla, 237br; /US Army Military Institute 223acr; /US Military Institute 226br; /Wallace Collection 58, 106c, 119bc, 119bcr, 121br, 130, 131, 143cra, 143cal, 143car, 143tcr, 145br, 146cb, 147c, 150tr, 150cbl, 151cal, 160car, 212acr, 263tl, 269bcr; /Wallis & Wallis 210cr; /Warwick Castle 81c, 112cb; ? 123ca, 123cfl, 126bcl; Andrew Chernack 341cr; Andy Crawford/Imperial War Museum 318bl; Museum of Artillery, The Rotunda, Woolwich, London 190cr; Collection of Jean-Pierre Verney 271cafl, 272bfr; Conacultinah-mex 165tr, 166bc; Courtesy of Robin Wigginton, Arbour Antiques Ltd, Stratford upon Avon 109cfr; Courtesy of the Board of Trustees of the Armouries 332tr, 346abc, 347tc, 347t, 352cr; Courtesy of the Bradbury Science Museum, Los Alamos 329bcr; Courtesy of the Old Flying Machine Company 327cr; Courtesy RAF Wittering, Cambridgeshire 351t; Gary Ombler 342cr, 342bl, 342bc, 342acl, 342acr, 342bcl, 342bcr, 343bl, 343bc, 343br, 343acr, 343bcr, 343bcr, 343t; Geoff Dan 60tr; Imperial War Museum 309tl, 326tr; Joe Cornish 211tl; Martin Plomer 326cl; Museum of London 70c; Royal Artillery Museum, Woolwich 99tl; Scottish United Services Museum, Edinburgh Castle. Copyright National Museums of Scotland 155bcl; US Army Military History Institute 225cb.

The Art Archive: 0, 2, 6tc, 6tr, 6br, 7tc, 7tr, 10bc, 11tr, 12c, 12b, 13tr, 13bl, 13br, 15tr, 16flac, 17bl, 18tr, 21b, 24bc, 26bl, 26frbc, 27bl, 28bl, 29dps, 30tr, 31bl, 34c, 35cr, 36cl, 36bl, 40b, 41bl, 43acr, 45flac, 46Main picture, 49b, 52c, 53br, 62cr, 62bc, 65b, 65t, 67tl, 70br, 71b, 73cl, 74bl, 80b, 93b, 93t, 98br, 101bl, 102b, 103cl, 105car, 107br, 109br, 110tr, 110br, 112tr, 113b, 114c, 118c, 121tl, 126br, 126, 127bc, 128tl, 128bl, 129tl, 129tr, 132r, 133tr, 133bl, 140br, 142cl, 143clb, 144cra, 145cbl, 145t, 146cra, 147bl, 147t, 148cl, 148b, 149bl, 149t, 153tr, 153cbr, 154bl, 154t, 155br, 156tr, 161b, 162cra, 165tcr, 166tc, 166bl, 166br, 167tr, 167tcl, 168t, 170br, 175cal, 182bc, 183tr, 183br, 184tr, 185c, 191tr, 192ac, 194tc, 194bl, 195tr, 195b, 196bc, 196acr, 197tl, 197cfr, 199tr, 200ac, 201tl, 204tr, 205acl, 205b, 208tr, 212c, 212b, 213b, 213t, 214bl, 215tr, 216bcl, 219c, 220tr, 220, 221tl, 221bl, 221br, 223b, 225tr, 230cb, 231br, 234bl, 235br, 236bcl, 238tr, 240tr, 241tl, 241br, 241bcr, 243tl, 243b, 244tr, 245tr, 245acl, 246br, 247tl, 247cr, 247b, 248b, 249tr, 249c, 250tr, 250b, 251tr, 251br, 252tr, 252c, 252bl, 253tr, 253b, 254bl, 255tr, 255cl, 255cr, 255ac, 256tr, 256bl, 257tr, 257bl, 257bc, 259tl, 259bl, 260tc, 260b, 261acl, 262bc, 262br, 263tr, 263br, 266br, 268b, 269tl, 269tr, 270tr, 270cb, 271b, 272tr, 273bl, 276bl, 277tc, 277tr, 278tl, 279bl, 281tr, 282tr, 283tl, 284tr, 285c, 286tc, 287b, 292bl, 292br, 294br, 300, 302cra, 317tr, 317br, 322b, 333cr; /© Succession Picasso/DACS, 2005 295ac. **Mary Evans Picture Library:** 21tr, 23bl, 111t, 114tr, 130cl, 131tr, 131tr, 152br, 171tl, 199bl, 209bl, 209t, 214t, 236t, 263bc. **Werner Forman Archive:**
6bl, 33r, 54ac, 55acl, 98bc, 104ca, 140c, 172cfl, 173tl, 175b. **GreatBuildings.com:** Ronald Soong 22b. **Getty Images:** 22tr, 116tl, 228b/p229 b, 236br, 237tr, 244bc, 245bl, 280, 295b, 296b, 338cr, 338ac, 340bcl, 346t, 350t, 351cr, 353bcr. **John Hamill:** 177b. **Robert Harding Picture Library:** 175bl. **© Michael Holford:** 96. **Robert Hunt Library:** 277cl, 279tr, 294tr, 294bl, 298, 304cb, 304, 306cla, 306b, 307tl, 308tl, 311bl, 317b, 318cb, 319b, 323tr, 323cl, 323bl, 323br, 326br, 327tr.

The Kobal Collection: 290cl. **Korean War Academy:** 177cfl. **Lonely Planet Images:** 176b. **The Military and Historical Image Bank:** 185br, 193cr, 195acl, 217bl, 234cr, 261tc, 282acl, 286c, 295tc. **© National Maritime Museum, London:** 149br, 200bl, 206tr. **National Portrait Gallery, London:** 187br. **The National Trust:** 70tl. **Peter Newark's Military Pictures:** 170bl, 190tr, 194br, 218bl, 223bcr, 228cl. **National Museums & Art Galleries On Merseyside:** © National Maritime Museum 69c. **Novosti (London):** 7bl, 92tr, 120bl, 121tr, 126cl, 162b, 163cb, 261bl, 262tl, 285tr, 293br, 307b, 308b. **Ann & Bury Peerless:** 136b, 137cfl, 137cfr. **Photolibrary Wales**: 111b. **popperfoto.com:** 302bl, 305tr, 340cb. **Rex Features:** 266tr, 324br, 332cbr, 345tl, 352b. **Royalty Free Images:** Corbis 192bl. **Science & Society Picture Library:** 31c. **Stadt Pohlheim:** 50bl. **Texas Historical Commission:** 216b. **Thomas Mallon McCorgray:** 57bc. **Tokugawa Reimeikai:** 174r. **Topfoto.co.uk:** 34cfl. **TRH Pictures:** 209cl, 283bc, 286bl, 287tc, 298cal, 299tc, 301tr, 310cl, 318c, 332c. **Ullstein Bild:** 276br.

戦争の世界史 大図鑑 【コンパクト版】

2018年11月30日　初版発行

編　著　者：R・G・グラント
日本語版総監修：樺山紘一
翻　　　訳：マーリンアームズ 株式会社（武舎広幸、武舎るみ、正田順子、飯島直子）
日本語版編集：株式会社 エス・プロジェクト（鈴木豊雄、西郷容子、服部行則）
装　　　幀：岩瀬聡
DTP・デザイン：中山直美
発　行　者：小野寺優
発　行　所：株式会社 河出書房新社
〒151-0051　東京都渋谷区千駄ヶ谷2-32-2
電話　03-3404-1201（営業）　03-3404-8611（編集）
http://www.kawade.co.jp/

Printed and bound in Malaysia
ISBN 978-4-309-22667-5
落丁・乱丁本はお取替えいたします。
本書のコピー、スキャン、デジタル化等の無断複製は著作権法上での例外を除き禁じられています。
本書を代行業者等の第三者に依頼してスキャンやデジタル化することは、いかなる場合も著作権法違反となります。